AF286061

Philipp Scharpf

Immobilienstratege

25 erfolgreiche Immobilienstrategien für Privatinvestoren

Wie du deinen Immobilienbestand skalierst

2. Auflage

Weitere Informationen über Philipp Scharpf unter:
www.immotege.de/info@immotege.de
Telefon: 07159-4979-555

© November 2020 Princoso GmbH
Mollenbachstraße 19
71229 Leonberg

2. Auflage November 2020
Dieser Titel ist auch als E-Book erhältlich.

Alle Rechte vorbehalten
Inhalt und Gesamtverantwortung: Philipp Scharpf

Druck und Einband: Princoso GmbH
www.mein-druckservice.de/www.azubishop24.de

ISBN: 978-3-96159-156-5

Tausche dich mit anderen Immobilienstrategen aus unter:
www.facebook.com/groups/Immobilienstratege

„Lieber eine Stunde über Geld nachdenken,
als einen Monat für Geld zu arbeiten"
John Davidson Rockefeller,
Milliardär 1839-1937

Haftungsausschluss

Als mündiger Investor bist du selbst, einzig und allein verantwortlich, dir entsprechende Informationen zu besorgen und dir deine eigene Meinung zu bilden und daraus Handlungen abzuleiten. Alle Informationen in diesem Buch sind als Denkanregungen zu verstehen und begründen keine absolute Richtigkeit. Dieses Buch vermittelt grundsätzliches Wissen zum Investieren in Immobilien und Firmen.

Es stellt keine Aufforderung oder Handlungsempfehlungen dar und es findet keine Individualberatung statt. Der Autor und der Verlag übernehmen keinerlei Haftung.

Dieses Buch ersetzt auch keinen Steuerberater oder Rechtsanwalt oder dessen Beratung. Es kann dir nur Impulse geben um mit deinen Beratern eine entsprechende Strategie auszuarbeiten.

Für Finanzierungen und Strategieberatung biete ich dir gerne meine Unterstützung an und freue mich auf den Austausch mit dir!

Inhalt

Vorwort

Dieses Buch ist bewusst kein Einsteigerbuch

Es gibt diverse sehr gute Anfängerbücher für Immobilieninvestments auf dem deutschen Markt, in welchen die Grundlagen sehr gut erklärt werden.
Zwei herausragende Beispiele für diese Bücher sind:
Thomas Knedel – Erfolg mit Wohnimmobilien
Jörg Winterlich – ErfolgReich mit Immobilien-Investments
Zumindest eins dieser beiden Bücher solltest du gelesen haben um von dem Wissen in diesem Buch richtig profitieren zu können, denn dieses Buch baut auf den zwei genannten Büchern auf und setzt an manchen Stellen entsprechendes Vorwissen voraus. Der Inhalt dieser beiden Bücher überschneidet sich in einem großen Teil, setzt jedoch auch teilweise unterschiedliche Schwerpunkte. Ich empfehle dir beide Bücher zu lesen. Zum vollständigen Verständnis des vorliegenden Buchs reicht es, wenn du eins der beiden Bücher bereits gelesen hast. Weitere empfehlenswerte Bücher, die für das Verständnis dieses Buches nicht unbedingt erforderlich sind, aber hilfreich sein können:
Alex Fischer – Reicher als die Geissens
Johann C. Köber – Steuern steuern
Andreas Sell – Der reichste Hausmeister Deutschlands

Es gibt sicher noch zahlreiche weitere gute Bücher.

Es ist nicht erforderlich, dass du bereits eigene Immobilieninvestments gemacht hast. Dieses Buch richtet sich jedoch insbesondere an Junginvestoren im Immobilienbereich, welche erste Erfahrungen gesammelt haben und nun auf der Suche nach Strategie und Wissen sind um Ihren Bestand zu skalieren.

Ich wünsche dir nun viel Spaß beim Lesen
Dein Investorenkollege

Immotege – dein Immobilienstratege

Hallo mein lieber Immobilien-Investor-Kollege,
danke, dass du dir dieses Buch gekauft hast. Als ich im November 2017 zum 2. Immopreneur-Kongress (weitere Infos unter www.immotege.de/ipk), mit der in einer Nacht und Nebelaktion zusammengezimmerten ersten Version dieses Buches, an die Öffentlichkeit ging, war der Name Philipp Scharpf, aus verschiedenen Posts vorrangig in den verschieden Immobiliengruppen auf Facebook, nur einem kleinen Publikum bekannt.

Noch vor Ende 2017 waren schon 2.000 gedruckte Exemplare durch Mund-zu-Mund-Propaganda vergriffen. Das Feedback war überwältigend. In kürzester Zeit führte ich verschiedenste Interviews und war Gast in diversen Podcasts so wie bei Stammtischen. Plötzlich, quasi über Nacht, bin ich in der deutschen Immobilien-Investoren-Community bekannt geworden und wurde auch in der Folge zu einigen Veranstaltungen als Redner eingeladen.

Noch heute habe ich deutschlandweit bis zu drei Aufritte jeden Monat und reise durch die Gegend. Dies nutze ich auch immer um Gespräche mit Kunden und Interessenten vor Ort zu führen. Suche dir unter: www.immotege.de/termine einen kostenfreien persönlichen Termin in deiner Nähe aus, um deine Themen rund um Investmentstrategie und Finanzierung mit mir zu besprechen. Neue Termine gebe ich immer einige Wochen vorher bekannt.

Ich wurde mit Finanzierungsanfragen überrannt. Die ersten Jahre ab 2014 konnte ich noch ganz gemütlich alleine die Anfragen abarbeiten. Ja am Anfang sogar noch in zwei Semester alle Vorlesungen des siebensemestrigen Studiums zum Wirt.-Ing Bau + Immobilien in allen Vertiefungsrichtungen, sowie ein paar Vorlesungen der Bauingenieure und der Architekten besuchen. Nun war ich hier voll eingespannt.

Aufbau und Arbeit meines Immotege Finanzierungsteams

Ein Jahr lang verlor ich Mitarbeiter, die ich eingestellt und wieder entlassen habe, weil es schlicht nicht funktioniert hat. Finanzierungsvermittlung für Immobilieninvestoren ist hoch komplex. Nicht selten gibt es Kunden, die über 30 Bestandsobjekte besitzen und teils bestehen mehrere GmbHs in Holdingstrukturen. Die Aufarbeitung einer solchen Finanzierungsakte braucht im Schnitt 15 - 20 Stunden. Der Mitarbeiter muss sich durch hunderte Verträge, Grundbücher, Pläne, Kontoauszüge und dergleichen kämpfen – alles auf Vollständigkeit und Korrektheit prüfen – sowie aufbereiten und sortieren. Das Mindset eines Immobilieninvestors ist zudem noch vollkommen anders als das eines 0815 privaten Häuslebauers oder Kapitalanlegers der ab und zu mal eine Wohnung zur Altersvorsorge kauft. Überwiegend schlagen auch gerade die Kunden bei uns auf, die woanders kein Geld mehr bekommen, weil sie entweder zu schnell gewachsen oder zu stark verschuldet sind, kein Eigenkapital haben und nun die nächste 110% Finanzierung mit geringer Tilgung wünschen. Wir können dies sehr häufig noch dort möglich machen, wo die Banken der Kunden bereits abgewunken und die meisten anderen Finanzierungsvermittler das Handtuch geworfen haben. Dies können wir, weil wir den ganzen Tag nichts anderes machen, als kreative Lösungen zu suchen, hier entsprechende spezielle Kontakte (bzw. viel mehr in Excel gepflegte Listen mit Kriterien) und auch Strategien (wie dem Einsatz von Blankodarlehen oder Konsortialfinanzierungen) haben. Kurzum, über ein Jahr und dutzende Einstellungen und Entlassungen dauerte es, bis ich ein kleines Team, von heute ca. sechs festangestellten Finanzierungsspezialisten, für das Büro in Leonberg zusammenstellen konnte.

Von hier aus bearbeiten wir Immobilienfinanzierungen für Kunden in ganz Deutschland (teilweise auch aus dem Ausland) sowie für Objekte in ganz Deutschland (Frankreich, Spanien und Italien – über Kapitalbeschaffung und Blanko auch in Indien und der Türkei). Wir haben dabei zu 99% mit Investment-Objekten zu tun, vereinzelt auch mit Eigenheimen. 95% unserer Finanzierungen wickeln wir rein online (Telefon / E-Mail) ab, mit Kunden die wir nie persönlich kennengelernt haben. Das funktioniert wunderbar. Für die restlichen, die den persönlichen Kontakt wollen, gibt es die entsprechenden Termine vor Ort zu finden unter www.immotege.de/termine.

Ein ganzes weiteres Jahr dauerte es, dieses Team so zu Finanzierungsspezialisten zu formen und zu qualifizieren, dass diese fähig wurden, eigenständig die hoch komplexen Finanzierungsfälle in meinem Sinne, mit Anwendung meiner Strategie, zu bearbeiten.
Geht heute eine Finanzierungsanfrage ein, lege ich gemeinsam mit einem meiner Finanzierungsspezialisten, der von da an als operativer Key-Account zur

Verfügung steht, die Strategie fest und stimme mich mit ihm im Hintergrund ab. Persönliche Gespräche / Telefonate mit mir sind weiterhin jederzeit möglich und ich bin weiterhin persönlicher strategischer Ansprechpartner. Ich bin in jeden Fall persönlich involviert und tausche mich, auch wenn ich unterwegs bin, im Hintergrund mit meinen Mitarbeitern über die Fälle aus.

Bei der Auswahl des richtigen Finanzierungsvermittlers spielt das Team eine sehr große Rolle. Wir sind keine Einzelkämpfer wie viele unserer Kollegen. Durch unser 6-Mann-Team können zu jeder Zeit Finanzierungen abgewickelt werden. Es gibt kein Risiko mehr, durch Krankheit, Termine, Überlastung oder Urlaub des Vermittlers einen Deal zu verlieren. Wir als Spezialdienstleister für Immobilienfinanzierung für Immobilieninvestoren stehen jederzeit zur Verfügung. Es gibt keine wochenlangen Wartezeiten. Je nach Auslastung können wir den Fall noch am Tag des Eingangs bearbeiten, spätestens jedoch nach drei Tagen. In der Vergangenheit hat dies in Sturmzeiten nicht immer geklappt. Nun haben wir eine entsprechende Personaldecke.

Wir haben laufend über 200 Finanzierungsfälle unserer Kunden gleichzeitig in Bearbeitung. Das heißt, jeder Finanzierungsspezialist hat rund 30 laufende Fälle in unterschiedlichen Stadien. Es beginnt mit der Fallanlage für Neukunden, damit in der Zukunft, sobald ein passender Deal auf den Markt kommt direkt gestartet werden kann, dem Einsammeln der Unterlagen, Angebotserstellung und Beantragung der Finanzierung, Abstimmung mit der Bank und endet mit der Abwicklung der Auszahlung. In den schnellsten Fällen haben wir in zwei Tagen eine verbindliche Zusage (selten auch mal in drei Stunden nach Einreichung bei der Bank), im Regelfall dauert es – vollständige Unterlagen vorausgesetzt – ein bis zwei Wochen für eine ETW eines Angestellten, ein bis drei Wochen für ein MFH eines Selbständigen samt Gutachters. Manche Kunden brauchen aber leider oft bis zu vier Wochen um ihre Unterlagen korrekt zu stellen, sodass wir mit unserer Arbeit überhaupt beginnen können. Hier empfehle ich immer vorbeugend uns alle Unterlagen zu Bonität, Vermögen und Bestand schon frühzeitig zukommen zu lassen, damit wir diese bei uns ablegen und aufarbeiten können. Das hilft uns dabei, wenn der passende Deal kommt direkt startklar zu sein. Eine Unterlagenliste ist hier im Buch zu finden.

Die 2. Auflage des Immobilienstratege - Buchs

Aus berechtigter Kritik zu Schreib- und Satzbaufehlern und zur verbesserungsfähigen Struktur, die der schnellen Schreibweise, der Nacht und Nebelaktion von nur sechs Wochen damals geschuldet waren, habe ich eine zweite Neuauflage angekündigt.

Jetzt, nach zwei Jahren und mit einem tollen Team, läuft es wieder rund und wir haben die Kapazität für neue Kunden. Nur so macht auch eine zweite Auflage des Buchs Sinn, da die Kapazitäten da sind, die daraus entstehenden Finanzierungsanfragen auch abarbeiten zu können. In diesem Sinne darf jetzt gerne wieder, eine Vermittlung über uns, angefragt werden. Wir nehmen sehr gerne große wie kleine – Anfänger wie Profis – als Neukunden auf.

Die vorliegende dritte Version vom „Immobilienstrategen" ist umfangreich überarbeitet und stark erweitert. Der Subtitel „25 erfolgreiche Immobilienstrategien für Privatinvestoren" war schon in der ersten Auflage untertrieben. Ich habe die Anzahl nicht gezählt, aber es sind hunderte Einzelstrategien, die in diesem Buch beschrieben werden. Es gibt kein anderes Immobilien-Investment-Buch mit mehr Praxisbezug, mit einer größeren Fülle an Tipps und Hacks, als dieses hier. Es ist außerdem das umfangreichste „Zusatz-Buch" mit über 500-Seiten und dem Anspruch wirklichen Mehrwert zu bieten. Es ist nicht nur ein, mit großen Buchstaben und vielen Bildern auf wenigen Seiten, notwendiges Übel für einen Salesfunnel. Ich habe mich bewusst gegen die Werbe-Lüge mit „Gratis + du übernimmst nur die Versandkosten" entschieden und „nur hier und heute und blablabla". Das Buch kostet ehrliche fast geschenkte 5,99€ inkl. 7% MwSt., meine Herstellkosten liegen bei ca. 3,00€. Selbst mit Porto komme ich mit den 5,99 € also gerade so kostendeckend hin. So passt das für beide Seiten. So ist es ein fairer Deal und ich kann der Community etwas zurückgeben, die auch mich unterstützt. Denn bei all der Kommerzialisierung mit Onlinemarketing, Videokursen, Veranstaltungen, Coaching und Hochpreisseminaren dürfen wir nicht vergessen, dass wir am meisten gerade voneinander lernen und profitieren können und dass gerade durch die vielfältigen Spezialisierungen die Tätigkeit als Immobilieninvestor wenig Wettbewerb ausgesetzt ist. Keiner muss also dem anderen neidisch sein und mit Wissen zurückhalten. In diesem Sinne gebe ich gerne der Community mit diesem Buch etwas zurück.

Netzwerken mit Stammtisch-Kollegen und mein 25.000 € EFH Deal

Jeder kann seine Nische finden. Im rößeren Stil sind Kollegengeschäfte ein schöner Zusatzturbo (siehe Kapital Bafin-freie Kapitalbeschaffung im Buch) und erst recht bei Fix + Flip in einer gemeinsamen GmbH – an der zwei Partner mit ihrer Holding Anteile halten (auch wenn ich wegen Abhängigkeiten und gesamtschuldnerischer Haftung im Kleinen für Buy + Hold kein Freund davon bin). Eins ist jedoch ganz entscheidend: das Netzwerk. Nicht nur zum Erfahrungsaustausch, sondern auch um an Deals zu kommen.

Wenn du eine Nische besetzt, dann werden Deals, zwischen Kollegen, in dieser Nische möglich und auch gelebt. Was natürlich weniger funktioniert, ist die günstige 1-Zimmer-Wohnung im Top-Zustand, weit unter Marktpreis in Bestlage, die viele gerne hätten, von einem Stammtisch-Kollegen zugeschoben zu bekommen. Ich selbst habe 2018 ein Einfamilienhaus in Walldorf (am SAP Stammsitz) für lächerliche 25.000 € erwerben können, nur weil ein Investoren-Kollege den Deal nicht machen wollte, da ihm die Sanierung zu aufwendig war. Ihn hätte es in seiner Bonität diverse weitere Investments blockiert. Bei mir hat das Objekt jedoch wunderbar in meine Nische „Totalsanierungsstrategie" gepasst. Warum ich diese Strategie aus der Not und meinen Gegebenheiten (schlechte Bonität) gewählt habe? Später im Buch werdw ich mehr darüber berichten. Mit 60.000 € Investition und mit einem polnischen Bautrupp, den mir wieder andere ausgeliehen haben, wurde die Sanierung ausgeführt. Mir konnte dieser Trupp geliehen werden, nachdem die Leiher eine Fliplinie von 1 Mio € erhalten haben und nun von einem auf mehrere Trupps aufstocken konnten. So war nun Luft zwischen zwei Projekten und meines konnte dazwischengeschoben werden. Wieder ein wunderbares Beispiel für Netzwerke: So konnte ich den Wert des Objekts auf 230.000 € steigern. Allein dieser eine Deal bringt mir knapp 150.000 € EK als Nachbeleihungspotential und über 1.000 € monatlichen positiven Cashflow.

Wichtig:
1. Besuche Stammtische und knüpfe so gute Kontakte.
2. Oft sind gute Deals über Stammtische (Vitamin B / Beziehungen) erhältlich.
3. Lass dir gute Deals nicht durch die Lappen gehen, denn manche wissen es nicht besser und leiten rentable Möglichkeiten an dich weiter.

Der rote Faden im Buch Immobilienstratege

Der oft kritisierte rote Faden oder eine Struktur, die diesem Buch fehlen soll, fehlt nach wie vor, denn dieser Anspruch ist gar nicht da. Du hast vielmehr wie aneinandergereihte und grob sortierte Notizzettel als Praxistippsammlung und Denkanstöße. Aus allen Bereichen des Immobilieninvestments ist jeweils ganz kurz und knackig das wichtigste auf den Punkt gebracht. Dieses Buch soll dir auch als Nachschlagewerk dienen. Es ist deshalb kein Anfängerbuch, welches den Leser an die Hand nimmt und Stück für Stück führt, sondern setzt jeweils dort an, wo andere Bücher aufhören und ergänzt diese. Daher können die Themen auch so kurzgefasst werden, gehen dabei jedoch ausreichend in die Tiefe, um die relevanten Punkte herauszustellen auf die es ankommt und die woanders in der Erklärung fehlen. Deshalb wird Vorwissen, beim Lesen dieses Buches, vorausgesetzt. Da ich nicht durch den Verkauf von überteuerten Kursen und Seminaren Geld verdienen möchte, bin ich frei alles an Wissen heraus zu geben, welches mir vorliegt. Zu allen Themen die mit Investment, Steuer, Wirtschaftsentwicklung, Rechtsformen, Strategie und Finanzierung etwas zu tun haben, finden sich jeweils ganz kurze Kapital mit den wichtigsten Keyfacts / Lifehacks, Tipps und Strategien.

Es ist nicht strukturiert wie ein erklärendes Lexikon, sondern wie ein Nachschlagewerk und Workbook für Lifehacks und Strategien. Deshalb empfehle ich es so zu nutzen, Markierungen zu machen, Notizen dazu zu schreiben und Klebezetteln anzubringen.

Fast alle Bücher wurden direkt bei mir oder meinem Azubishop24.de bestellt. (Zu diesem 80.000 € Cashflow bringenden, mit 0 € EK und ohne Bankfinanzierung abgewickelten Firmendeal erfährst du später im Buch mehr).

Auch das Feedback kam direkt an mich zurück. Nicht wenige Lesefaule waren so gefesselt, dass sie gar nicht mehr aufhören konnten zu lesen. Die ganze Nacht blieben sie wach um es durchzulesen. Viele haben mir berichtet das Buch zwei-, drei- oder viermal gelesen und immer wieder Neues entdeckt zu haben. Viele haben umfangreich Notizen, Lesezeichen, Kommentare und Markierungen angebracht und nutzen das Buch wie vorgesehen als Nachschlagewerk. Obwohl wenige Investoren das Buch, nach anfänglichem anlesen, beiseitegelegt haben, haben auch sie auf die Empfehlung mehrer Seiten gehört und es erneut zur Hand genommen um es dann bis zum Ende durchzulesen. Das hat mich besonders gefreut. Es haben sich einige Begeisterte bei mir gemeldet und so haben sich viele Neukundenfinanzierungen auch zwei Jahre nach Ausverkauf des Buchs ergeben.

Wichtig:
1. Es ist kein Anfängerbuch. Lies dich da bitte in andere Bücher vorher ein.
2. Dieses Buch soll als Nachschlagewerk dienen.

Remote arbeiten (DNX Community) – billigste Kurzurlaube

Ich schreibe diese Zeilen an Pfingsten 2019, am Pool, direkt am Meer in einem abgelegenen kleinen inhabergeführten Hotel in Kroatien (Halbinsel Istrien an der Adriaküste). Es ist Vorsaison - letztes Jahr war Kroatien durch ehemalige Türkeiurlauber ausgebucht - dieses Jahr hat man zu spät begonnen die Preise zu senken und die Urlauber blieben aus. Dem Tipp von Tim Ferriss folgend (seine 4 - Stunden Woche setzte ich in meiner Onlinedruckerei bereits 2014 erfolgreich um, doch dazu später im Buch mehr) habe ich mich entschieden dem Alltag zu entfliehen (je weiter weg desto besser schreibt er), um produktiver zu sein und wieder klaren Kopf zu bekommen. Für 9,99 € hin + 9,99 € zurück mit Ryanair und einem super abgelegenen ruhigen Hotel für 30 € / Nacht inkl. reichhaltigem Frühstück.

Auf Skyscanner.de kannst man den Abflugflughafen auswählen (oder wählt ganz Deutschland), das Zielland lässt man frei und wählt einen Monat aus, in dem man fliegen will. Nun bekommt man diverse Optionen über alle Airlines hinweg (auch die, die keine Provision zahlen und daher auf den bekannten Seiten nicht vertreten sind). Die Wahl des Ziels entschiedet man also nicht selber, sondern überlässt es der gerade am günstigsten angebotenen Gelegenheit. Jetzt muss man nur noch ein passendes Hotel suchen.

Von den 23 Betten sind nur drei belegt. Die Gäste sind auf Tagesausflügen und ich habe das ganze Hotel inkl. großem Pool für mich allein. Ich wechsle ab zwischen Bahnen schwimmen im Pool, mit Kunden / Mitarbeitern telefonieren, E-Mails / WhatsApp / Facebooknachrichten beantworten und dem Schreiben am Buch. Zwischendrin sehe ich auf zu den Hügeln an der Küste, dem kleinen Fischerhafen, dem Strand und dem blauen klaren Himmel. Das Wetter ist perfekt. Die Temperatur ist nicht zu hoch, so dass ich nicht schwitze und mich konzentrieren kann. Wenn es mir dann doch zu warm wird schwimme ich ein paar Bahnen im Pool und kühle mich wieder ab. Das alles obwohl Regen angekündigt war. So sind auch die Spontanen und Kurzentschlossenen zu Hause in Deutschland geblieben. Die ganzen fünf Tage hat es keinen Tropfen geregnet.

Zum Arbeiten in Urlaub fliegen (digitaler Nomade)

Neben der frugalistischen Lebensweise (siehe nächster Beitrag) etabliert sich seit ein paar Jahren besonders unter den kreativen Freelancern - aus Softwareentwicklung, Onlinemarketing, Daytrading, Youtube, Blogging, Online Gambling, Coaching und Mediengestaltung - ein Digital Lifestyle Business oder Notebookbusiness als digitaler Nomade. Mit Rucksack, Notebook und Handy auf Reisen um die Welt, nutzen viele die Geo-Arbitrage aus. Die grundlegende Idee dahinter ist simple: In einem Land mit niedrigen Unterhaltskosten leben und sein Geld in einkommensstarken Ländern wie Deutschland verdienen. Es ermöglicht ein Leben eines Millionärs zu führen, ohne ein Millionär zu sein. Zu Kosten einer Wohnung in Deutschland, erhalte ich das Hotelzimmer mit Pool am Strand.

Der Immobilieninvestor in Festanstellung als Kurzzeit digitaler Nomade

Die Abwandlung dieses Konzepts bietet sich für Immobilieninvestoren an, die nicht mehr in der Hauptphase der Aufbauarbeit stecken und jede freie Minute zur Portfolioskalierung benötigen. Es bietet sich zudem für die an, die jeden Euro an Eigenkapital sparen müssen, in einen Teilzeitjob wechseln wollen, eine drei- oder vier-Tage-Woche einfphren möchten, später ggf. das Mama-GmbH-Modell nutzen (dazu im Buch mehr) wollen, später ganz ohne Job aus den Mietüberschüssen (im Schnitt 150€/Monat/Wohnung) leben möchten oder das Delta zur 5-Tagewoche füllen. Immer mehr Arbeitgeber ermöglichen Homeoffice, was zusätzliche Freiheiten verschafft.

Mit der drei- oder vier-Tage-Woche in Kombination mit Homeoffice und den Urlaubstagen, ergibt sich die Möglichkeit jede zweite Woche eine Woche wegzufliegen. Wer Hotel und Flug nach den vorher genannten Kriterien auswählt, sodass dies fast nichts kostet, kann sich diesen Luxus auch leisten. Eine große Wohnung benötigt man in Deutschland dann auch nicht mehr, da man die Hälfte der Zeit nicht da ist. An den Tagen, an denen man in Deutschland ist, wir die Zeit für Arbeiten und Immobilien benötigt.
Für diese Art der Kurzzeit-Reisen bieten sich meist Länder an, die in weniger als vier Flugstunden erreichbar sind. Die Hotelkosten sind zwar etwas höher als in Entwicklungsländern, die Flugpreise jedoch deutlich geringer, sodass es in Summe günstiger ist.

Wichtig:
1. Es rentiert sich als digitale Nomade zu leben, wenn alles benötigte Aufgebaut ist.
2. Sich ein Luxusleben mit Arbeiten im Ausland zu ermöglichen, muss nicht teuer sein, mit einachen Tricks geht es auch mit wenig Geld.
3. Suche kurzfristige Flüge über Skyscanner und günstige Hotels außerhalb der Saisonzeiten.
4. Gönn dir Auszeiten, in welchen du freier und besser zum Nachdenken kommst um gute Entscheidungen zu treffen.

Grundsätzliches zur finanziellen Freiheit in nur 6 Monaten

Einen meiner ersten Finanzierungskunden verlor ich bereits nach einem halben Jahr wieder, da er sein Ziel erreicht hatte. Der junge Mann, Mitte 20, hatte sich einen konsequenten Entschluss und klaren Plan gefasst, den wir in seiner 4-Zimmer-Wohnung in Stuttgart besprachen. Zu diesem Zeitpunkt hatte er bereits alle Zimmer um sein kombiniertes Wohn/- und Schlafzimmer herum in seiner ersten, kürzlich günstig erworbenen, Wohnung in Stuttgart untervermietet und lebte bereits minimalistisch in seiner eigenen WG.

Seine Strategie: modernisierungsbedürftig 4 Zimmer, WE-Vermietung im Ballungszentrum

1. Stark modernisierungsbedürftig erwerben, weil hier die Nachfrage geringer ist und somit der Preis sinkt – der Abschlag ist höher als die spätere Modernisierung kostet. 2. Vier-Zimmer-Wohnung im Ballungsgebiet, Grundriss passend für WG-Vermietung. 3. Erdgeschoss innerstädtisch ohne Gartenanteil oder 3. / 4. OG ohne Aufzug in Altbau sind wenig gefragt bei der sonstigen Hauptzielgruppe Eigennutzer für 4-Zimmer-Wohnungen, sodass hier durch geringere Nachfrage der Preis wieder sinkt. Für das Konzept der WG-Vermietung an junge Leute reicht es jedoch. 4. Günstig umfangreich sanieren, insbesondere Bad und optische Sachen, ggf. Grundriss für WG-Vermietung anpassen, 1 € investieren 3 € wertsteigern, 50 Cent von der Steuer wiederholen (15% Grenze beachten). 5. Zimmerweise möbliert als WG vermieten um eine Überrendite zu erzielen (höherer qm-Mietpreis als bei klassischer Vermietung).

Für die zweite und dritte Wohnung mussten wir übernehmen, nachdem er mit seinem schmalen Gehalt und keinem Eigenkapital nicht weiter kam (für die nächste teure Wohnung in Stuttgart). Die Mieteinnahmen der Untervermietung werden von der Bank nicht angesetzt (nicht nachhaltig), weil die Mieter keine eigene Küche/Bad haben. Für die nächste 4-Zimmer-Wohnung war wieder eine zimmerweise möblierte Vermietung geplant, auch hier konnte nur ortsübliche Vergleichsmiete gegenüber der Bank angesetzt werden, die zu einem negativen Cashflow aus Sicht der Bank nach allen Abschlägen in Ballungszentren wie Stuttgart führt. Wir haben es dann mit viel Mühe doch durchbekommen. Merke: Um nachhaltig umfangreich zu wachsen sollte (sofern nicht mit einem hohen Gehalt ausgeglichen werden kann) bei Sondervermietung wie: Ferienvermietung, möblierte Vermietung oder zimmerweise WG-Vermietung selbst mit der ortsüblichen Vergleichsmiete bereits 6% Bruttomietrendite erreicht werden, damit nach 25% Bewirtschaftungskostenabschlag die Haushaltsrechnung aus Sicht der Bank nicht belastet wird. Dies ist natürlich in Metropolregionen wie Hamburg, München, Frankfurt, Stuttgart nur schwer möglich. Weswegen entweder hier im Speckgürtel investiert werden kann oder ggf. doch lieber in C und D Lagen klassisch vermietet werden sollte.

Meine persönliche Empfehlung ist die klassische Vermietung in schlechteren Lagen. Hier lassen sich im Einkauf am einfachsten gute Preise (mind. 20% unter Marktpreis) und entsprechende Bruttomiet-Renditen ab 6% erzielen. Oft sogar mit entsprechendem Sicherheitspuffer von 8%, 10% oder 12% und das selbst mit Beachtung von allen Bankabschlägen und Stressannuitäten.

Insbesondere in Stuttgart funktioniert die WG-Vermietung an Studenten jedoch selbst noch an den jeweils letzten S-Bahn-Haltestellen, die 1 Stunde Fahrzeit vom Zentrum entfernt liegen. Man muss für den jeweiligen Standort prüfen, wie weit man mit dem Kontakt noch ins Umland gehen kann, bei angemessenen Vermarktungszeiträumen der WG-Zimmer.

Nach der zweiten Wohnung reduzierte er von einer Fünftagewoche auf eine Viertagewoche (nicht aber wie sonst um mehr Zeit für Immobilieninvestments zu haben, sondern weil er nicht mehr wollte). Die Finanzierung der dritten Wohnung war dann ein richtiger Kampf. Am Ende klappte eine 100% Finanzierung inkl. Modernisierung mit nur 1% Tilgung trotz bereits extrem angespannter Haushaltsrechnung. Die 1% Tilgung bot die Bank kurz drauf nicht mehr an. Auch heute ist es fast unmöglich eine Tilgung von nur 1%, bei hohen Ausläufen wie 100/110%, zu erhalten. Unter 80% ist es noch heute vereinzelt möglich. Nach der dritten Wohnung kündigte er seinen Job, ohne Rücklagen – seine Firma hatte gerade ein Abfindungsprogramm gestartet und dies nutzte er direkt. Von Anfang an war sein Plan, so schnell wie irgend möglich, seinen Job zu kündigen, den er so sehr hasste. Die drei Wohnungen reichen ihm bis heute. Jahre später, hat er immer noch keinen Job mehr angenommen. Sollte es mal eng werden kann er immer noch einen steuerfreien 450€ Minijob annehmen. Da er nur 5-jährige Zinsbindungen vereinbart hat, kann er nun entweder kurzfristig einen neuen Job annehmen um umzuschulden bei reduzierter Tilgung (Immotege-Strategie: Fünf Jahre Zinsbindung und alle fünf Jahre die, sich durch das Annuitätendarlehen immer erhöhende, Tilgung wieder auf 2%

zurück setzen und die Kreditlaufzeit erneut strecken bis zum kalkulatorischesn Endalter von 85 Jahren), oder einfach bei den jeweiligen Banken prolongieren. Dies funktioniert ohne erneute Bonitätsprüfung. Das Zinsniveau ist inzwischen weiter gefallen, sodass er so oder so die Ratenbelastungen reduzieren wird, was seinen Cashflow weiter erhöht. Inzwischen sind die Mieten auch noch kräftig gestiegen.

Cashflow-Erhöhung:

- Fallende Zinsen / Umschuldung (Tilgungsrücksetzung auf 2% auf geringeren Darlehnsbetrag)
- Steigende Mieten in der Metropolregion Stuttgart

Vermögensverbesserung:

- Gestiegene Immobilienpreise in der Metropolregion Stuttgart
- Laufende Tilgung der Darlehen aus den Mieterträgen

Die Vermögensschere geht immer weiter auf. Eine Inflationssicherung ist durch steigende Mieten automatisch eingebaut.

Wichtig:

1. Man braucht nicht hunderte Immobilien, um finanziell frei zu werden, es geht auch mit wenigen, aber sehr rentablen Immobilien.
2. Möbilierte Wohnungen oder auch einzelne Zimmer zu vermieten ist rentabler, als ganze leer stehende Wohnungen zu vermieten.
3. Meine persönliche Empfehlung ist die klassische Vermietung in schlechteren Lagen.

Der Unterschied zwischen aktiven Immobilieninvestoren und Frugalisten

Anders als Frugalisten, die versuchen mit Aktiensparplänen und sparsamem Leben mit 40 oder 50 (zumindest ein paar Jahre) früher in Rente zu gehen. Auch anders als die typischen Arbeitnehmer, die mit 67 oder noch später ihre Rente erreichen. Sehen die aktive Immobilieninvestoren, die Immobilieninvestments nicht als passive Anlagen (Rentenvorsorge), sondern als Business, mit welchem sie, wenn sie ordentlich Gas geben, im Schnitt nach zwischen drei und fünf Jahren vom „passiven Einkommen" aus Immobilieninvestments leben können.

„Immobilien sind die Sonderform eines Unternehmens" -Jörg Winterlich

Just die Tage berichtet Alexander Raue (www.vermietertagebuch.com), dass er nun seine Ankaufsphase (2016 – 2019) beendet und in die Konsolidierungsphase wechselt. Viel zu oft erlebe ich, dass sich darüber wann Schluss sein soll keine Gedanken gemacht oder aber viel zu früh der Job gekündigt wird. Es lohnt, vor Beginn der ganzen Aufbauphase, sich einen sauberen Plan zu machen. Das Modell Mama-GmbH kann beim Umstieg vom Angestelltenjob rein auf Immobilien, z.B. mit Fix + Flip als Übergaben, helfen. Man sollte sich zu Beginn einen Plan was genau man erreichen will. Wenn der Selbstzweck darin besteht Geld, mehr Geld und noch mehr Geld anzuhäufen, in Form von 100, 200, 1.000 und noch mehr Immobilien und einem sehr hohen Lebensstandard, dann ist das in Ordnung. Wenn du jedoch wie die meisten den Plan verfolgst, in die finanzielle Unabhängigkeit zu wechseln und maximal viel von deinem Leben, bei mittlerem Lebensstandard, zu genießen ohne aktiv arbeiten zu müssen, dann reichen meist schon 30 bis 50 Einheiten. Und wie man diese Größenordnung aufbaut ohne großes Startkapital erfährst du in diesem Buch.

Wichtig:
1. Es gibt einen Unterschied zwischen guten und Schlechten Schulden.
2. Es gibt einen Unterschied zwischen echten Investoren und Kapitalanlegern.
3. Du brauchst die perfekte Skalierung deines Objektportfolios um optimal zu investieren und das beste dabei raus zu holen.

Meine persönliche Arbeits-Motivation

Ich selbst könnte von den passiven Einkünften meiner Onlinedruckerei mit Verlag inzwischen leben. Das war nicht immer so, 2014 habe ich eine tiefe Krise durchgemacht (dazu später mehr) und musste mich erst mal konsolidieren und Schulden abtragen. Um diesen Prozess zu beschleunigen habe ich mit Immobilienfinanzierungen begonnen, die inzwischen zu einem schönen kleinen Unternehmen herangewachsen sind. Mein mittelfristiges Ziel ist, mich persönlich durch super Mitarbeiter so zurück zu nehmen, dass ich hier auf halbtags und Remotearbeit zurückfahren kann, ohne dass irgendein Kunde darunter leidet. Weniger wäre möglich, aber ganz ohne Arbeit wird es einem Unternehmer-Typen wie mir langweilig. Wenn es einem anders geht, sollte man den Fokus nur auf Immobilien legen. Diese sind am einfachsten mit wenig Zeiteinsatz und gut delegierbar zu verwalten. Parallel zum Unternehmen möchte ich meinen eigenen Immobilienbestand vergrößern. Lange zu warten ist nicht nötig, da ich viel Eigenkapital generiert habe, für mich selbst also eine 80% Finanzierung reicht und ich dadurch nochmals niedrigere Zinsen und höhere Cashflows generieren kann.

Dann habe ich drei starke Säulen, auf denen meine finanzielle Unabhängigkeit beruht:

1. Onlinedruck mit Verlag,
2. Finanzierungsvermittlung
3. Immobilienbestand

und muss mir dann mit 30 keine Sorgen mehr machen, dass ich irgendwann mal in die Situation kommen sollte wieder Vollzeit arbeiten zu müssen.

Man sollte sich eine Löffelliste (Bucket-List) für sein Leben machen, um abzuschätzen was für finanzielle und zeitliche Ressourcen benötigt werden.
z.B.

- miterleben und -verantwortlich dafür sein, wie sich das Leben anderer Menschen positiv verändert (NLP Practioner als Co-Trainer begleiten)
- schwere Schicksale mittragen
- Youtube-Channel (Immobilien / Finanzierung / Reisen / Fliegen / Lifestyle)
- Tiny-House bauen / Tiny-House-Park / Baumhaus-Park eröffnen
- eine erfüllende Partnerschaft leben
- alle Freizeitparks der Welt besuchen und Achterbahn fahren
- Fallschirmsprungschein machen / Ballonfahrerschein machen
- Paragliding / Gleitschirm fliegen (ohne Zeitdruck)
- Motorbootschein machen (auf einem Boot mehrere Wochen leben)
- Tauchen lernen
- wieder fit werden und Zeit für Sport haben / abnehmen
- Motorrad touren machen ohne Zeitdruck
- Musikunterricht nehmen: Gesang, Geige, Klavier, Gitarre, Akkordeon, Trompete und in einem Chor mitsingen
- Buggy + Quad kaufen und fahren, Go-Kart fahren
- die ganze Welt bereisen und in mind. 10 Landessprache sich dort unterhalten können
- nochmal etwas studieren nur zum Spaß und in einer Studentenbude leben
-Konzerte, Musical, Opern in aller Welt besuchen

Meine Geschichte

- Wie ich 500.000 € Schulden in 300.000 € Vermögen innerhalb von nur 3 Jahren verwandelt habe

- Welchen großen Fehler ich gemacht habe

- Warum Cashflow vor Gewinn im Exit geht

- Restrukturierung von Firmen

- Insolvenz und Strafrecht

- Warum es wichtig ist ein gutes Team zu haben

- KMU-Übernahme mit Ratenzahlung

- Konsumverzicht extrem

„Die Landkarte ist nicht das Gebiet" NLP Axiom

Alle Menschen haben eine eigene Vorstellung von dieser Welt, aber keine dieser Vorstellungen spiegelt die Welt wieder wie sie ist.

1. Meine Geschichte

Über mich

Mein Name ist Philipp Scharpf und ich bin im Jahre 1990 geboren. Aufgewachsen bin ich in einer selbständigen Familie. Mein Vater konnte das Einzelunternehmen (Druckerei) meines Großvaters erst nachdem ich mich selbst im Alter von 16 Jahren (2006) selbständig gemacht hatte und der Großvater wenig drauf verstorben war, übernehmen. Er war aber operativ im Tagesgeschäft natürlich schon davor voll eingebunden. Es wurden täglich beim Mittagessen die Probleme hin und her gewälzt. Dies bekam ich natürlich von Kindesbeinen an mit. Die Schule langweilte mich, die Börse und die Wirtschaft faszinierten mich. Als Teenager war es jedoch schwierig Geld zu verdienen – für 5 € in der Stunde ließ ich mich ausbeuten für Gartenarbeiten, Zeitung austragen und andere Hilfstätigkeiten. Mein hart verdientes Geld verspekulierte ich mit CFDs (Differenzkontrakte) an der Börse. Mit ersten Geschäften auf Ebay verdiente ich erstes eigenes Geld als Selbständiger. Erst konnte ich aus der Auflösung, zu dieser Zeit vom großen Sterben betroffene, Modellbahnläden Profit ziehen. Später dann mit dem Druck von Plakaten für Vereine. Über das damals noch junge Portal My-Hammer gewann ich erste Geschäftskunden für Druck.

In der 8. Klasse des Gymnasiums stellte ich die erste 450 €-Kraft ein, die vormittags Telefon/E-Mail und Aufträge bearbeitete – nachmittags nachdem die Schule zu Ende war löste ich sie ab und arbeitete bis 3 Uhr nachts durch. Die Leistungen in der Schule verschlechterten sich natürlich – denn Zeit für Hausaufgaben oder Lernen gab es nicht. Ich war ein Außenseiter, da ich meine Wertschätzung dem Schulsystem und der Party-Einstellung meiner Mitschüler deutlich kommunizierte. Hätte ich damals schon den NLP Practitioner/Master gemacht, hätte ich mich wohl anders verhalten und mir wäre klar gewesen, dass mein Verhalten das Problem war warum ich so unbeliebt war. Nicht die anderen sind schuld, sondern man selbst bist das Problem. Dies ist eine wichtige Erkenntnis. Man muss die volle Verantwortung für sein Handeln und sein Leben übernehmen!

In der 11. Klasse brach ich die Schule ab, da die Firma an oberster Stelle stand und ich von nun anstatt von 13 – 03 Uhr (14 Stunden) von 7 bis 24 Uhr (17 Stunden) täglich arbeiten konnte, da der Zeitverlust durch die Schule morgens weg fiel.

Übrigens: So etwas wie Krankheit gibt es bei mir nicht. Krankheit ist eine reine Mindset-Sache. Einmal in den letzten 11 Jahren hatte mich ein Hexenschuss erwischt und mich 2 Wochen ins Bett gezwungen – dann habe ich eben vom Bett aus mit dem Notebook und Handy gearbeitet.

Auf die Idee, dass das Leben nicht nur aus Arbeiten bestehen könnte, kam ich als Schwabe mit dem eingeimpften Motto „schaffe, schaffe Häußle baue" erst mal nicht. Auf die die 4-Stunden Woche von Timothy Ferriss bin ich erst Jahre später gestoßen.

Auf die Idee eine GmbH zu gründen kam ich erst später. Gestartet habe ich mit einem Einzelunternehmen. Bei einem zu versteuernden Einkommen über 40.000 € jährlich ist dies geradezu töricht. Wie drückt man als Deutscher die Steuerlast? Man investiert in Millionenschwere Maschinen, die für einen 3-Schichtbetrieb ausgelastet sind und betreibt diese im 1-Schicht Betrieb – damit man möglichst viele Ausgaben hat. So funktioniert Steueroptimierung aber sicherlich nicht.

Warum keine GmbH? Viele denken die GmbH sei nur eine Haftungsabschirmung – durch die privaten Bürgschaften für Bankkredite wäre diese auch nichts wert. Wenn man das Geld aus der GmbH heraus bekommen will, ist dies teuer (ca. 30% Steuer in der GmbH + 25% Abgeltungssteuer für die Ausschüttung).

Wer das Buch von Johann C. Köber liest, versteht das Mindset, dass es nicht darauf ankommt, das Geld im Privatvermögen zu haben, sondern jenes zu kontrollieren (in GmbHs und Familienstiftungen).

Wichtig:
1. Überlege gut warum du in Immobilien investieren willst.
2. Übernimm Verantwortung für dein Verhalten.
3. Überlege dir genau, mit welcher Rechtsform du dein Unternehmen Gründen willst.
4. Überarbeite dich nicht.

Mein großer Fehler - warum Cashflow vor Wertsteigerung geht

Als ich 2013 das Angebot bekam, meine Firma zu verkaufen, lehnte ich ab. Ich wollte mehr haben und ich war überzeugt ich könnte die Firma entsprechend hochskalieren. Das Doppelte verlangen, wenn eine entsprechende Marktposition erreicht ist, war mein Ziel. Aber Geld fehlte, die Firma war bis dato schon hoch verschuldet und investierte weit über ihre Erträge hinaus in Softwareentwicklung und Marketing (leider zu wenig in Marketing). Es musste mehr Eigenkapital her um, für weiteres Wachstum, weiteres Fremdkapital aufnehmen zu können. Durch Unterstützung von Dr. Werner (www.finanzierung-ohne-bank.de) konnte ich einen Investor gewinnen, der sich auf eine Unternehmensbewertung von 1 Mio. € (für eine im Prinzip wertlose und überschuldete Firma) einließ und sich mit 150.000 € zu 15% Unternehmensanteile, sowie einer Call-Option, für weitere 15% des Unternehmens zu weiteren 150.000 €, einkaufte. Der Clou, er wurde auch unentgeltlich Geschäftsführer und war von nun an aktiv dabei. Kurz darauf skalierten wir von 10 auf 30 Mitarbeiter in wenigen Monaten hoch. Der ganze Beteiligungsprozess zog sich weit über 1 Jahr. Erst wollte ich das nicht und wollte nur einen stillen Gesellschafter, um so weiter Alleinherrscher zu sein (Anteile abgeben bei zukünftigen hohem Wachstumspotential kam für mich auch nicht in Frage). Die Einsicht kam dann aber doch, dass ich lieber 70% von einem großen Ding anstatt 100% von einer kleinen Firma haben möchte. Übrigens – obwohl das hier ein Negativbeispiel wird, können Co-Investments, insbesondere auch im Immobiliengeschäft höchst spannend sein.

Es zog sich Monate hin, ein noch bestehendes Einzelunternehmen in eine GmbH & Co. KG umzuwandeln. Zusätzlich wurden weitere Monate benötigt, bis er einen Kredit aufnahm. Bei den niedrigen Zinsen macht es nur Sinn, dass er seine Beteiligung nicht aus Barvermögen (das er locker besaß) zu finanzieren, sondern einen niedrigverzinsen Kredit aufzunehmen. In der Zwischenzeit war der Investor bereits als 2. Geschäftsführer eingestiegen, hatte vollen Einblick in alles und arbeite aktiv mit! Ein sehr guter Schachzug, der mir später sehr gut zuspielte.

Nachdem wir jetzt also schon über ein Jahr zusammenarbeiteten, konnte er sich endlich beteiligen. Die 150.000 € waren in dem Zeitraum allerdings schon längst ausgegeben und auf Lieferantenkreditbasis neues Geld aufgenommen (etwas das man tunlichst unterlassen sollte). Das Wettrüsten mit den Wettbewerbern war im vollen Gange, darum habe ich diesen riskanten Schritt gewagt und über die Möglichkeiten und Verhältnisse investiert. Mitbewerber mit ähnlichem Geschäftsmodell verkauften ihre in 2008 gegründete Firma für 140 Millionen Euro in 2015. Potential wäre also da gewesen auch unser Unternehmen zu einem guten Gewinn zu verkaufen.

Am 21.08.2014 beteiligte der Investor sich schließlich – die 150.000 € flossen kurz drauf in die Firma und waren am nächsten Tag schon weg für die Lieferanten. Der gewünschte Effekt der gestärkten Eigenkapitalbasis für weitere Fremdkapitalaufnahme war geplatzt. Die Abhängigkeit vom Investor perfekt. Dies nutzte er auch prompt aus. Er forderte für weiteres dringend benötigtes Geld und Unterstützung, was er als Darlehen bereitgestellt hätte, 50% der Firmenanteile ohne Gegenleistung. Er hätte auch alternativ fairerweise seine Call-Option für weitere 15% ziehen können und die weiteren 150.000 € einbringen können. Aber das tat er natürlich nicht. Die Gesellschaften hatten zu diesem Zeitpunkt rund 500.000 € Schulden. Er haftete dabei als Geschäftsführer für ca. 80.000 €, ich für insgesamt rund 400.000 € aus privater Haftung für Verbindlichkeiten und der Geschäftsführerhaftung. Nur für die restlichen 100.000 € haftete die GmbH. Mit einer Durchgriffshaftung wegen Insolvenzverschleppung, Gläubigerbenachteiligung etc. hätte ich möglicherweise auch für die vollen 500.000 € gehaftet.

Ja – es gibt so etwas wie Geschäftsführerhaftung bei GmbHs! Der Gesellschafter ist der halbwegs sichere Posten, aber der Geschäftsführer hat diverse Haftungsthemen am Bein (Umsatzsteuer, Lohnsteuer, Krankenkassenbeiträge, Insolvenzverschleppung, Gläubigerbenachteiligung, Untreue…).
Nun, mit einem Geschäftspartner, der solche Spielchen spielt, kann man natürlich nicht weiter zusammenarbeiten.

Der Investor legte kurz drauf seine Geschäftsführer-Ämter nieder. Erstens um seine Haftung zu begrenzen, zweitens um mich unter Druck zu setzen. Da ich der letzte verbliebene Geschäftsführer war, konnte ich mein Amt nicht niederlegen um meine Haftung zu begrenzen.
Das Thema Insolvenzverschleppung war längst im Raum. Eigentlich hätte sofort Insolvenz angemeldet werden müssen. Doch das kam für mich nach reiflicher Überlegung nicht in Frage. Ich habe die Firma auf der Stelle notsaniert. In so einer Situation ist es unablässig sofort und klar überlegt zu handeln, sonst ist alles verloren.

Es kostete mich drei Tage und schlaflose Nächte, zig Gespräche mit meinem Steuerberater und fünf verschiedenen Rechtsanwälten. Einem für Gesellschaftsrecht, zwei für Insolvenzrecht, einen für Strategieberatung und meinen Hausrechtsanwalt.

Meinem Steuerberater und einem Insolvenzrechtsanwalt waren sofort klar, dass Insolvenz angemeldet werden muss. Der Rechtsanwalt klärte mich jedoch intensiv über die ganzen Folgen auf. Meine Idee der Insolvenz in Eigenverwaltung wäre nicht durchsetzbar gewesen, da die Situation von außen betrachtet zu hoffnungslos war.

Natürlich stand hier dann auch direkt das Thema Straftaten im Raum:

1. Steuerhinterziehung, wegen nicht mehr gemeldeten Steuern. Das Finanzamt hatte, nachdem der Organträger (mein ehemaliger Parnter) abgemeldet wurde, wegen der Ausgliederung in eine KG versehentlich auch das Steuersignal der verbundenen Unternehmen gelöst. Mein Vorteil, denn so konnte ich über ein Jahr Zeit gewinnen bis dies dem Finanzamt auffiel und daraus rund 80.000 € Liquidität gewinnen für andere Themen was natürlich
2. Gläubigerbenachteiligung war.
3. Insolvenzverschleppung, weil sofort Insolvenz angemeldet werden hätten müssen
4. Arglistige Täuschung, behauptete zumindest der Investor. Damit wäre er wohl nicht durchgekommen, da er ein Jahr lang im Vorfeld als Geschäftsführer Einblick in alle Bücher hatte. Zuletzt noch
5. Verdacht auf Softwarepiraterie, denn mich hatte ein Mitarbeiter angezeigt, dem ich auch privat sehr viel geholfen hatte. Ich hatte ihm Geld geliehen und eine Wohnung besorgt. Dazu gab es zusätzlich in der Hochphase auch noch eine Hausdurchsuchung bei mir, mehr im Kapital Mindset im Umgang mit Straftaten. Selbst Freunde können sich in das komplette Gegenteil wandeln. Man kann nicht in den Kopf so mancher Persönlichkeit schauen.

Andere hätten den Kopf in den Sand gesteckt oder wären daran zerbrochen, ich nicht. Es kommt immer auf die Einstellung an. Von entscheidender Bedeutung war hier meine NLP-Ausbildung und meine daraus gestärkte Persönlichkeit.

Der zweite Insolvenzrechtsanwalt, den ich aufsuchte, zeigte nicht viel Kompetenz, dieser zog ich somit nicht in betracht mich zu verteidigen. Der erste Insolvenzrechtsanwalt lehnte die Mandatierung dann wegen Aussichtslosigkeit ab - ich hatte mir in den Kopf gesetzt eine Insolvenz in Eigenverwaltung durchzuziehen. Ich habe ihm in dieser Situation natürlich nicht geglaubt, denn ich meinte ja alles besser zu wissen. Aber es wäre wirklich nicht zur Eigenverwaltung gekommen, da es aus der Sicht eines Dritten (Gericht) aussichtslos schien.

Ich hätte auch Privat in die Insolvenz gehen müssen, da ich keinen Cent Vermögen besaß, alles in die Firma investiert hatte und zusätzlich eine Geschäftsführerhaftung und Bürgschaften auf mir lag.

Meine Investments in Immobilien hatte ich verschoben, obwohl ich bereits mit 18 auf diversen Zwangsversteigerungen war, da ich einen baldigen Exit mit der Firma für mehrere Millionen Euro als lukrativer angesehen hatte – ein Fehler. Die Immobiliendeals, die ich mir damals angeschaut hatte wären heute das 5-fache wert und ich hätte viel Gewinn daraus ziehen können.

Ich überlegte mir: Wie kann ich das Problem nun loswerden und möglichst schnell zurückkommen zu meiner eigentlichen Passion: Immobilien? Schon als kleines Kind war ich mit meinem Opa, mit dem Dreirad, von Baustelle zu Baustelle unterwegs.

Das Insolvenzverfahren und die zu Lasten gelegten Klagen würden sechs Jahre dauern, zusätzliche drei Jahre für die Bereinigung der Schufa würden mich erwarten, dies würden neun Jahre bis zur "Frehiet" bedeuten. Ich habe mir ausgerechnet wie lange ich brauche um es aus eigener Kraft zu schaffen. Wie lange würde ich wohl brauchen um 500.000 € Schulden, denen kein Gegenwert mehr gegenübersteht, abzubauen? Geht das schneller als neun Jahre? Geht das schneller als sechs Jahre?

Mein damaliger Steuerberater verabschiedete sich dann auch, meldete sich weder auf Mails noch auf meine Anrufe und hinterließ so ein riesiges Chaos. Am Anfang arbeitete er nur noch gegen Vorkasse – dann stellte er die Arbeit trotz Vorkassen-Zahlung ganz ein.

Merke: Steuerberater sind die ersten, die das sinkende Schiff verlassen, wenn es Probleme gibt. Daher ist es wichtig die Zahlen auch ohne Steuerberater im

Griff zu behalten und auch immer selbst den Überblick zu bewahren. In der Situation wollte mich auch kein anderer Steuerberater übernehmen, ich hatte diverse Gespräche geführt. Die guten Kanzleien lehnten alle ab und offensichtlich ahnungslose wollten mich vertreten, ich lehnte diese jedoch ab, da mir Erfahrung und wirkliche Hilfe wichtig waren. Die Kanzlei Popenda – über eine Empfehlung gewonnen, traute sich an meinen Fall und war kompetent, ein Glücksfall.

Nur mein Hausrechtsanwalt blieb mir treu zur Seite. So einen Mann braucht jeder! Einen, der dir wenn es hart auf hart kommt immer noch treu zur Seite steht. Sein Honorar – fast 20.000 € Stundete er und ging in den Rangrücktritt gegenüber allen Gläubigern. Aus 20.000 € Fremdkapital (Forderungen) wurden so 20.000 € Eigenkapitalersatz (dept-equity-swap).
Er vertritt mich auch heute noch und wir haben eine super Zusammenarbeit. Er war es, mit dem ich dann weiter gearbeitet habe. Als erstes wurde auf Zeit gespielt, um die Liquidität zu schonen.
Sofort mussten Fixkosten reduziert werden. 26 der 30 Mitarbeiter wurden gekündigt. Ein Teil hatte noch Probezeit, ein anderer Teil kündigte von sich aus. Manche wurden vom Investor abgeworben, mit einem anderen Teil schloss ich vor dem Arbeitsgericht Vergleiche. Drei Mitarbeiter, die von Anfang an dabei waren und klar hinter mir standen, zog ich in einer Sonntag-Nacht bei McDonalds ins Vertrauen und stelle sie vor die Wahl: ziehen wir es gemeinsam durch und werden den Mitgesellschafter los - was zu dem Zeitpunkt noch unklar war, ob wir es schaffen, da wir hoch verschuldet waren. Oder schenken wir ihm die Anteile, er hat das Kapital und könnte sie übernehmen? Sie wählten die unsichere Option eins. Sie sind heute noch meine Mitarbeiter, auf die ich mich verlassen kann und die die Firma seit 2014 ohne meinen Zeiteinsatz fast ganz alleine managen. Ich kümmere mich um meine Onlinedruckerei heute weniger als vier Stunden in der Woche – nach dem Prinzip der 4-Stunden-Woche des gleichnamigen Buches von Timothy Ferriss (ist sehr zu empfehlen). Auch Pareto wandte ich erfolgreich an. 20% der Kunden sind für 80% des Ärgers verantwortlich – also habe ich diese rausgeworfen. 20% der Kunden sind für 80% des Gewinns verantwortlich – also haben wir uns auf diese fokussiert. Alle anderen haben wir rausgeworfen, bzw. deren Betreuung reduziert. Der Umsatz ging natürlich stark zurück, aber die Kosten noch viel stärker, sodass heute wieder ein Gewinn und echtes passives Einkommen verzeichnet werden

kann – und das bei minimalstem Zeitaufwand. Zusätzlich hatte ich die Synergie vier Mitarbeiter zu haben, welchen ich Aufgaben delegieren konnte. Eine sehr gute Startposition für mein zu diesem Zeitpunkt neues Unternehmen Immotege UG. Für eine GmbH reichte das Geld nicht, da ich in zwei Immobilien und einen Verlag den ich auch noch übernommen habe, während ich meine Firma sanierte, investiert hatte und außerdem bestanden 500.000 € Schulden ohne Gegenwert. Aber eine Kapitalgesellschaft musste es zwingend sein, die UG war als Auffanggesellschaft bereits vorhanden und wurde kurzerhand umfunktioniert und an meine GmbH-Holding verkauft. So startete ich mit Finanzierungsvermittlung für Immobilieninvestoren. Meine Schufa, die Schuldnerregister und auch die Creditreform blieben in dem gesamten Prozess sauber, das glaubt mir kaum einer. Wenn man den Kopf nicht in den Sand steckt und beherzt, sofort und priorisiert handelt, dann geht das. Wenn eine Forderung bestritten ist, kann diese nicht eingetragen werden. Der Trick ist also erst einmal alles zu bestreiten, auch wenn vor Gericht verloren wird (allerdings Jahre später) und man am Ende trotzdem bezahlen muss, auch mit hohen Gebühren. Liquidität ist alles!

Die Abschirmung durch die GmbH war ebenfalls eine Hilfe. In der Zeit stieg mein Schufa-Score sogar von 96,81 % auf 97,79 %. Man sollte niemals eine GbR, KG, OHG oder ein Einzelunternehmen etc. grüden. Es sollte immer nur eine GmbH für unternehmerische Tätigkeiten genutzt werden. Wenn dies nicht möglich ist, weil die 12.500 € Stammeinlage (es müssen nur die Hälfte der 25.000 € einbezahlt werden) fehlen, dann sollte man unbedingt eine UG, aber nichts anderes öffnen. Die Gründe dafür sind die Haftung, die Steuer und die freieren Gestaltungsmöglichkeiten.

Im Oktober 2017, 3 Jahre nach meinem persönlichen Crash, konnten die Schulden der Gesellschaften von über 500.000 € auf unter 100.000 € gesenkt werden und diese 100.000 € sind als Mezzanine-Kapital durch Rangrücktritt so ausgestaltet, dass sie für Banken wie Eigenkapital zählen. Meine persönliche Haftung für die letzten 100.000 € liegt bei exakt 0 €.

Anfang 2017 konnte ich zum ersten Mal wieder kleine Bankkredite aufnehmen. Zusätzlich konnte ich in 2016 einen Bauplatz im Wert von 100.000 € zum Preis von nur 1.600 € erwerben (Jackpot: Der Verkäufer hatte nicht gemerkt, dass das Grundstück inzwischen Bauland war und verkaufte es als Landwirtschaftsfläche). Zu dieser Zeit lief über meinen Architekten eine Bauvoranfrage für ein Doppelhaus, welches ich als Projektierung mit Gewinn in 2018 weiterverkauft habe. Außerdem auch ein 3-Familienhaus, das ich für 30.000 € + 100.000 € Sanierung mit Wertsteigerungspotential auf 400.000 € erworben habe. Mehr dazu später im Buch, sowie ein Verlag zum Preis von rund 100.000 € - der mir einen zusätzlichen Cashflow von rund 50.000 € pro Jahr beschert. Der Kaufpreisfaktor beläuft sich auf das doppelte. Dies habe ich alles fast ohne Bank finanziert, nur durch kluges Finanzmanagement und teils mit dem Modell Anzahlung + Ratenzahlung.

Anstatt meinen Gläubigern 500.000 € durch eine Insolvenz zu kosten und für 9 Jahre nicht mehr finanzierbar zu sein, habe ich in drei Jahren den Großteil meiner Schulden in Raten abbezahlt, mir ausreichend Luft für Deals verschafft und konnte eine gute Basis für weitere Geschäfte legen. Ich ging straffrei aus der Sache raus (keinerlei Verurteilungen, alle Verfahren eingestellt, selbst Verkehrsdelikte durch Wohnsitzabmeldung und Nichtermittelbarkeit).

Seit 2014 habe und werde die nächsten Jahre auch keinen Cent Einkommensteuer, Gewerbesteuer oder Körperschaftssteuer bezahlen! Das Stichwort ist Verlustvorträge. Die Verlustvorträge von rund 500.000 € wären mit der Insolvenz ebenfalls untergegangen und verloren gewesen, da diese in den Gesellschaften gefangen sind. Durch die Sanierung konnte ich diese erhalten. Dass 500.000 € Verlustvorträge bei fast 50% Spitzensteuer weiteres Vermögen von rund 250.000 € bedeuten, brauche ich an dieser Stelle wohl kaum erwähnen.

Natürlich wurde der ganze Deal mit dem Mitgesellschafter (dessen Anteile ich mir über eine Rückabwicklung zurückgeholt habe) so abgewickelt und gestrickt, dass ihm möglichst wenig dieser Verluste zugewiesen wurden - ist klar. Auch dass möglichst wenig der Verlustvorträge bei der Rückabwicklung der Beteiligung untergingen. Ich bin heute wieder Alleingesellschafter. Dazu wurden die Abschreibe-Zeitpunkte des immateriellen Anlagevermögens (Software) klug gewählt und zwischen meinen verschiedenen GmbHs klug hin und her gespielt. Die Verhandlungsposition war dank der Umstände auf meiner Seite.

Wenn es möglich ist, ist es das Wichtigste die Verhandlungsposition auf der eigenen Seite zu haben. Ich war mir dessen am Anfang gar nicht so bewusst, aber in Zusammenarbeit mit einem Rechtsanwalt wurde mir das immer klarer. Im Immobilienbereich steuert man das z. B. indem man sich in einem Käufermarkt bewegt, anstatt in einem Verkäufermarkt (z. B. ländliche Gebiete, Problemimmobilien etc.). Dadurch kannst du die Konditionen diktieren.

Dieses Beispiel zeigt, dass selbst wenn man in der schlimmsten Situation gefragen ist, man sich mit Mut und Ehrgeiz, rausziehen und Vermögen aufbauen kann.

Wenn ich es schaffe in nur drei Jahren von – 500.000 € auf + 300.000 € (Wert der Immobilien und Firmenbeteiligungen) zu kommen, dann schafft das jeder – solltest der jenige in eine ähnliche Situation kommen. Und das ist gar nicht so unrealistisch. Immobilieninvestoren kommen immer wieder ins Trudeln, dessen muss man sich bewusst sein und rechtzeitig für Vermögensabsicherung, z. B. durch die Gründung einer Familienstiftung, sorgen.

In den ersten Jahren alles auf Wachstum zu setzen, ist sicherlich klug. Sobald ein bestimmtes Level erreicht ist, muss man schauen, dass man ein paar hunderttausend Euro (in Form einer Unternehmensbeteiligung oder einer Immobilie) in eine Familienstiftung überträgt. So hat man im Falle eines Crashs Rücklagen, auf die man als Stiftungsvorstand zurückgreifen kannt, um nicht erneut bei null beginnen, oder im schlimmsten Fall sogar wieder einen Angestelltenjob annehmen zu müssen. 2014 musste ich meinen geliebten Porsche 944 Targa verkaufen, weil ich die Liquidität brauchte. 2017 konnte ich mir endlich wieder einen gebrauchten Boxster 986 für gerade einmal 3.800 € - ein Schnäppchen und dank Rechtslenker deutlich günstiger - zulegen. Es macht einen riesigen Spaß! Belohnung ist auch wichtig, sobald es wieder möglich ist. Konsumverzicht kann und darf nicht ewig gehen.

Drei Jahre bin ich mit einem 400 € teuren 20 Jahre alten gebrauchten verbeulten und rostigen Audi-Diesel gefahren, der jetzt nur noch für die Baustellen da ist. Meine Mietwohnung in Stuttgart hatte ich gekündigt und bin wieder bei meinen Eltern eingezogen. Auch persönlicher Verzicht war nötig. Nur so konnte ich, trotz extrem angespannter finanzieller Situation, den Turnaround schaffen und Vermögen aufbauen.

Exkurs Konsumverzicht Auto:
Ein 30-jähriger angehender Immobilieninvestor beklagte sich bei mir, er hätte kein Eigenkapital und könne deswegen nicht in Immobilien investieren. Er ist verheiratet und hat zwei Kinder. Er geht arbeiten und seine Frau auch, beide verdienen gutes Geld, zusammen über 4.000 € netto pro Monat. Nachdem ich etwas gebohrt hatte, warum kein Geld da ist (warum soll denn auch eine Bank

einen Kredit geben, wenn man es mit 30 nicht geschafft hat etwas zur Seite zu legen) kam also raus, dass seine Frau ein neues Auto gebraucht hat. Kein Neuwagen – darum hat er es gar nicht als Konsumausgabe gesehen, sondern „nur" einen Jahreswagen. Dieser kostete aber eben auch 15.000 €. Als ich ihm klar machte, dass er bei mindestens 30% Eigenkapitalrendite (was Immobilien nun mal mindestens bringen sollten – bei 100% Finanzierung und Kaufneben-kosten aus eigener Tasche) nur mit diesem Auto bereits 5.000 € pro Jahr an „passivem" Einkommen (ohne Wertsteigerung) verschenkt, hatte er es endlich begriffen. Es muss nicht immer der Konsumverzicht sein, aber wenn er nötig ist, dann ziehe es ein paar Jahre durch – du bekommst ein Vielfaches zurück.

Wichtig:
1. Hole dir niemals einen Investor mit Geschäftsführeranteilen ins Boot.
2. Prüfe genau, mit wem du dich zusammen tust.
3. Gib niemals auf, es gibt immer einen Ausweg, recherchiere nur, wie es geht!
4. Erkundige dich über "Dept-Equity-Swap".
5. Lies das Buch "4-Stunden-Woche" von Timothy Femiss.
6. Die richtige Reaktion auf schwere Zeiten, kann zum Erfolg führen.
7. Liquidität ist alles!
8. Gründe für unternehmerische Tätigkeiten immer eine GmbH!
9. Setze dich mit dem Thema Verlusvorträge auseinander.
10. Habe bei Möglichkeit immer die Verhandlunsposition auf deiner Seite.
11. Mit Mut und Arbeitsbereitschaft schafft man es aus Problemen.
12. Baue dir rechtzeitig Vermögensabsicherungen auf z.B. durch die Grün-dung einer Familienstiftung.

Wie ich in nur 3 Jahren 500.000 € Schulden abgebaut habe

Die Zahlen:
130.000 € Dept-Equity-Swap von Lieferanten (Nachrang von Forderungen)
130.000 € Forderungsverzicht des abtrünnigen Gesellschafters
240.000 € / 3 Jahre = 3 x 80.000 € Geschäftsführergehaltsverzicht von mir

Verhandlung mit den Lieferanten
Hier gab es besonders langjährige treue Lieferanten kleiner mittelständischer Betriebe. Diese hatten ihre Forderung bevorzugt erhalten und wussten um die

wirtschaftliche Lage meines Betriebs. Im Insolvenzfall hätte der Insolvenzverwalter für mehrere Jahre diese Forderung angefochten und zurückgefordert. Sie hätten also nicht nur die aktuell offenen Forderungen zurückbezahlen müssen, sondern auch noch zusätzlich die ganzen Einnahmen der letzten Jahre. Das hätte diese Betriebe selbst an den Rand einer Insolvenz geführt. Also hatte ich das Ruder wieder in der Hand und konnte mit Ihnen einen Deal ausmachen, in dem sie keinen Cent verlieren, aber noch ein paar Jahre auf Ihre Forderungen warten müssen. Im Gegenzug dafür mussten sie nicht die ganzen Jahre davor zurückzahlen und sich zusätzlich dazu verpflichteten, weiter zu liefern.

Nicht mit allen Lieferanten hat dies geklappt. Wer sich nicht fügen wollte, der sah erst mal gar kein Geld mehr. Forderungen wurden bestritten und dann erst nachdem diese zwei bis drei Jahre später vor Gericht gewonnen hatten bezahlt.

Dieses Vorgehen war nötig, denn nur so konnte die Liquidität erreicht werden und die Stellung eines Insolvenzantrags verhindert werden. So haben sie letztlich ihr Geld mit Zins-, Anwalts- und Gerichtskosten zurückbekommen. Bei Airlines (ein sehr kapitalintensives Geschäft), die selbst oft am Rande eines Konkurses stehen (siehe den Ausgang von Air Berlin), gibt es ganze Handbücher mit hunderten Seiten, in denen genau differenziert wird, wann und wie welche Zahlung verschleppt wird.

Forderungsverzicht des abtrünnigen Gesellschafters
Nachdem er sich gegen den vereinbarten Businessplan gestellt hatte und die Gesellschaft durch den Entzug seiner versprochenen Bürgschaften insolvenzreif war, habe ich ihn vor die Wahl gestellt. Entweder er gibt seine Anteile zurück oder ich melde Insolvenz an. Das hätte ich rein gesetzlich tun müssen, da durch seine Forderung auf Rückzahlung seiner 150.000 € Gesellschaftsanteile, die nicht bezahlt werden konnten, spätestens Insolvenzreife eingetreten ist. Einige Monate zuvor hatte er noch versucht mich zu erpressen, dass ich ihm meine Geschäftsanteile überlasse mit genau demselben Argument. Nun hatte ich es aber endlich begriffen, dass er auch einen Verlust zu tragen gehabt hätte. Neben dem Verlust seiner 150.000 € hätte er noch für nicht bezahlte Umsatzsteuern aus der Zeit seiner Geschäftsführung, sowie unrechtmäßig an ihn zurückgeführte Darlehen zu einer Zeit als es der Gesellschaft schlecht ging (in Summe rund 80.000 €) bringen dürfen. Bei mir wäre ja nichts zu holen gewe-

sen, da ich dann Privatinsolvenz angemeldet hätte.

Er hatte also jetzt die Wahl: 150.000 € verlieren mit der Chance, dass Philipp das unmögliche schafft und den Laden saniert oder todsicher weitere 80.000 € zusätzlich, also 230.000 € in Summe zu verlieren.

Letztlich haben wir uns auf eine Zahlung an ihn in Höhe von 40.000 € geeinigt. Allerdings mit der Bedingung, dass wenn 20.000 € binnen 2 Jahren bezahlt sind in Raten à 1.000 € pro Monat, dann weitere 20.000 € erlassen werden. Also eigentlich sogar nur 20.000 €. So war für ihn sichergestellt, dass ich auch ein Interesse daran habe, seine Forderung wirklich pünktlich zu bedienen und das tat ich auch.

Mir waren es die 20.000 € wert, da ich damit das Thema save und sofort erledigt hatte. Außerdem hatte ich nichts zu verlieren. Hätte ich doch Insolvenz angemeldet, wären auch die 20.000 € nicht bezahlt worden.

Richtiges Timing

Bis zu dem Zeitpunkt, an dem ich Verhandlungen mit ihm aufgenommen habe, habe ich genau ein Jahr vergehen lassen. Solange habe ich ihn hingehalten. In dem Jahr hatte er seine Forderung bereits von 150.000 € auf 100.000 € in diversen Schreiben, die zwischen mir und seinem Anwalt hin und her gingen, reduziert. Ich konnte ihn immer mit neuen Vorwürfen schikanieren und seine Gegenvorwürfe, die alle nicht haltbar waren, jeweils durch schriftliche Belege (in Form von Mailverkehr etc.) widerlegen. Eine saubere Dokumentation ist sehr wichtig!

Im Falle der Kündigung seiner Gesellschaft bzw. der Einziehung seiner Anteile hätte er wohl nach Gesellschaftsvertrag 0 € bekommen. Da die Beteiligung aber erst so kurzfristig davor gemacht wurde, ich das eine Jahr habe vergehen lassen und es immer noch um das Thema Rückabwicklung ging, bestand ein Restrisiko bei einer gerichtlichen Auseinandersetzung. Zusätzlich hätte ich Prozesskosten vorstrecken müssen, denn er eskalierte nicht (er wusste genau, dass nichts zu holen ist und investierte deswegen nicht extra Geld) und ich hätte für die Kosten in Vorleistung gehen müssen. Da ich aber jeden Cent gebraucht habe um den Laden am Laufen zu halten, war mir dies in dem Moment schwer möglich.

Ob die Verfehlungen von ihm überhaupt gereicht hätten ihn raus zu klagen wäre außerdem fraglich gewesen, denn Gesellschafterrechte sind sehr sehr stark.

Es war jetzt der optimale Zeitpunkt ihn los zu werden. Wenn die Gesellschaft erst einmal saniert wäre, wäre es zu spät gewesen, da so das Druckmittel weg gewesen wäre. Mit der Gewissheit die Deals mit den Gläubigern für den Dept-Equity-Swap so gut wie save zu haben, startete ich nach einem Jahr den Frontalangriff.

Das erste Jahr brauche ich also um die Lage zu stabilisieren, die Firma zu schrumpfen, Personal zu reduzieren und Deals mit den Lieferanten auszuhandeln. Nachdem klar war, dass eine Chance bestand, ging es jetzt dran alles vertraglich fest zu ziehen. Die letzten zwei Jahre habe ich dann gar nichts mehr gemacht. Die Firma lief von alleine.

Wie ich in 24 Monaten 300.000 € Vermögen aufgebaut habe

Im letzten Jahr, der schweren Zeit, übernahm ich einen Verlag. Der Kaufpreis lag bei 100.000 € - der Wert bei 200.000 €. Übernommen habe ich den Verlag Ende 2016 mit rund 70 Verlagstiteln. Aktuell konnte ich auf rund 240 Verlagstitel hochskalieren. In den nächsten sechs Monaten sollte sich die Zahl auf die vorläufige Endstufe von 350 Stück erhöhen. Damit ist das Sortiment in der Breite auf das Maximale vergrößert, das der Nischenmarkt her gibt. Im nächsten Schritt wurde das Marketing verbessert. Zusätzlich wurden die Produkte aktuell für eine digitale Einführung vorbereitet.

50.000 € Jahresgewinn Onlinedruck/Verlag * 4 (Faktor)	200.000 €
abzüglich Mezzaninekapitals / Darlehen	- 100.000 €
Immobilienvermögen (MFH für Totalsanierung)	+ 100.000 €
Bauplatz (mit Projektierung für Doppelhaus)	+ 100.000 €
Gesamtvermögen	**= 300.000 €**

Entscheidend war bei der ganzen Sanierung meiner Firma nicht meine eigene Arbeitskraft – ich arbeitete von 2014 bis 2016 so wenig wie noch nie – machte sogar eine lang geplante Pilotenausbildung (PPL) und ging studieren (Wirtschaftsingenieurwesen Bau + Immobilien). Es waren viel mehr die Entscheidungen, Strategien und letztlich das Geld, das ich mit Unternehmertum und

Immobilieninvestments verdient habe. Mit eigener Arbeitskraft kann man so etwas nicht schaffen.

Ziel dieses Buches

Seit 2017 gebe ich wieder richtig Gas. Mein in 2014 begonnenes neues Standbein, Finanzierungsvermittlung für Immobilieninvestoren, wächst stark und macht mir sehr viel Spaß. Mit diesem Buch möchte ich mich bei dir als Kooperationspartner im Bereich Finanzierung und Strategieberatung vorstellen. Dazu habe ich dir in diesem Buch viele Informationen, Strategien und Tipps zusammengefasst. Mein Ziel ist, dass du etwas für dich mitnimmst und an deiner ganz persönlichen Strategie arbeitest, sowie für dich persönlich den Eindruck gewinnst, dass es sich lohnen könnte Philipp Scharpf (Immotege) in dein Team im Bereich Finanzierung aufzunehmen.

Klassische Buy & Hold Strategie

- Schritt für Schritt Anleitung:

  Finanzierung / Steuer / Aufwertung

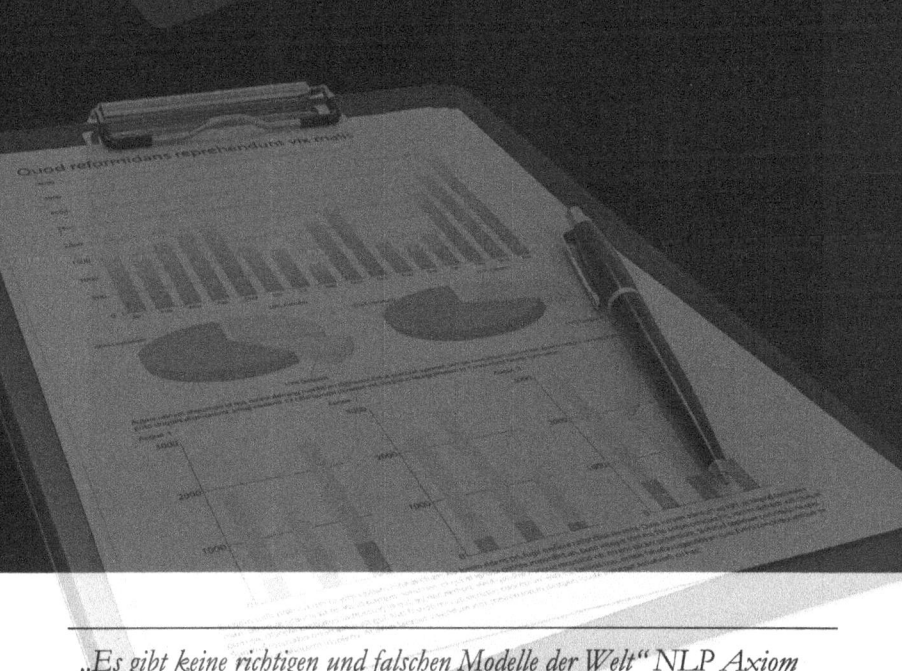

„Es gibt keine richtigen und falschen Modelle der Welt" NLP *Axiom*

Jeder hat einen anderen Blick auf die Welt. Jeder ist sowohl falsch als auch richtig.

2. Klassische-Strategie Buy & Hold mit Aufwertung

Wie läuft das ab?

1. Es ist ein Ankauf im Privatvermögen (oder Stiftung) idealerweise mit Einkaufsgewinn von 20%.

→ Die Finanzierung ist für Profiinvestoren variabel, für kleinere Investoren 5 Jahre Zinsbindung.

→ Der Beleihungsauslauf beträgt 80% - 100% (0% - 20% + KNK aus eigener Tasche).

→ Wir steigern den Wert der Immobilie mit dieser Strategie, daher kein Ankauf in der VV-GmbH.

2. Kleine optische Korrekturen und notwendige Reparaturen müssen mitbeachtet werden.

3. Lagerabteile/Stellplätze müssen geschaffen und tote Flure beseitigen werden.

4. Es sollte ein Dachgeschossausbau, Balkon- und Terrassenanbau und Keller- und Gartennutzungsoptimieren vorgenommen werden.

→ Die Modernisierungskosten sollten sich auf max. 15% vom Gebäudewert in den ersten 3 Jahren belaufen, damit sofort abgeschrieben werden kann.

→ Außerdem sollte man sich ausreichend Puffer lassen, daher im ersten Step max. 10% vom Gebäudewert in die Modernisierung investieren.

5. Eine Mietanpassung (15%/20%) sollte erfolgen.

→ Nach den optischen Korrekturen (so bessere Akzeptanz) sollte eine Mieterhöhung folgen.

→ Auszug einzelner Mieter ist ein Glücksfall, so kann dessen Wohnung neu mit höherem Ertrag vermietet werden.

6. Drei Jahre nach der ersten Mietanpassung sollte eine weitere Mietanpassung (15%/20%) durchgeführt werden.

→ Wichtig: die Reihenfolge ist entscheidend, zuerst die normale Mietanpassung, dann die auf Grundlage von Umlage durch Modernisierung.

7. Modernisierungsmaßnahmen umsetzen (nach drei Jahren – damit sofort abschreibbar – Achtung: Gewerke zählen).

→ Steuerlicher Ansatz: 45% zurück (42% Spitzensteuer + Soli).

→ Die Umlage der Modernisierung auf den Mieter sollte 12,5 Jahre 8% betragen.

8. Nach Ablauf der 5 Jahre Zinsbindung sollte reagiert werden.

→ Man sollte eine Umfinanzierung zu einer anderen Bank (bestehende Bank akzeptiert Wertsteigerung im Regelfall nicht im vollen Umfang) beanspruchen.

→ Dadurch wird der Beleihungsauslauf von 80-100% auf 60-80% gesenkt durch Wertsteigerung → Zinsrabatt von ca. 0,5%.

→ Ihr solltet euch auf weitere Zinsbindung fünf Jahre einigen.

→ Dadurch entsteht Schaffung von Ersatzeigenkapital.

9. Nach zehn Jahren sollte ein steuerfreier Verkauf an eigene VV-GmbH, Stiftung oder Ehepartner (Gütertrennung) / Kinder passieren.

→ An die Ehepartner / Kinder, da so keine Grunderwerbsteuer aufkommt.

→ An die eigene VV-GmbH, wenn keine weitere erhebliche Wertsteigerung zu erwarten (C-Lagen) ist.

→ An die Stiftung, wenn kein Ehepartner / keine Kinder vorhanden und weitere erhebliche Wertsteigerung zu erwarten (A-Lagen) ist.

→ So entwickelt sich eine neue höhere Abschreibungsgrundlage.

→ Es kann Kapital aus der Stiftung oder der GmbH (auch Holding) steuerfrei ins das Privateigentum geholt werden.

→ So sind höhere absetzbare Schuldzinsen zu erwarten.

→ Richtiges EK ist wertvoller als Ersatz-Eigenkapital.

10. Das gleiche Spiel im Privatvermögen erneut beginnen, Cashbestand in VV-GmbH halten.

Die klassische Buy + Hold Strategie mit Aufwertung nutzt alle Möglichkeiten Steuern zu sparen aus:

- Der hoher Steuersatz in der Aufwertungsphase.
- Mit hohen Ausgaben unter Beachtung der 15% Grenze in den ersten drei Jahren (Anschaffungsnaher Erhaltungsaufwand).
- Gewerke-Spiel und den steuerfreien Verkauf nach enormer Wertsteigerung nach 10 Jahren.
- Erhöhung der Abschreibungsgrundlage, der absetzbaren Schuldzinsen.
- Die niedrige Steuerbelastung (15% Körperschaftssteuer) nach 10 Jahren.
- Bis auf seinen Wunsch ewig in der VV-GmbH.
- Die Möglichkeit Geld aus der VV-GmbH steuerfrei raus nach Privat ohne Ausschüttung oder Gehalt zu bringen.

Wird eine hohe Wertsteigerung noch nach zehn Jahren erwartet, (nicht durch aktive Aufwertung, sondern durch den Standort an sich) kann auch eine weitere Runde im Privatvermögen des Ehepartners, der Kinder, oder aber in der Stiftung gedreht werden. Die Stiftung kombiniert die Vorteile des Privatvermögens (spekulationssteuerfreier Verkauf nach 10 Jahren) mit der niedrigen 15% Körperschaftssteuer.

Weitere Infos zur VV-GmbH, Stiftung, den Vor- und Nachteilen gegenüber dem Privatbesitz, Anwendungsmöglichkeiten, anschaffungsnaher Erhaltungsaufwand, Gewerke-Spiel, Fallstricke bei der gewerblichen Infizierung, Strategien zur Aufwertung und vieles Weitere findest du in den jeweils folgenden Kapiteln.

Im nächsten Kapital klären wir die Frage, warum "nur" 5-jährige Zinsbindung.

5 Jahre Zinsbindungsstrategie

- Warum 10/15 Jahre Zinsbindung Doppelspekulation ist

- Warum kurzfristige Zinsbindung das beste Mittel ist

- Die Auswirkung des Beleihungsauslaufes

- Warum Flexibilität wichtiger ist als der Zins

- Das Forward Darlehen

- Die Stressannuität

- Wie Finanzierungsvermittler und Banken denken

„Für jedes Verhalten gibt es einen Kontext, in dem es sinnvoll oder nützlich sein kann" NLP Axiom

3. Warum 5 Jahre Zinsbindung?

Vorab zur Information

Zunächst einmal muss man wissen, dass die zehn Jahre Zinsbindung eine Absonderlichkeit ist, die es nur in Deutschland in diesem Umfang gibt. Die Banken versuchen zehn Jahre Zinsbindung fest zu machen, um den Kunden möglichst lange an sich zu binden. Da dies von ihnen allen als „sicher" propagiert wird, hat es sich nur aus diesem Grund als die "Standard-Finanzierung" in die Köpfe eingebrannt. Zinsen, die in der Zukunft steigen könnten haben die Banken längst in ihre Angebote einkalkuliert. Natürlich hat die 10 Jahres

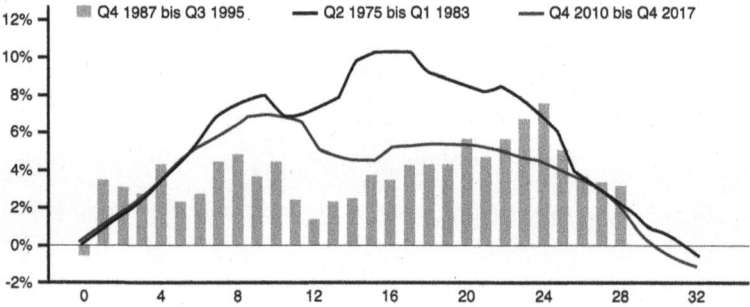

Zinsbindung auch seine Vorteile, wenn sie zur richtigen Zeit bei richtiger Zinswende/stetigkeit eingesetzt wird. Ich persönlich rate situationsabhängig zur 10 Jahres oder zur 5 Jahres Zinsbindung, möchte hier aber auf zweiteres und seine Vorteile eingehen.

Aktueller Zinszyklusvergleich

Doch nur, weil die Zinsen mal niedrig waren, ist das doch kein Grund für einen kurzfristigen weiteren Anstieg oder Abfall. Genau genommen sehen wir seit Januar 2015 nur eins: eine Seitwärtsbewegung der Zinshöhe, die noch lange andauern kann. Man muss jedoch genau beobachten wie sich die Zinsen die nächsten Jahre verhalten, denn sicher ist auf dieser Welt nichts.

Voraussetzungen für eine 5 Jahres Zinsbindung

- Finanzierung von EFH / ETW (MFH funktioniert schlecht)
- nur bei einem Einkaufsgewinn von mind. 20% (besser mehr)
- ggf. Aufwertungsmöglichkeit der Immobilie (Modernisierung)
- Standort mit Marktwertsteigerungspotential
- Erwartung von einem günstigen Zinsumfeld in 5 Jahren
- keine geplante Jobkündigung des Käufers innerhalb 5 Jahren
- Streuung der Zinsbindungen im Portfolio (nicht nur 5 Jahre)
- 100% Finanzierung (110% oft nicht möglich, unter 100% Unsinn)
- Darlehensbetrag über 50.000 €
- tatsächlicher Zinsunterschied zu 10 Jahren (nicht immer vorhanden)

Wer eine 10-jährige Zinsbindung macht ist ein Spekulant

Auf was spekuliert jemand, der eine 10-jährige Zinsfestschreibung abschließt? 1. darauf, dass die Zinsen kurz nach Abschluss steigen, denn sonst hätte er eine kurzfristige Zinsbindung abgeschlossen und keinen Aufschlag für lange Zinsbindung bezahlt. Aktuell sind aber aus fundamentalen Daten wie wir in diesem Buch sehen, keine Zinserhöhungen zu sehen. Ein paar kleine Schwankungen gibt es. 2. Er ist sogar ein Doppelspekulant. Warum ein Doppelspekulant? So eine Finanzierung läuft üblicherweise 30 bis 40 Jahre. Er weiß also heute schon, dass er in 10 Jahren eine Anschlussfinanzierung braucht.
Im Zweifel meint er nach die Immobilie 10 Jahren einfach steuerfrei zu verkaufen. Wenn das wirklich der richtige Zeitpunkt ist zu verkaufen. Möglicherweise war kurz vor Ende der 10 Jahre ein Immobiliencrash und die Preise sind um 40% eingebrochen (dass dies ein durchaus realistisches Szenario ist, kannst du in diesem Buch lesen). Wenn dies der Fall ist, reicht der Verkaufserlös nicht mal zur Deckung der Restschuld aus dem Darlehen.
Nach 10 Jahren Zinsbindungsende sind dann außerdem gerade einmal rund 20-30% getilgt. Der Großteil des Darlehens besteht also noch. Seine 2. Spekulation ist also jetzt darauf, dass die Zinsen in der Anschlussfinanzierung in zehn Jahren wieder niedrig sind. Und damit hat er jetzt die absolut totale Glaskugel. Ich maße mir an, eine Idee davon zu haben was in drei Jahren passiert. 48% der Deutschen wählen die 10-jährige Zinsbindung und sind von sich selbst überzeugt absolut sicher zu finanzieren, denn zehn Jahre Zinsbindung sind ja sicher, "na klar".

Die 10/15 Jahre Zinsbindung ist wie Fallschirm springen ohne Fallschirm. Und kommt jetzt bloß nicht auf die Idee des "Bankers-Liebling", den Bausparvertrag als Fallschirm zu benutzen. Warum, später im Buch mehr dazu. Die 23% der Deutschen, die eine 15-jährige Zinsbindung wählen (damit sind wir also bei 71% der Deutschen in Summe aus 10 Jahren und 15 Jahren Zinsbindung) fahren auch nicht wirklich besser. Sie zahlen nochmals einen etwas höheren Zinsaufschlag, um dann in 15 Jahren genau dasselbe Problem zu haben wie die anderen nach 10 Jahren. Dann ist im Verhältnis ein ebenso hohen Darlehensreststand übrig und das Problem der Anschlussfinanzierung liegt genau so vor. Auch sie sind Doppel-Zins-Spekulanten. Einen kurzen Zeitraum von drei bis fünf Jahren kann man finanziell und vorausschauend gut überbrücken, aber was in 10 Jahren oder 15 Jahren passiert ist nicht möglich zielsicher vorherzusagen.

Ach die Zinsen werden schon nicht steigen (in 10 Jahren)...

...den Ländern in Europa geht es ja so schlecht! Von dieser Rechtfertigung versuchen die Meisten andere dann zu überzeugen, wenn sie sich mit dem Thema entweder selber nicht genau auskennen oder sich nicht darüber informiert haben. Nun wenn man doch der Meinung ist, die Zinsen werden nicht steigen, warum schließt man dann nicht fünf Jahre ab? Warum beraubt man sich der eigenen Flexibilität und lockt die Zinsen für zehn Jahre ein und zahlt dafür sogar noch einen Aufschlag?!

Du eröffnest dir einen riesigen Korridor

Sollten die Zinsen steigen, dann bestimmt nicht von heute auf morgen, sondern langsam über mehrere Jahre. In den 5 Jahren meiner Zinsbindung, kann ich den Verlauf der Zinssteigerung beobachten. In dieser Zeit können die Zinsen zwar auch steigen, ich kann aber dann den niedrigeren Zins nach 5 Jahren in Anspruch nehmen, statt den hohen, der in den nächsten 5 Jahren zu Verfügung steht. Binde ich mich zehn Jahre, habe ich einen Zeitraum über zehn Jahre, in dem die Zinsen steigen können (2-mal so hoch). Binde ich sie 15 Jahre, habe ich einen Zeitraum von 15 Jahren in denen die Zinsen steigen können (3-mal so hoch). Ich habe so keinerlei Möglichkeit, die Anschlussfinanzierung niedrig zu halten.

Wann nehme ich eine Kopfschmerztablette?

Ich möchte Dir das Ganze an einem Beispiel verdeutlichen. Vergleichen wir die Kopfschmerzen mit einer Zinswende (Zinsen fallen oder steigen). Nimmst Du Kopfschmerztabletten dann, wenn Du Kopfschmerzen hast, oder wenn Du sie eventuell bald bekommen könntest? Natürlich nimmst Du die Tablette nur dann, wenn du Kopfschmerzen hast, denn bei zu häufiger Einnahme verliert sie ihre Wirkung. Du verlässt Dich in diesem Fall auf die Tatsache und nicht auf die Angst. Genau so ist es bei der Zinswende, verlasse dich nicht auf das, was die Banken oder Zeitungen darüber berichten und reagiere nicht abhängig von ihren Aussagen. Nach Alex Fischer: Frag nie den Friseur ob du einen neuen Haarschnitt brauchst. So gilt auch hier: Frag nicht den Bankberater welche Zinsbindung du nehmen sollst (er ist angehalten dir lange Zinsbindungen zu verkaufen), sondern bilde dir deine eigene Meinung.

Das Dogma 10/15-Jahre Festzinsbindung

Was ich persönlich fragwürdig finde ist, dass wenn die Zinsen hoch sind Dir von der Bank lange Zinsbindungen angeboten werden und wenn die Zinsen niedrig sind, Dir ebenfalls lange Zinsbindungen vorgeschlagen werden. Oder hast du von deiner Bank schon von anderen Methoden als der 10/15 Jahres Zinsbindung gehört? Hat Dir dein Bankberater oder Finanzierungsvermittler schon etwas anderes empfohlen? Es gibt nur eine Hand voll guter Berater, die gegen den Strom schwimmen und situativ planen. Hat dich deine Bank schon einmal wirklich zinszyklisch beraten und dir erklärt wann welche Zinsbindunszeit sinnvoll ist?

10 Jahre Festzins sind alles andere als sicher!

Wenn man die Zinsen auf 10 Jahre festlegt, hat man in dieser Zeit vielleicht seine Ruhe. Hier ist die Voraussetzung jedach, dass in der Zwischenzeit die Immobilienpreise nicht fallen, sodass nachbesichert werden muss. Nach diesen 10 Jahren kann aber die komplette Unruhe in Form von Verwertung der Immobilie oder des gesamten Immobilienvermögens durch einen Zinsanstieg kommen. Dieser Anstieg muss nicht mal besonders hoch sein um von Dir nicht mehr getragen werden zu können. Dafür reicht es schon, wenn er so hoch ist, dass die Bank mit all ihren Abschlägen die Kapitaldienstfähigkeit nicht mehr darstellen kann. Das ist sehr schnell der Fall und insbesondere dann, wenn anfängliche Renditen von 4-6% eingekauft werden, trotz einer Tilgung, die in 10 Jahren meist nur bis zu 10-30% beträgt.

Risikofalle Anschlussfinanzierung

Ganze Vermögen von Investoren wurden schon ausradiert, nur weil diese in einer Hochzinsphase in einer Immobilienfinanzierung umfinanzieren mussten. So wie es aktuell in Europa aussieht, ist auch in zehn Jahren nicht unbedingt damit zu rechnen, dass eine Hochzinsphase besteht. Die Wahrscheinlichkeit, dass die Zinsen in 10 Jahren höher stehen im Vergleich zu 5 Jahren ist jedoch sehr hoch. Ist es da nicht viel klüger eine Zinsbindung zu wählen, bei der die Anschlussfinanzierung noch eher überblickt werden kann? Also in fünf Jahren, anstatt in zehn Jahren umzufinanzieren?! Sollte eine Zinssteigung innerhalb von den nächsten laufenden 5 Jahren ersichtlich sein, kann vorzeitig Umfinanziertz und der Kredit auf 10 Jahre Zinsbindung erhöht werden.

Wertsteigerungen und Tilgung → der Beleihungsauslauf

Eine Wertsteigerungen Deiner Immobilie innerhalb der Zinsbindungsphase sind der Bank egal, deshalb bietet diese bei einer 10-jährigen Zinsbindung während der laufenden Finanzierung von sich aus keine günstigere Kondition an. Als Beispiel: Du wünscht dir eine 100% Finanzierun, zahlst die Kaufnebenkosten aus eigener Tasche und erhältst für das Darlehen zehn Jahre fix eine Zinskondition von 2,3%. Der Beleihungsauslauf sinkt durch die Tilgung und eventuell auch durch Wertsteigerung jedes Jahr zusätzlich mindestens um deine 1-3% Tilgung. Auch bei einem Tilgungsträger, wie einer Fondspolice, sinkt der Beleihungsauslauf, deshalb sinkt auch der EK-Einsatz der Bank. Da der Tilgungsträger immer mehr wert wird, sinken auch die Kosten für das Darlehen laufend. Aber bekommst du dafür einen Rabatt von der Bank? Hast du eventuell sogar durch Modernisierungen oder eine Mieterhöhung eine Wertsteigerungen deiner Immobilie erreicht? Hast du dafür schon mal einen günstigeren Zins bekommen während deiner 10-jährigen Zinsbindungsphase? Nein sicher nicht. Banken machen das nicht. Vertrag ist Vertrag, ohne Rücksicht auf deine möglichen Vorteile.

Das Niederstwertprinzip – Einkaufsgewinne ohne Zinsvorteil

Hierfür ein kleines Beispiel: Du hast eine Immobilie, sagen wir mal zu 80%, unter Marktwert gekauft. Nun möchtest du diese zu 100% finanzieren. Leider bekommst du dafür aber keinen günstigeren Zinssatz, obwohl dies ein guter Deal mit geringem Risiko für die Banke ist! Das geht leider auch nicht, denn die Bank muss den Kaufpreis nach dem Niederstwertprinzip als 100% ansetzen. Sobald die Immobilie ein Jahr im Bestand ist, kann diese neu bewertet und mit dem tatsächlichen Wert angesetzt und die Zinsen angepasst werden. Dann wird der Einkaufsgewinn aufgedeckt. Leider bekommst du von der Bank hierfür trotzdem keinen Zinsrabatt, auch wenn es tatsächlich nun nur eine 80% Finanzeirung wäre und keine 100% Finanzierung. Der Zins der zu Beginn festgelegt wurde, bleibt für die vollen 10 Jahre, ohne Ausnahme, bestehen. Spitz formuliert: Die Bank freut sich, du hast Pech gehabt.

Die Alternative: 5 Jahre Zinsbindung

Wie würde das Ganze aber bei einer 5-jährigen Zinsbindung aussehen? Nun die Zinsbindung läuft bereits nach fünf Jahren, anstatt nach zehn Jahren, aus. Es ist also fünf Jahre früher soweit, dass das Niederstwertprinzip gefallen ist und deine 20% Einkaufsgewinn aufgedeckt werden. Die Wertsteigerung deiner Immobilie, durch Mieterhöhung, wird in einem niedrigeren Beleihungsauslauf fünf Jahre früher berücksichtigt. Die Wertseigerung deiner Immobilie, durch Modernisierung, wird dir jetzt auch fünf Jahre früher anerkannt. Nur 50%-100% der Modernisierungskosten wurde bisher berücksichtig, aber nicht nach der Regel, dass wenn man 1 € investiert, man 3 € Wert steigert. Dies alles führt dazu, dass deine Anschlussfinanzierung nach fünf Jahren keiner 100% Finanzierung mit entsprechend schlechten Zinskonditionen entspricht, sondern in den zweiten fünf Jahren schnell zu einer 60% Finanzierung wird. So liegt der Unterschied zwischen 60% und 100% Beleihungsauslauf bei 0,3% bis 1,2%. Hinzu kommt, dass man einen Zinsrabatt von 0,2% – 0,4%, für eine 5 Jahres Zinsbindung ,erhält. Was heißt das für die Anschlussfinanzierung? Diese könnte beim aktuellen Zinsniveau sogar bei unter 1% liegen.

Senkung des Beleihungsauslaufes durch Zusatzsicherheit

Es gibt verschiedene Möglichkeiten eine Zusatzsicherheit für deine Immobilienfinanzierung einzubinden, zum Beispiel die Abtretung einer Lebens-/ Rentenversicherung, die Abtretung eines Bausparvertrages oder du legst eine Zusatzgrundschuld auf ein bestehenden Objekt. Diese kannst Du bei einer 5-jährigen Zinsbindung schneller wieder auslösen und für die nächste Finanzierung verwenden. So hast Du zusätzlich das aktuelle Objekt nach fünf Jahren frei um dies ebenfalls als Zusatzgrundschuld zu verwenden. Dieses Objekt als Zusatzgrundschuld zu stellen würde zwar auch bei einer 10-jähriger Zinsbindung gehen, aber damit schaffst Du eine Verkettung von den Objekten mit dieser Art Zusatzsicherheiten. Das ist ganz ungut, denn wenn Du einmal ein Objekt verkaufen willst, musst Du diese Verkettung auflösen. Thomas Knedel hat auf seiner Immobilienoffensive berichtet, das er am Anfang seiner Investorenlaufbahn aufgrund so einer Verkettung und deren Auflösung drei Jahre lang keine Finanzierung mehr nehmen konnte. Mit der 5-jährigen Zinsbindung bringst du hier mehr Flexibilität und weniger Verkettung rein. Hier geht es also nicht nur um Zinsersparnis (die ein Argument der 5-jährigen Zinsbindung ist), hier geht es um die Flexibilität, auch was die Auswahl der jeweiligen Bank angeht. Banken wollen ungern in den 2. Rang, damit bist Du auf Gedeih und Verderb, bei der Nutzung von Zusatzsicherheiten, der Bank im 1. Rang ausgeliefert. Und hier ist es ein sehr großer Flexibilitätsgewinn, nach fünf Jahren die Bank wechseln zu können, anstatt zehn Jahre an sie gebunden zu sein. So könnte es passieren, dass die Zusatzsicherheit eventuell nicht genutzt werden kann, da die Bank den gestiegenen Objektwert so nicht sieht oder das neue Objekt nicht in deren Portfolio passt. Hier als Beispiel aufgeführt eine ETW unter 45 qm, ein MHF mit schlechter Einwertung, ein Darlehen unter 100.000 €, außerhalb des Regionalitätsprinzips bei Sparkassen und Volksbanken. Es kann auch problematisch werden, weil sich die Geschäftsbedingungen bei der Bank geändert haben, dass sich geändert hat was sie finanzieren wollen oder das Investoren gerade nicht beliebt sind und nur noch Eigenheime finanziert werden. Mach dich davon frei und versuche selbst die Zügel in der Hand zu nehmen, Herr des Vertrages zu sein und handlungsfähig mit kurzer Zinsbindung zu bleiben.

Aber wenn die Zinsen jetzt steigen?

Da die FED die Leitzinsen in jüngster Vergangenheit leicht erhöht hat und auch die deutschen Banken die Zinsen leicht erhöht haben (ohne Signal von der EZB) könnte es tatsächlich passieren, dass die Zinsen in den nächsten fünf Jahren leicht steigen. Warum eine Zinswende (auch wenn uns das die Medien glauben lassen wollen) jedoch aktuell nicht in Sicht ist, erfährst Du in diesem Buch an anderer Stelle. Jetzt hast Du aber gesehen, dass Du einen Zinsvorteil in den ersten fünf Jahren von ca. 0,2% bis 0,4% gegenüber der 10-jährigen Zinsbindung hast (wegen der kürzeren Zinsbindung). In den weiteren fünf Jahren bekommst du einen Zinsvorteil von ca. 0,5% bis 1,6% (Rabatt kürzere Zinsbindung, Rabatt niedrigerer Beleihungsauslauf). Und jetzt frage ich dich: Wie realistisch ist es also, dass die Zinsen bis in fünf Jahren um rund 2%, also dann auf über 4% steigen? Wie du siehst ist das nicht realistisch. Im schlimmsten Fall steigen die Zinsen um 0,5% bis 1% in dem 5-Jahres Zeitraum und nun? Dann gewinnst du immer noch an Zinskosten oder fährst vermutlich maximal gleich.

Flexibilität ist wichtiger als der Zins

Vielleicht sollte diese Spekulation auf stabile bis leicht steigende Zinsen und 5 Jahre Zinsbindung für dich nicht aufgehen. Mach dich jedoch frei von diesen und auch von gekauften Medienmeinungen und Stammtischparolen. Von anderen Vermittlern, die bei 5 Jahre Zinsbindung oftmals deutlich geringere Provisionen erhalten als bei 10 Jahre Zinsbindung, solltest du deine Entscheidung nicht beeinflussen lassen. Die Vermittler erhalten eine höhere Provision für längere Zinsbindung, weil die Bank die 5 Jahre Zinsbindung nicht will. Deshalb steuert sie das aktiv über die Provisionshöhe im Vertrieb und auch über Bankmitarbeitern, die genau das nachplappern, was ihnen gesagt wird. Oft dürfen diese ihre eigene Meinung nicht vertreten, denn sonst verlieren sie ihren Job. Hast Du Dich schon mal gefragt, warum Dir vom Finanzierungsvermittler auch gerne 20-jährige Zinsbindung angeboten wird? Einige Banken und Versicherungen honorieren dies mit höheren Provisionen. Die Allianz zahlt beispielsweise 17% mehr Provision bei 20-jähriger anstatt 10-jähriger Zinsfestschreibung.
Die Bank möchte aus folgenden 2 Gründen eine lange Zinsbindung:
1. Sie möchte den Kunden, bei gleichem Prüfungsaufwand, möglichst lange binden um damit den Gewinn zu maximieren.
2. Sie möchte möglichst viel Aufschlag auf die Zinskondition durch lange Zinsbindung nehmen um damit zusätzliches Geld zu verdienen.

Ich empfehle Dir, trotz oftmals niedrigerer Provision für mich, fünf anstatt zehn Jahre Zinsbindung. Warum? Weil ich möchte, dass Du dein Portfolio so gut wie möglich skalieren kannst und nicht durch eine falsche Zinsstrategie darin blockiert oder eingeschränkt wirst. Ich verdiene im Endeffekt viel mehr Geld, wenn meine Kunden die richtige Strategie nutzen und dadurch mehrere Finanzierungen über mich abschließen, als bei der einzelnen Finanzierung eine höhere Provision zu vereinnahmen. 99% meiner Kunden sind Investoren. Die meisten Finanzierungsvermittler haben 99% Eigennutzer und ab und zu mal einen Kapitalanleger. Die Spezies Investor ist jedoch sehr selten und es gibt wenige Vermittler wie mich, die sich gerade auf dieses schwierige und aufwendige Geschäft spezialisiert haben. Eigenheime sind viel leichter zu finanzieren und mit viel weniger Aufwand für den Finanzierungsvermittler. Wenn jemand seinem Kunden nur einmal im Leben, oder auch zwei bis dreimal bei einem Kapitalanleger, eine Finanzierung vermittelt, dann ist mir auch klar, dass dieser Vermittler alle Register ziehen wird. Er bietet dem Kunden dann 10 Jahre Zinsbindung oder noch länger für maximale Provisionshöhe und idealerweise noch einen Bausparvertrag dazu für die Extraprovision. Meine Kunden kommen allerdings im Regelfall spätestens alle drei bis sechs Monate, viele auch noch häufiger, mit dem nächsten Objekt auf mich zu. Hier ist es essenziell die richtige Strategie im Kundeninteresse, statt im Vermittlerinteresse, anzuwenden. Hierzu gehört eben auch die richtige Zinsbindungsstrategie. Noch keinem einzigen Kunden habe ich bisher eine 15 Jahre oder 20 Jahre Zinsbindung verkauft, das übrigens nur am Rande. Wenn die auslaufende 5-Jahre-Finanzierungen kann es sein, dass eine 15 oder 20 Jahre Finanzierungen für die Anschlussfinanzierung dann richtig ist. Heute sind sie nicht die richtige Wahl. So wie ich dir, deutlich sagen werde, dass du dir ein schlechtes Objekt ausgesucht hast, welches seinen Preis nicht Wert ist, so kann ich auch nicht anders als dich über das Thema "langfristige Zinsbindung" aufzuklären. Wenn du dann doch die 10, 15 oder 20 Jahre Zinsbindung auf deinen Wunsch hin willst und dir damit sicher bist, dann finanziere ich dir auch eine lange Zinsbindung. Der Kunde ist König und du bist eigenverantwortlicher Immobilieninvestor, ich möchte dich nur aufgeklärt haben, was ich hiermit tue.

Die Notfall-Hintertür: Das Forward Darlehen

Dass die Zinsen noch zwei bis drei Jahre niedrig bleiben, glaube ich dir ja Philipp.

Was aber, wenn du dich irrst und die Zinsen in drei Jahren steigen? Dann hilft das sogenannte Forward Darlehen.

Bis zu 66 Monate im Voraus vor Anschlussfinanzierung: fünf Jahre und 6 Monate, also länger als die 5 Jahre Zinsbindung überhaupt geht, kann für einen Zinsaufschlag von aktuell durchschnittlich 0,03% pro Monat jederzeit die Anschlussfinanzierung fix gemacht werden. Was heißt das? Wenn wir in drei Jahren feststellen, dass die Zinswende wieder allen Erwartungens einsetzt, dann kannst du also deine Anschlussfinanzierung für 0,03% Aufschlag auf den aktuellen Zins pro Monat fix machen. Das macht also aktuell bei 24 Monaten, einen Zinsaufschlag von 0,72% für die Anschlussfinanzierung.

Das Forward Darlehen ist aber teuer

Ja das ist es schon und das möchte ich auch gar nicht verschweigen, darum macht der Gebrauch eines solchen auch nur dann Sinn, wenn du der festen Überzeugung bist, dass die Zinsen so hoch ansteigen, dass der Forward-Aufschlag günstiger sein wird.

Aber würdest du jetzt etwas verlieren? Wir rechnen nach: Zinsrabatt in den ersten 5 Jahren: 0,2% bis 0,3% durch geringere Zinsbindung + Zinsrabatt in der Anschlussfinanzierung für in 5 Jahren (fest gemacht nach 3 Jahren) durch geringeren Beleihungsauslauf: 0,5 bis 1,6%. Also in Summe mindestens 1%. Abzüglich Mehrkosten für das Forward Darlehen: 0,72% abzüglich Zinsanstieg von heute bis in 3 Jahren. Und wo kommen wir raus? Etwa wieder bei +/- 0. Haben wir dann etwas verloren? Nein. Haben wir etwas gewonnen: JA.

Zum 2. Mal: Flexibilität und Zins beides ist zu beachten

Durch die kurze Zinsbindung hast du an Flexibilität gewonnen! Du möchtest ggf. zwischenzeitlich eine weitere Modernisierung, einen Dachgeschossausbau, einen Kellerausbau finanzieren oder du willst eine Nachbeleihung auf das Objekt machen, um Eigenkapital zu generieren für weitere Finanzierungen?! Das Objekt als Zusatsicherheit nutzen?! Hast du eine 10-jährige Zinsbindung abgeschlossen, funktioniert das nicht so leicht, denn du bist an die Bank gebunden. Sagt diese "Nein", kannst du dich nicht lösen. Vielleicht hast du so an Geld verloren, weil du den nächsten Deal nicht umsetzen kannst. Hast du dagegen eine 5 Jahre Zinsbindung abgeschlossen und die fünf Jahre sind rum, bist du frei. Nun kannst du dir bei Unzufriedenheit (es müssen realistische Gründe gegeben sein) eine neue Bank suchen. Am Anfang des Buches habe ich dir folgendes über das Thema Verhandlungsposition gesagt: Schaue immer, dass diese zu deinen Gunsten ausfällt. Bei einer 10-jährigen Zinsbindung ist die Bank Herr des Vertrags. Vereinbare eine kurze Zinsbindung, dann bist du im Vorteil. Hast du zehn Jahre abgeschlossen bist du gefangen und kannst gar nichts machen. Selbst gegen Vorfälligkeit kommst du im Regelfall nur raus, wenn du das finanzierte Objekt verkaufst.

Vorfälligkeit... ist das nicht auch Risikoreduzierung?

Natürlich! Fünf Jahre Zinsbindung bedeutet im Verkaufsfall direkt nach dem Kauf die halbe Vorfälligkeitsentschädigung im Vergleich zu der 10 Jahre Zinsbindung. So ein Verkaufsfall kann auch eine Rückabwicklung wegen verdeckter Mängel sein. Mit etwas Glück kannst du deinen Vorfälligkeitsschaden dann beim Verkäufer durchklagen, wenn er entsprechend solvent ist und das bezahlen kann. Nach einem Jahr hast du im Verkaufsfall (weil dich z. B. äußere Faktoren gezwungen haben) deinen Vorfälligkeitsschaden bei einem Darlehen von 100.000 € von rund 13.000 € (bei 10 Jahre Zinsbindung) um -54% auf 7.000 € (bei 5 Jahre Zinsbindung) gesenkt. Nach 3 Jahren von 10.600 € um – 62% auf 4.000 € und nach 5 Jahren von ca. 8.500 € um – 100% auf 0€.

Warum keine 1-jährige/2-jährige/3-jährige Zinsbindung?

Jetzt könnte man doch auch **noch** kurzfristigere Zinsbindungen abschließen. Ein Jahr, zwei Jahre, drei Jahre – wäre das nicht noch besser? Wenn doch das Niederstwertprinzip nach einem Jahr fällt, wäre doch ein Jahr perfekt. Ja, das kann man machen. Die 5 Jahre Zinsbindung ist jedoch ein optimaler Kompromiss aus Kurzfristigkeit, Flexibilität, günstigen Zinskonditionen und ein Kompromiss, den die allermeisten Banken noch akzeptieren. Soll die Zinsbindung weniger als 5 Jahre betragen, dann steigen die Zinsen kräftig an. Warum? Weil die Banken denselben Prüfaufwand haben, egal ob sie die Finanzierung für fünf Jahre oder für ein Jahr sicher haben. Diese Kosten werden in der Zinskondition für ein Jahr eingerechnet und erhöhen diese drastisch. Bei fünf Jahren Zinsbindung kompensiert der Zinsrabatt gegenüber 10 Jahren Zinsbindung die Prüfkosten, die jetzt auf fünf anstatt auf zehn Jahre verteilt werden, sodass noch ein Vorteil für den Kunden entsteht. Unter fünf Jahren ist dies nicht mehr der Fall. Zusätzlich werden hier wohl nochmals extra Aufschläge von den Banken aufgesetzt, um hier über ein Abwehrangebot noch weniger Finanzierungen mit dieser kurzen Zinsbindung zu bekommen. Trotzdem: In bestimmten Fällen bietet sich auch so eine 3-jährige Zinsbindung an, z. B. wenn nach der Grenze für den anschaffungsnahen Erhaltungsaufwand umfangreiche Sanierungen durchgeführt werden sollen. Wenn du diese auf fünf Jahre schieben kannst, ist das gut. Wenn du diese aber unbedingt nach drei Jahren machen willst, musst du eben für die ersten drei Jahre einen schlechteren Zins in Kauf nehmen und eine geringere Bankenauswahl bzw. mehr Ablehnungen.

Aber es ist so viel Aufwand

„Mein Darlehen ist nicht so hoch, der Aufwand nach fünf Jahren umzuschulden lohnt sich nicht." Dieser Satz begegnet mir oft, doch es lohnt sich. Bei einer Einsparung von 0,2% auf einen 10-Jahreszeitraum eines kleinen Darlehens über 100.000 € ergibt sich eine Zinsersparnis von rund 2.000 €. Deine ganzen Unterlagen musst du für den Kauf weiterer Objekte sowieso parat haben. Die Organisation von diesen Dokumenten übernehme ich als Finanzierungsvermittler für dich. Da wird keine Arbeit auf dich abfallen. Du musst nur noch den Darlehensvertrag unterschrieben. Dafür hast du Flexibilität, eine Nachbeleihungsmöglichkeit, eine bessere Planbarkeit sowie ein geringeres Risiko.

Die Stressannuität

Jetzt haben wir einen echten Kritikpunkt meiner 5-Jahre-Zinsbindungsstrategie gefunden. Einen Haken gibt es tatsächlich. Wenn die Bank nun eine Stressannuität von 6-8% (Deutsche Bank 7,5%) unterstellt, bezieht sich das auf die Restschuld bei Zinsbindungsende.

Beispiel: 100.000 € Darlehensbetrag, zehn Jahre Zinsbindung, Zinssatz 2,3%, anfängliche Tilgung 2% → Restschuld nach zehn Jahren: 77.537,58 €
Berechnung der Stressannuität: 77.537,58 € * 0,08/12 = 516,92 €

Beispiel: 100.000 € Darlehensbetrag, fünf Jahre Zinsbindung, Zinssatz 2,0%, anfängliche Tilgung 2% → Restschuld nach fünf Jahren: 89.492,32 €
Berechnung der Stressannuität: 89.492,32 * 0,08/12 = 596,62 €

Differenz: 596,62 € - 516,92 € = 79,70 € monatlich höhere Stressannuität. Würde man die eingesparten 0,3% Zinsen für die kürzere Zinsbindung in eine höhere Tilgung bei der fünf Jahre Zinsbindung investieren (also gleich Monatsbelastung), würde die monatliche Stressannuität um etwa 10 € monatlich niedriger ausfallen, also etwa 69 € höhere Stressannuität.

Wir sehen also, bei der Berechnung der Stressannuität sinkt bei kürzerer Zinsbindung die Kapitaldienstfähigkeit. Nun gibt es aber genug Profis, die in kurzer Zeit (unter fünf Jahren) Portfolien von 50 und mehr Einheiten hochgezogen haben und diese variabel finanziert haben. Hierbei ist die Stressannuität also noch höher als bei der 5-jährigen Zinsbindung und trotzdem funktioniert es. Das tut es dann, wenn ich mir gute Renditen im Portfolio einkaufe.

Kaufe ich mir Renditen unter 5% (ohne kurzfristiges Steigerungspotential auf über 8%) ein, dann ist der jeweilige Verlust in der Betrachtung Stressannuität pro Wohnung so hoch, dass ich es irgendwann, meist nach drei bis vier Einheiten, mit meinem Einkommen nicht mehr decken kann und dann in die Übergangsfalle (Vergleich Jörg Winterlich) laufe. Hier kann eine langfristige Zinsbindung dann allein unter dem Gesichtspunkt Stressannuität tatsächlich theoretisch dazu führen, dass vielleicht mal eine Einheit mehr finanziert werden kann als bei 20-jährigen Zinsbindungen.

Aber Achtung: dies ist eine theoretische Betrachtung. Durch den dann deutlich höheren Zinssatz schwindet der tatsächliche Überschuss – weswegen es gar nicht erst zur Betrachtung der Stressannuität in der Bank kommt, da das Darlehen schon vorneweg aufgrund der negativen Haushaltsrechnung durch die zu hohe Zinsbelastung abgelehnt wird. Dadurch habe ich also auch nichts gewonnen und werde ebenfalls nicht finanziert.

Merke: Kaufe gute Renditen, dann ist das Thema Stressannuität nicht dein Problem und dann kannst du auch eine vernünftige kurzfristige Zinsbindungsstrategie fahren.

Aufschlag auf Euribor

0,5% für Millionenportfolios (30 Millionen aufwärts, 60% BLA)
0,7 bis 0,9% für Profiinvestoren (5 Millionen aufwärts, 60% BLA)
1,4% bei hoher Bonität und ab 500.000 € (60% BLA)
→ Alternative 5 Jahre Zinsbindung→ ab 0,70 % (60% BLA)

2,5 – 3,5% kleine Investoren bei 60-100% Finanzierung
→ Alternative 5 Jahre Zinsbindung

Allerdings ist es so, dass -0,33% nicht als Referenz genommen werden. Der Teil der unter 0% liegt, wird von den Banken einkassiert. Man rechnet also nicht -0,33% + 0,7% sondern 0% + 0,7%.
Wir sehen also, dass die 5-jährige Zinsbindung deutliche Konditionsvorteile gegenüber einer variablen Finanzierung bietet. Die Bankauswahl, besonders im Bereich von kleineren Finanzierungen für Investoren ist sehr eingeschränkt. Gerne werden Zinssätze von über 3% aufgerufen.

Zinswaage bzw. Grenzzinssatz 5+10 Jahre vs. 15 Jahre

Ich erlebe, dass bei der Wahl der Zinsbindung oftmals Bauchentscheidungen getroffen werden. Besser wäre es jedoch anhand der Zinswaage den Grenzzinssatz zu berechnen. Hier tun wir das anhand eines Beispiels um auszurechen um wie viel die Zinsen steigen müssten, dass sich eine längere anfängliche Zinsbindung gegenüber einer kürzeren rechnen würde.

Beispiel 1: 15 Jahre Zinsbindung

100.000 € Darlehensbetrag,
100% Finanzierung, 2% Tilgung, 2,6% Zins, 15 Jahre
383,33 € Monatsrate
Restschuld nach 15 Jahren: 63.357,83 €

Beispiel 2: 5 + 10 Jahre Zinsbindung

100.000 € Darlehensbetrag,
100% Finanzierung, 2% Tilgung + Ersparnis zur 15 Jahre Variante = 383,33 € Monatsrate, 2,0% Zins, 5 Jahre

Restschuld nach 5 Jahren: 86.339,95 €

Grenzzinssatz für die nächsten 10 Jahre: 3,05%

10 Jahre Zinsbindung sind 0,3% günstiger als 15 Jahre.
Der Beleihungsauslauf ist um mindestens 10% gesunken, bei stabilem Wert. Bei Wertsteigerung durch den Markt, Mieterhöhung, Modernisierung, Einkaufsgewinn etc. sinkt der Beleihungsauslauf gerne mal auf 60% = 0,5% Zinsverbilligung.

3,05% (Grenzzins nächsten 10 Jahre Zinsbindung) + 0,30% (Ersparnis ersten 5 Jahre rum) + 0,50% (niedrigerer Beleihungsauslauf) - 2,6% (15 Jahreszins) = 1,25% Markt-Zinssteigerungspotential für die Anschlussfinanzierung ohne Zinsnachteil aber mit Flexibilitätsgewinn.

Best-Case: 5 + 5 + 5 Jahre Zinsbindung (bei stabilem Zins)
1. Phase: 2,0% Zins
2. Phase: 1,5% Zins (wegen niedrigerem BLA)
3. Phase: 1,3% Zins (wegen niedrigerem BLA)

Best-Case 5 + 10 Jahre Zinsbindung (bei stabilem Zins)
1. Phase 2,0% Zins
2. Phase: 1,80% Zins (+0,30% Zinsbindung – 0,50% BLA = -0,20%)

Restschuld nach 5 Jahren:
5 +5 +5: 86.339,95 €
5 + 10: 86.339,95 €
15: 89.333,43 €

Restschuld nach 10 Jahren:
5 + 5 +5: 69.191,32 €
5 + 10: 70.416,89 €
15: 77.187,74 €

Restschuld nach 15 Jahren:
5 + 5 + 5: **50.085,07 €**
5 + 10: 52.995,45 €
15: **63.357,83 €**

Was wir erkennen ist, dass der Zins zumindest für die ersten fünf Jahre stabil bleiben sollte und es kaum noch Unterschied macht ob in der zweiten Phase für weitere fünf Jahre oder für zehn Jahre gebunden wird. In der Praxis könnte sich ggf. sogar je nach Zinsentwicklung in den nächsten Jahren die Variante fünf + 15 Jahre anbieten. Man schließt 2020 mit fünf Jahren Zinsbindung ab, 2025 hat sich die Wirtschaft nach dem Crash noch nicht erholt, aber wo die Zinsen 2035 stehen lässt sich nicht abschätzen, daher wählt man fünf + 15. Die langen Zinsbindungen sind immer dann nachteilig, wenn diese kombiniert sind mit hohen Beleihungsausläufen. Besonders günstig kauft man sich Zinssicherheit ein bei niedrigen Beleihungsausläufen. Als Faustformel bietet sich bei Beleihungsausläufen unter 80% eine 15-jährige Zinsbindung an und bei Beleihungsausläufen über 90% eine 5-jährige Zinsbindung. Bei einem Beleihungsauslauf von 80% gibt es keine klare Tendenz, hier muss man dann ausschließlich anhand der Zinsmeinung oder Stressannuitäten im Portfolio eine Entscheidung treffen. Die 15-jährige Zinsbindung bietet sich als Einstieg oftmals auch darum nicht an, weil im Regelfall immer ein Verkauf zur Steueroptimierung nach zehn Jahren im eigenen Universum angestrebt werden sollte. Aus diesem Grund sind auch 5-jährige und mit deutlichem Abstand 10-jährige Zinsbindungen tatsächlich die meist gewählten Darlehen unter meinen Kunden. Exoten sind die, die eine 15 oder 20-jährige Zinsbindung beanspruchen. Noch längere Zinsbindungen wären theoretisch auch möglich.

Alternative zur 5-Jahres Zinsbindung: die Variable Finanzierung

Eine Alternative zur 5-Jahres Zinsbindung, die ja letztlich einen Kompromiss darstellt ist die variable Finanzierung. Einerseits mögen Banken keine variablen Finanzierungen, andererseits sind lange Zinsbindung aus den gesehenen Gründen schlecht. Die 5-Jahre Zinsbindung ist ein Kompromiss.

Profis finanzieren jedoch variabel auf 3-Monats Euribor-Basis. Damit sind sie noch flexibler als bei der 5-jährigen Zinsbindung. 11/2017 liegt der 3-Monats SWAP-Zinssatz bei -0,33%. Dies entspricht dem Euribor.
Die passende Finanzierungen kann jede Menge Zeit sparen. Bei einer Abschlussquote von unter 10% und einer durchschnittlichen Bearbeitungszeit einer Immobilienfinanzierung, ist für die Bank die Zahlung einer Provision an einen Vermittler oft die deutlich günstigere Variante. Diese Provision liegt im Regelfall bei etwa 1 bis 1,5% der Darlehenssumme. Dafür arbeiten meine Mitarbeiter und ich, je nach Fallkonstellation rund 15 Stunden an der Beratung. Dazu gehört auch die Fallanlage, die Prüfung deiner Unterlagen, die Aufbereitung der Unterlagen, der Kontakt mit der Bank, die Prüfung der Angebote, die Abwicklung und die Kommunikation mit dir. Bei einer Finanzierung über 100.000 € erhalte ich also rund 1.000 €. Mein Team und ich investieren in Summe rund 15 Stunden = 66 €/h. Zu Bedenken ist jedoch, dass nicht jeder Kunde finanzierbar ist, sodass die vergeblichen Stunden bei solchen Fällen den Verdienst weiter drücken.

Meine persönliche Motivation

Warum schildere ich dir das. Nun: Transparenz ist mir sehr wichtig. Wie du siehst kommt unterm Strich für mich auch nicht mehr als ein Handwerkerstundensatz heraus – dieser jedoch nur bei erfolgreich abgeschlossener Finanzierung. Die Arbeit lohnt sich für mich trotzdem, weil ich Teile der Backofficearbeiten an Mitarbeiter delegieren kann. Nur so schaffe ich es auch noch andere Projekte zu bearbeiten. Außerdem bin ich dank meiner Onlinedruckerei mit Verlag grundsätzlich finanziell frei und müsste nicht unbedingt arbeiten. Die Finanzierungsvermittlung und der Austausch mit dir als Immobilieninvestor-Kollege macht mir jedoch einen großen Spaß, aus diesem Grund mache ich die Tätigkeit gern.

Faire Zusammenarbeit

Bei 5-jähriger Zinsbindung kann es unter Umständen in Ausnahmefällen sein, dass die günstigste Bank keine Provision anbietet, dann teile ich dir dies jedoch mit dem Angebot mit. Dann kannst du dich immer noch entscheiden. Entscheidest du dich trotzdem für das Angebot, sowie bei variabler Finanzierung (fast generell bei fast allen Banken) wäre für meine Dienstleistung dann ein Honorar in Höhe von 1,5% aus dem Darlehensbetrag fällig. Immobilienfinanzierungen biete ich ab 50.000 € (in Ausnahmefällen, so ich eine Bank finde, die es mitmacht, auch darunter) an, Ratenkredite ab 1.000 €. Ich bin mir also nicht zu schade auch kleine Finanzierungen abzuarbeiten im Sinne einer guten Zusammenarbeit. Für mich ist es auch okay, wenn du regelmäßig 1-Zimmer-Appartemts kaufst, die eben jeweils nur 50.000 € kosten. Hier macht es dann eben die Masse.

Wann ich der richtige Mann für dich bin

Ich lege viel Wert auf eine faire und offene Zusammenarbeit. Wir passen gut zusammen, wenn das für dich ebenfalls wichtig ist. Wir passen außerdem gut zusammen, wenn du Wert darauf legst mit jemandem zusammen zu arbeiten, der auf die Wünsche von Immobilieninvestoren spezialisiert ist und dir z. B. in Form dieses Buches aber auch durch Anregungen, die sich aus deinen Objekten ergeben, auch mal Feedback zur Strategie gibt und mit dem du dich austauschen kannst. Am liebsten begleite ich meine Kunden von Anfang an, aber auch in komplexere bereits bestehende Portfolios steige ich gerne ein.

Wann wir eher nicht zusammenpassen

Wenn dir dies alles nicht wichtig ist, gibt es in Deutschland rund 48.000 Finanzierungsvermittler, die fast alle zu 99% Eigenheime finanzieren – der Großteil davon macht es nur nebenher und sind eigentlich Versicherungsmakler. Dann gibt es noch eine Handvoll Vermittler, die Kapitalanleger finanzieren, doch dies ist auch wieder eine vollkommen andere Ausrichtung.

Immobilieninvestoren gibt es selten

Die Spezies Privater Immobilieninvestor, der sich dieses Buch widmet, und meine Dienstleistung als Finanzierungsvermittler sind extrem selten. Ich schätze, dass wir in Deutschland nicht mehr als 10.000 davon haben. Ein großer Teil derer, die von sich behaupten Investor zu sein, sind in Wirklichkeit Kapitalanleger und Immobilienspekulanten.

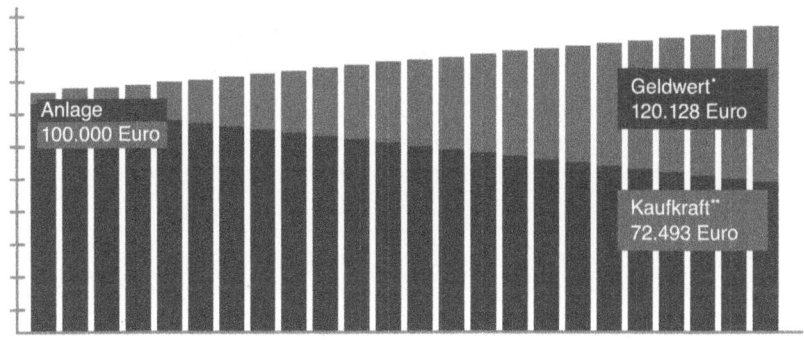

** Bei einer angenommenen Inflation von 2% p.a.

Der Kapitalanleger und der Eigenheimkunde

Wenn du bisher eher in der Richtung Kapitalanleger unterwegs warst, dann hoffe ich, kann ich dich mit diesem Buch in deinem Schritt zum Wandel Richtung Immobilieninvestor unterstützen. Auch diese Mandanten sind bei mir herzlich willkommen. Wenn es sein muss und man sich der Konsequenzen der Konsumausgabe bewusst ist, finanziere ich auch mal ein Eigenheim, auch auf Empfehlung. Es stellt bei mir jedoch eher die Ausnahme dar.
Meine Empfehlung: Finanziere mit 5 Jahre Zinsbindung.

Die tatsächliche Inflation: Bierpreis-Inflation

x 1,17

x 1,56

x 2,45

x 2,56

| 1960:
0,95 EUR | 1980:
2,40 EUR | 2000:
5,90 EUR | 2011:
9,20 EUR | 2017:
10,80 EUR |

1.137 % Steigerung

Wenn man die Inflation rausrechnet, sind die Hauspreise gefallen

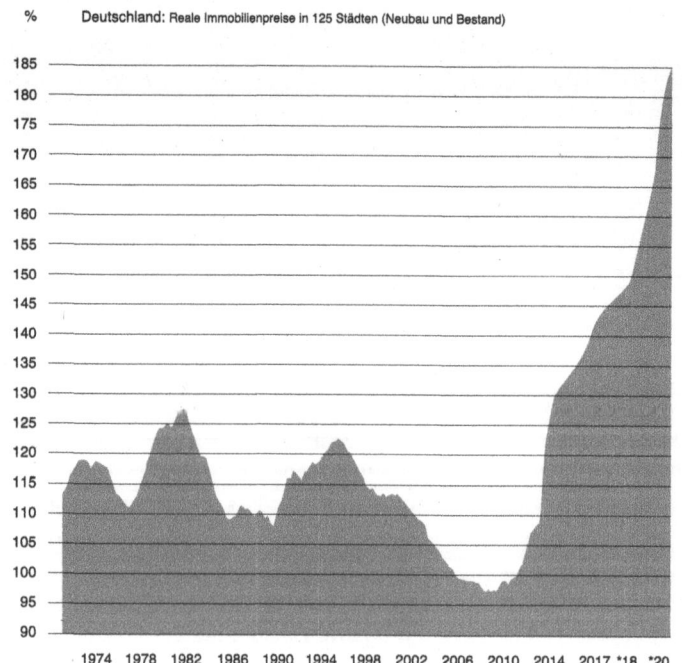

%   Deutschland: Reale Immobilienpreise in 125 Städten (Neubau und Bestand)

Erst mit den Leitzinssenkungen in 2009 von 4,25% auf 1% und später auf 0% begann die heute noch anhaltende massive Preisexplosion bei den Immobilienpreisen in Deutschland. Ab 2017 die Prognose bis 2020. Nun kann man sagen, ist mir egal, es gibt ja schließlich Inflation und die arbeitet für mich. Aus Nominalsicht bleibt das Darlehen gleich und die Immobilie teurer, aus Wertsicht sinkt das Darlehen und ie Immobilie bleibt konstant.

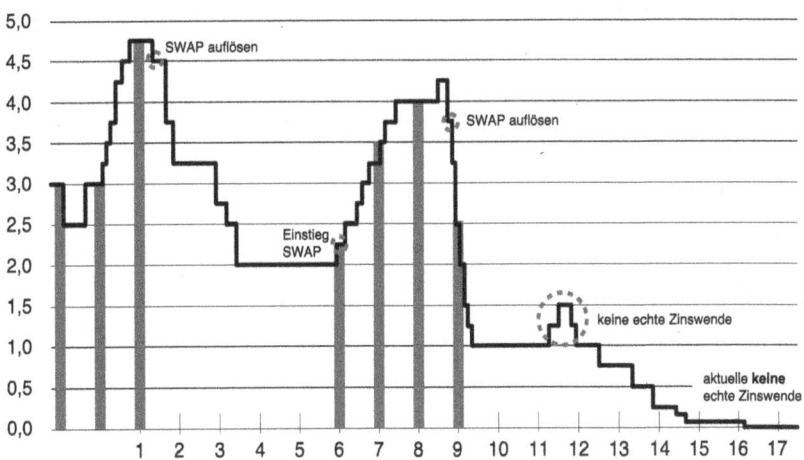

Leitzins Eurozone

Hier sieht man den massiven Zusammenhang von niedrigen Zinsen und hohen Immobilienpreisen. Dies hat auch eine Auswirkung auf die aktuell am längsten andauernde Rallye bei den europäischen Aktienkursen.

Geld wandert in Sachwerte wie Immobilien und Aktien mangels alternativer Anlagemöglichkeiten. Schauen wir mal, ob wir in der Jahresendrallye 2017 die 13.000 Punkte Marke im Dax nachhaltig überschreiten. Wenn du an der Börse investierst, ziehe unbedingt deine Stops nach. Sofern kein Crash dazwischenkommt, kann es noch ein paar Jahre so weiter gehen wie jetzt.

Hast du in Immobilien an den TOP-Standorten (Stuttgart, München, Hamburg,

Berlin, Frankfurt etc.) investiert, dann schließe auf keinen Fall lange Zinsbindungen neu ab. Wenn du weiterhin dort Objekte als Spekulant kaufen willst, tue das in einer GmbH. Wenn du dann kurzfristig in z. B. drei Jahren Objekte wieder abstoßen musst, weil der Markt dreht, dann infizierst du mit Überschreiten der 3-Objektgrenze nur die Objekte in der GmbH gewerblich und nicht zusätzlich deinen restlichen Immobilienbestand im Privatvermögen. Bei den Objekten im Privatvermögen hoffe ich für dich, dass diese schon aus der Spekulationsfrist raus sind oder bald rauskommen. Auch dass die Zinsbindungen entsprechend so gestaltet sind, dass du dort handlungsfähig bist, wenn der Umschwung am Immobilienmarkt kommt.

Mir persönlich ist es zu heiß, in den TOP-Standorten zu investieren. Mir persönlich geht Rendite vor Wertsteigerung. Wenn du natürlich schon länger dort investiert hast, dann hast du beides: Rendite und Wertsteigerung. Dann nutze das noch so lange es geht, bereite dich jedoch strategisch auf einen Exit vor.

Fundamental gesehen ist das Eis wirklich dünn: In China befürchtet man eine Blase, Europa steckt in der Krise, selbst Deutschland steht am Rande der Rezession – und die Wirtschaft der USA dümpelt so dahin. .

Zinsen entstehen nicht zufällig, sondern werden gesteuert aufgrund von wirtschaftlichen Entwicklungen. Alle zehn Jahre gibt es einen neuen Zinszyklus. Solange die EZB keinen Zinsschritt einleitet, gibt es keinen nachhaltigen langfristigen Trend. Da ist es mir egal, was die Zeitungen schreiben, was Trump macht, die FED oder die Banken den Zins etwas nach oben anpassen oder nicht. Das sind dann kurzfristige Schwankungen.

Wenn alle Zeitungen/Bankberater etc. von Zinssteigerungen schreiben, wird genau das Gegenteil passieren.

Exit: Höchstpreisstrategie beim Immobilienverkauf

Meist wird ja eine Immobilie über ihren Preis inseriert, den man erzielen will um Verhandlungsmasse zu haben. Dies ist jedoch falsch. Im Sinne einer Höchstpreisstrategie ist das ein gängiger Ansatz deutlich unter Marktwert (ca. 20%) anzubieten und dann hochbieten zu lassen. So nimmt man eben deutlich mehr Interessenten mit. Für den Makler ist also ein niedriger Preis genau das Gegenteil von wenig Aufwand und schnellem Verkauf. Mit so einer Aktion holt er sich sehr viel Aufwand ins Haus. Es ist einfach zwingend erforderlich mehrere interessierte Käufer zu haben um einen richtigen Bieterwettbewerb zu haben. Einige vertreten die Aussage: man würde nur den einen Käufer auf Augenhöhe brauchen. Ich kann das nicht nachvollziehen, denn der wird zu einem Marktpreis kaufen - aber nicht deutlich darüber. Mit dieser Strategie lässt sich aber der Verstand der Leute ausschalten im gegenseitigen Bietwettbewerb und so Preise deutlich über Marktwert erzielen. Dazu brauche ich aber möglichst viele Bieter, die noch mitgehen. Und direkt als Bieterverfahren anzubieten schreckt eben auch wieder viele Interessenten ab. Ein günstiges Angebot lockt jedoch die Schnäppchenjäger, unter welchen sich dann die Frau in das Objekt verliebt und dann jeder hoch gebotene Preis akzeptiert wird.

Meine Eigenmiete ist viel höher?

Dann könnte sich ein Umzug in eine günstigere Wohnung (auf dem Land, in einer ganz anderen Stadt, z. B. Plauen ab 150 € Kaltmiete) oder eine WG rechnen, um die Kosten zu senken. Übertreibe es aber nicht. Wenn deine Miete viel zu niedrig für die Region ist, wird dir von der Bank stattdessen eine höhere Pauschale festgelegt.

Wo bekomme ich Wohnungen/EFH für 10.000 € her?

Norddeutschland, Ostdeutschland und Deutschlandweit in ländlichen Gebieten. Starte so: gehe auf nestoria.de und gib deinen Standort ein, das kann z. B. auch ein ganzes Bundesland sein oder eine Stadt mit 10 km Radius. Stelle dann auf niedrigster qm-Kaufpreis. Dann scrollst du so weit bis du vorbei an den Grundstücken bist und die „Abrisshäuser" kommen.

Spekulationssteuerfrei: bei Eigennutzer sofort!

- 3 Objektgrenze gilt nicht für Eigengenutzte Objekte
- 3 Kalenderjahre-Frist gelten nicht für eigengenutzte Objekte, die davor nicht von dir vermietet waren (im Regelfall stehen entsprechende Objekte schon jahrelang leer).

Keine Angst vor steigenden Zinsen – ein Rechenbeispiel

Oft geistert ja das Argument im Raum, dass wenn die Zinsen steigen, dass man sich die Raten dann nicht mehr leisten könne. Das stimmt so nicht. Denn was viele nicht bedenken – die Raten können doch ewig weiter gestreckt werden – auch wenn wegen Wokri (Wohnimmobilienkreditrichtlinie) im Privatbestand nimmt immer bei jeder Bank unendlich – in einer Gesellschaft spätestens dann schon.

Durch Einkaufsgewinn und Tilgung ist bei einer 10-jährigen Zinsbindung bei einer anfänglichen 100% Finanzierung in der Anschlussfinanzierung dann mit 2% Zins und 2% Tilgung dann eben oft kein 77,8% Auslauf, sondern ein Auslauf unter 60% geworden. Bei diesem geringen Auslauf kann die Tilgung auf 1% reduziert werden.

Beispiel: 100.000 € Darlehnsbetrag 100% Finanzierung

Zins: 2% anfängliche Tilgung 2%, zehn Jahre Zinsbindung, Rate: 333,33 €

Restschuld nach zehn Jahren: 77.880,50 €

Berechnung: (333,33 € * 12 * 100) / 77.880,50 € = 5,13% Annuität

Da es sich jetzt nur um eine 60% Finanzierung handelt, die ca. 1% günstigeren Zins hat als eine vergleichbare 100% Finanzierung, wir den Tilgungsanteil jedoch von 2% auf 1% reduzieren gleich es sich aus und die 5,13% sind der Grenzzinssatz ab dem in der Anschlussfinanzierung nach zehn Jahren erst die monatliche Rate steigen würde.

Eigennutzer-Strategie

- Eigennutz in MFH

- Fallstricke beim Eigennutz

- die Reihenfolge ist entscheidend

- Eigennutzer-Flip

- Baukindgeld

„Es gibt keine schlechten Menschen, es gibt nur schlechte Zustände. Der positive Wert des Individuums bleibt konstant, die Angemessenheit des Verhaltens kann bezweifelt werden" NLP Axiom

4. Eigennutzer-Strategie

Eigennutz in MFH

Bei einem Mehrfamilienhaus kannst du auch eine Wohnung von ihnen als eigengenutzt verkaufen. Du solltest nur beim Einkauf darauf achten, dass du den Kaufpreis für diese Wohnung separat überweist, extra im Kaufvertrag ausweist und auch in der Steuererklärung so darstellst. Teile das Darlehen ebenfalls auf.

Folgende Dokumente sollten zur Bestätigung aufbewahrt werden:
- Rechnung für Umzug ins Eigennutzer-Flipobjekt
- Rechnung für Nachsendeantrag Post (alte Adresse zu Eigennutzer-Flipobjekt)
- Anmeldung Mülleimer und zur Haushaltsgröße passende Müllgebühren

Häufig befindet man sich nach ein bis zwei Eigennutzer-Flips aus familiären Gründen wie Zusammenziehen mit der Freundin, Trennung von der Freundin oder der Geburt von Kindern in der Situation wieder, dass man zukünftig seinen Job kündigen möchte um mehr Zeit für Immobilien zu haben. Da trifft es sich doch gut, wenn die neu gegründete Mama-GmbH – wie das Modell funktioniert findest du an anderer Stelle im Buch, die ja Niederlassungsfreiheit hat, sich ausgerechnet in einem Coworking-Space (mindestens mit Desksharing, nicht nur einem Briefkasten) in der Nähe des neuen Eigennutzer-Flip-Objekts niederlässt. Damit wird ein Grund für den Verkauf des Eigennutzern Objekts, nämlich der Umzug wegen Arbeitgeberwechsel, auslöst.

Fallstricke beim Eigennutz, das sollte man richtig machen:

- Auf keinen Fall das Kindermädchen, den Handwerker etc. vorweg kostenfrei im Objekt einquartiert.
- Der Objektstandort (Entfernung) sollte zu deinem Arbeitsplatz passen, sonst ist nicht plausibel, dass du da tatsächlich wohnst.
- Wohnsitz muss auch wirklich angemeldet werden (Einwohnermeldeamt).
- Strom/Wasserverbrauch passend zu deiner Haushaltsgröße.
- Anschein vorübergehend zu eigenen Wohnzwecken muss unbedingt vermieden werden (variable Finanzierung, befristete Arbeitsverhältnisse).
- Mehr als drei Wohnsitzwechsel in kurzer Zeit ruinieren den Schufa-Score,

sodass du ggf. keine weiteren Finanzierungen mehr bekommst – reine Wohnsitzwechsel beim Einwohnermeldeamt werden der Schufa nicht gemeldet, die Meldung erfolgt erst, wenn du Banken, dem Handyanbieter und dem Stromversorger deine neue Adresse mitteilst (manche Stromversorger wie z. B. E.Optimum ziehen jedoch keine Schufa). Handy und Bank kann man auf der alten Adresse lassen (Nachsendeantrag Deutsche Post für 24 Monate einmalig 34,90 €).

- Auf keinen Fall frühzeitiges Schalten von Anzeigen um die Marktgängigkeit zu untersuchen.
- Auch kein frühzeitiges Beauftragen eines Maklers für den Verkauf.
- Anpassung des Objektes an die Wünsche des Käufers während der Sanierungsphase verrät zu viel.
- Gewährleistungsverpflichtungen als bei Privatverkäufen üblich (auch dann, wenn es ein Standardkaufvertrag ist).
- §45 AO (Gestaltungsmissbrauch) – natürlich darf das alles nicht geplant und extra so gemacht werden.

Anstatt selbst einzuziehen können auch **unterhaltsberechtigte Kinder** von dir **unentgeltlich** einziehen. Dann gilt das Objekt ebenfalls als eigengenutztes Objekt. Bei weiteren Verwandten funktioniert der Trick jedoch nicht. Nur bei den eigenen Kindern und nur solange diese unterhaltspflichtig sind. Also beispielsweise von 16 Jahren bis ggf. 25 Jahren. Mit 8 Jahren wird das Kind wohl kaum glaubhaft alleine wohnen.

Eigennutzer-Flip bei Teil-Untervermietung (z.B. AirBnB)

Untervermietung ein Jahr und zwei Tage vor Verkauf einstellen (31.12. ganzes Jahr 01.01. – sind drei Kalenderjahre) – damit die gesamte Fläche der Wohnung anstatt nur ein Teil der Wohnung eigengenutzt ist.

So mancher ganz Schlaue hat die Einliegerwohnung fingiert untervermietet, ohne dass das Mietverhältnis wirklich gelebt wurde, um anteilige Werbungskosten und Verluste aus dieser Vermietung steuerlich geltend zu machen. Nun wäre aber ja der steuerfreie Verkauf dieser Teilfläche bei weniger als zehn Jahren Haltedauer nicht mehr möglich. Hier hilft eine unmündige Selbstanzeige beim Finanzamt mit Nachzahlung der paar hundert Euro Steuervorteil um dann im nächsten Jahr den steuerfreien Verkauf mit paar Zehntausend Euro Gewinn steuerfrei zu bekommen.

Wie man es nicht macht: die Reihenfolge ist entscheidend

Hier ein Beispiel, wie es schlechtmöglichst laufen kann: ein durchschnittlicher Deutscher erwirbt eine Eigentumswohnung zum Eigennutz, saniert diese umfangreich und kann dabei nur 20% (max. 1.200 € pro Jahr) von Arbeits-Fahr- und Maschinenkosten der Handwerker (Material kann nicht abgesetzt werden), also fast nichts von der Steuer absetzen. Nun bringt er auch noch möglichst viel Eigenkapital ein, was auch Sinn macht. Zinsen kann er ja nicht von der Steuer absetzen, anders als der Vermieter. Nach drei bis vier Jahren kommen vielleicht völlig unerwartet Kinder und man will sich räumlich vergrößern und ein EFH kaufen. Nun ist das Eigenkapital aber in der Wohnung gefangen. Als Zusatzsicherheit für das Einfamilienhaus will man sie nicht nehmen, da man sie nach 10 Jahren verkaufen will. Das erst, wenn die 10-jährige Zinsbindung abgelaufen ist, denn davor macht es keinen Sinn, weil die Vorfälligkeitsentschädigung den Verkaufsgewinn übersteigen würde. Das neue Einfamilienhaus muss wieder mit 10-jähriger Zinsbindung abgeschlossen werden, weil man das ja so macht, da die Zinsen ja bald steigen könnten. Also wird eine 110% Finanzierung aufgenommen auf das neue Einfamilienhaus (Zinsen sind ebenfalls wieder nicht absetzbar, da Eigennutz), das Haus wird wieder umfangreich renoviert, es können aber max. 1.200 € bei der Steuer geltend gemacht werden. Nun erwirtschaftet die Wohnung tolle Mietüberschüsse, weil auf der Wohnung kaum Darlehen ist, da man ja so viel Eigenkapital eingebracht hat und in den ersten drei Jahren auch noch die Sondertilgung von jeweils 5% pro Jahr voll ausgenutzt hat. Aber man muss viel Steuer darauf bezahlen, weil man kaum absetzbare Schuldzinsen hat. Auf das Eigenheim muss man sehr hohe Zinsen bezahlen, weil man eine 110% Finanzierung aufgenommen hat und kann davon keinen Cent von der Steuer absetzen. Herzlichen Glückwunsch!

Baukindergeld (bis 31.12.2020)

- 1.200 € pro Kind für 10 Jahre = 12.000 € pro Kind
- bis 75.000 € Einkommensobergrenze + 15.000 € pro Kind
- kein bisher bestehendes Immobilienvermögen

Objektprüfung

- Feuchter Keller
- Strategie
- Fokussierung + Wiederholung
- Revolution Digitalisierung
- Heizung (Öl, Fernwärme, Gas, Infrarot...)
- Der Grundriss
- Bad + Balkon
- Holzdecken
- Fenster
- Wände
- Gebäudemängel nach Baujahr
- Jede Wohnungsgröße hat eine Zielgruppe
- Die Mieterliste beim MFH
- Bewirtschaftungskosten / Nebenkosten
- Bilder deuten
- Die Teilungserklärung
- Erbbaurecht
- Baugenehmigung / Schwarzbau
- Wohnflächenberechnung

„Man isst nicht die Speisekarte. Nur der Schizophrene isst die Speisekarte und beschwert sich anschließend über den schalen Geschmack"

NLP Axiom (Gregory Bateson)

5. Objektprüfung

Darauf musst du bei der Heizung achten:

- Gas-Etagentherme ist positiv (weil die Heiz- und Warmwasserkosten nicht durchfakturiert werden müssen und nicht vorfinanziert werden müssen, sondern jeder Mieter seine eigene Therme hat und direkt mit dem Versorger abrechnet).
- Öl-Einzelöfen sind kein Problem, sofern diese zentral aus einem Öltank versorgt werden, allerdings entstehen deutlich Mehrkosten für die Wartung.
- Nachtspeicher kann bei Mieterwechsel kostengünstig gegen energiesparendere Infrarotheizung getauscht werden. Der Stromverbrauch kostet Stand 11/2017 etwa doppelt so viel wie bei Gaszentralheizungen, dafür sind die Investitionskosten und die nichtumlegbaren Wartungskosten minimalst für den Investor. Es kann sich also lohnen, dann einfach günstiger zu vermieten.
- Erneuerung der Heizungsanlage kann als Modernisierungsumlage mit 8% über 12,5 Jahre auf den Mieter als Mieterhöhung umgelegt werden. Verkaufe dies als WIN-WIN, da für den Mieter nun die Nebenkosten ja sinken.
- Suche nach dem Typenschild + Baujahr der Heizung bei der Besichtigung
- Fernwärme hat eine gewisse Abhängigkeit vom Anbieter, spart jedoch nicht umlegbare Wartungskosten für die Heizung und zukünftige Investitionen in eine neue Heizung.

Der Grundriss des Objekts muss passen:

- Ist eine Zimmerweise WG-Vermietung möglich?
- Gibt es gefangene Zimmer/Durchgangszimmer?
- Sind die Zimmer nicht zu klein?
- Ist der Grundriss brauchbar?
- Ist ein Balkon vorhanden?
- Ist die Größe vom Balkon brauchbar (ab ca. 8 qm)?
- Passt die Größe Bad?
- Gibt es ein Tageslichtbad (wird von Mietern bevorzugt ist aber nicht zwingend)?

Rechne die Grundrisse nach und plausibilisiere sie zum Exposé. Ist der Grundriss noch von Hand gezeichnet, ist das Objekt vor den 90er Jahre gebaut.

Das Bad + der Balkon sind wichtig:

Mieter achten zuerst auf Bad + Balkon, deshalb empfehle ich immer ein Objekt in dem beides gut und schön ausgebaut ist.

Eine Holzdecke ist nicht immer einfach:

- Holzdecken (bis ca. 1940) müssen unbedingt auf Holzwurm geprüft werden.
- Stell dich in die Mitte eines Zimmers und springe und prüfe wie stark die Decken schwanken.

Die Fenster machen fast alles aus:

- Einfach verglaste Fenster müssen unbedingt getauscht werden.
- Alufenster ohne Dämmung müssen auch getauscht werden.
- Oft reicht ein Tausch der Innendichtung (Spröde Dichtung).
- Scharniere können nachgestellt werden.
- Zwischen Rahmen und Glas erkennst du das Baujahr der Fenster.

Auch die Wände müssen was hermachen:

- Wände sollten einigermaßen gerade sein.

Das Gebäude muss je nach Baujahr passen:

Baujahresalter typische Mängel können meist nicht verbessert werden. Durch schlechte (gut gemeinte) Modernisierung können die Objekte eher noch verschlimmert werden. Dämmungen sind selten sinnvoll, man muss eben damit leben, dass ältere Gebäude mehr Energie verbrauchen. Insbesondere Innendämmung ist in den seltensten Fällen sinnvoll und sollte das allerletzte Mittel sein. Wenn eine Wirtschaftlichkeit nicht gegeben ist (was fast immer der Fall ist), dann kann ein Ausnahmeantrag nach EnEV gestellt werden, dass keine Wärmedämmung vorgenommen werden muss. Eine PV-Anlage kann die wesentlich bessere Maßnahme sein, anstatt das Gebäude zu dämmen.

Baujahr des Gebäudes bis 1900, typische Mängel:

- Hier ist eine geringe Wärmedämmung/Schallschutz.
- Sie haben kaum Schimmelprobleme (außer bei nachträglicher Änderung).
- Hier sind feuchte ungedämmte Keller gewollt und in Ordnung, da Dämmung der Kellerdecke Vorschrift.
- Du solltest auf Risse in tragenden Teilen überprüfen.
- Über Putz verlegte Elektroinstallationen, meist nur zweiadrig und unterdimensioniert sind oft vorhanden.
- Die Wasserrohre sind aus Blei und die Abwasserrohre aus Ton.
- Das Dach ist nicht gedämmt.
- Es liegt kein Bodengutachten vor. Die Vorschrift: Dach oder oberste Geschossdecke muss gedämmt werden.
- Ein geringer Schallschutz der Holzbalkendecken ist Standard.
- Oft sind die Holzfenster morsch, einfachverglast und zugig.
- Es sind Holztreppen (Brandschutzthema bei DG-Ausbau) vorhanden.
- Manchmal ist die Toilette im Treppenhaus, anstatt in der Wohnung.
- Oft gibt es Wasser nur in der Küche.
- Leider klagt man über zu kleine Bäder.
- Teilweise sind die Gebäude Denkmalschutz.

Baujahr des Gebäudes bis 1935, typische Mängel:

- Ab 1920 ist es teilweise im Bauhausstil.
- Es gibt nur Bleirohre.
- Es liegt kein Bodengutachten vor.
- Es gibt keine Unterspannbahn im Dach.
- Die Außenwände (Feuchtigkeitsprobleme) sind dünn.
- Leider ist der Keller nicht abgedichtet, aufsteigende Feuchte entsteht.
- Oft sind die Holzbalkendecken unterdimensioniert, durchgebogen und morsch.
- Die Innentüren sind oft verzogen und in keinen Standardmaßen (macht Tausch teurer).
- Es gibt nur Holztreppen (Brandschutzthema bei DG-Ausbau).
- Leider sind die Kanalanschlüsse oft schandhaft und verstopft.

Baujahr des Gebäudes bis 1945, typische Mängel:

- Die Bausubstanz ist schlecht und minimalistisch (karge Kriegsjahre), auf Grund von sehr dünnen Wänden.
- Oft liegt Schädlingsbefall im Dachstuhl vor.
- Teilweise sind Mängel in der Statik zu finden.
- Fehlender Brandschutz (Zufahrt/Brandschutztüren) ist zu berücksichtigen.
- Das Dach ist ungedämmt und ohne Unterspannbahn.
- Man muss die Gasleitung überprüfen, denn diese ist teilweise undicht.

Baujahr des Gebäudes bis 1955, typische Mängel:

- Es sind Bleirohre, teilweise Stahlrohre.
- Die Bausubstanz ist besser, als in den Vorkriegsjahren.
- Asbest und Formaldehyd (muss bei Modernisierung entsorgt werden) ist oft in den Wänden.
- Teer wurde als Parkettkleber (muss bei Erneuerung versiegelt werden) verwendet.
- Fehlender Brandschutz (Zufahrt/Brandschutztüren) ist zu berücksichtigen.
- Das Dach ist ungedämmt.
- Man sollte die Gasleitung überprüfen (teilweise undicht).
- Leider gibt es oft Holzbalkendecken mit Schädlingsbefall.
- Der Schallschutz ist sehr gering.
- Die Gauben sind oft renovierungsbedürftig.
- Putzschäden innen und außen müssen behoben werden.

Für Gebäude in den 50er Jahren, bei denen sowieso die Fassade saniert werden muss, kann man ausnahmsweise über Wärmedämmung nachdenken. Dies aber nur sofern diese keine Holzanteile mehr haben, die verschimmeln können. Wenn es Maler machen sollen, dann ihnen in den Vertrag diktieren, dass sie die Ingenieurleistung aus Haftungsgründen mitübernehmen. Bei Dachgeschossausbau könnte die Decke nicht ausreichend tragfähig sein. Die Gebäuden vor 1945 haben Holzbalkendecken die noch ausreichend stabil gebaut für die Lagerung von sind. Die Betondecken in den 50er Jahren sind teilweise zu dünn ausgeprägt um einen Dachgeschossausbau vornehmen zu können. Hier müssen dann zusätzliche Stahlträger eingezogen werden.

Baujahr des Gebäudes ab 1960, typische Mängel:

- Ab diesem Baujahr Decken immer aus Beton (besser als Holz).
- Ebenso Stein- oder Betontreppenhäuser (besser für Brandschutz).
- Die Wärmedämmung ist besser (aus heutiger Sicht jedoch gering).
- Der Schallschutz ist besser (aus heutiger Sicht jedoch gering).
- Es wurden Drainagen zur Kellerabdichtung eingebaut.
- Meist sind Alufenster (müssen ausgetauscht werden) verbaut.
- Es wurde Teer als Parkettkleber (muss bei Erneuerung versiegelt werden) verwendet.
- Das Dach ist ungedämmt.
- Dämmwolle mit kurzen schädlichen Fasern wurde verwendet.
- Leider ist die Abdichtung an Balkonen und Loggien (Betonschäden) mangelhaft.
- Die Heizungen sind veraltet.
- Ab da sind erste Flachdächer (aber in mangelhafter Ausführung) zu sehen.
- Achtung bei Stahlbetonskelettbau und Grundrissänderungen, denn die Innenwände mit 8 cm, die normalerweise nie tragend sind, können hier tragend sein

Baujahr des Gebäudes ab 1970, typische Mängel:

- Ab 1971 wurden fast nur noch Stahlrohre eingebaut.
- Kältebrücken z. B. an Balkonen verursachen leider Schimmel.
- Mangelhafte Abdichtung an Balkonen und Loggien (Betonschäden) müssen hier in Kauf genommen werden.
- Die Schalldämmung ist verbesssert.
- Die Grundrisse sind sehr gut und effektiv.
- Oft wurden Flachdächer mit Abdichtungsproblemen gebaut.
- Die Wasserleitungen sind oft defekt.
- Die Heizungen sind veraltet und weisen zu hohe Emissionswerte auf.
- Es wurden teilweise erste Kupferrohre verbaut.
- Die Abwasserrohre sind aus Stahl oder Kunststoff.
- Die Objekte weisen Mängel beim Brandschutz auf.
- Teer wurde als Parkettkleber (muss versiegelt werden) verwendet.
- Das Dach ist ungedämmt.
- Es ist nur minimale Dämmung an den Wände zu finden.

Baujahr des Gebäudes ab 1980, typische Mängel:

- Rahmengedämmte Kunststofffenster mit doppelter Isolierverglasung (3-fach Isolierglas benötigt man nicht unbedingt, die Fenster können also bleiben).
- Die Wärmedämmung und der Schallschutz sind verbessert, die Dämmung jedoch immer noch gering.
- Der Brandschutz ist verbessert.
- Es sind experimentelle Statiken (Stahlträger, die wegrosten) verbaut.
- Es sind oft Flachdächer mit Abdichtungsproblemen und ohne Dampfsperre gebaut.
- Die Kunststoffbahnen bei Flachdächern sind spröde.
- Die Heizungen von vor 1988 sind veraltet und weisen einen zu hohe Emissionswerte auf.
- Die Elektroinstallation ist in Ordnung.
- Reparaturbedarf in Zukunft ggf. nötig.
- Es sind sehr viele Wärmebrücken durch verschachtelte Bauweise (Dämmung vollkommen unmöglich, Alternative: Hydrophobierung – wasserabweisende Schicht aufbringen) verbaut.

Objekte ab 1980er Jahre sind meist in vernünftigem Zustand, idealerweise ist es eine 2-schalige Bauweise mit Klinker, da dies besonders langlebig ist.

Baujahr des Gebäudes ab 2000, typische Mängel:

- Die Wasserverrohrung ist mit immer mehr Kunststoff erstellt.
- Die Dämmung ist ausreichend gut.
- Es sind ordentliche 3-fach verglaste Fenster verbaut.
- Der Schallschutz ist gut.
- Das Holz bei Holzständerbauweise muss von der Erde getrennt sein.

Kenntnis lieber nicht erlangen

Soll ein Gebäude mittelfristig wieder verkauft werden und du vermutest, dass verdeckte Mängel wie Holzwürmer oder Asbest in den Wänden etc. bestehen könnte, dann lass die Wände lieber zu, so hast du nur die Vermutung, bist aber nicht in der Kenntnis.

Das Bad

Nicht in jedem Bad muss eine Badewanne vorhanden sein. Lieber gibt es eine bodengleiche Dusche, als ein total zugestelltes Bad mit Badewanne. Man sollte nur den Spritzwasserbereiche mit schlichten eleganten, warmen, hellen und neutral Fliesen verlegen. Die breite Masse sollte daran Gefallen finden, goldene Wasserhähne finden z.B. nicht alle gut. Wenn du das Bad modernisierst (ca. 3.000 €) dann verbaue auf jeden Fall ein hängendes WC z. B. mit einer Vorsatzwand.

Jede Wohnungsgröße hat eine Zielgruppe

1 Zimmer Wohnung: Single, Wochenendheimpendler, Studenten, Azubis. Diese sollten dann möblierte Vermietung werden.
2 Zimmer Wohnung: Singles oder Pärchen.
3 Zimmer Wohnung: Singles, Pärchen, Familie mit Kind oder Eigennutzer.
4 Zimmer Wohnung: Pärchen, Familie mit Kind, Familie mit Kindern, zimmerweise-WG-Vermietung oder Eigennutzer.

Bei Wohnungen ab 5 Zimmern wird die Zielgruppe enger, daher würde ich diese, es sei denn sie werden sehr günstig angeboten, meiden. Ideale Wohnungsgrößen sind bis zu 70 qm.

Preisabschläge können wie folgt berechnet werden:
- Wenn ab dem 4. OG kein Aufzug vorhanden ist.
- Souterrain
- Wenn kein Tageslichtbad vorhanden ist.
- Wenn kein Balkon vorhanden ist.
- 1 und 2 Zimmer Wohnungen, da die Eigennutzer wegfallen.
- 5 Zimmer Wohnungen oder Wohnungen mit über 70 qm.

Ideal sind Wohnungen im 1. OG und 2. OG

Die Mieterliste bei MFH

- Häufig sind keine Angaben vorhanden ob es die Netto- oder Kaltmiete ist.
- Es muss das Datum der letzten Mieterhöhung vorhanden sein.
- SOLL-Mieten sind wertlos, denn wir machen unsere eigene Kalkulation.

Gründe für überzogene Soll-Mieten sind 1. Der Makler taktiert (möchte so den Preis hoch treiben) oder 2. der Makler hat keine Ahnung.
Lege eine eigene Excel-Datei an und berechne auch qm/€.

Arbeite mit 3 Mieten - in 3 Spalten in Excel:
1. IST-Miete
2. Ortsübliche Vergleichsmiete
3. Marktmiete für Neuvermietung/selbst ermittelte SOLL-Miete

Bewirtschaftungskosten/Nebenkostenabrechnung

Plausibilisiere die Bewirtschaftungskosten, ob es hier einen Ausreißer gibt. Ansonsten dies nicht ganz so relevant, da es ein durchlaufender Posten ist.

Was man auf Bildern erkennen kann

- Ein hellblaues Bad weißt meistens auf den Bau der 60er/70er Jahre hin.
- Sin die Fenster alt?
- Wie sieht die Raumhöhe aus?
- Was hat das Objekt für einen Heizungstyp?

Um die GIK (Gesamtinvestitionskosten) zu erhalten kannst du anhand der Bilder die Renovierungskosten schätzen. Mit der Zeit und Erfahrung gewinnst du hier Routine.
Von den Bildern **einer** Wohnung kann nicht zwingend auf weitere Wohnungen geschlossen werden. Besichtige, wenn irgendwie möglich, alle Wohnungen. Kannst du einzelne Wohnungen nicht besichtigen, kalkuliere für dich einen Sicherheitsabschlag ein. Wenn der Makler oder Eigentümer sie dir nicht zeigen will, gehe später nochmals zum Objekt und bitte die Mieter dich rein zu lassen. Wenn sie nicht drauf eingehen wollen, biete ihnen Geld an, z. B. 20 €.

Die Teilungserklärung

Gehören die Fenster zum Sondereigentum (dir) oder zum Gemeinschaftseigentum (allen zusammen)?

Unvollständige, schlecht aufbereitete Unterlagen

Ärger dich nicht, wenn die Unterlagen vom Makler (für den du ja viel Geld bezahlst) nicht aufbereitet und sortiert sind, dafür sind die Deals im Regelfall besser als bei TOP aufbereiteten Unterlagen.

Spezialvermietung und der Kaufpreis

Es gibt immer wieder Betrüger, die eine hohe Mieteinnahme fingieren, Sondermodelle wie möbliertes Vermieten und zimmerweises Vermieten in den Kaufpreis einrechnen. Diese Spezialvermietungen sowie Overrent musst du aus deinem Kaufangebot rausrechnen, sonst kaufst du zu teuer ein.

Erbbaurecht

- Läuft meist auf 99 Jahre (wie viel ist davon noch übrig?)
→ Die Laufzeit der Finanzierung sollte nicht länger als das Erbbaurecht sein.
→ Teilweise ist die Beleihung nicht so hoch möglich.
- Eine längere Vermarktungsdauer im Exit (bzw. fast unmöglich bei kurzlaufenden Erbbaurechten) ist garantiert.
- Den Heimfallrecht muss man sich genau anschauen (meist 2/3 des Verkehrswerts).
- Eine vollständige Tilgung in der Restlaufzeit des Erbbaurechtsvertrags (z. B. 30 Jahre) ist zwingend.
- Die Höhe der Erbbauzinsen muss mit berechnet werden.
- Kirchen verlängern üblicherweise den Vertrag (ggf. zu höheren Konditionen). Differenz zwischen aktueller Erbbaurechtszahlung und Vertrag:
Kirchen vergessen häufig die Anpassung und wachen bei Verkauf auf. Sie berechnen die tatsächlichen Zinsen laut Vertrag. Kalkuliere also diesen schlechten Fall für dich bereits ein.

Spezialfall kurzlaufende Erbbaurechte

Besonders die kurzlaufenden Erbbaurechte bieten besondere Chancen für einen günstigen Einkaufpreis, bei wenig Wettbewerbssituation. Es muss an zwei Fronten verhandelt werden: mit dem Erbbaurechtsberechtigten (dem Verkäufer des Gebäudes) und dem Erbbaurechtsgeber (Grundstückseigentümer).

Beim Erbbaurechtsberechtigten muss Motivforschung betrieben werden: warum soll ausgerecht jetzt verkauft werden? Sind bereits Verhandlungen mit dem Erbbaurechtsgeber geführt worden? Wie ist das Ergebnis? Emotionen spielen oft eine größere Rolle als Fakten.

Finanzierung: der Kredit muss zehn Jahre vor Ablauf des Erbbaurechts vollständig getilgt sein (Bankvorgabe), das heißt, bei Laufzeiten unter 45/50 Jahren muss mit einer mehr als 2%igen Anfangstilgung gearbeitet werden, was den Cashflow belastet. Der Erbbaurechtsgeber hat das Vorkaufsrecht, damit muss das Timing bei der Finanzierung und Abwicklung stimmen, da er innerhalb von acht Wochen in den Kaufvertrag einsteigen kann (zwei Wochen Widerrufsfrist beim Darlehensvertrag beachten, sonst hat man ein Darlehen an der Backe, aber kein Objekt).

Das heißt, bei kurzlaufenden Erbbaurechten muss mit mehr EK in die Finanzierung gegangen werden, bzw. auf einem anderen Bestandsobjekt (Kapitalbeschaffung) abgesichert werden (auch im zweiten Rang bis 80% vom Verkehrswert ab 10.000 € grundschuldbesichertem Darlehen machbar).

Der Erbbaurechtsgeber entscheidet bei Ablauf:
- Heimfall (mit z.B. 70% Entschädigung)
- Verlängerung des Erbbaurechtsvertrags
- Verkauf des Erbbaurechtsgrundstücks

Baugenehmigung

- Versichere dich, dass kein Schwarzbau, insbesondere Kellerwohnungen vorhanden sind.
- Dachbodenausbau ohne zweiten Rettungsweg, zu geringe Deckenhöhe oder kein Brandschutz kann zu Problemen führen.
- Kontrolliere die Flurkarte, ob z. B. der Anbau oder das Hinterhaus auf der Flurkarte verzeichnet sind.

Können Nachgenehmigungen erreicht werden, nutze den Mangel um den Preis zu drücken. Können Nachgenehmigungen nicht erreicht werden, dann kalkuliere ein, dass du zusätzlich auch noch die Abrisskosten tragen musst. Gerade bei einem Objektverkauf werden die Behörden teilweise auf Probleme aufmerksam, die bisher erduldet wurden.

Eine Methode um einen Abriss möglichst lange zu verschieben ist es, einen Härtefall zu provozieren indem ein älterer Mensch (idealerweise deine Oma oder dein Opa) in das Objekt, für das eine Abrissverfügung ergeht, einzieht. Damit lässt sich der Abriss oftmals um viele Jahre nach hinten verzögern.

Ein großes Thema bei Schwarzbauten ist jedoch die Haftung. Brennt die nicht genehmigte Dachgeschosswohnung aus und Personen kommen zu Schaden, wird die Staatsanwaltschaft gegen dich ermitteln. Da muss man sehr genau überlegen, ob man sich solche Risiken einkaufen will.

Man sollte sich fragen, wann die letzten 15 Jahre etwas gemacht wurde und was gemacht werden soll.

Stelle eine Liste (idealerweise mit Belegen) auf. Damit dieses Dokument von den meisten Banken akzeptiert wird, kannst du dir ein genormte Dokument, bei uns per E-Mail info@immotege.de anfordern.

Beispielfall: MFH mit nicht genehmigtem Dachgeschoss

Ein Mehrfamilienhaus mit einer gesamten Wohnfläche von 250qm wird angeboten, das ausgebaute Dachgeschoss ist auf Nachfrage „noch nicht genehmigt", aber in der Wohnfläche ausgewiesen.

Nach Rücksprache des örtlichen Bauamtes sind folgende Punkte für die nachträgliche Genehmigung des Dachgeschosses zu liefern:
- Bestandsaufnahme des ausgebauten Dachgeschosses durch Architekten mit Grundriss und Schnitt.
- Beantragung der Nutzungsänderung beim Bauamt durch Architekten.
- Nachweis des Brandschutzkonzeptes des Dachgeschosses (nicht als Schlafraum zu genehmigen, sondern nur als Aufenthaltsraum), hierbei muss man die Entrauchung des Dachgeschosses mit zusätzlichen Rauch- und Wärmeabzugsanlagen (RWA) oder Fensterflächen prüfen.
- Zugang eines zweiten Rettungsweges (eventuell über den Balkon in 2. OG) nachweisen.
- Zusätzlicher Nachweis der Wärmedämmung des Dachgeschosses von einem Fachmann gemäß ENEV (Dämmung muss eventuell teilweise entfernt werden).

Diese zusätzlichen Kosten sollte man bei dem Kaufangebot zwingend miteinkalkulieren. Zudem die ca. 25qm zusätzliche Wohnfläche vom Kaufpreis abziehen.

Die Wohnflächenberechnung

Glaube nicht einfach die Berechnung, die dir vorgelegt wird, sondern rechne diese zur Sicherheit selber nochmal nach, insbesondere bei sehr teuren Gegenden. Hier bietet es sich an ein Lasermessgerät bei der Besichtigung mitzunehmen. Wohnflächenangaben in Exposés sind sowieso meistens falsch. Besonders wichtig sind die Grenzen bei 40 qm und bei 45 qm, da bei einer solchen Unterschreitungen viele Banken rausfallen und nicht mehr finanzieren. Es gibt aber (insbesondere in den Reihen der Volksbanken) immer noch welche; die es finanzieren. Hier muss man also genau hinschauen welche Bank man wählt und wie die Berechnung ausfällt.

Wohnflächenberechnung nach der Wohnflächenverordnung

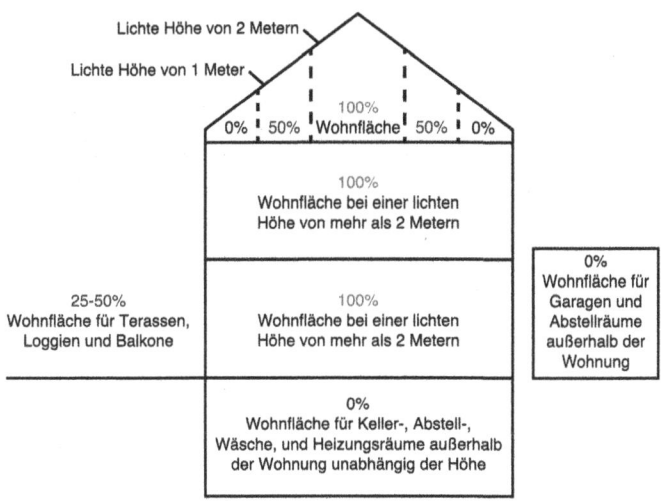

Wohnflächenberechnung nach DIN 277

Bei DIN 277 ist das Treppenhaus reingerechnet, Dachschrägen nicht abgezogen etc. Das Geld liegt im legalen qm-Wohnfläche nach WoFIV (Mieteinnahme/Verkaufspreis/Bankeinwertung).

Wohnflächenberechnung (nach WoFIV)

Besteht kein offizielles Dokument mit Stempel und Unterschrift vom Architekten, kannst du die Wohnflächenberechnung in einem dafür vorgesehen und von den meisten Banken akzeptierten Dokument auch selbst erstellen. Fordere die Vorlage hierzu bei uns per E-Mail an unter info@immotege.de.

Folgende Regeln gelten:

Dachschrägen unter einem Meter: 0 %

Dachschrägen zwischen 1-2 Meter: 50 %

Dachschrägen über 2 Meter: 100 %

Balkon/Loggia/Terrasse/Dachgarten: 50 %

Investment-Kalkulation

Rechne deine Immobilie immer selbst durch. Dich sollten Gutachten und die Rendite, die der Makler in Aussicht stellt, nicht interessieren. Gutachten sind sowieso nur bei großen Gesellschaften relevant. Für dich als Privatinvestor sind sie ein schöner Überblick, mehr auch nicht. Deshalb verlasse dich nur auf deine eigene Einschätzung und Berechnung.

Unterschied zwischen Wert und Preis - Verschuldungsgrad

Wert und Preis sind zwei komplett unterschiedliche Dinge. Wasvon beidem interessiert uns? Beides! Entspricht der Wert dem Preis, ist das Objekt marktgerecht, also uninteressant für dich. Wenn wir nicht erhebliches Kapital aus anderen Quellen bringen um permanent unseren Verschuldungsgrad im Portfolio zu senken, dann müssen wir unter dem Marktpreis einkaufen. Ansonsten ist mit immer neu dazukommenden 100% Finanzierungen unser Portfolio schnell zu stark verschuldet. Wir müssen den Gesamtverschuldungsgrad im Portfolio (LTV = Loan to Value) immer unter 80 %, besser noch unter 60 % halten. Dies schaffen wir normalerweise nur, wenn wir im Einkauf mindestens 20 % Einkaufsgewinn realisieren. Das bedeutet, dass der Preis den wir zahlen, 20 % unter dem Marktpreis liegt.

Freier Cashflow pro Wohnung

Der freie Cashflow pro gekaufter Wohnung darf nicht nur größer 0 sein, sondern muss immer (oder kurzfristig erreichbar) um 50-150 € größer pro Monat und Wohnung sein. Ansonsten lohnt sich dein ganzer Zeitaufwand nicht. Immobilien sind kein rein passives Investment, bzw. wenn du Sie stärker passiv haben willst, musst du Mitarbeiter bezahlen, die sich kümmern, dafür muss Budget da sein.

Standort-Mikroanalyse

- Wie sind die Friseurbesuche (Friseurin befragen)?
- Gib es Möglichkeiten Essen zu gehen (Personal befragen)?
- Wie sieht es mit Urlaub machen (Städtereisen) auch Kurztrips am Wochenende aus?

Wenn ein konkretes Objekt vorliegt

- Wenn du bereits ein Objekt in Aussicht hast, sei eine Stunde vorher am Objekt und besichtige die Gegend. Mit Leuten ins Gespräch kommen, gleichzeitig hat man Puffer um rechtzeitig da zu sein.

Standard anheben an Hauptstraßen

70er Jahre Fenster durch Schallschutzfenster tauschen.

Die Besichtigung

- Überprüfe, ob der Keller und das Dach trocken sind.
- Werden vorerst keine Kosten wie Bauschadensgutachter/Architekt anfallen?
- Neben der Immobilie sind die Menschen besonders wichtig (Eigentümer, Makler, Mieter), sind diese vertrauenswürdig / sympathisch?!
- Man sollte immer die Verkaufsmotive und die Hintergründe hinterfragen.
- Wenn du zu lange Checklisten hast, kannst du diese nicht abarbeiten.
- Übung macht den Meister, also besichtige viele Objekte!
- Überprüfe alles die Fenster, die Heizung, die Bodenbeläge, das Bad...
- Wohnungsausstattung/Einbauten, gehören diese zur Wohnung oder dem Mieter? Werden die ausgebaut oder muss man diese abkaufen?
- Aufwertungspotentiale aufspüren und erkennen.

- Wie ist der Pflegezustand?
- Sind Teile des Objektes selbst gebaut/verbaut oder durch Profis?
- Sind bereits Mieter vorhanden?
- Stimmt das Objekt mit den Grundrissplänen überein?
- Wie sieht die Grundrissgestaltung aus?
- Wie ist die Wohnungsgrößen?
- Wie ist die Deckenhöhe?

Drittverwendungsfähigkeit

Pool im Garten, Holz an den Wänden, Sauna oder andere Einbauten: wenn dies von den Eigentümern als wertsteigernd gesehen wird, dann lass sie während dem Besichtigungstermin in dem Glauben. Mach danach einfach eine eigene Kalkulation anstatt dich auf emotionale Gespräche einzulassen und die gute Stimmung zu zerstören.

Spezielle Ecken bei der Besichtigung

Krabble auch unter den Dachboden und gehe in den Keller mit Spinnweben. Kontrolliere das Dach auf Wasserränder. Öffne alle Fenster. Ist Moos auf den Ziegeln vom Dach, handelt es sich um die Nordseite? Frage bei einem alten Dach, wie oft der Dachdecker da war. Wann wurde denn das Dach gedeckt? Prüfe, ob die Dachrinnen noch intakt sind. Sind diese defekt, müssen diese schnellst möglichst ersetzt werden. Angerostete Stahlträger können aufbereitet werden (z.B. durch Streichen), wenn diese noch nicht zu sehr verrostet sind.

Die Fassade

Blättert etwas von außen ab? Punkte auf der Fassade: bei leichtem Pilzbefall reicht im Regelfall streichen. Setzungen: Risse an den Ecken (z. B. Fenster, Türen) - Haarrisse kann man zuspachteln. Sehr alte Fassaden haben einen hohen Sandanteil und wenig Mörtel. Wenn das bröckelt, dann muss ggf. alles runtergeklopft und neu aufgebracht werden. Salpeterablagerungen sind ein Indiz für hohe Feuchte in der Wand. Man kann ggf. schon einen modrigen Geruch wahrnehmen, wenn man im Keller und im Erdgeschoss hierauf speziell achtet. Hausanschlüsse neigen ebenfalls zur Feuchtigkeit.

Strom

Sicherungskasten: Stromunterverteilung (FI-Schutzschalter vorhanden), der Hauptverteiler befindet sich meist im Keller.

Fallrohre

Sind die Fallrohre sehr alt, müssen diese ggf. in Zukunft teuer getauscht werden. Bei einer Kernsanierung sollte dies direkt mitgemacht werden.

Eindruck von Außen

Müll im Keller und eine verschmutzte Außenanlage mit einem verwahrlosten Eindruck kann leicht beseitig werden, dies kannst du jedoch zum meckern und Preisdrücken nutzen.

Denkmal-Vertriebsimmobilien

Geködert wird der Kunde mit hohen Steuersparmöglichkeiten durch die erhöhte AfA (Abschreibung für Abnutzung) von:
8 Jahre: 9% $\rightarrow$ 72%
4 Jahre: 7% $\rightarrow$ 28%

Diese Abschreibemöglichkeit gibt es jedoch nur auf den vom Käufer sanierten Teil, der unter Denkmalschutz steht. Also nicht immer auf das gesamte Gebäude und auch nur auf die Modernisierung/Sanierung. Nicht auf die bisherige Bausubstanz, die ganz normal mit 2 bis 2,5% abgeschrieben wird, und natürlich auch nicht auf das Grundstück.

Alternative zu Denkmal-Immobilien

Beachten wir die Regeln des Gewerke-Spiels und überbrücken die ersten drei Jahre anschaffungsnahen Erhaltungsaufwand, können wir Sanierungsaufwendungen sofort zu 100% von der Steuer absetzen. So müssen wir diese auch nicht auf 12 Jahre wie im Denkmalbereich verteilen.
Trotzdem ist gerade bei Vollsanierungsobjekten das Thema Denkmalschutz steuerlich sehr interessant.

Die Probleme:

- Bei Vertriebsimmobilien landet der Steuervorteil oder große Teile davon beim Projektentwickler und nicht beim Käufer (Rendite liegen meist zwischen 1,6 und 4,5%).
- Bei Vertriebsimmobilien geht der mitvermittelte Bauträger häufig pleite.
- Beim Verkauf vor 12 Jahren gehen die Abschreibemöglichkeiten verloren, du bist also in der Investition gefangen.
- Nach den 12 Jahren Abschreibedauer ist das Investment im Regelfall defizitär, da viel zu teuer eingekauft wurde.
- Banken setzen den Steuervorteil dir nicht als Einkommen an, so wird dank geringer Renditen bei einer Vertriebsimmobilie deine Haushaltsrechnung geschmälert und du kannst in die Übergangsfalle kommen.

Vertriebsimmobilien eigenen sich grundsätzlich nicht zum Portfolioaufbau, der Steuervorteil aus der Denkmalabschreibung macht hier also aus Bankensicht keinen Unterschied.

Eine Möglichkeit ist es, dass du die "Bruchbuden" selber kaufst und dich selbst um die denkmalgerechte Sanierung kümmerst. Das kann aber eine ordentliche Herausforderung mit vielen ungeplanten Zusatzkosten sein. Die andere Alternative it, dass du ein Konzept (eine Vertriebsimmobilie) kaufst, bei welchem der Konzept-Verkäufer schon eine Menge Geld vorweg für eine vollkommen überteuerte Ruine einkassiert. Die Baufirma, die es ausführen soll, meldet dann nach dem Verkauf Insolvenz an. Es kann auch gut gehen. Die Quote in der es schief geht, ist jedoch hoch.

Wohnung im 4. Stock ohne Aufzug

Der Wiederverkaufswert eines solchen Objektes ist eben stark eingeschränkt. Deswegen sollte der Kaufpreis vorher gut gewesen sein. Wenn das Objekt eine gute Lage hat, wird man wohl auch einen Mieter finden, der dasselbe für die Wohnung wie mit Aufzug bezahlt, nur eben wird der Andrang an Mietern geringer sein.

Utensilien für eine Besichtigung

Baufeuchte- und Lasermessgerät, Stift, Papier, Taschenlampe, etwas für Fotos.

Wozu das Lasermessgerät?

Insbesondere im Dachgeschoss prüfe ich damit, ob die Deckenhöhen für einen eventuellen Dachgeschossausbau ausreichend sind. Die Mindesthöhe ist je nach Bundesland in der LBO (Landesbauordnung) geregelt. Meist sind es 2,20 Meter an den Stellen der Unterzüge (Balken), die mindestens erforderlich sind.

Das Baufeuchte-Messgerät

Die Geräte mit zwei Nadeln, welche jedoch Abdrücke im Material hinterlassen, gibt es ab 10 € im Internet. Ich habe mir ein Trotec BM 31 Feuchtemessgerät für 65 € gekauft. Dank dem Kugelkopf wird die Wand nicht beschädigt. Es kann zwischen 5 und 40 mm tief gemessen werden. Dies ist ideal für eine erste Einschätzung.

Anzeige erfolgt in Digits:
Ein Messwert um die 40-50 bedeutet leicht feucht und ist noch okay. Solch ein Wert kann, wenn die Möglichkeiten gegeben sind, durch Verdunstung wieder abgebaut werden. Ein Messwert ab 60 bedeutet feucht, ab 70 wird es dann ganz kritisch.
Wenn ich solche Messwerte feststelle, macht eine zweite Besichtigung mit einem Bauschadengutachter Sinn.

Buy + Hold

Gebiete wo Buy + Hold schwieriger ist:
Bayern, Baden-Württemberg, südlicher Teil von Hessen
Metropolen wie: Hamburg, Berlin, Leipzig, Hannover, Kassel, Bremen

Besonders geeignet:
Ruhrgebiet, Niedersachsen, Norddeutschland

Das Ruhrgebiet bietet sich besonders für eine Buy + Hold Strategie an. Es gibt eine gute Infrastruktur mit hoher Besiedelungsdichte dank der hohen Großstadtdichte.

Mögliche Zieldaten und mögliches Suchprofil

- Faktor 8-12
- Essen unter 1.000€/qm
- Cashflow pro Wohnung + mind. 100€ pro Monat (nach Kosten und Tilgung)
- Objekte mit Defiziten (Instandhaltungsstau, Mieterprobleme)
→ Wertsteigerungspotential durch Aufwertung und Problemlösung
- B+C-Standorte
- Leicht rückläufige Einwohnerzahlen in Ordnung

Besonders geeignete Standorte im Ruhrgebiet:
- Essen   - Schwerte
- Dortmund   - Herne
- Gelsenkirchen   - Witte
- Hagen   - Gladeck

Vorgehen: Suchprofil mit 20 km Umkreis in IS24 für jede größere Stadt

Details zum Ruhrgebiet

Städte / Stadtteile links vom Rhein wie Mönchengladbach und Krefeld sind in der Regel wirtschaftlich stabil aber hochpreisiger, daher weniger interessant.
Die Autobahn A40 trennt die besseren von den schlechteren Stadtteilen. Die Städte in der nördlichen Lagen sind von Interesse. Stadtteile rechts vom Rhein: niedrigere Faktoren besonders interessant: Essen und Dortmund.
Altendorf (Essen) und Marxloh (Duisburg) würde ich meiden. Es gibt immer wieder Familienclans, die ganze MFH anmieten. Versuche solche Objekte zu meiden. Konzentriere dich auf Stadtteile mit guter Infrastruktur (Ärzte, Schulen, Anbindung Nahverkehr). Gute Rendite erzielst du an schlechteren B Standorten, dort jedoch in guten B-Lagen. Die A-Standorte in B-Lagen oder die B-Standorte mit A-Lagen sind leider zu sehr überrannt.

NRW: Vorsicht vor Wohnungen mit Nordausrichtung

Nach der LBO NRW §47 „(2) eine reine Nordlage aller Wohn- und Schlafräume ist unzulässig." Muss also bei reinen 1-Raum Wohnungen mit reiner Nordlage dann zumindest ein Erker bestehen um das Problem zu heilen. Auch wenn die Wohnung aktuell genutzt wird, kann jederzeit eine Nutzungsunterlassung ins Haus flattern. Insbesondere in Köln ist dies schon passiert.

Standort Krefeld

Im Zentrum will *„niemand"* wohnen, weil dort sehr viele Sozialwohnungen nah bei- und aufeinander gebaut sind. Zehn Minuten aus dem Zentrum raus fangen dann die besseren Wohngegenden an. Krefeld gehört nicht mehr zum Ruhrgebiet. Zur Schnellrecherche und Erstselektion ist es hilfreich mit einem qm-Preis als Vergleichswert je nach Standort zu arbeiten.

qm-Kaufpreis : qm-Mietpreis im Verhältnis: 100 : 1

500 €/qm Kaufpreis bei 5 €/qm Kaltmiete
600 €/qm Kaufpreis bei 6 €/qm Kaltmiete
700 €/qm Kaufpreis bei 7 €/qm Kaltmiete
800 €/qm Kaufpreis bei 8 €/qm Kaltmiete

Das Ergebnis wäre ein Faktor 10. Das bedeutet, dass man 10% Rendite für eine solche Wohnung einholt. Da häufig jedoch noch investiert werden muss (Instandhaltungsstau), hast du deinen Abschlag hierfür schon eingerechnet.

Als nächstes schaust du dir den Zustand des Objektes und die tatsächliche Vermietsituation an. Hierzu reicht nach einer Weile ein dann geschärfter Blick auf die Fotos um eine erste Einschätzung zu haben.
Probleme nutzen wir später zum drücken des Preises(meckern), z. B. vermüllter Garten, Keller etc.

Erste Daumen-Kostenschätzung:
Kleinere Modernisierungen: 100 – 300 €/qm oder max. 10.000 €/Einheit
Kernsanierung: 300 - 600 €/qm (wird sicher eher seltener lohnen bei durchschnittlichen Kaufpreisen unter 1.500 €/qm)

Nun kalkulieren wir, was wir nach Mietsteigerung, Nachvermietung und Modernisierung bekommen können (die SOLL-Miete). Erstelle hierzu eine Excel-Datei. Man sollte nicht glauben, was der Makler im Exposé schreibt, sondern rechnen selbst!

111

- Kellerausbau
- Dachgeschossausbau
- Garten aufteilen
- Stellplätze schaffen
- Lagerboxen auf dem Grundstück
- Vermietung Stellplatz Kleidersammelbox
- Verpachtung Werbefläche

Bausubstanz in Ostdeutschland

Gerade die Objekte in Ostdeutschland haben den Vorteil, dass sie meist Ende der 1990er oder Anfang der 2000er kernsaniert wurden. Aus der DDR-Zeit heraus konnte nicht wie im Westen ein Teil des Objekts sarniert werden könnte, sondern es musste alles neu gemacht werden. Das heißt, die Bausubstanz ist im Regelfall so gut, dass erst mal nichts Großes gemacht werden muss.

Feuchter Keller

Wenn der Keller aufgegraben werden muss um diesen trocken zu legen, handelt es sich um ein teils sehr teures Vorhaben. Diese Sanierung muss also im Kaufpreis vom Verkäufer abgebildet sein. Hier bietet es sich an, die Erdarbeiten von einem Hilfsarbeiter auf 450€-Basis erledigen zu lassen und ein Minibagger anzumieten. Eine Baufirma beauftragst du erst für die Abdichtarbeiten und das Einbringen der Drainage. Das muss man aber genau prüfen, denn teilweise wurde auch nur ein falscher Putz verarbeitet und deswegen hat sich Schimmel gebildet, das lässt sich relativ kostengünstig erledigen. Man muss aufpassen, wenn mit Spezialputz frisch verputzt wurde. Hier könnte ein Schimmelproblem kaschiert worden sein. Deshalb muss man unbedingt mit dem Feuchtigkeitsmessgerät nachmessen. Keller älterer Baujahre (vor 1930) sind häufig naturfeucht, das ist dann vollkommen in Ordnung. Immobilien mit feuchten Kellern können gute Einkaufschancen sein, wenn du analysieren kannst woher die Ursache kommt und diese leicht zu beheben sind (z. B. eine defekte Regenrinne, die neu an das Abwasser angeschlossen werden muss und die aktuell das ganze Wasser ins Erdreich beim Keller leitet).

Das Baulastenverzeichnis

- Bei einer ETW ggf. nicht so wichtig, da die Bank es grundsätzlich nicht bei sich zur Auflistung braucht.

Versammlungsprotokolle/Beschlüsse der letzten 3 Jahre

- Diese gibbt die Stimmung unter den Eigentümern wieder.
- Achte auf wilde Beschlüsse/z. B. Betonsanierung mit Sonderumlage 10 Jahre lang.
- Dieses Dokument wird nicht für die Bank benötigt.

Hausgeldabrechnung

- Prüfe, ob die Kosten im Rahmen liegen (sind fast alle umlegbar).
- Dies ist für die Zukunft hilfreich, um einen Wirtschaftsplan zu erstellen.

Unterlagen, die die Bank NICHT benötigt

- Baulastenverzeichnis
- Energieausweis
- Protokolle/Beschlüsse
- Hausgeldabrechnung
- Exposé
- Gutachten (außer bei Objekten über 400.000 € ggf. hilfreich)
- Gebäudeversicherungspolice (nur in seltenen Fällen wird sie nachgefordert)

Diese Unterlagen darfst du mir aber gerne trotzdem zusenden. Auf deinen Wunsch hin schaue ich die mir mit dir zusammen an und bespreche diese mit dir.

Sonderfall Belegungsbindung

- Die Stadt hat das Recht schwächere Mieter in eine Wohnung zu setzen.
- Im Regelfall ist dies jedoch zeitlich limitiert (wie lange noch?).
- Die Belegungsbindung gilt nach Verkauf des Objektes nicht mehr.

Erst-Schnelleinschätzung eines Immobiliendeals

Aufgrund der Masse an Deals, die du auswerten und analysieren musst, ist eine schnelle Ersteinschätzung besonders wichtig. Diese sollte nach etwas Einarbeitung und Erfahrung anhand des qm-Preis und den Objektbildern geschehen. Hier ist es wichtig seinen Blick zu schärfen. Du musst dich selbst in die Lage versetzen und anhand der Bilder eine grobe Einschätzung machen können. Du solltest einschätzen, wie hoch die Renovierungskosten sind, um die GIK (Gesamtinvestitionskosten) blitzschnell abschätzen zu können. In ein paar Sekunden solltest du mit dem Taschenrechner kalkulieren können. Mit Excel-Tools zu rechnen dauert viel zu lange, das kannst du hinterher machen, wenn das Objekt in die engere Auswahl gekommen ist. Hinterfrage auch gleich eine eventuelle Leerstandsquote.

Informationsquellen für Marktrecherche

- Wegweiser Kommune
- Prognos Zukunftsatlas
- Statistische Ämter
- Bevölkerungsprognosen
- Arbeitsmarktberichten
- neben google.de/maps gibt es auch bing.com/maps
- Wohnpreis.de Lageeinschätzung mit Bild aus Anzeigen
- greift zurück auf wohnlagenkarte.de
- Marktbericht von Banken (teilweise auch von Maklern)
- Preiskarte Immobilienscout24
- Mietspiegel

Kostenlose Quellen zur Recherche genügen in den meisten Fällen. In Frage kommen für die meisten Strategien noch stabile Märkte, oder auch Märkte mit leicht negativ Bevölkerungsentwicklung. Dort, wo alles grün ist und es hohe Wachstumsraten gibt, ist es meist zu teuer.

Objektankauf

- Telefonat mit Makler / Verkaufswunsch

- Makler bauchspinseln / Umgang mit Maklern

- Privatverkäufer bauchpinseln

- Musterkaufangebot

- Checkliste Bankunterlagen

- Organistation / Arbeitsplatzausstattung

- Informationsquellen für Marktrecherche

- Einkaufsquellen für Immobilien

- Notarvertragsgestaltung

- Aufteilung Kaufpreis

„Das flexibelste System-Element kontrolliert das System (vgl. kybernetisches "Gesetz der erforderlichen Vielfalt"). Flexibilität ist der Schlüssel zum Erfolg"
NLP Axiom

6. Objektankauf

Wie du den Makler bauchpinseln kannst

- Die Provision bleibt in der Höhe, obwohl Kaufpreis reduziert wird.
- Die Provision wird von dir sofort am Tag des Notartermins überwiesen.
- Die Höhe der Provision wird im Angebot ausgewiesen.
- Du hast bereits mit meiner Bank gesprochen und von dieser eine sichere Finanzierungsbestätigung erhalten.
- Du hast eine volle Kasse.
- Für dich ist es kein Problem innerhalb von 14 Tagen zum Notar zu gehen
- Du hast einen starken Partner.
- Du hast bereits Immobilien gekauft.
- Übergabetermin ist nicht so wichtig, die bisherigen Eigentümer können auch noch etwas drin bleiben, wenn es nötig ist.
- Du bist nicht derjenige, der groß rumverhandelt, aber um das gleich klar zu machen: ist noch etwas am Preis zu machen (wenn es ein angespannter Markt und der Kaufpreis gut ist)
- Anzahlung leisten: 500 – 3.000 € um die Immobilie vom Markt zu nehmen. Dieses Geld kann später als EK über die Bank über „bereits bezahlt" wieder mitfinanziert werden für Kaufnebenkosten.
- Kontoauszug zeigen und anbieten den Kaufpreis sofort auf ein Notaranderkonto einzuzahlen, es kann dann trotzdem in der Abwicklung noch ganz normal finanziert werden.

Muster schriftliches Kaufangebot

Vorname Nachname – Musterstraße 19 – 12345 Musterstadt

Frau Verkäuferin
Musterstraße 1
12345 Musterstadt

Musterstadt, den 25.11.2019

Kaufangebot ETW Musterstraße 1 in Musterstadt

Sehr geehrte Frau Verkäuferin,
vielen Dank für den angenehmen Besichtigungstermin am vergangenen Freitag, den 24.11.2017 mit Herrn Immobilienmakler Schmid. Ihre Eigentumswohnung gefällt mir sehr gut. Gerne möchte ich Ihnen daher mein Angebot wie folgt unterbreiten.
Vorweg möchte ich mich kurz vorstellen. Der Region rund um Musterstadt bin ich schon immer fest verbunden. Beruflich bin ich in ungekündigter unbefristeter Stellung bei der Firma Müller als Industriemeister tätig. Seit längerem suche ich nach einer Eigentumswohnung. Ihre Wohnung würde perfekt zu meinen Wünschen passen. Nötige Sanierungsmaßnahmen nehme ich selbst vor. Sie können sich sicher sein, dass die Wohnung bei mir in guten Händen sein wird.

Gerne übernehme ich unentgeltlich die Entrümpelung und Entsorgung der zum Kaufzeitpunkt noch in der Wohnung verbliebenen Gegenstände und Möbel. Sie müssen sich um nichts kümmern.

Ich biete Ihnen den Kauf der Wohnung zu folgenden Bedingungen an:
Der Kaufpreis beträgt Ihren Vorstellungen gemäß **99.000 €.**
Die Zahlung des Kaufpreises kann vorbehaltlos kurzfristig nach dem Notartermin, nach Erledigung der üblichen Abwicklungsvoraussetzungen und entsprechender Mitteilung durch den Notar erfolgen. Eine Finanzierungsbestätigung finden Sie im Anhang. Der Notartermin kann kurzfristig nach der Angebotsannahme durch Sie stattfinden. Für alle anfallenden Notarkosten komme ich selbstverständlich auf.
Ich sehe mich organisatorisch und finanziell in der Lage, den Ankauf Ihrer Immobilie zügig und professionell umzusetzen. Ich halte mich bis zum 20.12.2019 an mein Angebot gebunden.

In Erwartung Ihrer kurzfristigen Rückmeldung verbleibe ich für heute mit freundlichen Grüßen

Ihr Vorname Nachname
Industriemeister
Telefon: 12345 – 78910 - E-Mail: vorname.nachname@t-online.de

Bemerkung:
Du solltest Annahmen bei Unklarheiten treffen, unter denen das Angebot gilt. So kannst du schnell das Angebot abgeben und spiel mit. Dieses Musteranschreiben können wir dir gerne per E-Mail als Worddatei zusenden. Schicke uns einfach eine E-Mail an: info@immotege.de. Ebenfalls erstellen wir dir gerne nach Unterlageneinreichung kurzfristig eine auf dein Objekt zugeschnittene Finanzierungsbestätigung. Schreibe in deiner E-Mail dazu, dass du eine Finanzierungsbestätigung benötigst.

Wie du Privatverkäufer bauchpinseln kannst

- Die Räumung des Objekts anbieten. Ältere Menschen zum Beispiel wollen ihren Kindern nicht zur Last fallen.
- Lass am besten nicht raushängen, dass du der Vollprofi bist.
- Du hast bereits mit meiner Bank gesprochen und von dieser eine sichere Finanzierungsbestätigung erhalten.
- Du stellst ein Anschreiben mit persönlicher Vorstellung auf.
- Sage eine schnelle und professionelle Abwicklung zu.

Smalltalk mit dem Verkäufer

Beobachte deinen Gegenüber, schaue ihn an, wenn er redet, beobachte wie er auf was reagiert. Nenne den Name des Verkäufers während der Unterhaltung, lobe ihn für verschiedenes. Frage, warum verkauft wird. Loben erhöht NICHT den Preis, sondern schafft positive Gefühle.

Eisbergmodell in Anwendung bei einem Privatverkäufer

Beispiel: Immobilie im Familienbesitz

Verbrüdere dich mit dem Verkäufer mit Sätzen wie: "Wir haben auch Immobilien im Familienbesitz.". Oder versuche Motive für den Verkauf zu erkennen, mit Aussagen wie: "Mensch, ist so eine schöne Immobilie, warum wollen Sie die verkaufen?". Er könnte Antworten: "*Ach wissen Sie, wir sind eine Erbengemeinschaft.*". *Darauf du:* "Oh, Erbengemeinschaft - jetzt weiß ich´s aber immer noch nicht.". Seine Offenbarung: "*Mein Bruder kümmert sich um nichts, ständig muss ich mich um die Mieter kümmern.*". *Dann du:* "Dafür habe ich volles Verständnis, so eine schöne Immobilie und dann diese Probleme.".

In dem manVerständnis zeigen, kann man das Problem verstärken.

Er geht darauf ein: *"Das ist ja noch nicht alles, ich habe ja noch eine Mutter, sie ist ja nicht mehr die jüngste, der wollen wir noch eine kleine Wohnung kaufen.".*

Jetzt hast du die Lösung, das Verkaufsmotiv sind Geldsorgen und der Wunsch nach dem Verkauf Sicherheit.

Du könntest sagen: "Ich kann das total nachvollziehen." Und dann die Finanzierungszusage präsentieren. Du träumst mir dem Verkäufer, wie schön es wäre, wenn er schon nächsten Monat mit seiner Mutter in ihrer neuen Wohnung Kaffee trinken könnte und fragst was er davon hält. Du willst eine echte Antwort Entweder er sagt: *"Ich finde das super!"* Oder: *"Ich finde das nicht gut."*

Du kannst weitere Fragen stellen wie: "Was machen Sie denn jetzt mit dem ganzen Geld?" und "Wir müssen das nicht so machen, dass Sie jetzt so viel Geld haben wir können ein Teilverkäuferdarlehen abschließen.". Vielleicht antwortet er: *"Nein, will ein Schwedenhaus kaufen.".* → Futurepace Schwedenhaus

Einstieg in die Preisverhandlung

Frage nach, ob man noch eine Kleinigkeit am Preis machen kann? Damit kann der Referenzrahmen gesetzt werden. Damit hat man die 1. Preissenkung schon erreicht.

Vertrauensaufbau

Sollte der Verkäufer ein Hundebesitzer, kannst du dem Hund Wasser bereitstellen (Gesetz der Reziprozität).

Themen die man im Regelfall besser nicht anspricht

Religion, Politik, Sex, Fußball.

Notarvertrag

- Standardmäßig wird die Haftung im Vertrag ausgeschlossen.
- Details sollten vorher geklärt sein.
- Auf Notaranderkonto kann, um Kosten zu sparen, verzichtet werden.
- Auflassungsvormerkung sollte im Regelfall beurkundet werden.

- Küche/Möbel und Instandhaltungsrücklage der WEG nicht extra ausweisen damit du das nicht mit EK bezahlen muss.
- Anerkenntnis, dass das Objekt von Makler XY vermittelt wurde, ist unschädlich.

Checkliste Bankunterlagen

Diese Dokumente braucht die Bank über deine persönliche Bonität:
- Deine letzten drei Gehaltsabrechnungen. Ab dem 15. des Folgemonats wird spätestens die des Monats davor benötigt.
- Deine Gehaltsabrechnung vom Dezember des Vorjahr.
- Bei Selbständigen werden die letzten zwei Bilanzen und die aktuelle BWA (nicht älter als zwei Monate und drei Wochen) benötigt.
- Wenn du im letzten Jahr bereits etwas vermietet hast oder du selbständig bist, werden die letzten zwei Steuererbescheide oder falls nicht vorhanden die letzten zwei Steuererklärungen mit Unterschrift von dir benötigt.
- Deine Kontoauszüge (Eigenkapitalnachweis) mit Namen und aktuellem Datum, nicht älter als drei Wochen.
- Alle deine Bausparverträge, Lebens- und Rentenversicherungen.
- Deine letzte Renteninformation (falls vorhanden, nicht zwingend).
- Dein Personalausweiskopie (vorne + hinten) – noch gültig. Alternativ reicht auch dein Reisepass mit aktueller Einwohnermeldeamtsbestätigung.
- Deinen Mietvertrag der Eigenmiete (sofern nicht im Eigentum oder bei den Eltern).
- Falls du Ratenkredite/Leasingverträge etc. hast, die Dokumente inkl. aktuellem Stand mit Datum und Name, sowie den Vertrag mit Unterschrift (diese solltest du jedoch idealerweise vorher tilgen).

Bei bestehenden Immobilien (für jede Immobilie extra):
- Eine Immobilienübersicht (Word-Datei bitte per E-Mail bei uns anfordern), nur wenn sich mindestens eine Immobilie bereits im Bestand befindet, nicht für das Kaufobjekt.
- Die Objektbeschreibung (PDF-Datei bitte per E-Mail bei uns anfordern).
- Das aktuelle Grundbuch (max. 3 Monate alt).
- Die Teilungserklärung inkl. ggf. Ergänzungen und Anhänge (nur bei WEG).
- Die bemaßten Grundrisse.
- Der Erbbaurechtsvertrag (nur bei Erbbaurecht).
- Die Wohnflächenberechnung (falls nicht vorhanden, bitte Datei-Vorlage zum

selbst erstellen per E-Mail bei uns anfordern).
- Der Flurplan (mit Maßeinheit).
- Die vollständigen Darlehensverträge mit Unterschrift (inkl. AGB).
- Die Darlehenskontoauszüge (31.12. des Vorjahres).
- Der aktuelle Darlehensstand mit Name und Datum.
- Ein Kontoauszug mit Mieteingängen der letzten drei Monate.
- Der Mietvertrag und alle Mieterhöhungsschreiben.
- Aussagekräftige Farbbilder von innen und allen Seiten außen.

Weitere Infos (ohne Dokumente):
- Der aktuell geschätzte Verkehrswert.
- Die Anzahl der Vollgeschosse (also ohne Keller und DG).
- Die Anzahl der Wohneinheiten im Objekt insgesamt.
- Das Baujahr des Objekts.
- Die Ausstattung: einfach/mittel/gehoben/stark gehoben.
- Der Marktübliche qm-Kaufpreis (letzter Reiter unten bei Immoscout24).
- Information über die Wohnlage: einfach/mittel/gehoben.
- Die Vergleichsmiete je qm-Wohnfläche (letzter Reiter unten bei Immoscout24).
- Der aktuelle Bodenrichtwert (z. B. über Gemeindehomepage herausfinde).

Selbiges gilt für die zu finanzierende Immobilie.

Die Dokumetne müssen vollständig (keine fehlenden Seiten), lesbar und ohne Schwärzungen zugesendet werden. Sende diese als PDF an info@immotege.de.
Wenn du noch weitere Dokumente hast, schicke diese auch gern an uns, denn falls diese doch benötigt werden, haben wir diese schonmal vorliegen.

- Deine Selbstauskunft (unterschrieben, im Original, vorweg gescannt), wird von mir erstellt, nachdem alle Unterlagen vorliegen!
- Der Darlehensvermittlungsvertrag von mir (unterschrieben, im Original, vorweg gescannt) bitte per E-Mail anfordern.

Sende alle Originale per Post an:
Immotege - Mollenbachstraße 19, 71229 Leonberg

Checkliste Objekteinkauf

Siehe Checkliste Bankunterlagen, **zusätzlich jedoch: Protokolle der letzten Eigentümerversammlungen, Nebenkostenabrechnungen, Gebäudeversicherungspolice, sowie Infos über Wasserschäden.**

Organisation von Unterlagen und Arbeitsplatzausstattung

Banken wollen gerne gut leserliche Dokumente, die außerdem möglichst nicht viel Speicherplatz einnehmen. Scanne daher diese bitte idealerweise mit 300 dpi und Graustufen ein und stelle sie uns als **PDF Datei** bereit. Alternativ bearbeiten wir es für dich nach. Das Handy als Scanner kann dabei nur eine Notlösung sein. Gebrauchte gute Dokumentenscanner, mit denen du stapelweise Dokumente einscannen kannst sind z. B. der Kodak i1210 (ab 59 €) oder Kodak i1220 (ab 149 €) zu finden auf Ebay. Anstatt mit einem Tintenstrahldrucker solltest du Dokumente lieber mit einem s/w Laserdrucker ausdrucken. Scannt man mit Tintenstrahldruckern gedruckte Dokumente, sind diese nicht mehr sehr gut lesbar. Hier bietet sich z. B. ein Lexmark MS410d – neu ab 65 € auf geizhals.de an, auch mit diesem Drucker arbeiten wir. Wir arbeiten zusätzlich grundsätzlich mit 3 x 19 Zoll 4:3 Monitoren zur Organisation von Dokumenten, das erhöht die Arbeitsgeschwindigkeit enorm. Für den Anfang tut es auch ein 2. Monitor, den du an dein Notebook anschließt. Gebrauchte 19 Zoll Monitore gibt es ab 30 € auf Ebay. Als Software bietet es sich an auf Adobe Creative Suite zurückzugreifen, insbesondere Adobe Acrobat Professional und Illustrator. Ältere Versionen (z. B. CS3) sind für unter 100 € auf Ebay zu finden.

Einkaufsquellen für Immobilien

- Immobilienscout24 und andere Portale
- Bankenverwerter (Makler)
- Bankenverwertungsabteilung
- Zwangsversteigerungen (Quote 1:15, meist 30% über Markt)
- Eigentümerversammlung: über eine Wohnung einkaufen in eine große WEG
- Versicherungsvertreter/Versicherungsmakler (als Tippgeber)
- Finanzvertriebler sind oft sehr nah am Kunden
- Hausmeister (als Tippgeber)

- Handwerker (als Tippgeber)
- Schornsteinfeger (als Tippgeber)
- Spezial-Strategie: Kauf einer eigenen Hausverwaltung / Handwerksbetrieb
- Kaffee-Fahrten allgemein und speziell von Haus + Grund
- Nachbargrundstück (auch über Anfrage beim Grundbuchamt)
- Zeitungsanzeigen: lokale Zeitungen, Anzeigenblätter
- Nestoria (kostenfreie Metasuchmaschine)
- Opportunty-Finder
- ImmoBingooo (ehemals Imtect) ab 700€/Jahr - Abo ab 70€/Monat
- Immo-info.de - Lokales Abo, auch mit Zeitungsanzeigen
- Imv-online.de - Lokales Abo, auch mit Zeitungsanzeigen, dokumentierte Historie mit Preissenkungen: überteuerte Objekte werden am Schluss oft deutlich unter Marktpreis verkauft (zu wissen, wann welche Preissenkung erfolgt ist, verschafft dir zusätzliches Verhandlungspotential)
- eine Suchanzeige schalten in lokalen Zeitungen
- Farming (Markt bearbeiten, sich bekannt machen, Netzwerken)
- Social Media, PR (Ankaufsmitteilungen, Homepage, Visitenkarte)
- Einkaufskooperationen z.B. immominds.de (gerade in Gründung)
- Immobilienmakler

Flyerverteilung

Neben der Anzeigenwerbung ist für viele Immobilieninvestoren die Flyerverteilung eins der effektivsten Werkzeuge um an Offmarket-Deals heranzukommen. Gerne kannst du in meiner Onlinedruckerei www.mein-druckservice.de Flyer drucken lassen und direkt von uns bundesweit in deinen gewünschten PLZ-Bereichen verteilen lassen.
Die Kosten dafür liegen bei ca. 65 € pro tausend Stück zzgl. Druckkosten. Gerne erstellen wir dir ein individuelles Angebot und recherchieren für dich auch wie viele Haushalte in deiner jeweils gewünschten PLZ verfügbar sind. Mindestverteilmenge um auf diesen Preis zu kommen sind 5.000 Stück, Flyerverteilung hat hohe Streuverluste, ist dafür jedoch sehr günstig.
Es lohnt sich regelmäßig, z.B. alle 3 Monate dieselben PLZ-Regionen verteilen zu lassen.

Der Immobilienmakler

- Schicke dein Suchprofil an alle relevanten Makler in der Region (Fleißarbeit).
- Halte regelmäßig Kontakt und rufe dich in Erinnerung.
- Stelle direkten Xing-Kontakt zum Makler her.
- Gute Deals sind oft das 2. Objekt vom Makler.
- Der Makler über den du kaufst, sollte idealerweise nicht zu professionell sein, sonst macht er die guten Deals selbst.

Der Umgang mit dem Makler

Mache dem Makler klar, dass du ein Wiederholungstäter bist, dass du Investor und nicht Kapitalanleger bist.

Bei den meisten Maklern durchläuft ein Objekt, das reinkommt, maximal drei Stufen. 1. Stufe: VIP-Kunden, die regelmäßig kaufen, 1-3 Kunden bekommen das Objekt angeboten. Dein Ziel muss es sein, zukünftig hier direkt vom Makler angesprochen zu werden, z.B. nach dem Kauf des 1. Objektes oder weil du eine entsprechende Beziehung aufgebaut hast. 2. Stufe: der Makler nimmt das Objekt in seinen Newsletter auf. Trage dich hier also auf jeden Fall ein. Und erst in der 3. Stufe (ca. 1-2 Wochen später) wird das Objekt, wenn es nun immer noch nicht weg ist, ins Internet auf die großen Portale genommen. Wie du siehst, landen auf den Portalen also im Regelfall nur ein kleiner Teil der Objekte und meist auch die, die sonst keiner haben will. In einem LOI (Letter of Intent) kannst du gegenüber dem Makler den Kaufpreis und die Maklerprovision nochmals extra ausweisen. Wenn du anfängst über die Maklerprovision zu verhandeln, verbrennst du dir den Kontakt für die Zukunft. Halte die Maklerprovision auch bei Preissenkungen konstant, so hat der Makler keinen finanziellen Nachteil eine Preissenkung gegenüber dem Verkäufer durchzusetzen und du bekommst ihn mehr auf deine Seite.

Einkaufsquelle: bisheriger Verkäufer

Private Vermieter in Deutschland (also die Institutionellen ausgenommen) vermieten im Schnitt 4,3 Wohnungen. Es kann sich also auch lohnen beim bestehenden Eigentümer nachzufragen, ob er nicht noch mehr Wohnungen verkaufen will.

Weitere Offmarket Strategien:
- Reinkaufen in WEG
- Kontaktdaten von Eigentümern bekommen
- Wohnungen den anderen Eigentümern abkaufen
- Marke aufbauen zur Erhöhung der Nachfrage/Preis

Offmarket-Deals: Zielgruppenbesitzer

Insolvenzsachbearbeiter (Mitarbeiter der Insolvenzverwalter)
→ haben die Verkaufsvollmachen
→ sind überlastet
→ einfache unkomplizierte Abwicklung anbieten
Zielgruppenbesitzer, Multiplikatoren und Influencer.
Eigenkapital: Immobilienmakler sind Zielgruppenbesitzer für die Weiterempfehlung von dir als Investor (Darlehensnehmer).

Markt suchen und finden

Fokussiere und spezialisiere dich auf einen Markt. Wenn der Markt vor deiner Haustüre nicht funktioniert, dann suche dir einen anderen. Lerne seine Marktteilnehmer und Informationsquellen kennen, gehe in der Region essen, um die Gegend zu erforschen, mache Urlaub in der Region um sie weiter kennen zu lernen. So weißt du schon ungefähr wie die Zielgruppe ist und ob du dir vorstellen könntest dort zu investeiren.

Notarvertragsgestaltung

Weise die Instandhaltungsrücklage einer WEG im Notarvertrag nicht extra aus, erwähne sie nicht einmal. Sie geht kraft Gesetzes auch so auf dich über. Wenn du sie jedoch ausweist, kürzt die Bank dir ggf. dein Darlehen und verlangt von dir, dass du diesen Betrag als Eigenkapital bringst. Beim Grunderwerbsteuerbescheid kannst du Einspruch erheben (bzw. dem Finanzamt den Sachverhalt gleichzeitig mit Kauf mitteilen) und mit der Instandhaltungsrücklage den Betrag runterkorrigieren lassen, ohne dass der Bank die Instandhaltungsrücklage über den Kaufvertrag aufs Butterbrot geschmiert wird. Dasselbe gilt für mitverkauftes Zubehör (Möbel, z.B. die Einbauküche).

Aufteilung des Kaufpreises nach Grundstück und Gebäude im Notarvertrag

Nach einem neuen BFH-Urteil muss die Finanzverwaltung der Aufteilung im Kaufvertrag folgen, sofern es nicht missbräuchlich ist. Die Stellungnahme der Finanzverwaltung zum Urteil steht noch aus. Du könntest also den Versuch einer Abweichung von z.B. 10% zum aktuellen Bodenrichtwert zu deinen Gunsten im Kaufvertrag machen.

Abweichung ist insbesondere möglich in begründeten Fällen wie z. B.
- Hinterland (nicht eigenständig verwendbar)
- geringere Bebauung als maximal zulässig (über die GFZ/GRZ-Zahlen)

Kauf einer Eigentümergemeinschaft

Es gibt eine Immobilie zu kaufen, bei der es sechs Eigentümer gibt, davon drei gestorben sind und der Verkauf an der Auffindbarkeit der Erbengemeinschaft scheitert? Was kann man machen, um die Personen im Grundbuch aufzuspüren? Einer der Eigentümer kann die Teilungsversteigerung starten. Wer nicht ermittelbar ist, dem wird öffentlich zugestellt. Du schließt mit den ermittelbaren Eigentümern einen Vertrag, dass du die Kosten des Verfahrens als Vorschuss trägst, lässt dich bevollmächtigen das Verfahren zu führen und schließt eine Ausbietungsgarantie zu deinem Kaufpreis mit denen ab. So stellst du sicher, dass du im Verfahren nicht mehr bezahlst, auch wenn du höher bieten musst um den Zuschlag zu erhalten.

Freigrenze Grunderwerbsteuer

Es gibt eine Freigrenze (nicht Freibetrag) für die Grunderwerbsteuer. Diese liegt bei 2.500 €. Also bei Kaufpreisen unter 2.500 € fällt keine Grunderwerbsteuer an. Bei Käufen von Objekten, die nur wenig darüber liegen bietet es sich besonders an noch Möbel und Öltank als Instandhaltungsrücklage extra im Kaufvertrag auszuweisen um den Kaufpreis unter die Freigrenze zu drücken und den ganzen Deal grunderwerbsteuerfrei abzuwickeln.

Nachgenehmigen von Immobilienkaufverträgen

Kannst du oder der Eigentümer einmal einen Notartermin nicht wahrnehmen und es soll trotzdem beurkundet werden, könnt ihr euch gegenseitig oder jemand Drittes (z.B. dein Rechtsanwalt oder sonst wer) als mandatslose Vertreter vertreten lassen. Dies geht auch ohne notarielle Vollmacht. In diesem Fall ist der Vertrag schwebend unwirksam bis dieser nachgenehmigt (Unterschriftenbeglaubigung) wird. Dies kann bei einem völlig anderen Notar, oder im Ausland bei der deutschen Botschaft später gemacht werden.

Das erste Telefonat mit dem Makler

Stelle deine Fragen der Wichtigkeit nach, da die Makler ungern eine Masse an Fragen beantworten. Du solltest dann aufhören, sobald du merkst, dass der Makler genervt ist. Sonst würdest du die Beziehung gefährden. Die Knackpunktfrage ist diese: Warum wird die Immobilie verkauft? Wenn der Makler auf diese Frage ausweichend reagiert, bohre weiter nach, denn es könnte sich ein Problem dahiner verbergen.

Wer ist unser Wunschverkäufer und was sind dessen Umstände?

In den USA verkaufen Flipper besonders gerne sogenannte Turnkeys. Diese auch günstig an Investoren, da es es ihnen besonders auf das sehr schnelle Verkaufen ankommt.Deshalb ist die Professionalität der Investoren sehr hoch geschätzt. Zusätzlich geht es um die Nachhaltigkeit der längerfristigen Zusammenarbeit. In Deutschland wollen wir nicht von Investoren kaufen, da diese zu hohe Kaufpreise erzielen wollen.

Solche Verkäufer lieben wir

- Einen Verkäufer, der schnell verkaufen muss und Zeitdruck hat. Dieser lässt sich im Preis drücken, denn das Argument ist, dass das Objekt schnell weg muss und dafür günstiger verkauft wird.
- Der Verkäufer will ins Ausland ziehen und dafür gibt es ein festes Datum. Auch das ermöglicht uns die Zeitkarte zu spielen
- Die Frau / der Mann ist ins Krankenhaus gekommen. Das Ergebnis ist, dass das Ziel nicht die Gewinnmaximierung ist, sondern den Deal sicher und schnell durchziehen.

- Eine Erbengemeinschaften die auf teilweise bis zu 30 Personen verstreut sind. Da dies langwierig ist, hat idealerweise eine Person die Vollmacht für alle.
- Verkäufer im Alter zwischen 65 Jahren und 70 Jahren, die in den 90er Jahren Ostfördermodelle gekauft haben und diese verkaufen wollen. Die geistige Brandstiftung ist, dass hier Sonderumlagen kommen werden. Es ist ein sehr guter Einstiegspunkt sich in solch eine WEG einzukaufen (besonders wenn sie größer ist). Dies ist deshalb so, da dort eine gewisse Wahrscheinlichkeit besteht, weitere ähnliche Verkäufer zu finden, bei denen man eine hohe Verkaufsmotivation vorfindet.

Verkäufer die uns nicht so gut gefallen sind die, die Zeit haben und nicht sofort verkaufen müssen.

Vorkaufsrechte

Vorkaufsrechte bestehen immer zwei Monate, ab Kenntniserlangung, in folgenden Fällen:
- Der Mieter nach Teilung eines MFH nach WEG bei Verkauf.
- Die Stadt grundsätzlich (nur unter hohen Auflagen nutzbar).
- Die Stadt im Sanierungsgebiet (etwas leichter nutzbar).
- Der Erbbaurechtsgeber (bei einem Erbaurechtsgrundbuch).
- Die vorhandenen Vorkaufsrechte im Grundbuch (sehr selten).

Am besten vorher von den Vorkaufsberechtigten notariell eine Verzichtserklärung holen, eine mündliche ist auch gut, aber nicht ausreichend. Jedenfalls sollte man wissen, dass sie nicht kaufen wollen. Man sollte grundsätzlich die Unterschrift der Darlehensverträge immer NACH dem Notartermin und nicht davor (weil der Verkäufer könnte ja noch abspringen) stellen. Die Bank hält sich aber normalerweise an ihre Zusage. Und hier wird erst sechs Wochen nach Notartermin unterschrieben (wobei Darlehnsangebote nur 14-30 Tage gültig sind). Der Vermittler muss also der Bank nach deren Zusage sagen, dass die Verträge nicht sofort erstellt werden sollen. Diese sollen erst ein paar Wochen liegen gelassen werden. Obwohl man vorher die Zusagen hat, machen aber nicht alle Banken mit. Das muss man vorher absprechen. Dies braucht man besonders dann, wenn sich eine Zustimmung der Stadt im Sanierungsgebiet eventuell mal hinziehen könnte.

Abschreibung und Steuern im Betrieb

- Besichtigungen beim Finanzamt geltend machen

- Verpflegungspauschale

- Gebäudeabschreibung

- Denkmal Afa

- Sofort abschreibbare Kosten

- Instandhaltungsaufwendungen (im Steuersinn)

- Abgrenzung Herstellungskosten

- Abwägungen Steuer / Zinsen / Mieteinnahmen

- Anschaffungsaher Erhaltungsaufwand

- Gewerke-Spiel und Steuer-Strategie

HELP!

„Die Mittel, die ein Individuum benötigt, um angestrebte Veränderungen zu erreichen, sind bereits im Individuum vorhanden" NLP Axiom

7. Abschreibung Steuern im Betrieb

Besichtigungen beim Finanzamt geltend machen

Typische Ausgaben für eine Selbstständigkeit im Zusammenhang mit Immobilien sind Werbungskosten. Insbesondere die Fahrtkosten zur Besichtigung potentieller neuer Objekte können mit 0,30 Euro pro km bei der Steuererklärung geltend gemacht werden.

Kaufst du das Objekt, kannst du die Fahrtkosten nicht als Werbungskosten geltend machen, sondern musst sie aktivieren.

Verpflegungspauschale – Modernisierungen (Eigenleistungen)

Bist du auf Seminaren oder Kongressen zur Fortbildung für Immobilien unterwegs, kannst du zusätzlich zu den Fahrkosten auch Verpflegungsmehraufwendungen beim Finanzamt geltend machen.

Bei mehr als 8 Stunden Seminar, aber ohne Übernachtung: 14 €
Ab 24 Stunden bis mehrtägig, pro Tag: 28 €
Jedoch für den An- und Abreisetag nur: 14 €

Bei längerer Tätigkeit jedoch, maximal für die ersten drei Monate. Nach einer zeitlichen Unterbrechung von vier Wochen, kann wieder neu max. drei Monate am Stück abgerechnet werden. Sinn macht die ganze Dokumentation dann, wenn du den 1.000 € Arbeitnehmerpauschbetrag pro Jahr überschreitest.

Dieselben Kosten kannst du als GmbH-Geschäftsführer gegenüber deiner GmbH geltend machen und dir erstatten lassen, dann sind sie dort Betriebsausgabe und Privat ein durchlaufender Posten.

Gebäudeabschreibung (AfA)

Die frühere 80/20-Regelung ist nicht mehr zulässig. Es gibt nun zwei Möglichkeiten, wie du ermitteln kannst, welcher Teil des Kaufpreises der Gebäudeteil ist und wie du deine Steuerlast durch Abschreibung reduzieren kannst.

Möglichkeit 1:
Das vorhandene Gutachten (z. B. aus Zwangsversteigerung).

Möglichkeit 2:
Die Verhältnisse der Verkehrswerte bzw. Teilwerte vom Gebäude und Grundstück nach BMF-Schreiben vom 23.09.2014 + Steuerberater.

Ziel ist es, immer den Gebäudewert so hoch wie möglich und entsprechend den Grundstückwert so niedrig wie möglich anzusetzen. Es kann nämlich nur der Gebäudewert und nicht der Grundstückswert abgeschrieben werden kann.

Maklerkosten müssen so oder so über 40/50 Jahre abgeschrieben werden, egal ob diese jetzt auf den Kaufpreis geschlagen werden oder extra bezahlt werden. Die Abschreibung für ein Wohngebäude beträgt für Gebäude ab dem Bauhjahr 1925: 2% und für Gebäude mit Baujahr vor 1925 standardmäßig 2,5%. Man kann diese durch gesonderte Begründung im Einzelfall erhöhen.

Denkmal Afa

Achtung dies kann nur auf den Denkmalanteil, eben nicht auf das Gesamtgebäude gerechnet werden. Dadurch sind viele Denkmalobjekte nur halb so interessant wie sie auf den ersten Blick wirken.

Sofort abschreibbare Kosten

Nur die Kosten, die im Zusammenhang mit der Finanzierung entstehen können sofort abgeschrieben werden, diese sind folgende:
- Die Kostne für den Gutachter für die Bank (z. B. Prognosegutachten).
- Der Agio bis max. 5% (bieten jedoch kaum Banken an).
- Die Kosten für den Finanzierungsvermittler (z. B. bei variabler Finanzierung).
- Die Kosten für die Grundschuldeintragung.

In der Praxis verbleibt dir also nur die Teilrechnung des Notars mit den Kosten für die Grundschuldeintragung als sofort abziehbare Kosten und ggf. Instandhaltungen im 1. Jahr unterhalb der 15% Grenze. Jährlich wiederkehrende Erhaltungsaufwendungen sind jederzeit und unbegrenzt als Werbungskosten absetzbar.

Grundsatz: *nichts neues* → *immer gleich absetzbar*

| Beispiel: | Dach austauschen sofort abschreibbar |
| | Neue Gauben, neue Wohnfläche → Herstellungskosten |

Erweiterungen sind immer zu aktivieren und unkritisch für die 15% Grenze. Stolperfalle, denn die 15% Grenze des Gebäudewerts gilt in den ersten drei Jahren. Bei Überschreitung um einen Cent sind es ab dem ersten Euro Anschaffungsnahe Erhaltungsaufwendungen. Also halte die Füße still und schleppe das Gebäude die ersten drei Jahre durch. Holzfenster aus den 70er Jahren halten auch noch drei weitere Jahre. Spreche mit künftigen Neumietern, dass das nach drei Jahren ausgetauscht wird. Der Betrachtungszeitraum sind drei Jahre ab Übergang Nutzen/Lasten (also nicht Kaufvertragsdatum!). Nicht berücksichtigt werden: jährlich anfallende Arbeiten (Wartungen, regelmäßige Reparaturen). Nutze Vorher-Nachher Bilder zur Dokumentierung gegenüber dem Finanzamt! Nicht nur zwei bis drei Bilder, sondern eine wirkliche Menge an Fotos!

| Beispiel: | Whirlpool, Dampfdusche, wo vorher keine war |
| | Es zählt der Gegenstand und nicht der Betrag! |

| Beispiel: | Standard-Badewanne für 5.000 € ist kein Problem, |
| | günstiger Whirlpool für 1.000 € ist ein Problem. |

Vermietete Wohnungen haben in der Regel immer einen mittleren Standard. Wir bauen sowieso keine goldenen Wasserhähne und keinen Marmor ein. Das Verlegen des Bads (Grundrissänderung) ist unkritisch.
Deutliche Erweiterung sind aktivierungspflichtig, können sofort gemacht werden und bedürfen keiner drei Jahre Wartezeit.

Beispiele für Erweiterungen: Zusätzliche Garagen, zusätzlicher neuer Balkon, Appartmentausbau im Souterrain, Dachgeschossausbau, Terrassenanbau, Aufstockung
Eine Balkonsanierung fällt wieder in die 15% Grenze und sollte daher verschoben werden für nach drei Jahren!

Instandhaltungsaufwendungen (im Steuersinn)

- Die Erneuerung von Anstrich und Wandbekleidungen (innen + außen).
- Die Reparatur und Erneuerung sanitärer Anlagen.
- Die Dachreparatur und Dacherneuerung.
- Die Reparatur oder Erneuerung der Heizungsanlage.
- Die Erneuerung von Fußböden.

Es geht also um einen Austausch, ohne erhebliche qualitative Verbesserung oder Erweiterung.

Abgrenzung zu Herstellungskosten

Das gilt dann, wenn ein Gebäude in seiner Substanz wesentlich vermehrt (Anbauten) oder in seinem Zustand wesentlich verbessert wird. Die Herstellungskosten können auch nach drei Jahren nicht sofort als Werbungskosten abgesetzt werden, sondern erhöhen die Afa-Grundlage und müssen über Jahre verteilt werden. Das ist natürlich ein Steuernachteil.

Die Unterscheidung zwischen Herstellungskosten und Instandhaltungsaufwendungen ist teilweise schwierig.

Die Bagatellgrenze

Unter 4.000 € im Jahr pro Objekt gibt es eine Bagatellgrenze (die Grenze von 15% vom Gebäudewert in den ersten 3 Jahren gilt weiterhin).

Herstellungskosten bei Totalsanierungsobjekten

Ein Totalsanierungsobjekt zu kaufen, drei Jahre unbewohnt liegen zu lassen (ist kein Problem, Kaufpreis war ja sehr niedrig, Zinsbelastung ist also minimal) und dann im vierten Jahr umfassend zu sanieren funktioniert nicht, weil das Objekt die ersten drei Jahren unbewohnt war! Hierbei handelt es sich um Herstellungskosten, da das Gebäude erst noch in einen betriebsbereiten Zustand gebracht werden muss.

Du musst abwägen Steuer / Zinsen / Mieteinnahmen

Die sofortige Abschreibung liegt bei max. 15% vom Gebäudewert in den ersten drei Jahren oder das Niederstwertprinzip (falls Wertsteigerung durch Sanierung zu niedrigerem Beleihungsauslauf und damit Zinsrabatt führt) und dagegen die Opportunitätskosten von geringeren Mieten in den ersten 3 Jahren durch spätere Modernisierung. Hier ist auch entscheidend wann du die Miete überhaupt erhöhen kannst (20/15% in 3 Jahren) – Umlage von Modernisierungskosten 8% pro Jahr über 12,5 Jahre nach §559 BGB.

Wenn mit Arbeitnehmern (auch 450 €-Jobber) erstmalig die Vermietbarkeit hergestellt wird, sind es ebenfalls Herstellungskosten, die aktiviert werden müssen und nicht sofort abgeschrieben werden können. Der Tipp bei leichter Überschreibung der 15% Grenze für Erhaltungsaufwand Rechnungen verschwinden lassen ist natürlich Steuerhinterziehung und sollte nicht angewandt werden!

Ausnahme der 15% Grenze anschaffungsnaher Aufwand

1. Nach dem Urteil des FG Düsseldorf 11K 4274/13 E gilt die 15% Grenze nicht bei der Sanierung einer Messie-Wohnung.
2. Nach dem Urteil des FG Düsseldorf (2016, Revision durch BFG noch nicht erfolgt); Aufwendungen für nach dem Erwerb entstandene Schäden zählen nicht in die 15% Grenze rein.

Gewerke-Spiel (auch ab dem 4. Jahr)

Herstellungskosten liegen auch dann vor, wenn mindestens drei von vier der folgenden Gewerke betroffen sind: Heizung, Sanitär, Elektro und Fenster.

0-Steuer-Strategie durch Modernisierung im Privatbestand

Ein kleiner Teil der Immobilieninvestoren beherrscht das 0-Steuer-Spiel. Dabei werden die kompletten Gewinne (inkl. bereits bezahlter Lohnsteuer etc.) durch kreditfinanzierte Modernisierungen im Bestand ersetzt. Diese steigern mit 3 € steuerfrei den Wert, kosten dich aber nur 1 €. Sie sind auf den Mieter anteilig mit 8% umlegbar, aber sofort (oder über fünf Jahre verteilt) von der Steuer abgesetzt werden. Dies haut die ganze Einkommensteuer weg.

Wird ein Flip-Betrieb im Einzelunternehmen betrieben, kann man jedoch die Gewerbesteuer nicht loswerden. Die Einkunftsarten Gewerbebetrieb und V+V können Gewerbesteuer nicht verrechnen und dann bleibt die Gewerbesteuer übrig. Solange nicht gewerblich, weil innerhalb drei Objektgrenze, noch kein Problem, bei Überschreiten dann aber schon, oder wenn eben sauber deklariert.

Wirklich steuerfrei nach 10 Jahren? – Fallstricke

Nicht immer ist der Verkauf nach zehn Jahren steuerfrei. Hier ein paar Fallstricke:
- Die Betriebsaufspaltung (Verpachtung an eigene GmbH, die es weiter vermietet (betriebsnotwendiges Gebäude)).
- Ein Objekt in einer Kapitalgesellschaft (z. B. GmbH/VV-GmbH).
- Eine Gewerbliche Vermietung (kurzfristige Verträge unter 6 Monate z. B. bei Airbnb, Münz-Waschmaschine, PV-Anlage, BHKW (Blockheizkraftwerk, lässt sich über Contracting umgehen) etc..
- Eine Umfangreiche Modernisierungen in Jahr 9.
- Wenn du dich gewerblich infiziert hast.
- Wenn vor weniger als 5 Jahren eine Aufteilung nach WEG oder eine Abgeschlossenheitserklärung stattgefunden hat.
- Wenn du dich gewerblich infiziert hast, durch Sprengung der 3-Objektregel (auch über Personengesellschaften).
- Wenn du dich gewerblich infiziert hast, durch Bild des Gewerbetreibenden.
- Wenn eine Verkaufsabsicht vor zehn Jahren (Anzeigenschaltung) besteht.

Steuern sparen durch Erhöhung der Gebäudeabschreibung

Restnutzungsdauer durch Gutachter senken unter 50/40 Jahre. Zum Beispiel bei Restnutzungsdauer 33 Jahre = 3% Abschreibung und damit 50% mehr als noch bei 50 Jahren = 2% Abschreibung.
Sofern ein Gebäude deutlich stärker als üblich abgenutzt wird, kann der Steuerpflichtige einen entsprechenden Antrag für eine höhere AfA entsprechend der voraussichtlich kürzeren Nutzungsdauer beim Finanzamt stellen. Die Chancen, dass dem Antrag stattgegeben wird, erhöhen sich, wenn er mit entsprechendem Gutachten eines Sachverständigen vom Steuerberater einge-

reicht wird. „Eine kürzere Nutzungsdauer kann zugrunde gelegt werden, wenn die Immobilie vor Ablauf der Abschreibungsfrist objektiv wirtschaftlich verbraucht ist", erklärt Anita Käding vom Bund der Steuerzahler. „Dies kann zum Beispiel der Fall sein, wenn ein Teil des Gebäudes nach Auszug eines langjährigen Mieters deutlich abgenutzt ist."

Sanierungsgebiet

Hatte ich in Stuttgart bei einem Kunden erlebt: drei MFH im Sanierungsgebiet. Diese hat er kernsaniert und 25% Zuschuss von der Gemeinde bekommen. Da das dann wiederum einige nutzen, kann dein Eigentum durch die Aufwertung der Objekte im Umfeld mitaufgewertet werden.

Sanierungsgebiet oder städtebaulicher Entwicklungsbereich

Wenn im Grundbuch in der Abteilung II: *„Ein Sanierungsverfahren wird durchgeführt"* steht, hat dies zur Folge, dass die Abwicklung des Kaufvertrags einer Zustimmung der Gemeinde bedarf. Dies kann die Abwicklung verzögern, oft um zwei Monate. Daher sollte die Zustimmung Kaufpreisfälligkeitsvoraussetzung werden. Oftmals besteht das Sanierungsverfahren schon sehr lange und ist eigentlich schon rum, nur das Grundbuch wurde noch nicht korrigiert. Bei Beendigung des Sanierungsverfahrens kann ein Ausgleichsbetrag (wegen der Werterhöhung) von der Gemeinde gefordert werden.
Es gibt jedoch auch gute Nachrichten:
Bessere steuerliche Absetzbarkeit der Herstellungskosten für Modernisierungs- und Instandsetzungsmaßnahmen im Sinne des § 177 des Baugesetzbuchs im Jahr der Herstellung. In den folgenden sieben Jahren um jeweils bis zu 9 % und in den darauffolgenden vier Jahren jeweils bis zu 7 % wie bei Denkmalobjekten (§7h EStG).

Voraussetzung: Modernisierungsvereinbarung mit der Stadt

Vor Beginn der Sanierungsmaßnahme muss mit der Gemeinde eine Modernisierungsvereinbarung abgeschlossen werden.

Folgende Dokumente werden benötigt:
- Die Planunterlagen und die Kostenermittlung nach DIN 276 durch Archi-

tekten. Oder eigene Kostenzusammenstellungen anhand von Unternehmerangeboten.
- Die textliche Beschreibung der vorgesehenen Sanierungsmaßnahmen.
- Aktuelle Fotos vom Gebäude (innen und außen), die den Sanierungsbedarf belegen.
- Ein Grundbuchauszug und ein Lageplan.

Der Sanierungsbeauftragte der Gemeinde prüft ob für das Bauvorhaben die steuerliche Abschreibung greifen kann und erstellt im positiven Fall eine Modernisierungsvereinbarung. Die eingereichten Unterlagen werden dabei Anlage. Die Stellungnahme des Sanierungsbeauftragten kann Auflagen, die sich aus dem Sanierungskonzept der Gemeinde ergeben, enthalten. Bauvorhaben erst nach beiderseitiger Unterzeichnung beginnen. Ist das Bauvorhaben beendet prüft der Sanierungsbeauftragte die im Original vorzulegenden Rechnungen und Fotos nach der Modernisierung und stellt eine Bescheinigung über die anrechenbaren (also nicht zwingende alle) Modernisierungskosten für das Finanzamt aus. Die Bescheinigung wird bei der jährlichen Einkommensteuererklärung beigefügt um die höhere Abschreibung zu erhalten.

Seitens des Sanierungsbeauftragten fallen Honorarkosten für die Prüfung der Planunterlagen, für die Erstellung der Modernisierungsvereinbarung samt Stellungnahme sowie für die Prüfung der Rechnungsbelege und Vorbereitung der Bescheinigung für das Finanzamt an. Oftmals gibt es auch Zuschüsse von der Gemeinde z.B. 20-30% der Maßnahme, jedoch meist maximal 20.000 € - 30.000€, sofern mindestens 15.000 € investiert werden. Eigenleistungen sind oft mit max. 8€/h und max. 15% des Gesamtinvestments ebenfalls förderbar.

Neben Erneuerungen des Dachs oder energetischen Sanierungen ist oft auch die Modernisierung von Bädern förderbar. Eine Luxussanierung ist im Regelfall nicht förderbar (kann aber ohne Förderung umgesetzt werden). Oft ist es notwendig am äußeren. Erscheinungsbild ebenfalls Verbesserungen vorzunehmen. Das heißt, es wird z.B. nicht eine Modernisierung des Bades allein bezuschusst, wenn Dach und Fenster in einem schlechten Zustand sind. Da sich Wärmedämmung meist nicht rechnet, könnte man hier analog wie mit dem Ausnahmetatbestand der EnEV (Energieeinsparverordnung) dagegen argumentieren. Dies sind jedoch alles Punkte, die grundsätzlich individuell mit der Stadt verhandelt werden können in der Sanierungsvereinbarung, die VOR Beginn der Maßnahmen mit der Stadt geschlossen werden muss. Maßnahmen, die vor Abschluss der Sanierungsvereinbarung geschlossen wurden, werden nicht gefördert.

"Einen Tag strategisch Denken bringt mehr als dreißig Tage Arbeit"
-André Kostolany

Genauso wie der steuerfreie Verkauf von Immobilien nach zehn Jahren zwischen Ehegatten funktioniert, läuft es auch mit dem wertstabilen Auto (z.B. 20 Jahre alter Porsche). Dieses wird privat gehalten und mit mind. 0,30€/km für Fahrten, die mit Immobilien oder den eigenen Firmen (hier erst von der Gesellschaft nach Privat erstatten lassen) in Verbindung stehen, abgesetzt. Es können höhere tatsächliche Kosten bis zu 2€/km für den Supersportwagen, das Motorrad, das Quad etc., geltend gemacht werden. Hierzu wird eine vereinfachte Aufzeichnung (kein volles Fahrtenbuch) geführt mit den gesamt pro Jahr gefahren Kilometern, den Kosten und der Abschreibung des KFZ auf z.B. fünf Jahre. Hier werden die privat gefahrenen km rausgerechnet und dann die Kosten durch die Gesamt-km für Immobilien/Firmen geteilt. Der Witz ist nun, dass das Fahrzeug steuerfrei, nachdem es nach z.B. fünf Jahren abgeschrieben ist, an den Ehepartner verkauft werden kann. Der schreibt es wieder fünf Jahre ab und verkauft es wieder steuerfrei an dich zurück. In einer Gesellschaft als Firmenwagen würde das nicht gehen, da hier ja die stillen Reserven aufgedeckt werden würden und versteuert werden müssten. Dieses Spiel funktioniert auch zwischen Eltern / Kindern oder dem nichtverheirateten Partner oder einer vollkommen fremden Person mit jeweils einem Jahr Mindesthaltedauer. Bei Personengesellschaften oder Einzelunternehmen bleibt die Gewerbesteuer natürlich von Anfang an hängen.

Hier bietet es sich also an über eine Kapitalgesellschaft (z.B. GmbH) über Lohn als Gesellschafter-Geschäftsführer die Flip-Gewinne in der Kapitalgesellschaft zu nullen und nach Privat zu holen (soweit eben möglich, und branchenüblich z.B. 150.000 € GF-Gehalt in kleiner GmbH) um sie dort mit den Werbekosten aus V+V aus der kreditfinanzierten Modernisierung wieder zu entfernen.

Steuer-Strategie im Gewerbe-Spiel

Betrachtungszeitraum sind immer drei Jahre. In den ersten drei Jahren machen wir notdürftige Reparaturen um die 15% Grenze vom Gebäudewert nicht zu sprengen. In den darauffolgenden drei Jahren (Jahr 4 bis Jahr 6) modernisieren wir dann maximal zwei oder vier Gewerke. In den nächsten drei Jahren (Jahr 7 bis Jahr 10) können wir dann weitere zwei Gewerke modernisieren. Allerdings sollten wir ausreichend Abstand hinten raus lassen, damit wir die 10-jährige Spekulationsfrist nicht gefährden (Aufhübschen der Braut). Nach Ablauf der zehn Jahre verkaufen wir das Objekt steuerfrei (Grunderwerbsteuer + Notar fällt an) aus dem Privatvermögen an unsere VV-GmbH.

Achtung bei Eigentumswohnungen

In der WEG hast du natürlich keinen Einfluss darauf aktiv zu steuern, was in den drei Jahren im Gemeinschaftseigentum gemacht wird. Hier kannst du nur mit dem Verwalter sprechen, um es in etwa abzuschätzen. Die nominalen Werte sind hier allerdings deutlich kleiner, sodass es nicht ganz so schlimm ist, wenn hier nicht alles steueroptimiert werden kann.

Der Trick mit der gegenseitigen Vermietung funktioniert nicht

Wenn sich zwei Personen (nicht verheiratet) eine Eigentumswohnung zu 50/50 kaufen/finanzieren und sich danach diese Wohnung gegenseitig vermieten (mit ordentlichen Mietverträgen), ist es dann jedem möglich die entstehenden Kosten (Renovierung/Modernisierung, Zinszahlungen für den Kredit, etc.) anteilig steuerlich abzusetzen?
§42 A0 (Missbräuchliche Gestaltung) inzwischen sind sogar teilweise Dreiecksgeschäfte schwierig geworden.

Objektbewirtschaftung

- Schimmel

- Immoware24

- VOIP-Nummer anstatt Handynummer

- Kein Indexmietvertrag

- Mitvertrag über Haus und Grund

- Vermieterrechtschutz

- Checkliste Übergabe

- Bonitätsprüfung der Mieter

„Der positive Wert des Individuums bleibt konstant, während der Wert und die Angemessenheit des inneren und / oder äußeren Verhaltens bezweifelt wird"
NLP Axiom

8. Objektbewirtschaftung

Schimmel

90% des Schimmelbefalls liegt an falschem Lüften. Dies kommt insbesondere über und an Fenstern, sowie in Ecken vor. Nur 10% sind auf Bauschäden (insbesondere auch bei unsachgemäßer Modernisierung) zurückzuführen. Der häufigste Grund für Bauschäden ist jedoch bei Schimmel an der Decke bzw. an der oberen Wand, dass in der Wohnung darüber Bad, WC oder Küche eine undichte Leitung oder Fuge hat. Hier reichen oft kleine Reparaturen und keine große Sanierung. Hast du nur eine Wohnung in einer WEG, kannst du Miteigentümer haftbar machen.

Vorbeugende Maßnahme: Hänge an jeden Mietvertrag in den Anhang ein Merkblatt über richtiges Lüftungsverhalten, dessen Aushändigung du dir bestätigen lässt.

Was tun, wenn der Mieter wegen Schimmel die Miete mindern will?

Kaufe dir ein Feuchtigkeitsmessgerät (siehe Unterlagen für die Ankaufsprüfung). Miss damit die Stelle an der Schimmelbefall ist. Kannst du erhöhte Feuchtigkeit messen, kann es wirklich ein Problem mit der Bausubstanz geben, zeigt das Gerät jedoch keinen hohen Wert an, liegt es nur an der Oberfläche und ist vermutlich auf falsches Lüften zurückzuführen. Händige dem Mieter erneut das Merkblatt von deinem Mietvertragsanhang über richtiges Lüften aus. Fordere den Mieter nun auf, dass er den Schaden beseitigen lässt und setze ihm hierzu eine Frist. Lass dir darüber eine schriftliche Bestätigung, des von ihm zu wählenden Handwerksbetriebs, zukommen um das Problem zukünftig abzustellen. Sollte der Mieter nicht einsichtig sein, biete ihm folgendes an: Wir beauftragen einen unabhängigen Gutachter. Liegt es an der Bausubstanz, also an mir, bezahle ich ihn. Liegt es an Ihrem falschen Lüftungsverhalten bezahlen Sie ihn. Immobilieninvestments systematisieren jede neue Immobilie ist anders.

VOIP-Nummer anstatt Handynummer

Um den Kontakt mit den Mietern und ggf. auch Dienstleistern nicht auf dich zu fokussieren und bei wachsendem Bestand (ohne deine Handynummer wechseln zu müssen) von einem Mitarbeiter bearbeiten lassen zu können, bietet es ich an, von Anfang an über eine extra Festnetznummer zu arbeiten. Dank VOIP-Technik kannst du dir bei einem Anbieter kostenfrei eine Festnetznummer registrieren. Ein guter Anbieter ist zum Beispiel www.sipgate.de, den ich ebenfalls nutze. Diese kannst du entweder kostenpflichtig aufs Handy weiterleiten oder du nutzt auf dem Handy eine App, mit der du über das Internet dann mit dieser Nummer telefonierst. So kannst du später einfach auf einen Mitarbeiter umschalten (auch mehrere – da beliebig viele Anrufe gleichzeitig über die Nummer angenommen werden können) und gibst deine Handynummer nicht raus. Merke dir: die Immobilie darf dich nicht kontrollieren, sondern du kontrollierst die Immobilie. Trenn dich davon alles selbst machen zu wollen, lass los und bereite dich von Anfang an darauf vor dies sobald wie möglich loszulassen.

Kein Indexmietvertrag

Der Indexmietvertrag wird an die Inflation gekoppelt (indexiert). Nun ist es aber so, dass die Mieten in vielen Gebieten stärker steigen als die Inflation. Hiermit verbaut man sich das Mieterhöhungspotential. Als Vorteil wird gesehen, dass Mieterhöhungen im Zweifel nicht durchgeklagt werden müssen. Problematisch ist jedoch, dass man mit einem Indexmietvertrag auch die Wertsteigerung der Immobilie beschneidet.

Wenn einem die Mieterhöhungen zu aufwendig sind, kann man das auch an seinen Rechtsanwalt delegieren oder an die Hausverwaltung. Wenn ich ein Objekt in Ostdeutschland in einer ländlichen strukturschwachen Gegend zum Faktor 3-5 gekauft habe, vorhabe die nächsten 20 Jahre nichts am Gebäude zu machen und damit rechne, dass es eh irgendwann leer steht, dann kann ich auch mit indexierten Mietverträgen arbeiten.

Mitvertrag über Haus und Grund

Ein nach aktueller Rechtsprechung gültiger Mietvertrag ist essenziell. Vergiss kostenfreie Verträge aus dem Internet. Vereinbarst du wegen eines nicht aktuellen oder rechtgültigen Vertrags unwirksame Klauseln, gilt im Zweifel das Gesetz, was für dich nachteilig sein kann. Ein Rechtsanwalt jedes Mal mit der Erstellung eines Mietvertrags zu beauftragen ist zu teuer. Investiere Geld in einen sauberen vermieterfreundlichen Mietvertrag.

Ich empfehle dir: www.hausgrund.de

Folgende Mietverträge werden kostenpflichtig angeboten:

Wohnraum-Mietvertrag	6 €
Geschäftsraum-Mietvertrag	6 €
Einfamilienhaus-Mietvertrag	6 €
Garagen- und Stellplatz-Mietvertrag	3 €

Haus & Grund°
Eigentum. Schutz. Gemeinschaft.

Alleine wegen der Ersparnis von 1-2 € pro Vertrag (Mitglieder gegenüber Nichtmitglieder) lohnt sich also die Mitgliedschaft (48 €/Jahr + 30 € einmalige Aufnahmegebühr) im Regelfall nicht, außer du hast einen großen Bestand mit jährlichen Wechseln von über 24 Parteien. Unter www.hausbesitzerverlag.de kannst du direkt die Mietverträge (auch ohne Mitgliedschaft) bestellen, online erstellen und dann ausdrucken.

Als Mitglied erhältst du kostenfrei die immobilienbezogene Rechts- und Steuerberatung. Alleine schon deswegen lohnt es sich Mitglied zu werden.

Vermieterrechtschutz

Achtung: Als Versicherungsmakler darf ich dir das eigentlich gar nicht sagen. Ich bin kein Freund von Versicherungen - ich hasse Versicherungen. Lückenhafte Bedingungswerke, Ärger bei der Auszahlung und letztlich kosten sie nur Geld. Versicherungen dienen zur Absicherung existenzieller Risiken. Dazu zählt eine Rechtschutzversicherung im Regelfall nicht. Suche dir lieber einen Hausrechtsanwalt, mit dem du eine intensive Zusammenarbeit aufbaust und bei dem du auch kurze Beratungen in Anspruch nehmen kannst. Alternativ bietet sich eine Mitgliedschaft bei Haus + Grund an. Mietausfallversicherungen brauchst du ebenfalls nicht, hier kannst du im schlimmsten Fall, wenn du keine Rücklagen mehr hast, zur Überbrückung mit einem Ratenkredit (Konsumentenkredit) arbeiten.

Allgemeinstrom/Gas - Alternative zu Check24

Ich löse das über E-Optimum, wo ich auch Handelsvertreter bin und auch dich bei Interesse anbinden kann, sodass du selbst Strom/Gas verkaufen kannst. Der Energiepreis ist der Börsenpreis (tagesaktuell) + ein kleiner Verwaltungsaufschlag. Minimal günstiger ist der jährliche Wechsel des jeweils billigsten Tarifs z. B. über Check24 (dank der Subventionierung der Tarife im 1. Jahr), wenn man sich den Aufwand geben will.

Für ein Vergleichsangebot schickst du mir einfach per E-Mail an info@immo-tege.de deine letzte Rechnung und wir kalkulieren dir ein Angebot. Von der alten Rechnung ziehen wir uns auch alle nötigen Daten, sodass im Fall eines Wechsels von dir nur noch eine Unterschrift unter dem Angebot reicht und wir für dich den ganzen Wechselprozess mit Kündigung des Vorversorgers etc. koordinieren können.

Checkliste Übergabe

- Die Zählerstände müssen abgelesen werden.
- Es müssen alle Schlüssel übergeben werden.
- Es müssen die Bauakten und alle Dokumente zum Haus übergeben werden.
- Dem Mieter müssen die neue Kontoverbindung mitgeteilt werden.

Es gilt der Grundsatz: Kauf bricht Miete nicht. Einige Vermieter nutzen jedoch die Gelegenheit nach der Objektübergabe ihren Mietern neue Mietverträge (z. B. Vermieterfreundliche von Haus + Grund) aufzudiktieren und ggf. noch nicht verlangte Mietkautionen (drei Monatsmieten) einzukassieren. Der Vorteil liegt darin, dass alle denselben Mietvertrag haben und man bei Streitigkeiten nicht ständig nachlesen muss, was der Jeweilige genau für Vereinbarungen hat. Auch können so noch nicht definierte Kleinreparaturen vereinbart werden oder wirksam Nebenkosten auch wirklich auf den Mieter umgelegt werden, die noch nicht vereinbart waren.

Eine Strategie zur Akzeptanz einer bisher nicht vorhandenen Barkaution (natürlich gegen schriftliche Quittung) kann sein eine Verzinsung von 2% anzubieten. Diese wird jährlich bei der Nebenkostenabrechnung extra aufgeführt und abgezogen. Alternativ auch extra überwiesen.

Bei drei Monatsmieten à 500€ sind das nur 3 x 500 € * 0,02 = 30 € pro Jahr. Wenn der Mieter positiv auf dein Zinsangebot reagiert und fragt ob er noch mehr Geld bei dir anlegen kann (in der aktuellen Nullzinsphase) dann weißt du, dass es ein bonitätsstarker Mieter ist.

Eine nette Geste für eine gute Beziehung zum Mieter kann auch ein 10-20 € Amazon Gutschein als Weihnachtsgeschenk sein. Die Mieter sollten schriftlich der Kautionsübertragung auf den Käufer zustimmen, damit der Verkäufer aus

der Haftung rauskommt.
Erfrage bestehende Versicherungen und nimm Kontakt zu den Versicherern auf. Die Gebäudeversicherung geht auf den Käufer über. Dieser hat jedoch ein Sonderkündigungsrecht in den ersten beiden Monaten. (Gilt nicht für ETW, diese ist über die Eigentümergemeinschaft versichert)

Bonitätsprüfung der Mieter

Folgende Dokumente solltest du überprüfen:
- Fordere den Nachweis von Kontoauszügen über den Mieteingang vom Verkäufer (wird im Regelfall nicht für die Bank benötigt).
- Die Bonitätsprüfung des Mieters ist insbesondere in schwierigeren Gebieten nötig, um sich abzusichern.
- Du solltest auf fingierte Mietverträge aufpassen.
- Den Overrent als Risiko bedenken.
- Nehme eine Bonitätsprüfung z. B. über www.creditpass.de vor.

Strategie: Neue Mietverträge nach Kauf herausgeben

Bei dieser Strategie wird auf die Unwissenheit der Mieter gebaut, da die dem neuen Mietvertrag nicht zustimmen müssen. Gleichzeitig wird ein neuer Vertrag mit einer Aufhebungsvereinbarung des bestehenden Vertrags geschlossen. Dadurch können die vermieterfreundlichen und jeweils aktuellen Klauseln aus den Haus & Grund Mietverträgen diktiert werden.

Strategie: Barkaution mit 2% Verzinsung

Es bietet sich an ausschließlich mit Barkaution (geht auch per Vorabüberweisung) zu arbeiten und diese bei dieser Gelegenheit einzufordern. Auch dies ist wieder nicht rechtskonform, da die Kaution extra und getrennt vom Vermögen des Vermieters anzulegen ist.
Um dem Mieter entgegenzukommen, bietest du als großzügiger Vermieter 2% Verzinsung an. Reagiert der Mieter mit der Antwort: „Kann ich noch mehr bei Ihnen anlegen?", hast du ggf. eine Möglichkeit Mezzanine-Kapital einzusammeln und weißt durch diese Antwort auch, dass er nicht aus dem letzten Loch pfeift. Durch dieses Vorgehen hast du das Geld direkt im Zugriff und kannst außerdem damit arbeiten, auch wenn du das nicht darfst.

Einkunfterzielungsabsicht bei Leerstand

Ein Problem bei viel Leerstand ist, dass die Einkunfterzielungsabsicht vom Finanzamt in Frage gestellt wird. Hier ist es wichtig deine Vermietungsbemühungen sauber zu dokumentieren.
Bei der Privaten Vermietung & Verpachtung ist der Tag des Geldflusses entscheidend. Auch bei einem Millionenvermögen ist keine Bilanzierung nötig.

Hausverwaltungsprogramm Immoware24

Als Hausverwaltungsprogramm (die Hausverwaltung machen meine Mitarbeiter selbst), kann ich bei weiter entfernt liegenden Objekten empfehlen, die Hausverwaltung lokal zu vergeben und die Mietverwaltung zentral selbst zu machen. Ich nutze die Software Immoware24. Diese ist cloudbasiert, verbucht automatisch und hat umfangreiche Funktionen und Module. Das Kontra: die Steuer/Abschreibung hinten raus ist nicht toll gelöst, es ist eben ein Verwaltungstool zur Miet/WEG-Verwaltung. Ich habe ab der ersten Einheit das Geld für den Zugang investiert. Es liegt bei 15 € monatlich pro Nutzer + 5 € monatlich fürs Onlinebanking für die automatische Verbuchung der Mieten etc. und 5 € monatlich, falls du deren E-Mail-Client nutzen willst. Jede Verwaltungseinheit kostet 0,99 € pro Monat. Klar bei der ersten Einheit wäre jetzt eine Fremdverwaltung günstiger, aber ich wollte von Anfang an Ordnung haben. Jetzt hat man auch noch Zeit sich einzuarbeiten, später mündet es nur noch im Chaos. Einen kostenfreien Demozugang kannst du dir beim Hersteller anfordern.

Online-Tools für Projektmanagement von Immo-Investoren

Folgende drei Tools eigenen sich besonders für die Zusammenarbeit von Immobilieninvestoren in einer sauberen Online-Projektmanagementumgebung:
- Trello
- Google Drive
- Teamviewer

Objektaufwertung

- Aufstockung
- Balkonanbau
- Terrassenanbau
- Keller ausbauen
- Garage ausbauen
- Zusätzliche Garagen
- Privatgärten anlegen
- Tote Flure nutzen
- Wohnungseigentümergemeinschaften
- Gewerke-Spiel mit Bankfinanzierung
- Das falsche Vorgehen bei der Modernisierung
- Aufteilung
- Ausbaupotential prüfen
- Lösung für das Stellplatzproblem
- Lösung für die Abstandsflächenproblematik
- Entfernen des Öltanks
- PV-Anlage und Optimierungen + BHKW
- Höchstmögliche Nutzung
- Umnutzungen
- Nachverdichtung
- Bauabzugssteuer

„Die Fähigkeit den PROZESS zu verändern, mit dem wir die Realität wahrnehmen, ist oft wertvoller, als den INHALT unserer Erfahrung der Realität zu verändern" NLP Axiom

9. Objektaufwertung

Die 8% Modernisierungskostenumlage

Streitpunkt ist immer: was genau ist Modernisierung, was Sanierung, denn nur die anteilige Modernisierung kann auf den Mieter umgelegt werden mit 8% über 12,5 Jahre bis max. 20% über die ortsübliche Vergleichsmiete hinaus. Die korrekte Reihenfolge ist immer erst eine normale Mieterhöhung (alle drei Jahre 15/20%) und dann erst die Modernisierungsmieterhöhung.

Im Regelfall läuft es so:
1. Mietanpassung 15/20% direkt nach Kauf
Wegen 15% Anschaffungsnaher Erhaltungsaufwand keine umfangreichen Modernisierungen in den ersten drei Jahren
2. Mietanpassung 15/20% nach drei Jahren
 bis max. ortsübliche Vergleichsmiete
3. Mietanpassung Modernisierung 8% über 12,5 Jahre
bis max. 20% über ortsübliche Vergleichsmiete
max. 3€/qm Modernisierungserhöhung (in sechs Jahren)
bei über 7 €/qm bisherige Miete
max. 2€/qm Modernisierungserhöhung (in sechs Jahren)
bei unter 7 €/qm bisherige Miete

Die Miete bleibt dauerhaft um die Modernisierungsumlage erhöht und wird NICHT nach 12,5 Jahren reduziert.

Bis zu 50% über ortsüblicher Vergleichsmiete durch Kostendeckungsprinzip

Wenn allerdings die Mieterhöhung dazu notwendig ist, die laufenden Kostenaufwendungen zu decken, dann darf die Miete bis zu 50 Prozent über der ortsüblichen Vergleichsmiete liegen. Wichtig ist, dass die erhöhte Miete dann auch genau diese Kosten deckt.

Entscheidend ist: die Modernisierungsmieterhöhung fristgerecht drei Monate vor Beginn der Arbeiten dem Mieter schriftlich anzukündigen.

Aufteilung Modernisierungskosten (Modernisierungsmieterhöhung)

Schönheitsreparaturen und Arbeiten zur Erhaltung der Bausubstanz gehören ebenso wenig zu umlegbaren Kosten wie ein neuer Teppichboden. Die Modernisierungserhöhung greift nur für Kosten, wenn
- eine erhebliche Steigerung des Gebrauchswerts Ihrer Wohnung eingetreten ist (z.b. durch eine Verbesserung des Wohnungszuschnitts)
- die Maßnahmen die allgemeinen Wohnverhältnisse auf Dauer verbessern (z.B. durch die Verbesserung der sanitären Einrichtungen) oder
- Energie oder Wasser nachhaltig eingespart wird (z.b. durch Wärmedämmungs-/Isolierungsmaßnahmen)

Vereinfachtes Verfahren (Modernisierungsmieterhöhung)

- Bis 10.000 € pro Wohnung
- Keine Angabe zu den zukünftigen Betriebskosten in der Modernisierungsankündigung mehr nötig
- 30% pauschale Kürzung für Erhaltungsarbeiten
- Keine Härteeinwände der Mieter möglich
- Weitere Modernisierungserhöhungen bei Häusern für fünf Jahre ausgeschlossen, bei ETW für zwei Jahre

Aufstockung

Ist vom B-Plan, Grundstücksgröße oder den umliegenden Gebäuden auch eine Aufstockung denkbar und liegt das Objekt in einer Gegend, wo dies wirtschaftlich sinnvoll ist (ab 3.000 €/qm im Bestand), kann es auch sinnvoll sein das noch nicht ausgebaute Dach runter zu nehmen (am besten wenn man es eh sanieren müsste) und in Holzständer-Leichtbauweise einen Stock drauf zu setzen. Hier muss eben insbesondere Statik, Stellplätze und Brandschutz beachtet werden.

Balkonanbau?

Ein guter großer Balkon hat eine Größe von 8 qm, sodass man auch mit 6 Personen drauf sitzen und grillen kann. Hier hängt es auch wieder davon ab, ob sich der Balkonanbau lohnt. Dies tut er an guten Standorten in Top-Lagen natürlich eher als auf dem Land. Die Fläche des Balkons kann sowohl mit 50% als Wohnfläche einen höheren Mietpreis erzielen, als auch mit 50% der Fläche als Wohnfläche den Wert der Wohnung steigern. Beim Dachgeschossausbau lässt sich leicht eine Dachterrasse schaffen. Bei bestehenden Flachdächern kann ggf. eine großzügige Dachterrasse mit teilweiser Begrünung entstehen. Diese kann natürlich nicht voll in die Wohnfläche einberechnet werden, wertet das Objekt aber extrem auf, ggf. auch auf dem Nachbarhaus (kann ja über eine Teilungserklärung dir zugeschlagen werden).

Terrassenanbau

Sehr kostengünstig lässt sich im Garten im EG oder Souterrain eine Terrasse anbauen/vergrößern. Anstatt mit der Balkontüre direkt an den Garten anzugrenzen kann mit ein paar Holzbrettern eine Terrasse angebaut werden. Auch diese ist wieder zu 50% als Wohnfläche vermietbar und erhöht zu 50% ihrer Größe den Wert der Wohnung. Da der Terrassenanbau wesentlich kostengünstiger als der Balkonanbau ist, lohnt er sich schon in deutlich schlechteren Lagen.

Garagen ausbauen

Größere Doppelgaragen oder Kellergaragen können teilweise, sofern die Deckenhöhe von 2,20 m erreicht wird, zu Wohnfläche ausgebaut werden. Eventuell muss mit einem zusätzlichen Fenster für entsprechende Belichtung gesorgt werden. Als kostengünstige Heizung (Investitionskosten) bietet sich eine Infrarot-Heizung an. Strom liegt meist ja schon an. Freistehende Doppelgaragen können ggf. in ein kleines 1-Zimmer Appartement umgebaut werden oder als Büro/Hobbyraum umfunktioniert werden.

Zusätzliche Garagen

Wenn noch Platz auf dem Grundstück ist, können einfach neue Fertiggaragen errichtet werden um die fehlenden Garagen durch den Ausbau von Doppelgaragen/Kellergaragen zu kompensieren. Es können auch weitere oder zusätzliche Garagen errichtet werden, welche dann je nach Standort für zwischen 20 und 50 € pro Monat vermietet werden können. Vorsicht bei Vermietung von Garagen ohne Vermietung einer Wohnung, hierbei handelt es sich um gewerbliche Vermietung. Dasselbe gilt auch für das Aufstellen von Lagerboxen.

Privatgärten anlegen

Gibt es bisher einen größeren Garten den alle Mieter im Mehrfamilienhaus gemeinsam nutzen, so wird der Garten häufig gar nicht genutzt und auch nicht gepflegt, da sich niemand verantwortlich fühlt. Wenn die Fläche groß genug ist und nicht anderweitig durch Erweiterungsbau oder Abtrennen und Verkauf genutzt werden kann, bietet es sich an, den Garten zu teilen und Privatgärten einzurichten und den einzelnen Wohnungen zuzuweisen. Mit einer Art Schrebergartensiedlung schafft man damit zusätzlichen Wohnwert und kann die Gärten zusätzlich vermieten.

Tote Flure optimieren

In Mehrfamilienhäusern sind häufig Flure zu den einzelnen Wohnungen als verschenkte nicht vermietbare Allgemeinfläche gestaltet. Wenn man nun die jeweiligen Wohnungseingangstüren entsprechend z. B. 2 Meter versetzt gewinnt man häufig 2-3 qm mehr Wohnfläche. Je nach Standort kann diese Wohnfläche einen Wert von 15.000 € und mehr haben und ist dementsprechend auch wieder vermietbare Wohnfläche.

Wohnungseigentümergemeinschaften

Besonders gut lassen sich diese Potentiale natürlich in einem Mehrfamilienhaus heben, das man selbst komplett im Bestand hat. Wohnungseigentümergemeinschaften sind leider extrem träge. Mache dir keine Hoffnungen im Gemeinschaftseigentum Änderungen vornehmen zu dürfen. Selbst die Mehrheit reicht hier häufig nicht aus, sondern es muss einstimmig beschlossen werden.

Gewerke-Spiel mit Bankfinanzierung

Modernisierungen lassen sich als wertsteigernde Modernisierungen zwischen 40 und 100% je nach Bank mitfinanzieren. Dabei sollten als Daumenwert 30% vom Kaufpreis/aktueller Verkehrswert nicht überschritten werden, da die Bank keine Totalsanierungen mag. Etwas anderes sind KfW-Darlehen im Bereich energieeffizientes Sanieren, die ebenfalls bis zu 100% möglich sind mit tilgungsfreier Anlaufzeit von 1-5 Jahren. Sei jedoch gewarnt, Wärmedämmung ist selten rentabel. Der Tausch von Nachtspeicher zu Gas-Zentral kann lukrativ sein durch die 8% Umlage der Kosten, die über 12,5 Jahre auf die Mieter und die Wertsteigerung des Gebäudes verteilt sind.

Idealweise investierst du 1 € in Modernisierung/Sanierung und bekommst 3 € Wertsteigerung. Beachte die Begriffe Modernisierung und Sanierung differenziert aus Banksicht und aus Sicht des Finanzamtes. Aus Banksicht ist eine wertsteigernde Modernisierung: Bad, Sanitär, Heizung, Dach, Fenster, Grundrissänderungen. Renovierungen, die nicht finanziert werden sind Bodenbeläge und Malerarbeiten.

Wenn du das Gewerke-Spiel mit Bankfinanzierung idealerweise spielst (z. B. fünf Jahre nach Kauf im Zuge der Anschlussfinanzierung) kann es z. B. folgendermaßen aussehen:

120.000 € von der Bank für Modernisierung geliehen.
50.000 € sofort als Steuererstattung - mehr in der Kasse (natürlich nur möglich, wenn du auch richtig Steuer bezahlst, z. B. aus deinem Angestelltenjob und anderen Mietüberschüssen, so lässt sich die Steuerlast, gezielt für den Rest deines Lebens auf 0 € drücken.).
Wertsteigerung von 360.000 € (steuerfrei im Privatvermögen nach 10 Jahren Haltedauer des Objektes, also z. B. fünf Jahre nach Durchführung der Maßnahme).

Wenn es dir steuerlich möglich ist, nach drei Jahren mit dem Gewerke-Spiel Renovierungen durchzuführen, heißt das ab dem 4. Jahr. Geht also ebenfalls im 6. Jahr. → lasse Puffer, nicht alles immer spitz auf Termin.

Folgende Maßnahmen haben Priorität (falls der Zustand kritisch ist):
Fassade, Fenster, neue Gaszentral-Heizung und der Hauseingang (insbesondere neue Hauseingangstüre). Achte beim Streichen der Außenfassade auf helle weiße Farben.

Sprengt man den 30% Sanierungsanteil an den Finanzierungskosten, kann man einen Teil der Maßnahmen bei Ankaufsfinanzierung erst einmal weg lassen und hinterher (das darf man vorher natürlich nicht schon geplant haben) über einen nachgelagerten Ratenkredit zur freien Verwendung (sobald der Immobilienkredit voll ausbezahlt ist) nochmals bis zu 50.000 € (mit z.B. 84 Monate Laufzeit, damit die Monatsrate möglichst niedrig wird) drauf packen. Die Zinsen liegen bei 3-4%. Mit 1% Vorfälligkeitsentschädigung kann der Ratenkredit jederzeit wieder aufgelöst werden. Die Banken mögen kein bauträgerähnliches Geschäft (Totalsanierung), so kann man die Thematik umgehen.

Falsches Vorgehen bei einer Modernisierung (Gründe)

- weil der Nachbar modernisiert hat
- einzig um Steuern zu sparen
→ Steuerersparnis darf immer nur die Sahne, nie der Grund sein
- um Zuschüsse der Gemeinde oder KFW zu erhalten
→ besonders energetische Modernisierungen lohnen sich selten
- um optisch zu verbessern
- weil der Handwerker meint, es sei erforderlich (frag nie den Friseur ob du eine neue Frisur brauchst)
- nicht den Handwerker entscheiden lassen, was „Standard" ist
- nur wegen der Modernisierungsumlage (8%) aufwerten

Modernisierungen, die weniger Wertseigerung bringen als sie kosten sind zu vermeiden! Idealerweise sollte 1 € Modernisierung 3 € Wertsteigerung erreichen. Modernisiere daher nur das, was dein lokaler Mietmarkt wirklich fordert, und nur bis zu einem Niveau, das deiner Mieterzielgruppe entspricht – die es auch morgen noch gibt. Besonders gut lassen sich Modernisierungen mit Umnutzungen oder Aufteilungen kombinieren. So schafft man Synergien.

Modernisierungen rechnen sich daher an TOP-Standorten eher als in C-Lagen ländlich in Ostdeutschland. Hier rechnet sich Modernisierung nur auf ganz minimalem Niveau.

Aufteilung eines Mehrfamilienhauses

Die rein rechtliche Aufteilung eines Mehrfamilienhauses in einzelne Wohnungsgrundbücher durch Abgeschlossenheitsbescheinigung vom Architekten und Teilungserklärung beim Notar kann den Wert enorm heben. Eigentumswohnungen lassen sich einzeln an Kapitalanleger verkaufen. Achtung: Ist das Exitszenario der Verkauf an deine VV-GmbH, kann dir ein Vorkaufsrecht der Mieter einen Strich durch die Rechnung machen, wenn die WEG erst nach Bestehen des Mietvertrags entstanden ist.

Je nach Standort und Größe sind Mehrfamilienhäuser heute jedoch teurer als einzelne Wohnungen, dies liegt daran, dass die Versicherungsgesellschaften ihr Geld sicher anlegen (parken) müssen und dabei auch Renditen von nur 3-4% in Kauf nehmen.

Im Einkauf von Mehrfamilienhäusern zwischen zwei und fünf Millionen und deren Aufteilung liegt der größte Hebel. Hier herrscht die geringste Konkurrenzsituation am Einkäufermarkt. Die Objekte sind für Einzelkäufer (Zahnärzte, Steuerberater, Unternehmer etc.) zu teuer. Aber auch zu klein für die institutionellen Anleger oder professionelle Aufteiler.

Ein anderes Modell ist mehrere gleichartige Mehrfamilienhäuser in einer GmbH zu sammeln und ein Paket (ab 10 Millionen Euro) zu schnüren für institutionelle Anleger und dies als 95% Share-Deal für den Käufer grunderwerbsteuerfrei zu verkaufen. So erreicht man selbst für die Verkaufserlöse 95% Steuerfreiheit in deiner Holding (Effektivsteuerbelastung 0,75 bis 1,5%). Vorher können noch einmal die Mieten erhöht werden und das Objekt optisch optimiert werden, sowie Probleme gelöst werden. Ein Verkaufspreis kann hier auch genau gleich sein wie bei einzelnen Kapitalanlegern (nach Abzug der höheren Vertriebskosten an Kapitalanleger von bis zu 10% Provision). Der Aufwand ist jedoch ein Bruchteil und durch den Share-Deal besteht zusätzlich noch ein enormer Steuervorteil.

Ausbaupotential prüfen

- Bebauungsplan von der Gemeinde
- §34 BauGB - nach der Nachbarschaft
- Fotodokumentation der Nachbarschaft als Argumentationshilfe
- nicht Wasserversickerung, sondern rein optisch
- Stellplatznachweis

Lösung für das Stellplatzproblem

Sollen Gebäude umgenutzt werden (z. B. Büro in Wohnen, Aufteilung in kleinere Wohnungen etc.) fehlt es oft an Stellplätzen für eine Genehmigung. Tiefgaragen sind jedoch ein teurer Spaß und nur an sehr hochpreisigen Standorten möglich. Fehlt der Platz für Stellplätze, dann kann das Haus auf Pfeiler gestellt werden um hier Parkplätze zu schaffen. Damit es nicht komisch optisch anmutet, kann der Parkbereich später noch verkleidet werden. Prüfe auch immer, ob Fahrradstellplätze als Subsituierung von KFZ-Stellplätzen möglich sind. Besteht ein Aufzug (was ich bis 3 Geschosse wegen der Kosten vermeiden würde), dann kann man diese Fahrradstellplätze auch in den Keller legen.

Lösung für Abstandsflächenproblematik

In der LBO (Landesbauordnung) sind meist mindestens 2,50 m Abstandsflächen vorgeschrieben. Eventuell kann das Abtrennen eines Grundstücksteils und der Neubau eines weiteren Gebäudes dann aufgrund der Abstandsflächen nicht möglich sein oder nur ein sehr schmales Gebäude errichtet werden. Es bietet sich jedoch auch an, direkt an das Gebäude zu bauen. Durch ein Lichtband können die reduzierten Lichtverhältnisse für die Bestandsmieter abgemindert werden und die Mieter bekommen einen schönen Wintergarten als Ersatz. Balkone, die abgebaut werden müssen, können ggf. auf einer anderen Seite des Gebäudes wieder angebaut werden etc. Zuerst schaffst du jedoch Baurecht bevor du mit deinen bestehenden Mietern sprichst um Einwände zu vermeiden.

Entfernen des Öltanks

Durch den Umbau einer Ölheizung in eine Gasheizung kann ein im Keller verbauter Öltank entfernt werden und so Platz für weitere Nutzfläche oder im Idealfall sogar ein weiteres 1-Zimmer Appartement geschaffen werden. Wenn Gas in der Straße anliegt, kostet der Hausanschluss meist ca. 3.000 €. Liegt noch kein Gas in der Straße an, sprich mit dem örtlichen Versorger, es fehlt häufig ein erstes Objekt, das einen Antrag stellt, damit kostenfrei Gas in die Straße gelegt wird. Neben der Reduzierung der Vorfinanzierung und dem Koordinationsaufwand für die Anlieferung des Öls schaffst du durch die Schaffung des weiteren Raums je nach Standort enormes Aufwertungspotential. Eine Alternative zur Gaszentralheizung kann auch eine Wärmepumpe sein.

PV-Anlage - Photovoltaikanlage auf dem Dach?

Achtung: Gewerbliche Infizierung → ein Problem bei der VV-GmbH

Einspeisevergütung 2017 für neue PV-Anlagen auf Wohngebäuden:
Bis 10 kWp: 12,30 Cent/kWh
Bis 40 kWp: 11,96 Cent/kWh
Bis 100 kWp: 10,69 Cent/kWh

Finanzierung für das KfW 274-Programm mit 20 Jahren Laufzeit und 3 til-gungsfreien Anlaufjahren, Zinsbindung z. B. 10 Jahre (gibt keine 5 bei einer Laufzeit von 20 Jahren): ab 2,15% Zins, bis zu 100% Finanzierung.

Beispiel-PV-Anlage (Installation 10/2017)

180 qm Dachfläche, 112 x 270 Watt Module → 29,7 kWp, GIK: 30.000 € zzgl. MwSt. (diese, wird da du mit einer PV-Anlage automatisch Unternehmer bist, vom Finanzamt rückerstattet) – kann man mit billigen Modulen auch für 25.000 € bekommen. Die Lebensdauer beträgt mindestens 25 Jahre.
Nach Abschlägen bringt die Anlage ca. 26.600 kWh pro Jahr * 11,96 Cent = 3.181,36 € pro Jahr → Faktor 9,5

Optimierungsmöglichkeit 1: Bitcoin-Mining

Beim aktuellen Bitcoinpreis von rund 4.600 € und der aktuellen Schwierigkeits-stufe rechnet sich selbst bei Netzstrom zu 23 Cent/kWh das Bitcoin-Mining. Hardware: 6 x Antminer S9 (zu beziehen unter: shop.bitmain.com)
Je 1265 USD + Netzteil 105 USD + Versand 130 USD = 1.500 → ca. 1.278 €
Stromverbrauch je ca. 1323 Watt, Rechenleistung: je ca. 13,5 TH/s

Stromverbrauch 68.660 kWh pro Jahr gesamt
Eigenproduktion PV-Anlage: 26.600 kWh = 3.181,36 € (11,96 Ct. pro kWh)
EEG-Umlage für Eigenverbrauch: 26.600 kWh * 2,75 Ct. =731,50 €
Zukauf Strom (nachts): 42.060 kWh = 9. 673, 80 € (23 Ct. pro kWh)
Ergebnis: 6,61 Bitcoins zu 4.600 € pro Jahr = 30.406 €
Abzüglich Stromkosten von 13.586 €
Zusatzgewinn gegenüber Einspeisung von 16.820 €

Zusatzinvest: 6 Miner à 1.278 € = 7.668 € → Faktor: 0,45
→ Da ist es auch nicht so schlimm, dass das Risiko hoch ist, und der Bitcoin-kurs im Wert verliert. Außerdem steigt die Schwierigkeit, weil du noch ausrei-chend Puffer hast.

Unter: cryptocompare.com/mining/calculator kannst du die Kosten für Mining und die Erträge tagesaktuell mit dem aktuellen Bitcoin-Kurs berechnen. Achtung: Die Geräte produzieren viel Hitze (ggf. kann man das ja über eine Eigenkonstruktion zu Warmwasser/Heizung wiederverwendet werden) und machen auch Krach.

Optimierungsmöglichkeit 2: Mieterstrom

Um einen höheren Preis als die Einspeisevergütung für den mit PV produzierten Strom zu erreichen, kann der Strom auch zu einem höheren Preis z. B. 23 Cent (bzw. knapp unter Marktniveau) anstatt 10-12 Cent an die Mieter verkauft werden. Bei Neubezug lässt sich das direkt zur Bedingung machen. Ansonsten lassen sich erfahrungsgemäß 2/3 der Mieter überzeugen.

Damit die Mieteinnahmen nicht gewerblich infiziert werden, muss ein Contractor oder eine andere eigene gewerbliche Gesellschaft zwischengeschaltet werden.

BHKW - Blockheizkraftwerk

Steht der Austausch der Gas-Zentralheizung in einem Mehrfamilienhaus an, dann kann der Austausch gegen ein Blockheizkraftwerk interessant sein. Hier steigt der Wirkungsgrad gegenüber der reinen Wärmeerzeugung. Es wird als Abfallprodukt der Umwandlung von Gas in Strom Wärme produziert. Der Strom kann dann zusätzlich an die Mieter verkauft werden.

Höchstmögliche Nutzung

Untersuche deine Objekte immer mit der höchstmöglichen Nutzungsform. Sei dabei auch kreativ für Nutzungsänderungen. Kalkuliere den Ankaufspreis jedoch nur unter der originären Nutzung. Die Nutzungsänderung ist dein Zusatzgewinn und Renditeturbo. Untersuche dabei die Zulassungen im B-Plan. Mischgebiete sind immer gut, da dort viel möglich ist.

Beispiel Mischgebiet:
Gewerbe oder Wohnen → was bringt den höheren Mietpreis?
Ist ein Bordinghaus oder Hotel zulässig und funktioniert es am Standort?
Eine Umnutzung von Gewerbe in Wohnen oder anders herum kann dazu füh-

ren, dass das Gebäude Bestandsschutz verliert und dadurch unter anderem das Thema Brandschutz teuer zu Buche schlagen kann.

Beispiel Wohngebiete:

Geht anstatt normalem Wohnen auch möbliertes Wohnen oder zimmerweise vermieten?

Umnutzungen sind zielgruppen- und lageabhängig. Beispiele:
- In Top-Lagen an Top-Standorten von einfachem Standard in Luxus
- In Uni/Hochschulnähe von nicht WG-tauglichen Grundrissen auf WG-taugliche Grundrisse umbauen (prüfe, ob die Wände tragend sind, Wände unter 12,5 cm sind es meist nicht)
- In familienfreundlichen Wohngebieten kleinere Wohnungen zusammenlegen zu größeren Wohnungen (falls es für die kleinen Wohnungen eine zu geringe Nachfrage gibt) oder anstatt größerer Räume kleinere schaffen (z.B. für Kinderzimmer)
- Barrierefrei umbauen (Einbau eines Aufzugs lohnt sich jedoch selten)

Diese Beispiele erfordern keine Genehmigung, da es weiterhin Wohnraum ist.

Vorsicht bei der Bauabzugssteuer

Vergibst du umfangreiche Sanierungen/Modernisierungen von mehr als 5.000 €/15.000 € pro Kalenderjahr an denselben Handwerker und hast mehr als zwei Wohnungen, dann musst du dir entweder eine Freistellungserklärung des Finanzamts vorlegen lassen (Achtung, auf den Geltungszeitraum achten) oder aber 15% des Rechnungsbetrags an das Finanzamt anstatt den Handwerker abführen und melden. Tust du das nicht, machst du dich der Steuerhinterziehung strafbar und zahlst im Zweifel diese 15% gleich doppelt, an den dann insolventen Handwerker und an das Finanzamt. Bekommst du Nettorechnungen von ausländischen Handwerkern, dann bist du verpflichtet, in Deutschland die Umsatzsteuer ans Finanzamt abzuführen, sofern kein Freistellungsbescheid vorliegt.

Teilung EFH in einzelne Wohnungen

Brandschutz, Schallschutz, behindertengerechtes Wohnen (bis zwei Einheiten, teilweise bis drei geht es ja alles noch - darüber wirds aufwendiger). Dann in den B-Plan schauen, ob das überhaupt zulässig ist...

3-Objektgrenze

Bei der GbR schlägt Fix & Flip mit der 3-Objektgrenze in deinem Privatvermögen zu. Wenn du dort gewerblich wirst, kannst du deine Buy & Hold Objekte nach zehn Jahren nicht mehr steuerfrei verkaufen. Daher gehören die Fix & Flip Geschäfte in eine Kapitalgesellschaft. Wenn man noch eine Bankfinanzierung haben will, dann gleich eine GmbH und keine UG. Du kannst zwar der Finanzverwaltung direkt beim Kauf eines Objektes mitteilen, dass dieses ein Fix + Flip Objekt in deinem Einzelunternehmen, deiner GbR, deiner OHG, KG oder GmbH & Co. KG ist, wirkliche Abschirmwirkung einer Gesamtbetrachtung, die für dich später bei anderen Objekten im Sinne der 3-Objektgrenze problematisch werden können, bietet aber nur die Kapitalgesellschaft.

Ein paar Hintergründe zum gewerblichen Grundstückshandel

Wenn das MFH nicht geteilt ist und wird an einen Käufer in einer Urkunde veräußert, zählt es als ein Zählobjekt. Werden die einzelnen Wohnungen an mehrere Käufer verkauft (auch in einer Urkunde) zählt es als mehrere Zählobjekte.

Verlängerung der 3-Objektgrenze von 5 auf 10 Jahre

Wenn du in der Immobilienbranche tätig bist z. B. als Architekt, Finanzierungsvermittler, Immobilienmakler, Bauträger etc. verlängert sich deine 3-Objektgrenze von fünf auf zehn Jahre.

Achtung: bereits ab dem ersten Objekt kann Gewerblichkeit unterstellt werden, wenn aus objektiven Umständen (z. B. Erwähnung in einer Anzeige) von einer Wiederholungsabsicht auszugehen ist oder sich bei einem Verkaufsobjekt eine Vielzahl unterschiedlicher Einzelgeschäfte eine Nachhaltigkeit erkennen lassen (z. B. erst die Wohnungen eines MFH einzeln zum Verkauf angeboten, dann aber mit einem Gesamtabnehmer beurkundet, bei VV-GmbHs aus dem Gesellschaftsvertrag sich eine Wiederholungsabsicht ergibt…).
Gestaltungsmissbrauch kann vorliegen, wenn du dein MFH an einen Aufteiler verkaufst, der es zwar als Ganzes erwirbt, aber dann kurzfristig die einzelnen Wohnungen einzeln abverkauft. Ganz klar ist es, wenn der Aufteiler die Ehefrau ist. Bei der eigenen GmbH kommt es drauf an, ob diese ein eigenes Kerngeschäft hat, dann ist es ggf. nicht gestaltungsmissbräuchlich.

Relevant ist auch, ob das Bild eines Gewerbebetriebs vermittelt wird, z. B. durch eine professionelle Homepage, Erstellung einer Abgeschlossenheitsbescheinigung oder einer 110% Finanzierung ohne Eigenkapital (die Argumentation ist, dass wenn die Zinskosten steigen oder die Mieteinnahmen sinken, der Zwang der Veräußerung unausweichlich ist, dies hat man im Vorfeld gewusst und in Kauf genommen, was einer Veräußerungsabsicht von Anfang an gleich kommt und damit einer Gewerblichkeit).

Die Teilung eines MFH sollte möglichst direkt nach dem Kauf erfolgen, da zwischen Teilung und Verkauf mindestens fünf Jahre liegen müssen um keinen gewerblichen Grundstückhandel zu begründen. Wird kurz vor dem Verkauf ein Objekt nochmals umfassend modernisiert (die Braut aufhübschen), ist von gewerblichem Grundstückshandel auszugehen. Kleine Schönheitsreparaturen sind unkritisch. Besonders problematisch sind also umfassende Modernisierungen kurz vor dem Verkauf, auch im elften Jahr, oder Schalten von Anzeigen im neunten Jahr. Bei Eheleuten hat jeder die 3-Objektegrenze extra für sich, es sei denn die Objekte werden in einer gemeinsamen GbR oder zu Bruchteilseigentum gehalten.

Strommast auf dem Gelände

Strommast bekommt man mit dem Netzbetreiber manchmal wegverhandelt (Legung Erdkabel) mit/ohne Gebühren - hat ein Kunde von mir gerade aktiv durchgeboxt für seinen Bauplatz.

Großes Grundstück für Nachverdichtung (Neubau)

Um auf einem großen bestehenden Grundstück nachzuverdichten solltest du mit Baukosten von ca. 2.000 € / qm + ca. 40.000 € Baunebenkosten + ca. 20.000 € für die Bodenplatte oder 60.000 € für den Rohbaukeller rechnen. Falls sich das für deinen Standort nicht rechnet, dann macht Abtrennen und verkaufen an einen Eigennutzer mehr Sinn. Du könntest in diesem Fall auch das Objekt noch projektieren um so einen höheren Verkaufspreis zu erzielen. Hierzu kannst du mir gerne eine E-Mail an info@immotege.de schicken.

Die Objektaufwertung

Die Optimierung passiert phasenweise als Projekt/Saisonarbeit, dann können die Füße wieder hochgelegt werden, bzw. eben mehrere Projekte hintereinander eingetaktet werden. Mach nicht zu viele Projekte gleichzeitig, um nicht den Überblick zu verlieren.

Ausbau Keller zu Wohnraum

Ist die Mindestdeckenhöhe von 2,20 m nicht erreicht, kann ggf. der Keller tiefergelegt werden. Bei Streifenfundamenten ist das einfacher möglich als bei einer Bodenplatte. Meist sind die Arbeiten jedoch zu teuer. In den TOP-Metropolen Frankfurt/München/Hamburg kann sich das je nach Mikrolage jedoch lohnen.

Checkliste Kellerausbau

- Achte darauf, ob ein Wohnkeller auch als solcher genehmigt wurde oder nachgenehmigungsfähig wäre.
- Nicht vorhandene Heizung kann z. B. durch Infrarotheizung kostengünstig nachgerüstet werden. Strom liegt ja meist schon.
- Zusätzlich zu der Deckenhöhe gibt es noch das Thema Belichtung. Hier kann ggf. durch Abgrabungen und den Einbau zusätzlicher Fenster die Voraussetzung für Wohnraum geschaffen werden.
- Abwasser eines Bads kann durch eine Hebeanlage und Pumpen (verbaut hinter Trockenbauwänden) entsorgt werden.
- Sind nicht ausreichend Parkplätze vorhanden und können diese auch nicht geschaffen oder abgelöst werden, sollte die Wohnfläche ggf. einer bestehenden Wohnung als Hobbyraum zugeschlagen werden.

Problematik maximal zulässige Anzahl Wohnungen

Beim Dachgeschossausbau oder Kellerausbau kann es Probleme mit dem Überschreiten der maximal zulässigen Anzahl an Wohnungen geben. Auch wenn beispielsweise keine Stellplätze geschaffen werden können.

Folgendermaßen kann Abhilfe beschafft werden. Im ersten Schritt werden zwei bestehende Wohnungen zusammengelegt, sodass sich die Anzahl der

Wohnungen um eins reduziert, dann wird eine neue Wohnung im Keller / Dachgeschoss beantragt, sodass unterm Strich wieder exakt gleich viele Wohnungen vorhanden sind.

Sollen es z.B. drei Wohnungen im Keller werden, es ist jedoch nur noch eine genehmigungsfähig, dann wird der Grundriss so gewählt, dass später (nach Genehmigung und Abnahme) durch Setzen von Türen – kostengünstig im Trockenbau – entsprechende einzelne Wohnungen erschlossen werden können. Unterzähler für Wasser und Strom können bereits vorgesehen werden. Es wird nur eine Küche, jedoch zwei Bäder eingebaut – für das dritte Bad und die zwei fehlenden Küchen werden die Leitungen bereits verlegt, sodass diese dann später nach Abnahme eingebaut werden können.

Rechtlich (im Grundbuch) bleibt es bei einer großen Wohnung. Nutzbar sind jetzt drei Wohnungen. Auch von der Mieteinnahme kann entgegen einfacher WG-Vermietung nun die volle erhöhte qm-Miete gegenüber den Bank angesetzt werden, wenn ein Plan (über den tatsächlichen Zustand) mitgeliefert wird und es sich jetzt eben um drei getrennte Wohnungen mit extra WC/Kochnische handelt. So ist es auch möglich, dass eine Wohnung davon selbst bewohnt wird und zwei vermietet werden, den vollen Mietansatz für die zwei Wohnungen zu erhalten, während bei dem Modell WG-Vermietung bei teilweisem Eigennutz gar keine Miete ansetzbar wäre.

Bei WG-Vermietung mit teilweisem Eigennutz – auch: Freundin mit Untermietvertrag hilft. Ein einfacher, nicht legaler Trick. Der Wohnsitz wird nicht auf der eigengenutzten und teilvermieteten Wohnung gemeldet, sondern bei den Eltern. Gewohnt wird nun trotzdem in der eigenen Wohnung, die nun vollständig von der Freundin gemietet wird. So sind auch Abschreibung steuerlich verwertbar und Zinsen abschreibbar.

Deine Strategie muss zu deinem Standort passen

„Ich finde keine Immobilien an meinem Standort, es ist alles zu teuer" höre ich oft. Du wirst jedoch zugeschüttet mit passenden Immobilien, wenn du dir den richtigen Standort in Deutschland auswählst. Ich weiß, es ist eine Herausforderung, auch zeitlicher Natur, sich einen neuen Standort und auch noch mit entsprechender Entfernung zum Wohnort anzuschauen und sich einzuarbeiten. Aber

es ist keine Lösung, sich mit Renditen unter 6% zufrieden zu geben. Kannst du das an deinem Standort nicht erreichen, musst du den Standort wechseln. Wenn du 10% und mehr Rendite erzielst, kannst du dein Portfolio skalieren. Mit Objekten, die sich gerade so tragen, gerätst du schnell in die Übergangsfalle und kannst nach wenigen Objekten nicht mehr weiter finanzieren.

- Umnutzung Gewerbe in Wohnen
- Büros in Wohnen
- Spezialvermietung
- Möbliert, wochenweise an Businessleute

- Probleme lösen
- Mieterbesatz
- technische Probleme
- juristische Probleme
- Standortaufwertung erkennen
Anzeichen: in der Nähe entstehen Neubauten

Residualrechnung
2.500 € Kaufpreis
- Baukosten
- Abriss
= maximaler Kaufpreis

Standort Frankfurt:
250 qm Haus
bebaubar wären ab 800 qm
Verkaufspreis Exit 7.000 €/qm

Alle haben immer nur Studenten im Kopf, Wochenendheimfahrer, Mehrgenerationenwohnen, Senioren-WG, Azubi-WG, es gibt viele Möglichkeiten.
Auch Einfamilienhäuser eignen sich für die Vermietung an Studenten. Die sanierungsbedürftigen Einfamilienhäuser sind sehr günstig zu haben.
Normalerweise kosten Einfamilienhäuser-qm mehr als Wohnungs-qm.
Außerdem ist wegen der WEG der Kernsanierungszustand seltener.

Umnutzungen

- Hotel in Wohnen
- Büro in Wohnen
- Wohnen in Büro (selten sinnvoll)
- Hallen in Freizeit: Paintball, Kleinkinder-Indoorspielplatz
- Einzelhandel in Lagerfläche

Nachverdichtung

großes Grundstück vorhanden? Abtrennen, projektieren (Bärenhaus), projektiert verkaufen (oder verkaufen lassen z.B. von einem Bärenhausverkäufer)
- im Bestand: Kellerausbau, DG-Ausbau, Balkonanbau, Aufstockung

Aufteilung: Erdgeschosswohnung einen Privatgarten zuordnen
Terrasse je nach Größe 25 - 50% Wohnfläche!

Strategien

- Spezialvermietung (zimmerweise, möbliert, Studenten, Ferien, Firmen...)
- Fix + Flip
- Probleme lösen im Bestand
- steueroptimierte Renovierung / Modernisierung
- Mietanpassung im Bestand

Standortaufwertung

Eine Standortaufwertung kannst du selten selbst vornehmen, aber du kannst Trends erkennen durch genaues Hinschauen und auf den fahrenden Zug aufspringen:
- Neubaugebiete in der Nähe entstehen
- Bauleitplanung
- Gespräche mit Wirtschaftsförderung (Achtung: Eigeninteressen)

Spezialstrategien

- Lagercontainer - Self Storage

- Garagenparks in Gewerbegebieten

- Großgaragen

- Okkuptations-Strategie

- US-Häusermarkt

- Immobilienspiel von Blackrock und Co.

- Zwangsversteigerungen / Ausbietungsgarangie

„Jedes Problem beinhaltet ein Geschenk" NLP Axiom

10. Spezialstrategien

Lagercontainer – Self Storage

Mittlerweile gibt es größere Anbieter in Deutschland. Es muss also sehr genau der Standard analysiert werden, ob es im Markt einen Bedarf gibt. Der Lagercontainer besteht aus verzinktem Trapezblech und hat einen Holzboden. Den Aufbau kann man selbst vornehmen. Der Untergrund sollte eben sein.

Bis 17.500 € Umsatz pro Jahr kann die Kleinunternehmerregelung in Anspruch genommen werden, womit keine Umsatzsteuer ausgewiesen und abgeführt werden muss.
Die Montagezeit beträgt etwa eine Stunde mit drei Mann.

Gängige Maße: 2,04 x 2,04 m, 3,00 x 2,20 m, 2,25 x 2,25 m, 4,50 x 4,50 m
Abschreibung über 10 Jahre
Miete ca. 40- 45 €/Monat
Kaution: 200 €
Anschaffungskosten: 1.190 € - 2.000 €
Mietrendite: 50% → Faktor: 2

Es ist keine Baugenehmigung nötig, wenn man eine Einzelne aufstellt. Erstellst du einen ganzen Park, wirst du dafür wohl auch eine Baugenehmigung benötigen.

Einzelhandelsflächen zu Self-Storage umnutzen

Einzelhandelsflächen, ob in der Innenstadt oder im Industriegebiet, sind heute teilweise nicht mehr vermietbar und können kostengünstig angemietet oder gekauft werden.

Beim Einzelhandel in kleinen Städten, Unter- und Mittelzentren ist davon auszugehen, dass in Kommunen bis 70.000 Einwohner das Einzelhandelssterben noch nicht beendet ist, sondern in den nächsten Jahren nochmals bis zu 50% der Einzelhandelsgeschäfte schließen werden. Daher ist beim Kauf eines Wohn- und Geschäftshauses besonders auf die Umnutzungsmöglichkeit zu Wohnen zu achten. Inzwischen sind eben auch die Filialisten betroffen.

Überlege dir also gut, ob aktuell der richtige Zeitpunkt ist, um in ländlichen Gebieten in Einzelhandelsimmobilien zu investieren, um diese zu Self-Storage umzunutzen, oder ob du nicht besser noch ein paar Jahre wartest, um einen noch besseren Einkaufspreis zu haben.

Garagenparks in Gewerbegebieten

Der qm-Preis Gewerbefläche ist oftmals sehr günstig zu haben. In vielen kleineren Gemeinden gibt es direkt von der Gemeinde oftmals erschlossene Gewerbefläche unter 100 €/qm zu kaufen.

Großgaragen

Anwendungen: Oldtimer, 2. oder 3. Fahrzeug, Wohnmobil oder Wohnwagen, Motorrad, Boot, Hausrat, sperrige und liebgewonnene Dinge, Werkzeuge, Maschinen oder Waren, Geschäftsfahrzeuge.

Größen und Mietpreise in einer Süddeutschen Stadt mit 120.000 Einwohnern
6 x 3,50 m (99 €/Monat inkl. MwSt)
8 x 3,50 m (140 €/Monat inkl. MwSt)
8 x 4,00 m (160 €/Monat inkl. MwSt)
11 x 3,50 m (220 €/Monat inkl. MwSt)

Höhe 3,50 m oder 6 m

Zusätzlich: offene Stellplätze (40 €/Monat inkl. MwSt)

Boxen lassen sich auch zusammenlegen (dann wird die Trennwand rausgeschraubt). Ein zentraler Wasseranschluss, Strom über Unterzähler in den jeweiligen Großgaragen, Videoüberwachung im Eingangsbereich, Winterdienst sind gängige Serviceleistungen.

TG-Stellplätze und Garagen für Anfänger sinnvoll?

Oft wird besonders Anfängern aufgrund der verhältnismäßig niedrigen Kaufpreise geraten, mit TG-Stellplätzen oder Garagen zu beginnen.
Abgesehen von Profis, die das Modell groß betreiben gibt es verschiedenste Nachteile: schlecht finanzierbar, dadurch schlechtere EK-Rendite, Risiken hoch

(teure TG-Sanierung), umsatzsteuerauslösende Vermietung (ohne dazugehörige Wohnung), bei mehr als 17.500 € p.a., wenn die Kleinunternehmerregelung nicht mehr genutzt werden kann, schmälert zusätzlich 19% MwSt. zusätzlich den Ertrag). Sehr kleinteiliges Geschäft und damit zu hohe Verwaltungskosten von schnell 300 € pro Jahr pro Stellplatz (wenn du es selbst machst, musst du trotzdem den Zeitaufwand als Kosten kalkulieren). Ja, es gibt laufende nicht umlegbare Nebenkosten für die Verwaltung. Es bläht den Prüfungsaufwand für Banken weiter unnötig auf und führt daher zu schlechterer und langsamerer Kreditvergabe in der Zukunft. Für mich ist es nichts, es sei denn mir fällt ein Stellplatz zum 1/3 des Marktpreises auf die Füße, dann nehme ich den auch mit.

Die Tiefgaragenstellplätze lassen sich später schlecht beleihen, um das dort vergrabene EK wieder raus zu bekommen. Jeder einzelne Verkauf (unter zehn Jahren) löst außerdem ein Zählobjekt aus. Wenn man schon irgendwas Cash kauft (wovon in generell abrate, selbst bei ganz kleinen Wohnungen. Der Grundsatz: Immer finanzieren, wenn es einen Grund gibt (Kauf, Modernisierung) um EK zu schonen, da dieses ohne Grund nur schwer beschaffbar ist). Lieber Wohnungen anstatt TG-Stellplätze, Stellplätze oder Garagen, da diese dann wieder als Zusatzsicherheit dienen können oder mit Blankodarlehen beliehen werden können, die wohnwirtschaftliche Verwendung voraussetzen.

Es gibt jedoch für diejenigen Angestellten, die dennoch in kleine Garagenpakete oder auch gleichzeitig verstreut in mehrere Garagen investieren wollen, ein interessantes Blankodarlehen zum Zins von 4,15% und 2% Tilgung, mit zehn Jahren Zinsbindung. Das kann für eine oder mehrere Garagen (auch verstreut) genutzt werden ab 20.000 € (inkl. Nebenkosten etc.) bis max. 60.000 €. Man könnte also z.B. drei verschiedene Garageninvestments bündeln um die 20.000 € (inkl. Nebenkosten etc.) zu erreichen und dann dies dreimal hintereinander tun. Durch die kleine Tilgung kommt im Gegensatz zu Ratenkrediten eine total kleine Rate raus.

Dieses Blankodarlehen hätte aber auch für die Kaufnebenkosten beim Kauf eines Mehrfamilienhauses verwendet werden können oder man hätte damit Wohnungen kaufen können, die man später wieder beliehen hätte, was bei den Garagen kaum möglich ist.

Größere Garagenparks lassen sich natürlich auch finanzieren, jedoch häufig nicht zu 100%, sondern nur zu 80%.

Wie Investoren mit dem US-Häusermarkt Milliarden machen

Wer glaubt, die Wall Street hätte ihre Giftküchen nach den Erfahrungen der Finanzkrise geschlossen, täuscht sich. Jetzt hat man sich ab Herbst 2013 etwas Neues einfallen lassen. Anstatt faulige Immobilienkredite, wie bis 2007, weiter zu verkaufen, werden jetzt flüchtige mögliche zukünftige Mieteinnahmen weiterverkauft. Den Anfang machte im Herbst 2013 die Blackstone-Tochter Invitation Homes mit einer Verbriefung von 479 Millionen Dollar an zukünftigen Mieteinnahmen von Einfamilienhäusern (Rental-Backed-Securitizations). Und die Käufer sind diesmal: Pensionskassen, Versicherungen und Investmentfonds. Schätzungen gehen von einem aktuellen Volumen in 2017 von 1,5 Billionen Dollar aus. Die Private-Equity-Unternehmen, die aktuell rund 30% der Immobilien in USA halten und damit die Preise enorm befeuern, können durch diesen Trick den EK-Einsatz um 10-15% drücken, von 40% auf 25-30%. Bisher war die Wallstreet noch nicht in Single-Homes (Einfamilienhäuser) für Investoren involviert, sondern nur in Commercial und Multiplex, dies hat sich jetzt geändert. Beteiligungsgesellschaften wie Blackstone hatten in den vergangenen Jahren rund 10 Milliarden Dollar in zwangsversteigerte Einfamilienhäuser investiert. Damit ist Blackstone zu einem der größten Vermieter in den Vereinigten Staaten geworden.

Das Immobilienspiel von Blackrock und Co.

Blackrock betreibt dabei ein extrem kluges Spiel. Nach der selbst verursachten Krise werden erst die Immobilienflipper (Flipping betreibt Blackrock selbst auch) mit Kapital versorgt um die Preise anzuschieben (und am Flippen im Schnitt 61.000 US-Dollar Gewinn pro Haus zu machen). Zwischenzeitlich wird vermietet, mitunter an die alten Eigentümer, und das Risiko dabei an Pensionskassen und Versicherungen ausgelagert, indem ein weiterer Teil des EK durch die als Bonds ausgestalteten Finanzprodukte verkauft wird. Dann wird, wenn die Blase platzt, selbst wieder massiv aus Zwangsversteigerungen eingekauft und das Spiel geht von vorne los – und jedes Mal nimmt das Vermögen enorm zu. Antizyklisches Investieren nach der 2018 – 2020 in Deutschland möglicherweise kommenden Krise kann eine große Chance sein. Wer Immobilien an TOP-Standorten besitzt, sollte ggf. darüber nachdenken, diese jetzt noch zu verkaufen, solange noch sehr gute Preise erzielbar sind und zwischenzeitlich in schwächeren Regionen investieren, denn niemand weiß, wann der Knall kommt.

Herrenlose Grundstücke aneignen (Okkupations-Strategie)

Durch Verzichtserklärung gegenüber einem Notar wird ein Grundstück Herrenlos. Der Eigentümer wird aus dem Grundbuch ausgetragen. Die Lasten und Beschränkungen bestehen aber weiterhin. Verzichtet der Fiskus des Bundeslandes gegenüber dem Amtsgericht auf Aneignung und tritt dieses Recht auch nicht gegen Zahlung des Verkehrswertes an einen Dritten ab und du erfährst von so einem Grundstück, kannst du gegenüber einem Notar die Aneignung erklären und wirst als Eigentümer eingetragen. Reagiert der Fiskus nicht, kannst du durch Aufgebotsverfahren Eigentümer werden. Bestehen Belastungen (z.B. durch Zwangsabriss, Erschließungskosten etc.), solltest du abwarten bis diese verjährt sind und du dann von der Einrede der Verjährung Gebrauch machen kannst (3 / 30 Jahre Frist). Eigentümergrundschulden können jedoch nach einem BGH-Beschluss des 5. Zivilsenat vom 10.05.2012 Az. V ZB 36/12 ohne Zustimmung des Eigentümers gelöscht werden. Eine gute Strategie ist es, mit den Gläubigern über die Löschung der Grundpfandrechte zu verhandeln und einen Deal für den Fall, dass du dir das Grundstück aneignest, auszuhandeln. An diese Spezialstrategie traut sich auch kaum jemand ran, der Wettbewerb ist also gering. Kennst du ein entsprechendes Grundstück, oder vermutest du bei einem Grundstück die Herrenlosigkeit, kannst du dich an das zuständige Grundbuchamt wenden und nach §12 GBO Auskunft wegen Aneignungswunsch erlangen. Es bestehen ja, da niemand Eigentümer ist, keine Schutzrechte. Das geht jedoch alles nur im Einzelfall, denn die Grundbuchämter, wie auch die Finanzverwaltung führen keine Listen über herrenlose Grundstücke. Mehr Erfolg hast du ggf. über die Gemeinde, da diese die Vekehrssicherungspflicht trifft und ihr so hohe Kosten entstehen und den Gemeinden die herrenlosen Grundstücke oft ein Dorn im Auge sind. Über die Gemeinde kannst du ggf. Listen erhalten und mit diesen Listen kannst du dann wieder einzeln Auskünfte beim zuständigen Grundbuchamt erlangen. In Deutschland gibt es tausende dieser herrenlosen Grundstücke.

Kauf von Nachbargrundstücken

Hast du auf dem nebenanliegenden Grundstück ein unbewohntes ggf. runter-gekommenes Objekt, kannst du als Nachbar berechtigtes Interesse nachweisen und dir so den Namen und ggf. die Adresse des Eigentümers organisieren um mit ihm bezüglich eines Off-Market-Ankaufs in Kontakt zu treten.

Erbengemeinschaften

Wer einen langen Atem hat, kann hier Schnäppchen machen. Häufig sind bei entsprechenden Problemimmobilien die Erben bereits teilweise gestorben und haben es weitervererbt. So können oft 10 und mehr Eigentümer im Grund-buch eingetragen (oder durch Erbscheine bekannt) sein. Das Problem, es muss einstimmig der Verkauf beurkundet werden. Wenn einzelne Erben nicht zum Notartermin kommen, können sie andere notariell bevollmächtigen oder hin-terher (auch bei einem anderen Notar) oder in der deutschen Botschaft (wenn sie im Ausland leben) nachgenehmigen (nennt man auch Unterschriftsbeglau-bigungen).

Lassen sich die Eigentümer im Grundbuch gar nicht ermitteln, kann folgendes Vorgehen helfen. Ein Eigentümer (ja, einer reicht) kann die Teilungsverstei-gerung veranlassen. Gegen Miteigentümer der Erbengemeinschaft, die nicht ermittelbar sind, wird öffentlich zugestellt (also einfach durch Aushang bei Gericht).
Du schließt mit den ermittelbaren Eigentümern einen Vertrag, dass du die Kosten des Verfahrens als Vorschuss trägst, lässt dich bevollmächtigen das Verfahren zu führen und schließt eine Ausbietungsgarantie (muss notariell be-urkundet werden) zu deinem gewünschten Kaufpreis mit denen ab. So stellst du für den Verkäufer der Eigentümergemeinschaft sicher, dass sie die Immo-bilien in dem Verfahren auf jeden Fall loswerden. Was nun leider immer noch passieren kann ist, dass du im Verfahren überboten wirst.

Privatstraße kaufen

Ja und wenn es noch weitere Anlieger gibt von denen Nutzungsgebühr abkas-sieren... Notwegerecht gem. 917 BGB.

Gemeinsamer Erwerb als Gemeinschaft in Bruchteilseigentum

Ein Modell kann auch sein, sich mit anderen Investoren zusammenzutun und ein Mehrfamilienhaus in der Größenordnung 2-5 Millionen (wo wenig Konkurrenz im Einkäufermarkt ist) in Bruchteilseigentum direkt mit mehreren einzelnen Investoren in einem Notartermin zu erwerben. Tausch dich mit deinen Kollegen an den Stammtisch mal darüber aus. Durch diese Strategie ist es möglich, deutlich günstiger und mit deutlich weniger Aufwand deinen ganzen Stammtisch mit Immobilien zu versorgen. Die Bruchteilsanteile werden gewählt wie später die Miteigentumsanteile in der Gemeinschaft entstehen sollen. Ihr legt dabei schon im Voraus fest, wer welche Wohnung erwirbt. Direkt nach dem Notartermin des Kaufs erfolgt der nächste Notartermin (so dass auch wirklich alle da sind), in dem die Aufteilung (Abgeschlossenheitsbescheinigung lasst ihr vorher erstellen) vor dem Notar erklärt wird. Nun bekommt jeder Investor analog zu seinem Bruchteilseigentum entsprechende Miteigentumsanteile und seine ein bis drei Wohnungen (je nach seinen finanziellen Möglichkeiten) als Sondereigentum mit eigenem Grundbuch und eigenem Kredit.

Für den Verkäufer liegt der Vorteil dran, dass er nicht in die Falle des gewerblichen Grundstückshandels kommt und im Zweifel nur ein Zählobjekt beim Verkauf hat.

Entsprechende Deals in der Größenordnung ab 2 Millionen Euro sind meist nicht wie die einzelnen Wohnungen innerhalb weniger Stunden vom Markt, sondern man hat auch Zeit alles einzufädeln.

Du hast nun eine Eigentümergemeinschaft mit Leuten, die du kennst und die alle wie Investoren ticken. Dies kann die Rentabilität deines Investments nochmals steigern.

Mit der Dummheit der Kapitalanleger Geld verdienen

Kapitalanlegern fehlt häufig das Know-how um einen Deal richtig einzuschätzen. Sie lassen sich gerne von gutem Zustand und vermeintlichen Renditen blenden. So ist es möglich, tatsächlich Käufer zu finden, die bei Renditen von 6% ausgehend von möblierter Vermietung, zimmerweiser Vermietung oder einem deutlichen Overrent (das du bewusst herbeiführen kannst, indem du entsprechenden Mietern, die nicht planen, langfristig in der Wohnung zu bleiben, mietfreie Anfangsmonate gewährst und so in Summe für den Mieter wieder einen fairen Preis gestaltest – was allerdings nicht gerichtsfest ist – auf Rückzahlung kannst du trotzdem noch verklagt werden). Andere Kapitalanleger lassen sich von Mietzuschüssen blenden. Die Wohnung hat einen deutlichen Underrent. Du vereinbarst jedoch im notariellen Kaufvertrag, dass du dieses durch einen Mietzuschuss für die nächsten sechs Jahre ausgleichst. Mit den ganzen Methoden schaffst du es, einen höheren Preis bei unwissenden Käufern durchzusetzen.

Aufteilergeschäft Betreiberimmobilie

Einen der größten Gewinne machst du, wenn du nach Ablauf der Pachtlaufzeit für rund 1.000 €/qm ein Seniorenheim als Ganzes von einem Fond erwirbst. Nun setzt du einen frischen neuen Pachtvertrag über 20 Jahre auf, bzw. die Verlängerung des alten Pachtvertrags, im Zweifel zum Pachtzins wie schon vor 20 Jahren. Jetzt wird der Verkaufspreis so berechnet, dass der Käufer 4,5 – 6% Rendite erhält (die meisten Angebote am Markt haben eher 4,5%). Umgerechnet ergeben sich so dank der astronomischen Mieten der Bewohner Verkaufspreise von 2.500 bis 4.000 €/qm. Für die kleine tatsächliche Sondereigentumsfläche sogar noch viel mehr. Nun schließt du einen Vertrag mit einem der Vermarkter (Kontakt bekommst du über mich) und lässt es über deren Handelsvertreter verkaufen.

Selbst Verkäufer von Kapitalanlageimmobilien werden

Übrigens, wenn du selbst Handelsvertreter für Kapitalanlageimmobilien (Wohnungen, Ferienappartments, Pflegeappartments, Denkmal etc.) werden möchtest, um dir damit einen Zusatzverdienst zu schaffen, dann schicke gerne eine E-Mail an info@immotege.de und wir legen dir kostenfrei einen Systemzugang an. Über diesen erhältst du Zugang zu laufend über 1.000 Objekten und den ganzen Unterlagen deutschlandweit, welche du vertreiben kannst. Die Innenprovisionen (sieht der Käufer nicht, für ihn provisionsfrei) liegen dabei zwischen 2% und 10% (meist 3-5%). Wir ziehen hier nichts ab, die volle Provision, die das Netzwerk ausschüttet, landet bei dir. Wir bekommen ähnlich wie Maklerpools einen kleinen Overhead aufgrund der Masse des eingereichten Geschäfts, was den Verdienst des Netzwerks reduziert, das du aber alleine nicht bekommen würdest. Untervermittler kannst du dir trotzdem zusätzlich anlegen. Bei einem Pflegeappartement für 200.000 € sind das bis zu 20.000 € Provision für dich. Du musst nicht wie ein Immobilienmakler erst mal einen Verkäufer finden – es reicht wenn du die Käufer findest. Einen Haken gibt es, die großen Portale wie IS24 darfst du nicht nutzen, du musst also in deinem eigenen Netzwerk, Onlinemarketing, Kontakte, Netzwerken und z. B. über Vorträge arbeiten. Eine gute Strategie kann hierbei sein ebenfalls, wie im Kapitel Geld einsammeln von Investoren zu Vorträgen z. B. über die VHS einzuladen. Es reicht, die Erlaubnis nach §34c GewO zu beantragen (ca. 300 € Kosten) und einen Gewerbeschein (ca. 30 €) zu holen. Eine Sachkunde oder Berufsausbildung in der Branche ist nicht erforderlich. Webinare für Verkaufsgespräche stellen wir dir ebenfalls im Onlinezugang bereit, sowie ein Script zum automatischen Einbinden der Objekte auf deiner Homepage. Kontakte laufen in dein eigenes CRM rein, mit dem du auch individuelle Berechnungen (Schönrechnungen) für die Kunden erstellen kannst etc. Der Verkauf von Vertriebsimmobilien ist ein extrem lukratives Geschäft.

Trend Tiny-House – ungewöhnliche Hotels zu geringem Invest

Aus den USA kommt ein Trend, den viele gern auch in Deutschland umsetzen würden, es scheitert jedoch am Baurecht. Vielleicht findest du hier eine Strategie im Bereich verfahrensfreie Bauten, fliegende Bauten oder auch über eine reguläre Baugenehmigung. Bei der Vielzahl unerschlossener Randgrundstücke von Gemeinden, die als Landwirtschaftsflächen zum 4-fachen des Preises einer Landwirtschaftsfläche aber zu einem Bruchteil des Preises einer Gewerbe- oder Wohnfläche verkauft werden, aber laut F-Plan Mischgebiet sind, entsprechend zu nutzen. Baumhaushotels haben sich in Deutschland schon etabliert, wie auch Schäferwagen oder Wohnfässer, die für 60€ pro Nacht vermietet werden.

Tinyhäuser lassen sich auch auf Trailer bauen und sind so mobil. Die kleinen Häuser können als Selbstversorger mit PV-Anlage, Stromspeicher, Trockentrenntoilette, bis auf den Wasseranschluss (notfalls kann man es in Fässern anliefern) nahezu autark ausgestaltet werden. Erschließungskosten von rund 15.000 € werden dadurch zusätzlich gespart.

Wie man Stück für Stück die ganze WEG aufkauft

Besonders geeignet ist diese Strategie im Vogtland. Man kauft sich mit dem Ziel in einer WEG ein (anstatt ein ganzes MFH zu erwerben) an die Eigentümer der WEG heranzukommen und ihnen Off-Market weitere Einheiten abzukaufen. Das Objekt ist idealerweise ein Problemobjekt durch z. B. Teilleerstand, WEG, die nur Dienst nach Vorschrift macht, Instandhaltungsstau, Zahlungsrückstände der Eigentümer und so weiter. Die Stimmrechte sind häufig nach Miteigentumsanteilen geregelt. Ziel ist es Stück für Stück die Mehrheit zu bekommen um dann weniger verkaufswillige Miteigentümer durch Ankündigung hoher Sonderumlagen auch noch zum Verkauf weit unter Preis an dich zu motivieren. Es darf sich dabei natürlich nicht um eigennützige Entscheidungen handeln, diese wären anfechtbar. Aber: Neuer Fassadenanstrich, neue Heizung, neues Dach, neue Fenster, neue Klingelanlage, Gartenarbeiten, neuer Treppenhausanstrich sind gute Maßnahmen, die zu Aufwertungen führen. Ein Einstieg in so eine Problem WEG kann beispielsweise eine Zwangsversteigerung sein. Der Ausgang von Zwangsversteigerungen ist nicht vorhersehbar. Pokern ist an der Tagesordnung. Deutschlandweit kann ca. jeder 10. bis 15. Termin zu einem guten Deal führen. Objekte an guten Standorten ohne Probleme führen zu 30-100% Preisen über dem Verkehrswert. Du musst dir also spezielle Objekte anschauen, die keiner will. Dort hast du die Chance, bei jedem 10. bis 15. Termin einen Zuschlag zu einem Preis, der dir angenehm ist, zu erhalten.

RA Real Estate betreut das Zwangsversteigerungsgeschäft im großen Stil. Du kannst dich von ihnen aktuell in Hessen auch auf Zwangsversteigerungen vertreten lassen um nicht alle Termine selbst in die Hand nehmen zu müssen (zvmax.de). Du kannst dir jedoch auch ein kleines Team aus Studenten aufbauen, die für dich auf die relevanten Zwangsversteigerungen fahren und mit deiner Vollmacht mitbieten.

Das Vogtland ist eine Region im Grenzgebiet von Bayern, Sachsen, Thüringen und Böhmen. Die wichtigsten Städte im Vogtland sind Plauen (Sachsen) und Gera (Thüringen).

Wichtige Besonderheiten in der Kaufvertragsgestaltung

1. Nutzen/Lastenübergang muss im Kaufvertrag so getimt werden, dass dieser nach der Fälligkeit der Sonderumlage liegt.
2. Der Passus, dass keine Sonderumlagen anstehen aus Standardkaufverträgen wird raus genommen um hier den Verkäufer nicht nochmals auf deren Zahlung zu stoßen. Wir lassen ihn im Glauben, da er diese noch nicht bezahlt hat, dass er gar nicht mehr bezahlen müsste.
3. Es wird vereinbart, dass Zahlungsrückstände des Verkäufers an die WEG aus dem Kaufpreis direkt vom Käufer an die WEG bezahlt werden.

Was passiert nun?

Man hat eine weitere Wohnung in einem wunderbar saniertem Haus auf Kosten der Alteigentümer und der Eigentümergemeinschaft (natürlich inkl. dem eigenen kleinen Anteil) zu einem minimalsten Einkaufspreis (Frust + Notverkauf).

Notwendige Voraussetzungen

Ausreichend Kapitalreserven um schnell die Sonderumlagen der WEG übernehmen zu können, ausreichend Kapitalreserven um schnell den Großteil der WEG übernehmen zu können.

Problem

qm-Mietpreise liegen teilweise bei 2€/qm und decken damit gerade so die Instandhaltungsrücklage und nichtumlegbare Kosten ab. Mietausfälle sind trotz der geringen Miethöhen häufig. Die Vermietbarkeit ist schlecht, Leerstandsquoten sind sehr hoch. Hier hilft nur eine eigene kluge und gute Bewirtschaftung. Die Hausverwaltungen sind dazu im Regelfall nicht im Stande. Die Vermietung funktioniert besonders gut über Tippgeber, die Provision bekommen. Mit 100 € Cash als Dankeschön kann hier sehr viel bewegt werden!

Kaufpreise als Investor können sich bewegen bei:
100 €/qm unsaniert
200 €/qm saniert

Beispiel 1 - Plauen:

Kaufpreis: 6.300 €
Wohnfläche: 45 qm
Kaufpreis pro qm: 140 € (6.300 €/45 qm)
Zustand: Saniert
Nettokalt: 195 €
Nebenkostenvorauszahlung: 95 €
Warmmiete: 270 €
Hausgeld: 242 €
Überschuss: 28 €
Brutto-Mietrendite (Maklerformel): 195€ * 12/6.300 € *100 = 37,14%
Vervielfältiger: 6.300 €/(195€ * 12) = Faktor 2,7

Bemerkung: Warum ist das Hausgeld so hoch?

Beispiel 2 - Plauen:

Kaufpreis: 10.000 €
Wohnfläche: 50 qm
Kaufpreis pro qm: 200 € (10.000 €/50 qm)
Zustand: Saniert

Nettokalt: 185 €
Nebenkostenvorauszahlung: 90 €
Warmmiete: 275 €
Hausgeld: 137 €
Überschuss: 138 €

Brutto-Mietrendite (Maklerformel): 185€ * 12/10.000 € *100 = 22,20%
Vervielfältiger: 10.000 €/(185€ * 12) = Faktor 4,5

Zwangsversteigerungsportale: zvg-online.net, versteigerungspool.de, zvg.com
Umso niedriger das Mietniveau (qm-Mietpreis) ist, umso stärker schlagen die nichtumlegbaren Kosten rein. Hier reichen die 25% Bankabschlag als Pauschale auf keinen Fall mehr, hier müssen die genauen Kosten berechnet werden.

- Hausverwaltung (Kosten sind bei 2 €/qm Miete genauso hoch sind wie bei 15 €/qm Miete an Top-Standorten)

- Instandhaltung (ist bei 2 €/qm Miete genauso hoch sind wie bei 15 €/qm Miete an Top-Standorten)
- Mietausfall, der hier besonders hoch ist

Lösung

- Du musst die Mietverwaltung selbst machen, bzw. mit Mitarbeitern z. B. EQJ und Ausbildungsmodell. Klassische Hausverwaltungen verursachen zu hohe Kosten für Instandhaltung und sind bei der Vermietung nicht richtig hinterher. Einfach nur Anzeigen schalten funktioniert in diesem Markt nicht.
- Du musst extrem günstige Handwerker beschäftigen, bzw. es durch eigene Mitarbeiter erledigen lassen.

Die Strategie lohnt sich natürlich nur bei einem größeren Bestand am Standort.Durch die geringen Kaufpreisfaktoren und durch die hohe Rendite hast du sehr schnell einen hohen Cashflow, wenn du die Kosten auf ein Minimum runter drückst. Wenn du vor Ort bist, kannst du in den jeweils leerstehenden Wohnungen übernachten/wohnen.

Hintergrund

Die Eigentümer sind häufig in den 90er Jahren mit Kaufpreisen von umgerechnet ca. 1.400 €/qm eingestiegen mit entsprechenden Ost-Steuersparmodellen. Die Häuser wurden in den 90er Jahren saniert. Befinden sich also von der Grundsubstanz in gutem Zustand. Im Immobilienscout werden die Objekte aktuell noch mit ca. 700 €/qm gehandelt. Das ist jedoch viel zu hoch. Einkaufen kann man sich in entsprechende Objekte ab 100 €/qm, teilweise ab 200 €/qm. Kaufpreise von ganzen Wohnungen von 5.000 € bis 20.000 € sind möglich.

Bei Angebotsanalyse auf Immoscout:
- qm Angaben prüfen
- Renditeangaben ignorieren
- ist die Miete wirklich nachhaltig? Nur mit ortsüblicher Miete rechnen
→ höhere Mieteinnahmen sind nett, werden aber nicht in die Kalkulation einbezogen

Hartz4 Geschäftsmodell

- Vermietung in schlechten Lagen

„Wir alle sind einzigartig und erleben die Welt auf unterschiedliche Weise. Jeder Mensch ist anders und hat seine eigene Art zu sein" DVNLP Axiom

11. Das Hartz4 Geschäfts-Modell

Das Hartz4 Geschäftsmodell funktioniert durch „gesicherte" Mietzahlung durch das Jobcenter bzw. Sozialämter, wobei die gar nicht so sicher sind, da das Jobcenter als Sanktionsmaßnahme die Miete kürzen kann – selbst bei Abtretung der Miete – und dies zu Forderungsverlusten führen kann und die Hinnahme von Mängeln dieser Mietergruppe, da Ihnen ein Umzug nicht erlaubt wird und sie sich diesen nicht leisten können. Sollte vom Amt der Vermieter kontaktiert werden, verspricht dieser eine Sanierung der Wohnung. So wird der Mieter weiterhin am Ausziehen gehindert. Wie funktioniert es? Rendite machen mit Hilfe des Jobcenters und Kasse machen durch nicht ordentliches Sanieren/Instandhalten.

Ein gutes Beispiel für dieses Geschäftsmodell ist die Firma: Intown – ein israelischer Investor. Für jedes Objekt wird eine extra Objektgesellschaft gegründet um die Risiken zu reduzieren. Wohnungen werden hierbei insbesondere gern von Kommunen in sanierungsbedürftigem Zustand abgekauft, teilweise mit kleinen Sanierungsverpflichtungen, welche jedoch Jahre in die Zukunft geschoben werden.

Natürlich haben die Mieter die Möglichkeit die Miete zu mindern oder Reparaturen in Auftrag zu geben (nach Fristsetzung) oder gar zu kündigen.

Der Rechtsweg wird jedoch von diesen niedrig gebildeten Bevölkerungsgruppen gemieden, auch weil sie nicht wissen, wie sie es machen müssen. Auch ist es mitunter sehr schwierig eine andere Wohnung im Rahmen der Kostenvorgaben zu finden. Mieten deutlich unter dem Marktpreis sind üblich, jedoch nicht tragisch, weil das Objekt ja weit unter Marktwert aufgrund des eigentlich nicht tragbaren Instandhaltungsstaus gekauft wird und die Instandhaltungskosten auf ein Minimum reduziert werden.

Geschäftsmodell: Luxussanierung / Entmietung

- Die fiesen Tricks der Profientmieter

- Musterschreiben zur Entmietung

- Psychoterror und grenzwertige Methoden

- Der Hausrechtsanwalt

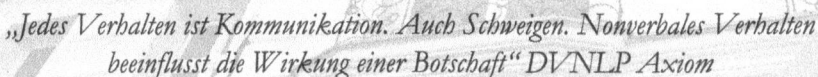

„Jedes Verhalten ist Kommunikation. Auch Schweigen. Nonverbales Verhalten beeinflusst die Wirkung einer Botschaft" DVNLP Axiom

12. Luxussanierung/Entmietung

In Großstädten sind häufig drastische Underrentsituationen zu verzeichnen. Bei 63% der Mietverhältnisse in Deutschland wurde noch nie eine Mieterhöhung vorgenommen. In 18% der Mietverhältnisse in Deutschland wurde in den letzten zehn Jahren keine Mieterhöhung mehr ausgesprochen, wobei nur 25% der Mietverhältnisse in Deutschland länger als zehn Jahre laufen.

Entsprechende Objekte sind dadurch oft weit unter Marktpreis zu bekommen. Mieterhöhungen sind nur um 20% alle drei Jahre (die 15% Grenze der Mietpreisbremse wird wohl bald fallen) möglich. Damit ist es nicht möglich auf eine ortsübliche Vergleichsmiete zu kommen und damit den Wert des Objektes zu verdoppeln bis vervierfachen. Wie kann nun das Potential gehoben werden?

Achtung: Dieses Vorgehen ist moralisch höchst fragwürdig. Ich schildere dir die unverblümte Praxis der Profientmieter. Entscheide für dich, ob du dieses Geschäftsmodell fahren möchtest.

Step 1: Muster-Entmietungsschreiben

Sehr geehrte Frau Mieterin,
bei der Begutachtung des Hauses: Musterstraße 19, 12345 Musterort wurde festgestellt, dass umfangreiche Sanierungsarbeiten durchgeführt werden müssen. Das betrifft insbesondere die Elektrik, die Heizung, die Wasserleitungen und Dacharbeiten. Diese Maßnahmen können nur durchgeführt werden, wenn die Wohnungen nicht bewohnt sind.

Die Arbeiten können in der Wohnung bis zu 12 Wochen dauern. Bis zur Fertigstellung der Arbeiten am kompletten Haus muss mit einem Zeitrahmen von bis zu mindestens 10 Monaten gerechnet werden.

Für die Mieter bedeutet das eine unzumutbare Wohnsituation während der gesamten Sanierungsarbeiten (Dreck, Lärm, kein Strom, kein Wasser, kein Abwasser, keine Heizung) und ein tiefer Einschnitt in die Privatsphäre (Bauarbeiten in der eigenen Wohnung).
Aus diesem Grund unterbreiten wir Ihnen folgenden Vorschlag:

Sollte Ihre Kündigung bis zum [Datum 2 Monate in der Zukunft] bei uns eingehen und Sie bis zum [Datum weitere 3 Monate in der Zukunft] das Mietverhältnis beenden, sowie die Wohnungen zurückgeben, sind wir bereit, Ihnen eine Entschädigungssumme in Höhe von 4 Nettokaltmieten + Ihren Umzug zu zahlen.

Geplant ist der Beginn der Bauarbeiten ab dem [Datum weitere 2 Monate in der Zukunft].

Für jeden Monat, den Sie nach dem [Datum von nach 5 Monaten] länger in der Wohnung wohnen bleiben, verringert sich die Entschädigungssumme um 1 Nettokaltmiete + die Umzugskostenübernahme.

Ergänzend zu Ihrer eigenen Suche werden wir Sie informieren, wenn wir Ihnen geeigneten Wohnraum anbieten können.

Für Rückfragen stehen wir Ihnen gern zur Verfügung.

Mit freundlichen Grüßen
Hausverwaltung

Dieses Verhalten wird von vielen Mietern als tolle Geste wahrgenommen. Und einige ziehen direkt aus. Kaum einer realisiert wie berechnend dieses Vorgehen ist.

Was kostet dieses Vorgehen den Vermieter?

4 Nettokaltmieten z. B. 500 € * 4 = 2.000 €
Umzugskosten für 2 Personen und 80 qm ca. 1.000 €
Umzugskosten für 4 Personen und 120 qm ca. 1.700 €
Das heißt für unter 4.000 € ist die Wohnung entmietet. Ein Rechtsstreit kostet häufig mehr.

Step 2: Mieterhöhungsankündigungsschreiben – eine Verdopplung ist realistisch.

Step 3: Wenn ein Mieter immer noch nicht ausziehen will (Psychoterror)

- Schikane: Papierkrieg – vom Hausrechtsanwalt
- Wasser auskippen vor der Wohnung (Notsituation für Besichtigungen herstellen „Gefahr im Verzug")
- Fenster zumauern (dauert Monate bis Mieter dagegen vor Gericht durchkommt)
- Räumungsklagen androhen, dann durchführen (auch ohne Aussicht)
- Modernisierungsklage androhen, dann durchführen (auch ohne Aussicht)
- Lärmbelästigung – Radio/Baulärm
- Bautoilette im Treppenaus installieren und kräftig verunreinigen
- Mieter mit Klagen überziehen
- Abmahnen wegen Kleinigkeiten (auch wegen an den Haaren herbeigezogen Sachverhalten)
- Kalte Entmietung: Heizungsausfall, Strom, Wasser abstellen
- Mieterhöhungsankündigungsschreiben mit Vorrechnen der drastischen Erhöhung
- Bescheuerte unpraktische Grundrissänderungen ankündigen
- Fahrstuhl abstellen (besonders hilfreich bei älteren Menschen)
- Rampen abbauen (besonders bei mobilitätseingeschränkten Personen hilfreich)

Die Taktik ist umfangreicher Psychoterror um die Wohnungen frei zu bekommen. Das Ziel ist, bei den Mietern die Tendenz zu wecken, ich tue mir das nicht an und ziehe aus. Nach der Kernsanierung werden die Wohnungen teurer, als ein Harz4-Empfänger Budget bekommt. Schwierig sind die Härtefälle, die nicht mehr kriechen können – doch die sind aus biologischen Gründen auch irgendwann mal weg. Wenn ein Mieter bei der Besichtigung einen nicht rein lässt, dann wird ein 5 Liter Wassereimer vor der Tür ausgekippt und dann wird geöffnet für eine Notbesichtigung wegen Gefahr im Verzug. Herangehen: Sanft aber bestimmt um Stimmung und Hochkochen von Emotionen zu vermeiden und immer wieder zu beschwichtigen um mit der Zeit die Nerven der Mieter immer mehr zu strapazieren, bis sie aufgeben. Es darf nicht der Anschein erweckt werden, es sei nicht sozialverträglich. Bei Schilderung von Missständen sollten die Mitarbeiter wie folgt reagieren und den Mieter weichkochen – verständnisvoller Ton: „Herr Mieter, an Ihrer Stelle würde ich ausziehen, ich könnte das nicht aushalten." Wenn der Mieter selbst in die Wohnung investiert hat, dann ist es erschwert möglich ihn raus zu bekommen. Es ist ein

Puzzlespiel – geführt mit harter Hand aber immer ohne eine Strategie durchblicken zu lassen und immer mit geheucheltem Verständnis.

Profi-Entmieter

Achtung: Modernisierung nur um zu Entmieten steht unter einer Strafe, sowie die missbräuchliche Ankündigung einer Modernisierung. Dies kann bis zu 100.000 € Bußgeld kosten. Mieter könnten zudem auch Schadensersatzansprüche geltend machen. Das Katz und Mausspiel muss also zwingend sauber juristisch unterstützt gespielt werden.

Tipp: der Hausrechtsanwalt

Man suche sich einen vertrauensvollen Wald und Wiesenanwalt – idealerweise nicht ausgelastet. Anstatt eines üblichen Honorars auf Basis eines Streitwerts wird ein Stundensatz festgelegt. Es wird ein Musterschreiben vom Rechtsanwalt einmalig bereitgestellt (dafür hat er Vorlagen). Nun werden die ganzen Individualisierungen selbst von der Assistentin vorgenommen und die Schriftstücke als Word-Datei fix und fertig zur Unterschrift an den Rechtsanwalt übergeben. Dieser muss nur noch unterschreiben. Dessen Assistenz macht die Vor- und Nachbereitung sowie die Aktenanlage. Auf diese Art und Weise ist es möglich die Rechtsanwaltskosten auf ein Minimum abzusenken. So kostet ein Schreiben anstatt 200 € nur noch 20 €.

Untervermietung mit Airbnb Arbitrage

- Geld mit Immobilien verdienen ohne sie selbst besitzen zu müssen

- Strategien und Musterrechnung

- Zweckentfremdungsverbot

- Hotelersatzsteuer

„Hinter jedem Verhalten steckt eine positive Absicht"
DVNLP Axiom

13. Airbnb-Arbitrage

Es wird eine oder mehrere Wohnungen oder ganze Mehrfamilienhäuser angemietet (Standardmietverträge mit drei monatiger Kündigungsfrist). Dem Vermieter ist schon von vorn herein bei der Anfrage über z. B. Immobilienscout zu kommunizieren, dass man es anmietet um es weiter zu vermieten. Punkten kann man hier über ein langfristiges Mietverhältnis, die eigenen Leistungen bei der Instandhaltung und den geringeren Verwaltungsaufwand für den Vermieter, z. B. wenn ein ganzes MFH angemietet wird. Ich würde natürlich gleich wieder eine GmbH (UG möglichst nicht, weil es unseriös aussieht) für dieses Geschäftsmodell gründen, man kann es jedoch auch als Einzelunternehmer starten. Eine Chance auf einen Besichtigungstermin bekommt man bei ca. 2% der angeschriebenen Vermieter. Alternativ kannst du auch ohne Erlaubnis des Vermieters weitervermieten, dann kann er dich jedoch abmahnen und dann kündigen. Bis 17.500 € Umsatz kann auch in der GmbH von der Kleinunternehmerregelung Gebrauch gemacht werden, wonach die Mehrwertsteuer (Umsatzsteuer) nicht ausgewiesen werden muss. Ich würde jedoch von Anfang an keinen Gebrauch von dieser Regelung machen, so können bei den doch relativ hohen Kosten für die Anschaffung von Möbeln (welche bei guter Auslastung allerdings schon nach 2 Monaten refinanziert sein können) die Vorsteuer gezogen werden. Außerdem ist zu erwarten, dass die 17.500 € relativ schnell überschritten sind.

Starte mit einer Marktanalyse. Lohnt sich das in deiner Gegend? Wettbewerb? Über den Buchungskalender schauen wie die Auslastung ist.

Beispiel: Anmietung einer 2-Zimmer-Wohnung. Ausstattung jeweils 2 Betten pro Zimmer. Kosten für die Anmietung warm: 900 €. Erlös pro Nacht 70 €. Auslastung 65%. 70€*0,65 *30 Tage = 1.365 €. MwSt und Servicefee (ca. 3-5%) rausrechnen → 1365 €/1,23 → 1.109 €. Die Marge liegt also bei „nur" 209 € pro Monat. Reinigung kann über ein extra Fee berechnet werden.

Je nach Standort sind jedoch mehrere Tausend Euro Gewinn pro Objekt und Monat möglich.

Automatisierung und Skalierung

- Professionelle Fotos anfertigen
- Professionelle Beschreibungen des Mietobjektes
- FAQ (häufig gestellte Fragen) sammeln
→ feste Regeln mit Begründung (Check-in ab 15 Uhr)
→ Gästemappe erstellen (Verhaltensregeln, Umgebung, Notfallnummer)
→ im Listing in die Beschreibung aufnehmen
- Wohnungsübergaben outsourcen
→ Mini Tresor neben der Tür mit PIN
→ Schloss mit SIM-Karte, Code veränderbar
- Wohnungsreinigung outsourcen (an Dienstleister oder 450€-Jobber)
→ Dienstleister haben den Vorteil, dass eine Ersatzperson da ist
- Bewertungen sammeln (ggf. über Freunde erstellen lassen - verboten)
- Testen mit Preisschwellen, um Auslastung zu optimieren
- Zusatzleistungen anbieten
- weitere Wohnungen anmieten

Strategien: eher keine Einzimmerappartements (da Marge zu gering)
Da wenig Eigenkapital (Kaution + Möbel + Anlaufzeit) benötigt wird und man auch ohne Kredite arbeiten kann, bietet sich dieses Modell auch für Studenten an.

Alternativen:
Deutsche-Pensionen.de, Wimdu.de, verschiedene Ferienwohnungsportale

Zweckentfremdungsverbot

Erkundige dich beim zuständigen Bezirksamt. Vermietungen ab drei Monate am Stück an eine Person sind unkritisch. Das Oberverwaltungsgericht Berlin-Brandenburg kam jüngst zu der Auffassung, dass das Zweckentfremdungsverbotsgesetz teilweise verfassungswidrig ist und danach viele Gastgeber überhaupt keine Genehmigung bräuchten.

Hotelersatzsteuer

Prüfe, ob diese ggf. bei dir in der Region eingeführt werden soll.
Banken sehen diese Tätigkeit als nachhaltiges Einkommen aus Selbständigkeit

an, sobald du zwei Jahresabschlüsse, besser drei Jahresabschlüsse vorweisen kannst. Idealerweise mit 50.000 € und mehr Gewinn pro Jahr. Dies bietet dir 1. die Möglichkeit, über Betriebsmittelkredite weitere Wohnungsanmietungen und Ausstattungen zu finanzieren und weiter zu skalieren und 2. ohne weiteren Angestelltenjob Wohnimmobilien im Privatvermögen zu finanzieren, sei es nun für normale Vermietung oder ebenfalls Airbnb-Vermietung, da du bereits bewiesen hast, dass du diese nachhaltig umsetzen kannst.

Möbliertes Wohnen

- Underrent / Overrent

- Umgang mit Mietwucher bei Neuvermietungen

*„Die Bedeutung von Kommunikation ergibt sich aus der Reaktion, die sie hervor-
ruft - nicht aus der Absicht des Senders" DVNLP Axiom*

14. Möbliertes Wohnen

Bezüglich der Finanzierbarkeit gilt dasselbe wie bei einer Airbnb-Vermietung. Anfänglich wird von den Banken maximal die ortsübliche Vergleichsmiete angesetzt. Dass du es möbliert und ggf. sogar kurzfristig vermietest (was gewerblich ist! und von der Bank anfänglich nicht als nachhaltig angesetzt wird), erwähnst du bei der Finanzierung nicht und setzt stattdessen direkt die ortsübliche Vergleichsmiete an. Nach drei Jahren nimmt die Bank vielleicht mit etwas Glück die tatsächliche Miete an zur Berechnung deiner Kapitaldienstfähigkeit anstatt nur die ortsübliche Vergleichsmiete.

Ohnehin darfst du für deinen Einkauf, nur weil sich das Objekt für möblierte Vermietung eignet, keine höheren Kaufpreise in Kauf nehmen. Insbesondere bei Objekten die bereits so zum Kauf angeboten werden ist Vorsicht angesagt. Der Zusatznutzen für möbliertes Vermieten gehört dir und nicht dem Verkäufer!

Underrent/Overrent

Die Suche nach passenden Objekten in einer bestimmten Region, wenn man die ortsübliche Miete im Hinterkopf hat, lässt sich erheblich beschleunigen: wenn man nach dem qm-Preisen sucht anstatt bei jedem Objekt neu über die Mietrendite rechnet.

Underrent und Overrent muss abgezogen werden. Bei Underrent ist zu klären, wann zuletzt die Miete erhöht wurde. Ist dies bereits drei Jahre her und kann direkt auf 15% (Mietpreisbremse) oder 20% erhöht werden, so kommt man damit auf die ortsübliche Miete – ist das zwar eine kleine Herausforderung, die auch mit Aufwand verbunden sein kann, im schlimmsten Fall mit einer Klage, die Miete nach oben anzupassen, es kann dann aber direkt mit einer höheren Miete gerechnet werden.

Wehe dem, der auf die Idee kommt bei schlechter Vermietung eine Eigennutzkündigung zu fingieren! Gar nicht erst darüber nachdenken! Das geht ganz schnell nach hinten los (Schadenersatz: Umzugskosten, Differenz zur bisherigen Miete und der höheren Miete in der neuen Wohnung) und ist darüber hinaus ein Straftatbestand.Achtung bei Overrent: Es besteht Rückforderungspotential bis zu drei Jahre rückwirkend!

Mietwucher bei Neuvermietung umgehen

Um das Thema Overrent und Mietwucher bei Neuvermietung zu umgehen gibt es verschiedene Möglichkeiten. Zum einen bietet sich die möblierte Vermietung an, bei der der Mietspiegel bzw. die ortsübliche Vergleichsmiete ausgehebelt wird. Bei einer klassischen Vermietung bietet es sich, an den Stellplatz/ die Garage sowie die Einbauküche und ggf. die Gartennutzung extra im Mietvertrag auszuweisen. So senkst du die Nettokaltmiete der Wohnung effektiv um 50-150 € ab und schaffst dir hier Puffer für weitere Mieterhöhungen, denn ist der Mieter erst mal eingezogen, hat den hohen Preis akzeptiert, weil er nichts anderes gefunden hat, hat er nun Opportunitätskosten (Umzugskosten und Zeitaufwand) um sich wieder eine neue Wohnung zu suchen, wird also in drei Jahren dein Mieterhöhungsbegehren zähneknirschend akzeptieren. Bei der Einbauküche bietet es sich an für z. B. 500-1.000 € die Küchengeräte an den Mieter zu verkaufen und ihm nur das Möbelstück zu vermieten. Dies hat den Hintergrund, dass du dich jetzt nicht um die Funktionsfähigkeit der Geräte kümmern musst. Zieht er aus, wird er dir bereitwillig die Geräte wieder verkaufen, alternativ hast du dann die Gelegenheit neue zu erwerben, was auch nicht mehr kostet und das Spiel von vorne zu starten.

*„Der Schlüssel zum Erfolg liegt in der Liquidität. Wenn du nicht genug hast, kannst du auch niemandem ans Bein pinkeln." -*Gordon Gekko

1-Zimmer-Appartements

- Prognose Immobilien-Preisentwicklung

- Aufhübschungstrick

- Immobilienmarkt Berlin

„Alles, was ein Mensch kann, ist erlernbar. Alles ist erreichbar, wenn die Aufgabe in hinreichend kleine Schritte unterteilt wird" DVNLP Axiom

15. 1-Zimmer-Appartements

Der Nachteil: 1-Zimmer Appartements haben im Regelfall eine höhere Mietrendite, in Märkten, in denen normalerweise 4% üblich sind, findet man in Einzelfällen 1-Zimmer Wohnungen (ohne weitere Probleme wie Instandhaltungsstau, Problemmieter, spezielle Situation etc.) auch mal mit 6-8% Rendite als Semiprofi in den Portalen.

Der Nachteil liegt im Verkauf. Kann man als Investor eine drei bis vier Zimmer Wohnung mit Instandhaltungsstau (welcher Kapitalanleger und Eigennutzer abschreckt) günstig erwerben und durch leichte Renovierungsarbeiten im Wert kräftig heben und dadurch von Markt C (Investoren) zu Markt A (Eigennutzer) oder Markt B (Kapitalanleger) verschieben, könnten 1-Zimmer Appartements nur an Markt B und C angeboten werden. Gerade die Eigennutzer, die jeden Preis bezahlen, fallen raus.

Aufhübschungstrick

Diese Maßnahmen kosten fast nix, erhöhen aber den Wert der Wohnung um bis zu 50% (natürlich nicht aus Bankensicht).

Der Hintergrund ist, dass die Wohnung von Markt C nach Markt A transferiert wird. Dies funktioniert bei 1-Zimmer-Wohnungen nicht so gut. Es kann von Markt Investor zum Markt Kapitalanleger transferiert werden, allerdings nicht vom Markt Investor zum Markt Eigennutzer. Eigennutzer kaufen typischerweise ab 50qm, eher ab 70qm aufwärts.

Beispiele für günstige Minimal-Sanierungen

Durch leichte optische Korrekturen lässt sich ein Objekt massiv im Preis heben.

Ultra-Low-Cost:
- Tausch der Türklinken
- Tausch der Steckdosenabdeckung und Lichtschalter (5 € pro Stück)
- Neuer Bodenbelag (10 €/qm)
- streichen

Low-Cost: zusätzlich:
- neue Einbauküche inkl. neuer Geräte z. B. von Roller (1.000 €)
- neues Bad (3.000 €)
- neue Innentüren mit neuen Zargen (100 €/Stück)
- Optional: neue Kunststofffenster (150 €/Stück)

Badsanierung: schlicht, neutral weiß. Keinen Trends (wie aktuell z. B. schwarz) folgen. Schwarz nur auf dem Boden.
Bodenbelag: Vinyl oder gutes Laminat, kein Parkett (Pflegeaufwand)

Immobilienmarkt Berlin

2017: Eigentumsquote Berlin: 18% → Rest Mieterhaushalte, Hauptstadt der Hartz4-Empfänger. Stadtflucht der Eigentümer – Zuzug von Mietern.

09/2017: 4.000 € bis 5.000 € /qm in guten Lagen
Noch höhere Preise für Altbau über 100 qm und Neubau ab 2000.
Makler sehen die Preisspitze erreicht und sehen keinen Fall der Preise in den nächsten Monaten, aber keine weiteren Preissteigerungen.
Wohnhäuser: Faktor 25 → 4% Brutto-Mietrendite an Investoren, die keine Alternative sehen.

Es gibt aktuell keine Alternative zu Immobilien

Es gibt im aktuellen Niedrigzinsumfeld keine Alternative zu Immobilien. Dieses These ist falsch! Es gab noch nie eine vernünftige andere Anlageklasse zu Immobilien. Die einzige nennenswerte Alternative sind direkte Beteiligungen an Unternehmen – und ich rede hier nicht von Nachrangdarlehen, Genussrechten oder Aktien, sondern von Gesellschaftsanteilen an KMUs, bei denen du aktiv mitgestalten und steuern kannst. Nur ein Investment, bei dem du die Kontrolle hast, das du verstehst und das du steuern kannst, ist ein gutes Investment. Aus diesem Grund halte ich selbst keine Aktien.

Bausparen

- Warum sich Bausparen im Regelfall nicht mehr lohnt

- Ausnahmen: Hier kann Bausparen noch Sinn machen

- Bausparkassen vor dem Aus: Die Plünderung des Sicherungsfonds

„Das Vorgehen des NLP ist ziel- und lösungsorientiert anstatt ursachen- und problemorientiert" NLP Axiom

16. Bausparen – der Zins ist gar nicht so niedrig

Die Bausparkassen locken mit vermeintlich niedrigen Zinsen. Aber Achtung: bei dem heutigem Zins-Niveau sind 1,25% für eine Zinsbindung von 7-14 Jahren und einem Beleihungsauslauf von nur 64% völlig normal und nichts Besonderes.

Bei den meisten Banken bekommst du für ein normales Annuitätendarlehen mit 7-14 Jahren Zinsbindung einen Zinssatz zwischen 0,9% und 1,2% - und das ohne, dass du davor jahrelang Geld zu 0,1 % Zins ansparen musstest und ohne, dass du 1,0 bis 1,6 % Abschlussgebühr entrichten musstest. Durch den niedrigen Zins in der Ansparphase (mit deinem Eigenkapital könntest du 30% EK-Rendite in Immobilien oder 7 % EK-Rendite in Aktienfonds (MSCI-World) erreichen anstatt lächerliche 0,1% im Bausparvertrag – der übrigens, wie du auf den nächsten Seiten siehst, alles andere als sicher ist!) Der Zinsnachteil in der Ansparphase wird durch den vermeintlichen Zinsvorteil in der Darlehensphase nicht überkompensiert.

Ein Bausparer kommt allein schon wegen des niedrigen Beleihungsauslaufes von max. 64 % (Investoren finanzieren meist 80-100 %), der schnellen Tilgung von 7-14 Jahren (damit also 6 % bis 13,7 % anfängliche Tilgung pro Jahr → im Vergleich zu 1-3 % (Investoren wollen eine so niedrige Tilgung wie möglich) bei einem normalen Annuitätendarlehen von der Bank überhaupt nicht gut weg. Die Kreditrate ist häufig so hoch, dass diese den Cashflow der Immobilie weit übersteigt und nicht mehr in die Haushaltsrechnung passt → damit kann der Kredit also gar nicht erst genehmigt werden und damit wird es selbst für das Eigenheim kritisch. Gewerbeimmobilien können mit Bausparverträgen nicht finanziert werden, nur wohnwirtschaftliche Verwendung.

Hauptproblem: die Haushaltsrechnung

Wenn du einen Bausparvertrag abschließt und diesen regelmäßig besparst, dann muss diese Sparrate in deiner Haushaltsrechnung von deinen Einnahmen abgezogen werden, selbst wenn du die Besparung jederzeit stoppen könntest. Wenn du das tun willst, dann 3 Monate im Voraus bevor du die nächste Finanzierung beantragst, damit die Sparraten auf deinem Girokonto gar nicht mehr auftauchen und so glaubhaft ist, dass du den Bausparer wirklich nicht besparst. Bei vielen Junginvestoren, die zudem ggf. nicht die Topobjekte mit 10% und mehr Rendite gekauft haben, ist die Haushaltsrechnung, insbesondere unter Berücksichtigung der 8% Stressannuität, meistens sehr knapp. Häufig fallen diverse Banken raus, weil die Lebenshaltungspauschalen zu hoch, die Mietüberschüsse zu gering und das Einkommen zu niedrig sind. Die Entscheidung, ob 200 € mehr oder weniger Sparrate für einen Bausparer pro Monat aufgewendet werden, ist da teilweise von entscheidender Bedeutung, ob überhaupt ein Kredit genehmigt werden kann.

Nun, aber in Zukunft steigen die Zinsen doch?

Ja, das kann vielleicht sein. Aber ob dir dein Bausparer in Zukunft zugeteilt wird, ist aus den folgenden Gründen fraglich:
1. Die Bausparkassen stehen vor dem Aus (siehe nächste Seite)
2. Zuteilung ist nicht garantiert und darf nicht garantiert werden
3. Wenn es wirklich lukrativ werden sollte die Verträge zuzuteilen, wollen alle die Zuteilung und dann können die Verträge nicht zugeteilt werden, weil nicht genug Geld zur Verfügung steht

Nicht umsonst wurde die Abkürzung der Bausparkasse BHW zynisch mit „**B**auen **h**eißt **w**arten" abgekürzt. Als Vermittler bekomme ich Bausparverträge für meinen Eigenbedarf ohne Abschlussgebühr. Und trotzdem. Nicht mal geschenkt will ich die Dinger haben. Ich habe noch nie einen Bausparvertrag verkauft und habe selbst noch nie einen besessen. Und dies hat wie du hier lesen kannst gute Gründe!

Vergiss den Bauspar-Riester „Wohnriester"

Bei Wohn-Riester gibt es keine monatliche Rente, die besteuert werden könnte, daher wird der Nutzen, den das mietfreie Wohnen im Alter bietet, besteuert. Diese nachgelagerte Besteuerung – die als so toll und großer Vorteil beworben wird - ist nur dann günstig, wenn du im Alter kaum Einkünfte erzielst. Das wird jedoch als Immobilieninvestor nicht der Fall sein.

Beispiel: Erwerbszeitpunkt 35 Jahre, Single
Steuervorteil: (2.100 € - 154 €) *50% * 32 Jahre = 31.136 € Steuervorteil +
2.772 € (= 154 € *32) Riester Zulage = 33.908 € Steuervorteil
Der Maximalbeitrag von 2.100 € der Tilgung wird angerechnet * 32 Jahre * 2%
fiktive Verzinsung = 94.734,30 € Stand des Wohnriester-Steuerkontos mit 67
Jahren → 50% Steuerlast = 47.367 € nachgelagerte Besteuerung
47.367 € - 33.908 € = 13.459 € höhere Gesamt-Steuerbelastung
Bei Sofortzahlungsoption mit 30% Rabatt: 94.734,30 * 0,7 * 0,5 = 33.157 €
Kommt ein leichtes Plus von 751 € raus.

Das ergibt sich aus der 2% Verzinsung. Nur wer im Alter kaum Einkünfte hat
(und dazu gehört der Immobilieninvestor nicht!) oder deutlich mehr Zulage
erhält durch viele Kinder, für den kann es eventuell nennenswert positiv ausgehen.

Weitere Nachteile:
- Wohnriester kannst du nur für das Eigenheim verwenden
- Bausparverträge sind ja schon von sich aus ein Verlustgeschäft
- Bausparkasse stehen kurz vor der Pleite
- Wer sein Eigenheim verkauft muss spätestens in vier Jahren wieder eins kau-
  fen, oder das Geld in ein anderes Riester Produkt anlegen, sonst sind die
  Zulagen und Steuervorteile zurückzuzahlen
- unflexibel

Wann könnte ein Bausparer eventuell noch Sinn machen?

Wenn du stark steigende Zinsen (Daumenwert ca. über 10% - hinterfrage dich:
ist das wirklich realistisch, dass die Zinsen so stark steigen?) irgendwann in
einer Zukunft erwartest, die 15 Jahre entfernt ist, und bis dahin auf **max. 64%
Beleihungsauslauf** kommst (also aktuell wenig tilgen kannst oder willst - weil
ein 20 Jahre Volltilger dann die bessere Variante wäre) oder wenn du **unter
50k** finanzieren willst - auch wieder in einer eventuellen Anschlussfinanzierung
(wobei man hier auch über Kapitalbeschaffung den Darlehenswert wieder auf
50k heben könnte um das Problem zu umgehen). Oder man ist insgesamt
unter 64% in der Anschlussfinanzierung und will damit einen Teilbetrag finanzieren und damit den Beleihungsauslauf senken (sehr unwahrscheinlicher
Fall, dass das einen Vorteil bietet, weil es da kaum noch Zinsunterschiede gibt

– und das außerdem im Sinne einer Portfolio-Zinsoptimierung keinen Sinn ergibt bei einzelnen Objekten so geringe Beleihungsausläufe zu haben und bei anderen dann wieder 100%). Übrigens, die Idee mit einem Bausparer sein Eigenkapital zu hebeln in Form eines Blankodarlehens (4.000 € einbezahlt, 6.000 € Darlehen) funktioniert nicht. Darlehen ist Darlehen und außerdem hast du ab 10.001 € - 30.000 € bei Blankodarlehen noch das Thema Negativerklärung (keine Eintragung einer Grundschuld zugunsten einer anderen Bank).

Die Bausparkassen stehen vor dem Aus

Der „Fonds zur bauspartechnischen Absicherung" (kurz: FtbA), das Sicherungspolster der Bausparkassen, wird Aufgrund der Verluste der Bausparkassen (hoch verzinste Alt-Sparverträge und kaum in Anspruch genommene Darlehen) massiv geplündert: Ende 2014 weist der FtbA noch über 2,2 Milliarden Euro aus. Ende 2016 nur noch 1,3 Milliarden Euro. 2016 wurden 652 Millionen Euro abgezogen. Allein Schwäbisch-Hall hat demnach 2016 350 Millionen Euro aus dem FtbA entnommen. Bei Wüstenrot waren es 82 Millionen Euro, bei der BHW 68 Millionen Euro. Die BHW weist in Ihrer Bilanz Ende 2016 einen Gewinn von 37 Millionen Euro aus. Abzüglich der 68 Millionen aus dem FtbA bleibt also ein Verlust von 31 Millionen Euro. Wüstenrot: 23,4 Millionen Gewinn abzüglich 82 Millionen aus dem FtbA macht 58,6 Millionen Verlust. Schwäbisch Hall: 18 Millionen – 60 Millionen bleibt also ein Verlust von 42 Millionen Euro. Besonders witzig: Schwäbisch Hall hat 60 Millionen Euro aus dem Sicherungsfond bezogen und schüttet gleichzeitig 18 Millionen an den Mutterkonzern (DZ-Bank) aus. Dasselbe Muster finden wir auch bei LBS Südwest und der Deutschen Bausparbank. Kann es sein, dass hier noch schnell die letzten Millionen in Sicherheit gebracht werden bevor in wenigen Jahren die Insolvenz angemeldet wird? Rechnen wir mal, was passiert, wenn es in dem Tempo weiter geht:

Anfang 2017: 1.300 Millionen – 650 Millionen → Ende 2017: 650 Millionen
Anfang 2018: 650 Millionen – 650 Millionen → Ende 2018: 0

So, dann geht es noch paar Monate weiter und dann ist das System Bausparkasse vollends am Ende. Die durchschnittliche Verzinsung der Sparverträge der Bausparkassen sinkt von 2015: 1,9% bis 2019 zwar auf ca. 1,3%, das reicht jedoch nicht, wenn Banken, die im Wettbewerb dazu stehen, sich das Geld für 0% bei der EZB leihen können. Willst du unter diesen Vorzeichen allen Ernstes noch einen

Bausparvertrag abschließen? Macht es unter diesen Umständen nicht ggf. Sinn die bestehenden Bausparverträge aufzulösen?

Dumm nur, wenn du dir ein Modell mit einem Bausparvertrag als Tilgungsträger hast verkaufen lassen von deiner Bank – vielleicht auch, weil du eine 110% Finanzierung nur dadurch bekommen hast, weil die Bank damit extra Geld verdient hat. Das Geld im Bausparer ist genau so unsicher wie auf dem Bankkonto (wo der Einlagensicherungsfonds ja auch nicht greift, wie wir in diesem Buch schon gesehen haben).

Im schlimmsten Fall wirst du enteignet zur Rettung der Bausparkasse, dann möchte deine Bank ggf. von dir eine Nachbesicherung für das verlorene Bausparguthaben. Hast du das, super, dann kannst du es überweisen – hast du es nicht – dann droht dir ggf. die Fälligstellung des Darlehens (Kündigung) – natürlich mit saftigen Vorfälligkeitszinsen. In der Situation hilft dann nur noch ein Notverkauf der Immobilie weit unter Wert im Zweifel, wenn die Immobilienpreise ggf. gerade kurz temporär etwas gefallen sind. Interessant ist auch: Eine Vorfälligkeitsentschädigung ist nicht als nachgelagerte Werbungskosten abzugsfähig. Bei einem steuerpflichtigen Verkaufsgewinn kannst du die Vorfälligkeitsentschädigung abziehen. Bei einem steuerlichen Verlust beim Verkauf hast du die Vorfälligkeitsentschädigung als zusätzlich und nicht abzugsfähige Kosten. Damit kannst du dann auch keinen Verlustvortrag für die Zukunft bilden. Das verdoppelt die Kosten für die Vorfälligkeitsentschädigung also nochmals, da sie aus versteuertem Geld bezahlt werden muss.

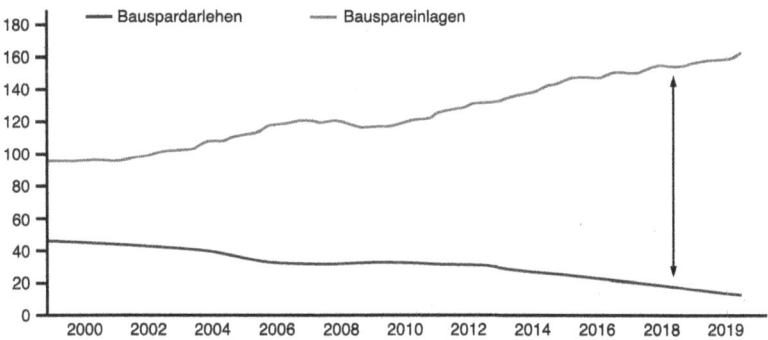

- Verkauf unter Wert
- Vorfälligkeitsentschädigung
- ggf. Spekulationssteuer (vielleicht nicht bei diesem Objekt aber…)
- ggf. reißen der 3-Objekt-Grenze – damit Nachversteuerung der bisher
  steuerfrei verkauften Immobilien in den letzten Jahren

Jetzt kommt also die Zahlungsaufforderung des Finanzamts mit der Spekulationssteuer, dieser kannst du nicht nachkommen. Also muss das nächste Objekt notverkauft werden, wieder mit Vorfälligkeitsentschädigung, wieder mit Spekulationssteuer, da vor der 10-jahres Frist und so weiter. Und so kommt eine richtig schöne Abwärtsspirale in Gang.

Bei einem fällig gestellten Darlehen bekommst du für keine deiner Immobilien mehr eine Anschlussfinanzierung. Wenn du die Steuern nicht rechtzeitig bezahlst und keine Stundung oder Ratenzahlung hinbekommst, dann wird dir das Konto gepfändet. Damit sind, bis die Forderung, die höher ist als die Kontostände, ausgekehrt ist deine ganzen Konten eingefroren. Die Forderung wirst du aber nicht los, weil jetzt die Bank ihr Recht der Aufrechnung nach BGB geltend macht. Obwohl eine Kontopfändung besteht, das Konto leergeräumt und mit eigenen Forderungen verrechnet wird. Das ist auch der Grund, warum Banken gerne möchten, dass das Gehaltseingangskonto und Mietkonto möglichst bei ihnen geführt wird, wenn du ein Darlehen von ihnen hast, damit sie dein Konto direkt per Aufrechnung nach §387 BGB leeren können noch bevor bzw. selbst wenn andere Gläubiger per Pfändung auf das Konto zugreifen.

Eine andere Bank kündigt das Darlehen wegen deutlicher Verschlechterung der Vermögensverhältnisse und in kurzer Zeit ist ein über Jahre aufgebauter Bestand dem Erdboden gleich gemacht. Du selbst kommst ggf. vor lauter Spekulationssteuer, Vorfälligkeitsentschädigung und Verluste aus Notverkäufen kaum noch weiter.

Mein Tipp: Immobilien sind geil und die beste Art des Vermögensaufbaus und der Kapitalanlage - bleibe flexibel: kurze Zinsbindung, max. 5 Jahre (besonders in der aktuellen Zeit und besonders bei 100%-Finanzierungen) reduziert auch die Vorfälligkeitsentschädigung. Halte dich möglichst weit weg von wackeligen Kandidaten wie Bausparkassen auf.

Meine Bitte daher: Finger weg von Bausparverträgen! Hast du welche, dann mache so schnell wie möglich damit Schluss.

Privatvermögen oder VV-GmbH

- Gewerbliche Infizierung der VV-GmbH

- Steuerlicher Grundsatz Privat vs. GmbH

- Der richtige Zeitpunkt für den Start

- Geschäftsführergehalt + Ausschüttungen

- Leben von Mieteinnahmen

- Bereits früher eine VV-GmbH gründen

- Nachteile der VV-GmbH

- Finanzierung einer VV-GmbH

- Gleich eine Holding gründen?

- 6b-Rücklage bei gewerblichen GmbHs

„Psychische Zustände und Physiologie stehen in wechselseitiger Verbindung, d.h., das eine lässt sich über das andere verändern" NLP Axiom

17. Wann macht die VV-GmbH Sinn?

Grundsätzlich muss man erst mal feststellen, dass für die Masse der Jungimmobilieninvestoren die Frage nach der VV-GmbH viel zu früh aufkommt. Dies mag sicher darin begründet sein, dass man mal wieder nur das Thema Steuern sparen im Kopf hat.

Steuerlicher Grundsatz Privatvermögen vs. VV-GmbH

Objekte mit wenig Wertsteigerungspotential aber hohem Cashflow gehören in die VV-GmbH, Objekte mit hohem Wertsteigerungspotential aber geringem Cashflow gehören in die Private Vermietung und Verpachtung.

Unter hohem Cashflow verstehe ich ab 10% Mietrendite bei einem normalen Verhältnis von Bewirtschaftungskosten (20-25%). Sind die Bewirtschaftungskosten an C-Standorten im Osten oder auf dem Land (z. B. Plauen) deutlich höher, z. B. bei 40%, dann muss der Cashflow natürlich noch höher sein. Es geht immer um das, was unterm Strich hängen bleibt.

Da die VV-GmbH Strukturkosten hat, lohnt sie sich erst, wenn entsprechend viele oder große Objekte mittelfristig eingebracht werden. Die Zielgröße für ein gutes Verhältnis von Kosten/Risikoabsicherung/Steuern sollte etwa 40.000 € Gewinn (Mietüberschüsse) pro VV-GmbH und Jahr sein.

Fall du die VV-GmbH als Tochter einer Holding strukturierst, dann achte darauf, immer gleichartige Objekte (z. B. gleicher Standort, ähnliche Objektgrößen etc.) in einer VV-GmbH zu erwerben, damit diese später auch einen Käufer im Rahmen eines Share-Deals findet. Die 3-Objektgrenze gilt auch für die VV-GmbH. Mit Sharedeals bist du flexibler und steuerlich besser dank 95% steuerfreiem Ertrag.

Wann ist der richtige Zeitpunkt um mit einer VV-GmbH zu starten?

Zuerst einmal beginnst du mit ersten Wohnungen im Privatvermögen. Nach den ersten 5-15 Wohnungen kaufst du erste Mehrfamilienhäuser, ebenfalls im Privatvermögen. Wenn du zielstrebig bist und dich an die Spielregeln hältst, bist du in fünf Jahren nach Investmentstart soweit über eine VV-GmbH nachzudenken. Bei den meisten geht es jedoch nicht so schnell.

VV-GmbH vs. Privater Vermietung & Verpachtung

Wenig Wertsteigerungspotential, aber hoher Cashflow → GmbH. Hohes Wertsteigerungspotential aber niedriger Cashflow → Privat und Verkauf nach zehn Jahren an die GmbH, die man auch dann erst gründen kann. Grunderwerbsteuer wird bei Übertragung fällig. Guter Zeitpunkt ist, wenn die Immobilien privat aus der Spekulationsfrist raus sind und dann nach dem Verkauf an die GmbH dort eine deutlich höhere Abschreibungsgrundlage gebildet wird und höherer Fremdkapitalanteil mit höheren absetzbaren Schuldzinsen - damit und noch in Kombination mit dem Steuervorteil 15 gegen 45 refinanziert sich die Grunderwerbsteuer schnell. Finanzierung bei einer leeren GmbH hängt vor allem an deiner persönlichen Bonität, da du dafür bürgen wirst. Es gibt auch Non-Recourse-Finanzierungen bei üblicherweise 40% EK-Einsatz. Ohne einen Track-Record jedoch zu Beginn noch schwierig.

Wenn die Immobilien also kräftige Wertsteigerungen haben, dann macht der Kauf der GmbH nur dann Sinn, wenn: 1. der Kaufpreis entsprechend gering ist - weil der Verkäufer z. B. selbst GmbH ist und damit den Gewinn aus dem Verkauf seiner Tochter-GmbH fast steuerfrei bekommt (gut, Teileinkünfteverfahren ist auch nicht schlecht) 2. du keinen Verkauf der Immobilien planst, oder aber ebenfalls mit einer GmbH (Holding) die Immobilien-GmbH kaufst und später dann ebenfalls die ganze GmbH mit Gewinn verkaufen willst und den Gewinn dann wieder fast steuerfrei in der Holding hast. Es ist natürlich immer schwieriger, einen Käufer für eine Immobilien-GmbH zu finden als für einzelne Wohnungen.

Finanzierung einer VV-GmbH

Erst mal muss man überhaupt eine Bank finden die eine VV-GmbH finanzieren will. Dann hängt es natürlich stark vom Beleihungsauslauf ab. Nun ist es ja so, dass du z. B. am besten nur 60% über die Bank finanzierst. Damit müsstest du das Darlehen auf dem Objekt im Privatvermögen, das ursprünglich mal eine 100% Finanzierung war, welches um 2% pro Jahr, also auf 80%, getilgt wurde, und wenn es noch entsprechende Wertsteigerungen gab, also locker ablösen können. Wenn du 50% Wertsteigerung hattest durch Einkauf 20%

unter Wert und noch entsprechende Wertsteigerung, bekommst du noch jede Menge zusätzlichen Cash raus. Die fehlenden 40%, die du nicht als Kredit aufnimmst + Kaufnebenkosten (Grunderwerbsteuer + Notar) kannst du dir auch als Gesellschafterdarlehen in die GmbH reingeben, bzw. hast den Cash da eh noch übrig aus den Mietüberschüssen. Wenn du es als Darlehen gibst, dann sind die Zinsen nur zu 25% im Privatvermögen steuerpflichtig, abzüglich 801€ Sparer-Pauschalbetrag - und in der GmbH abziehbare Betriebsausgabe (sauberer Darlehensvertrag mit unter Dritten üblichen Bedingungen und dessen Einhaltung vorausgesetzt).

Vermietung der Immobilie an die eigene GmbH

Eine Betriebsaufspaltung liegt ggf. auch dann vor, wenn du deine GmbH (und sei es nur eine VV-GmbH, gilt auch für dein Einzelunternehmen, mit dem du gewerblichen Grundstückhandel oder sonst was machst) an der Adresse deines Eigenheims anmeldest. Noch schlimmer du vermietest gar ein Büro an die GmbH (betriebsnotwendige Immobilie), um dies steuerlich geltend zu machen. Sobald du die Mehrheit der GmbH (ab 50,x %) hältst, handelt es sich um eine Betriebsaufspaltung. Endet die Vermietung, dann findet eine Zwangsentnahme und damit Besteuerung der entstandenen stillen Reserven statt. Verkaufst du die Immobilie, gibt es zumindest für einen Teilbereich gewerblichen Grundstückshandel (die Immobilie wird zumindest zum Teil Eigentum der GmbH).

Umgehungsstrategie: unterschiedliche Gesellschafter / Inhaber der Immobilie (einmal du, einmal deine Ehefrau oder Kinder) oder Halten der Betriebsimmobilie über eine Familienstiftung.

Geht das alles am Anfang nicht, empfehle ich dir, ein kleines Büro in einem Coworking-Space anzumieten und die Firma dort residieren zu lassen.

Gewerbliche Infizierung der VV-GmbH

- PV-Anlage (muss in extra Gesellschaft oder über Contracting betrieben werden)
- Münzwaschmaschine (Waschmaschine in der Wohnung bei möblierter Vermietung über zwölf Monate unschädlich)
- Kurzlaufende Mietverträge (unter zwölf Monate)

- Parkhaus/Parkgarage mit Schranke mit wechselnden Mietern
- Internetzugang, Services

Kein Gehalt und auf gar keinen Fall Ausschüttungen

Die VV-GmbH macht steuerlich dann Sinn, wenn du kein Geld in Form eines Geschäftsführergehalts oder einer Ausschüttung entnehmen musst. Ausschüttungen an eine Holding sind natürlich unproblematisch, es geht immer um die Ausschüttungen ins Privatvermögen. Das heißt, Kapital kommt von der VV-GmbH nur über Aufwertungsobjekte, die du nach 10-jähriger Spekulationsfrist an die VV-GmbH aus deinem Privatbestand verkauft hast, raus. Oder über Darlehen mit denen du im Privatbestand wieder Objekte erwirbst. Dies wiederrum bedingt, dass du in der VV-GmbH maximal ergänzend Objekte (hoher Cashflow, wenig Aufwertungspotential) ankaufst und auch weiterhin im Privatvermögen Objekte mit hohem Aufwertungspotential erwirbst. Diese verkaufst du dann nach zehn Jahren an die VV-GmbH und verschiebst damit Kapital ins Privatvermögen, hebst die Abschreibungsgrundlage des Objektes, erhöhst die absetzbaren Schuldzinsen, schaffst Liquidität durch Neufinanzierung und senkst die Steuerlast durch die Reduzierung des Cashflows (wegen höherer Abschreibung und höheren Zinsen) und zusätzlich durch die geringeren Steuer in Höhe von 15.825% in der VV-GmbH.

Musst du von deinen Mieteinnahmen leben?

Willst du deinen Job mittelfristig aufgeben, hast dir das gut überlegt, hast ausreichend Mietüberschüsse und bist auch als Privatier noch finanzierbar (dazu muss der Bestand meist größer als 15 Einheiten sein), dann kann es sich lohnen erst mal weiter im Privatvermögen zu kaufen, da hier der Großteil der Mieteinnahmen benötigt wird, um 1. die Bonität für weitere Objekteinkäufe sicher zu stellen und 2. deine Lebenshaltungskosten zu decken. Musst du dir ein Geschäftsführer-Gehalt auszahlen, weil du sonst deine Lebenshaltungskosten nicht decken kannst, dann verschiebe die Gründung der VV-GmbH nach hinten.

Wann du bereits früher eine VV-GmbH gründen solltest

1. Du willst mit Non-Recourse-Finanzierungen (30-40% EK + Kaufnebenkosten) dein Risiko reduzieren. Non-Recourse-Finanzierungen sind üblicher-

weise nicht für Privatpersonen möglich (es gibt jedoch Ausnahmen).

2. Du willst mit anderen gemeinsam investieren, ich würde hier aus Risikogründen und zur Abschirmung immer die VV-GmbH und niemals die GbR wählen (außer vielleicht bei Familienangehörigen, aber auch da möglichst nicht).

3. Du betreibst operative GmbHs aus einer Selbständigkeit heraus und die VV-GmbH ist gleichzeitig die Holding.

4. Du hast Objekte, bei denen die 10-jährige Spekulationsfrist abgelaufen ist und verkaufst diese an die VV-GmbH.

5. Wenn Minderjährige Kinder als Gesellschafter beteiligt werden sollen.

6. Du deinen Wohnsitz in einem EU-Land hast, aber dein Angestellten-Einkommen nicht in Euro beziehst (damit wird das Wandlungsrecht ausgehebelt, da dies nur für Darlehensnehmer, aber nicht für Bürgen gilt – nur so bist du überhaupt finanzierbar).

Für die Masse der Privatinvestoren ist daher die VV-GmbH erst interessant, wenn die ersten Objekte (man muss ja nicht sofort nach zehn Jahren verkaufen, man kann ja auch nach 12 Jahren verkaufen) aus der Spekulationsfrist raus sind.

Nachteile der VV-GmbH gegenüber Privatvermögen

- schwieriger und teurer finanzierbar
- Strukturkosten (ab 1.000 € - 3.000 € pro Jahr)
- Höherer Verwaltungsaufwand
- Kein steuerfreier Verkauf nach zehn Jahren
- Über Vermögen kann nicht frei verfügt werden (Entnahmen sind zu teuer, GF-Gehalt muss versteuert werden)
- Hohe Gefahr der gewerblichen Infizierung

Einen bedeutenden Fakt sollte man nicht vergessen. Die VV-GmbH wird häufig nur aus steuerlicher Sicht gesehen. Da die VV-GmbH aber nicht der Standardfall wie eine Finanzierung im Privatvermögen ist, wird die Finanzierung langwieriger und schwieriger. Konditionen sind nicht mehr so leicht vergleichbar und die Bankauswahl wird deutlich geringer und damit die Finanzierung teurer durch den geringen Wettbewerb. Dein Trackrecord als Privatinvestor und deine Bonität als Privatinvestor, damit auch dein ganzer privater Immobilienbestand sind wichtiges Entscheidungskriterium für die Bank. Ohne Erfahrung und etwas vorzeigen zu können also direkt mit der VV-GmbH zu starten (weil man z. B. nur an C und D-Standorten investieren will) ist daher schwierig.

6b-Rücklage bei gewerblichen Immo-GmbHs (z. B. Airbnb)

Wenn eine Immobilie (geht auch bei einer Beteiligung an einer Kapitalgesellschaft bis 500.000 € Veräußerungsgewinn) mindestens sechs Kalenderjahre (nicht volle Wirtschaftsjahre) in einem bilanzierenden Unternehmen (ohne entgeltliche Änderung des Gesellschafters) gehalten wird.

Also z.B. Wohnimmobilien für Kurzfristvermietung, betrieblich genutzte Büro-Immobilien etc. Idealerweise alles in der GmbH um kein Zählobjekt im Sinne der 3-Objektgrenze im Privatvermögen bei Einzelunternehmen, GbR, OHG, KG etc. zu produzieren. Da die Gesellschaft GmbH ja eh gewerblich tätig ist, macht es nichts und wird diese Immobilie verkauft, ergibt sich meist selbst bei geringen Marktwertsteigerungen durch Inflation + gezogene Abschreibung (10 Jahre * 2%) schnell ein steuerpflichtiger Gewinn von mindestens 30-40%. Nun kann man natürlich einerseits Objekte, die in der GmbH gehalten werden, einfach nie verkaufen oder man nutzt die Steuerstundungsmöglichkeit des §6b EStG. Jetzt lässt sich im laufenden Jahr der Gewinn auf ein neues gleichartiges Wirtschaftsgut: also Gebäude auf Gebäude, Grundstück auf Grundstück und Beteiligung an Kapitalgesellschaft auf Beteiligung an Kapitalgesellschaft übertragen. Wenn dies nicht im selben Jahr gemacht werden kann, kann für maximal vier Jahre der Gewinn auch in eine Rücklage nach §6b EStG eingestellt werden. Innerhalb dieser vier Jahre kann der Gewinn dann auf das neue Wirtschaftsgut übertragen werden. Was heißt das? Wird die Immobilie mit einem eigentlich steuerpflichtigen Gewinn von 300.000 € veräußert, wird der Buchwert der neuen Immobilie (die in maximal vier Jahren angeschafft wird) um diese 300.000 € reduziert und für den Gewinn der 300.000 € erst einmal keine Steuer bezahlt. Es reduziert sich natürlich die Abschreibungsgrundlage, da diese aber 50 Jahre in die Zukunft reicht (300.000 € *0,02 * 0,30 = 1.800 € Steuernachteil pro Jahr) ist das weniger schlimm als direkt 30% Steuer (Gewerbesteuer + Körperschaftssteuer) aus den 300.000 € = 100.000 € auf den Tisch zu legen.

§7G EstG (bewegliche Wirtschaftsgüter) am Beispiel PV-Anlage

(in operativer GmbH oder Einzelunternehmen – nicht in VV-GmbH) entweder auf den Dächern eigener Immobilien oder auf angepachteten Dächern fremder Immobilien (gesichert durch Grunddienstbarkeit in Abteilung II im Grundbuch). Rendite liegt bei ca. 7% für 21 Jahre staatlich garantiert durch die Einspeisevergütung + weitere 4-9 Jahre Erlöse durch die technischen 25-30 Jahre Gesamtlaufzeit der Anlage. Die Dach-Pacht für ein fremdes Dach kann 20 Jahre im Voraus bezahlt werden und sofort steuermindernd geltend gemacht werden.

§7g EStG Investitionsabzugsbeträge und Sonderabschreibungen zur Förderung kleiner ... Betriebe

(1) Steuerpflichtige können für die künftige Anschaffung ... bewegliche Wirtschaftsgüter des Anlagevermögens, die mindestens bis zum Ende des dem Wirtschaftsjahr der Anschaffung oder Herstellung folgenden Wirtschaftsjahres in einer inländischen Betriebsstätte des Betriebes ... betrieblich genutzt werden, ... **40 Prozent** der voraussichtlichen Anschaffungs-...kosten gewinnmindernd abziehen (Investitionsabzugsbeträge). ..., wenn
1. der Betrieb ... die folgenden Größenmerkmale nicht überschreitet:

a) bei Gewerbebetrieben..., die ihren Gewinn nach § 4 Absatz 1 oder § 5 ermitteln, ein Betriebsvermögen von 235 000 Euro;
c) bei Betrieben ... die ihren Gewinn nach § 4 Absatz 3 ermitteln, ohne Berücksichtigung der Investitionsabzugsbeträge einen Gewinn von 100 000 Euro;

(5) Bei abnutzbaren beweglichen Wirtschaftsgütern des Anlagevermögens können ... im Jahr der Anschaffung ... neben den Absetzungen für Abnutzung ... Sonderabschreibungen bis zu insgesamt **20 Prozent** der Anschaffungs- oder Herstellungskosten in Anspruch genommen werden.

Hat man also festgestellt zu viel Steuer zu zahlen, kann man diese mindern, indem man einen IAB für eine zukünftige Anschaffung bildet.

Beispielrechnung für die PV-Anlage

Anschaffungskosten PV-Anlage: 30.000 €
40% = 12.000 € werden sofort abgeschrieben, 20% = 6.000 € im Jahr der Anschaffung und 10.000 € theoretisch über 20 Jahre (kommt aber nicht zum Tragen, da wir vorher schon wieder verkaufen, siehe weiter unten).

Die PV-Anlage lässt sich zu 100% (ohne Eigenkapital) finanzieren.

Natürlich können auch Angestellte, die bisher kein Unternehmen haben, dies für ihr zukünftiges Einzelunternehmen nutzen und so bereits vom Arbeitgeber abgeführte Lohnsteuer wieder zurückholen. Z.B. auch als Eigenkapital, um damit die Kaufnebenkosten für eine Immobilie zu haben.

Verkauf PV-Anlagen in einem Einzelunternehmen innerhalb der Familie

Startpunkt ist der Familienvater über 55 Jahre, er nutzt den IAB nach §7g und setzt 40% sofort ab + 20% Sonder-Afa im Jahr der Anschaffung. Wird die PV-Anlage in einem Einzelunternehmen gehalten, ist einmal im Leben ein steuerfreier Verkauf des Einzelunternehmens bis 45.000 € (Freibetrag) nach § 16 Abs. 4 EStG möglich. Nun wird an die Ehefrau verkauft. Diese macht wieder die 40% IAB + 20% Sonder-Afa nach §7g geltend und verkauft später (sofern auch über 55 Jahre) weiter an das Kind. Ebenfalls unter Ausnutzung der 45.000 € Freibetrag beim Betriebsaufgabegewinns. Das Kind nutzt wieder die 40% IAB nach §7g + die 20% Sonder-Afa + die sofort steuerlich wirksame Vorauszahlung der Dachpacht für 20 Jahre auf dem fremden Dach (Immobilie der Eltern).

Verklammerungsrechtsprechung für Immobilien mit geringen Renditen

(z.B. auch wegen Modernisierungen)
BFH, Urteil vom 28. September 2017, Az. IV R 50/15
Für Mobilien ist anerkannt, dass gewerbliche Einkünfte vorliegen können, falls ein Totalüberschuss nur dann erzielt werden kann, wenn die späteren Veräußerungsgewinne einberechnet werden - wenn also die laufenden Einkünfte, die beim Erwerb prognostiziert wurden, allein keinen Totalüberschuss erwarten lassen ("Verklammerungsrechtsprechung"). In diesem Fall überwiegt der Aspekt der Vermögensumschichtung die rein vermögensverwaltende Fruchtziehung. Mit der Entscheidung des BFH gilt dies nun auch für Immobilien. Das kann nicht nur dazu führen, dass die AfA versagt wird. Auch der Veräußerungsgewinn kann steuerpflichtig werden, und alle Einkünfte können der

Gewerbesteuerpflicht unterfallen.

Was ist zu tun?

Ist die Veräußerung einer vermieteten Immobilie, die im Privatvermögen gehalten wird, zu erwarten, dann sollte genau geprüft werden, ob innerhalb der Mietdauer auf der Basis der regulären Mieteinkünfte auch ohne künftige Veräußerungserlöse ein Totalüberschuss prognostizierbar ist. Das mag insbesondere bei "kürzeren" Laufzeiten eine Herausforderung sein. Eine entsprechende Prognose ist möglichst im Vorhinein zu dokumentieren. Anderenfalls droht - wenn die weiteren Gewerblichkeitskriterien vorliegen - dass die privaten Vermietungs- und Verpachtungseinkünfte in solche aus gewerblicher Tätigkeit umqualifiziert werden, obwohl die Immobilien mehr als zehn Jahre gehalten wurden und obwohl kein gewerblicher Grundstückshandel vorliegt.

Grunderwerbsteuer-Spartricks und deren Nachteile

Lehleiter & Partner Modell: Verkauf zu 10% des Marktwertes
Verkauft werden die Immobilien nach den zehn Jahren ab 10% (nach Urteil aus 1990 sind 10% oberhalb eines symbolischen Kaufpreises (1€) ausreichend) von ihrem Marktwert von privat an die eigene direkt gehaltene VV-GmbH oder VV-Holding, so wird nur auf diese 10% die Grunderwerbsteuer fällig, 90% sind grunderwerbsteuerfrei. Auf der Aktivseite der Bilanz wird die Immobilie nun trotzdem mit dem vollen Wert geführt und auf der Passivseite entsteht eine Kapitalrücklage. Diese Kapitalrücklage lässt sich dann steuerfrei auszahlen an den Gesellschafter.

Nachteil: Es muss immer erst ausschüttbarer Gewinn an den Gesellschafter bezahlt werden (Abgeltungssteuer oder Teileinkünfteverfahren), bevor die Kapitalrücklage aus dem steuerlichen Einlagekonto steuerfrei aufgelöst und an den Gesellschafter steuerfrei ausbezahlt werden kann.

Es lässt sich nicht an eine Tochter-Gesellschaft deiner Holding verkaufen über diesen Weg. Damit ist der spätere Exit als Sharedeal wieder nicht möglich. Eine VV-Holding darf außerdem nicht gewerblich infiziert werden durch z.B. Managementleistungen an Töchter, Haftungsübernahme für eine KG etc., sonst entfällt die erweiterte Gewerbesteuerkürzung und es fallen keine 15,8%, sondern 33% Ertrags-Steuer an.

Köber-Modell: Verkauf über Personengesellschaft als Sharedeal

Wenn von Privat über eine Personengesellschaft (GmbH + Privatperson bilden: OHG oder GbR oder KG) an die VV-GmbH verkauft werden soll um per Sharedeal (89% sofort / 11% nach 10 Jahren) Grunderwerbsteuer zu sparen, dann bedingt dies weitere fünf Jahre Sperrfrist nach Errichtung der Personengesellschaft bevor das Objekt auf die GmbH übergehen kann.

Kauft man direkt als GmbH + Personengesellschaft mit 11% / 89% Aufteilung, hat man diese fünf Jahre Sperrfrist natürlich nicht.

Das Problem der gewerblichen Infizierung (keine erweiterte Gewerbesteuerkürzung mehr in der VV-GmbH) durch das Halten von Beteiligungen an einer rein vermögensverwaltenden Personengesellschaft (z.B. GbR) ist mit dem BFH-Beschluss vom 25.09.2018, veröffentlicht am 27.03.2019 hinfällig.

Einschub: Diese fünf Jahre Sperrfrist gelten übrigens auch bei Einbringung eines Einzelunternehmens in eine Tochter-GmbH. Darum empfehle ich aus dem Exitgedanken heraus auch immer die sofortige Gründung einer GmbH inkl. Holding, anstatt eine Selbständigkeit erst mit einem Einzelunternehmen „anzutesten". Wer sich unsicher ist, ob seine Selbständigkeit ein Erfolg wird, der soll es bitte gleich bleiben lassen oder erst recht gleich mit einer GmbH aus Haftungsgründen beginnen. Die Gründung eines Einzelunternehmens ist, außer für eine Kapitalbeschaffung auf ein Bestandsobjekt für einen Flipdeal, seltenst die richtige Lösung.

Ich empfehle daher grundsätzlich das Modell des Exits nach zehn Jahren mit voller Grunderwerbsteuer an die eigene VV-GmbH (als Tochter einer GmbH-Holding) oder Familien-Stiftung zum maximal möglichen Preis (Marktoberkante) für maximal hohe absetzbare Zinsen, maximal hohe Abschreibungsgrundlage, maximal hoher Transfer von Kapital aus der Gesellschaft nach Privat.

Verschenkung von Immobilien von Eltern an Kinder

Anstatt sich Immobilien schenken zu lassen (im Rahmen der Freibeträge 400.000 € pro Jahr von der Mutter an den Sohn und 400.000 € vom Vater an den Sohn (also 2 x 400.000 €) alle zehn Jahre neu) sollte die Immobilie lieber, sobald das Kind volljährig ist, wieder zu Marktoberkante Marktpreis (noch drittüblich) an das Kind verkauft werden (z.B. auch gegen Teilverkäuferdarlehen zu z.B. einen 60% oder 80% Auslauf um damit einen sehr günstigen Zins zu erreichen). Damit ist die Abschreibungsgrundlage maximal hoch (sonst wäre sie so wie beim ursprünglichen Kauf, nach 50 Jahren sogar ganz auf null) und die absetzbaren Zinsen sind maximal hoch und damit die Erträge schön weg (keinerlei Steuerlast, weil Finanzierung und Abschreibung alles wegfrisst). Stattdessen ist das Geld steuerfrei vorweg bei den Eltern in einem Betrag gelandet. Nach zehn Jahren kann dann das Kind z.B. an seine VV-GmbH oder den Ehepartner (grunderwerbsteuerfrei) oder an die Enkelkinder (grunderwerbsteuerfrei) weiterverkaufen.

Vollkommen unabhängig vom Immobilienverkauf entsteht jetzt freies Vermögen aus der Darlehensauszahlung bei den Eltern. Dieses Vermögen sollte dann in Form von Geld und unter Ausschöpfung der 400.000 € Schenkungssteuerfreibeträge wieder als Geld an die Kinder geschenkt werden. So ist dann auch noch zusätzlich Eigenkapital beim Kind für weitere Deals vorhanden und trotzdem das Vermögen Stück für Stück verschoben.

Schenkungssteuer Freibeträge

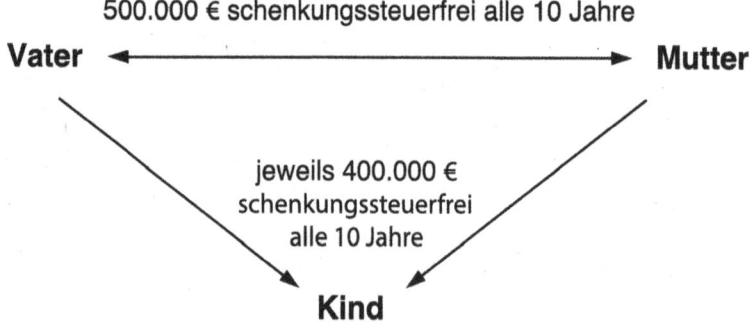

Freibeträge doppelt nutzen, die Ehefrau schenkt an die Kinder
Oftmals liegt das Vermögen beim Ehemann in so erheblichem Umfang, dass die Freibeträge für die Schenkung an die Kinder nicht ausreichen. An die Ehegattin kann er jedoch nur 500.000 € schenken, die diese dann an die Kinder

weiterschenkt. Bei drei Kindern à 400.000 € Freibetrag reichen die 500.000 € oftmals nicht. Es gibt nun zwei Wege, Vermögen schenkungssteuerfrei zwischen den Ehegatten zu verschieben, im Regelfall vom Mann auf die Frau – damit auch die Ehefrau wieder an die Kinder verschenken kann: 1. Güterstandsschaukel und 2. Eigenheimschaukel.

Vermögen zwischen Ehegatten übertragen: die Güterstandsschaukel

1. Es wird vom gesetzlichen Güterstand der Zugewinngemeinschaft auf Gütertrennung gewechselt.

2. Der Ehemann schenkt seiner Ehefrau das Eigenheim, in dem beide wohnen, auch außerhalb und ohne Anrechnung des Schenkungssteuerfreibetrags.

2. Die Ehefrau verkauft dem Ehemann das Eigenheim zum Preis von 1 Mio. €. Es muss keine 10-Jahresfrist abgewartet werden, es müssen auch keine drei Kalenderjahre abgewartet werden (wenn nicht davor vermietet). Es entsteht kein Zählobjekt und es können auch sehr große Beträge so übertragen werden.

3. Ergebnis: Der Ehemann hat die Immobilie zurück. Die Ehefrau hat die 1 Mio. € - steuerfrei.

Schenkung unter Nießbrauchsvorbehalt

Erst wenn die Möglichkeiten mit Verkauf gegen maximalen Kaufpreis ausgeschöpft oder die Vermögen zu hoch sind, die Schenkenden bereits zu alt sind und man nicht mehr über die Freibeträge arbeiten kann, dann bietet sich die Schenkung unter Nießbrauchsvorbehalt an, um die Schenkungswerte kleinzurechnen.

Wann Verkauf und wann Schenkung unter Nießbrauchsvorbehalt?

Schenkung unter Nießbrauchsvorbehalt:
- Sehr hohes Gesamtvermögen, das über die 400.000 € pro Kind und Elternteil (also bei zwei Elternteilen und zwei Kindern, dann 4 x 400.000 € = 1,6 Mio. € alle zehn Jahre) nicht vollständig übertragen werden kann
- Besonders in Kombination mit noch einer sehr hohen Restlebenserwartung, so dass möglichst wenig vom Schenkungsfreibetrag verbraucht wird
- Wenig Wertsteigerung der Immobilien, weil Abschreibungsgrundlage nicht

optimiert wird)

- Kosten müssen vollständig die Eltern tragen, dann können diese auch die Gebäudeabschreibung zusätzlich geltend machen, auch wenn ihnen das Gebäude nicht mehr gehört
- Übertragung schon vor zehn Jahren
- Objekt wird für Finanzierungen durch den Nießbrauch nicht mehr optimal nutzbar
- Vermögen des Kindes nimmt zu (damit wird der Verschuldungsgrad im Portfolio vom Kind kleiner)

Vermietung von privaten Immobilien an die eigene GmbH

Im laufenden Geschäftsbetrieb ist das Modell unkritisch. Problematisch wird es, wenn entweder die Immobilie oder die GmbH verkauft werden soll, denn die Immobilie wird über die Vermietung betriebsnotwendiges Vermögen der GmbH (sogenannte Betriebsaufspaltung) und ist damit bei Verkauf nach zehn Jahren nicht steuerfrei, sondern stellt eine steuerpflichtige Entnahme der Immobilie aus dem Vermögen der GmbH dar. Zusätzlich werden die Geschäftsanteile an der GmbH ebenfalls Betriebsvermögen, was dann beim Verkauf dar GmbH wieder zum Problem wird. Die korrekte Lösung wäre, die Immobilie auch nicht in der operativen GmbH zu halten, sondern in einer extra VV-GmbH. So können Gewinne der operativen GmbH über die Mietkosten (maximal hoch aber noch drittüblich) von einer 33% Besteuerung in einer 15,8% Besteuerung geholt werden. Wichtig ist hierbei, dass es sich um Schwestergesellschaften handelt. Die VV-GmbH darf weder Tochter noch Mutter der operativen GmbH sein, da sonst die erweiterte Gewerbesteuerkürzung entfällt.

Dieses Modell eignet sich auch wunderbar dann, wenn ich in einer Gesellschaft über gewerbliche Vermietung z.B. reine Garagenvermietung (ohne dazugehörigen Wohnraum) die Gewerbesteuer reduzieren möchte.

Gewerbliche Vermietung im Privatbereich ist unkritisch, selbst wenn die 24.500 € Gewerbesteuerfreibetrag gesprengt werden, da die Gewerbesteuer hier zum größten Teil je nach Hebesatz sogar vollständig auf die Einkommensteuer angerechnet wird und diese reduziert.

Zwei-Kontenmodell (Zinsen des Eigenheims von der Steuer absetzen)

Die Mieteinnahmen eines oder mehrerer Vermietungsobjekte werden auf ein anderes Konto geleitet als das die Ausgaben dieser Immobilie(n). Nun fährt das Ausgabenkonto immer weiter in den Dispo. Die Dispozinsen sind von der Steuer absetzbar, da sie durch die Vermietung veranlasst sind. Auf dem anderen Konto sammeln sich die Einnahmen immer weiter an, welche jetzt zur Tilgung des privaten Immobilienkredits genutzt werden können. Der Dispokredit kann dann von Zeit zu Zeit über eine Kapitalbeschaffung wieder umgeschuldet werden oder es wird direkt für diese Kreditlinie eine Immobilie als Sicherheit hinterlegt um die Zinsen dafür möglichst niedrig zu halten. Das Modell wurde so früher für Betriebe genutzt um private Schuldzinsen in den Betrieb zu verlagern, dies hat der BFH gekippt. Die Verlagerung Richtung private Vermietung + Verpachtung ist jedoch nach wie vor möglich.

VV-GmbH + Einbauküchen

Direkt im Kaufvertrag müssen zwei Käufer auftreten, der Käufer der Immobilie (die VV-GmbH) und entweder du als natürliche Person oder eine weitere operativ tätige Gesellschaft von dir. Möglich ist auch deine Holding, wenn diese keine erweiterte Gewerbesteuerkürzung bekommen soll. Es muss dann im Nachgang ein zweiter Mietvertrag vereinbart werden.

Ständig Kündigungen unbefristeter Mietverträge

Wird es am Markt nicht angeboten und beeinflusst das auch nicht aktiv selbst unterstützt, im oft wiederholen Falle keine gewerbliche Vermietung anzunehmen.

Zwangsversteigerungen

- Kosten und Risiken einer Zwangsversteigerung

- Sicherheitsleitungen

- Kündigen von Mietverträgen

- Möglichkeiten & Portale

„Jedes Verhalten ist Kommunikation. Auch Schweigen. Nonverbales Verhalten beeinflusst die Wirkung einer Botschaft" DVNLP Axiom

18. Zwangsversteigerungen

Zwangsversteigerung (Kosten des Verfahrens)

Wenn eine Immobilie zwangsversteigert wird, sind hier die Kosten für den Schuldner gemeint, die ja direkt vom Erlös abgezogen werden.
Hintergrund:
Es geht hier um die Kaufpreisfindung bei einem Kauf vor dem ZV-Termin, um unter dem Verkehrswert einzukaufen.
Wenn jemand noch Tipps hat, wie man z.B.. beim Gläubiger herausfinden kann, wie hoch die Schulden sind, dann bitte her damit.

Wenn das Gutachten schon vergeben wurde und das Gerichtsverfahren schon läuft, wird sich nicht mehr viel Spielraum bieten. Prozente vom Kaufpreis wären zu ungenau. Es gibt sicher Tabellen zum Nachlesen. Bei ganz niedrigen Verkehrswerten habe ich Mindestgebote zwischen 1.000 € und 2.000 € gesehen. Wie das bei höheren weiterging kann ich dir nicht sagen. Außerdem frage ich mich, wer dazu bereit ist, da in der ZV in guten Lagen ja heute oft das 1,3-fache vom Verkehrswert erzielt wird. Warum soll sich der Schuldner darauf einlassen mit dir unter Verkehrswert zu verkaufen, denn mit dem Gläubiger kannst du ja viel ausmachen. Letztlich muss der Schuldner zustimmen. Wie hoch die Schulden sind kannst du einfach über den Rechtspfleger herausfinden, das steht in der Akte, die du einsehen kannst - und wird immer am Anfang vom ZV-Termin genannt (angemeldete Forderungen). Außerdem könntest du den Gläubiger fragen bzw. dessen Vertreter, der sagt es dir ggf. auch. Der Mehrerlös, nachdem alle Kosten und Schulden gedeckt sind, geht an den Eigentümer. Folglich hat die Bank nicht zwingend die Notwendigkeit den vollen Kaufpreis zu erlösen und ist froh über einen Vorfeldeinkauf, da so das Verfahren schneller beendet werden kann als wenn das ganze Verfahren durchgezogen werden muss.

Ausbietungsgarantie bei Zwangsversteigerungen

Die Ausbietungsgarantie kommt aber insbesondere bei Zwangsversteigerungen zur Anwendung, wenn ein freihändiger Verkauf mangels Zustimmung des bisherigen Eigentümers (Schuldner) scheitert / nicht möglich ist, der zum freihändigen Verkauf nicht gezwungen werden kann.

Durch die Zwangsversteigerung bekommst du weg:

- Mietverträge
- Mietervorkaufsrechte (insbesondere bei geteilten MFH). Doof, wenn einzelne Mieter dann Wohnungen mit Vorkaufsrecht aus deinem Deal rauskaufen können und du dann nicht mehr das gesamte Haus hast.
- Alteigentümer rauskriegen (ein schlauer Schuldner schließt mit einem Verwandten oder Freund noch schnell einen Mietvertrag für minimales Geld ab. Durch den Grundsatz "Kauf bricht Miete nicht" übernimmst du beim freihändigen Kauf jetzt diesen Mietvertrag, und das Gebäude wird dadurch wertlos).

Durch die Ausbietungsgarantie garantierst du jetzt via notariellen Vertrag der Bank einen bestimmten Wert im Zwangsversteigerungsverfahren mindestens zu steigern. Durch ein Cap (auch variables Cap mit Mehrertragsvereinbarung von z. B. 10% oder 50%) begrenzt du dein maximales Gebot. Steigerst du jetzt also höher als der Cap, musst du gar nicht oder nur Teile des Mehrpreises selbst tragen.

Die Ausbietungsgarantie funktioniert nur bei solchen Objekten, bei denen die Bank nicht damit rechnet, dass überhaupt jemand mitbietet bzw. das Verfahren abgekürzt werden soll, weil es jetzt schon um vierten Mal aufgerufen wurde, der Zuschlag verweigert wurde oder das Verfahren einstweilig eingestellt werden musste, weil zu wenig geboten wurde etc.

Vorgehende Rechte (vor den Grundschulden) bekommst du nur weg, indem du aus dem 1. Rang heraus versteigern lässt. Dies funktioniert entweder, wenn die Gemeinde wegen nicht gezahlter Grundsteuer die Zwangsversteigerung startet oder bei ETWs die Eigentümergemeinschaft die Zwangsversteigerung wegen nicht bezahlter Hausgelder startet. In beiden Fällen wird die Versteigerungen aus dem 1. Rang betrieben mit der Folge, dass keine weiteren Rechte bestehen bleiben.

Risiko Zwangsversteigerung: der Alteigentümer

Grundsätzlich hast du als Erwerber im Rahmen der Zwangsversteigerung einen Räumungstitel gegen den Alteigentümer, solange er noch in der Immobilie wohnt. Das Problem bei Eigennutzern ist, dass wenn diese mit Suizid drohen, du sie so gut wie nicht raus bekommst. Wenn der Alteigentümer seine vom Gericht definierten Arzttermine nicht wahrnimmt, hast du eine Chance. Ein anderes Thema ist mutwillige Zerstörung. Das Risiko geht mit Zuschlag auf dich über und du kannst meist beim insolventen Alteigentümer nichts holen.

Sicherheitsleistung (SHL) im Zwangsversteigerungsverfahren

Benötigt wird die SHL auch nur, wenn jemand von der Gläubigerseite vor Ort ist, der die SHL-Leistungen von den Bietern einfordert. Eine Überweisung ist kostengünstiger als ein Scheck und kommt im Regelfall innerhalb weniger Tage zurück aufs Konto.

Achtung: im heutigen ZV-Markt werden oft Zuschläge bei 130% des Verkehrswertes erzielt. Rechne bitte aus, ob es sich unter diesen Umständen noch immer lohnt der ZV beizuwohnen.

Kündigen von Mietverträgen in der Zwangsversteigerung

Nach der Zwangsversteigerung müssen schlechte Mietverträge auf den nächstmöglichen Termin sondergekündigt werden, da sonst das Sonderkündigungsrecht verwirkt wird (§ 57a Satz 2 ZVG)

Gläubigerrechte in der Zwangsversteigerung annehmen

Durch Ablösung eines anderen Gläubigers (es bedarf nicht dessen Zustimmung, man muss nur rechtswirksam zahlen) kann man sich selbst Gläubigerrechte in der Zwangsversteigerung verschaffen. Am besten funktioniert dies, indem die Stadt (säumige Grundsteuern, Erschließungsbeiträge etc.) oder die WEG (mit ihren 5% aus Rang 10.1) abgelöst werden. Dies ist bei Anwesenheit des jeweiligen Gläubigers auch durch Barzahlung an diesen im Gerichtstermin noch möglich. Es bietet sich jedoch an, sobald von einem Schuldbeitritt oder Verfahrenseröffnung durch Stadt oder WEG Wind bekommen wird sofort abzulösen, da in diesem Fall auch direkt der ganze Schriftverkehr im Vorfeld an dich geht und dir weitere Infos bietet. Beides mal wird man selbst Herr des Verfahrens (noch vor der Bank), da man jetzt die Rechte aus Rang 1 vertritt. Die säumigen Grundsteuern, welche man ablöst, sind im geringsten Gebot enthalten und kommen daher relativ sicher wieder zurück.
Warum machen wir das?

Strategie 1: Es soll die einstweilige Einstellung verhindert werden, damit dir der Zuschlag erteilt wird, weil du mitbietest und Angst hast, dass der Zuschlag wegen eines zu geringen Gebots von einem Gläubiger z.B. der Bank verweigert wird.

Strategie 2: Du stellst im Termin einstweilig ein und du verhandelst hinterher mit ihnen eine Ausbietungsgarantie (z.B. 10.000 € niedriger als es im ersten Termin weg gegangen ist) für den nächsten Termin oder verhandelst gegen Geldzahlung an dich, in einem folgenden Termin nicht wieder einstweilig einzustellen. Ziel ist es, auch den Gläubiger mürbe zu machen. Die Einstellung und das Fortsetzen kosten neben viel Zeit auch den Gläubiger Geld. Der andere Gläubiger kann jedoch deine Forderung auch jederzeit wieder ablösen.

Zwangsversteigerungs-Onlineportale

Wenn in den gängigen Immobilienportalen Makler Zwangsversteigerungsobjekte ausschreiben, macht es im Regelfall keinen Sinn diese zu kontaktieren, da diese im Regelfall nicht mehr Informationen haben als man bei Gericht kostenfrei erhalten kann. So fällt vollkommen unnötig noch eine zusätzliche Maklerprovision an. Suche das Objekt lieber auf einer der folgenden Seiten:

zvg.com
versteigerungspool.de
zvg-portal.de
zvg24.net
zwangsversteigerung.de
immobilienpool.de

Gewerbeimmobilien

- Umnutzung von Gewerbe in Wohnen

- Flächendefinitionen

- Kauf & Finanzierung von Gewerbeimmobilien

- Umnutzung Gewerbe in Wohnen (Teileigentum)

- Verfahrensfreie Umnutzung

- Sonder-Afa Wohnraum-Neubau

„Menschen treffen innerhalb ihres Modells der Welt grundsätzlich die beste ihnen subjektiv zur Verfügung stehende Wahl" NLP Axiom

19. Gewerbeimmobilien

Grundsätzlich vorweg: Ich empfehle Investment in Gewerbeimmobilien nicht als Standardstrategie, da hier ein deutlich höherer Eigenkapitaleinsatz nötig ist, bei eingeschränkter Bankauswahl. Durch den höheren Eigenkapitaleinsatz sinkt selbst bei einer höheren Mietrendite trotzdem die Eigenkapitalrendite deutlich. Zwei Faktoren begrenzen also ein schnelles Wachstum mit Gewerbeimmobilien: 1. Der höhere Eigenkapitaleinsatz, 2. Die geringere Eigenkapitalrendite, 3. Die geringere Beleihbarkeit (Einkaufsgewinne nachbeleihen).

Vorteile:
- Flexibel gestaltbarer Gewerbemietvertrag - Vertragsfreiheit (im Gegensatz zu vielen gesetzlichen Beschränkungen bei Wohnraummietverträgen)
- Kein Mietspiegel / keine ortsübliche Vergleichsmiete / keine Mietpreisbremse – keine Regeln zur Mieterhöhung
- Erhöhungsoptionen: jedes Jahr neu verhandelt /
- Verbraucherpreisindex / Staffelmietvereinbarung
- Leerstand kreativ beheben, Mietverträge verlängern und Mieten erhöhen führt ohne irgendwelche Sanierungsmaßnahmen anders als bei der Eigentumswohnung gleich zu immensen Preissprüngen
- Umnutzung Gewerbe im Wohnen (insbesondere Büroflächen in Wohn- und Geschäftshäusern) oftmals leicht möglich
- Weniger Konkurrenz im Einkauf / längerer Ankaufszeitraum als bei Wohnen
- Spezialisierte Gewerbemakler

Bei Einzelhandelsflächen an guten Standorten an große Discounter z.B. 11€/qm, sind 10 Jahre + Optionen üblich.

Wie bei Wohnimmobilien am besten keine Quadratmeter reinschreiben, damit man sich nicht drüber streiten kann. Bei Büro ist eine Quadratmeter Angabe mit ca. aber leider üblich und es wird dann nachgemessen und dann der Preis ab einer im Vertrag definierten Schwelle angepasst. Diese Schwelle sollte man, wenn man die Quadratmeterangaben nicht auslassen kann dann lieber hoch (z.B. 10%) ansetzen. Büromietverträge über zehn Jahre sind selten, wenn man das jedoch verhandeln kann, ist das super.

Qm ist nicht gleich qm: Flächendefinitionen

Während wir bei Wohnraumvermietung beschränkt sind, haben wir bei Gewerbemietverträgen wieder Vertragsfreiheit.

- Lagerflächen im Keller mit extra qm-Mietpreis.
- Erhöhung der Vertragsfläche durch prozentuale Einbeziehung der Allgemeinflächen (Treppenhausfläche).
- Genaue Beschreibung, wo sich die Gewerbeeinheit befindet textlich, und mit rot umrandetem Grundrissplan im Anhang, auf den im Textteil verwiesen wird.
- Einheitlichkeit des Mietvertrags ist wichtig (alle Blätter haben dieselbe Schriftart, Schriftgröße, Satzspiegel etc.).
- Die Blätter von Verträgen mit Laufzeit müssen fest verbunden werden: Öse, Urkunden-Heftgarn und Siegelstern (gibt es günstig zu kaufen) um das Fristformerfordernis einzuhalten. Wird dies nicht eingehalten kann mit gesetzlicher Kündigungsfrist (drei Monate) gekündigt werden.
- Zweck: z.B. Büro für übliche Büroarbeiten / Bodenbelastbarkeit / Miteinander der Mieter / Umsatzsteuer / Konkurrenzschutz.

98% aller Mietverträge verstoßen gegen das Schriftformerfordernis (die Laufzeit des Mietvertrags ist im Zweifel also nichts wert). Will man Gewerbe in Wohnen umnutzen, die Miete hochziehen oder neu vermieten dann ist dieser Umstand jedoch von Vorteil und sollte genau geprüft werden. Gegenteiliges ist natürlich auch der Fall, ist der Mietvertrag wasserdicht und hat man eine lange Laufzeit bei niedrigem Mietpreis, gibt es keinerlei Möglichkeiten, die Miete anzupassen.

Optionskauf für Gewerbeimmobilien

Mit der Bonität der Mieter wird die Gewerbeimmobilie finanziert. Der Optionskauf gibt dir Zeit, den Mieter zu organisieren, oder Käufer oder Co-Investoren zu finden.

Wasserdichte Verträge zerstören: Schriftformerfordernis kippen

Den einzigen Trick, den es gibt, einen wasserdicht aufgesetzten Vertrag zu zerstören, ist die Schriftformerfordernis zu kippen. Hierzu bietet man schriftlich eine Mietminderung an, weil ja ein so toller Mieter ist und alles so super läuft und lässt sich diese Mietanpassung nicht auf EINEM Dokument (Unterschrift von dir, Unterschrift vom Mieter) bestätigen, sondern einfach durch konkludentes Handeln (weniger überweisen) oder einfaches Antwortschreiben. Damit ist die Schriftform zerstört und der Vertrag wieder nach Gesetz unbefristet und damit wieder innerhalb von drei Monaten kündbar.

Konkurrenzschutzklauseln, z.B. 3 km Umkreis bei Einzelhandelsflächen üblich, werden im Regelfall dadurch ausgehebelt, dass man für jedes Objekt eine extra Gesellschaft hat, was den Mietern aber auch bekannt ist – das sind eher so pro-forma-Klauseln / psychologische Klauseln, die man eben einbaut, wo sich aber beide Seiten darüber bewusst sind, dass diese keine große Relevanz haben.

Umsatzsteuer-Optimierung bei Gewerbevermietung

Es kann nur von Mietern die Umsatzsteuer verlangt werden, welche Vorsteuerabzugsberechtigt sind. Ärzte, Krankenkassen, reine Versicherungsvermittler / Makler können keine Vorsteuer ziehen. Immobilienmakler, Steuerberater, Hausverwalter können das wieder. Wenn möglich, sollte immer zur Umsatzsteuer optiert werden, damit die Vorsteuer bei Handwerkerleistungen etc. gezogen werden kann. Insbesondere bei Neubau ist das relevant, da dann auf die ganzen Herstellungskosten 19% Vorsteuer geltend gemacht werden kann. Hier muss dann auch zehn Jahre lang Umsatzsteuer abgeführt werden. Wird später umsatzsteuerfrei vermietet, muss entsprechend in Teilen der ursprüngliche Vorsteuerabzug korrigiert werden. Es spielt keine Rolle, was im Mietvertrag geschrieben steht, sondern was die Mieter tatsächlich tun. Kann der Mieter keine Vorsteuer geltend machen, darf von ihm keine Umsatzsteuer verlangt werden. Dies gilt auch für die Untermieter des Mieters, auch diese müssen hinterfragt werden.

Betriebskosten lassen sich im Gegensatz zu Wohnen kreativ umlegen

Vertragsfreiheit: der Mieter trägt alle Nebenkosten zuzüglich: Instandhaltung innerhalb der Büroflächen begrenzt auf xy € pro Jahr, Schönheitsreparaturen, anteilig Instandhaltung im Treppenhaus und den Allgemeinflächen, Verwalterkosten, Hausmeisterkosten etc.

Es lässt sich (wie z.B. bei Single-Talent-Verträgen: eine Immobilie ein Mieter) bei einer Supermarktimmobilie oder auch in den Generalpachtverträgen von Pflegeheimen alles an den Mieter /Pächter auslagern, bis auf Dach und bei den Triple-Net-Verträgen: der Mieter bezahlt sogar der Mieter Dach + Fach. Allerdings muss hier wieder juristisch sauber vereinbart werden, damit dies gültig ist. Die Triple-Net-Verträge werden allerdings seltener, und besonders die großen Filialisten versuchen alles wegzudiskutieren. Grundsteuer wird im Regelfall gar nicht mehr akzeptiert. Was man erkennt, ist, dass was juristisch geht und was durchsetzbar ist, immer einer gewissen Mode unterliegt und sehr davon abhängt, wen man als Mieter hat und durch wen dieser Mieter beraten wird.

Die Überwachung des Mieters, dass er seinen Instandhaltungsverpflichtungen nachkommt, ist dann wieder wichtig. Hier besteht natürlich schnell der Hang dazu, möglichst wenig zu machen, insbesondere wenn sich die Mietvertragslaufzeit dem Ende zuneigt und nicht verlängert werden soll. Daher ist genau abzuwägen, ob man nicht versucht, eine höhere Miete durchzusetzen, ggf. auch dann in der Verhandlung die Punkte mit der Instandhaltung zu streichen und den Mietpreis um 0,50 € hochzuziehen.

Eine gute Verteilung ist im Regelfall, die kleinen Sachen in der Mietfläche wie Türen, Fenster, Jalousie, Sanitär, Teeküche, Elektrik an den Mieter zu delegieren und Themen wie die Haupt-Heizung beim Vermieter zu belassen (auch bei Single-Talent-Verträgen). Im Einzelhandel (Einkaufszentrum / EG im Wohn- und Geschäftshaus) wird auch gerne mal nur erweiterter Rohbau mit Estrich + Putz vermietet und der Mieter baut selbst nach seinen Wünschen aus und investiert selbst wesentlich.

Kaution bei Gewerbemietverträgen

Bürgschaften sind gar nicht so schlecht, da um diese zu erhalten schon eine ordentliche Bonität vorhanden sein muss. Drei Monatsmieten warm inkl. Umsatzsteuer sind üblich.

Untervermietung

Ist im Mietvertrag nichts geregelt, gibt es ein gesetzliches Sonderkündigungsrecht seitens des Mieters, wird ihm die Untervermietung nicht erlaubt. Damit kann der Mieter auch Laufzeiten zerstören und erhält wieder eine Kündigungsfrist von drei Monaten zurück. Daher sollte im Mietvertrag die Untervermietung standardmäßig abbedungen werden. Im Mietvertrag lässt sich die Untervermietung auch erlauben und eine Mehrerlösvereinbarung vereinbaren mit der der Mehrerlös durch Untervermietung mit dem Eigentümer zu teilen ist.

Ende des Mietvertrags - Rückbauverpflichtungen

Üblich ist entweder den Ursprungszustand wiederherzustellen (Rückbauverpflichtung) oder einen Ausgleichsbetrag (bereits im Mietvertrag fest definiert) an den Vermieter zu bezahlen. Normalerweise hat der Mieter hier die Wahl. Besser ist es, wenn der Vermieter die Wahl hat, so dass er, je nachdem was für ein Nachmieter einzieht, entscheiden kann.

Die Laufzeit von Gewerbemietverträgen

Da sich der Wert der Gewerbeimmobilie fast ausschließlich an den Mietverträgen orientiert, macht es Sinn, möglichst lange Laufzeiten zu vereinbaren. Es darf nicht länger als 30 Jahre (inkl. möglicher Optionsrechte) vereinbart werden. Grundsätzlich sind die am Markt vereinbarten Laufzeiten rückläufig. Durch die Optionen bekommt der Mieter Planungssicherheit und muss sich trotzdem nicht binden.

- Lange Laufzeit bei Ärzten sinnvoll, da sie sowieso meist lange im Objekt bleiben
- Restaurants: Topketten haben oft längere Laufzeiten, ansonsten sind bei gebauten Restaurants mit überschaubarem Investitionsaufwand zwei bis drei Jahre üblich, um zu schauen ob das Geschäft läuft oder nicht.
- Restaurants sind also wegen der kurzen Laufzeiten als Investment und außerdem hohen Pleitequoten nicht zu empfehlen, es sei denn, ich bekomme es fast geschenkt.
- Bei Indexklauseln muss der Mietvertrag mindestens zehn Jahre laufen, bei Verträgen unter zehn Jahren ist die Indexklausel unwirksam.

Leere Büro-Flächen füllen bei niedriger Nachfrage

Lassen sich die Flächen mit einem normalen Mietpreis nicht füllen, kann man die Strategie fahren, dass man deutlich günstiger als der Markt bei zudem mehr Serviceleistungen anbietet und unbefristete Mietverträge macht (also alle drei Monate kündbar). Gerade die kleinen Firmen schätzen dies sehr, dass sie flexibel sind, und übersehen, dass sie keine Planungssicherheit haben. Kaum einer rechnet damit, dass man ihnen kündigen würde. Insbesondere nicht, wenn noch der Großteil der Flächen leer steht. Arbeite heraus, warum bei dir gemietet werden soll (neben des saugünstigen Mietpreises). Mit je mehr Krempel eine Firma umzieht und wenn dann bei GmbHs auch noch der Sitz verlegt wird, desto höher ist die Hürde, dass diese Firma, wenn du dann, nachdem du den Laden voll bezogen hast, kommst („oh, wir haben so viel Nachfrage, alles ist voll, wir müssen erhöhen, es tut mir ja so leid") und die Miete wieder auf ein ortsübliches Niveau im Wege einer Änderungskündigung anhebst. Hierbei kannst du dann zusätzlich noch direkt einen 5-Jahresvertrag zur Bedingung machen. Wird nachverhandelt und bist du in der Situation, dass du den Mieter halten willst, dann kannst du ggf. auf einen 3-Jahresvertrag und eine Mietstaffel eingehen, aber nur wenn der Mieter auch wirkliche Alternativen hat und du keine anderen Mieter hättest.

Übliche Büromietflächen sind 200-300 qm. Das heißt, für 500 qm findet man deutlich schwieriger Mieter. Es ist also wichtig, dass man die Flächen gut und möglichst flexibel aufteilen kann und die entsprechende unabhängige Erschließung gesichert ist. Übliche Laufzeiten sind drei oder fünf Jahre fest. Mieterfreundlich, wenn es denn nicht anders geht, wäre eine kurze Laufzeit von ein bis zwei Jahren mit zwei bis drei Verlängerungsoptionen für den Mieter. Damit wird für den Mieter eine Planungssicherheit von im Regelfall fünf bis sieben Jahren erreicht. Bei Ärzten sind bei den 200-300 qm-Einheiten, insbesondere auch bei Neubauten 10-Jahresverträge + 2 x 3 Jahr oder 2 x 5 Jahre Option aufgrund der speziellen Einbauten üblich.

Finanzierung von Gewerbeimmobilien

- Leerstände von ein bis zwei Jahren bei Büro- oder Ladenflächen kommen durchaus vor. Dieses höhere Risiko fordert die Bank in einem höheren Eigenkapitaleinsatz ab.

- 30-40% Eigenkapitaleinsatz ist üblich.
- 110% Finanzierungen ohne Zusatzsicherheiten sind unrealistisch.
- In Baden-Württemberg und Bayern können wir Finanzierungen bis 100% bei geringer Tilgung anbieten.
- 80% Finanzierung für Objekte mit Mietern mit sehr guter Bonität (z.B. Edeka) und entsprechenden Restlaufzeiten ohne Optionen sind deutschlandweit denkbar, Tilgung jedoch so, dass in maximal 25 Jahren, eher 20 Jahren kalkulatorisch bezahlt ist.
- Ab 1,5 Mio. € und bis 80% kann ich Non-Recourse-Finanzierungen anbieten
- Der Mietvertrag entscheidet über den Wert des Objektes aus Banksicht: zehn Jahre Restlaufzeit der Mietverträge, das Objekt kann mit 60-80% bei Faktor zehn finanziert werden, fünf Jahre Restlaufzeit der Mietverträge, Finanzierung mit Beleihung auf das Kaufobjekt bei Faktor 10 fast nicht mehr möglich
- Flüchtlingsunterkünfte und Bordelle sind im Regelfall nicht beleihbar, auch weil schwer zu versichern.

Fallstricke Gewerbemietvertrag: Schriftform (§550 BGB)
- Fehlerhafte Vertretungsberechtigung
→ Nicht im Handelsregister eingetragen
→ Keine Alleinvertretungsberechtigung
- Nur ein Ehegatte unterschreibt ohne vorliegende Vollmacht des anderen.
- Mietvertrag wird von der Holding anstatt der Projektgesellschaft (Vermieter) gezeichnet.

Gemäß §§ 550, 578 Abs. 2, 126 BGB bedarf ein Mietvertrag über Geschäftsräume, der für längere Zeit als für ein Jahr geschlossen wird, der schriftlichen Form.

Sofern die Schriftform nicht beachtet wird ist der Vertrag ordentlich kündbar, und eine etwa vereinbarte, länger als ein Jahr dauernde Festlaufzeit damit im Ergebnis unwirksam. Die Kündigung ist bereits zum Ablauf des ersten Jahres nach Überlassung der Mietfläche zulässig, wobei die Kündigungsfrist gemäß § 580 a Abs. 2 BGB für Geschäftsräume sechs Monate zum Ablauf eines Kalendervierteljahres beträgt.

Umnutzung Gewerbe in Wohnen (Teileigentum)

Eine Gewerbeeinheit in einem Wohn- und Geschäftshaus soll entgegen der Teilungserklärung und dem Grundbuch als Wohnung anstatt Büro vermietet werden.

Die Öffentlich-rechtliche Frage (Genehmigung durch die Baurechtsbehörde) wird im Einzelfall entschieden. Hierzu gibt es mehrere Urteile von Oberlandesgerichten (z. B. OLG Köln, Beschluss vom 27. Dezember 2002,16 Wx 233/02), diese haben entscheiden, dass eine von der Teilungserklärung abweichende Nutzung ausnahmsweise als zulässig anzusehen ist, wenn sie die übrigen Miteigentümer nicht stärker beeinträchtigt als die in der Teilungserklärung vorgesehene Nutzung.

Wenn in einem Objekt alle Einheiten im ersten Obergeschoss als Wohnung genutzt werden, sehe ich nicht, inwiefern die Nutzung als Wohnung mehr stören würde als eine gewerbliche Nutzung. Einem etwaigen Unterlassungsanspruch eines Miteigentümers würde ich daher sehr gelassen entgegensehen.

Wird daher in einem Wohn- und Geschäftshaus mit bestehenden Wohnungen die Nutzung als Wohnung anstatt als Gewerbe angestrebt und - würde durch den Umbau in das Gemeinschaftseigentum eingegriffen, bedürfte es der Zustimmung ALLER Miteigentümer.

Immotege kann bundesweit 110% Finanzierung (inkl. allen Nebenkosten und der Umnutzung, z.B. Badeinbau) zu Konditionen wie Wohnen finanzieren.

Verfahrensfreie Umnutzung Gewerbe in Wohnen

Handelt es sich z.B. um ein Wohn- und Geschäftshaus in Innenstadtlage in dem z.B. die Etage im 1. OG von Gewerbe in Wohnen ungenutzt werden soll, so ist folgendes zu beachten:

Da im Gebäude bereits Wohnungen bestehen, ist die Umnutzung unkritisch möglich. Um den Anteil Gewerbe an der Finanzierung zu reduzieren (für einen besseren Zins, eine höhere Beleihung, eine niedrigere Tilgung, oder dass das Objekt überhaupt finanziert wird, da einige Banken max. 33% Gewerbeanteil sowohl an den Mieten als auch an der Fläche als Kriterium haben, bei einigen Banken sogar max. 25%) wird ein kurzer E-Mail Schriftverkehr mit dem

Bauamt der Stadt beigelegt. Zusätzlich zu einer kurzen Stellungnahme eines Rechtsanwalts, welche wir gerne sehr kurzfristig für 450 € + MwSt. besorgen können. Dies kann auch erfolgen, ohne dass man Eigentümer des Objektes ist und ohne Zustimmung des Eigentümers, was ja gerade in der Ankaufsphase noch der Fall ist. Hier der echte Schriftverkehr eines MFH meines Bruders:

Hallo Herr XY,

vielen Dank für das angenehme Telefonat von soeben.

Bitte bestätigen Sie mir kurz die Zusammenfassung unseres Telefonates.

Bei dem Umbauprojekt 1.OG in der xx Straße, 71263 Weil der Stadt, bedarf es für die Umnutzung von Gewerbe in Wohneinheit keine Genehmigung von Seiten der Stadt Weil der Stadt.

Ich werde Sie bzw. die Stadt Weil der Stadt, über die neue Aufteilung mit einem neuen Grundriss informieren, sobald dieser genau feststeht.

Mit freundlichen Grüßen

Florian Scharpf

Zwei Tage später kam die Antwort:

Hallo Herr Scharpf,

die Nutzungsänderung im 1. OG Gewerbe in Wohnen ist verfahrensfrei möglich und zulässig. Bitte übersenden Sie uns, wie besprochen, den geänderten Grundriss der betroffenen Räumlichkeiten zu.

Mit freundlichen Grüßen

XY

--

Stadtverwaltung Weil der Stadt

Stadtbauamt - Baurecht, Baukontrolle

Kirchplatz 2 in 71263 Weil der Stadt

Das wars, kein Bauantrag, kein großer Aufwand. Umnutzung im Rahmen eines verfahrensfreien Bauvorhabens. Dieses war ein echtes Vorhaben meines kleinen Bruders, ebenfalls Immobilieninvestor. Das 1. OG (ehemals Büro) wurde in ein 145qm großes 3-Zimmer Luxus-Loft umgebaut, wobei das Wohnzimmer/Esszimmer mit einer hochwertigen 20.000 € Küche im Mittelpunkt allein 100qm aufweist. Die Aufteilung auf mehrere kleine Wohnungen ging nicht, da es sich um eine sehr langgestreckte Fläche handelt, die nur von vorne und hinten mit Fenstern belichtet ist. Daher musste diese Form gewählt werden, die natürlich einen schlechteren qm-Mietpreis bietet als kleine Wohnungen, ein Umbau in Büro hätte jedoch bei massiv schlechterer Marktgängigkeit nur maximal die Hälfte an Miete eingebracht.

Der Umbau wurde größtenteils in Eigenleistung durchgeführt. Im Vorfeld hatte er bereits eine kleine Wohnung ebenfalls in Weil der Stadt ebenfalls in Eigenleistung vollständig und sehr hochwertig saniert und dort den Wert von 99.000 € (günstiger Einkauf On-Market dank meines Musterschreibens mit Entrümpelung zu finden im Buch) auf über 250.000 € gehoben. Nach demselben Verfahren ist er wieder vorgegangen, getreu dem Motto: immer langweilig dasselbe machen und einem System folgen.

In Eigenleistung wurde erledigt:
- Elektrik-Vorbereitung (vollständig neue Elektroinstallation)
- Innentüren
- Trockenbau (Vergrößerung Bad + Abtrennung eines Raumes)
- Abriss Anbau und Schaffung einer Terrasse (obwohl nur diese Fläche nur 50% anstatt 100% in die Wohnfläche einfließt erhöht es jedoch deutlich die Marktgängigkeit des Luxus-Lofts)
- Aufbau Podest als raumtrennendes Element (war durch hohe Deckenhöhe möglich)

vergeben wurde:
- Anschluss der Elektrik
- Sanitär (neues hochwertiges Bad)
- Neue Außenfenster mit französischem Balkon
- 20.000 € Küche (wegen hochwertiger Luxusausstattung)

Der Wert des Objektes hat sich durch diese Maßnahme und die Sanierung einer weiteren Wohnung im Gebäude verdreifacht, der Cashflow verdoppelt. Das Objekt lag zusätzlich noch im Sanierungsgebiet, so dass die Kosten für die Maßnahme steuergünstig abgeschrieben werden konnten und es zusätzlich noch einen Zuschuss der Stadt gab. Weitere Informationen hierzu im Kapitel Sanierungsgebiet. Das Gebäude konnte mit Potential erworben werden, weil es jahrelang von der Voreigentümerin mit hohem negativem Cashflow durch Unterlassung (untätige Hausverwaltung, untätige Eigentümer) schlecht bewirtschaftet wurde, daher teils Leerstand und durch unterlassene Mietanpassungen extremen Underrent aufwies. Für die Verkäuferin war das Objekt eine Last und sie war dankbar, es los zu sein. Ein vorangegangener Versuch, das Objekt am Markt zu verkaufen, wurde abgebrochen, da die Restschulden höher waren als der mögliche Verkaufserlös. So etwas ist typisch bei solchen Objekten und Vermietern. Ohnehin verdienen 90% der Immobilieneigentümer kein Geld mit ihren Immobilien. Einige Jahre später nach weiterer starker Abtilgung (übrigens der Grund für den hohen negativen Cashflow der Voreigentümerin – falsches Mindset: man will schnell schuldenfrei werden und empfindet es dann wundersamer Weise als Belastung) war jetzt soweit runtergetilgt, dass mein Bruder das Objekt Offmarket erwerben konnte und die Eigentümerin sogar noch Geld raus bekam. WIN-WIN für beide Seiten.

Sonder-Afa Wohnraum-Neubau
Umwidmung in Wohnen zur Vermietung

Für Bauanträge bis 31.12.2021 gibt es zusätzlich den 2% Gebäudeabschreibung weitere 5% Sonder-Afa für vier Jahre für:

- Neubau Wohnimmobilien
- **Umwidmung Gewerbe in Wohnen**
- Ausbau Dachgeschoss (Wohnraum)

Ansetzbar für die Sonder-Afa sind max. 2.000 € /qm, darüber hinaus die normalen 2%, sofern nicht mehr als 3.000 € Kosten pro qm entstehen.

Die eigennützige Familienstiftung

- Wie du Vermögen mit einer Stiftung absicherst

- Wie du Steuern mit einer Stiftung optimierst

- Wann du eine Stiftung gründen solltest

- Fallstricke umgehen

- Strategien & Anwendungsmöglichkeiten

„Die Bedeutung der Kommunikation liegt in der Reaktion, die man erhält"
NLP Axiom

20. Die eigennützige Familienstiftung (Vermögensabsicherung)

Die Stiftung gehört sich selbst. Damit ist sie von deinem Vermögen getrennt und kann dir nicht weggepfändet werden. Als Stiftungsvorstand lenkst du jedoch deine Stiftung und entscheidest, was mit dem Kapital passiert. Die Familienstiftung (geht auch ohne Familie und kann dir ganz allein dienen) ist dabei nicht gemeinnützig, sondern eigennützig, sie dient deinen Interessen. Die Stiftung kann als Holding auch Tochterfirmen z. B. GmbHs (egal ob operativ oder als Objekt-GmbH für Immobilien) haben, in denen du wiederum als Geschäftsführer agieren kannst. Ziel dieser Strukturierung ist, nochmals mehr Haftung aus der Stiftung herauszunehmen und in die einzelnen Tochter-GmbHs zu verteilen.

Zweck der Stiftung: Erbschaftssteuer senken (sobald Freibeträge überschritten werden), Vermögen sichern für den Fall einer Insolvenz, Scheidung etc.
Leider haben viele das Thema Risikomanagement nicht auf dem Schirm. Wenn du zurückdenkst an Nintendo, da hatte es was für sich, wenn du ein zweites Leben hattest und nicht das ganze Level nochmals neu von vorne spielen musstest, und so ist es auch mit der Stiftung. Kommst du Privat in eine Schieflage, zieht es über deine Holding deine Objekt-GmbHs ebenfalls mit herunter – und das passiert manchmal schneller als man denkt. Durch die Stiftung hast du ein zweites Leben mit einer Notfallreserve und musst nicht wieder bei null anfangen.
Wann solltest du mit einer Stiftung beginnen? Sobald du 50.000 € (eher 100.000 €) (Mindeststiftungsgrundstock) entbehren kannst und spätestens, wenn deine ersten Immobilien im Privatbestand aus der Spekulationsfrist raus sind. Die 100.000 € können sich auch aus Immobilienvermögen oder Gesellschaftsanteilen an GmbHs zusammensetzen und müssen nicht Bargeld sein.

Überblick Steuern in der eigennützigen Familienstiftung

Ertragssteuer: Körperschaftssteuer: 15%
Gewerbesteuer: automatisch befreit, es muss nicht wie bei der VV-GmbH jährlich ein Befreiungsantrag gestellt werden. Wird die Stiftung gewerblich

tätig, muss sie natürlich trotzdem Gewerbesteuer (ca. 15%) bezahlen. Dies macht jedoch meist keinen Sinn, für gewerbliche Tätigkeiten bietet es sich an, dann Tochterfirmen der Stiftung als GmbH zu gründen.

Schenkungssteuer: Die Schenkungssteuer auf deine Gründungs-Einlage ist abhängig vom weit entferntesten Begünstigten (Destinatär). Oft wird der weit entfernteste Begünstigte auf die Stufe der Enkelkinder festgelegt, sodass 100.000 € Freibetrag entstehen. Geht man noch eine Stufe weiter, dann landet man wie bei jedem Dritten Außenstehenden bei nur 20.000 €. Hier wird man bestrebt sein, über den Verkauf einer GmbH oder Immobilie direkt ausreichend Cashflow in die Stiftung einzubringen, damit diese Ihren Stiftungszweck auch mit einem Stiftungskapital von unter 100.000 € erfüllen kann.

Ertragssteuerfreibetrag 5.000 € pro Jahr pro Stiftung

Kapitalerträge: z. B. Stiftung als Holding einer GmbH-Beteiligung, wie in der VV-GmbH-Holding, 95% steuerfrei, also aktiver Steuersatz: 0,75%.

Erbersatzsteuer: alle 30 Jahre, fingierter Erbfall auf zwei Kinder, dies bringt also einen Freibetrag von 800.000 € mit sich. Erbersatzsteuer umgehst du, indem du einfach das Vermögen (und hier musst du Schulden natürlich abziehen) auf mehrere Stiftungen aufteilst. Du kannst beliebig viele Stiftungen gründen! Strukturkosten sind im Gegensatz zur VV-GmbH vernachlässigbar.

Sparer-Pauschbetrag: 801 € pro Jahr (diesen hat die VV-GmbH auch nicht!)

Anwendungsmöglichkeiten und Strategien

- Atypisch stille Beteiligung der Stiftung an deiner operativen GmbH im Privatvermögen. Dadurch bekommt deine GmbH 24.500 € Gewerbesteuerfreibetrag, das ergibt eine Ersparnis pro Jahr etwa von 3.675 € in der operativen GmbH. Die Ausschüttung von Gewinnen an den atypisch stillen Gesellschafter (Stiftung) ist bis 116.020 € steuerfrei in der Familienstiftung. (5 % × 116.020 €) – 801 € Sparer-Pauschbetrag – 5.000 € Steuerfreibetrag = 0 € - sofern die Stiftung keine anderen Einnahmen hat. In der operativen GmbH fallen natürlich 15% Körperschaftssteuer + 15% Gewerbesteuer + Soli an.

- Verkauf von Immobilien aus dem Privatbestand nach Ablauf der zehn Jahre Spekulationsfrist an die Stiftung. Damit bekommst du Vermögen aus der

Stiftung steuerfrei ins Privatvermögen ausgeschüttet. Dies kann auch in Form einer Ratenzahlung gestaltet werden. Zinsen sind dabei nach Abzug von 801 € Sparerpauschalbetrag mit nur 25% Kapitalertragssteuer im Privatvermögen zu versteuern. Die Stiftung muss keinen Kredit aufnehmen zur Finanzierung der Immobilie, könnte sie aber auch tun.

- Direkt von der Stiftung angekaufte Immobilien (mit Wertsteigerungspotential, sonst Ankauf in der VV-GmbH im Privatbestand/Holding oder als Stiftungstochter) oder welche, die nach zehn Jahren aus dem Privatvermögen an die Stiftung verkauft wurden, können weitere zehn Jahre später dann z. B. an die eigene VV-GmbH verkauft werden. Der Gewinn ist spekulationssteuerfrei in der Stiftung, so wie es im Privatvermögen wäre.

- Verkauf deines Einzelunternehmens an eine GmbH-Tochter der Stiftung ab 55 Jahre mit einmalig im Leben 45.000 € Steuerfreibetrag (bis max. 136.000 € Veräußerungsgewinn) und nur Teileinkünfteverfahren (40% steuerfrei). Der Kaufpreis wird dann in der GmbH über 15 Jahre abgeschrieben und mindert dort nochmals den Gewinn.

- Unterstützung der eigenen Kinder: wenn deine Familienstiftung den Reitunterricht deiner Tochter und den Gitarrenunterricht deines Sohnes übernimmt oder dessen Kosten für das Studium oder gar deren kompletten Unterhalt, fällt bei diesen ggf. für diese Zuwendung Kapitalertragssteuer oder Steuer aus dem Teileinkünfteverfahren an. Da die Kinder aber sonst kein Einkommen haben, sind die ersten 9.000 €/0,25 = 36.000 € bzw. 15.000 € im Teileinkünfteverfahren (9.000 €/0,60) erst einmal komplett steuerfrei, danach greift eine leichte Progression (die Stiftung hat natürlich 15% Körperschaftssteuer bezahlt bzw. 0,75% bei Kapitalerträgen). Im Vergleich zur sonst üblichen Bezahlung aus 45% Einkommensteuer des Familienvaters ein beträchtlicher Vorteil, und das locker die ersten 16-30 Lebensjahre jedes Kindes. Da kommen schnell bis zu 500.000 € Steuerersparnis pro Kind zusammen. Die 4.788 € Kinderfreibetrag bleiben natürlich trotzdem erhalten, auch wenn die Kosten für die Kinder im Privatvermögen auf 0 € gedrückt werden.

Die Anerkennung der Stiftungssatzung ist nicht beurkundungspflichtig. Die Schenkung von GmbH-Anteilen oder Immobilien muss jedoch bei einem Notar erfolgen. Die Steuerberaterkosten für eine Stiftung entsprechen denjenigen für die Erklärung der identischen Sachverhalte (z. B. Vermietung von

Immobilien) im Privatvermögen. Der Steuerberater wird in der Regel nach Gegenstandswerten abrechnen. Diese sind im Privatvermögen und in der Stiftung identisch. Eine Verpflichtung zur Bilanzierung gibt es im Gegensatz zur VV-GmbH in der Stiftung nicht. Die Rechtsform „Stiftung" löst im Gegensatz zur VV-GmbH keine wesentlichen Steuerberaterkosten, die nur durch die Struktur veranlasst sind, aus.

Stiftung kombiniert: Insolvenzschutz, Vermögensaufbau geschützt vor der Ehefrau und vor ungewollten Pflichtteilserben, mit nur 15% Körperschaftssteuersatz, Holdingprivileg (0,75%) mit automatischer Gewerbesteuerbefreiung, geringsten Strukturkosten und dann noch der Möglichkeit, nach zehn Jahren spekulationssteuerfrei Immobilien verkaufen zu können.
Bitte verwende keine Mustersatzung zur Gründung deiner Stiftung. Änderungen können später schwer bis gar nicht mehr vorgenommen werden! Investiere hier lieber etwas Geld in gute Beratung.

Fallstricke Stiftungen

- Keine Vermietung von Immobilien an stiftungsverbundene Unternehmen (Betriebsaufspaltung)
- Umsatzsteuerliche Organschaft Stiftung als Holding haftet für die Umsatzsteuerschulden der Tochter
- Verbilligte oder unentgeltliche Überlassung einer Wohnung an einen begünstigten der Stiftung führt bei diesem zu einem einkommensteuerpflichtigen Sachbezug.
- Nießbrauch: Stiftung (Eigentümer) darf keine Aufwendungen (auch keine außergewöhnlichen) tragen, sondern der Stifter (Nießbrauchsberechtigter) muss diesen tragen, da auch er die Einnahmen erzielt, sonst wird der Werbungskostenabzug versagt.
- Anders als die GmbH kann die Stiftung auch an gewerblichen Personengesellschaften beteiligt sein ohne die erweiterte Gewerbesteuerkürzung bei reiner Vermögensverwaltung zu verlieren.
- keine Vermietung unter 66% des marktüblichen Niveaus an Verwandte des Vorstands (anteilige Kürzung der Werbungskosten) oder Begünstigte der Stiftung (zusätzlich einkommensteuerpflichtiger Sachbezug)

Doppelstiftung

Es werden zwei Stiftungen gegründet: eine Familienstiftung zur Versorgung der Familie und eine gemeinnützige Stiftung. Beide Stiftungen beteiligen sich an einer gemeinsamen Tochter-GmbH. Jetzt kann die gemeinnützige Stiftung z.B. Darlehen an die Tochter gewähren, um diese zu stärken. So wird erreicht, dass steuerbegünstigte Erträge aus der Steuerbefreiung der gemeinnützen Stiftung auch der Familienstiftung zugutekommen.

Grunderwerbsteuerfreie Übertragung vom Privatvermögen an die Stiftung
1. Steuerfreie Einbringung (kein Verkauf) der Immobilien vom Privatbestand in eine KG. Vollhafter (Kommanditist) wird eine neu gegründete GmbH (ohne Beteiligung am Vermögen), an beiden bist du zu 100% beteiligt. Die KG allein zu gründen geht nicht, weil eine Personengesellschaft immer zwei Gesellschafter braucht.
2. Zehn Jahre Spekulationsfrist abwarten
3. Gründung einer Familienstiftung, steuerfreier Verkauf (Oberkante Marktwert) von 89% der Anteile an der GmbH & Co. KG an die Stiftung 60% (ab 1,5 Mio. € 80%), Non-Recourse-Finanzierung und Rest gegen endfälliges Verkäuferdarlehen. Durch das endfällige Darlehen sind im Insolvenzfalle nur die Zinszahlungen pfändbar, der Darlehensrückzahlungsanspruch bleibt jedoch genauso bestehen wie die Immobilien in der Stiftung.
4. Das Darlehensrückzahlungsanspruch wird gestückelt und alle zehn Jahre 400.000 € an jedes Kind übertragen.
Vorteile gegenüber der Übertragung der Immobilien auf die Kinder:
- Schon unter 18 Jahren möglich, da keine Zustimmung des Vormundschaftsgerichts nötig (Geldforderung hat keine Nachteile, vor denen das Kind geschützt werden muss, im Gegensatz zur Immobilie, die als Nachteile Unkosten hat)
- Das Immobilienvermögen wird zusammengehalten und vor dem direkten Zugriff und möglicher Insolvenz der Kinder geschützt
- Die Geldforderung ist beweglicher als die Immobilie (internationale Steuergestaltung, Stückelung, Abtretung, Weiterverschenken...)
- Es wird Liquidität bei den Kindern geschaffen, um später, wenn der große Batzen an Erbe kommt, dann dies es auch bedienen zu können, ohne dass Immobilien veräußert werden müssen
In Bayern gibt es für Familienstiftungen keine Stiftungsaufsicht, der Nachteil liegt drin, dass keine Behörde eine Vertreterbescheinigung ausstellt – nun ist es

als Vorstand schwieriger sich zu legitimieren. Zusätzlich entfällt nach dem Tod durch die fehlende Stiftungsaufsicht dann die gewünschte Überwachungsfunktion. Die Nachteile überwiegen also, so dass im Regelfall nicht extra wegen der fehlenden Stiftungsaufsicht in Bayern gegründet werden sollte.

Die Familienstiftung ermittelt ihre Einkünfte nach der Einkommensteuer inkl. steuerfreiem Verkauf nach zehn Jahren von Immobilien, versteuert jedoch mit Körperschaftssteuer + Soli (15,8%).

Unternehmensträger-Stiftung

Erbfälle von Immobilieninvestoren oder Unternehmen können zum wirtschaftlichen Risiko für den Immobilienbestand / das Unternehmen werden unter anderem durch:

-die Erben, die sich als unternehmerisch ungeeignete Nachfolger erweisen
-die Nachfolgegeneration, die nicht unternehmerisch tätig sein möchte
-nicht vorhandenen Kinder
-die Anteile am Unternehmen / der Immobilienbesitz durch die Erbfolge zersplittert und durch die immer größere Anzahl von Folgeerben Konflikte entstehen und dadurch keine Entscheidungen mehr herbeigeführt werden können
-das Verfahren der Testamentsvollstreckung ist sehr langwierig bis es zu einer Erbauseinandersetzung kommt, Pflichtteilsansprüche, Abfindungen von Miterben und Erbschaftssteuer zu Notverkäufen aufgrund kurzfristiger Liquiditätsengpässe führen. Oft können Unternehmen gar nicht mehr gehalten werden und müssen an Dritte verkauft werden.

Im Rahmen der Nachlassgestaltung bietet es sich daher an, schon frühzeitig einen Teil des Vermögens an eine Familienstiftung auszulagern, um damit die Rahmenbedingungen für einen generationenübergreifenden Erhalt des Unternehmens / des Immobilienportfolios zu schaffen. Die Stiftung hat keinen Besitzer, Gesellschafter oder Anteilseigner. Sie ist eine verselbständigte Vermögensmasse (gehört sich selbst), fällt daher nicht in die Erbmasse und schützt das Vermögen vor persönlichen Schicksalsschlägen wie: Tod, Scheidung, Pflegefall und Privatinsolvenz.

Familienstiftung mit Sitz in Bayern: fehlende Stiftungsaufsicht

In den Stiftungsbehörden Bayerns werden den Stiftungsvorständen für Familienstiftungen keine Vertretungsbescheinigungen ausgestellt. Dies mit der Begründung, dass in Bayern (zutreffend) keine Stiftungsaufsicht über Familienstiftungen besteht. Eine Vertretungsbescheingung, die lediglich die Vertretungsregeln und die vertretungsberechtigten Personen nach dem Stiftungsgeschäft im Zeit der Errichtung darstellt, wird ebenfalls nicht ausgestellt.

Während man auf den ersten Blick denken könnte, dass die fehlende Stiftungsaufsicht vorteilhaft ist, weil man sich zu Lebzeiten den Ärger spart, rate ich jedoch zur Gründung einer Familienstiftung in Bayern ab. Die Stiftungsaufsicht ist dazu da, zu überwachen, dass vom Vorstand die satzungsgemäßen Ziele des Stifters auch nach seinem Tod erfüllt werden. Diese Überwachung ist zentrales Element der Stiftung, auf die auf keinen Fall verzichtet werden sollte.

In Bayern muss sich der Stiftungsvorstand vor allem bei beurkundungspflichtigen Rechtsgeschäften „rechtlicher Krücken" bedienen, wie beispielsweise der Abgabe von eidesstattlichen Versicherungen über die bestehende Vertretungsmacht. Insbesondere für Familienstiftungen, die GmbH-Anteile oder inländische Grundstücke kaufen und verkaufen, stellt dies aufgrund der erforderlichen notariellen Beurkundung eine Hürde dar. Aus diesem Grund ist zusätzlich von der Gründung einer Familienstiftung mit Sitz in Bayern abzuraten.
Immotege-Finanzierungsstrategie für Stiftungen
Werden Immobilien im Exit nach zehn Jahren aus dem Privatbestand an die „eigene" Familienstiftung verkauft besteht das Problem der Finanzierung. Nach zehn Jahren ist die Immobilie noch nicht vollständig getilgt, sodass ein reines Verkäuferdarlehen nicht in Frage kommt.

Problem 1: Bürgschaft / Verschlechterung persönliche Bonität

Eine Bankfinanzierung benötigt wieder die persönliche Bürgschaft, wenn man denn überhaupt eine Bank findet, die sich mit der Stiftung befassen will. Die persönliche Bürgschaft zieht die persönliche Bonität jedoch gleich doppelt runter. Im Gegensatz zur VV-GmbH, bei der sowohl Besitz indirekt über die Gesellschaftsanteile als auch die Miete indirekt als Anspruch auf Gewinnausschüttung die persönliche Bürgschaft des Gesellschafters in seine Bonität ausgleichen. Die Stiftung hat keinen Gesellschafter, und der Stifter selbst hat auch keinen Anspruch auf die Mieteinnahmen (darf ja auch nicht sein, da sonst die Stiftung im Insolvenzfalle des Stifters (Destinatär) durch den Insolvenzverwalter zu Zahlungen verklagt werden könnte). Der Stiftungsvorstand allein entscheidet daher über Begünstigungen, Gehaltszahlungen etc. (dass der Vorstand dieselbe Person ist, spielt dabei keine Rolle).

Die Stiftung reduziert also sowohl das Vermögen des Stifters durch die Haftung für die Höhe des Darlehens (erhöht damit den Verschuldungsgrad des Stifters) und reduziert die Haushaltsrechnung (durch die Raten des Darlehens) ohne dass Mieteinnahmen oder Vermögensbilanz entgegenstehen.

Die Folge ist, dass früher oder später Finanzierungen rein im Privatbestand, in VV-GmbHs etc. ohne Bürgschaft der Stiftung (die man nun ja auf gar keinen Fall da reinziehen will) nicht mehr möglich sind.

Problem 2: Liquiditätssituation in der Stiftung

Da die Immobilien aus dem Privatbesitz immer zum höchstmöglichen Verkaufspreis (Oberkante drittüblicher Marktpreis) an die Stiftung verkauft werden sollen, um den maximalen steuerfreien Verkaufserlös privat zu erreichen, bringen diese Immobilien in der Stiftung oftmals nur noch Renditen von 3-5%. Dies ist zu wenig, um einen Kapitaldienst von 2% Zins und 2% Tilgung sowie Instandhaltung zu leisten. Es muss dann zusätzliche Liquidität (Eigenkapital) von Privat über Darlehen in die Stiftung eingeschossen werden, um diese vor der Zahlungsunfähigkeit, die durch die Bürgschaften für die Darlehen dann wieder privat durchschlagen würde, zu retten. Dies ist natürlich nicht Sinn der Sache.

Problem 3: Nachbesicherung im Privatinsolvenzfall

Durch die persönliche Bürgschaft kann die Bank jederzeit bei Einkommens- oder Vermögensverschlechterung des Bürgen (z.B. durch Insolvenz) fordern, die Darlehen der Stiftung nachzubesichern. Dass dies gerade in einer schwierigen Situation nicht möglich ist und natürlich komplett entgegen dem Gedanken steht, dass die Stiftung als Absicherung gerade für diesen Privatinsolvenzfall dienen soll, führt zur Zerstörung der mühsam aufgebauten Absicherung. Doch rein aus Cash und Verkäuferdarlehen lässt sich ohne erhebliche Einbußen des Wachstums im Privatbestand keine Stiftung nachhaltig und schnell für einen kleinen Privatinvestor aufbauen. Vor diesem Wissen verschließen sich viele vor dem Thema Stiftung und gehen es gar nicht erst an.

Die Lösung:
Der Verkauf der Immobilie an die Stiftung wird wie folgt strukturiert:

60% Non-Recourse-Finanzierung (ohne Bürgschaft)

5 - 20 Jahre Festzinsbindung für 1 – 2,5% Zins
1% Tilgung über eine deutsche Versicherung finanziert

Dies entspricht im Regelfall deutlich mehr als der Restschuld des bestehenden Darlehens durch 20% Tilgung und entsprechende Wertsteigerung / Einkaufsgewinn / Aufwertungsgewinn und den hoch angesetzten Verkaufspreis.

40% endfälliges Verkäuferdarlehen

30 Jahre endfällig (Insolvenzschutz privat), jederzeite einseitige Teilrückzahlungsoption der Stiftung zu 2% Zins
Ausgestaltung als Mezzanine-Kapital zur Stärkung der Bonität der Stiftung: Endfällig, mindestens fünf Jahre Laufzeit (erfüllt, da 30), mindestens zwei Jahre Kündigungsfrist, nachrangig und erfolgsabhängig (Zinsen werden solange angesammelt bis sie bezahlt werden können).
Durch die Endfälligkeit wird gewährleistet, dass der Kapitaldienst gedeckt ist und flexibel dann zurückgezahlt werden kann, wenn privat Geld gebraucht wird oder die Stiftung gerade Geld loswerden will.
10% Kaufnebenkosten - Eigenkapital der Stiftung
Alternativ ebenfalls endfälliges Darlehen aus einer Gesellschaft, Privat etc.

Die Treuhandstiftung ist keine sinnvolle Alternative

Babs Steger (Spinnerclub) hat den Großteil ihres Vermögens in eine Treuhandstiftung eingebracht. Was auch immer der Grund dafür war, von der Konstruktion der Treuhandstiftung um Erbersatzsteuer zu sparen, eine veränderlichere Satzung zu haben oder mit geringeren Kosten / Kapital zu gründen, rate ich dringend ab. Wenn Stiftung, dann bitte eine saubere rechtsfähige Stiftung und keine rechtliche Krücke wie die Treuhandstiftung.

Die Probleme der Treuhandstiftung

Die Aufrechterhaltung der Treuhandstiftung über mehrere Generationen ist indes nicht möglich. Denn die Verpflichtung gegenüber dem Stiftungsträger das Stiftungsvermögen ebenfalls unter einer Auflage an die Kinder weiterzugeben wird durch das Erbrecht ausgeschlossen, auch wenn das Gesetz grundsätzlich keine zeitliche Beschränkung für Auflagen vorsieht (§ 2302 BGB untersagt es, jemandem aufzuerlegen, eine bestimmte Verfügung von Todes wegen zu treffen). Die Auflage wirkt im Ergebnis nur zwischen Stifter und Stiftungsträger und nur so lange der Stiftungsträger lebt.

Auch könnte bei einem Treuhandvertrag die Vermögenssubstanz nicht einheitlich über mehrere Generationen hinweg verwaltet werden. Im Falle des Todes des Stifters würde der Treuhandvertrag mit den Erben fortgesetzt (§ 672 BGB). Diese könnten allerdings jederzeit kündigen und die Substanz an sich ziehen. Im Falle des Todes des Stiftungsträgers würde der Auftrag im Zweifel erlöschen (§ 673 BGB), sofern der Stifter nicht ausdrücklich den Fortbestand durch einen neuen Stiftungsträger vorsieht. Auch hier wäre eine Kündigung der Erben möglich. In jedem Fall käme es auch bei einer Treuhand bei Versterben des Stiftungsträgers zu einem Rechtsträgerwechsel mit entsprechender Erbschaftsteuerpflicht.

Fazit: Die Treuhandstiftung unterliegt nicht der Erbersatzsteuer. Dies ist jedoch **kein** wirtschaftlicher Vorteil, da die Vermögenssubstanz regelmäßig der regulären Erbschaftsteuer unterliegt. Zugleich ist festzustellen, dass sich die Treuhandstiftung als Instrument der Nachfolge nur für einen Generationswechsel eignet. Gleichwohl kann die Vermögenssubstanz als einheitliche Vermögensmasse gerade nicht vor einer Zersplitterung geschützt werden, da es auch dann zu einem regulären Erbfall kommt. In dem Fall, in welchem der Wert des Treuhandvermögens den Wert der Auflage bei weitem übersteigt (beispielsweise Grundvermögen), ist es sogar möglich, dass es bereits bei der Vermögensübertragung auf den Treuhänder zu einer Schenkungssteuerbelastung kommt.

Erbersatzsteuer bei der Familienstiftung umgehen

1. unter 800.000 € Vermögen bleiben, ansonsten eine weitere gründen

Oder:

2. Die gewerbliche Infizierung der Stiftung

Vermögen nach §13a + 13b ErbStG (Betriebsvermögen) bei der Erbschaft (in der Stiftung Erbersatzsteuer, die immer genau nach 30 Jahren anfällt) sind Wohnungen ab Beständen von 300 Einheiten oder wenn wesentliche Zusatzleistungen nach BFH Urteil (Wechseln der Bettwäsche) erbracht werden. Hat man nun die 300 Einheiten nicht zusammen, wird zwei Jahre vor Ablauf der 30 Jahre der Immobilienbestand gewerblich geprägt, indem Zusatzleistungen gebracht werden, so dass der Immobilienbestand begünstigtes Betriebs-Vermögen im Sinne der Erbschaftssteuer wird. Man bezahlt dann eben für ein paar Jahre Gewerbesteuer. Dies ist jedoch der geringere Schaden als die Erbschaftssteuer.

Die Risiken, die eine Familienstiftung löst

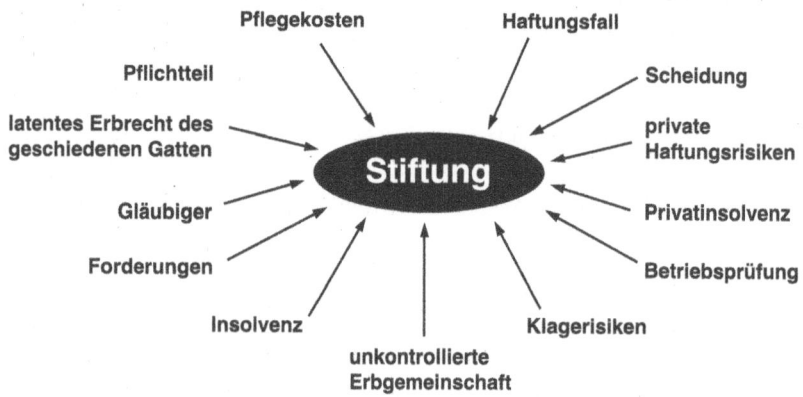

Ländliche Gebiete

- EFH zum doppelten Preis verkaufen

- Prognose Immobilien-Preisentwicklung

- Cashflow und Wertsteigerungspotential

„Wenn das, was du tust, nicht funktioniert, tue etwas anderes" NLP *Axiom*

21. Mietkauf für ländliche Gegenden

Mietkauf ist in Deutschland nicht sonderlich bekannt. In den USA ist dies schon deutlich üblicher. Hier erzielen kluge Landflipper mit der Anzahlung bereits ihren Einkaufpreis und über den Mietkauf eine Überrendite. Nun wie funktioniert das in Deutschland?

Ein Einfamilienhaus zum doppelten Preis verkaufen

Im Einkauf befindest du dich in einem Verkäufermarkt und kannst daher günstig einkaufen. Im Verkauf musst du das Objekt jetzt von einem Markt zum anderen bringen um einen Gewinn zu erzielen.

Strategie 1: Totalsanierung
Strategie 2: Ultra-Low-Cost-Sanierung
Strategie 3: Buy + Hold (10 Jahre)
Strategie 4: Mietkauf (ohne eigenen Zins)

Eine Zielgruppe, die gerne kaufen würde, aber nicht kann, sind Schwellenhaushalte. Einkommen (unter 1.500 € netto ledig/unter 2.000 € netto verheiratet) oder die Bonität (z. B. wegen einer Insolvenz oder Konsumschulden) sind zu schlecht. Diese Zielgruppe bekommt keine Immobilienfinanzierung und kann somit eigentlich kein Eigentum erwerben. Doch nun bietest du ihnen an, diesen Traum zu realisieren über eine Kombination aus Mietkauf und Ratenkredit.

Die optimale Kombination aus günstigem Zins und möglichst niedriger Rate sind Laufzeiten von 96 Monaten = 8 Jahre.

Ratenkredit für die Anzahlung (96 Monate Laufzeit):
10.000 € → ca. 3,5% Zins → 120 € Monatsrate
20.000 € → ca. 3,5% Zins → 240 € Monatsrate
30.000 € → ca. 3,5% Zins → 360 € Monatsrate

Sind bereits Ratenkredite vorhanden kann man diese ggf. umschulden und aufstocken.

Je nachdem, was sich dein Käufer für eine Monatsrate in seiner Haushaltsrechnung leisten kann.

Verkaufspreis z. B. 50.000 €
- Anzahlung: 20.000 € (durch Aufnahme eines Ratenkredits)
= Mietkaufoption: 30.000 €

Miethöhe für ein EFH: z. B. 4,50 €/qm * 130 qm = 585 €.

In den acht Jahren Kreditlaufzeit sollen die 30.000 € für den Investor mit 3,5% verzinst werden und 10.000 € getilgt werden, so dass nach 20 Jahren wieder 20.000 € (Kreditlimit des Kunden) für dessen Anschlussfinanzierung in Höhe seines persönlichen Ratenkreditlimits bereitstehen. Dies ergibt eine Monatsrate von 178 € (inkl. Zins und inkl. Tilgung von 10.000 €).

Mietkaufrate für acht Jahre: 585 € + 178 € = 763 €

Nach acht Jahren ist der Ratenkredit des Käufers auf 0 € gesunken. Er kann also 20.000 € neu aufnehmen bis er sein Kreditlimit erreicht hat.

Die Kaufoption wird also auf 8 Jahre befristet im notariellen Kaufvertrag definiert und entfällt, sollte sie bis dahin nicht gezogen worden sein, ohne Entschädigung. Nach 8 Jahren nimmt der Käufer also einen neuen Ratenkredit zu 20.000 € auf und zieht damit die Kaufoption. Sollte der Käufer für zwei Monatsraten in Rückstand geraten, verfällt seine Anzahlung in Höhe von 20.000 € und seine bisherigen Tilgungen, und der Vertrag wandelt sich in einen reinen Mietvertrag zum ortsüblichen Preis von z. B. 4,50 €/qm. Nach acht Jahren bist du aus dem Deal raus. Du hast keinerlei Risiko. Durch die 20.000 € Anzahlung hast du den Großteil deines Einkaufspreises wieder drin.
Die Mietkauflaufzeit könnte auch auf vier bis fünf Jahre verkürzt werden mit einer minimal höheren Rate. Der Ratenkredit mit acht Jahre Laufzeit könnte dann entsprechend gegen 1% Vorfälligkeitsentschädigung wieder auf 20.000 € umgeschuldet werden für das Ziehen der Kaufoption schon nach fünf anstatt acht Jahren. Du musst eben ausloten, was deinem Kunden noch finanziell möglich ist. Gerne helfe ich dir dabei und vermittle dir einen entsprechenden Ratenkredit für deinen Käufer.

Unterlagencheckliste
Informationen:
- Telefon Privat/Telefon geschäftlich/E-Mail
- Familienstand

- Anzahl PKW
- Berufsbezeichnung
- falls vorhanden: Name Kind, Unterhalt, Kindergeld

Unterlagen - Persönliche Bonität:
- die letzten drei Gehaltsabrechnungen
→ ab dem 15. des Folgemonats wird spätestens die des Monats davor benötigt
- Gehaltsabrechnung Dezember Vorjahr
- Bausparverträge, Lebens- und Rentenversicherungen, Sparguthaben
- Personalausweiskopie (vorne + hinten)
- Mietvertrag der Eigenmiete
Sofern vorhanden:
- Ratenkredite/Leasingverträge etc.

vollständig (keine fehlenden Seiten), lesbar, keine Schwärzungen

per E-Mail als PDF an: info@immotege.de
- Selbstauskunft (unterschrieben, im Original, vorweg gescannt)
→ wird von mir erstellt, nachdem alle Unterlagen vorliegen!
- Darlehensvermittlungsvertrag von mir (unterschrieben, im Original, vorweg gescannt)

Wenn du noch weitere Dokumente hast, gern auch mitschicken, dann habe ich das für den Fall der Fälle schon mal da.

Beispieldeal für ländliche Einfamilienhaus Flipdeals auf Ratenzahlungsbasis über eine operative GmbH

Einkaufspreis: 5.000 € über Offmarket / Verwertung / Zwangsversteigerung etc. - Verkauf über Immoscout24 / Ebay-Kleinanzeigen etc. für 30.000 €, davon 7.000 € Anzahlung und 120 Raten mit 2% Zins. Im Ergebnis hast du damit zehn Jahre passives Einkommen generiert und deinen Einstiegskurs (Eigenkapitaleinsatz) direkt wieder raus. Wenn nötig, kannst du dem Käufer noch etwas mit der Finanzierung helfen, indem du einen Ratenkredit (mit oder ohne Schufa) oder auch für Selbständige eine Mikrofinanzierung (bis 10.000 €) – selbst für schlecht laufende Selbständigkeiten und Existenzgründer vermittelst, um damit die Anzahlung zu organisieren.

Anstatt Mietkauf, bei dem bei Zahlungsverzug die bereits geleisteten Kaufpreisanzahlungen verfallen, gibt es als klügere Variante (besonders wegen der altersbedingten Probleme mit solchen Objekten) den direkten Verkauf mit dem Ziel, dass der Eigentumsübergang sofort erfolgt, um aus der Haftung raus zu sein (auch für Grundsteuer etc.). Als Absicherungsinstrument wird eine Auflassungsvormerkung eintragen, die sofort greift, wenn zwei Raten nicht geflossen sind. Der größte Vorteil ist jedoch die Wertsteigerung der Immobilie. In den meisten Fällen wird erhebliche Muskelkraft in die Aufwertung der Immobilie kurz nach Verkauf vom neuen Eigentümer gesteckt.

Untermietverträge

Profis lassen sich nicht auf Untermietverträge ein, da, sollte der Hauptmietvertrag gekündigt werden, der Untermietvertrag auch weg ist.

Prognose Immobilien-Preisentwicklung Deutschland

Bis zum dritten Quartal 2018: + 7 %, bis 2020: + 30 %. Da die A-Standorte massiv im Preis gestiegen und mit Renditen unter 4,5 % unlukrativ geworden sind, erleben wir nun schon seit rund zwei Jahren immer mehr, dass von Investoren (nicht Kapitalanleger, die geben sich mit niedrigerer Rendite zufrieden) ins Umland auf B-Standorte ausgewichen wird. Es ist absolut ungesund, wenn die Immobilienpreise stärker steigen als die Inflation und das über Jahre hinweg. Wir haben 2016 inflationsbereinigt das Niveau von 1982 wieder erreicht und 2014 das Niveau von dem Jahr 2000. Die 2010 begonnene Aufholbewegung ging jedoch extrem schnell, und es ist davon auszugehen, dass die Party auch 2018 noch nicht vorbei ist, sondern sich weiter fortsetzen wird. Kommt ein Crash, bekommen wir eine kurze Korrektur, dann geht es mangels Alternativen in der Anlagemöglichkeit weiter nach oben. Zieht ab 2020 der Zins leicht an, wird die Kurve etwas flacher. Dann sehen wir in den Top-Standorten eben keine 2-stelligen Preissteigerungen mehr. Diese müssen sowieso früher oder später weg, damit sich keine Blase bildet. In den Top-Standorten könnte man anfangen von einer Blase zu sprechen, aber nur anfangen.
Ich kann nur dringend raten, entweder sich ein entsprechendes Netzwerk aufzubauen, um Offmarket-Deals in den Top-Standorten weit unter Marktpreis kaufen zu können (mit mindestens einer anfänglichen Brutto-Mietrendite

von 5,5%), die kurzfristig durch Mieterhöhungen oder Neuvermietung (bestehende Kündigung) auf mindestens 8% Bruttomietrendite steigerbar ist, eben in ländlicheren Regionen. Oder auf andere Standorte (Norddeutschland, Ostdeutschland, Ruhrgebiet) auszuweichen. Es ist absolut keine Lösung, sich Objekte mit kurzfristig nicht steigerbaren Renditen von 4-5% ans Bein zu binden. Wenn diese sich knapp tragen, reduzieren sie doch über die Berechnung der Stressannuität deine Bonität, und du kannst nach wenigen Objekten nicht mehr weiterfinanzieren.

Cashflow und Sicherheit geht vor Wertsteigerungspotential

Es ist eben nicht so, dass ein Top-Standort sicher ist. Ein hochpreisiger Standort lässt sich zwar immer vermieten, bietet jedoch ein enormes Rückschlagspotenzial im Preisniveau (Nachbesicherung des Darlehens bei fallendem Preis). Ich muss daher dringend dazu raten, sich lieber den wirklich sicheren Standorten in ländlicheren Gebieten zuzuwenden. Diese Standorte sind schwerer zu vermieten, und bringen ggf. auch problematischere Mieter mit sich. Wer sich jedoch über Objektzustand, Servicequalität, Kreativität, Flexibilität und einen günstigen Mietpreis gegenüber dem Wettbewerb differenziert, kann auch an diesen Standorten immer vermieten. Durch den günstigeren Objekteinkauf und die höhere Rendite, Ziel-Brutto-Mietrendite mindestens 8%, besser 10%, bekommst du einen Sicherheitspuffer hin, der dir an Top-Standorten fehlt.

	A-Standorte	C-Standorte
Vermietbarkeit:	automatisch sehr gut	gut (Kriterien beachten)
Ziel-Bruttomietrendite:	6 % steigerbar auf 8 %	mind. 8-10 %
Market-Deals:	sehr schwierig	möglich
Offmarket-Deals:	sehr schwierig	möglich
Käufer/Verkäufermarkt:	Verkäufermarkt	Käufermarkt (ländlich)
kurzfristige Entwicklung:	+30 % bis 2020	max. +10 % bis 2020
Korrekturpotential:	-50 %	-30 %

Wenn du jetzt deinen Wohnsitz nicht in der Nähe des Ruhrgebiets, in Norddeutschland oder in Ostdeutschland hast, dann hast du die Wahl. Entweder a) du investierst Fahrtkosten und änderst deinen Standort, oder b) baust dir lokal ein Netzwerk auf, um über Offmarket-Deals doch noch an die paar begehrten Objekte zu kommen. Möglichkeit c) kaufst stark sanierungsbedürftige Objekte, die dann deine Zeit in der Revitalisierung befinden, oder d) gehst in deiner Region in ländlichere Gebiete. Alles bringt Opportunitätskosten mit sich. Niedrigere Rendite zu akzeptieren, nicht zu kaufen, oder weniger Objekte zu kaufen jedoch genauso. Meiner Meinung nach sind das sogar die deutlich höheren Opportunitätskosten, denn es kostet dich Jahre, bzw. kostet dich ggf. sogar dein Ziel der finanziellen Unabhängigkeit. Auch wenn der Titel des Buchs von Alex Fischer reißerisch ist. fünf Jahre sind, wenn man die Sache konsequent und strategisch angeht, ein machbarer Zeithorizont, um mit Immobilien finanzielle Unabhängigkeit aufzubauen, auch in den heute schwieriger gewordenen Märkten. Manche schaffen es auch in drei Jahren. Sie haben meist Glück gehabt und ihnen ist ein guter Deal zugeflogen, der einen kräftigen Schub erlebte, oder sie hatten eine gute Startposition (Einkommen, Vermögen), dies aber wieder gepaart mit Disziplin und einer guten Strategie. Geschenkt bekommen auch sie nichts. Die meisten brauchen jedoch 15 Jahre und länger oder schaffen es gar nie aus dem Hamsterrand heraus zu kommen. Dies hängt entscheidend davon ab, was du für ein Mindset hast. Gehörst du zu denen, die jammern, weil der Markt so schwierig geworden ist und sie keine guten Deals finden, sich zu wenig mit ihrer Strategie auseinanderzusetzen und das Thema Immobilien nicht so betreiben, wie es konsequenterweise betrieben werden muss - wie ein Business. Oder gehörst du zu denjenigen, die bereit sind, Scheiße zu fressen, Energie, Zeit und Kraft zu investieren, sich weiterzuentwickeln und sich von alten Denkmustern loszusagen um langfristig erfolgreich zu sein?

Es ist natürlich klar, dass es sich nicht lohnt, wegen drei Wohnungen fünf Stunden ans andere Ende von Deutschland zu pendeln. Wird der Bestand jedoch größer und kannst du z.B. auf eine vier Tage Woche in deinem Job zurückschalten, hast du die Zeit schon wieder kompensiert. Dann kannst du mit der gewonnenen Zeit weiter skalieren. Diejenigen, die in drei bis fünf Jahren Bestände von 20-60 Einheiten aufgebaut haben, die haben zusätzlich zu Ihrem Vollzeitjob den weiteren Vollzeitjob Immobilieninvestor betrieben. Jeden Abend, jedes Wochenende Zeit investiert drei Jahre lang, fünf Jahre lang und sind dafür durch die Hölle gegangen, um dafür für den Rest ihres Lebens das Leben zu leben, das sie gerne leben möchten und nicht mehr an einen 9-5 Job gefesselt zu sein. Immobilieninvestment ist alles andere als ein passives Einkommen, aber es ermöglicht ein ausreichend hohes Einkommen. Nach einem intensiven Anfangsinvestment an Zeit aufzubauen, das in der Zukunft deutlich weniger Lebenszeit benötigt als ein 40-Stunden-Job. Wenn du jetzt noch am Anfang des Berufslebens stehst und noch keine 20 Jahre Beruf hinter dir hast, dann macht dir dein Job vielleicht sogar noch Spaß. Studien belegen jedoch, das 50-90 % der Arbeitnehmer mit ihrem Job unzufrieden sind. Das wird vielleicht jetzt kurzfristig die nächsten paar Jahre mit wachsender Konjunktur minimal besser, langfristig auf einen Zeithorizont von 20 Jahren im Zuge der Digitalisierung jedoch zur Katastrophe. Die wenigsten ändern an ihrer Situation jedoch etwas. Verschenke deine Lebenszeit nicht. Du lebst nur einmal. Ich weiß, wie viel Kraft es kostet, ein Business (z.B. Immobilieninvestment) zum Laufen zu bekommen, den Lohn wirst du jedoch ernten und der Aufwand lohnt sich.

Finanzierung von KMU

- Mikrofinanzierung

- Kfw Startgeld

- Kfw geeigneter Businessplan

- Unterstützingsstellen

„Menschen sind nicht neurotisch, verrückt oder gebrochen. Sie treffen stets die beste Wahl aus dem, was ihnen an Optionen zur Verfügung steht. Sie funktionieren in ihrem Modell der Welt" NLP Axiom

22. Finanzierung von KMU

Mikrofinanzierung (für Selbständige)

Bist du noch nicht selbständig, dann geh zum Gewerbeamt und hole dir einen Gewerbeschein, kostet ca. 30€ (Mikrofinanzierung geht auch für nebenberufliche Selbständigkeit). Jetzt musst du aber auch ein paar Umsätze nebenher drehen, da findet sich aber immer irgendwas.

Kriterien Mikrofinanzierung

- auch für Neugründer
- auch für Kleinunternehmer
- auch unter 50.000 € Umsatz
- ohne Bürgen (außer Gesellschafter bei UG/GmbH)
- ohne Sicherheiten (außer teilweise eigener PKW)
- nur geringe Unterlagenanforderungen (es werden Einnahme-Überschussrechnungen auch bei Kapitalgesellschaften akzeptiert)
- extrem schnelle Abwicklung: wenige Tage
- kein Verwendungsnachweis (du bestätigst nur, dass du es ausschließlich gewerblich verwendest)
- fester Zinssatz: aktuell 7,9%
- Laufzeit: 12-48 Monate (also 48 Monate wählen!)
- Maximalbetrag im 1. Schritt: 10.000 €
- Aufstockung nach sechs Monaten um 11.000 € auf insgesamt 20.000 €
- Businessplan nicht zwingend nötig, wenn die Zahlen passen
- funktioniert auch dann, wenn normale Banken nicht finanzieren würden

Es können 10.000 € im ersten Schritt beantragt werden und wenn der Kredit sechs Monate bedient wurde, kann auf insgesamt 20.000 € aufgestockt werden. Es kann also im zweiten Step nach sechs Monaten 11.000 € aufgenommen werden. Monatsrate: 243,66 €. Nach sechs Monaten hast du dann einen Schuldenstand von 8.915,32 € und kannst also bis zu den vollen 20.000 € abgerundet wieder 11.000 € aufnehmen. Dieses Spiel kannst du grundsätzlich ewig so weiterführen und so dein ausbezahltes Darlehen immer wieder durch einen neuen Kredit zurückholen, bis max. 20.000 €.

Kombination Kreditlinie ING-Diba 25.000 € + 20.000 € Mikrofinanzierung

(GRENKE Bank). Gesamt: 45.000 €
Reihenfolge: 1. ING-Diba Kreditlinie, dann Mikrofinanzierung beantragen!

Beantragung Mikrofinanzierung: Die Beantragung der Mikrofinanzierung kann nicht direkt bei der GRENKE Bank erfolgen, sondern muss über ein Mikrofinanzierungsinstitut durchgeleitet werden, welche über den Kredit vorentscheidet. Gerne reichen wir von Immotege für dich deinen Kreditantrag über ein solches Mikrofinanzinstitut bei der GRENKE Bank ein.
Anfragen an info@immotege.de

Extrem hohe Bewilligungsquote: in 90% der Anfragen wird ein Kredit vergeben! Davon werden 80% ohne irgendwelche Bürgschaften oder Sicherheiten vergeben (auch Höchstbeträge 10.000 € + 11.000 €).

Kein Verwendungsnachweis

Das heißt, es wird zwar bei Kreditvergabe unterschrieben, dass der Kredit nur für unternehmerische Zwecke verwendet wird, dies prüft jedoch im Regelfall niemand!
100 € Bearbeitungsgebühr (nicht im Voraus zu zahlen und nur bei Erfolg, werden direkt beim Kredit einbehalten, das heißt es werden nur 9.900 € ausbezahlt)

Doch es kommt noch besser: 100.000 € von der KfW

100.000 € (ohne Sicherheiten) durch "KfW Starteld"
- für Existenzgründer
- für bestehende Unternehmen in den ersten fünf Jahren
→ besteht dein Unternehmen länger, gründest du einfach ein weiteres
- auch (vorläufiger) Nebenerwerb
- keine Sicherheiten nötig
- **KfW geeigneter Businessplan nötig**
- Unternehmerpersönlichkeit zählt
→ Qualifikationsnachweise sind von Vorteil (Fortbildung, Berufserfahrung)
- Laufzeit von zehn Jahren (fünf gehen auch, wählst du aber nicht)
- Tilgungsfreie Anlaufzeit zwei Jahre (eins bei fünf Jahre Laufzeit)
- 80% Haftungsfreistellung der durchleitenden Bank
- 80% Bewilligungsquote durch die KFW

- ca. vier Wochen Bearbeitungszeit
→ aber: es hängt vor allem an der durchleitenden Bank
→ darum ist die Auswahl dieser Bank entscheidend
- Zinssatz:

Mit 18 Jahren habe ich zum ersten Mal, ohne Berufsausbildung, ohne Schulabschluss, ohne Eigenkapital, ohne Bürgschaft aus der Familie (außer von mir persönlich) 250.000 € von der KfW für mein Unternehmen erhalten. Zu diesem Zeitpunkt war ich zwei Jahre selbständig. Die Bürgschaftsbank hat für 50% eine Ausfallbürgschaft gestellt. Beim StartGeld ist die Ausfallbürgschaft sogar 80%. Es hing alles an einem guten KfW-geeigneten Businessplan und mir als Unternehmerpersönlichkeit, die ich in den ersten zwei Geschäftsjahren bewiesen hatte.

Ob du fünf oder zehn Jahre Kreditlaufzeit bekommst, hängt von deinem Businessplan ab, die Zahlen dort müssen ebenso hingedreht werden, dass dein gewünschtes Ergebnis, also zehn Jahre (für mehr Liquidität und höheren Cashflow) rauskommen.

KfW-geeigneter Businessplan

Zehntausende Gründer werden am Bankschalter abgeschmettert, weil sie keinen KfW-geeigneten Businessplan erstellt haben! Es kommt also wie immer darauf an, die Spielregeln zu beachten.
Fakten, Fakten, Fakten und an die Leser denken.
Leser ist der Banker bei der durchreichenden Bank und bei der KfW

Beschreibung des Geschäftsmodells

- in möglichst wenigen Worten
- möglichst präzise auf den Punkt
- einem Dritten verständlich klar gemacht

Eigene Person

- Lebenslauf, kaufmännische Kenntnisse, Markt, Konkurrenten
- Die Konkurrenz nicht unter den Teppich kehren, sondern Abgrenzung darstellen (USP = Unique-Selling-Points)

- Rechtsformwahl
- vier betriebswirtschaftliche Prognoserechnungen (das ist das Wichtigste!)
- Gewinn- und Verlustprognose in den nächsten 3 Jahren
- Liquiditätsplanung (Kassenflussrechnung, Beweisrechnung, wie viel Kredit benötigt wird)
- Investitions- und Finanzierungsplanung (woher soll das Geld kommen, vorrechnen)
- Kapitaldienstberechnung (Zins + Tilgung vorrechnen, wir können uns den KFW-Kredit leisten und er kommt zurück zur Bank)

Wir rechnen nicht irgendwas aus mit unseren Berechnungen, sondern unsere Berechnungen müssen genau das, was wir haben wollen, auch belegen. Nur derjenige, der vorrechnet, dass er den Kredit braucht und es nur mit ihm geht (es handelt sich schließlich um einen Förderkredit), bekommt ihn auch. Gründer machen den Bankern gern Arbeit: das mögen Banker gar nicht. Darum muss der ganze Kreditantrag samt Businessplan mundgerecht geliefert werden. Darin unterstütze ich dich gern.

- Der Businessplan kann auch relativ kurz sein: 15 Seiten
- Es gibt keine Prämie für die Produktion von viel Papier
- Kein Fachchinesisch! Der Banker möchte es einfach und verständlich! Mit massenhaften Fachausdrücken unterstreichst du NICHT deine Kompetenz, sondern beweist nur, dass du deinen Leser nicht im Blick hast
- Der Businessplan muss fix und fertig und zur direkten Antragsstellung bei der KFW führen. Also zielführend und schnell.

Kostenfreie Businesspläne aus dem Internet

Kostenlose Businesspläne aus dem Internet sind NICHT geeignet. Diese kannst du als Vorlage nutzen für einen ersten Eindruck. Die Vorlagen müssten aber stark abgewandelt werden. Diese Businesspläne unterscheiden sich nur durch den Typ des Betriebs und den Namen. Die Banker erkennen es auf den ersten Blick, dass es sich um nicht individuelle, sondern aus dem Internet heruntergeladene Businesspläne handelt. Es geht um viel Geld, da muss man sich auch die Arbeit machen, einen individuellen eigenen Businessplan zu erstellen. Es gibt 500.000 Gründungen in Deutschland pro Jahr, aber nur 7.000 Gründer bekommen das KfW StartGeld. Und das bei einer Bewilligungsquote von über 80% bei der KFW. Es scheitert also bei der Vorarbeit!

Immotege unterstützt dich bei der KfW-Finanzierung

1. Eine mundgerechte Kreditantragstellung
→ Nur wenn alles fix und fertig und KfW-gerecht aufbereitet ist, hat der Kredit eine Chance
2. Auswahl der passenden Bank
→ Eine Bank, die auch wirklich Geschäft im Bereich KFW-Finanzierungen machen will

Lass dich von einer Unternehmensberatung unterstützen

1.500 € BaFA-Förderung als Zuschuss (50% von 3.000 €/4.000€), in den neuen Bundesländern (ohne Berlin und Leipzig) sogar bis zu 80% von 3.000 €/ 4.000 €

Für den Eigenanteil gilt der Satz von Henry Ford: „Kein Geld ist besser ausgegeben als das, mit dem man neues verdient."
Aufgrund unserer Kooperation mit einer auf Existenzgründer und kleine Firmen spezialisierten Bank können wir im Rahmen unserer Zusammenarbeit deinen Kreditantrag direkt im IT-System der Bank eingeben und den Kreditantrag samt notwendiger Dokumente per Knopfdruck an die Bank übermitteln. Das spart dem Banker Aufwand und erhöht die Chance den Kredit zu bekommen.

Deine Vorteile:

- Ein gesondertes Bankgespräch für die Beantragung des ERP-Gründerkredit Startgeld ist nicht vorgesehen, sondern wird durch eine begleitende Beratung durch uns ersetzt.
- Bei vollständigen Unterlagen ist eine Kreditentscheidung durch die Bank innerhalb von einer Woche üblich. Normalerweise brauchen Banken zwischen vier und acht Wochen!

Fix & Flip

„Veränderungen müssen ökologisch sein, sonst gibt es Problemverschiebungen, oder sie werden überhaupt nicht umgesetzt" NLP Axiom

23. Fix & Flip mit Eigennutz zum EK-Aufbau

Eine variable Finanzierung riecht verdächtig, da hier die Verkaufsabsicht unterstellt werden kann. Daher ist die bessere Option, eine Bank auszuwählen, die 10% Sondertilgungsoption bei einer zehn Jahre Zinsbindung anbietet. So reduziert sich im Verkaufsfall die Vorfälligkeit auf 0. Die Finanzierung ist so auch viel einfacher zu bekommen.

Fix & Flip (gewerblich)

GmbH - Alternativ im Privatvermögen, direkt von Anfang an ein Einzelunternehmen beim Gewerbeamt anmelden (Kosten ca. 30 €, einfach zum Gewerbeamt gehen und dort einen Gewerbeschein beantragen).
Die Gebühr wird in Bar bezahlt. Du brauchst nur deinen Personalausweis. Bei jedem Objekt, das erworben wird, musst du dem Finanzamt direkt beim Erwerb mitteilen, ob es sich um ein Buy & Hold-Objekt oder ein Fix & Flip-Objekt handelt (man es also Privat kauft oder mit dem Einzelunternehmen). Noch besser ist jedoch die saubere Trennung mithilfe einer GmbH (allerdings ist hier die Finanzierung schwieriger als im Privatvermögen).

ETW vs. MFH

Aus Banksicht wird beim MFH im Regelfall 5% höherer Abschlag (also 25% anstatt 20%) bei den Mieten vorgenommen, in schlechteren Lagen auch 30% und mehr. Bei größeren MFH ab vier Wohnungen wird das Objekt häufig deutlich schlechter eingewertet (Ertragswertverfahren anstatt Vergleichswertverfahren). Dies führt zu deutlich niedrigeren Faktoren als marktüblich bezahlt werden, teilweise nur Faktor 10 anstatt Faktor 15 in der Einwertung.

Mindestmarge Flipdeal

Ein Flipdeal sollte mindestens 20% Gewinnpotential bieten. Du brauchst ausreichend viel Marge, um das Risiko einzupreisen, dabei sind 10% zu dünn. Der Gewinn wird im Einkauf gemacht. Ein Gewinn im Verkauf ist nur ein Bonus.

Stell dich darauf ein, maximal drei bis vier Flipdeals im Jahr machen zu können, schneller ist es mit dem Timing der beiden Notartermine und der Sanierung dazwischen fast nicht zu schaffen. Fixen kann auch bedeuten nur Probleme zu lösen, wie z.B. den Mieter abzufinden und heraus zu bekommen oder die Miete zu erhöhen und dadurch den Verkaufspreis um 20% zu steigern.

Sanierungs-MFH teilen

Grundsätzlich ist es empfehlenswert, jedes MFH direkt nach Kauf nach WEG zu teilen, damit erhält man mehrere Grundbücher. Auch wenn man das Objekt selbst behalten will, kann man in der Anschlussfinanzierung einige Grundbücher leer ziehen, bzw. jeweils ein nur teilweise belastetes Grundbuch als Zusatzsicherheit für ein weiteres Objekt nutzen. Ist das Grundbuch ganz leer, eignet es sich meist als Eigenkapitalersatz oder zur Senkung des Beleihungsauslaufes im Ankauf eines ganzen neuen MFH auf die 80% Beleihungsgrenze. So kann man mit einem einzigem MFH gleich mehrere weitere Deals von der Finanzierung her optimal aufstellen. Hätte man nur das eine Grundbuch, könnte man es nur für eine weitere Finanzierung nutzen, mehr wäre nur bedingt empfehlenswert, weil sonst eine zu große Verkettung entsteht. Außerdem ist man mit mehreren Grundbüchern auch flexibel in der Bankauswahl und kann verschiedene Banken einsetzen anstatt von der einen Bank im 1. Rang abhängig zu sein. Bezüglich der Fix + Flip Strategie ist es eine bekannte Strategie als Aufteiler zu agieren. Das Objekt wird als MFH mit hohem Instandhaltungsstau angekauft, günstig optisch saniert und dann an Kapitalanleger oder noch besser Eigennutzer weiterverkauft. Handelt es sich um Eigennutzer, sind natürlich entsprechende Wohnungsgrößen notwendig. Es kann auch gemischt verkauft werden. Kleine Wohnungen an Kapitalanleger, größere Wohnungen an Eigennutzer.

Pfandtausch

Da Banken ungern (bis gar nicht) gewerbliche Immobilienhändler/ Aufteiler/ bauträgerähnliche Tätigkeiten finanzieren möchten und auch die Zinsen ungern unter 5 Jahren binden (am liebsten wollen Banken 10 Jahre), gibt es noch eine Lösung neben dem variablen Darlehen, einer 1-jährigen Zinsbindung oder der 10-jährigen Zinsbindung mit 10% Sondertilgungsoption und das ist der Pfandtausch. Dabei bleibt das Darlehen beim Verkauf erhalten. Der Darlehensbetrag fließt aus dem Verkauf an die Bank zurück auf deren Treuhandkonto und du hast dann bis zu einem Jahr Zeit ein neues, ähnliches Objekt zu organisieren. Ähnlich bedeutet, dass der Wert des neuen Objektes höher liegen sollte und du mit einem zusätzlichen Kredit (Konditionen entsprechend schlecht und nur auf Gutdünken der Bank) oder mit Eigenkapital die Differenz auffüllen musst. Ist der Wert niedriger als das Darlehen, dann wird es behandelt wie eine Sonderkündigung, die dann für den Teilbetrag ggf. Vorfälligkeitsentschädigung auslöst. Grundsätzlich machen Banken Pfandtausch mit. Du bist jedoch darauf angewiesen, dass die Bank das Spiel mitspielt. Ein paar kleinere Gebühren fallen natürlich auf Seiten der Bank an, sowie die neue Grundschuldbestellung. Bei Volksbanken und Sparkassen muss das Objekt natürlich auch wieder in deren Zuständigkeitsgebiet liegen.

Strategien für Geringverdiener

Fix + Flip mit Ratenkrediten, mit einem Zins von 3-5%, sind gegen Vorfälligkeit von 1% jederzeit rückzahlbar, es entstehen keine Grundschuldbestellungskosten.

Wohnungen im Ostdeutschland, Ruhrgebiet, Norddeutschland, auch auf dem Land z. B. in Baden-Württemberg suchen.

Überschlägige Rechnung:
1.200 € netto - 650 € Lebenshaltungskostenpauschale - 450 € Miete = 100 €
Haushaltsüberschuss * 96 Monate Kreditlaufzeit = 9.600 €
1.400 € netto - 650 € Lebenshaltungskostenpauschale - 450 € Miete = 300 €
Haushaltsüberschuss * 96 Monate Kreditlaufzeit = 28.800 €

Zinsen in Höhe von 3-5% für den Ratenkredit sind hier mal in der überschlägigen Kalkulation außen vor gelassen. Mit 9.600 € lässt sich eine Wohnung z. B. in Plauen flippen. Mit 28.800 € ist schon deutlich mehr möglich. Ggf. besteht auch noch der ein oder andere Euro oder kann sich nach Darlehensaufnahme noch zusätzlich im Familienumfeld geliehen werden.

Home Staging

Home Staging ist eigentlich ganz leicht: Alle Schränke raus, keine Haushaltsgegenstände drin. Wohnung muss möglichst groß aussehen. Bett rein, zwei bis drei Kissen rauf, zwei bis drei Handtücher plus Kerzen ins Bad, fertig. Kleiner Teppich irgendwo in den Flur. So wenig wie möglich, so viel wie nötig.

Flippen ohne Kapitaleinsatz: Die Sprungauflassung

Das Ziel hinter dem Instrument der Sprungauflassung besteht darin, beim Flippen kein eigenes Geld in die Hand zu nehmen (ggf. mit paar Euro Notargebühren in Vorleistung) und so schnell abzuverkaufen, dass man selbst den Kaufpreis noch gar nicht bezahlen musste. Dem Endkäufer wird zu dieser Konstruktion erzählt, man wolle Kosten sparen, dies schreibt man auch so in den Kaufvertrag rein zur Erklärung, siehe Beispiel. Tatsächlich geht es natürlich darum Geld zu verdienen ohne eigenes Geld einzusetzen. Der Zwischenhändler hat erhebliche Chancen, der Endkäufer zusätzliche Risiken.

Die Hauptproblematiken:
1. Man muss einen fähigen Notar finden, der bereit ist, aus der Auflassung heraus zu protokollieren
2. fähig ist, die in sich verschachtelten Verträge gegenseitig wieder aufzulösen
3. mit dem Thema Wucher / Abzocke umzugehen vermag – es wird innerhalb kürzester Zeit mit deutlichem Aufschlag von 15 – 50% – häufig ohne etwas am Gebäude gemacht zu haben – weiterverkauft und das auch noch beim selben Notar, der den ursprünglichen Kauf beurkundet hat
4. überhaupt bereit ist, sich so einer Sache anzunehmen, einige Notare wollen damit nichts zu tun haben
5. die finanzierende Bank des Enderwerbers muss das Konstrukt verstehen
6. der Endkäufer muss bereit sein, die zusätzlichen Risiken einzugehen

Die Risiken des Käufers:
Das Problem an einer Sprungauflassung (oder auch "Kauf aus der Auflassung" genannt) ist, dass der Zwischenverkäufer dem Endkäufer kein Eigentum verschaffen kann, weil er selber kein Eigentum erlangt hat. Der Kaufvertrag an sich verschafft kein Eigentum! Durch den Einsatz des Notaranderkontos kann man die Risiken für den Endkäufer (kein Schutz bei Insolvenz des Zwischen-

verkäufers, bei bekannten Fehlern des Ersterwerbs, oder die Rückabwicklung bei Nichtzahlung) deutlich reduzieren und gleichzeitig eine Offenlegung der Aufteilung des Kaufpreises verhindern, womit der Handelsgewinn verschleiert werden kann.

Formulierung im Kaufvertrag: Veräußerung; Grundbucherklärungen

Der Verkäufer verkauft das in § 1 bezeichnete Vertragsobjekt mit allen damit zusammenhängenden Rechten und dem Zubehör lastenfrei an den Käufer zu Alleineigentum.

Erwerbsvormerkung zur Sicherung

Um den vereinbarten Eigentumserwerb zu sichern, bewilligt der Verkäufer und beantragt der Käufer, zu dessen Gunsten am Vertragsobjekt eine Vormerkung sofort an nächstoffener Rangstelle einzutragen. Der Käufer bewilligt und beantragt, diese Vormerkung bei der Eigentumsumschreibung wieder zu löschen, sofern nachrangig keine Eintragungen bestehen bleiben, denen er nicht zugestimmt hat.

Die eigentliche Sprungauflassung

Ferner tritt der heutige Verkäufer zur Sicherung des Eigentumsverschaffungsanspruchs des Käufers, nicht jedoch zur Erfüllung der vorstehend begründeten Eigentumsverschaffungsverpflichtung, seinen aus der genannten Vorurkunde resultierenden Anspruch auf Verschaffung des Eigentums an dem vorbezeichneten Grundbesitz an den heutigen Käufer ab, der diese Abtretung annimmt. Schuldrechtliche Beziehungen bestehen nur jeweils zwischen den Parteien der Vorurkunde und den heutigen Vertragsparteien, nicht jedoch zwischen dem Vorverkäufer und dem heutigen Käufer. Die Eigentumsumschreibung soll im Wege der »Sprungauflassung« ohne Zwischeneintragung unmittelbar auf den Enderwerber erfolgen.

Risikobelehrung durch den Notar

Der Notar hat eindringlich auf die damit verbundenen Risiken (kein Schutz bei Insolvenz des heutigen Verkäufers, bei unerkannten Fehlern des Ersterwerbs und bei Rückabwicklung des Ersterwerbs wegen Nichtzahlung) hingewiesen.

Gleichwohl wünschen die Beteiligten diese Abwicklung zur Reduzierung der Eintragungskosten anstelle eines schrittweisen Vollzugs der Erwerbsverhältnisse oder des unmittelbaren Eintritts des Enderwerbers in den Vertrag mit dem Voreigentümer.

Die auflösend bedingte Abtretung

Die Abtretung erfolgt mit folgenden besonderen Vereinbarungen:
Die Abtretung ist auflösend bedingt, dadurch, dass
1. der Übereignungsanspruch des heutigen Käufers wegen dessen Zahlungsverzug und Ausübung des nachstehend ausgestalteten Rücktrittsrechts wegfällt.
2. der Verkäufer als Eigentümer im Grundbuch eingetragen wird und am Eigentum des Verkäufers die von diesem bewilligte Vormerkung für den heutigen Käufer an bedungener Rangstelle entsteht.
Gem. § 401 BGB gehen mit der vorstehend erklärten Abtretung des Erwerbsanspruches aus der Vorurkunde die Rechte aus der Auflassungsvormerkung, ohne dass es hierfür der Umschreibung im Grundbuch bedürfte, auf den Käufer über. Der Verkäufer bewilligt und der Käufer beantragt im Wege der Grundbuchberichtigung die Auflassungsvormerkung dahin gehend abzuändern, dass künftig der Käufer (auflösend bedingt) Berechtigter aus der Auflassungsvormerkung ist. Die Anzeige der Abtretung an den Vorverkäufer im Hinblick auf §§ 406 ff. BGB werden die Parteien selbst vornehmen.

Überträgt der Vorverkäufer das Eigentum an den heutigen Verkäufer, gilt der abgetretene Übereignungsanspruch des Käufers gegen den Vorverkäufer als erfüllt, sobald die originäre Vormerkung für den Käufer rangrichtig eingetragen ist; andernfalls kann der Käufer kraft des abgetretenen Eigentumsverschaffungsanspruchs von dem Vorverkäufer keinesfalls Schadensersatz verlangen, sondern ausschließlich die Erklärungen zum Eigentumsübergang auf den Käufer, wenn dem Vorverkäufer für deren Kosten sowie für die Kosten der Eigentumsumschreibung zuvor Sicherheit geleistet ist.
Die Beteiligten sind über den Eigentumsübergang im angegebenen Erwerbsverhältnis einig. Der Verkäufer erklärt vorstehende Auflassung im eigenen Namen aufgrund der Ermächtigung (§ 185 BGB), die in der an ihn erklärten Auflassung liegt.

Beauftragung und Bevollmächtigung des Notars zur Durchführung
Sie bewilligen und beantragen jedoch derzeit nicht, diese Auflassung im

Grundbuch einzutragen; vielmehr bevollmächtigen sie hierzu unwiderruflich und über ihren Tod hinaus den amtierenden Notar, Vertreter oder Nachfolger im Amt.

Einsatz Notaranderkonto um ursprünglichen Kaufpreis nicht offenzulegen

Der Verkäufer muss dem Käufer das Eigentum Zug um Zug gegen Zahlung des geschuldeten Kaufpreises verschaffen. Alle Beteiligten weisen daher den Notar gem. § 53 BeurkG an, die Umschreibung gem. dieser Vollmacht durch Eigenurkunde erst zu veranlassen, nachdem der Kaufpreis aus dem Anderkonto bestimmungsgemäß ausbezahlt wurde.

Fix + Flip mit nur noch 15,8% Steuerlast anstatt 45% Einkommensteuer

Mit dem Modell GmbH + atypisch still kann ein Gewerbesteuerfreibetrag von 24.500 € pro Jahr erzeugt werden. Dies kann aber nicht nur einmal global für eine GmbH erzeugt werden, sondern es kann auch, wenn die einzelnen Flip-Objekte in der Buchhaltung der GmbH sauber getrennt werden, für jedes Projekt eine atypisch stille Beteiligung eingegangen werden und somit bei jedem Flip-Projekt 24.500 € Gewerbesteuerfreibetrag genutzt werden. Da sich der übliche Gewinn beim klassischen Wohnungs- oder Einfamilienhausflippen bei 15 – 30.000 € pro Objekt bewegt, bekommt man über diesen Weg die volle oder nahezu die volle Gewerbesteuer weg und arbeitet dann nur noch mit Körperschaftssteuer + Soli, also zusammen 15,8%.

Strategie: Teilung MFH nach WEG

In der Anschlussfinanzierung kann man z.B. dann die Finanzierung nur auf einen Teil der Wohnungen umschulden, wird im Allgemeinen höher eingewertet, kann ein Teil an Ehepartner/Kinder/VV-GmbH verkauft werden, ein anderer Teil woanders hin etc.
Ich habe teilweise gesehen, dass die Bank bereit war, aus einem Teil der Grundbücher rauszugehen nach Aufwertung und Teilung. Das ist aber eher ein Ausnahmefall. Grundsätzlich bin ich für frühestmögliche Teilung, um sofort in seiner Vermögensbilanz höhere Werte für die Immobilie ansetzen zu können

und möglichst schon Mieterwechsel vor Verkauf zu haben, um das Vorkaufsrecht auszuhebeln. Nachteil davon ist, dass nun die Möglichkeiten der Nachbeleihung schlechter werden, der die tatsächliche Luft pro Wohnung (zwar insgesamt und prozentual höher (wegen besserer Einwertung), aber eben nominell
als nur noch ein kleiner Teil geringer geworden ist) und dies natürlich auch mit
hohen Kosten verbunden ist, insbesondere die Grundschuld in jedem Grundbuch in voller Höhe neu auftaucht.
- Kündigungssperrfrist §577a BGB (Eigenbedarfskündigungen selbst oder beim
Verkauf entfallen)

Wann ist die Zulassung nach § 34c GewO nötig?

Im Gesetz steht: "Wer gewerbsmäßig Bauvorhauben als Bauherr ... vorbereiten
oder durchführen und dazu Vermögenswerte von Erwerbern ... verwendet."
Die Zulassung nach § 34c GewO is talso nur nötig, wenn ich schon verkaufe
bevor ich fertig saniert oder fertig gebaut habe brauche ich den 34c, sonst
brauche ich ihn nicht. Relevant ist hier "Vermögenswerte von Erwerbern" -
wobei z.B. ein bloses Sanierungsversprechen im Kaufvertrag noch dies und das
zu erledigen noch keinen 34c auslöst. Der Unterschied liegt darin, dass ich mit
fremdem Geld arbeite, auch nach MaBV abrechne etc.

Die Ämter haben eh meist keine Ahnung. Die verstehen ja nicht mal den Unterschied zwischen einem Immobilienhändler (Fix + Flip) und einem Immobilienmakler und warum der Immobilienhändler den 34c nicht braucht - auf die
Auskünfte von den Ämtern kann man also keine Meinung aufbauen, sondern
muss danach gehen, was im Gesetz steht und im Zweifel das Amt darüber
aufklären, dass es falsch liegt.

Totalsanierungsstrategie

- Fallbeispiel Illingen

- Zahlen, Daten, Fakten

„Wenn das, was du tust nicht funktioniert, dann mache solange etwas anderes, bis du auf dem Weg zum Erfolg bist" NLP Axiom

24. Totalsanierungsstrategie Beispielobjekt in Baden-Württemberg

Ein Objekt von mir ist ein 3-Familienhaus (in einem Ort zwischen Pforzheim/Vahingen/Enz) in Baden-Württemberg. Der Ort hat rund 700 Einwohner. Die Mikrolage ist direkt im Zentrum, nur 350 m (bzw. fünf Minuten zu Fuß) zum Bahnhof. In sechs Minuten ist man in der nächsten größeren Stadt Vaihingen mit knapp 30.000 Einwohnern und ab 24 Minuten ist man mit dem Zug in Stuttgart/Hauptbahnhof.

Die durchschnittlichen Kaufpreise laut Immobilienscout24 liegen bei 2.343,40 €/qm für Bestandsobjekte. Das günstigste ältere und sanierte Objekt mit ebenfalls wenig Grundstücksfläche auch im Zentrum mit 210 qm wird für 400.000 € angeboten – also nehmen wir das als Basiswert: ca. 1.900 €/qm anstatt 2.343 €/qm für eine konservative Rechnung.

Warum wollte das Objekt niemand haben?

Es handelte sich um ein Stockwerkseigentumsrecht (der Vorläufer vom WEG). Aufgrund der chaotischen Aufteilung im Objekt wäre nur eine Wohnung von mir überhaupt nutzbar. Im Gerichtsverfahren führte sich ein vollbärtiger aggressiv wirkender junger Türke, der verwandt ist mit den Miteigentümern, entsprechend auf, der das Objekt selbst – aber sehr günstig wollte.

Der Verkehrswert wurde mit 11.000 € ermittelt, ersteigert habe ich es für 19.500 €, was aber immer noch geschenkt war.

Nach 1,5 Jahren konnte ich in mehreren Gesprächen und Briefen, in welchen ich das Objekt runter gemacht habe – geistige Brandstiftung – einen freihändigen Kauf erreichen: Kaufpreis lächerliche 9.100 €.

Gesamtinvestitionskosten:	19.500 € + 9.100 € = 28.600 €
Grunderwerbsteuer + Notar/Gericht:	ca. 1.900 €
Totalsanierung:	ca. 100.000 € (= ca. 500 €/qm)
Gesamtkosten:	ca. 130.000 €

Wert nach Sanierung (konservativ):	ca. 400.000 € (ca. 1.900 €/qm)
Erwartete künftige Wertsteigerung:	ca. 137.500 € (3%, 10 Jahre)
Verkaufspreis nach 10 Jahren:	ca. 537.500 €
Gesamtgewinn (steuerfrei):	ca. 407.500 € + Mieteinnahmen

Mieteinnahmen nach ca. neun Jahren pro Jahr:

2.500 €/Monat * 12 = 30.000 €

Zinsbelastung (90.000 € * 0,013) = 1.170 €

Abschreibungen (60.000 € * 0,025) = 1.500 €

Gewinn vor Steuer: 27.330 €

Steuerbelastung (27.330 € * 0,4725) = **12.913 €**

47,25 % ist der Spitzensteuersatz von 45% + Soli von 5,5%.

Möglicher Exit: Verkauf zu ca. 550.000 € an eigene VV-GmbH nach Ende der Spekulationsfrist von zehn Jahren. Stichtag ist jeweils von Kaufvertrag zu Kaufvertrag (Eigentumsumschreibung im Grundbuch oder wirtschaftlicher Übergang sind nicht entscheidend).

Dort neues Abschreibungspotential erhöht von ca. 60.000 € auf ca. 500.000 €. Das Gebäude ist vor 1925 errichtet worden, daher 2,5% Abschreibung. Ergibt 440.000 € * 0,025 = 11.000 € höhere Abschreibung nach zehn Jahren. Finanzierung von 50.000 € erhöht auf 550.000 € * 2% Zinsen = 11.000 € abziehbare Zinsen. Gesamtkosten mindestens ca. 22.000 €. Mieteinnahmen ca. 30.000 € - 22.000 € Kosten = 8.000 € Überschuss vor Steuer * 0,15825% (15% Körperschaftssteuer + Soli) = 1.266 € Gesamtsteuerbelastung (im Vergleich zu vor der Optimierung von 12.913 €) macht eine Steuerersparnis von 11.647 € pro Jahr bei nur diesem einen Objekt.

Nun könnte man argumentieren, dass das Objekt ja jetzt in der GmbH ist, und dass wenn man den Gewinn aus der GmbH herausholen wollen würde, ihn als Geschäftsführergehalt ja wieder zu 47,25% zu versteuern hätte oder über eine Ausschüttung dann mit 15,825% Körperschaftssteuer + 25% Abgeltungssteuer + Soli = 26,5% bei der Ausschüttung zu versteuern hätte. Aber: Es wird niemals Geld per Geschäftsführergehalt oder Gewinnausschüttung aus der Gesellschaft geholt, sondern stets nur über Verkäufe von aufgewerteten Immobilien aus dem Privatvermögen an die GmbH. Der Kaufpreis von 550.000 € wird dabei zu ca. 60-80% von einer Bank finanziert. Die restlichen 40-20%

nimmt die Gesellschaft bei Ihrem Gesellschafter (also auch wieder mir) als Darlehen zu marktüblichen Zinsen auf. Diese sind natürlich ohne Absicherung entsprechend hoch, sodass sich für das Objekt ein Mischzins von ca. 2% ergibt (Bankanteil ca. 1,3%), immer ausgehend davon, dass die Zinsen auf dem aktuellen Niveau bleiben. Die Zinsen sind eine Ausgabe in der GmbH, mindern den zu versteuernden Gewinn und sind im Privatvermögen nach Abzug der 801€ Sparerpauschalbetrag nur mit 25% Abgeltungssteuer zu versteuern.

Es wird absichtlich nur mit max. 80% finanziert, um einen günstigen Zinssatz zu erhalten und einen niedrigen Gesamtverschuldungsgrad im Portfolio der VV-GmbH (Holding) zu erreichen. Grund dafür ist, dass die Rendite mit 5,5% aufgrund des sportlichen, aber nicht zu hohen Kaufpreises (üblich unter Dritten) nicht sonderlich hoch ist. Alternativ zu einer Bankfinanzierung wäre auch die Möglichkeit, es komplett über ein Verkäuferdarlehen zu organisieren. Oder in der Vergangenheit aufgelaufene Gewinne, die sich in der Gesellschaft angestaut haben (da diese noch 2 Kapitalgesellschaften als Tochterfirmen hat – einmal meine Onlinedruckerei und einmal meine Finanzierungsvermittlungsfirma Immotege), und die die VV-GmbH von diesen Gesellschaften Gewinne als Holding 95% steuerfrei ausgeschüttet erhält. Die Tochtergesellschaften mussten diese allerdings mit ca. 31% (Gewerbesteuer + Körperschaftssteuer + Soli) vorher versteuern. Dies ist aber in Summe immer noch der deutlich günstigere Steuertarif als im Privatvermögen mit einem Einzelunternehmen oder mit GmbH + Gewinnausschüttung nach Privat von ca. 47,25% (GF-Gehalt) bzw. ca. 57,5% (Gewinnausschüttung).

Anstatt einer Bankfinanzierung könnte die VV-GmbH (Holding) den Kaufpreis von 550.000 € auch in Raten nach Privat bezahlen. Die Ratenhöhe könnte man sich so zurechtlegen wie man gerade brauchen kann. Will man z. B. 2.000 € netto jeden Monat haben, denn Rückzahlung von Darlehen sind ja schließlich steuerfrei, legt man einfach die Ratenzahlung auf 24.000 € pro Jahr fest. Ohne Zinsen hätte man dann schon mal für die nächsten 23 Jahre sein steuerfreies passives Einkommen mit nur einem einzigen Objekt gesichert. Verlangt man seiner GmbH noch 2% Zins ab = 11.000 € anfänglich pro Jahr (abzüglich Grundsteuerfreibetrag 8.820 € + Kosten der privaten Krankenversicherung), sind das die einzigen 11.000 € Einkommen. Ist hier der Steuersatz nach Abzug der Kosten dann ebenfalls 0%, kommt man sogar auf fast 31 Jahre Laufzeit mit passiv 2.000 € netto pro Monat. Innerhalb dieser Zeit muss man sich dann ein weiteres Objekt dieser Art suchen. Dann hat man vollends für sein Leben ausgesorgt. Es reichen also zwei Objekte und man kann sein Leben lang von einem passiven kleinen und steuerfreien Einkommen leben.

Nebenher werden natürlich weitere Objekte im Privatvermögen angekauft, optimiert – und können später wieder an die VV-GmbH (die eigene Familienstiftung, die Ehefrau oder die Kinder) verkauft werden. Die Ehefrau und die Kinder haben den Zusatzvorteil, dass hier keine Grunderwerbsteuer bei der Transaktion anfällt. Die Kinder haben den Zusatzvorteil, dass Sie jeweils von einem neuen, im Regelfall ungenutzten, Steuerfreibetrag von 8.800 € profitieren. So wie Verwandtschaft in gerader Linie, Ehegatten, Stiefkinder und deren Ehegatten, sowie ein paar Ausnahmen Vergünstigungen bekommen.

Holding

Holding

Holding 2

operative gmbH

mbH Fix+Flip

„Widerstand von A ist eine Aussage über B. Widerstand des Klienten ist eine Aussage über den Therapeuten" NLP Axiom

25. Gleich eine Holding gründen oder mit einer GmbH starten?

Bei einer Objekt-GmbH bietet es sich an, direkt eine Holdingstruktur zu gründen. Bei einer kleinen, operativen GmbH kann auch am Anfang der Selbständigkeit mit einer einzelnen operativen GmbH begonnen werden. Die operative GmbH lässt sich nämlich später wunderbar steueroptimiert an eine dann neu gegründete Holding verkaufen.

Beispiel:

Verkaufspreis GmbH an Holding	85.000 €
Abzüglich Anschaffungskosten	25.000 €
= Veräußerungsgewinn vor Steuer	60.000 €
Davon steuerpflichtig nach §3 EStG	
60% (Teileinkünfteverfahren)	36.000 €
Abzgl. Freibetrag §17 Abs. 3 EStG 100% v. 9.060 €	9.060 €

Ermittlung Freibetrag	
Veräußerungsgewinn	36.000 €
Abzgl. 100% von max. 36.100 €	36.100 €
= Ermäßigung Freibetrag	0 €
Zu berücksichtigender Freibetrag	9.060 €

Steuerpflichtiger Veräußerungsgewinn	36.000 €
Abzgl. Freibetrag	9.060 €
= zu versteuernder Veräußerungsgewinn	26.940 €
ESt. bei Durchschnitts-Steuersatz 30%	8.103 €
Gesamtsteuerbelastung:	13,5%

Der Verkaufspreis muss einen Faktor von 13,75 haben. Dabei kann ein zu hohes/zu niedriges Geschäftsführergehalt + Zukunftsprognosen der Firma auch mit einfließen. Genaue optimale Werte bitte mit dem Steuerberater austüfteln. Die Zahlung kann auch in Raten erfolgen. Achtung: Es sollten keine Verlustvorträge mehr in der GmbH zum Verkaufszeitpunkt existieren, da diese mit dem Verkauf untergehen und damit verloren wären. Der Verkaufszeitpunkt muss also so gelegt werden, dass die Verlustvorträge vorher aufgebraucht sind.

Wie du siehst, lässt sich aus dem späteren Verkauf der Geschäftsanteile deiner operativen GmbH an deine später gegründete Holding ein steuerlicher Vorteil schlagen unter Ausnutzung des Freibetrags (bei 100% der Anteile) in Höhe von max. 9.060 € (bis max. 36.100 € Gewinn) und unter Anwendung des Teileinkünfteverfahrens, bei dem weitere 40% steuerfrei sind. Dadurch schaffst du weitere frei verfügbare Mittel ins Privatvermögen. Es ist daher nicht erforderlich, sofort eine Holding-Struktur zu gründen, wenn du erst einmal ohne Immobilien-GmbH startest, sondern nur eine operative GmbH für den Aufbau deiner z. B. nebenberuflichen Selbständigkeit gründest. Ein Thema, das aber nicht vergessen werden darf, ist, wenn die operative GmbH Gewinne macht, die nicht durch ein Geschäftsführergehalt reduziert werden können, und diese sollen irgendwann mal ausgeschüttet werden. Spätestens dann bietet sich so langsam der Wechsel zur Holding an. Die Gewinne sollten so schnell wie möglich aus der operativen GmbH aus Haftungsgründen raus. Ein ganz wichtiges Thema, warum ich auch niemals mit einem Einzelunternehmen, einer KG, OHG oder GbR arbeite, ist genau dieses Haftungsthema. Und da hilft auch eine Vermögensschadenhaftpflicht oder Betriebshaftpflicht nicht. Irgendwann auch nach z. B. zehn Jahren kommt ein Haftungsfall, dieser kann ganz schnell auch Millionenbeträge annehmen und dann wird damit die Arbeit von Jahren zerstört und ggf. sogar eine Privatinsolvenz herbeigeführt. Hier hat die GmbH eine Abschirmungswirkung, die das Privatvermögen schützt, bzw. die Gewinne, welche an die Holding ausgeschüttet wurden, sind ebenfalls aus der Haftung der operativen GmbH raus. Die Kosten für die Ausschüttung in die Holding von 0,75 bis 1,5% sind wie eine Art Versicherungsprämie zu sehen, um die Gewinne aus der Haftung raus zu bekommen. Die Holding hat die Funktion eines privaten Investmentfonds: Geld parken + reinvestieren. Ausschüttungen ins Privatvermögen sind völliger Blödsinn. Hierfür findest du in diesem Buch andere Strategien. Falls zwischenzeitlich ein Kaufangebot für deine GmbH reinkommt (für deutlich mehr als die oben genannten 85.000 € Kaufpreis), solltest du die operative GmbH ebenfalls bereits innerhalb der Holding strukturiert haben, denn dann ist der Verkaufserlös als Share-Deal zu 95% steuerfrei und nur die restlichen 5% werden mit 1,5% bzw. 0,75% versteuert. Beim Verkaufspreis von 1 Million € ergibt sich also eine Steuerbelastung von 7.500 bis 15.000 € anstatt fast 300.000 € bei Verkauf aus dem Privatvermögen raus. Im Buch „Steuern steuern" von Johann C. Köber findest du einige Anregungen zur Gestaltung und zum Mindset.

Bitte aber nur mit einem Steuerberater umsetzen, Köber geht auf Details und Fallstricke im Buch nicht ein.

Steuergestaltung für Freiberufler

Mit der Gründung von Managementgesellschaften, die durch ihre Leistungen den Gewinn des 4/3-Rechner (z.B. Freiberufler wie Notare, Ärzte, Künstler, Musiker, Lehrer..) drücken und worüber dann Einkünfte zur Ausschöpfung des Grundfreibetrags auf die minderjährigen Kinder übertragen werden (als GmbH & Co. KG) oder in einer GmbH mit Pensionsrückstellung belassen werden.

Neugründung von einer GmbH-Holding

(wie viel Stammkapital ist nötig?)
Ich empfehle bei Neugründungen von GmbHs grundsätzlich immer direkt mit Holding zu gründen um später flexibler zu sein. Viele scheuen sich aus Kostengründen, direkt mit zwei oder drei GmbHs zu starten, hantieren mit Einzelunternehmen oder GbRs rum. Bitte lass dies alles bleiben und starte direkt richtig. Es ist auch nicht so teuer wie du denkst.

Ich empfehle folgendes Modell:

- GmbH Holding mit 30.000 € Stammkapital (wenn möglich voll einzahlen, notfalls einen Ratenkredit oder Blankodarlehen dazu aufnehmen), wenn das Geld nicht da ist. Nur im größten Notfall nur 50% = 15.000 € einzahlen
- Volleinzahlung der Stammeinlage führt zu einem besseren Crefoscore und damit zu erleichterter, günstigerer und besserer Kreditvergabe
- 30.000 € anstatt 25.000 € Stammkapital wird genommen um die Gründungskosten = 1.000 € + die ersten Jahresabschlüsse = jeweils 1.000 € pro Jahr für eine GmbH-Holding, die nix macht außer ein bis zwei Beteiligungen zu verwalten, zu bezahlen, ohne dass gleich mit Darlehen hin und her oder Management-Vergütungen herumhantiert wird
- Kein Management-Vertrag / kein Gewinnabführungsvertrag am Anfang. Das kann man später einführen und erst mal soll auch die Tochter (operative GmbH) gestärkt werden und ihr nicht gleich jegliche Liquidität entzogen werden

Nachdem nach ca. sechs Wochen die GmbH-Holding (Mutter) eingetragen ist, gründet diese die Tochter mit diesmal 25.000 € Stammkapital aus – das, wenn möglich, voll einzuzahlen ist. Girokonten bitte bei zwei getrennten Banken anlegen (auch andere Banken als du privat schon hast), um dich möglichst breit aufzustellen. Nun sind also 25.000 € der ursprünglichen 30.000 € in die Tochter gewandert und von den 5.000 € sind noch 4.000 € in der Mutter übrig nach Zahlung der Rechnungen für Notar und Handelsregisterkosten. Es ist also ein weit verbreiteter Irrglaube, dass man das Stammkapital mehrfach benötigen würde bei mehreren GmbHs in einer Holding-Konstruktion. Es wird nur einmal benötigt. Auch kann man mit dem Kapital frei arbeiten – es liegt nicht auf einem Sperrkonto etc. Wird eine dritte GmbH direkt zu Beginn benötigt, nimmt man die verbleibenden ca. 24.000 € der ersten Tochter, überweist ca. 23.000 € zurück an die Holding als Darlehen (1.000 € verbleiben zum Arbeiten in der ersten Tochter) In der Holding waren ja noch 4.000 € übrig + 23.000 € = 27.000 € - davon nimmt man wieder 25.000 € und gründet die zweite Tochter wieder mit voller Einzahlung des Stammkapitals aus.

Auslandsgesellschaft gründen um Steuern zu reduzieren?

Gewinn natürlich (Umsatz spielt ja keine Rolle). Wenn, würde ich es über IP-Box über Zypern machen. Aber egal in welchem Land, du brauchst dort Substanz: Büro, mindestens einen Mitarbeiter aus dem Land, mindestens in Teilzeit etc. - daher unter 200.000 € Gewinn meiner Meinung nach nicht lukrativ. Ich bin in der Größenordnung selbst unterwegs und ich habe das für mich auch schon überlegt und bin aber davon abgekommen. Zahle lieber hier Steuern. Es gibt diverse Möglichkeiten in Deutschland die Steuerlast legal zu drücken. Wenn man es etwas optimieren will, dann ggf. die Lizenzen in VV-GmbHs auslagern (müssen aber Schwestern sein, keine Mutter/Tochter sonst Betriebsaufspaltung) um auf 15,8% Steuer zu kommen - und dann an mehrere operative GmbHs jeweils atypisch stille Gesellschaft ran hängen (der atypisch stille Gesellschafter kann auch eine weitere GmbH sein) um dort die 24.500 € Gewerbesteuerfreibetrag zu bekommen. Dann den Gewinn über mehrere Gesellschaften jeweils auf unter 24.500 € ausbalancieren z.B. über Managementverträge. So hast du die Steuerlast auf 15,8% runter und dann noch GF-Gehalt nur in minimaler Höhe, sodass auch keine hohe Progression bei der Einkommensteuer anfällt. Dabei kommst selbst mit den Strukturkosten für so ein Modell in Deutschland günstiger weg als im Ausland und hast es sauber. Deine Bonität für Banken und Finanzierungen von weiteren Investments hast du dann auch erhalten. Die GmbH kann entweder erweiterte Gewerbesteuer-kürzung beantragen (wenn rein vermögensverwaltend) oder aber die GmbH + atypisch still (Personengesellschaft) hat die 24.500 € Gewerbesteuerfreibetrag als Alternative zur GmbH + Co. KG, denn hier ist dann immer noch 99% des Vermögens in der GmbH, und bei Verkäufen als Sharedeal kann die darüber sitzende Holding dann immer noch 95% des Veräußerungserlöses der 99% des Vermögens steuerfrei vereinnahmen (Holdingprivileg), sowie 99% der Gewinne, die gegen den günstigeren Körperschaftssteuertarif anstatt wie bei der KG aus der GmbH & Co. KG gegen Einkommensteuer laufen. Ein weiterer Grund, warum ich das GmbH-Holding-Modell gegenüber der GmbH & Co. KG, dem Einzelunternehmen oder der GbR empfehle.

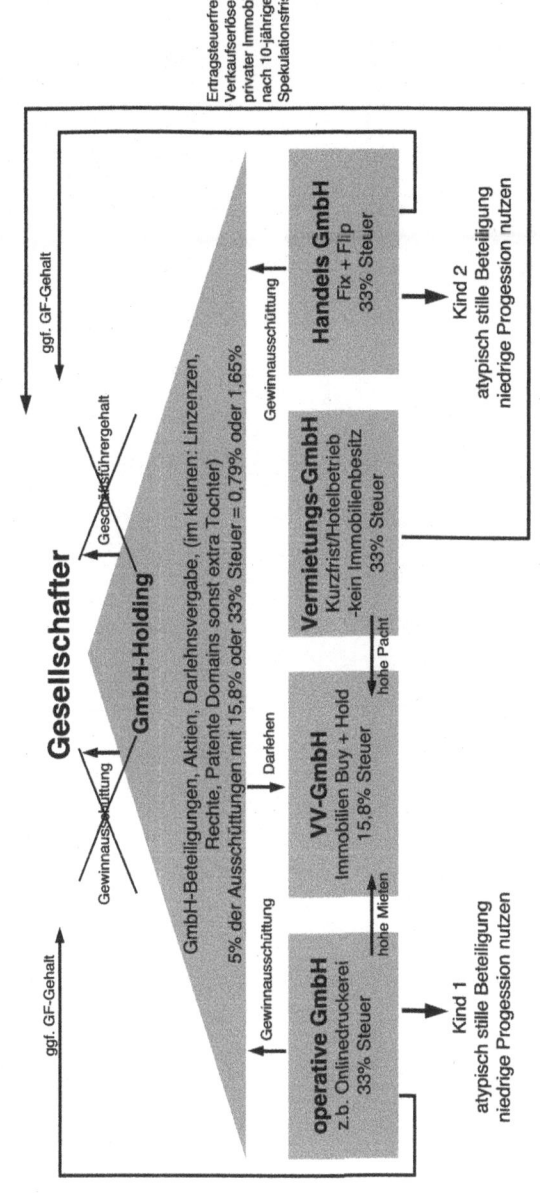

Gesellschafter

GmbH-Holding

GmbH-Beteiligungen, Aktien, Darlehnsvergabe, (im kleinen: Linzenzen, Rechte, Patente Domains sonst extra Tochter)

5% der Ausschüttungen mit 15,8% oder 33% Steuer = 0,79% oder 1,65%

Geschäftsführergehalt

Gewinnausschüttung

ggf. GF-Gehalt

ggf. GF-Gehalt

Ertragsteuerfreie Verkaufserlöse privater Immobilien nach 10-jähriger Spekulationsfrist

operative GmbH
z.b. Onlinedruckerei
33% Steuer

VV-GmbH
Immobilien Buy + Hold
15,8% Steuer

Vermietungs-GmbH
Kurzfrist/Hotelbetrieb
-kein Immobilienbesitz
33% Steuer

Handels GmbH
Fix + Flip
33% Steuer

Gewinnausschüttung

Darlehen

Gewinnausschüttung

hohe Mieten

hohe Pacht

Kind 1
atypisch stille Beteiligung
niedrige Progession nutzen

Kind 2
atypisch stille Beteiligung
niedrige Progession nutzen

Genossenschaft

- Wie du ganz legal 0% Steuern in Deutschland bezahlst

- Strukturierung mit Holdingstrukturen

- Vorteile der Familiengenossenschaft

- Wann ist eine Familiengenossenschaft interessant?

„Wenn etwas nicht funktioniert, tue etwas anderes" NLP Axiom

26. Steuerfreie Erträge durch Wohnungsbaugenossenschaft

Genossenschaften, die Wohnungen an ihre Mitglieder vermieten, sind von der Körperschaftssteuer und Gewerbesteuer befreit, wenn im Zusammenhang mit dieser Tätigkeit Gemeinschaftsanlagen oder Folgeeinrichtungen hergestellt, erworben und betrieben werden, die überwiegend für ihre Mitglieder bestimmt sind, und deren Betrieb durch die Genossenschaft notwendig ist und aus sonstigen Tätigkeiten Einnahmen von nicht mehr als 10 % der Gesamteinnahmen erzielt werden. Werden die 10% auch nur minimal überschritten entfällt die Steuerfreiheit. Da Ausschüttungen ins Privatvermögen der Abgeltungssteuer unterliegen, Ausschüttungen ins Firmenvermögen dem Teileinkünfteverfahren, aber Ausschüttungen an VV-GmbH/Stiftungsholdings 95% steuerbefreit sind, wenn diese zu mindestens 10% an der Genossenschaft beteiligt sind, bietet es sich insbesondere an, Wohnungsbaugenossenschaftsgeschäftsanteile unter VV-GmbHs und Stiftungen zu strukturieren. Die Gesamtsteuerbelastung liegt dann aus Vermietung und Verpachtung an Genossenschaftsmitglieder bei nur 0,75%. Anders als bei der Stiftung oder GmbH gibt es kein Mindestkapital. Gründung, Prüfung des Jahresabschlusses etc. sind jedoch aufwendig.

Ausgestaltung: Die Mieter zeichnen mit dem Mietvertrag einen Genossenschaftsanteil (geht unkompliziert ohne Notar) von z. B. 1 €. Ihre Anträge mehr Anteile zu zeichnen verwehrst du als Vorstand. Dir selbst kannst du mit Mehrstimmrechten (jeweils max. 3) in deiner Stiftung, deinen verschiedenen GmbHs und dir Privat, welche aber jeweils mindestens 10% der Gesamtanteile halten sollte, damit die Ausschüttungen zu 95% steuerfrei sind, zumindest den Großteil der Ausschüttungen verschaffen. Die Stimmrechte sind leider vom Gesetz her begrenzt auf maximal 3 pro Genossen, teilweise nur 1. Ein paar Freunde und Familienmitglieder als Strohmänner ebenfalls als Genossen dabei zu haben kann also hilfreich sein um die Stimmmehrheit zu erhalten, die zeichnen dann jeweils nur einen Anteil. Du selbst jedoch mit deiner Stiftung/VV-GmbH hunderte.

Die Zwischenschaltung einer Kapitalgesellschaft als Generalmieterin und Genossin, welche dann an die eigentlichen Mieter untervermietet ist nicht möglich, die Mieter, Nutzer und Genossenschaftsmitglieder müssen für die Steuerfreiheit identisch sein.

	„kleine" eG	„große" eG
Gründungsmitglieder	min. 3	min. 3
Vorstandsmitglieder	min. 1	min. 2
Aufsichtsräte	min. 0	min. 3
Mitglieder	max. 20	unbegrenzt
Bilanzsumme	unter 2 Mio. €	ab 2 Mio. €
Prüfintervall Bilanz	alle 2 Jahre	jährlich

Anders als bei der Veräußerung einer Immobilien-GmbH, wo ein Share-Deal von 94,x% der Anteile (5 Jahre später die weiteren 5,x%) keine Grunderwerbsteuer beim Käufer auslöst (was in Diskussion ist, die Grenze auf 70% in der Zukunft zu verschieben – was das Modell etwas reduzieren würde), lassen sich Immobilien in einer Genossenschaft per Share-Deal auch bei 100% der Anteile für den Käufer grunderwerbsteuerfrei verkaufen. Und hierzu ist noch nicht einmal ein Notar nötig wie bei der GmbH. Anteilsübertragung ist ganz easy: Kurze schriftliche Vereinbarung - Umschreibung im Mitgliederverzeichnis - fertig.

Sind 99% der Anteile z. B. verteilt auf deine drei GmbHs, die du kontrollierst, verkaufen diese einfach ihre Anteile und haben dank Holdingprivileg 95% steuerfreien Gewinn aus dem Verkauf, der dann also eine Steuerbelastung von 0,75 bis 1,5% auslöst.

Andere grunderwerbsteuerfreie Verkäufe

Auch die Anteile an einer GbR oder eine GmbH & Co. KG, die beide als Personengesellschaften die 10-jährige Spekulationsfrist haben und mit den Zählobjekten dem Privatvermögen zugeordnet werden, kann anstatt der Immobilie die 94,x% der Geschäftsanteile verkauft werden und zehn Jahre später weitere 10,x%. Dann fällt nur auf die letzten 5,x% Grunderwerbsteuer an. Die ersten 89,x% sind Grunderwerbsteuerfrei für den Käufer.
Variante 1: Kauft z.B. die Ehefrau oder ein Kind des Käufers die letzten 5,x% sofort, dann fällt gar keine Grunderwerbsteuer an.

Variante 2: Es ist auch unschädlich, wenn eine Kaufoption der Restanteile für in fünf Jahren im Notarvertrag direkt eingeräumt wird, so hat der Käufer Sicherheit.

Variante 3: Bei Kapitalgesellschaften muss keine fünf Jahre abgewartet werden, dort kann direkt mit zwei verschiedenen Holdings angekauft werden ohne dass Grunderwerbsteuer anfällt, z.B. beide 50% / 50% oder aber auch 94,x% und 5,x%.

Nachträglich von Bruchteilseigentum in GbR-Form wechseln

Hast du zusammen mit einem Geschäftspartner, der Freundin oder Ehefrau in der Form des Bruchteilseigentums angekauft, könnt ihr beide euer Bruchteilseigentum auch in eine neue GbR einbringen. Es fallen ein paar kleine Notargebühren an. So gehört der GbR 100% der Immobilie und die Anteile an der GbR regelt ihr analog wie vorher die Bruchteilseigentumsanteile verteilt waren. Jetzt müsst ihr eine Frist von fünf Jahren einhalten und es ruhen lassen. Danach könnt ihr euch untereinander, auch wenn ihr nicht verwandt oder verheiratet seit, die Anteile verkaufen, ohne dass Grunderwerbsteuer für den Käufer anfällt oder auch an einen fremden Dritten. Besser ist natürlich direkt in GbR-Form anzukaufen anstatt in Bruchteilseigentum.

Nachteile von Share-Deals

Die Nachteile:
- Finanzierung mit Gesellschaften ist im Schnitt 0,30% teurer vom Zins als privat (geringere Vergleichbarkeit, geringere Bankauswahl)
- Haftungsrisiken des Käufers/Verkäufers in der GmbH - insbesondere erweiterte Gewerbesteuerkürzung (z.B. wegen PV-Anlage, hotelähnlichen Dienstleistungen, Münzwaschmaschine etc.)
- meist niedrigere Abschreibungsgrundlage als beim Asset-Deal, da ja der ursprüngliche schon teils abgeschriebene Buchwert in der GmbH erhalten bleibt → dadurch dauerhaft operativ höhere Steuerlast im Betrieb
- Weiterverkauf als Asset-Deal dann noch teuer, da ja nun die stillen Reserven noch größer sind (niedriger Buchwert vs. Marktpreis)

Die Nachteile sollten über einen noch günstigeren Einkaufspreis im Ankauf eingepreist werden, im Gegenzug wird beim Verkauf ebenfalls vom Käufer wieder ein Abschlag gefordert.

Vor dem Kauf der Objekt-GmbHs macht die Gründung einer GmbH-Holding Sinn, welche die Anteile an den Objekt-GmbHs erwirbt, damit später wieder per Share-Deal verkauft werden kann. Die Objekt-GmbH direkt persönlich zu halten macht vor dem Hintergrund eines Exits irgendwann keinen Sinn. Grunderwerbsteuer entfällt nach neuer Regelung, wenn max. 89,x% (bisher 94,x%) der Anteile gekauft werden, Rest als Calloption in zehn Jahren (bisher fünf Jahre). Die ursprünglich von der Politik diskutieren 25% / 75% haben noch nicht gegriffen und sind aktuell nicht mehr Diskussion.

Für die Finanzierung wird neben den normalen Dokumenten noch benötigt:
- Gesellschafterliste der zu kaufenden GmbH und zu gründenden GmbH-Holding
- Gesellschaftervertrag der zu kaufenden GmbH und zu gründenden GmbH-Holding
- Handelsregisterauszug der zu kaufenden GmbH
- Bilanzen der zu kaufenden GmbH und aktuelle BWA mit Susa
- Eröffnungsbilanz der GmbH-Holding

BWA = betriebswirtschaftliche Auswertung
SuSa = Summen- und Saldenliste

Bei kleinen Objekt-GmbHs besteht häufig das Problem, dass unterjährig keine BWAs erzeugt werden. Diese sind jedoch nötig, da diese nicht älter als drei Monate sein dürfen.

Grundsätzlich kann Immotege solche Finanzierung ab 150.000 € (nach oben offen) begleiten. Viele Banken starten jedoch erst ab 500.000 €. Die Auswahl ist also etwas eingeschränkt. Banken würden hier außerdem am liebsten nur 80% finanzieren. Wir können aber auch hierfür grundsätzlich 110% Finanzierungen ohne Zusatzsicherheit anbieten.

Die kleine Familiengenossenschaft: Mieterträge legal in Deutschland komplett steuerfrei vereinnahmen

Aufgrund der schwierigeren Finanzierung sollten nur größere Deals ab 300.000€ als Neukauf in der Genossenschaft stattfinden.

Verkauft man ein Bestandsobjekt z.B. nach zehn Jahren Spekulationsfrist von Privat an die Genossenschaft und wählt einen Teil der Gegenleistung anstatt Geld in Form der Übernahme einer frisch abgeschlossenen Anschlussfinanzierung zu günstigen Konditionen (ohne Zinsaufschlag von ca. 0,30% für Gesellschaften) im Innenverhältnis und den restlichen Teil der Finanzierung als Verkäuferdarlehen, endfällig (tilgungsfrei) auf 30 Jahre, lässt sich die Genossenschaft mit Kapitaldienstfähigkeit ausstatten, ohne, dass es einer größeren Einlage bedarf.

Etwas besser sah der Vergleich bei vermögensverwaltenden GmbHs aus. Erfüllt die vermögensverwaltende GmbH den Charakter, ausschließlich das Vermögen zu halten, dann ist diese von der Gewerbesteuer befreit. Heißt, es fällt nur noch die Körperschaftssteuer plus der Solidaritätszuschlag an. Selbst wenn man dann das Geld aus der vermögensverwaltenden GmbH holt, fährt man steuerlich besser, als wenn das Immobilienvermögen im Privatvermögen gehalten wird. Die Steuerfreiheit nach den zehn Jahren im Privatvermögen lasse ich in dieser Betrachtung mal außen vor. Heißt, dass wenn ich zügig Cashflow für weitere Investments haben möchte, dann macht es Sinn, die Objekte in vermögensverwaltenden GmbHs zu halten.

Dass man noch mehr Steuern sparen kann, war mir damals noch nicht bewusst. Als ich das Modell der Familiengenossenschaft kennenlernte, war ich zunächst skeptisch. Versprochen wurde ein komplette Steuerbefreiung, wenn gewisse Formalien, Richtlinien und Grenzen eingehalten werden. Wahnsinn! Ein komplette Steuerbefreiung würde bedeuten, dass keine Gewerbesteuer in Höhe von 15 % und keine Körperschaftssteuer von ebenfalls 15 % und damit auch kein Solidaritätszuschlag in Höhe von 5,5 % anfallen würde. So wirklich glaubhaft klang das nicht, bis ich einen Blick ins Gesetz war, wo Folgendes steht:

Körperschaftsteuergesetz (KStG)
§ 5 Befreiungen

(1) Von der Körperschaftsteuer sind befreit

10. Erwerbs- und Wirtschaftsgenossenschaften…soweit sie

a) Wohnungen herstellen oder erwerben und sie den Mitgliedern auf Grund eines Mietvertrags oder auf Grund eines genossenschaftlichen Nutzungsvertrags zum Gebrauch überlassen; den Wohnungen stehen Räume in Wohnheimen … gleich;

b) im Zusammenhang mit einer Tätigkeit im Sinne des Buchstabens a Gemeinschaftsanlagen oder Folgeeinrichtungen herstellen oder erwerben und sie betreiben, wenn sie überwiegend für Mitglieder bestimmt sind und der Betrieb durch die Genossenschaft oder den Verein notwendig ist.

(2) Die Steuerbefreiung ist ausgeschlossen, wenn die Einnahmen des Unternehmens aus den in Satz 1 nicht bezeichneten Tätigkeiten 10 Prozent der gesamten Einnahmen übersteigen;

Gewerbesteuergesetz (GewStG)
§ 3 Befreiungen

Von der Gewerbesteuer sind befreit

15. Erwerbs- und Wirtschaftsgenossenschaften sowie Vereine im Sinne des § 5 Abs. 1 Nr. 10 des Körperschaftsteuergesetzes, soweit sie von der Körperschaftsteuer befreit sind;

So, was heißt das auf Deutsch? Dass man für den Fall, dass man eine Wohnungsgenossenschaft hat, diese Wohnungen (es dürfen auch Häuser sein) herstellt oder erwirbt und sie seinen Mitgliedern (das heißt, dass der Mieter auch zugleich Mitglied der Genossenschaft sein muss) überlässt, zunächst einmal von der Körperschaftssteuer befreit ist. Mit dieser Körperschaftssteuerbefreiung greift auch der Paragraph 3 des Gewerbesteuergesetzes, sodass die Wohnungsgenossenschaft zugleich auch von Gewerbesteuer befreit ist. Heißt, dass auf Seiten der Unternehmensbesteuerung keinerlei Steuer anfällt. Der einzige Wehrmutstropfen ist, dass bei der Kapitalentnahme wieder die 25 % Kapitalertragsteuer plus der Solidaritätszuschlag anfällt, sofern man es ins Privatvermögen überträgt. Beteiligt man sich mit einer Stiftung oder GmbH-Holding an der Genossenschaft und schüttet in diese aus, greift bei der Ausschüttung wieder das Holdingprivileg, nach dem 95% der Ausschüttung in der Holding steuerfrei ist.

Möchte man Wohnimmobilienvermögen in einer juristischen Person aufbauen, eignet sich aus steuerlicher Sicht keine andere Rechtsform besser als die Familiengenossenschaft, da mit nicht versteuerten Mieterträgen weiter investiert werden kann. Coole Sache!

In den folgenden Zeilen soll das Rechtskonstrukt der Familiengenossenschaft in seiner Ausgestaltung näher erklärt und erläutert werden.

Aufbau

Sogenannte Familiengenossenschaften können seit der Genossenschaftsnovelle 2006 mit nur drei Mitgliedern gegründet werden. Von den dreien Gründungsmitgliedern müssen zwei natürliche Personen sein, die dritte Person darf auch eine Personen- oder eine Kapitalgesellschaft (z.B. der anderen beiden) sein, muss es aber nicht.

Da sich bei einer Genossenschaft um eine juristische Person handelt, wird diese durch einen konstitutiven Prozess durch die Eintragung ins Genossenschaftsregister zum Leben erweckt. Grundlage der Geschäftstätigkeit der Genossenschaft ist die sogenannte Satzung. In der Satzung wird der Geschäftszweck der Genossenschaft niedergeschrieben sowie die grundsätzlichen Formalitäten wie beispielsweise die Höhe der Genossenschaftsanteile. Diese bilden die Leitlinie für die spätere operative Tätigkeit. **Wichtig:** In der Satzung müssen die Strukturen schon so geschaffen werden, dass im anschließenden Geschäftsbetrieb die Mieterträge auch wirklich steuerfrei vereinnahmt werden können. Daher ist die Satzung ganz elementar im Konstrukt der Familiengenossenschaft.

Ergänzt werden kann die Satzung durch eine schriftlich niedergeschriebene allgemeine Geschäftsordnung. So schafft man Flexibilität innerhalb der Genossenschaft, denn Satzungsänderungen bedürfen per Gesetz einer Mehrheit von 75 %. Mittels einer Auslagerung von Satzungsbestandteilen in die allgemeine Geschäftsordnung sind Änderungen der Bestandteile deutlich leichter umzusetzen.

Wie bei allen juristischen Personen ist auch bei der Genossenschaft die Haftung auf das eingelegte Kapital beschränkt (Ausnahme: Wenn Bürgschaften für Darlehen unterschrieben werden, daher sind Non-Recourse-Finanzierungen anzustreben). Ein Mindestkapital wie beispielsweise bei der GmbH gibt es bei einer Genossenschaft nicht. Vielmehr bemisst sich das Mindestkapital anhand der Anzahl der Genossenschaftsanteile und deren Höhe.

Beispiel:

Anzahl von Genossenschaftsanteilen:	3
Höhe eines Genossenschaftsanteils	100,- Euro
Haftungssumme	**300,- Euro**

Mit Herausgabe weiterer Genossenschaftsanteile kann die Haftungssumme erhöht werden. Eine Nachschusspflicht besteht nicht, sofern diese in der Satzung ausgeschlossen ist. Unterschieden wird bei den Genossenschaftsanteilen zwischen Pflichtanteilen und freiwilligen Anteilen. Damit man zu einem Genosse wird, muss der werdende Genosse mindestens einen Pflichtanteil zeichnen. Freiwillige Anteile können noch zusätzlich gezeichnet werden, wenn der Anleger eine Verzinsung auf die freiwillig gezeichneten Anteile haben möchte und seine Intention ist, die Genossenschaft mit weiterer Liquidität zu versorgen. Freiwillige Anteile sorgen aber nicht automatisch dafür, dass der Zeichner mehr Stimmrechte erhält. Vielmehr ist es bei einer Familiengenossenschaft wie bei allen anderen Genossenschaftsformen auch, dass jeder Genosse nur eine Stimme erhält, und ausschließlich Pflichtanteile berechtigen ein Stimmrecht auszuüben. Mit der Genossenschaftsnovelle gibt es bezüglich der Stimmrechte aber eine Ausnahme. Seit 2006 ist es möglich, einem oder mehreren Mitgliedern der Genossenschaft Mehrheitsstimmrechte zuzuordnen, wenn diese die Belange der Genossenschaft besonders fördern. Maximal kann ein Mitglied dann bis zu drei Mehrheitsstimmrechte bekommen. Allerdings gelten die Mehrheitsstimmrechte nicht bei Satzungsänderungen. Dort hat jedes Mitglied nur ein Stimmrecht. Daher ist es wichtig die Satzung von Anfang an strategisch klug und nachhaltig aufzusetzen. Bei Beschlüssen, die für Immobilieninvestoren von besonderem Interesse sind, wie beispielsweise die Verwendung von Gewinnen, können die Genossen mit Mehrheitsstimmrechten ihren ausgeprägteren Einflussrahmen einfließen lassen.

Üblicherweise ist eine Familiengenossenschaft so aufgebaut, dass sich Ehepaare oder zwei bis drei Immobilieninvestoren zusammenschließen und diese an der Genossenschaft als ordentliche Mitglieder beteiligt sind. Ordentliche Mitglieder sind die Mitglieder, die stimmberechtigt sind. Damit die Familiengenossenschaft in ihrer operativen Tätigkeit dann auch tatsächlich steuerbefreit ist, werden die Mieter als investierende Mitglieder aufgenommen. Investierende Mitglieder können laut § 8 Abs. 2 GenG komplett vom Stimmrecht ausgeschlossen werden, sodass die ordentlichen Mitglieder immer die Stimmhoheit haben. Diese Gestaltung funktioniert jedoch aktuell nur über einen Rechtsanwalt, der Mangelgesellschaften verkauft und über den Prüfverband, mit dem dieser unter einer Decke steckt. Der rechtssichere Ausschluss der Mietergenossen als „investierende Mitglieder" ist daher nicht gegeben!

Von den ordentlichen Mitgliedern muss mindestens einer Vorstand und einer Bevollmächtigter der Generalversammlung sein. Das dritte ordentliche Mitglied muss keine weitere besondere Funktion innerhalb der Genossenschaft ausüben. Daher fällt diese Rolle normalerweise der gesellschaftsrechtlichen Person (GbR, UG, GmbH, Stiftung) zu, sofern diese gesellschaftsrechtliche Person Mitglied der Genossenschaft wird.

Grundsätzlich bildet wie bei allen anderen juristischen Personen auch das BGB die rechtliche Grundlage für die Vermietung. Heißt: Die Genossenschaft hat sich genauso an das Mietrecht zu halten, wie wenn man als Privatperson oder über eine Personengesellschaft oder Kapitalgesellschaft vermieten würden. Einzige Ausnahme und Nachteil gegenüber der privaten Vermietung oder in einer GmbH ist, dass die Familiengenossenschaft nicht auf Eigenbedarf kündigen darf.

Steuerfreiheit der Familiengenossenschaft

Im Rahmen der Familiengenossenschaft ist es wichtig zu wissen, dass die Steuerbefreiung nur dann gilt, wenn die Mieter auch Mitglied in der Genossenschaft sind. Wenn es sich bei einem Mieter um ein sogenanntes „Nichtmitglied" handelt, dann gilt die Steuerbefreiung nicht. Außerdem muss beachtet werden, dass die Steuerbefreiung nur dann gilt, wenn mindestens 90 % der erzielten Umsätze in einem Jahr aus wohnwirtschaftlicher Vermietung erzielt werden. Nur maximal 10 % dürfen anderweitige Umsätze sein – sogenannte „nicht begünstigte Umsätze". Diese „nicht begünstigten Umsätze" sind, wie der Name auch schon sagt, nicht begünstigt und damit nicht von der Steuer befreit. Diese Umsätze müssen mit 15 % Gewerbesteuer und 15 % Körperschaftssteuer plus Soli besteuert werden.

Sollte der Anteil der „nicht begünstigten Umsätze" über 10 % liegen, dann entfällt auch die Steuerbefreiung auf die begünstigten Umsätze – heißt, die Familiengenossenschaft ist mit allen Umsätzen komplett steuerpflichtig. Auf diese 90 / 10 – Schwelle sollte auf jeden Fall geachtet werden, denn sonst macht die Gründung einer Familiengenossenschaft keinen Sinn. Gemischtgenutzte Objekte oder reine Gewerbeobjekte als Beispiel sind besser in einer VV-GmbH oder Stiftung aufgehoben.

Für die wohnwirtschaftliche Vermietung gibt es noch zwei weitere Dinge zu beachten:
1.) Die Steuerfreiheit gilt dann nicht, wenn es sich rein um eine Weitervermietung in Form einer An- und Vermietung handelt. Vielmehr muss die Familiengenossenschaft im Eigentum (ganz genau im Alleineigentum) der Wohnimmobilie sein, damit die Steuerfreiheit gilt.
2.) Die Steuerfreiheit gilt dann nicht, wenn es sich um Gewerbeobjekte handelt, die zu Wohnzwecken verwendet werden. Steht in der Teilungserklärung, dass die Immobilie zur gewerblichen Verwendung bestimmt ist, dann ist diese nicht steuerbegünstigt. Vielmehr fallen die Mieterträge in die 10 % der nicht begünstigten Umsätze. Nicht vollendete geduldete Umnutzungen von Gewerbe in Wohnen funktionieren also nicht.

Eine kleine Herausforderung bei der Umsetzung des Familiengenossenschaftsmodells ist Mieter zu Genossenschaftsmitgliedern zu machen. Dieser Umstand ist insbesondere beim Ankauf einer Immobilie mit bestehenden Mietverträgen von Relevanz. Getreu dem Motto: „Kauf bricht Miete nicht" kann der Vermieter nicht einfach einen neuen Mietvertrag mit dem Bestandsmieter aufsetzen, der diesen verpflichtet, zugleich auch Mitglied der Genossenschaft zu werden. Daher muss der Bestandsmieter mit seinem „alten" Mietvertrag davon überzeugt werden, Mitglied in der Genossenschaft zu werden. Ansonsten besteht keinerlei Aussicht für diese Mieterträge eine Steuerbefreiung zu erhalten. Doch für diesen Umstand gibt es zum Glück Lösungsansätze:

1.) Der Mieter erhält auf seinen Pflichtanteil eine Verzinsung. Üblicherweise ist diese höher, als die am Markt üblich zu erzielende Rendite für Bankguthaben, Sparguthaben oder Ähnlichem. Beispielsweise kann sogar eine Rendite von 5 % oder gar 10 % angeboten werden, da auf einen Betrag von beispielsweise 50,- Euro macht das nicht viel aus.
→ Sollte der Mieter bei so einer Rendite auf den Gedanken kommen, mehrere Genossenschaftsanteile zeichnen zu wollen, können Sie diesem Vorhaben als

Vorstand einen Riegel vorschieben, indem Sie dem „Anleger" ohne Angabe von Gründen eine weitere Zeichnung von Genossenschaftsanteilen untersagen. Die Genossenschaft ist nicht verpflichtet Genossenschaftsanteile herauszugeben.

2.) Man kann dem Mieter locken, indem man ihm schriftlich zusichert, dass er beispielsweise für die nächsten zwei Jahre keine Mieterhöhung erhält. Wenn Sie sich dadurch einiges an Steuern sparen, kann man das ggf. mal machen.

3.) Sie drohen dem Mieter, dass dieser aus der Wohnung ausziehen müsse, wenn er nicht Mitglied der Genossenschaft wird. Hier müssen Sie allerdings darauf hoffen, dass der Mieter keine Ahnung vom Mietrecht hat oder zum Mieterverein läuft, da diese Drohung auf keiner rechtlichen Basis fußt.

→ Das sollte auf jeden Fall die letzte Variante sein. Meine Erfahrung hat gezeigt, dass eine offene Kommunikation mit dem Mieter meist am zielführendsten ist. Insbesondere in angespannten Wohnungsmärkten dürfte es kein Problem sein, den Mieter zu überzeugen Genosse zu werden, wenn dieser dann die Wohnung / das Haus anmieten darf.

Mit diesen Lösungsansätzen zeichnen mindestens 90 % der Mieter einen Genossenschaftsanteil. Sollte der Mieter an den 50,- Euro für einen Genossenschaftsanteil jammern, dann bekommt dieser einfach die 50,- Euro aus privater Tasche zurück. Je länger die Laufzeit des Mietvertrags, desto mehr lohnt sich diese kleine Investition. Wichtig ist nur, dass der Zahlungseingang belegt werden kann, ansonsten wird das der Genossenschaftsverband bei der nächsten Prüfung rügen.

Dass du deine Mieter zu investierenden Genossen machst, lohnt sich aus einem weiteren Grund: Wohneinheiten, die an Genossenschaftsmitglieder vermietet sind und dann verkauft werden, sind nämlich ebenfalls komplett von der Steuer Ertragssteuer im Verkauf befreit – sofern diese auch komplett an Genossenschaftsmitglieder vermietet sind. Heißt: Wenn Sie heute ein Objekt günstig ankaufen, die Mieter zu Genossen machen und dann das Objekt für einen guten Preis verkaufen, dann sind die Veräußerungsgewinne innerhalb der Familiengenossenschaft komplett steuerfrei. Sie dürfen nur nicht gewerblich werden, heißt mehr als drei Objekte in fünf Jahren zu verkaufen. Kein Zählobjekt ist es, wenn das Objekt zehn Jahre gehalten war. Genauso verhält es sich, wenn die Objekte zuvor aufgewertet werden, an Genossenschaftsmitglieder vermietet und dann verkauft werden. Klingt zunächst einmal interessant und attraktiv. Das Genossenschaftsmodell hat an dieser Stelle aber auch einen kleinen Nachteil, denn Sie können für die Aufwendungen (Handwerker, Material) keine Steuererstattungen bekommen. Wenn du aber viel selbst machen kannst und die Materialien günstig einkaufst, dann kann eine Familiengenossenschaft hier ein interessantes Konstrukt sein.

Die besonderen Kniffe, um noch mehr rauszuholen

Beteiligung der Kinder am Wertzuwachs der Familiengenossenschaft

Du kannst direkt nach der Gründung einer Familiengenossenschaft Genossenschaftsanteile an deine minderjährigen Kinder verschenken. So profitieren die Kinder schon von Anfang an dem Wertzuwachs der Familiengenossenschaft. Dadurch fällt die Erbschaftssteuer im Erbfall nicht ganz so hoch aus, da ja schon ein Teil des Vermögens den Kindern schon gehört. Zusätzlich hat die Familienstiftung gegenüber der Familiengenossenschaft den Vorteil, dass hier nicht alle 30 Jahre Erbersatzsteuer zu zahlen ist.

Steuerfreie Ausschüttungen an die Kinder in Höhe der Grundfreibetrags

Wenn die Gründungsmitglieder Kinder haben, diesen Anteile geschenkt werden und den Kindern gleich Ausschüttungen aus der Genossenschaft zukommen sollen, dann kann hier der Grundfreibetrag ausgeschöpft werden. Das heißt: Die Genossenschaft tätigt jedes Jahr Ausschüttungen an die Kinder in Höhe von 9.408,- Euro. Bei drei Kindern können so 28.224,- Euro steuerfrei von der Genossenschaft in das Vermögen transferiert werden, wenn die Kinder noch nichts verdienen. Allerdings müssen dann auch alle ordentlichen Mitglieder in gleicher Höhe begünstigt werden.

Wie im Modell mit der Familien-KG schaut man also, dass der Großteil der Anteile bei den Kindern hängt.

Wann ist eine Familiengenossenschaft interessant?

Eins vorneweg: Das Familiengenossenschaftsmodell ist nicht für jeden Immobilieninvestor lukrativ. Die Familiengenossenschaft produziert auch Kosten wie Steuerberatung, Prüfungskosten, Mitgliedsbeiträge für Genossenschaftsverbände, usw. An dieser Stelle muss gesagt werden, dass jede Genossenschaft sich einem Genossenschaftsverband anschließen muss. Damit eine Familiengenossenschaft sich gegenüber anderen steuerbegünstigten Rechtsformen wie beispielsweise eine vermögensverwaltende GmbH rechnet, muss ein Mietertragsüberschuss (Mieterträge – Aufwendungen) von ca. 15.000,- Euro / Jahr erwirtschaftet werden. Andernfalls wären gegebenenfalls andere Rechtsformen wirtschaftlich attraktiver. Bei einer Buy & Hold Strategie ist eine Familiengenossenschaft insbesondere dann sehr lukrativ, wenn renditestarke Objekte angekauft und vermietet werden. Vorteilhaft ist die Familiengenossenschaft auch dann, wenn Objekte in einem schlechten Zustand angekauft werden, viel selbst renoviert und modernisiert wird und dann das Objekt zügig verkauft werden soll. Zu berücksichtigen ist allerdings an dieser Stelle die 3-Objektgrenze in fünf Jahren.

Nachteilig bei einer Familiengenossenschaft ist, dass der Verwaltungsaufwand etwas höher ist als bei anderen juristischen Personen. Zu den laufenden bzw. regelmäßigen anfallenden größeren Verwaltungstätigkeiten gehört die jährlich einzuberufende Generalversammlung, wozu auch die investierenden Mitglieder formal eingeladen werden müssen. Diese haben jedoch keinerlei Stimmrecht. Dann muss eine Mitgliederliste geführt werden und es müssen Mitgliedsanträge und Mitgliedsaustritte dokumentiert werden sowie noch weitere kleinere Verwaltungsaufgaben. Alles in allem aber ein Mehraufwand, der für die komplette Steuerersparnis sicherlich in Kauf genommen werden kann.

Insgesamt kann das Konstrukt der Familiengenossenschaft für Immobilieninvestoren sehr interessant sein. Im Vorfeld sollte aber auf jeden Fall abgeklärt werden, ob das für den jeweiligen Fall Sinn macht, denn wie schon oben beschrieben, hat die Genossenschaft auch ein paar Nachteile und lohnt sich erst ab einem gewissen Mietertragsüberschuss.

Auf Grund der Tatsache, dass es in Deutschland nur rund 9.000 Genossenschaften gibt, gibt es auch nur recht wenige Steuerberater, die auf Genossenschaften spezialisiert sind.

Dein Team aufbauen

- Steuerberater / Rechtsanwalt / Hausverwalter

- Eigene Mitarbeiter

- EQJ / Ausbildung und Minijobber

„Individuen haben zwei Ebenen der Kommunikation, die bewusste und die unbewusste" NLP Axiom

27. Dein Team aufbauen

Der 450 € Job – steuerfreier Aufbau von Eigenkapital

Zum Aufbau von Eigenkapital kann es durchaus interessant sein, so du keine zündende Idee für eine Selbständigkeit hast, einen 450 € Job anzunehmen. Der 450 € Minijob ist steuer- und sozialabgabenfrei. Der Arbeitgeber bezahlt ca. 30% Pauschalabgaben an die Bundesknappschaft. Dadurch erhöht sich deine Basis für ein zu versteuerndes Einkommen nicht und du kannst schneller EK aufbauen.

Der 450 € Job – der erste Mitarbeiter in deinem Immobilienbusiness

Interessant kann es auch sein als Einstieg zum Aufbau eines eigenen Mitarbeiterteams in deinem Immobilienbusiness einen 450 €-Jobber einzustellen. Dabei müssen die 450 € auch nicht voll ausgeschöpft werden. Da virtuelle Assistenten in Deutschland nur recht teuer zu bekommen sind und auf direkte eigene Mitarbeiter mehr Kontrolle ausgewirkt werden kann, empfiehlt sich der Einstieg über einen Minijobber.

Beispiel:
- Bauhelfer (Allrounder) ggf. Bau-Mindestlohn für ungelernte Kräfte
→ 11,75 €/h (ab 1.3.2019: 12,20 €/h) beachten
- Hausverwaltung
- Hausmeister

Bauhelfer: 1,45 €/h Berufsgenossenschaftsbeitrag. Gehörst du einer anderen Berufsgenossenschaft an und nimmt die Tätigkeit der Bauhelfer eine untergeordnete Rolle ein, kannst du weit günstiger davonkommen, da du nur in einer Berufsgenossenschaft Mitglied sein musst. Die Lohnnebenkosten für einen Minijobber liegen wie bei einem Angestellten bei rund 30% und werden im Falle des Minijobbers ausschließlich über die Bundesknappschaft eingezogen.

Lohnabrechnungen kannst du selbst mit z.B. Stotax Gehalt und Lohn oder für ca. 15 €/Monat über deinen Steuerberater erstellen.
Beachte dabei den allgemeinen Mindestlohn von 8,84 € / h (bis 31.12.2018).

Synergien schaffen: ein Handwerksunternehmen übernehmen

Der Minijobber oder auch später ein Vollzeitmitarbeiter kann durchaus günstiger kommen als Handwerker zu beauftragen. Besonders interessant wird es, wenn du ein Handwerksunternehmen (z. B. zum 4-fachen Jahresgewinn) übernimmst, dieses erwirtschaftet in sich schon Gewinn und deine eigenen Baustellen werden als Lückenfüllergeschäft entsprechend günstig, aber noch zu einem unter Dritten üblichen Kurs mitgemacht.

EQJ: Immobilienkaufmann/-frau

Wenn du selbständig bist oder bereits einen Mitarbeiter hast, der sich um die Betreuung eines EQJler kümmern kann, dann ist das die ideale Möglichkeit um extrem kostengünstig dir eigenes hochqualifiziertes Personal für dein Immobilienbusiness hochzuziehen. Den Mindestlohn umgehst du dabei elegant. EQJ ist ein Langzeitpraktikum für einen jungen Berufsstarter ohne Ausbildung. Die Chance besteht darin, es als Einstieg oder Ersatz für eine Berufsausbildung zu verkaufen und somit junge Leute abzugreifen, die eigentlich eine Berufsausbildung suchen.

Fakten:
- Mindestvergütung von 216 € pro Monat (sozialversicherungspflichtig)
→ 231 € + 109 € Lohnnebenkosten kommen als Zuschuss von der Bundesagentur für Arbeit
- Antrag bei der Bundesagentur muss vor Beginn gestellt werden (also vor 1.10.)
- Es kann das Gehalt durch Zuzahlung erhöht werden
- Empfehlung: 500 € Praktikumsvergütung an den Azubi bezahlen. Es darf kein 450€ Minijob sein wegen des Zuschusses von der Agentur für Arbeit.
- noch keine abgeschlossene Berufsausbildung
- unter 25 Jahre alt (Ausnahmeregelung für Ältere schwierig durchzusetzen)
- Beginn am 1.10. eines Jahres oder später (Nachvermittlungspaket: noch keine Ausbildungsstelle zum 1.9. gefunden)
- Dauer: mindestens 6 Monate, maximal 12 Monate, in der Praxis genau 11 Monate, nämlich bis zum nächsten 1.9. die Ausbildung beginnen würde.
- das Praktikumsjahr kann auf das 1. Ausbildungsjahr der 3-jährigen dualen Ausbildung angerechnet werden, muss aber nicht.

- der Inhalt des Praktikums entspricht dem Inhalt des 1. Ausbildungsjahres
- Praxislösung: Direkt mit dem EQJ-Vertrag den Ausbildungsvertrag für die 3-jährige Ausbildung unterzeichnen lassen. Du gehst damit kein Risiko ein, da das Ausbildungsverhältnis neue ein bis vier Monate Probezeit hat.
- EQJler darf im selben Betrieb nicht vorher sozialversicherungspflichtig beschäftigt gewesen sein, 450 € Basis ist jedoch in Ordnung.
- maximaler Schulabschluss: mittlere Reife - nicht höher! (keine Fachhochschulreife oder Abitur!)
- Bewerber muss sich bei der Arbeitsagentur ausbildungsplatzsuchend melden (das kann er ja einfach machen, ist ja kein Ding).
- EQJ ist die einzige Möglichkeit für Langzeitpraktika (länger als 3 Monate) ohne Berücksichtigung von Mindestlohn auch bei über 18-jährigen.

Du hast also jetzt vier Jahre (ein Jahr Praktikum + drei Jahre Ausbildung) eine günstige Arbeitskraft, die du außerdem nach deinen Wünschen formen und entsprechend universell einsetzen kann. Nach den vier Jahren übernimmst du die Person idealerweise in eine Festanstellung und holst dir den nächsten EQ-Jler, den du direkt von deinem neuen Vollzeitmitarbeiter ausbilden lässt. Du hast also einmal den Aufwand, danach läuft das System von alleine. In meiner Onlinedruckerei arbeite ich schon seit Jahren exakt nach diesem System, um mir neue Leute heranzuziehen und die Kosten möglichst niedrig zu halten.

Ausbildungsberechtigung

Ausbildungsberechtigt bist du, wenn du die AdA (Ausbildung als Ausbilder) nach AEVO (Ausbilder-Eignungsverordnung) machst. Das ist ein Multiple-Choice Test bei der IHK. Der praktische Teil besteht entweder in einer Präsentation oder einer Unterweisung (Ausbildungssituation) mit einem Azubi. Dann prüft die IHK noch deinen Betrieb (Ausstattung etc.). Da hast du keine wirklichen Hürden zu meistern und dann bist du Ausbilder und Ausbildungsbetrieb. Das Berufsbildungsgesetz (BBiG) sieht in §22 Abs 1 Nr 2 vor, dass die Anzahl der Fachkräfte (mit abgeschlossener Ausbildung zum Immobilienkaufmann) in einem angemessenen Verhältnis vorhanden sind.
Die IHK meint angemessen sei: drei Fachkräfte für ein Azubi.
Bei einem 1-Mann Betrieb geht das natürlich nicht. Es wird dir also zugestanden, wenn du alleine bist, dir einen Azubi zu leisten. Erst ab drei Azubis fängt die IHK an genauer nachzuschauen. An einem Termin, der im Vorfeld ausge-

macht wird, musst du dafür sorgen, dass ein paar Leute im Büro rumspringen, um den Eindruck zu erwecken, dass es deine Fachkräfte wären und dann ist es auch wieder gut mit der Prüferei.

Die bei der IHK registrierten EQJler zählen eigentlich für die IHK wie Azubis. Du kannst die EQJler aber einfach nicht bei der IHK registrieren (prüft keiner, weder Agentur für Arbeit oder Berufsschule) und somit fällt es dort nie auf – aber Achtung: das ist so nicht vorgesehen.

Wenn du selbst die Ausbildung im Immobilienbereich nicht hast, hast du die Möglichkeit nach 4,5 Jahren, das ist das 1,5-fache der Regelausbildungszeit von drei Jahren, eine Externenprüfung bei der IHK abzulegen. Dies ist unbedingt zu empfehlen um selbst ausbildungsberechtigt und unabhängig von Angestellten zu sein. Abhängigkeiten sind stets, wenn möglich, zu vermeiden.

Noch schneller und einfacher geht es mit einer Prüfung zum Immobilienfachwirt (IHK), wenn du bereits eine abgeschlossene Berufsausbildung in einem anderen Bereich hast, dann brauchst du zwei Jahre Berufserfahrung im Immobilienbereich – was du dir selbst per eidesstattlichen Versicherung und 5-seitigem Schreiben, in dem du das alles wahrheitsgemäß aber so schwammig darstellst, dass die Zulassungsvoraussetzungen als erfüllt angesehen werden und du zur Prüfung gehen kannst, bescheinigst (funktioniert!).

Immobilienfachwirt (IHK)

Ich habe eine Woche alte Prüfungen vom Immobilienfachwirt (IHK) gepaukt, zwei Tage schriftliche Prüfung, zwei Stunden Präsentation zusammenklicken, neun Minuten Präsentation, 15 Minuten Fragen beantworten → bestanden.

Normalerweise geht so ein Vorbereitungskurs 18 Monate mit unzähligen Ordnern an Material. Nun bin ich ja kein Genie und habe es deswegen in einer Woche geschafft mir den Stoff reinzuziehen, wo andere 18 Monate brauchen, sondern ich habe nur Pareto angewendet - was bringen 18 Monate Kurs und unzählige Ordner, wenn 50% der Punkte zum Bestehen reichen und ca. 50% der Fragen sich aus alten Prüfungen wiederholen - also alte Prüfungen lernen... Alte Prüfungen bekommst du hier: http://www.dihk-bildungs-gmbh-shop. de/produkte/aufgaben-loesungsvorschlaege.html
600 € für die Prüfung, 150 € für alte Prüfungen zur Vorbereitung und 20 € für meine Lernkarten zur Vorbereitung (auf Amazon zu haben), das reicht, mehr

Budget brauchst du nicht.

Eine weitere Alternative ist, dass du einen Mitarbeiter einstellst, der bereits die AdA hat, oder du schickst ihn eben zum Multiple-Choice-Test.

Lohnabrechnung für die eigenen Mitarbeiter

Die Lohnabrechnung für deine Mitarbeiter kannst du entweder selbst mit der Software Stotax Gehalt + Lohn (ab 80 € auf Ebay (regulär ab 147 € inkl. MwSt) für eine mehrmandantenfähige Jahresversion) oder ab 15 € pro Monat und Nase beim Steuerberater erledigen lassen.

Der Bauschadensgutachter

Achte darauf, dass du speziell einen Bauschadensgutachter beauftragst oder einen Architekten oder einen fähigen Bauingenieur. Nicht geeignet sind Immobilienwertgutachter, wie es sie wie Sand am Meer gibt – wobei Gutachter kein geschützter Beruf ist und die meisten nur irgendeinen Kurs absolviert haben. Den Wert einer Immobilie solltest du als Investor selbst einschätzen können, dazu solltest du keinen Gutachter benötigen. Für Bauschäden solltest du jedoch einen Experten zu Rate ziehen, besonders wenn es sich um größere Objekte handelt oder dir bei der 1. Besichtigung kritische Sachverhalte aufgefallen sind.

Günstige Gutachter gibt es Bundesweit über VPB.de – Verband Privater Bauherren. Die Kosten sind im Vergleich extrem niedrig und setzen sich aus Beratungshonorar (meist reicht eine Stunde mit Vorbesprechung, Besichtigung und Nachberechnung), der Anfahrt und der Mitgliedschaft zusammen.

Bauherrenberater pro Std. € 136,00 inkl. MwSt

- Beratungsgespräche im Regionalbüro
- Beratungsgespräche vor Ort
- Prüfungen

Fahrzeitkosten

Zone 1 bis 10 km € 53,00 inkl. MwSt

Zone 2 11- 20 km € 84,00 inkl. MwSt

Zone 3 21- 30 km € 117,00 inkl. MwSt

jede weitere Zone € 26,00 inkl. MwSt

Kosten für die Mitgliedschaft: 1.- 6. Monat: 15 € pro Monat

7. Monat bis 8 Jahre: 8 € pro Monat

Ab dem 8. Jahr: 4 € pro Monat

Eine Kündigung ist mit einer Frist von drei Wochen zum Quartalsende möglich. Also im schlimmsten Fall hast du dann 45 € Mitgliedschaftsgebühren. Da die Mitgliedschaft jedoch nach den ersten sechs Monaten deutlich günstiger wird, macht es Sinn dauerhaft Mitglied zu bleiben.

Freie Bausachverständige wollen für einen solchen Termin schnell 400 € und mehr. Mit VPB kommst du mit rund der Hälfte davon (inkl. Mitgliedschaft).

Der Hausverwalter

Hausverwalter sind Verwalter. Im Regelfall nicht die idealen Vermieter. Aus diesem Grund sollte man die Vermietung stets selbst übernehmen, bzw. an eigene Mitarbeiter delegieren und nur im Notfall vom Verwalter oder einem Makler übernehmen lassen. Von einem Makler bietet sich wegen des Themas Gegengeschäft an.

Kosten für Hausverwaltungen: 15 € Untergrenze (nur WEG-Verwaltung)
20 - 30 € Standard-Mietverwaltung)

Berücksichtige auch die Kosten für eine Hausverwaltung in deiner Kalkulation, auch wenn du es am Anfang selbst verwaltest. Irgendwann musst du hier abgeben, sei es intern an eigene Mitarbeiter oder extern.

Finanzierung

Ob ein Vermittler fähig ist, stellt sich oft erst hinterher raus. Gemachte Fehler sind nur sehr schwer wieder korrigierbar und werfen einen um Jahre zurück. Es gibt nur eine Hand voll Vermittler, die auf Investoren spezialisiert sind. Ich kann dir nur dringend raten, dir einen zu suchen, der sich gut auskennt, mitdenkt und strategisch berät und dabei die Entwicklung deines Portfolios im Blick hat und nicht nur die eine Finanzierung, um die es aktuell geht. Klassische Eigenheimfinanzierer großer Pools wie Interhyp und Dr. Klein sind dazu selten in der Lage. Prüfe auch genau, ob der Vermittler Kapitalanleger oder Investoren finanziert, auch dies macht einen enormen Unterschied.

Der Steuerberater

Neben der laufenden Steuerberatung und Abwicklung der Steuerthemen ist eine Strategieberatung und Investmentplanung eine Dienstleistung, die gerne beim Steuerberater angesiedelt wird. Einige wenige gute Steuerberater wie z. B. die Steuerberatung Popenda oder Lehleiter + Partner können dies auch leisten. Es muss nicht immer der absolute Experte sein, einen guten Abarbeiter, der pünktlich und schnell Ergebnisse liefert, zu finden ist genauso schwer. Die Qualität des Steuerberaters ist leider sehr unterschiedlich. Ohnehin solltest du Grundkenntnisse des Steuerrechts als Privatinvestor beherrschen. Die sich auch ständig veränderten aktuellen Feinheiten kannst du dann mit deinem Berater besprechen. Dieses Buch kann dir hierzu Impulse liefern, die richtigen Denkmuster (in Strukturen) einzunehmen und die richtigen Fragen zu stellen.

Eine Strategieberatung und Investmentplanung können wir zusammen im Rahmen der Zusammenarbeit im Bereich Finanzierung erarbeiten. Wenn mir bestimmte Muster auffallen, spreche ich diese aktiv an und gebe Impulse zur Gestaltung und Diskussion mit deinem Steuerberater.
Theoretisch können auch GmbH-Abschlüsse grundsätzlich selbst erstellt werden, werden jedoch von Banken nicht akzeptiert, wenn kein Stempel eines Dritten (Steuerberater) vorhanden ist.

Steuerberater Empfehlungen

Ein Steuerberater, der sich mit Immobilieninvestoren auskennt, ist schwer zu finden. Grundsätzlich ist private Vermietung & Verpachtung sehr aufwendig und die Gebührensätze sind hier nicht kostendeckend. Ein Mandat macht häufig erst dann für den Steuerberater Spaß, wenn wenigstens noch eine kleine Kapitalgesellschaft dazu kommt, was bei vielen Investoren jedoch früher oder später der Fall ist. Dies sollte in der Erwartungshaltung gegenüber dem Steuerberater bedacht werden. Beratung muss daher häufig weiterhin proaktiv eingefordert werden.
Heutzutage ist es eigentlich nicht mehr erforderlich, dass der Steuerberater vor Ort sitzt. Über E-Mail und Telefon lässt sich eigentlich alles klären. Für einen persönlichen Termin zur Strategiebesprechung kann man auch mal hinfahren.

Mit folgenden Steuerberatern haben unsere Kunden gute Erfahrungen gemacht und in gemeinsam erarbeiteten Konzeptionen konnten wir die Qualität der Bratung der Steuerberater testen:

- Stuttgart / Karlsruhe: Martin Popenda www.popenda.de
- Nürnberg: Georg Spitz www.spitz-beratung.de
- Heilbronn: Prof. Dr. Robert Lehleiter www.lehleiter.info
- Magdeburg: Knut Queitsch
- Dresden: Martin Richter www.mr-steuer.de

Bei Martin Popenda und Georg Spitz sind insbesondere Vollmandate gut aufgehoben, also Strategie und Ausführung. Beide Kanzleien sind inhabergeführte kleine Kanzleien.

Bei Prof. Dr. Robert Lehleiter (persönlich) und Martin Richter, der ebenfalls zu Lehleiter & Parnter gehört, sind punktuelle Strategieberatungen / spezielle Fachfragen gut aufgehoben, Lehleiter ist eine große Kanzlei. Da komplexe Fachfragen ohne große Recherchen korrekt beantwortet werden können, sind auch 250 € Stundensatz vollkommen fair.

Auch wenn ich das Buch von Köber „Steuern steuern" als steuerliches Mindset-Buch sehr gut finde – fachlich führt es durch weglassen und vereinfachen teils auf eine falsche Spur, kann ich leider keine Empfehlung für eine Mandatierung aussprechen, da das Preis/Leistungsverhältnis für uns klassische, sparsame, informierte Immobilieninvestoren nicht passt. Die Strategieberatung wird nicht nach Stunden abgerechnet, sondern nach teuren Paketpreisen. Für die meisten wird das Goldpaket nötig 2 x 4 Stunden schlagen mit 8.000 € + MwSt. zu buche.

Dasselbe gilt leider für Sascha Drache (bekannt für Familienstiftungen, insbesondere auch von Alex Fischer). Für die Gründung einer Familienstiftung veranschlagt er jedoch 10.000 - 15.000 € Beratungskosten.

Steuerseminar Empfehlungen

Wer die Zeit hat und gerne Grundlagenwissen aufbauen möchte zur Erkennung von Fallstricken und um mitreden zu können, dem seien die www.steuerseminare-graf.de ans Herz gelegt. Zu empfehlen ist insbesondere das Paket Basiskurs Bilanz und Steuern, es besteht aus 3 ganztätigen Modulen im Paketpreis zu nur 556 € + MwSt. Die Seminare werden an verschiedenen Standorten in ganz Deutschland angeboten. Zielgruppe sind eigentlich Mitarbeiter in Steuerberaterkanzleien, entsprechend schnell werden eine Fülle von theorielastigen Themen mit ein paar Praxisbeispielen aus der Beratung heruntergerissen. Mit viel Vor- und Nacharbeit kann man dem Seminar jedoch auch als interessierter Investor und Unternehmer folgen, und selbst wenn man nur einen Teil mitnimmt hat es sich schon gelohnt. Ergänzend bietet sich noch das Seminar „Jahresabschluss der Kapitalgesellschaft" an.

Immer mal wieder wird ein halbtätiges Seminar speziell zu Immobiliensteuern angeboten. Es lohnt sich, ab und zu einen Blick auf die Termine auf der Homepage zu werfen. Es ist ein sehr empfehlenswertes Grundlagenseminar, behandelt dabei alle wichtigen Themen. Diese werden in einer extremen Geschwindigkeit abgehandelt, da die Zielgruppe hier die Steuerberater selbst sind. Eine gute Vor- und Nacharbeit ist für die fähigen Immobilieninvestor wichtig, dann kann er dem Seminar folgen. Der Preis liegt bei nur 168€ + MwSt.

Beides sind hochwertige Fach-Seminare, die nicht nur wie sonst üblich mit niedrigem Einstiegspreis als Verkaufsveranstaltung dienen. Alle empfohlenen Seminare habe ich selbst auch schon besucht. Es handelt sich bei diesen Seminaren nicht um Strategie- und Gestaltungs-Seminare, sondern um Basiswissen-Seminare. Man sollte also beim Besuch keine falsche Erwartungshaltung haben. Ich halte jedoch die Idee von Alex Fischer / Udo Heimann (Steuerexperte), sich soweit fortzubilden, seinen Steuerberater führen zu können, mit ihm in Fachsprache reden zu können und grundlegende Zusammenhänge und Fallstricke zu verstehen, um zu wissen wo man aufpassen muss und wo Beratung durch den Steuerberater nötig ist, für sehr essentiell. Als kleiner Nebeneffekt kann man so auch bei so manchem Steuerguru mit Hochpreisseminar besser bewerten, ob heiße Luft rauskommt, wichtige Fallstricke nicht bedacht oder erwähnt werden oder ob hier fundierte, funktionierende Strategien vorgeschlagen werden.

Der Rechtsanwalt

- Stundensätze: ab 120 €/h
- Mietrechtsthemen
- Gelegentliche Kleinigkeiten im laufenden Geschäft

Der Architekt

- Risikominimierung durch Zweitmeinung
- neutraler Blickwinkel eines Dritten
- Wissenszuwachs
- Experten empfehlen andere Experten (Netzwerkaufbau)
- Kosten sind überschaubar - bei guter Vorbereitung

Ein 30 Mann starkes Architekturbüro, das hochautomatisiert und intern mit einer sauberen Struktur arbeitet und dadurch sehr günstige Preise bei entsprechender Zuarbeit (organisieren von Katasterunterlagen, Flurkarte, Bebauungspläne, Ortssatzungen und sauberer Projektaufbereitung) macht und in ganz Deutschland Projekte abwickelt ist architekt-aks.com. Hier wickle auch ich meine Projekte für mich selbst und für meine Fertighauskunden ab. Alles wird online per Mail und Telefonat abgewickelt. Fertighauskunden bekommen einen Tag einen Vor-Ort-Termin bei sich zu Hause. Die Planung liefern wir hier als Typenhaus an, dabei geht es dann nur noch um Finalisierungen. Die Firma arbeitet sowohl für Bärenhaus als auch für den größten Fertighausanbieter, die DFH-Gruppe (mit Allkauf, Massa, Einsteinhaus und Okal), und natürlich für jeden privaten und gewerblichen Endkunden auch direkt. Ein Bauantrag für Ein- und Zweifamilienhäuser, sowie Doppelhaushälften kann hier für ca. 15% der regulären Kosten (ab nur ca. 5.000 € inkl. MwSt, Statik, Wärmeschutz und Bodenplatte/Keller) sehr kostengünstig abgewickelt werden. Gerne kannst du dich dort melden, wenn du erwähnst, dass du auf eine Empfehlung von mir kommst und ein faires Geschäftsgebahren hast, sowie fähig bist, Unterlagen entsprechend aufbereitet zu liefern. Bauvoranfragen kostet ca. 250 - 500 €. Ein Bauantrag für eine Garage / Carport 3 x 6 m kostet ca. 300 € + 300 € für die Statik.

Die Assistenz

- virtuelles Sekretariat ab 20 € / Monat
- E-Mail-Bearbeitung, Anrufweiterleitung
- Sipgate.de Telefonnummer registrieren und weiterleiten
- CRM Software einsetzen und Zugriff ermöglichen

Ich persönlich bevorzuge eigene Mitarbeiter, für den Telefonüberlauf nutzen wir jedoch auch ein entsprechendes externes Callcenter.

Finanzierung

- Rollierendes Eigenkapital
- Finanzieren ohne Eigenkapital
- Küche / Instandhaltung mitfinanzieren
- Immobilien im Ausland finanzieren
- Modernisierung mitfinanzieren
- Totalsanierungsobjekte
- Der Beleihungsauslauf
- Eigenleistung zur Senkung des Beleihungsauslaufes
- Lebensphasenbetrachtung (Renteneintritt)
- Die Übergangsfalle
- Prognosegutachten
- Strategien für niedrige Einkommen
- Schufafreier Kredit (SIGMA Bank)
- Schufascore total überbewertet
- Zusatzsicherheiten
- Fondspolice und Tilgungsträger
- Sondertilgung
- Innenprovision

„Menschen treffen - innerhalb ihres Modells der Welt - zu jedem Zeitpunkt, die beste, ihnen mögliche Wahl aus den ihnen zur Verfügung stehenden Möglichkeiten und mit denen ihnen zur Verfügung stehenden Informationen" NLP Axiom

28. Finanzierung

Finanzierung: Eigenkapital und Tilgung – Frage: was ist der Engpass?

Mögliche Engpässe: Haushaltsüberschuss heute / Haushaltsüberschuss im Rentenalter / Eigenkapital

Ich schaue mir bei der Finanzierungsvermittlung im Hintergrund immer an, welcher der größere Engpass ist. Besonders im Hinblick auf die weiteren Mittelzuflüsse in der Zukunft und die Geschwindigkeit der weiteren geplanten Deals und Nachbeleihungspotential im Portfolio.

Haushaltsrechnung heute und nach Renteneintritt vs. EK

Danach wird die Entscheidung getroffen ob a oder b. - oder auch der Deal kommt gar nicht in Frage (weil zu geringe Rendite = Haushaltsrechnung bekommt ein Problem, oder zu teuer = Verschuldung im Portfolio wird zum Problem), da er das zukünftige Wachstum einschränkt. Aus der einfachen Frage Haushaltsrechnung vs. EK leitet sich dann ganz klar ab, ob niedrigere Tilgung (2% geht oft auch bei 100% Finanzierung, aber nicht immer, oder nur mit starken Zinsaufschlägen, 1% Tilgung lässt sich bei einer 100% Finanzierung fast nie durchsetzen, bei niedrigen Ausläufen teils schon) oder ob geringer EK-Einsatz gewählt wird. Bei einer 5-Jahres-Zinsbindungen kann dann bei 3% anfänglicher Tilgung (wenn 2% vom Zins deutlich teurer wären) mit dem gesunkenen Beleihungsauslauf nach fünf Jahren auf 2% Tilgung reduziert werden. Es wird grundsätzlich immer nach fünf Jahren die Tilgung wieder auf 2% zurückgesetzt, bis kalkulatorisch das Endalter 85 erreicht wird in der jeweiligen Finanzierung. So erhöhe ich den positiven Cashflow über gleich zwei Faktoren: Mieterhöhung und Ratenreduzierung (bei gleichbleibenden, fallenden Zinsen, ansonsten kann ich so zumindest steigende Zinsen in der Ratenhöhe kompensieren). Dies geht jedoch nicht, wenn der Haushaltsüberschuss bei Renteneintritt zu niedrig ist und dann die Raten nicht mehr getragen werden können. Unter 30 Jahren interessiert dich die Haushaltrechnung im Rentenalter im Regelfall wenig, da dein Darlehen bei 2% Zins und 2% Tilgung knapp 35 Jahre läuft und damit kurz vor Renteneintritt mit 67 endet. Die Bank interessiert hier keine Sondertilgung und auch nicht die Möglichkeit, die

Tilgung später mit einer Umschuldung zu reduzieren und die Laufzeit zu strecken. Sie ist gezwungen, mit der fixen Rate bis zum Schluss durchzurechnen. Schlimmer noch, einige Banken müssen am Zinsbindungsende ggf. sogar eine höhere kalkulatorische Stress-Rate von 6-8% ansetzen / 12 der Restschuld am Zinsbindungsende. Wir berechnen mit unserer Vergleichssoftware immer die Situation aktuell und die Situation nach Renteneintritt. Ist der Haushaltsüberschuss zum Renteneintritt zu niedrig, sollte man bewusst die Tilgung soweit hochschrauben. Da reicht dann je nach Situation minimalst hochschrauben in 0,1% Schritten, um die Darlehen vor Renteneintritt kalkulatorisch auslaufen zu lassen. So hat man zum Renteneintritt kalkulatorisch die vollen Mieteinnahmen und keine Rate mehr (dies unabhängig davon, dass man nach zehn Jahren Spekulationsfrist die Immobilie eh an Ehefrau/Stiftung/VV-GmbH überträgt und die zum Renteneintritt gar nicht mehr da ist, es geht rein um die Kalkulation der Bank). Ist der Investor schon älter und die Tilgung müsste sehr hoch sein, schafft man es auch teilweise bei vermieteten Objekten, mit einer unverbindlichen, Verkaufsabsichtserklärung (nicht bindend) zum Renteneintritt oder zum Ende der Zinsbindung in Form eines kurzen Anschreibens an den Finanzierungsvermittler mit Unterschrift, die Stressannuität oder das Problem der Haushaltsunterdeckung zum Renteneintritt wegzudiskutieren. Zusätzlich können in genau demselben Schreiben noch alternativ private Rentenversicherungen, wenn man von denen noch etwas rumfahren hat, herangezogen werden und anstatt der Verrentung eine Rückzahlung des Kredits aus kalkulierten Rückkaufswerten die Haushaltsunterdeckung zum Renteneintritt wegdiskutieren. Hier ist das schöne, dass hier mit 6% Rendite hochgerechnet werden kann bei einer Fondspolice. Bitte die Berechnung im Anschreiben verkürzt darlegen mit Tilgungszeitpunkten und zusätzlich aktuelle Hochrechnungen der Gesellschaft beilegen.

Bitte jedoch die vielen Nachteile der Fondspolice an anderer Stelle hier im Buch beachten. Hier müssen dann die freiwillig bezahlten Beiträge (solche, wie bei denen die Fondspolice nicht abgetreten ist) als verbindliche Ausgaben in der heutigen Haushaltsrechnung gebucht werden und tragbar sein.

Finanzierungsstrategie eines Kapitalanlegers (nicht Investor)

Kauft jemand ohne Einkaufsgewinn oder ohne möglichen Aufwertungsgewinn - also zum Marktpreis, sodass sich die Frage nach 5-Jahren Zinsbindung kalkulatorisch aufgrund des Verhältnisses aus Zinsänderungsrisiken und Chancen für Nachbeleihung oder Kompensierung des ggf. gestiegenen Zinses durch deutlich niedrigeren Beleihungsauslaufes in der Anschlussfinanzierung nicht stellt und z.B. 15 Jahre Zinsbindung gewählt wird, dann wird die Frage, ob 3% anfängliche Tilgung zu akzeptieren sei und ob man nicht doch gleich mit mehr EK rein geht und 80-90% Finanzierungen macht, noch aufdringlicher. Allerdings ist dann auch schon wieder das gesamte Geschäftsmodell Immobilieninvestor zu hinterfragen, da dann häufig der Faktor Verschuldungsgrad im Portfolio sehr schnell weitere Deals ausbremst. Denn wer denkt, er könne ewig mit 100% Finanzierungen, ohne dabei Einkaufsgewinne oder Aufwertungsgewinne zu realisieren, weiter kaufen, liegt falsch. Daher kann dann, wenn man nicht fähig ist, Einkaufgewinne oder Aufwertungsgewinne zu machen auch, gleich von Anfang an mehr EK reingesteckt werden. Die Zinsbelastung sinkt deutlich und die Haushaltsüberschüsse werden größer. Oft erzielt der Kapitalanleger ja auch durch den höheren Einkaufspreis niedrigere Renditen, sodass ihm der höhere EK-Anteil und zusätzlich der niedrigere Zins dann doppelt in der Rate zu Gute kommt.

Wer hingegen mit Einkaufsgewinn einkauft und aufwertet, der kann schnell wachsen und theoretisch unendlich finanzieren. Anfänglich mit 100% Finanzierung, Kaufnebenkosten aus EK, dann mit 100% Finanzierung + Kaufnebenkosten aus Blankodarlehen, dann mit 115% Finanzierung ohne Zusatzsicherheit und dann später mit Kapitalbeschaffung im zweiten Rang (Formel: (Marktwert * 0,8) – (bestehenbleibende Grundschuld * 1,18).

Erreichbare Immobilienfinanzierungen (3-5 Jahre) bei 2.000€ Nettogehalt

Immer in kleinen Schritten, am Anfang Wohnung für Wohnung, fünf bis 15 Einzelwohnungen, dann weiter Einzelwohnungen oder Wechsel zu MFH.

Anfängliches Eigenkapital   20.000 € → 200.000€ Immobiliendarlehen
Blankodarlehen/Ratenkredite 210.000 € → 2,1 Mio. € Immobiliendarlehen
115% Finanzierung   → 1,5 Mio. € Immobiliendarlehen
Nachbeleihung im 2. Rang 100.000 € → 1 Mio. Immobiliendarlehen

= 4,8 Mio. Immobiliendarlehen

Das dazugehörige Immobilienvermögen ist meist 1/5 höher (durch Einkaufsgewinne, Aufwertungsgewinne, Wertsteigerung, die nur zum Teil durch Nachbeleihung aufgefressen wurde). Also ca. 5,8 Mio. € Immobilienvermögen, also 1 Mio. € Nettovermögen, die in drei bis fünf Jahren aus dem Nichts (20.000 € Startkapital, geht aber auch weniger) aufgebaut werden können. Der positive Cashflow wird jedoch durch die hohen Raten bei den Blankodarlehen/Ratenkrediten ein Stück weit weggefressen. Dies wird Stück für Stück durch Mieterhöhung und dann, wenn die ersten 5-jahres Zinsbindungen auslaufen und die Tilgung reduziert werden kann, besser. Nach 10 Jahren erfolgt der Exit an Ehefrau/VV-GmbH/Stiftung und dabei kann die Finanzierung dann hochgezogen werden. Mit einem Teil des freiwerdenden EKs können die Ratenkredite/Blankodarlehen abgelöst werden.

1. Eigenkapital kann auch dadurch besorgt werden, indem das Auto verkauft wird und ein 500 € Auto angeschafft wird, Fondspolicen aufgelöst werden. Bestehende Bausparverträge als EK-Ersatz abgetreten werden, sich das Geld in der Familie zusammengeliehen wird etc. etc.

2. Blankodarlehen/Ratenkredite ca. 2 x 50.000 € Blankodarlehen, 2 x 30.000 €, 1 x 50.000 € Ratenkredit

3. 115% Finanzierungen ab 150.000 € je Einzelfinanzierung (mehrere Wohnungen im Paket sind möglich). Gesamt ca. 1,5 Mio. € möglich über Bauspar-Konsortialfinanzierung LBS + Sparkasse

4. Nachbeleihung im zweiten Rang

Die Haushaltsrechnung optimieren

Eine zu enge Haushaltsrechnung ist der Hauptgrund für scheiternde Finanzierungen. Kapitalanleger sollten nach Abzug aller Pauschalen, Raten, Bewirtschaftungskosten, Stressbetrachtung noch mindestens 300 € Überschuss pro Monat haben, besser natürlich wesentlich mehr.

1. Ratenkredite strecken

Können bestehende Ratenkredite nicht ganz abgelöst werden, dann sollten diese gestreckt werden, um die Rate zu senken. Bereits laufende Ratenkredite können jederzeit mit 1% Vorfälligkeit umgeschuldet werden, z.B. auf einen neuen Ratenkredit mit 120 Monaten Laufzeit. Wir nutzen hier gerne die SKG (Tochter der DKB) (4,21% Zins) oder die DSL Bank (ca. 4,5% Zins), sowie regionale PSD Banken.

2. Tilgungssatzwechseloptionen nutzen

Teilweise gibt es bei bestehenden Darlehen die Möglichkeit, den Tilgungssatz zu wechseln, zwischen 2- 5%. Hier sollte man auf die niedrigst mögliche Tilgung gehen: 2%.

3. Anschlussfinanzierungen Umschulden anstatt Prolongieren

Werden Anschlussfinanzierungen einfach prolongiert (verlängert), steigt die Tilgung immer weiter an. Besser ist es, das Darlehen umzuschulden und mit neuer 2% anfänglicher Tilgung zu starten, um so geringe Raten wie möglich zu haben. Gerade fünf-Jahresfinanzierungen ermöglichen anfängliche 3% Tilgung schneller in 2% Tilgung zu reduzieren.

4. Leerstehende Wohnungen schneller vermieten

Wer schnell viele möglichst leerstehende Wohnungen erwirbt, um diese dann zu renovieren und neu zu vermieten, hat das Problem, dass ihm der Nachweis der Mieteinnahme / eines Mietvertrags temporär für weitere Finanzierungen fehlt. Hier sollte man sich bereits vor der Übergabe vom Eigentümer die Erlaubnis / Vollmacht holen, (die oft vier bis zehn Wochen nach Notartermin erst stattfindet) bereits in seinem Namen einen neuen Mietvertrag zu schließen, sich den Schlüssel geben lassen und die Wohnung bereits davor zu renovieren beginnen.

5. Haushaltsrechnung zum Renteneintritt optimieren

Es kann nicht nur an zu enger Haushaltsrechnung heute, sondern auch zum Renteneintritt scheitern, daher sollte ggf. die Tilgung leicht erhöht werden, wenn dadurch Kredite zum Renteneintritt getilgt sind. Dies sollten insbesondere Immobilieninvestoren zwischen 27 und 40 Jahren genauer betrachten und die Tilgung so aussteuern, dass mit 67 das Darlehen kalkulatorisch getilgt ist (unabhängig davon, dass nach zehn Jahren eh an eine GmbH oder die Ehefrau verkauft wird). So kann man sich später niedrigere Tilgung leisten, indem man heute minimalst höher tilgt.

6. Nie freiwillig mehr Tilgung vereinbaren als unbedingt nötig

Auf keinen Fall mehr Tilgung in Krediten vereinbaren als unbedingt nötig (es sei denn, um genau zum Renteneintritt fertig zu sein). Keine Sondertilgungen leisten und stattdessen in neuen Finanzierungen lieber 90% anstatt 100% finanzieren – nicht nur, dass dadurch doppelt so viele Zinsen gespart werden und die Rate sinkt, da der Zinssatz etwa 0,2% günstiger ist, auch sind dann eher 2% anstatt 3% Tilgung möglich, da das Risiko für die Bank niedriger ist bei geringerer Beleihung.

7. Autofinanzierung optimieren

Wenn das Auto nicht Cash bezahlt werden soll, dann muss bei knappen Haushaltsüberschüssen eben ein altes 500 € Auto gefahren werden, oder bei etwas größeren Haushaltsüberschüssen. Wenn bereits ausreichend Vermögen aufgebaut wurde, sollte mit Ballonfinanzierung (3-Wege-Vario-Finanzierung) anstatt Leasing gearbeitet werden, bei der eine hohe Schlussrate und sehr kleine Raten während der Laufzeit vereinbart werden. Diese ermöglicht oft niedrigere Raten als Leasing – die Gesamtverschuldung ist jedoch höher – da hier im Gegensatz zu Leasing auch die hohe Schlussrate geschuldet wird.

8. Ratenkredite auf Freundin / Ehepartner / Familie verschieben

Ist mit Strecken von Ratenkrediten nicht weiter zu kommen, sollten diese auf eine andere Person verschoben werden und können nach einer Immobilienfinanzierung wieder zurückgeholt werden. Bei Eheleuten ist auch das Ratenkredit-Ping-Pong möglich, das an anderer Stelle im Buch erläutert ist.

9. Gesamtschuldnerische Haftung bedenken

Kaufst du mit anderen Personen zusammen und willst jetzt alleine kaufen, musst du die Kreditraten voll gegen deine Haushalsrechnung rechnen, die Mieteinnahmen sind jedoch nur anteilig vorhanden. Dieses Problem kannst du nur lösen, wenn du die restlichen Anteile der Immobilie beim Notar auf dich übertragen (Kaufvorgang) lässt gegen Übernahme des Kredits im Innenverhältnis (= Gegenleistung), also ohne Geldzahlung. Du musst die Bank auch nicht um Erlaubnis dazu fragen. So kommst du aus gesamtschuldnerischer Haftung mit Ehepartnern oder Co-Investoren wieder raus. Bei Ehepartnern fällt keine Grunderwerbsteuer an, bei Co-Investoren sowohl Grunderwerbsteuer als auch Notargebühren.

10. Auslandsimmobilieninvestment bleiben lassen

Bei Auslandsimmobilien, obwohl diese zumindest in Frankreich, Spanien und Italien auch auf die Immobilie finanziert werden könnten, wird oftmals der

Mietansatz ganz gestrichen, die Kreditraten belasten jedoch voll die Haushaltsrechnung. Dies belastet die Haushaltsrechnung natürlich sehr stark.

11. Sondervermietung ersetzt keine Mindestrendite von 6%

Sondervermietung wie: Ferienvermietung, möblierte Vermietung, zimmerweise WG-Vermietung, Monteurvermietung kann oftmals nicht angesetzt werden. Mit Glück wird diese dann mit ortsüblicher Vergleichsmiete angesetzt, mit Pech sogar überhaupt nicht.

Das heißt, die Immobilie sollte mit normaler Vermietung mindestens 6% Rendite erwirtschaften, die Sondervermietung ist der Bonus oben drauf. Mit Glück und vorhandenen Steuererklärungen und Steuerbescheiden ggf. nach drei Jahren (daher so schnell wie möglich Steuererklärungen / Bescheide anfertigen).

12. Nebenberufliche Einzelunternehmen bleiben lassen

Es werden gerne mal Einzelunternehmen oder auch GbRs nebenberuflich gegründet, die dann nie so richtig erfolgreich werden und vor sich hindümpeln. Diese müssen jedoch von der Bank geprüft werden. Darum verweigern einige Banken gleich ganz die Zusammenarbeit, wenn ein solches Einzelunternehmen auf einem Steuerbescheid auftaucht. Auf der anderen Seite haben solche Unternehmen meist Anfangsverluste. Schließlich versucht man damit ja alles was geht von der Steuer abzusetzen.

Diese Verluste schmälern jedoch die Haushaltsrechnung. Die bessere Lösung ist immer, solche Tätigkeiten in eine GmbH auszulagern, da diese nicht auf dem Steuerbescheid erscheint und die Anfangsverluste daher erstmal nicht auftauchen. Wer nur aus Kostengründen und aus Respekt vor dem Aufwand keine GmbH gründen mag, soll bitte jegliche Form vom Unternehmertum gleich ganz bleiben lassen.

13. Hohe Modernisierungsaufwendungen

So schön es sein mag über Modernisierungen die Steuerlast zu drücken, so sehr wird die Haushaltsrechnung durch den vorliegenden Steuerbescheid in Mitleidenschaft gezogen. Es gibt jedoch die Möglichkeit, die Aufwendungen auf fünf Jahre zu verteilen. Dies glättet auch die Progression. Dies sollte bei engen Haushaltsrechnungen dann die bevorzugte Wahl sein, um auch auf dem Steuerbescheid konstante Einkommen zu haben, und ist auch unterm Strich, so schön sofortige Steuerrückerstattungen auch sind, durch Progressionsglättung dann die bessere Wahl.

14. Lieber Mama-GmbH anstatt mittelmäßiger Selbständigkeit

Der durchschnittliche Selbständige in Deutschland schafft es 2018 nur auf 2.000 € monatlichem Gewinn (vor Steuern). Unter 40.000 € Netto pro Jahr (etwa 66.000 € Gewinn vor Steuern) ist eine Finanzierung für einen Selbständigen jedoch schwierig. Die Bankauswahl ist sowieso eingeschränkt, der Zugang zu Blankodarlehen und Ratenkrediten bleibt außerdem größtenteils verwehrt. Wer nicht am Hungertuch nagt und daher gar nicht in das Mama-GmbH-Modell mit höheren Sozialabgaben wechseln kann, der sollte sich bei einem Gewinn von 66.000 € komplett ein Geschäftsführergehalt der Mama-GmbH auszahlen. So würden immerhin 2.760 € Netto pro Monat nach Abzug aller Arbeitgeber/Arbeitnehmeranteile + Steuer rauskommen. 1.700 € Netto wären aber ausreichend für eine Finanzierung, das heißt, bei einem Gewinn ab ca. 36.700 € pro Jahr käme im Mama-GmbH-Modell ausreichend viel raus, was über ein GF-Gehalt abgesaugt werden kann, dass eine Finanzierung als Angestellter möglich wird und der Zugang zu Finanzierungen erleichtert ist. Für Neugründer kann sofort nach drei Gehaltsabrechnungen, ohne Probezeit ohne Befristung eine Finanzierung gemacht werden, während bei normalen Neugründungen einer Selbständigkeit zwei bis drei gute Jahre (über 40.000 € Nettogewinn) abgewartet werden müsste.

Höhere Gewinne könnten übrigens auch über Dienstleistungsverträge aus der Mama-GmbH wieder in eigene GmbHs oder eine Stiftung etc. abgesaugt werden. Das Modell kostet eben Geld, da die Sozialabgaben höher sind als bei einem normalen Selbständigen. Es verbessert jedoch die Finanzierungskonditionen im Schnitt um 0,3%, ermöglicht schnellere Finanzierungen und ist teilweise überhaupt die einzige Möglichkeit Finanzierungen darzustellen.

Die Berechnungen gelten alle für einen Single, ohne Kinder ohne Kirchensteuer.

Finanzierung ohne Ehefrau (in normaler Zugewinngemeinschaft)

Grundsätzlich kann man die Finanzierung ohne Ehefrau als Sonderfallentscheidung auch bei Banken anfragen, die eigentlich die Unterschrift der Ehefrau wollen. Gerade in einem Fall, wo dies auch begründbar darin ist, dass schon mehrere Immobilien auf dich allein bestehen, akzeptieren die meisten Banken (nicht alle) dies dann und verzichten auf die Unterschrift der Frau.

Was auch immer gut kommt bei Namen, die arabisch/türkisch/osteuropäisch klingen, ist die Begründung mit der Argumentation das hätte kulturelle Hintergründe („Frau nichts wert" - damit kommt man auch ganz gut durch bei den Kreditentscheidern). Immer jedoch unter der Voraussetzung, man hat sich nicht über gemeinsame Käufe schon ins Aus geschossen (was die meisten betrifft, da hilft dann nur noch notariell alles rumschieben - was ich mit vielen Kunden jetzt auch schon gemacht habe, weil die Ehefrau irgendwann die Panik bekommt, wenn die Schulden die Million oder zwei bis drei überschritten haben und sich der weiteren Unterschrift verweigert - dann kann man sie von ihrem Leiden erlösen). Hierzu wird dann als Kaufpreisgegenleistung (anstatt Kaufpreis) die Entlassung aus dem Darlehen im Innenverhältnis vereinbart. Das funktioniert besonders dann gut, wenn es noch nicht allzu lange her ist, dass die Immobilie erworben wurde.

Verfügung über Vermögen im Ganzen / Zustimmung des Ehepartners

Was bei normalen Zugewinngemeinschaften immer häufiger gefordert wird und soweit unkritisch ist, ist die Zustimmung (nicht Haftungsübernahme) der Ehefrau zur Darlehensaufnahme / Grundschuldbesicherung des Ehemanns. Hier wird §1365 BGB (Verfügung über Vermögen im Ganzen) herangezogen:

(1) Ein Ehegatte kann sich nur mit Einwilligung des anderen Ehegatten verpflichten, über sein Vermögen im Ganzen zu verfügen. Hat er sich ohne Zustimmung des anderen Ehegatten verpflichtet, so kann er die Verpflichtung nur erfüllen, wenn der andere Ehegatte einwilligt.

Dadurch kann die Ehefrau, selbst wenn Sie nicht mithaftet, den Vermögensaufbau des Ehemanns blockieren. Ein weiterer Grund für einen sauberen Ehevertrag.

Kurzfristige Finanzierung - 5 Jahre - bei Wertsteigerungspotential

Wenn ein Wertsteigerungspotential da ist, heißt, es wird stärker aufgewertet als das Geld, was man reinsteckt (z. B. Mietsteigerungen oder sehr günstiger Kaufpreis, Erweiterungen, Wertsteigerung durch allgemeinen Preisanstieg (in der Region fraglich?) etc.), dann finanziere ich viele Kunden auf fünf Jahre (darunter wird der Zins schlechter). So hat man das Niederstwertprinzip weg und nach fünf Jahren kann man auch mit einer höheren Darlehenssumme umfinanzieren (auf wieder fünf Jahre oder zehn Jahre etc). Nach fünf Jahren kannst dann wieder umfinanzieren. Auf dem Weg könntest du dein EK nach fünf Jahren wieder rausholen, wenn das Objekt das zu dem Zeitpunkt hergibt. Wie andere bereits geschrieben haben, ist bei diesen „kleinen" Summen die Methode von Alex Fischer mit EK hinterlegen und später rausholen nicht möglich.

Rollierendes Eigenkapital

Alex Fischer propagiert gerne das rollierende Eigenkapital. In seinem Beispiel geht es um eine Finanzierung einer Immobilie mit einem Kaufpreis von 500.000 € und 50.000 € Nebenkosten, mit einer Finanzierung von 550.000 € und 50.000 € als Zusatzsicherheit auf einem Sparbuch oder Depot. Er gibt an, es würde für die Bank keinen Unterschied machen. Nun ist es so, dass die Abtretung eines Sparbuchs, auch Tagesgeldkonto, Girokonto etc. kein normaler Geschäftsvorfall ist, es läuft also außer der Reihe. Bei Krediten von 500.000 € kann man so etwas verhandeln, bei Krediten über 200.000 € oder noch weniger wird das jedoch sehr schwierig. Wenn es dann noch um ein Depot geht, muss erst noch dessen Werthaltigkeit geprüft werden. Hier ist üblicherweise mindestens ein Abschlag von 50% zu machen, also müssten schon 100.000 € als Zusatzsicherheit bereitgestellt werden. Was bei einigen Banken (nicht allen) funktioniert, ist das Spiel mit einem Tilgungsträger in Form eines Bausparvertrags, einer kapital- oder fondsgebundenen Renten- oder Lebensversicherung (3. Schicht) mit Bruttobeitragsgarantie. Hier wird üblicherweise jedoch von den Banken, die es machen, mindestens ein Zinsaufschlag von 0,2% verlangt. Zu verhandeln, dass gegen Zusatzsicherheit (das kann auch eine weitere Immobilie sein, die freie Grundschulden hat und deren bestehende valutierende Grundschulden bei derselben Bank bestehen) die Kaufnebenkosten mitfinanziert werden, ist oft machbar. Schwierig ist die Herausgabe. Nun gibt Alex an, dass die Herausgabe der Zusatzsicherheit passieren soll, wenn die 50.000 € abgetilgt sind. Dies würde in drei bis fünf Jahren passieren. Bei drei Jahren: 3% Tilgung, bei fünf Jahren 2% Tilgung. Nun, das funktioniert so nicht. Da die Bank damit kalkuliert, dass z. B. bei zehn Jahre Zinsbindung der Beleihungsauslauf eben um die Tilgung sinkt, also wenn, dann wäre die Bank hier auch nur gegen Zinsaufschlag bereit etwas zu tun.

Nun man kann es auch viel einfacher haben mit dem rollierenden Eigenkapital. Legt man die Zinsbindung anstatt auf zehn Jahre oder länger auf fünf Jahre fest, dann kann man ganz ohne spezielle Vereinbarungen für die Anschlussfinanzierung nach fünf Jahren die Zusatzsicherheit rausnehmen. Alternativ zu einer Zinsbindung von fünf Jahren könnte auch eine von drei Jahren vereinbart werden. Diese kostet jedoch etwas höhere Zinsen als bei fünf Jahren und wird nur von sehr wenigen Banken angeboten.

Finanzieren ohne Eigenkapital

Alex Fischer führt an, dass über die Hanseatic Bank und deren Nachrangdarlehen die Kaufnebenkosten finanziert werden können. In aller Regel (also mit so gut wie keinen Ausnahmen) geht das allerdings nur bei Eigennutzer-Finanzierungen und nicht bei Kapitalanlegerfinanzierungen. In 99% der in Foren und auf Facebook aufgeführten angeblichen 110% Finanzierungen handelt es sich um keine echten 110% Finanzierungen. Entweder wurden wertsteigernde Modernisierungen mitfinanziert (zu 50-100% wird das je nach Bank gemacht) ggf. dann noch mit Eigenleistungen, die als Eigenkapitalersatz deklariert wurden, oder es wurden schlicht Zusatzsicherheiten gebracht in Form von Tilgungsträgern wie Bausparverträgen, Fondspolicen oder einer Zusatzgrundschuld. Es können auch bestehende freie Grundschulden bei einer Bank, die nicht mehr (vollständig) valutieren und nicht extra in den Vertrag einbezogen werden, sein. Oder es wurde ein Eigennutzerkredit beantragt anstatt eines Kapitalanlegerkredits. Nur in den seltensten Fällen handelt es sich um echte 110% Finanzierungen.

Küche/Instandhaltungsrücklage der WEG in Kaufvertrag

Das Ziel dahinter, Möbel oder Instandhaltungsrücklagen im Kaufvertrag extra auszuweisen, ist, damit Grunderwerbsteuer auf diese Beträge zu sparen und die Möbel schneller abzuschreiben. Nun ist es aber so, dass die Banken üblicherweise keine Möbel und keine Instandhaltungsrücklage mitfinanzieren. In dem Moment, wo die Bank nun den Kaufvertrag bekommt – und es wurde vorher in der Finanzierung nicht entsprechend abgeklärt (also herausgenommen), kann gefordert werden, dass der Kredit um diesen Betrag gekürzt wird. Also entweder von vornherein mit EK und so auch bei der Finanzierung definieren, oder nicht extra ausweisen, was die bessere Möglichkeit ist, so wird weniger Eigenkapital benötigt. Ganz besonders blöd ist es, wenn z. B. die Darlehensgrenzen 50.000 €, 100.000 € oder 200.000 € durch die im Kaufpreis extra ausgewiesene Möbel gesprengt werden (also jetzt 197.000 € Darlehen anstatt 200.000 € Darlehen). Dann kann es z. B. bei der 200.000 € Grenze zu schlechteren Konditionen führen und bei der 50.000er oder 100.000er Grenze gar dazu führen, dass das Darlehen gar nicht mehr gegeben wird.

Außerdem ist es wichtig, wenn man Möbel extra ausweist, hier realistisch zu bleiben. 3.000 € und mehr für eine gebrauchte Küche wird das Finanzamt in den seltensten Fällen akzeptieren.

Immobilien im Ausland finanzieren

Der Kauf von Immobilien im Ausland kann oft nur mit EK erfolgen, eine Finanzierung von einer Deutschen Bank zu bekommen ist fast unmöglich.

Lösungsmöglichkeit 1: Ratenkredit

- Finanzierung über Ratenkredit (bis 50.000 €/in Ausnahmen 80.000 €)
→ Dieser Ratenkredit muss jedoch weggetilgt sein, bevor eine neue Immobilienfinanzierung für Deutschland aufgenommen wird, da er massiv schlecht in der Selbstauskunft aussieht.

Lösungsmöglichkeit 2: lastenfreie Immobilien in Deutschland

- Kapitalbeschaffung (bis 85% des Verkehrswerts) auf eine lastenfreie oder bereits belastete Immobilie in Deutschland zur freien Verwendung (schwierig zu bekommen) zur Finanzierung der Immobilie im Ausland.

Lösungsmöglichkeit 3: Finanzierung über eine Ausländische Bank
- Hierbei kann ich dir leider nicht helfen und habe keine Erfahrungen. Es wird jedoch nicht einfach als Ausländer.

Bedenke aber trotz vermeintlich guter Renditechancen:

- Kannst du die Immobilie auf Distanz wirklich bewirtschaften?
- Bist du abhängig von Betreibern vor Ort?
- Kannst du den Standort wirklich einschätzen?
- Kannst du die politische Situation im Land wirklich einschätzen?
- Kennst du dich wirklich mit der ganzen rechtlichen Situation aus?
- Lohnen sich die Opportunitätskosten (dein Zeitaufwand für Reisen, Steuerberatung über die Grenze hinweg, Bürokratie etc.)
- Ist der Besitz wirklich sicher in dem Land?

Probleme mit der weiteren Finanzierbarkeit in Deutschland

Bei der Berechnung des Verschuldungsgrads (Wert der Immobilie) und auch bei der Haushaltsrechnung (Mieteinnahmen) bleibt die Immobilie im Ausland **ohne Berücksichtigung**. Zins, Tilgung, Bewirtschaftungskosten werden dir voll als Kosten abgezogen und der Kredit für die Immobilie als Konsumkredit zugeschlagen. Damit hat man sich dann im Regelfall ins Aus geschossen für weitere Finanzierungen in Deutschland.

Immobilien in Deutschland bieten so viele Chancen - warum soll man sich das antun?

Ferienwohnungen/Kurzzeitvermietung (in Deutschland)

Hierbei handelt es sich um eine gewerbliche Tätigkeit. Als Kleinunternehmer bis 17.500 € Umsatz pro Jahr kannst du auf das Ausweisen der Umsatzsteuer in Höhe von 19% verzichten. Sprengst du diese Grenze, musst du die 19% Umsatzsteuer ab dem 1. Euro an das Finanzamt abführen. Da es sich um eine gewerbliche Tätigkeit handelt, ist ein Gewerbe anzumelden. Die Folge ist, dass deine Immobilie nicht unter die 10-jährige Spekulationsfrist fällt. Bist du so schlau und gründest für die Vermietung eine GmbH und vermietest langfristig deine Immobilie aus dem Privatbestand an die GmbH, um sie dort kurzfristig weiter zu vermieten, hast du, wenn du Inhaber der Immobilie und Alleingesellschafter der GmbH bist, eine sogenannte Betriebsaufspaltung. Im Exitfall verkaufst du nach zehn Jahren und tust so, als wäre die Immobilie Betriebsvermögen der GmbH. Auch hier entfällt die 10-jährige Spekulationsfrist und der Verkauf ist zu versteuern.

Modernisierung mitfinanzieren

Modernisierungen lassen sich je nach Bank zu 50-100% mitfinanzieren. Modernisierungen sind dabei: Heizung, Dach, Fenster, Grundrissverbesserungen, Türen, Elektrik, Sanitär/Bad, Wärmedämmung. Sanierungen (können nicht mitfinanziert werden) sind dagegen: Bodenbeläge und Malerarbeiten. Was Banken gar nicht mögen, sind Totalsanierungsobjekte. Die Grenze der mitfinanzierbaren Modernisierungskosten liegt dabei bei ca. 30% des Kaufpreises.

Totalsanierungsobjekte

Hast du ein Totalsanierungsobjekt vor, dann bietet es sich an, etappenweise vorzugehen: Schritt 1: Finanzierung Kaufpreis zu 100% + Kaufnebenkosten bis 30% des Kaufpreises mit einer Zinsbindung von einem Jahr. Schritt 2: Aufnahme eines Ratenkredits bis max. 50.000 € zur weiteren Modernisierung, nachdem die Immobilienfinanzierung abgeschlossen ist und die ersten Modernisierungsarbeiten durchgeführt sind und die 30% Modernisierungskosten aufgebraucht sind. Timing ist wichtig: Ratenkredit erst aufnehmen, nachdem der Immobilienkredit voll ausbezahlt ist! Die Bank sieht die neue Schufa-Abfrage und könnte die weitere Auszahlung verweigern. Schritt 3: Umfinanzierung nach dem einen Jahr, nachdem das Niederstwertprinzip gebrochen ist. Wichtig ist: keine Schwarzarbeiten. Du brauchst die Belege in Höhe der Ratenkredite, damit du der Bank belegen kannst, dass du das wirklich immobilienwirtschaftlich verwendet hast, sonst kannst du die Ratenkredite nicht umfinanzieren! Außerdem brauchst du die Belege natürlich auch fürs Finanzamt, damit die Zinsen des Ratenkredits und des späteren Immobilienkredits abgesetzt werden können. Außerdem machen Schwarzarbeiten vielleicht bei eigengenutzten Immobilien Sinn, wo nur ganz wenig von der Steuer abgesetzt werden kann, jedoch nicht bei vermieten Immobilien.

Eigenleistung zur Senkung des Beleihungsauslaufes

Eigenkapital-Ersatz (kann zwar selten, bzw. nur bei Eigennutzern zum Ausgleich der Kaufnebenkosten verwendet werden), senkt jedoch bei Kapitalanlegern den Beleihungsauslauf und verbessert damit den Zins. Eigenleistungen dürfen natürlich im Neubau die Baukosten nicht in die Höhe treiben (wobei Neubau für dich als Immobilieninvestor sowieso nur in seltenen Fällen Sinn macht). Im Bestand muss es eben in einem sinnvollen Verhältnis zu den Modernisierungskosten stehen. Du musst für jede Einzelposition genau auflisten wie viel Material und wie viel Arbeitsleistung ist.

Dabei kannst du als Arbeitsleistung Handwerkerstundensätze ansetzen, also z. B. 50 €/h. Eine erste Übersicht kann dir folgende Tabelle (unterste Preiskategorie) geben. Für die Bank kannst du natürlich auch viel höhere Werte ansetzen:

Tätigkeit	Stunden	Material
Innentüren inkl. Holzzargen einbauen	2,3	140 €
Kunststofffenster 3-fach einbauen	2,0	180 €
Haustüre einbauen	6,0	600 €
Schlitze klopfen (je qm Wohnfläche)	0,25	0 €
DG-Ausbau Wärmedämmung je qm	0,60	4,63 €
Elektro-Boiler inkl. Anschluss	1,0	150 €
Infrarotheizkörper inkl. Montage	0,50	130 €
Badewanne (Whirlpool) einbauen	5,0	800 €
Dusche (bodengleich) einbauen	10,0	80 €
WC (frei hängend) einbauen	3,0	100 €
Waschbecken (+ Bad Möbel) montieren	6,0	350 €
Bodenfliesen verlegen + verfugen je qm	2,0	15 €
Wandfliesen verlegen + verfugen je qm	2,0	15 €

Lebensphasenbetrachtung (Bank, WIKR)

Je nach Bank muss die Volltilgung nicht bis zur Rente erreicht sein, und da ich möglichst überhaupt nicht tilgen will, such ich mir lieber eine Bank, die es auch in der Rente finanziert, selbst wenn der Zins höher ist. Pauschal ist nicht zu sagen, ob es günstiger kommt mit Forward oder mit bereitstellungszinsfrei, dazu benötige ich alle Daten, dann kann ich rechnen. Es kommt alles auf das Gesamtkonzept an. Auch funktioniert die ganze Idee nicht, weil du ja kein konkretes Objekt hast.

Ausgaben reduzieren

Wenn's mit Einkommen steigern nicht sofort klappt, müssen eben Kosten runter: Auto verkaufen, Wohnung auflösen und wieder bei Mama einziehen, oder kleinere Wohnung, Konsum reduzieren. Man kann auch von 500 €/Monat leben. Wenn man dann nur 1.500 €/Monat verdient, kann man immer noch 1.000 €/Monat wegsparen und investieren.

Vermögensübertragung auf Kinder

Sobald der Immobilienbestand im Privatvermögen eine gewisse Größe hat und Objekte aus der 10-jährigen Spekulationsfrist raus sind, stellt sich häufig die Frage, wie nun mit diesen Objekten weiter gemacht werden soll.
a) Verkauf an einen Dritten (Immobilie ist weg, woher neue nehmen?)
b) Verkauf an die eigene VV-GmbH
c) Verkauf an die „eigene" Familienstiftung
d) Verkauf an die „eigene" kleine Genossenschaft
e) Verkauf an die Ehefrau (grunderwerbsteuerfrei)
f) Verkauf an die Kinder (grunderwerbsteuerfrei)

Da die verschenkten Objekte keine Zählobjekte im Sinne der 3-Objektgrenze sind (es sei denn, es wird vom Beschenkten innerhalb von fünf Jahren veräußert, was sich jedoch vertraglich ausschließen lässt) bietet sich gerade bei solchen Objekten dann, wenn diese nicht stark im Wert gestiegen sind (da beim Verschenken und Vererben die Abschreibungsgrundlage niedrig bleibt) und noch keine zehn Jahre im Bestand gehalten wurden, auch nach fünf Jahren bei 5-jähriger Zinsbindung an, diese an die Kinder zu verschenken. Bitte verschenke jedoch nicht Objekte deiner VV-GmbH, dies ist eine verdeckte Gewinnausschüttung und diese musst du als Gesellschafter teuer versteuern.

Die Schenkungsfreigrenze von Eltern an Kinder sind 400.000 € alle 10 Jahre. Diese solltest du auch nutzen, sonst gehen nach deinem Tod bis zu 30% deines Vermögens durch Erbschaftssteuer verloren.
Das kann z. B. für ostdeutsche ländliche Wohnungen interessant sein, die einen Faktor von 2-5 haben und nach 5-jähriger Zinsbindung so wenig Restdarlehensbetrag übrig geblieben ist, dass es sich kaum lohnt weiter zu finanzieren. Die Kinder erleben dadurch einen Turbo im Vermögensaufbau. Bei minderjährigen Kindern brauchst du allerdings eine Zustimmung des Familiengerichts. Es darf kein Nachteil zum Wohl des Kindes entstehen. Es wird ein Ergänzungspfleger vom Gericht bestellt, der meist nicht mit Kompetenz ausgestattet ist. Teilweise wird die Immobilien-Übertragung abgelehnt, da nicht

ausschließlich vorteilhaft, sondern mindestens die Grundsteuer (Transaktion ist grunderwerbssteuerfrei) entsteht.

Wenn du das Objekt verschenken willst, du aber weiter die Miete abzüglich Instandhaltung kassieren willst, dann kannst du das über Nießbrauch regeln. Aber der eigentliche Hebel und dein Plan sind ja die gesparte Einkommensteuer und die Nutzung der Freibeträge der Kinder. Was du auch klären musst, ist aber: Familienkrankenversicherung der Kinder (sofern du noch gesetzlich krankenversichert bist) - vermutlich bis 400 € pro Kind und Monat Gewinn aus V+V noch unschädlich. Kindergeld wird unabhängig von der Höhe der Einkünfte der Kinder weiter bezahlt.

Um die Problematik mit dem Ergänzungspfleger bei minderjährigen Kindern zu umgehen, bietet es sich oft an, den Kindern hohe Gesellschaftsanteile an einer VV-GmbH (jedoch keine Stimmrechte) einzuräumen und Objekte an diese Gesellschaft zu verkaufen. Jetzt kannst du Geschäftsführer dieser VV-GmbH sein und alles entsprechend steuern.

Übergangsfalle: Persönliche Bonität/Portfoliobetrachtung

Das wäre wieder abhängig davon, ob noch nach persönlicher Bonität bewertet wird oder ob schon eine Portfoliobetrachtung gemacht wird. Ich denke aber, 80% sollte auch gehen (bei MFH), ggf. auch 100% bei Wohnungen, wenn das Gesamtportfolio einen niedrigen Verschuldungsgrad aufweist oder noch nach persönlicher Bonität bewertet wird.

Andreas Sell

Sehr erfolgreich investiert Andreas Sell: → Buch: der reichste Hausmeister Deutschlands in Immobilien an schwachen Standorten. Kaufpreisfaktor: 5-10 - jeweils mit VV-GmbHs mit Non-Recourse-Finanzierung zur Risikoabsicherung. Grundsätzlich stellt sich die Frage: Was will ich? Bin ich eher Spekulant und setze auf Wertsteigerung mit kleinem Cashflow, der gerade so die Kosten deckt, oder investiere ich, um einen hohen Cashflow zu haben. Deinen Zeitaufwand musst du als Oppertunitätskosten gegenrechnen. Netzwerk an Handwerkern, ggf. Verwalter etc. musst du dir dann eben an den Standorten schaffen. Wichtig wäre für mich im ersten Schritt: können die Mieten die Kosten für Instandhaltung decken, bzw. ist das Objekt so gut in Schuss, dass dies funktioniert und immer noch ein ordentlicher Cashflow übrig bleibt?

Betreiberimmobilien: Pflegeappartements/Ferienwohnungen

Bei Betreiberimmobilien ist mehr Eigenkapital (mind. 20%) erforderlich als bei normalen Wohnungen. Es ist außerdem wesentlich schwieriger, an eine Finanzierung zu kommen. Ein höheres Einkommen ist erforderlich, 2.500 € netto oder mehr. Die Rendite ist nach Bankabschlägen zu niedrig (so kann man nicht weiter finanzieren) mit max. 5% Bruttomietrendite (auch wenn man bedenkt, dass die Instandhaltungskosten teilweise übernommen werden). Weitere Themen sind: Betreiberrisiko, überteuerter Einkauf, schlechte Drittverwendungsmöglichkeit, schwer wieder zu verkaufen.

Prognosegutachten – bei schlechter Objekteinwertung (ab 400.000 €)

Es soll ein Mehrfamilienhaus bei ordentlichem Instandhaltungszustand mit dem Faktor 25 gekauft werden. Ist zwar ein hoher Kaufpreis, es besteht jedoch Underrent mit 6 €/qm, wo auch 12 €/qm möglich wären und enormes Aufwertungspotential. Dadurch relativiert sich der Faktor also schon wieder. Der Kaufpreis liegt bei 2 Millionen Euro, der Gutachter der Bank wertet es jedoch nur mit 1,3 Millionen ein. Ab 400.000 € wird die Kleindarlehensgrenze bei den Banken überschritten, daher wird von der Bank ein Gutachten in Auftrag gegeben. Du kannst jetzt versuchen, über ein sogenanntes Prognosegutachten den Beleihungswert sehr gut darzustellen. Gib dem Gutachter einen Maßnahmenplan, wie du die gewünschten Mieten 12 € netto kalt erreichst. Achte darauf, nicht in das Konzept einer Betreiberimmobilie reinzurutschen und achte besonders auf niedrige Bewirtschaftungskosten. Der Gutachter soll außerdem eine Stellungnahme zu Mieten in der Mikrolage schreiben. Dieses Verfahren ist fast geheim bzw. kennen es kaum Käufer. Dies verschafft dir einen Vorteil im Einkauf, da andere Käufer viel mehr EK mitbringen müssten, bzw. das Objekt nicht erwerben können, weil sie keine Finanzierung bekommen. Das wiederrum kann für Preisverhandlungen genutzt werden. Das Prognosegutachten muss und wird von den Bankgutachtern stark in die Wertung einbezogen – allein schon aus Bequemlichkeit, um nicht dagegen argumentieren zu müssen. Es gibt ja so oder so Spiel von 20%, wo ein Gutachten (auch ohne

Begründung) entsprechend abweichen kann und immer noch richtig ist. Ziel ist eben die Grenzen etwas zu deinen Gunsten zu verschieben. Dadurch wird der Wert deutlich nach oben gezogen.

Strategie für niedrige Einkommen zum EK-Aufbau

Rahmenkredit anstatt Ratenkredit (bei geringem Einkommen).
Immobilienfinanzierungen unter 1.500 € netto sind selbst als Eigennutzer (erleichterte Bedingungen) nicht zu schaffen.

Die Lösung: Der Rahmenkredit. Das ist ein Ratenkredit, bei dem keine festen Raten bezahlt werden, sondern nur der Zins. Dies ermöglicht eine höhere Kreditsumme, da ein geringerer Haushaltsüberschuss nötig ist. Außerdem muss der Kredit nicht sofort abgerufen werden, sondern man kann ihn sich einräumen (auch wenn man mit einer Einkommensverschlechterung rechnet) und dann später erst, auch in Teilen, abrufen.
Die Diba biete diesen in Höhe von bis zu 25.000 € an.
Beispielrechnung:
Nettoeinkommen pro Monat: 1.300 €
- Diba-Lebenshaltungskostenpauschale: 600 €
(zusammenlebende Paare: 850 € - jedes Kind +150 €)
- Miete inkl. Nebenkosten: 500 €
= Haushaltsüberschuss vor Finanzierung: 200 €
- mögliche Zinskosten Rahmenkredit: 121,46 €
= Haushaltsüberschuss nach Finanzierung: 78,54 €

Ergebnis: 25.000 € Rahmenkredit sind möglich!

Kauf von einer kernsanierungsbedürftigen Wohnung oder altem, abrissreifem (weil technisch überaltert, aber nicht von der Bausubstanz zerstörten) Einfamilienhaus zu z. B. 10.000 €.

Renovierungskosten: 15.000 €
Nur Materialkosten bei Kernsanierung: ca. 300 €/qm bis 500 €/qm, spricht 30 – 50 qm.
Objektkosten: 25.000 € (Kreditfinanziert)
Objektkosten pro qm: 300 €
Sanierungskosten pro qm: 300 €

GIK (Gesamtinvestitionskosten): 600 €/qm
Verkauf für 1.500 bis 2.500 €/qm
Gewinn bei 50 qm: 2.500 – 600 = 95.000 €
Bei 30 qm: 1.500 – 800 € = 700 € * 30 = 21.000 €

Schufafreier Kredit → illegale Eigenkapitalbeschaffung

Im Internet wimmelt es nur so von Angeboten über schufafreie Kredite, Auslandskredite oder Schweizer Kredite. 99% davon sind reine Abzocke. Finger weg von Vorkosten: Sei es jetzt eine Vermittlungsgebühr oder die Übersetzung der Dokumente.

Ein seriöser Anbieter ist die SIGMA Bank

Beim Schweizer Kredit der SIGMA Bank handelt es sich um ein spezielles Kreditprogramm, bei dem keine Auskunft von der SCHUFA eingeholt und weder der finanzierte Kredit noch die Kreditanfrage der SCHUFA gemeldet wird. Da lediglich eine Überprüfung des öffentlichen Schuldnerregisters erfolgt, ist eine Finanzierung bei leichten Negativmerkmalen möglich. Zur Beurteilung der Bonität erfolgt eine Überprüfung des Nettoeinkommens, wodurch der Schweizer Kredit nur für deutsche Angestellte, die mindestens zwölf Monate (3.500 € Darlehen), 36 Monate (5.000 € Darlehen) oder 48 Monate (7.500 € Darlehen) beim selben Arbeitgeber angestellt sind. Die Laufzeit beträgt 40 Monate, der Zins 8,84%. Tilgung ist jederzeit ohne Vorfälligkeitsentschädigung möglich.

Warnung: Natürlich sind in der Selbstauskunft bei der Beantragung des Immobiliendarlehens auch schufafreie Darlehen anzugeben. Wird das nicht gemacht, ist das Kreditbetrug!

Transaktionskonto

Kreditbetrüger (Personen, die die Existenz von Darlehen, ob von Banken oder Familienangehörigen oder Freunden verschweigen) tun gut daran, ein extra, nicht bei der Schufa geführtes Bankkonto (nicht Mieteingang, nicht Gehaltskonto) zu haben. Solange es noch Bargeld gibt, lässt es sich nicht über solches regeln (z. B. Fidor Bank – solange kein Limit beantragt wird erfolgt keine Schufameldung).

Tipp am Rande: bitte kein P-Konto (Pfändungsschutzkonto) einrichten (es sei denn, man ist unmittelbar von Pfändungen betroffen)! Das P-Konto hat zwar keine Auswirkung auf den Schufa-Score, sieht jedoch in der Schufa-Auskunft sehr komisch aus!

Schufa-Score total überbewertet

Wenn man die diversen Immobilienbücher liest, denkt man ein guter Schufa-Score sei über alle Maßen hinaus wichtig. Ob der Schufa-Score nun 94 oder 99 ist, hat keinen (gar keinen!) Einfluss auf den Zinssatz bei einem Immobiliendarlehen! Viel wichtiger als der Schufa Score ist die Haushaltsrechnung, Gesamtverschuldungsgrad, 8er Annuität, das Objekt, Angestelltenjob, Eigenkapital.
Unter folgendem Link erhältst du einmal im Jahr kostenfrei die Datenübersicht nach §34 Bundesdatenschutzgesetz:
https://www.meineschufa.de/download.php?file=SCHUFA_Infoblatt-DU-Antrag-deutsch.pdf

Achtung: Die Bearbeitung dauert zwei bis drei Wochen!
Ich empfehle dir dringend, einen kostenpflichtigen Zugang für 3,95 € monatlich + 9,95 € einmalig (meineSCHUFA kompakt) zu buchen. So hast du in Echtzeit Infos darüber, was genau eingetragen wird und kannst immer Online sofort eine aktuelle Auskunft ziehen. Dies ist besonders wichtig, wenn du mehrere Objekte im Ankauf hast oder bei mehreren Banken nicht nur Konditionsabfragen, sondern auch wirklich Anträge eingereicht werden, wo die Schufa gezogen wird.

Diese sollten idealerweise so getimed werden, dass diese 10 Tage auseinander liegen. Ich kann als Finanzierungsvermittler nicht in deine Schufa einsehen, ich könnte eine Abfrage machen (mache ich aber nicht, weil das negativ gewertet werden könnte – und wenn ich es mache, sehe ich nur Negativmerkmale und nicht die genauen Einträge, die sieht nur die Bank). Kreditanträge werden, wenn man irgendeine Verbindlichkeit nicht oder nicht richtig angibt, abgelehnt. Auch wenn irgendeine Fehlinformation, was häufig vorkommt, in der Schufa steht, kann ich dir nur dringend raten den kostenpflichtigen Zugang zu buchen und mir mit der Finanzierungsanfrage einen Auszug zum Abgleich mitzuliefern. Dies gilt auch für frühere Wohnadressen etc. Die Services aus dem Plus oder Premium-Paketen braucht der normale Immobilieninvestor nicht, es reicht meineSCHUFA kompakt. In punkto Kreditkarten war meine Erfahrung, dass es positiv war von mehreren auf eine Kreditkarte zu reduzieren (was dann auch insgesamt die Limits reduziert hat).

Fondspolice als Tilgungsträger

Die Idee ist gut, anstatt zu tilgen einen Tilgungsträger zu besparen. Schließlich erzielen Fonds oder ETFs z. B. auf dem MSCI World Index im Schnitt über eine lange Laufzeit 7% Rendite pro Jahr. Da die Banken allerdings ein Fondsdepot als Tilgungsträger gar nicht mögen, bleiben in der Praxis nur noch Fondspolicen. Hier wünschen sich die Banken deutsche Versicherer und Produkte mit Beitragsgarantie. Kleine lokale Banken akzeptieren teilweise (wenn sie denn erst mal überhaupt einen Tilgungsträger akzeptieren) auch Policen ohne Beitragsgarantie.

Das macht Sinn, denn wer eine Beitragsgarantie vereinbart, bei dem kann ja nur ein minimalster Teil der Gesamtanlage in Fonds/ETFs investiert werden, weil mit der festverzinslichen Anlage ja sichergestellt werden muss, dass ein Totalverlust in der ach so unsicheren Fondsanlage ja ausgeglichen wird. Haben wir eine Bank gefunden, die uns also den Tilgungsträger akzeptiert, dann mag diese gern dafür vergütet werden, dass sie ja jetzt ein zusätzliches Risiko (Tilgungsträger) hat. Selbst wenn die Bank keinen Aufschlag nimmt, ist die Bank, die einen Tilgungsträger anbietet, nur selten die günstigste Bank.
Der Aufschlag auf den Zins des Darlehens beträgt daher so oder so meist ca. 0,3%. Das klingt ja erst mal nach einem guten Deal. Ich investiere z. B. 2% Zinsen, die ich von der Steuer absetzen kann + 0,3% Aufschlag für den Tilgungsträger, den ich ja auch von der Steuer absetze, und kann also jetzt eine Fondspolice besparen, die mir 7% Rendite bringt. 7% − 2% - 0,3% = 4,7%. Gut, 1% Gebühren müssen wir abziehen für die Fondspolice, dann eben noch 3,7% Plus. Aber wir machen ja immer noch gut Plus. Zumindest argumentieren so angesehene Anlageberater mit über 20 Jahren „Erfahrung“. Wir werden mal wieder an der Nase herumgeführt. Jetzt rechnen wir mal nach:

Beispiel 1: 100.000 € Darlehen. Zinsaufschlag: 0,3% = 300 € pro Jahr
Sparrate: 2% = 2.000 € pro Jahr → 300 €/2.000 € * 100 = 15%

Ach ja, von unseren 2.000 € Sparrate gehen also erst einmal 15%, da der Zinsaufschlag von 0,3% ja auf das Gesamtdarlehen und nicht auf die Tilgung geht, weg. Diese 15% müssen wir also erst mal wieder reinwirtschaften. Wir regen uns auf, dass unsere Bank 5% Ausgabeaufschlag auf einen Fonds will, aber 0,3% Gebühr, die in Wirklichkeit 15% sind, akzeptieren wir gern für die Renditechance.

Ich habe aber auch schon Fälle gehabt, bei denen war der Zinsaufschlag 0,65% für den Einsatz des Tilgungsträgers:

Beispiel 2: 100.000 € Darlehen. Zinsaufschlag: 0,65% = 650 € pro Jahr
Sparrate 2% = 2.000 € pro Jahr → 650 €/ 2.000 € * 100 = 32,5%

Nun ist es aber so, dass wenn wir 32,5% Verlust gemacht haben, müssen wir 48% Rendite erwirtschaften, um wieder auf null zu sein. Wie lange brauchen wir bei 7% Rendite – 1% Gebühren (wobei die 1% niemals reichen, es sind meistens mindestens 2%)? Nun wir brauchen etwa sieben Jahre bis wir wieder auf null sind, haben noch keinen Cent verdient und dann darf kein Börsencrash in der Zwischenzeit passiert sein.

Also mal ganz ehrlich, da nehme ich doch lieber eine fünf Jahre Zinsbindung und ziehe das Geld hinterher über Nachbeleihung/Zusatzsicherheit raus, anstatt mit Tilgungsträgern zu arbeiten.

In Bezug auf Tilgungsträger gilt auch wieder der Grundsatz KISS. Keep it stupid and simple. Ein normales Annuitätendarlehen mit möglichst kurzer Zinsbindung ist die beste Lösung.

Ich bin kein grundsätzlicher Gegner des Tilgungsträgermodells. Allerdings macht es für mich nur dann Sinn, wenn ich schon viele Jahre eine Police rumliegen habe, wo die Abschlusskosten bezahlt sind, die Versicherungsgesellschaft stabil ist, und die ich auch behalten will und ich mir der erheblichen Risiken einer als gemeinhin als sicher dargestellten Anlage bewusst bin. Wenn ich eine Bank finde, die keine Aufschläge will, dann habe ich nicht nur Tilgungsträger, sondern auch EK-Ersatz, und kann die Kaufnebenkosten schon mitfinanzieren, bzw. sogar den Beleihungsauslauf stark senken. Neuabschluss macht für mich absolut gar keinen Sinn in der aktuellen Situation, auch nicht mit Nettotarifen.

Ich verstehe dieses Denken von Leuten einfach nicht, die in etwa folgendes sagen: „Ich bin Langfristinvestor - auf Dauer verdiene ich 7%." In Japan (Nikkei 225) haben wir die Kurse von 1989 jetzt nach bald 30 Jahren immer noch nicht

wieder erreicht! Wer sagt euch Langfristinvestoren, dass dies nicht auch diesmal in den Weltbörsen passieren kann? Wenn ich so kurz vor einer Korrektur
stehe und das sehe, warum soll ich dann ohne irgendwelche Absicherungsin-
strumente und handlungsunfähig (weil abgetreten) da reinlaufen und ggf. auf
Lebzeit mein Geld nicht wiederbekommen? Mein Immobilienportfolio setze
ich auch noch dieser Gefahr aus, weil ich dann nachbesichern muss, was ich
nicht kann, da sich mein Tilgungsträger im Wert halbiert hat.

Wenn die Versicherungsgesellschaft Pleite geht

Der Sicherungsfonds der deutschen Lebensversicherungen Protektor hat
Stand Ende 2018 nur knapp 1 Milliarde Euro Sicherungsvolumen (siehe pro-
tektor-ag.de), die einer Leistungsverpflichtung von 1.015 Milliarden (siehe
GDV) der deutschen Lebensversicherungen gegenüber Ihren Kunden gegenüber stand.

Aufteilung der Kapitalanlagen deutscher Versicherungen (Stand 2019)

- Immobilien + immobilienbesicherte Forderungen: 7,9%
→ 40% Verlustrisiko
- Staatsanleihen und ähnliche ungesicherte Darlehen: 50,3 %
→ Totalverlustrisiko
- Aktien: 35,1 % → 80% Verlustrisiko
- Sonstige: 6,7% → Totalverlustrisiko
Bisher gab es erst einen einzigen Haftungsfall für den Sicherungsfonds Protektor, die kleine Gesellschaft Mannheimer. Kommt jedoch nur ein mittelgroßer
Versicherer in Schwierigkeiten (und in einer Systemkrise, z.B. steigende Zinsen wegen schlechter Bonität von Staaten, kommen Sie fast alle auf einmal
in Schwierigkeiten) wird es eng, bei nur einem der größten fünf Lebensversicherer allein ist es schon fast unmöglich. Der Ausschuss für Systemrisiken
der europäischen Zentralbank war 2016 vor der geringen Leistungsfähigkeit
von Protektor: *„Nationale Sicherungssysteme wie Protektor seien nicht in der Lage, mit
der möglichen Insolvenz großer Lebensversicherer oder der gleichzeitigen Insolvenz mehrerer
kleinerer Lebensversicherer fertigzuwerden"*

Gerhard Schick (Grüne) kritisierte einst: *"Die Kunden werden in die Irre geführt, Ihnen wird eine Garantie gegeben, die im Ernstfall Makulatur ist."*

§ 315 VAG (Versicherungsaufsichtsgesetz): (früher § 89 VAG) Zahlungsverbot; Herabsetzung von Leistungen

(1) *Ergibt sich bei der Prüfung ... der Vermögenslage eines Unternehmens, dass dieses dauerhaft nicht mehr imstande ist, seine Verpflichtungen zu erfüllen ... alle Arten von Zahlungen, besonders Versicherungsleistungen, Gewinnverteilungen und bei Lebensversicherungen der Rückkauf oder die Beleihung des Versicherungsscheins sowie Vorauszahlungen darauf, können zeitweilig verboten werden.*

(2) *... kann die Aufsichtsbehörde, wenn nötig, die Verpflichtungen eines Lebensversicherungsunternehmens aus seinen Versicherungen dem Vermögensstand entsprechend herabsetzen. Bei der Herabsetzung werden ... zunächst die Deckungsrückstellungen herabgesetzt und danach die Versicherungssummen neu festgestellt; ist dies nicht möglich, werden die Versicherungssummen unmittelbar herabgesetzt.*
Die Pflicht der Versicherungsnehmer, die Versicherungsentgelte in der bisherigen Höhe weiterzuzahlen, wird durch die Herabsetzung nicht berührt.

Der Staat will keine Reihe von Insolvenzen der deutschen Lebens- und Rentenversicherer, weil er von diesen als Käufer der Staatsanleihen abhängig ist und die Massenpanik verhindern will. Daher wird mal wieder lieber still enteignet.

Banken ohne Zinsaufschläge für Tilgungsträgerfinanzierungen

→ Commerzbank, die bei hohem Auslauf (über 90%) sehr hohe Zinsen fordert, und deutlich teurer als andere Banken ist, sowie gerne 4% Tilgung, bzw. in diesem Fall Besparung wünscht. Dies erhöht die Annuität weiter. So entsteht auch hier wieder ein Zwischenaufschlag im Vergleich zu einer günstigeren Regionalbank. Erst bei 80-90% Auslauf wird es besser. Stressannuitätsbetrachung ist zusätzlich ein Problem, sodass fünf Jahre Zinsbindung nicht in Frage kommen für rollierendes Eigenkapital, sondern die Zinsen mind. 15 Jahre gebunden werden müssen.

→ ING ist nicht für Investoren geeignet (Kreditfabrik). Sie gehen nicht unter 40 qm, nehmen keine Selbständigen und keine größeren Bestände auf. Ich will aber keine Bank im Kundenportfolio haben, die ich in den ersten drei bis vier Objekten einsetzen kann und dann nicht mehr.

Beispiel einer echten Fondspolice – nicht mal Kosten reinverdient

Echtes Beispiel einer Fondspolice: (ggf. hätte man mit einer anderen Gesellschaft minimal niedrigere Kosten oder mit anderen Fonds bessere Renditen erzielt) rein rechnerisch hätte es dann trotzdem aufgrund der hohen Kosten binnen 15 Jahren nicht gereicht, auf null zu kommen. Der Zeitraum 2007 bis 2018 hätte nicht besser gewählt werden können. Beim Kursrückgang 2007/2008 war noch kaum etwas einbezahlt (es wird ja jeden Monat ratierlich einbezahlt). Etwa 70% der Zeit (2007 – 2012) konnte der MSCI World Index bei rund 3.000 Punkten gekauft werden und hat sich dann ab 2013 bis 2018 auf über 6.000 Punkte mehr als verdoppelt. Eine Entwicklung bei einem Sparplan wäre mit einem Ergebnis um etwa 60.000 € gelandet. Der Rückkaufwert der Fondspolice liegt jedoch bei nur 24.334,09 €, also bei nicht einmal der Hälfte dessen, was am Markt hätte erreicht werden können. Noch viel schlimmer ist jedoch, dass richtig viel Geld verbrannt wurde, denn es wurden 34.346,60 € einbezahlt – über 10.000 € fehlen. Die Erträge in elf Jahren mit absolut optimalen Ein- und Ausstiegspunkten haben nicht einmal gereicht, um die Kosten zu decken.

Fonds im Versicherungsmantel sind kein Sondervermögen

Anders als viele denken, sind Fonds/ETFs etc. im Versicherungsmantel (Fondspolice) anders als beim Aktiendepot **kein Sondervermögen**, das in der Insolvenz ausgesondert wird. Die Frage, ob du dein in eine Fondspolice investiertest Geld jemals wieder rausbekommst, hängt also auch an der Stabilität der Gesellschaft (die ganz überwiegend in die sich in einer gigantischen Blase befindlichen Staatsanleihen investiert, sowie besonders viele Einzelhandelsimmobilien A-Standorte). Steigen die Zinsen, platzt für beide Asset-Klassen die Blase. Steigende Zinsen bedeuten fallende Anleihekurse. Steigende Zinsen bedeuten fallende Immobilienpreise, besonders bei A-Standorten.
34 von insgesamt 84 Lebensversicherungen (Stand 2019) in Deutschland stehen inzwischen unter intensivierter Beobachtung der Bafin, da sich aus der jährlichen Prognoserechnung ergibt, dass sie mittelfristig bis langfristig Schwierigkeiten haben könnten. Trittst du einen Tilgungsträger an die Bank ab, dann

kannst du auch, wenn sich die Probleme intensivieren nicht mehr rechtzeitig das sinkende Schiff verlassen. Du kannst nur noch zusehen, wie dein Vermögen den Bach runter geht.

Die größten Wackelkandidaten (nach Solvenzquoten) sind:
- **Debeka**
- **Generali (DVAG)**
- **neue leben Lebensversicherung AG**
- Familienfürsorge Lebensversicherung
- **HDI Lebensversicherung AG**
- Athene Lebensversicherung AG
- Bayerische Beamten Lebensversicherung
- PB Lebensversicherung AG
- Frankfurter Lebensversicherung AG
- Öffentliche Lebensversicherung Oldenburg
- RheinLand Lebensversicherung AG
- Süddeutsche Lebensversicherung
- Frankfurter Münchener Lebensversicherung AG

Nun funktioniert es ganz genau so wie bei den Bausparkassen. Bevor das System platzt wird noch schnell Geld an den jeweiligen Mutterkonzern verschoben. Allein von den 34 besonders beobachteten, besonders klammen Versicherungen wurden allein in 2017 ganze 276 Mio. € an die Mutterkonzerne ausgeschüttet. So viel, wie in den vergangen zehn Jahren nicht. Theoretisch sollte das durch das 2014 eingeführte Lebensversicherungsreformgesetz nicht mehr möglich sein, sondern dazu genutzt werden, die Leistungen der Versicherten zu schützen. Anstatt Gewinnausschüttung wird jetzt jedoch mit Gewinnabführungsverträgen gearbeitet und damit weiter munter die Gewinne an die Anteilseigenter verschoben, während für die Sparer die Renditen gekürzt werden. Dies ist aber keine Entwarnung für andere Gesellschaften: Das Risiko liegt eher in den Bilanzen der Unternehmen als in den Solvenzquoten.

Anzeichen und Probleme für den Policen-Crash:

- versprochene Renditen lösen sich in Luft auf
- keine Aussonderung im Insolvenzfall
- Demografie: Babyboomer-Verträge stehen zur Auszahlung
- Einstellung des Vertriebes

- Verkauf von Altverträgen an Abwicklungsgesellschaften
- Übernahmen + Zusammenschlüsse (siehe Generali / DVAG)
- Provisionsreduzierung und Diskussionen über Provisionsverbot

1. Verarsche: Garantiezins ist nicht gleich Sparzins

Ein Garantiezins von 4,5% oder auch die aktuellen erzielten Zinsen von 2-3% sind doch top für eine sichere Anlage. Dass die private Rentenversicherung alles andere als sicher ist, haben wir ja schon gesehen. Es darf aber Garantiezins nicht mit Sparzins verwechselt werden. Die 4,5% Garantiezins gelten nicht auf die gesamten Beiträge, sondern nach Abzug der Kosten. Diese betragen oft bis zu 30%. Es werden also erst 20-30% Kosten abgezogen und auf die verbleibenden 70-80% einbezahlt Beiträge werden dann 4,5% Ertrag ausgewiesen. Nach Kosten also immer noch massiv negativ.

2. Verarsche: Die Versicherung ist gar nicht sicher

Es gibt drei Stellschrauben für den Versicherungsmanager: Entweder ist man am Kapitalmarkt, bei der Anlage, erfolgreich. Dieser Bereich ist unter Druck. Oder man hat ein besonders effizientes Kostenmanagement. Das gab es lange Zeit nicht. Oder man steigert sein Neugeschäft, um die Zusagen aus der Vergangenheit mit immer höheren Einnahmen in der Zukunft zu decken. Allein darauf haben viele gesetzt.

3. Verarsche: Garantiezins ist gar nicht garantiert

Nach §315 VAG dürfen Auszahlungen gekürzt werden.

4. Verarsche: Insolvenz ist nicht möglich

Die Mannheimer war ein kleiner Versicherer, der die anderen Unternehmen schon teuer zu stehen kam. Was passiert aber, wenn ein großes Unternehmen in die Knie geht? Dann reichen die von allen Firmen eingezahlten Rücklagen nicht aus. Am Ende muss dann die Gemeinschaft aller Kunden bluten. Der §315 VAG schützt zwar in gewissen Maße vor Insolvenz der Gesellschaft, jedoch nicht vor Enteignung der Sparer.

5. Verarsche: 8% Mehr-Rendite bei Tilgungsträger-Finanzierung bei nur

0,3% Zinsaufschlag ist ein gutes Geschäft
Wie wir gesehen haben sind 0,3% Zinsaufschlag auf die Gesamtfinanzierung
ganze 15% tatsächliche Kosten bezogen auf den 2% Sparanteil

6. Verarsche: Die Bank verdient an der Tilgung

Ich habe hunderte Zuschriften und Anfragen nach Tilgungsträgermodellen
bekommen. Immer mit dem Unterton – ich bin so schlau und habe was Tolles
entdeckt und du Philipp bist so unfähig als angeblicher Finanzierungsprofi,
weil du mir dieses tolle Modell bisher nicht angeboten hast, du bist ein ganz
schlechter Berater. Leider sind diese eigentlich sehr klugen Immobilieninvestoren ganz bewusst an der Nase herumgeführt worden. Ein ganz besonders
großer Auslöser ist bis heute ein Video auf Youtube: „Geheimnisse der Immobilien Finanzierung - Inspirierender Vortrag." Ein unter Immobilieninvestoren teilweise bekannter Finanzierungsvermittler, Buchautor und Volljurist,
der damit wirbt seit 33 Jahren im Versicherungs- und Finanzierungsgeschäft
zu sein, beschreibt in seinem Buch und auf Vorträgen ein seltsames, aber plausibel klingendes Modell. Nachdem die Bank besonders an der Tilgung Geld
verdienen würde, bietet die Bank das ach so tolle Tilgungsträgermodell gegen
Fondspolice nicht aktiv an. Dies ist jedoch nicht korrekt und dient auch nur
dazu Stimmung für Fondspolicen zu machen. Er begründet dies mit der Gi-
ralgeld-Schöpfung. Dieser Vorgang ist zwar im Prinzip her korrekt, aber wir
schauen uns genauer an wie hier gearbeitet wird. Es wird hier ganz bewusst in
die Irre geführt, um Zustimmung zu erhalten. 1. Frage an das Publikum: Der
Kunde bezahlt 4.000 € Tilgung zurück an die Bank, wem gehört das Geld?
Antwort des Publikums: der Bank
→ Falsch. Die Bank hat diese 4.000 € selbst auch nur geliehen, ihr gehört davon überhaupt nichts.
2. Frage: Was kann die Bank damit tun?
Antwort des Vermittlers: Es weiterverleihen
→ Geht natürlich nicht, weil sie darüber gar nicht verfügen kann, weil sie
das Geld selbst nur geliehen hat über Pfandbriefe, Interbankenmarkt oder die
EZB, aber lassen wir das mal so stehen.

Als nächstes stellt der Vermittler vollkommen wirr, aber in sich logisch erscheinend, einen Bezug von diesem Geld, das nun weiterverliehen wird (geht gar nicht) für 5% in Rahmen eines Ratenkredites und dem ursprünglichen Immobiliendarlehen des Immobilieninvestors von 2,5%, her. 3. Frage: Was verdient die Bank? Antwort des Publikums 2,5%. Der Vermittler korrigiert: 2,5 Punkte nicht 2,5% - wieder Einwurf des von ihm gehirn-gewaschenen Publikums: 100%. ,

→ Falsch: Die Bank verdient an der Zinsdifferenz, zwischen dem, wie sie einkauft (Einlagen, EZB, Interbankenmarkt, Pfandbriefe, Kapitalmarkt) abzüglich Kosten und Kreditausfällen, zu dem, wie sie weiterverkauft. Diese Marge ist heute, wie wir an anderer Stelle in diesem Buch gesehen haben, aufgrund der niedrigen Zinsen, der hohen Kosten, des hohen Wettbewerbs der Bank und der am Ende geringen Margen sogar NEGATIV.

Dann geht es weiter: Mindestreservesatz der EZB und jetzt soll das Geld noch mal 10% verliehen werden können und dann würde die böse Bank ja noch mehr verdienen.

→ Falsch: Mindestreservesatz war mal 10, ganz früher sogar mal 20%. Seit Januar 2012 aber nur noch 1%, also könnte die Bank das Geld sogar mal 100 verliehen. Da ist das Wissen wohl in die Jahre gekommen.

Die ganze Argumentation geht jedoch fehl. Es ist weder das Geld der Bank, das durch Tilgung zurückkommt, noch wäre das Geld für die Bank nötig. Im Gegenteil, die Banken haben das Problem, dass sie zu viel Geld (in Form von Einlagen) haben, dass sie es nicht als Kredite herausgeben können, bei der EZB für -0,4% parken müssen oder an andere Banken zum Euribor zu -0,33% verleihen müssen. Die Banken haben gar kein Interesse daran, weiteres Geld in Form einer Tilgung zurück zu erhalten. Dann müssten sie ja erneut Kredite vergeben. Das Gesetz zwingt sie zur Mindesttilgung und zu bestimmten maximalen Kreditlaufzeiten mit der Wohnimmobilienkreditrichtlinie und Lebensphasenbetrachtung und Stressannuitäten und so weiter und so fort.

Viel Tilgen vs. wenig Tilgen

Wenig tilgen, weil 1. das EK in der nächsten Immobilie 30% EK-Rendite bringt, aber die höhere Tilgung nur 2% Zinsen spart.
2. Weil bei einem geringeren Beleihungsauslauf in der nächsten Immobilie, der nur dadurch erreicht wird, dass man Kapital einbringen kann, der Zins auf

die gesamte Darlehenssumme deutlich sinkt z. B. um 0,5% anstatt nur um die Tilgung 2%.

3. Es besser aussieht, Cash zeigen zu können als geringere Darlehensstände.

4. Man so flexibler ist.

5. Man so sicherer fährt (weniger Verpflichtung der Darlehensratenhöhe (und auch nicht die Notwendigkeit, eine niedrigere Tilgung später auf der Bank zu verhalden zu müssen) wenn z. B. Mieten ausfallen, Einkommen aus dem Job wegfällt etc. und auch sicherer ist, weil man einen höheren Cashbestand hab.

6. Wenn, wie bei den meisten, die Strategie besteht, möglichst schnell finanziell frei (durch Überschüsse der Immobilien) zu sein, dieses Ziel durch hohe Tilgung konterkariert wird.

7. Viel Tilgen ist nur beim Eigenheim ggfs. sinnvoll, da hier die Zinsen nicht von der Steuer abgesetzt werden können. Aber auch hier ist es besser, über Sondertilgungsoption zu tilgen und sich zu einer niedrigeren Rate zu verpflichten aus den hier genannten Sicherheits- und Flexibilitätsgründen. Bei diesem Objekt bietet es sich also an, freie Grundschulden dann für andere Objekte nutzen zu können.

8. Die einfache Berechnung der Kapitaldienstfähigkeit/Haushaltsrechnung (ohne Berücksichtigung von 8er Annuität) sieht weit positiver aus, wenn man sich zu niedriger Tilgung verpflichtet hat und macht die Finanzierung weiterer Objekte einfacher. Einreichen bei den Banken wird durch Rot Scoring nicht schon im Vorfeld blockiert. Das heißt, es kann schneller bearbeitet werden, weil die Voranfrage wegfällt und ggf. das Orange-Scoring für individuelle Prüfung für die Grenzfälle. Es sieht einfach positiver aus auf den 1. Blick und erhöht damit die Motivation des Bankmitarbeiters, den Fall positiv zu beurteilen.

9. Um die freien Grundschulden zu nutzen, bist du gefesselt an die Bank die im Rang steht und auf deren Gutdünken angewiesen. Mit freiem EK bist du nicht auf eine Bank angewiesen. Immer alles so optimieren, dass man selbst die Sachen in der Hand hat und den Kurs bestimmen kann!

Sondertilgungsoptionen von 5% sind Standard, kosten je nach Bank teilweise einen Aufschlag. 10% Sondertilgung sind bei einigen wenigen Banken auch möglich. Der normale Buy&Hold Investor sollte sich Sondertilgungsoptionen einräumen lassen, wenn diese kostenfrei sind, ansonsten drauf verzichten.

Sondertilgung

Einige Banken verlangen für eine Sondertilgungsoption Zinsaufschläge. Hier sollte man dann auf die Sondertilgungsoption verzichten. Du bekommst von uns immer automatisch die höchstmögliche kostenfreie Sondertilgungsoption. Nicht weil wir denken, dass du jemals den Wunsch Sondertilgungen zu machen verspürst, sondern weil die Sondertilgungsoption theoretisch die Vorfälligkeitsentschädigung reduziert, für den Fall der Fälle.

Warum Sondertilgungen keinen Sinn machen

Diese Punkte bekomme ich regelmäßig zu hören, wenn es um Sondertilgung geht:

- Durch Sondertilgung ersparst du dir Zinsen
- Durch Sondertilgung wirst du zu Bankers Liebling
- Durch Sondertilgung senkst du den Verschuldungsgrad im Portfolio
- Durch Sondertilgung verbessert sich die Bonität
- In Zeiten niedriger Zinsen sollte man möglichst viel sondertilgen
- Durch Sondertilgung reduziere ich mein Risiko

Wir wollen uns die einzelnen Punkte jetzt der Reihe nach anschauen.

Durch Sondertilgung ersparst du dir Zinsen

Das ist korrekt, allerdings nur auf den getilgten Betrag. Beispiel: 5.000 € Sondertilgung bei einem Darlehen von 100.000 €, spart 2% Zinsen auf 5.000 € = 100 € * fünf Jahre Laufzeit = 500 € + paar Zerquetschte
Wäre das Kapital in eine andere Finanzierung (für die nächste Immobilie) eingebracht worden und hätte dort von Anfang an den Beleihungsauslauf von 100% auf 90% gesenkt, hätte dies zur Folge, dass die Zinskondition für das gesamte Darlehen um ca. 0,3% für die komplette Laufzeit sinkt. 50.000 € * 0,3% = 150 € * fünf Jahre Laufzeit = 750 € + paar Zerquetschte Wir sehen also: Beleihungsauslauf von Anfang an senken aus dem frei gewordenen Eigenkapital (statt der Tilgung) erhöht die Zinseinsparung um 50% gegenüber der Sondertilgung.Ein weiteres Argument ist, dass Banken natürlich viel lieber Kredite mit niedrigeren Beleihungsausläufen vergeben, also viel lieber 80/90% Finanzierungen anstatt 100% Finanzierungen.

Anders kann es aussehen, wenn Altdarlehen mit langer Zinsbindung bestehen, die noch hoch verzinst sind, hier kann sich genaues Nachrechen lohnen.

Durch Sondertilgung wirst du zu Bankers Liebling

Nein, wirst du nicht. Denn der Bank ist es lieber, du bezahlst stur die vereinbarten Beträge. Das ist weniger Aufwand und erhöht die Planungssicherheit. Nun ist es so, dass der Banker lieber Cash für weitere Finanzierungen auf dem Konto hat anstatt getilgter Darlehen.

Sondertilgung senkt den Verschuldungsgrad im Portfolio

Nein, tut Sondertilgung nicht. Du nimmst nur Bankguthaben und zahlst damit Darlehen zurück, das ändert an deiner Vermögensbilanz und deinem Verschuldungsgrad im Portfolio gar nichts, da auch deine sonstigen Vermögen bei der Berechnung des Gesamtverschuldungsgrads hinzugenommen werden.

Durch Sondertilgung verbessert sich die Bonität

Wie wir schon gesehen haben, ist dem Banker Cash auf dem Konto lieber als getilgte Darlehen. Es gibt Banken, die vergeben sogar nur dann neue Darlehen, wenn nach einer Finanzierung mindestens 25.000 € frei verfügbare Mittel vorhanden sind. Ein Puffer zu haben ist immer gut.

In Zeiten niedriger Zinsen sollte man möglichst viel sondertilgen

Dies widerspricht sich nun ganz. Wenn die Zinsen niedrig sind sollte man doch möglich, wenig tilgen, da man dann doch weniger Zinsen einsparen kann als wenn die Zinsen hoch sind und es sich also mehr lohnt zu tilgen. Verstärkt wird das Ganze noch dadurch, dass Wertsteigerungen in alternative Anlagen wie Aktien oder Immobilien gerade in Zeiten niedriger Zinsen (Alternativlosigkeit) höher sind als in Phasen hoher Zinsen (Festgeldanlage/Staatsanleihen gefragter). Der Beleihungsauslauf und damit das Risiko sowieso schneller sinkt.

Durch Sondertilgung reduziere ich mein Risiko

Nein, ich steigere mein Risiko, denn ich reduziere meine Flexibilität. Mit flüssigen Mitteln bin ich handlungsfähig und flexibel. Eigenkapital, versenkt in Immobilien durch Sondertilgung kann ich so schnell und einfach nicht zurückholen. Zusatzsicherheit und Nachbeleihung funktioniert nur in Absprache mit der Bank, der ich während der Zinsbindungsphase ausgeliefert bin. Über Kapital auf dem Konto verfüge ich jedoch hingegen frei.

Die großen Nachteile von Sondertilgung
- Steuerlich absetzbare Schuldzinsen reduzieren sich
- Eigenkapital geht verloren
- Flexibilität geht verloren

Das schlimmste ist die Flexibilität. Kann beispielsweise ein Objekt nur mit 20% Eigenkapitaleinsatz finanziert werden (bei Mehrfamilienhäusern öfters der Fall), hast du dies nicht eingeplant (und auch keine Zusatzsicherheiten) und dir fehlt jetzt Eigenkapital (wegen Sondertilgung), kannst du den Deal unter Umständen gar nicht machen. Dies ist auch der Fall, wenn dir unerwartet plötzlich ein weiteres Objekt vor die Füße fällt, dass du mangels Eigenkapital (wegen Sondertilgung) nicht kaufen kannst. Eigenkapital ist ein scheues Reh! Verschwende es nicht durch Sondertilgung!

Wann eine Sondertilgung nötig werden kann

Habe ich mir zwei bis drei vollkommen überteuerte Vertriebsimmobilien angelacht und diese dank hohen Einkommens tatsächlich von einer Bank zu 110% finanziert bekommen und bin nun nicht mehr finanzierbar (Verschuldung, Stressannuität), obwohl ich noch ordentlich Cash auf dem Konto habe, dann kann es in diesem Falle tatsächlich Sinn machen mit Sondertilgungen zu arbeiten und den Verschuldungsgrad der Darlehen zu senken, damit es für die Bank schöner aussieht und nicht so sehr auffällt, wie schlecht ich eingekauft habe.

Innenprovision

Mit der Innenprovision treibt man den Kaufpreis für die Bank „künstlich" in die Höhe und kann damit theoretisch die Nebenkosten mitfinanzieren. Dies ist natürlich nicht erlaubt, wird in der Praxis aber insbesondere bei Vertriebsimmobilien gerne angewendet. Die Schwierigkeit liegt darin, den Verkäufer dazu zu bringen, dass er es mitmacht. Zusätzlich besteht ein latentes Risiko - steuerlich (akzeptiert das FA die Kürzung der Grunderwerbsteuer) und rechtlich wegen Gültigkeit des Kaufvertrags - zumindest bis zur Eintragung - dann geheilt. Man darf es natürlich auch nicht übertreiben. Die Bank wertet das Objekt ja auch ein, wenn der Blankoanteil zu hoch wird. Dann wird es auch nicht mehr finanziert, also muss das Objekt noch Spiel haben. Bei kleinen Wohnungen z.B. für 50.000 € ist der Blankoanteil natürlich sowieso nominell nicht so hoch wie bei Mehrfamilienhäusern.

Alternative zur variablen Finanzierung

Sondertilgung von 10% pro Jahr bei 10-jähriger Zinsbindung. Damit reduziert sich die Bemessungsgrundlage der Vorfälligkeitsentschädigung auf nahezu null. Leider bieten dies nicht jede Banken an. Bei denen, die es anbieten kostet es im Regelfall ca. 0,1 bis 0,2% mehr und ist damit deutlich günstiger als eine variable Finanzierung – die aktuell im Regelfall bei 3-4% für Kleininvestoren liegt. Im Einzugsgebiet im Stuttgarter Raum kenne ich genau eine Volksbank, die widerwillig auch variable Finanzierung zu guten Konditionen an Kleininvestoren anbietet. Es hängt aber immer an der Person, dem Objekt, dem Standort etc. ob diese Bank dann in Frage kommt oder nicht.

10 Jahre Zinsbindung

In Deutschland sind wir in einem Land der Festzinsjunkies, die den Festzinssuizid anstreben. Wer 30-40 Jahre unterwegs ist, der wird mir bestätigen, dass eine zehn Jahre Zinsbindung eine Wette ist. Darum meine Frage: Hast du ein Wettbüro oder warum willst du mir erzählen, dass du mit zehn Jahre Zinsbindung sicher finanzierst?
Und ich kann heute schon mit Sicherheit sagen, vielleicht werden 1/3 vielleicht sogar 50% oder mehr der Investoren in zehn Jahre in eine extreme Schieflage geraten, sollten wir in 10 Jahren in eine Hochzinsphase von 6-8% haben. Was niemand ausschließen kann und das trotz dann minimal geringerer Restschuld durch Tilgung. Denn das spielt überhaupt gar keine Rolle, da die Immobilienpreise an dem Zinsniveau hängen. Gehen die Zinsen hoch, fallen die Immobilienpreise. Wenn das Darlehen zum Zeitpunkt der Anschlussfinanzierung

höher ist als die Restschuld, dann wird eine Anschlussfinanzierung gar nicht mehr möglich – ein Verkauf ist nur unter erheblichen Verlusten möglich.

Eine Zinssicherung schließe ich erst dann ab, wenn ich sie brauche. Das ist doch irgendwie logisch? Zum Beispiel in Form eines Forward Darlehens.

Untervermietung eines Zimmers in deiner Wohnung/ EFH

Gut für den Eigenkapitalaufbau, die Mieteinnahme wird jedoch bei Finanzierungen von der Bank nicht angesetzt - weil kein extra Bad und abgetrennte Räume bestehen.

Ohne Einkommen (Ausbildung/Studium) investieren

Bei einigen Kunden haben wir es so gemacht, dass einfach die Eltern die Wohnung kaufen und finanzieren und nach zehn Jahren einfach an das Kind zum Restbuchwert (Finanzierungstand) wieder verkaufen, oder in der Zwischenzeit zum aktuellen Darlehensstand verkaufen und die Differenz zum Marktwert eine Schenkung (400.000 € Freibetrag alle zehn Jahre) ist. Besonders interessant wäre das z. B. bei 5-jähriger Zinsbindung, wenn diese abläuft. In der Phase, wo die Eltern das Objekt halten, bekommt das Kind Überschüsse, nach Steuern der Eltern, geschenkt. Steuerlich schöner ist es natürlich andersrum, aber so ist es am einfachsten mit der Finanzierung. EK bringt das Kind oder wird von den Eltern zur Verfügung gestellt. Einige Eltern schenken zum 18. oder zum Abitur oder zur bestandenen Ausbildung/Studium auch gern mal eine Wohnung – vielleicht kannst du das mit deinen Eltern auch verhandeln. Dieses Modell ist auch besonders interessant, wenn du selbst erst zwischen 14 und 17 bist und damit der eigene Kauf wegen Vormundschaftsgericht und beschränkter Geschäftsfähigkeit zu komplex wäre.
Der Sohnemann kümmert sich um alles - Verwaltung, Auswahl, Ankauf, Darlehen etc. Eltern begleiten es einfach nur und unterschreiben. So lernt er dann so früh wie möglich selbst Verantwortung zu übernehmen.

Das Schenkungsmodell

Das Schenkungsmodell sieht übrigens so aus: Eigentum der Wohnung + Mieteinnahmen auf das Kind - Bankdarlehen auf die Eltern (Bank bekommt ganz normal Grundschulden aus 1. Rang). Die Eltern leiten dieses Bankdarlehen dann 1:1 an das Kind durch und schließen mit ihm einen neuen Darlehensvertrag ohne Besicherung. Das ist nicht so einfach bei den Banken durchzubekommen, aber die kennen diese Modelle und machen die auch. Dieses Modell geht eben auf die Kosten der Bonität der Eltern.

Früh übt sich, wer ein Meister werden will - und lieber eine Insolvenz mit 18, wo man noch nicht so viel Vermögen aufgebaut hat, als eine mit 40. Fällt man auf die Nase, ist die erste Insolvenz bereits rum bis man mit Ausbildung/Studium fertig ist, dann tut es nicht weh.

Investor nachrangig ins Grundbuch nehmen

Die bestehende Bank im ersten Rang muss es 1. nicht wissen, weil sie in Ihrem Pfandrecht ja nicht eingeschränkt wird, und 2. erfährt sie es nur dann, wenn sie von ihrem berechtigten Interesse Gebrauch macht, das Grundbuch einzusehen - und das tut sie regelmäßig nicht (maximal Stichproben), weil das Aufwand ist. 3. Hat es ja keine Auswirkung wegen 1. → etwas anderes ist das Thema des Ursprungs der 100.000 € - > das scheint ja dann ein Darlehen zu sein und das muss natürlich auch als solches dann ausgewiesen werden und darf nicht als EK ausgewiesen werden. Es sei denn, man gestaltet es entsprechend so aus als Mezzanine-Kapital: mind. fünf Jahre Laufzeit, Zinsen nur wenn möglich, mindestens zwei Jahre Kündigungsfrist etc., dass es von der Bank als EK akzeptiert wird.

Finanzierung von Heimarbeitern

Es macht keinen Unterschied, ob es sich um einen Heimarbeiter oder einen normalen Angestellten handelt. Es wird ja auch nicht geprüft ob das Unternehmen über zehn oder unter zehn Mitarbeiter hat, wo dann ggf. gar kein Kündigungsschutz mehr greift. Der Logik nach müssten diese AN dann eigentlich gar keinen Kredit bekommen, da sie binnen vier Wochen immer den Job verlieren könnten... ist aber nicht so.

Investieren mit anderen zusammen (Freunde, Lebenspartner...)

Kauf auf nur eine Person - Haftung für Kredit auf zwei Personen geht grundsätzlich, das ist jedoch nicht gewollt von der anderen Seite. Du kaufst alleine und du finanzierst alleine geht (bei eingeschränkter Bankauswahl) Problem: möglicherweise ist dein Vermögen aktuell negativ: weil du nur 1/2 des Immobilienwertes auf deinen Namen hast, aber 100% des Darlehens. Ebenfalls bei der Einnahmensituation: 1/2 der Mieteinnahme, aber 100% der Darlehensrate. Wenn du das mit weiterem Vermögen ausgleichen kannst und ausreichend verdienst, dann kann man den Fehler bei der ersten Immobilie (hoffe, es gibt nicht auch noch ein Eigenheim) wett machen und zukünftig alleine kaufen und finanzieren. Sehe ich nicht so und funktioniert in der Praxis oft leider nicht, darum, wenn es unbedingt Ehe sein muss mit Ehevertrag und Gütertrennung.

Finanzierung von Offshore Firmen

Wenn eine Finanzierung möglich ist, dann von einer Bank im Land des Firmensitzes. Substance-Escape wird sauber durchgeführt? Falls nicht, fliegt dir das alles eh um die Ohren. Substance-Escape bedeutet, dass die Firma wirklich vom Sitzstaat ausgeführt wird, es nicht nur einen Briefkasten gibt, sondern Mitarbeiter vor Ort, ein kleines Büro etc. Dies ist wichtig, damit in Deutschland die Ausgaben, welche diese Firma in Rechnung, stellt auch als Betriebsausgaben akzeptiert werden und nicht Jahre später im Rahmen der Betriebsprüfung, die statistisch zwar nur alle 40 Jahre bei kleinen Unternehmen kommt, dann nicht akzeptiert werden.

Wie viel Rendite sollte die Immobilie mindestens haben?

6% Brutto (ohne so Späße wie möbliertes vermieten etc., das geht extra) bei hohem Wertsteigerungspotential (1h um Ballungsräume), 10% Brutto bei geringem Wertsteigerungspotential (auf dem Land) - bei zumindest stabiler Bevölkerung.

Wie viel Darlehen kann ich maximal bekommen?

Wo ist der Unterschied, ob 3 Millionen oder 200 Millionen € Schulden - wenns schief geht, wirds so oder so eine Insolvenz. Interessanter ist eher die Frage bis wohin die Bank finanziert. Kaufe ich schlecht, dann ist bei 400k meist Schluss. Kaufe ich gut (weniger 80% Verschuldungsgrad im Portfolio, mind. 8% Rendite) kann ich unbeschränkt finanzieren. Ggf. brauch ich mal eine neue Bank, weil ich denen zu groß werde.

Dein Verschuldungsgrad ergibt sich aus dem Marktwert des Objekts + deinem sonstigen Vermögen (Depot ggf. nur zu 50%) im Verhältnis zum Darlehen.

Timing in der Kommunikation mit der Bank

Der Zeitpunkt in der Kommunikation mit der Bank ist entscheidend. Je länger es gut ging, desto mehr Vorfälligkeitsentschädigung wird reduziert, desto mehr Zeit ist da, um das Problem zu lösen, und desto geringer die Kündigungsmöglichkeit, weil trotz veränderter Bedingungen der Vertrag noch immer pünktlich bedient wird.

Forward Darlehen zum aktuellen Zeitpunkt (08/2019)

Von Hausbanken und Finanzierungsvermittlern werden gerne Forward Darlehen angeboten. Hintergrund ist, den Kunden möglichst frühzeitig in eine Anschlussfinanzierung zu knebeln und einen Zinsaufschlag zu kassieren. Aktuell machen Forward Darlehen jedoch keinen Sinn - denn es ist davon auszugehen, dass die Zinsen mindestens noch bis Herbst nächstes Jahr, eher sogar noch mindestens drei Jahre gering bleiben. Der Forwardaufschlag beträgt 0,03% pro Monat und liegt daher bei z. B. 26 Monaten Forwardperiode bei knapp 0,80%. Ich gehe davon aus, dass im schlimmsten Fall die Zinsen um 1% steigen bis in 3 Jahren - könnten aber in dem Zeitraum auch bei einem möglichen Crash auf bis zu -6% fallen.

Daher ist es absoluter Blödsinn, sich jetzt vertraglich zu binden, wenn Risiko steigender Zinsen vom Forwardaufschlag voll eingepreist wird - aber die Chance fallender Zinsen damit vollkommen verloren geht. Selbst wenn die Sache leicht positiv für Forward liegen würde, ist es immer noch besser, so lange wie möglich flexibel zu bleiben und das Ruder in der Hand zu halten, anstatt sich vertraglich zu binden.

Sind Zeichen einer echten Zinswende zu spüren (Geldmenge M3, Inflation, erster EZB-Zinsschritt etc.) dann ist der richtige Zeitpunkt für ein Forward Darlehen, aber auch nur, falls die Zinsbindung in zwischen 13 und 30 Monaten ausläuft. Denn 30 Monate geht im Regelfall ein Zinshoch und bis 12 Monate brauchst du kein Forward Darlehen, da kannst du mit einem ganz normalen Darlehen arbeiten und zwölf Monate bereitstellungszinsfreie Zeit vereinbaren.

Eigennutzer-Trick

In der Praxis wird es bei den Kreditbetrügern (und sowas ist an der Tagesordnung - ich bekomme ständig Angebote vorgelegt von Kunden, die bei anderen Finanzierungsvermittlern waren, die das wohl als das normalste der Welt verkaufen - sogar teilweise mit KFW 124 (Selbstgenutztes Wohneigentumsprogramm) - da falle ich echt vom Glauben ab) so gemacht, dass der Wohnsitz darauf angemeldet wird inkl. einer Postweiterleitung der Deutschen Post an die Bestandsadresse. Das Konto, mit dem die Eigenmiete bezahlt wird und die Mieteinnahme vereinnahmt wird, das wird bei einer anderen Bank geführt als bei der, wo das Darlehen aufgenommen wird. Ich kann da nur dringend abraten! Wenn man unter 1.500 € netto verdient und keine andere Wahl hat, dann vielleicht - aber selbst dann ist es die bessere Wahl, ein Sanierungsobjekt zu kaufen, das man in der Situation spekulationssteuerfrei schnell mit Gewinn wieder verkaufen kann. Auch zu bedenken: jeder Wohnsitzwechsel reduziert den Schufa-Score. Mehr als zwei Wohnsitzwechsel in kürzester Zeit und der wird so schlecht, dass einige Banken bereits nicht mehr finanzieren. Dass die Bank unangemeldet vor der Haustür steht ist unüblich - dass Sie Post schickt dagegen sehr üblich - daher der Trick mit der Postweiterleitung. In dem speziellen Fall, wo du schon zwei Objekte hast, kannst du es sowieso vergessen, denn die Bank sieht und prüft dich eh verschärft als Kapitalanleger, weil sie sieht, dass du schon Objekte zur Vermietung hast. Das funktioniert nur bei einem Ersttäter. Der Zinsunterschied ist marginal und nicht bei jeder Bank vorhanden.

Airbnb

Im Bestfall rechnet dir die Bank die ortsübliche Miete bei deinen Bestandsobjekten an, im schlechten Fall kann eine Nachhaltigkeit der Einkünfte erst nach drei Jahren festgestellt werden, was das Modell Airbnb schwierig macht um darauf einen Immobilienbestand aufzubauen.

Wechsel in die Selbständigkeit

Immobilieninvestoren haben häufig den Hang dazu, aus dem Hamsterrad des Angestelltenjob zu entfliehen. Bis der Lebensunterhalt rein als Privatier aus Mieteinnahmen gesichert ist, dauert es jedoch etwas. Privatiers sind außerdem schwer zu finanzieren. Viele Banken wollen dies nicht. Viele fangen irgendwann damit an, eine nebenberufliche Selbständigkeit zu starten. Solange das aber noch in den Kinderschuhen steckt und noch nicht in den Steuererklärungen auftaucht (die bei bestehenden Immobilien von Banken immer gefordert werden). Die ersten ein bis zwei Jahre erwähnt man die Selbständigkeit gegenüber der Bank einfach gar nicht. Wenn drei positive Bilanzen (zwei gehen in Ausnahmefällen auch) - Gewinn brutto idealerweise größer 40.000 € - vorhanden sind (darunter wird's schwierig), kann eine Finanzierung auch auf die Selbständigkeit abgestellt werden. Nun ist das in den ersten Jahren ggf. nicht vorhanden oder man macht einen harten Umstieg von Angestellten zum Selbständigen.

Dann ist man erst mal mindestens zwei bis drei Jahre nicht mehr finanzierbar. Diese Phase kann durch einen Trick umgangen werden. Ich rate ja grundsätzlich dazu, aus Haftungs-, Gestaltungs- und Steuergründen gleich eine GmbH zu gründen. Wie funktioniert es, jetzt weiter auf dem Papier Angestellter zu sein und gleichzeitig sein eigenes Unternehmen aufzubauen? Wirst du GmbH-Geschäftsführer einer GmbH, an der du zu mindestens 25% beteiligt bist, sieht man allein schon an deiner Lohnabrechnung (PKV, aber Verdienst unter Pflichtversicherungsgrenze, keine Rentenversicherungsbeiträge, keine Arbeitslosenversicherungsbeiträge), dass du eine Sonderstellung als Gesellschafter-Geschäftsführer hast.

Also gibt es jetzt zwei Möglichkeiten: entweder du hast wirklich nur 24,9% und jemand anderes aus deinem Freundes- oder Familienkreis hält die anderen 75,1% oder aber du machst es noch charmanter und gründest eine Treuhand-GmbH oder eine Volltreuhand GmbH. Alternativ kannst du auch den bezüglich der Bank saubereren Weg bestreiten und dir für die Gesellschaftsanteile eine notarielle Kaufoption einräumen lassen anstatt eines Treuhandverhältnisses. Du bist also normaler Angestellter oder auch angestellter Geschäftsführer der GmbH – natürlich ohne Probezeit und ohne Befristung. Du bist kein Gesellschafter der GmbH, wirst also nicht wie ein Selbständiger behandelt. In dem Moment, wo du die 3 positiven Bilanzen eingesammelt hast, ziehst du deine Kaufoption und wirst Gesellschafter. So schaffst du einen nahtlosen Übergang und bist jederzeit finanzierbar.

- Fallstrick steuerlicher Veräußerungsgewinn bei Auflösen des Treuhandverhältnisses (daher besonders interessant mit nahen Verwandten: Eltern/Kinder/Ehepartner wegen Schenkungsfreibeträgen)
- Fallstrick Geschäftssitz: wenn der Geschäftssitz deiner GmbH an deiner Meldeanschrift ist, dann sieht das erst mal ungut aus und produziert weitere Nachfragen, daher immer einen Firmensitz (gibt´s für wenig Geld auch als Coworking) irgendwo anmieten, insbesondere auch wenn die Immobilie des Wohnsitzes dir gehört um keine Betriebsaufspaltung zu produzieren.

Bei der Kontoeröffnung des Geschäftskontos wirst du nach solchen Konstruktionen gefragt. Die Bank, bei der du das Geschäftskonto eröffnest, sollte also nicht die Bank sein, mit der du nachher finanzieren willst. Kreditbetrug ist und bleibt es trotzdem und ich kann dir natürlich nur abraten.

Der junge Investor – das unbekannte Wesen

Das durchschnittliche Kaufalter der erste Käufer in Deutschland liegt bei 42 Jahren. Wenn ein Immobilieninvestor unter 30 Jahren kommt und dann auch noch eine Immobilie zur Kapitalanlage erwirbt, ist dies sehr ungewöhnlich für die Bank. Das junge Alter hat jedoch erhebliche Vorteile, was das Thema Lebensphasenplanung angeht. So sind weniger Nachweise nötig, was die Sicherstellung des Einkommens im Rentenalter angeht. Viele Banken wollen außerdem nur bis zum Renteneintritt (67) finanzieren (ein kleiner Teil finanziert auch bis 80). Aus diesem Grund wird die Tilgung zwangsweise etwa ab dem 40. Lebensjahr meist höher.

Zins	Tilgung	Laufzeit
1%	1%	69,4 Jahre
1%	2%	40,5 Jahre
2%	1%	55,0 Jahre
2%	2%	34,5 Jahre
2,5%	2%	32,5 Jahre
2%	3%	25,5 Jahre

Bei der Hausbank bekommt man Entscheidung am Tisch

Dies ist leider nicht richtig. Ein Darlehensangebot von der Bank ist noch kein genehmigter Kredit. Ich habe schon oft erlebt, dass hinterher dann doch abgesagt wird, nachdem in den Unterlagen noch was aufgetaucht ist, was man so nicht gedacht hatte.

Meine Hausbank will nicht so viele Unterlagen

„Sowas habe ich noch nie bei meiner Bank gebraucht" höre ich oft bei der Fülle an Unterlagen die für eine Finanzierung benötigt werden.
Diskussion gibt es insbesondere immer wieder bei:
- Wohnflächenberechnung nicht vorhanden
- Flurplan ist nicht leserlich oder hat keine Maßeinheit
- Grundrisse sind nicht bemaßt
- Grundbuch ist älter als drei Monate

Bei den Banken schlagen Massen an Finanzierungsanfragen auf. Nicht vollständige Finanzierungsanfragen werden dabei gerne nach ganz unten in den Stapel geschickt. Bei Unterlagennachforderungen kann die Bearbeitungszeit auch mal wieder von ganz vorne anfangen oder die Bank lehnt einfach mal ab, um sich den Aufwand gar nicht erst anzutun.

Sei dir im Klaren, du bist Kapitalanleger und du bist NICHT gewünscht bei einer Bank. Du bist ein Sonderfall und du bist kompliziert. Mit jeder weiteren Immobilie in deinem Bestand wird die Bearbeitung komplizierter, weil alle Immobilien durchgeprüft werden müssen. Das sind oft hunderte bis tausende von DIN A4 Seiten Unterlagen. Da sind Eigenheime einfach.
Bitte tue dir selbst den Gefallen und liefere mir alle Unterlagen, die ich von dir haben möchte möglichst vollständig und auf einmal. Damit geht bei mir die Bearbeitung schneller und für dich die Kreditzusage schneller. Wir ersparen so erst mir und später der Bank Rückfragen.

Finanzierungsbestätigung und deren Wertlosigkeit

Finanzierungsbestätigungen von deiner Hausbank oder einem Finanzierungsvermittler sind leider wertlos. Die Formulierung ist stets so, dass man sich dafür überhaupt nichts kaufen kann. Nun gibt es aber genug juristisch unwissende Privatverkäufer und Makler, die dieses Stück Papier gut finden. Daher kannst du nachdem du uns Unterlagen geschickt hast, gerne auch von uns eine Finanzierungsbestätigung erhalten.

§387 BGB Aufrechnung

Beachte als Krisenvorsorge, niemals freiwillig die Mieteingänge auf ein Konto bei der finanzierenden Bank zahlen lassen, Konten dort abzutreten, oder dort Guthabenkonten führen. Beachte das AGB-Pfandrecht der Banken das über §387 BGB legitimiert ist.

Einwand: „Aber die Mieten werden eh abgetreten sein, oder? Da ist es wurscht, wo das Geld liegt, bzw. eingeht."

Das ist richtig, aber die Abtregung ist nur STILL! Mietverhältnisse ändern sich... die Mietabtretung bleibt die Alte. Wenn die finanzierende Bank die Mieten nicht sieht und keine Kontoguthaben im Hause hat, kann Sie nichts pfänden, oder offenlegen. Die anfängliche Offenlegung der Abtretung der Mieten geht dann ins Leere – zumindest temporär, bis die Bank nachrecherchiert hat. Die Bank muss dann das teure Zwangsverwaltungsverfahren betreiben. Das bringt im Krisenfall sowohl Zeit und ist auch ein weiteres Druckmittel.

Mit der Aufrechnung nach §387 BGB kommt die Bank selbst den Gläubigern, die eine Kontopfändung drin haben, zuvor und zieht dir die letzte Kohle die nötig wäre, weg. So hindert sie dich daran, die Kontopfändungen auszukehren. Damit startet sie zu Ihrem Selbstschutz einen Abwärtsstrudel, der dann schnell eine weitere Bank erfasst, und macht aus einer kleinen Krise dich dann vollends ganz kaputt, weil du die Kontopfändungen dann nie mehr raus bekommst. Ich kann aus diesem Grund auch nur dringend dazu raten, Mieteingangs-/Gehaltseingangskonto strikt von den finanzierenden Banken zu trennen. Guthaben ist schon zweimal nicht dort anzulegen.

Auch wenn man heute noch nicht wahrhaben will und es immer heißt, bei Problemen soll man reden – nein gerade das nicht, sondern Zeit gewinnen für Lösungen und aktiv handeln anstatt sich von der Bank im Krisenfall kaputtmachen zu lassen.

Man sollte von Anfang an sauber vorarbeiten und klug absichern. Z.B. alles zur DKB (Vermieterpaket mit kostenfreien Unterkonten) und mit denen dann aber nichts finanzieren. Auf keinen Fall wild zehn Girokonten bei zehn verschiedenen Banken eröffnen, dann ist die Schufa im Arsch, sondern mit Unterkonten arbeiten.

Der unbrauchbare Tipp: Was ist mein Kreditrahmen?

Oft wird geraten man solle sich vor einem Investment bei seinem Bankberater über seinen persönlichen Kreditrahmen erkundigen. Dieser Tipp ist jedoch im Regelfall nutzlos, denn dieses Budgetdenken und die Antworten, die darauf von Bankberater oder Finanzierungsvermittlern gegeben werden, sind typisches Eigennutzer-Denken (auch wenn man sie ausdrücklich zu Kapitalanlagen frägt). Zu mehr sind die Bankberater oder 99% der Finanzierungsvermittler auch selten fähig. Wenn du mit der Kaltmiete abzüglich 25% Bewirtschaftungskosten 8% Stressannuität auf die Restschuld am Zinsbindungsende tragen kannst und dein Verschuldungsgrad im Portfolio unter 80%, besser unter 60% ist, dann kannst du theoretisch unendlich investieren. Einige Regionalbanken verzichten auch auf die Stressannuitätenprüfung, und du musst nur aus der Kaltmiete abzüglich 25% die Bewirtschaftungskosten tragen können. Der unbrauchbare Tipp: Was ist mein Kreditrahmen?

Auch der Verschuldungsgrad interessiert bei den ersten 400.000 € Investment noch wenig. Du erreichst einen Verschuldungsgrad unter 80% im Portfolio mit immer neuen 100% und 110% Finanzierungen durch günstigen Einkauf und Aufwertung auch sofort. Arbeitest du mit mehreren Banken, die voneinander die ursprünglichen Einkaufspreise nicht kennen, kannst du auch schon in der Phase, in der noch das Niederstwertprinzip (ein bis drei Jahre nach Kauf) gilt, schon die tatsächlichen höhere Marktwerte ansetzen. Hier ist es nötig, sich aktuelle Grundbuchauszüge für jeweils 10 € beim Grundbuchamt mit einer Lieferzeit von ca. einer Woche (oder über Online-Direktabruf über mich für 25€ + MwSt.) zu besorgen. **Beachte:** Auf keinen Fall die ursprünglichen Kaufverträge der Bestandsobjekte vorlegen.

Häufig angewandte, teils illegale Finanzierungstricks beim Kauf

Die Tricks funktionieren alle nur, wenn die Kaufpreise entsprechend niedrig (unter Marktwert) sind und noch Luft lassen. **Diese Tricks sind zum Teil höchst illegal und sollten daher unterlassen werden.**

1. Makler auf Kaufpreis draufschlagen

Der Kaufpreis wird mit dem Makler um die Maklercourtage erhöht und mit dem Verkäufer wird ausgemacht, dass der Käufer die Maklercourtage vollständig trägt. Der Kaufpreis wird auf die nächsten vollen 100 € gerundet. Für den Verkäufer ist dies nur ein durchlaufender Posten und hat keine steuerliche Auswirkung. Als Provisionsbasis wird der ursprüngliche Kaufpreis abgemacht. Viele Makler kennen das Modell und sind dazu bereit. Der Käufer hat höhere Kaufnebenkosten (Grunderwerbsteuer + Notar), dafür muss er bei einer 100% Finanzierung weniger Eigenkapital bringen, da die Bank über den tatsächlichen Kaufpreis getäuscht wird. Ein Exposé ist kein Bestandteil der Pflichtunterlagenliste. Im Kaufvertrag wird nur erwähnt, dass Makler XY das Geschäft vermittelt hat, es wird nicht erwähnt, wer was bezahlt, das ist in einer extra Vereinbarung mit dem Makler zu regeln. Am einfachsten bespricht man das mit Verkäufer und Makler und schickt dem Makler dann hinterher eine E-Mail, in der man das Gespräch zusammenfasst und ihn bittet nur ein kurzes OK als Antwort zu schicken. Damit ist die Sache dokumentiert und der Provisionsanspruch dir gegenüber ist weg.

2. Teil „bereits bezahlt" im Kaufvertrag

Neben den echtem „bereits bezahlt" wie z.B. einer kleinen ungesicherten Anzahlung von 500 – 3.000 € gegen Quittung beim Makler oder Eigentümer um das Objekt vom Markt zu nehmen, gibt es auch noch eine nicht so saubere Strategie. Im Kaufvertragsentwurf wird ein bestimmter Teilbetrag als bereits bezahlt vermerkt – der jedoch nie geflossen ist. Voraussetzung hierbei ist, dass der Verkäufer ein Privatverkäufer ist, der steuerfrei veräußern kann. Der Verkäufer bestätigt x.000 € bereits erhalten zu haben und der Kaufpreis wird um diesen Betrag erhöht. Ist zusätzlich noch ein Makler dabei, wird´s komplizierter. Zusätzlich empfiehlt es sich, darüber vom Verkäufer noch eine Quittung zu bekommen. Zumindest muss jedoch der Kaufvertragsentwurf dann für die Finanzierung bereits vorliegen. Man muss also Druck beim Notar machen, dass dieser schnell gefertigt wird. Nun kann man mit einer 100% Finanzierung sich die Kaufnebenkosten mitfinanzieren lassen oder – und so wird es meist angewendet; die Kaufnebenkosten werden weiterhin aus EK getragen. So ist es einfacher, das Projekt bei der Bank durchzukriegen. Der Betrag wird nun um ca. 12% + auf nächsten vollen 100 € gerundet (um 10% zu erreichen, da die Volksbanken etwas anderes einwerten – und auch wenn die Finanzierung bei einer Sparkasse geplant ist, lieber trotzdem immer gleich 12% um flexibel zu sein). So erreicht man eine Absenkung des Beleihungsauslaufes auf eine Zins-Kondition für 90% und man erreicht, dass eine eventuelle Mindesttilgung von 3% (wegen hohem Beleihungsauslauf) auf 2 % fällt, da der Beleihungs-auslauf jetzt gesenkt wurde. Dies bringt ganz erhebliche Zinseinsparungen mit sich. Natürlich kann man auch von 90% auf 80% absenken (anstatt von 100% auf 90%), wenn man mit mehr EK arbeitet. „Anzahlungen" sind durchaus üb-lich und werden daher oftmals bei Banken nicht kritisch hinterfragt. Deutlich höhere „Anzahlungen" sind jedoch unüblich und sollten unterlassen werden. Auch hier ist wieder eine höhere Grunderwerbsteuer und höhere Notarkosten die Folge. Auch kritisch ist das Modell, die Kaufnebenkosten über den Trick mitzufinanzieren.

3. Hohe Modernisierungsrechnungen

Betreibt man in seinem Universum (Firmengeflecht), idealerweise nicht direkt, sondern über Treuhandkonstruktionen oder befreundete Unternehmer/Fa-mily rein zufällig eine Baufirma (könnte auch eine Idee sein, diese dann jetzt in Zukunft einzurichten), werden gerne hohe Modernisierungsleistungen mitfi-nanziert. **Wichtig:** wertsteigernde Modernisierung ist alles außer: Möbel (auch Küchen), Bodenbeläge (außer den Fließen im Bad und Malerarbeiten). Dies wird je nach Bank zwischen 30% und 100% mitfinanziert. Nun kann man hier auch noch Eigenleistung abziehen. Eigenleistung wird je nach Bank zwischen 0% und 100% als Eigenkapitalersatz anerkannt und in Summe ist meist bei 24.900 € Schluss. Die Modernisierung sollte inkl. Eigenleistungen nicht mehr als 30% vom Kaufpreis ausmachen, da bauträgerähnliches Geschäft nicht ge-wünscht ist. Nun ist ja ein großer Spielraum bei den Preisen zwischen ver-schiedenen Unternehmen, und ein Bad kann man für 3.000 € oder aber auch für 20.000 € modernisieren. So werden die Modernisierungskosten bewusst hoch – aber noch glaubwürdig und im Rahmen hoch angesetzt. Eigenleistung wird im sinnvollen Rahmen angesetzt und die Arbeiten führt die „eigene" Bau-firma durch. Eigen heißt hier auf keinen Fall ein eigenes Einzelunternehmen, sondern z.B. eine GmbH, an der man zu max. 24,9% beteiligt ist und einen 450 € Minijob beziehen kann. Oder eine Kapitalgesellschaft, die der eigenen Stiftung oder einem Familienangehörigen gehört, bei dem man ein Einkom-men herzaubern muss, damit dieser wieder finanzierbar für Immobiliendeals ist. Nun fließt das Geld also ganz normal von Bank zur Baufirma, diese kann auch nur eine Handelsfirma sein und die Bauleistungen selbst wieder günstiger vergeben. Die Eigenleistungen werden auch nicht ausgeführt, sondern es wird vollständig von der Baufirma geleistet. Immer noch übrig gebliebener Überschuss fließt auf irgendwelchen Wegen z.B. über den Minijob wieder zurück.

4. Kaufnebenkosten temporär zusammenleihen

Gerade für Anfänger, welche die Kaufnebenkosten nicht haben oder gar noch Ratenkredite am Laufen haben (negative Vermögensbilanz, auch für Autos, Autos zählen nicht zum Vermögen) bietet sich oftmals die Möglichkeit, innerhalb von Family + Friends kurzfristig für zwei bis drei Monate die Kaufnebenkosten zusammenzuleihen (sich „schenken" zu lassen) und die Ratenkredite abzulösen (mit 1% Vorfälligkeitsentschädigung bei jeder Bank möglich), um Überschuldung und Haushaltsrechnung in Ordnung zu bringen. Dies wird idealerweise alles bar gemacht oder über ein Bankkonto bei der Fidor Bank, welches kein Gehaltseingangskonto ist, kein Dispolimit hat (somit nicht in der Schufa auftaucht) und auch niemals durch Überweisungen mit den anderen Konten von dir in Verbindung gebracht wird. Nun wird eine ganz normale 100% Finanzierung gemacht mit Kaufnebenkosten aus EK. Dass das EK auch nur Kredite sind, wird verschwiegen. Nachdem der Deal vollständig abgewickelt ist und die Bank vollständig ausbezahlt hat, wird wieder ein Ratenkredit aufgenommen und damit die Kredite bei Family + Friends abgelöst.

5. Konsumschulden in Modernisierungsdarlehen verstecken

Wer bereits im Immobilienbesitz ist und hinterher Konsumschulden angehäuft hat, oder noch welche nach der in vorgegangen Aktion beschriebenen Vorgehensweise übrig sind, der kann nun ein Modernisierungsdarlehen aufnehmen. Hier bieten sich Blanko-Bauspardarlehen an. Je nach Bausparkasse gehen diese bis 30.000 € oder bis max. 50.000 € (es können beliebig viele davon aufgenommen werden, jedoch bei jeder Bausparkasse im Regelfall nur einer, selten z.B. LBS Ost auch zwei). Diese Blanko-Bauspardarlehen sind im Grunde genommen Modernisierungsdarlehen. Es gibt auch in seltenen Fällen welche zur Finanzierung von Kaufnebenkosten. Eigentlich sind dies normale Ratenkredite, das heißt, diese sind mit 1% Vorfälligkeitsentschädigung auch wieder zurückzahlbar.

6. Ratenkredite zur Eigenkapitalgewinnung

Ratenkredite werden zwar etwas kritischer beäugt als Blankodarlehen, sind aber, wenn sie in die Vermögensbilanz und die Haushaltsrechnung passen, ebenfalls übliche Quellen von Eigenkapital-Ersatz für Immobilienfinanzierungen. Was natürlich nicht geht, ist eine negative Vermögensbilanz oder eine negative Haushaltsrechnung, daher sollte bei der ersten Immobilie auch noch kein Ratenkredit vorhanden sein. Bei der zweiten Immobilie könnte jedoch (wenn kein Bauspar-Blankodarlehen möglich ist, weil der Immobilienbesitz erst so kurz besteht) und auch sonst kein Eigenkapital vorhanden ist, grundsätzlich mit Ratenkrediten gearbeitet werden.

Bestehen bereits mehrere kleine Ratenkredite und hat man bereits Immobilienvermögen, sollte man diese zusammenführen und auf volle 50.000 € (sofern von der Bonität her machbar) auffüllen und die Laufzeiten verlängern. Möglich sind je nach Einkommen als Angestellter oftmals bis zu 2 x 50.000 € mit Laufzeiten von jeweils 120 Monaten. Die Darlehen mit 84 Monaten gibt es ab 3,25% Zins, die ab 120 Monaten Laufzeit ab 4,21% Zins. Das zweite Darlehen ist oftmals wegen schlechterer Bonität dann teurer und beginnt im Regelfall ab ca. 4,5% Zins. Wichtig ist die richtige Auswahl der richtigen Bankpartner fü die Ratenkredite. Einfach auf Check24 den nächstbesten zu beantragen zerstört die Schufa und führt langfristig nicht zum Erfolg. Bevor ein Ratenkredit beantragt und die Schufa gezogen wird, sollte erst einmal ein Vermittler die Aussichten geprüft haben, um so wenig wie möglich Schufa-Anfragen zu produzieren. Wichtig ist hierbei auch, ob die Bank Mieteinnahmen überhaupt ansetzt oder ob der Verschuldungsgrad, wie bei vielen Banken üblich, beim 18-fachen Haushaltsnettoeinkommen gedeckelt ist. Da die Banken, die sich nur für den Kapitaldienst interessieren, rar sind, ist es wichtig, erst die Banken mit anderen Beschränkungen zu nutzen und sich die Banken, die nur auf einen positiven Kapitaldienst abstellen aufzusparen.

Hat man alle Blankodarlehen, grundschuldbesicherte Kapitalbeschaffung und 110% Finanzierungen ausgeschöpft oder diese sind nicht möglich, weil die Kriterien für Blankodarlehen aktuell nicht erfüllt werden (zu kurzer Immobilienbesitz, kein ganzes Jahr Sparkassenkunde, etc.), die freien Ausläufe auf den Bestandsimmobilien für grundschuldbesicherte Kapitalbeschaffung nicht reichen (unter 80% wobei die Vorlast mit 18% kapitalisiert wird (also bestehende Grundschuld * 1,18 – zu 80% vom Wert), muss mindestens 10.000 € sein) oder das Einkommen zu gering ist (unter 50.000 € inkl. 75% der Mieten), bleibt dann oftmals nur noch der Ratenkredit.

Immobilieninvestoren, die in drei bis fünf Jahren mit 2.000 € Nettogehalt ohne nennenswertes Startkapital von 1 Mio. € Nettovermögen bei ca. 3 Mio. € Schulden und ca. 30 – 50 Einheiten bei ca. 3.000 € - 12.000 € monatlichem Cashflow nach allen Kosten aufbauen, haben oftmals mehrere Blankodarlehen und bis zu 2 x 50.000 € Ratenkredite. Der Schufa-Allgemeinscore erreicht dabei regelmäßig 80%, was der schlechteste Schufa-Score ohne ein einziges Negativmerkmal ist. Trotzdem lässt es sich in der Lage weiterfinanzieren. Ratenkredite als Dauerlösung sind also grundsätzlich kein Problem, wenn sowohl die Haushaltsrechnung als auch die Vermögensbilanz jeweils positiv ist.

7. Ratenkredit Ping-Pong mit Ehepartner / Freundin

Ich empfehle ja grundsätzlich aus steuerlichen und strategischen Gründen, sofern es möglich ist (und man es sich durch gemeinsames Kaufen nicht schon verbaut hat) immer alleine zu investieren. Egal ob eine Ehe besteht oder nicht. Eine weitere Option bei geringem Haushaltsüberschuss und geringem oder keinem Eigenkapital ist, dass wenn beide arbeiten und beide mindestens 1.800 € netto als Angestellte verdienen, einer die Ratenkredite für das Eigenkapital aufnimmt und der andere die Immobilienfinanzierung. Hat dann der eine die ersten drei bis vier Wohnungen gekauft, kann man wechseln und die Kredite auf den Partner umschulden und die Höhe der Ratenkredite dabei mit steigendem Einkommen aus der Vermietung immer weiter erhöhen. Später kann man dann mit Blankodarlehen und 110% Finanzierungen weiter machen.

8. Nachgelagerter Kickback vom Verkäufer

Hat man die Kaufnebenkosten für den Deal zusammen, hat man oft das Problem, dass sie dann beim nächsten Deal wieder fehlen. Daher wird wieder ein höherer Kaufpreis vereinbart und bereits im Vorfeld eine privatschriftliche Vereinbarung geschlossen über einen Kickback nach Abwicklung, um daraus das EK für den nächsten Deal zu generieren. Es ist dasselbe Modell wie bei der nachträglichen Kaufpreisminderung. Angewandt wird es oftmals bei Vertriebsimmobilien oder im Bauträgervertrieb.

9. Vorgelagerter Kickback vom Verkäufer

Im Gegensatz zum nachgelagerten Kickback vom Verkäufer wird hier eine Honorierung oder Provision an den Käufer für einen schnellen Abschluss schon vor dem Kauf ausbezahlt. Dieses Modell kommt ebenfalls wieder aus dem Bauträger / Vertriebsimmobilienverkauf um fehlendes Eigenkapital aufzufangen. Der Verkäufer geht hier nach Bonitätsprüfung des Käufers ins Risiko vorweg.

10. Nachträgliche Kaufpreisminderung

Bei der nachträglichen Kaufpreisminderung wird der Kaufpreis nachträglich nach Vollauszahlung (hierzu ist keine notarielle Beurkundung erforderlich) wegen eines Mangels gemindert. Besonders trickreiche Investoren setzen diese Minderungsvereinbarung vordatiert schon vor dem Kauf auf und setzen den Kaufpreis entsprechend höher.

11. 110% Finanzierungen

Die ganzen Tricks sind jedoch oftmals gar nicht nötig, da wir eine der an einer Hand abzählbaren Anbieter am deutschen Markt sind, die auch für Normalverdiener / normale Bonitäten wiederholbar immer wieder echte 110% Finanzierungen ohne Zusatzsicherheit organisieren können. Die Mindestdarlehenssumme ist dabei aktuell in BW / Bayern 50.000 € und im restlichen Deutschland 150.000 €. Wir nutzen hier, wenn nötig, Bauspar-Konsortialfinanzierungen.

12. Blankodarlehen

Folgt im nächsten Kapitel

Offenlegungs- und Auskunftspflichten des Kreditnehmers

Da die Bank selbst nach § 18 Kreditwesengesetz (KWG) gegenüber der Bafin (Bundesanstalt für Finanzdienstleistungsaufsicht) zur Offenlegung der Kredite Ihrer Kunden verpflichtet ist, verpflichtet sie diese im Kreditvertrag wiederrum mit folgender Formulierung:

„Der Kreditnehmer verpflichtet sich, während der Vertragslaufzeit zeitnah und regelmäßig – mindestens einmal jährlich – seine Vermögens- und Einkommensverhältnisse offen zu legen, hierzu Einsicht in seine Geschäftsbücher und Unterlagen zu gewähren und alle hierzu notwendigen Auskünfte zu erteilen. Soweit Jahresabschlüsse erstellt werden, sind diese –gegebenenfalls testiert – mit Erläuterungen unaufgefordert der Bank/Sparkasse in Abschrift einzureichen. "

Nun gibt es jedoch bis 750.000 € und insbesondere bei Angestellten eine Befreiung hiervon, so dass die Bank dies im Regelfall nicht aktiv einfordert. Da die Finanzierungen wegen Blankoanteilen und Gesamtobligo sowieso auf mehrere Banken verteilt werden müssen, bietet es sich an, diese Grenze direkt aktiv zu beachten, sofern möglich, und lieber frühzeitig im Hinblick auf eine spätere Jobkündigung das Volumen auf mehrere Banken zu verteilen und unter dieser Grenze und damit unter dem Radar zu schwimmen.

Sollte die Bank es aktiv einfordern, kann man auch noch etwas Zeit gewinnen, indem man nicht sofort antwortet um den Zeitraum in dem die Zahlungen pünktlich geleistet werden. Mehrfache schriftliche Aufforderungen machen es möglich, bis es in letzter Konsequenz zur Kreditkündigung kommen könnte. Mit dem längeren Zeitraum der positiven Zahlungserfahrung sammelt man wieder Beweise für sich für die Zahlungsfähigkeit trotz Einkommensverschlechterung und legt der Bank weitere Steine in den Weg für eine mögliche Kreditkündigung wegen Einkommensverschlechterung. Die Banken selbst möchten die Kreditkündigung bei laufender Bedienung der Raten als letzte Option, könnten jedoch zukünftig durch verschärfte EU-Regeln zu NPLs gezwungen werden, hier restriktiver zu verfahren. Aus diesem Grund sollte man sich gleich ein entsprechendes vorbeugendes Vorgehen zulegen. Die offene Kommunikation ist in keinem Fall der richtige Weg, da hier Zeit verloren wird.

Was bringt der Tipp von Alex Fischer?

Ich habe privat jeweils ein Girokonto bei zwei verschiedenen Banken und Geschäftsgirokonten bei jeweils vier verschieden Banken und nutze diese überkreuz. Das heißt, jeweils die Bank, bei der das Geschäftsgiro ist, überweist z.B. Lohn oder Entnahmen auf das Privatgirokonto bei der jeweils anderen Bank. Allerdings hätte ich die Privatgirokonten auch bei zwei anderen Banken eröffnen sollen, so schlau war ich allerdings noch nicht. Ausgaben gibt´s aber in dem Sinn nicht, weil meine Lebenshaltungskosten fast gleich 0 sind. Der Tipp von Alex ist nett, aber für einen Angestellten - und gerade am Anfang - bringt er eigentlich gar nix. Mir selbst hat es bis jetzt auch nichts gebracht. Wo ich 18 war, da hat mich meine Hausbank finanziert und fremde Banken nicht. Heute finanzieren mich meine vier Hausbanken alle nicht und es sind drei wieder vollkommen andere Banken/Bausparkassen, die mich finanzieren. Das heißt, selbst meine saubere Kontoführung und der Bonitätsaufbau haben mir gar nichts gebracht. Als Neukunde bei fremden Banken, die eben andere Kriterien an die Prüfung anlegen, wurde ich finanziert. Es ist wie die Nadel im Heuhaufen. Als Finanzierungsvermittler erlebe ich es oft, dass es dann eben nicht die Hausbank ist, die dann die Finanzierung macht.

Empfehlenswert ist das Vermieterpaket der DKB und dort die Mieteingangs-konten zu haben, dann aber wegen §387 BGB dort keine Finanzierungen zu machen.

Risiko Nachschusspflicht bei Immobiliendarlehen

Das Risiko, welches sich nach einem Bankencrash (EK-Verzehr) erhöht, ist die Abwertung durch Forderungen (NPLs, Non-performing-loans, Zombiefir-men), hervorgerufen durch steigende Zinsen oder ein sonstiges Crashereignis (China (Zombiefirmen, Immobilienblase), Eurocrash etc.). Das Risiko der Fol-gereaktion ist in den nächsten Monaten bis hin zu zwei Jahren sehr hoch. Des-halb: Maßnahmen ergreifen und 1. mit Einkaufsgewinn einkaufen 2. aufwer-ten -> dadurch Puffer schaffen, 3. kurze Zinsbindungen z.B. max. fünf Jahre um Vorfälligkeitsschaden bei Darlehenskündigung zu reduzieren und flexibler zu sein, auch verkaufen und umfinanzieren zu können, 4. nicht unnötig und verschwenderisch Zählobjekte (3-Objektgrenze) verbrauchen, sondern auf-sparen um keine Kettenreaktion auszulösen indem steuerfreie Veräußerungen nachbesteuert werden 5. Teile des Vermögens sobald sinnvoll von Bonität und Verschuldungsgrad entbehrbar an Genossenschaft oder Stiftung verkaufen mit endfälligen Darlehen, sodass im Privatinsolvenzfall nur die Zinsen weggep-fändet werden, aber die Forderung an die Gesellschaft + das Vermögen in der Gesellschaft erhalten bleibt.

Die Beziehung zum Banker und die Firmenkundenabteilung

Beziehungsaufbau und Bindung zum Banker ist überbewertet. Die durch-schnittliche Dauer auf einer Position ist 4,5 Jahre. Die Bank wünscht standar-disiertes und schlankes Geschäft. Der Kostendruck in der Bank steigt und die Zeit, die der Banker mit dir verbringen kann, wird immer geringer.

Der Finanzierungsvermittler liefert schrankfertiges Geschäft ohne den Banker dazwischen. Es wird vom Vermittler schrankfertig direkt an die Immobilienab-teilung eingereicht. Dorthin, wo der normale Privatkundenbanker sonst auch einreichen würde. Es ist ein großer Vorteil, wenn deine Akte in die Immobilie-nabteilung geht und NICHT in die Geschäftskundenabteilung.

Geschäftskundenabteilung und nicht Firmenkundenabteilung

Der erste Fehler ist schon mal, wenn von Immobilien-Gurus gepredigt wird, man soll in die Firmenkundenabteilung. Korrekt wäre die Geschäftskundenabteilung, denn Firmenkunden beginnen meist ab ca. 5 Millionen Euro Jahresumsatz bis hin zum Konzern. Es bestehen außerdem institutionelle Anlegerstrukturen. In der Geschäftskundenabteilung ist der kleine Selbständige, der Freiberufler, Immobilieninvestoren, der Mittelstand bis 5 Millionen Euro Umsatz, auch mal mit kleinen Holdingstrukturen. Zwar fragen wir Immobilieninvestoren auch wie Firmenkunden vorrangig Finanzierungsdienstleistungen an und keine Kapitalanlage – die bei Firmenkunden eher entfällt, aber wir passen von der Größe her selten in die Firmenkundenabteilung. Dies ist aber je nach Bank individuell zu sehen. Manchmal gehören wir Immobilieninvestoren auch in die Firmenkundenabteilung.

Wirst du in die falsche Kategorie eingestuft, dann wirst du von den Beratern fallengelassen und links liegen gelassen, weil diese sehr stark ausgelastet sind. Darum ist es wichtig, in der richtigen Abteilung zu landen und sich nicht in die Firmenkundenabteilung reinzumogeln, wenn man da gar nicht hingehört. Nur für Fälle, die in die Firmenkundenabteilung müssen, bedarf es noch des zwischengeschalteten Bankers.

Der Unsinn der Investorenmappe und von Excel-Kalkulationen

Investorenmappe und sonstiger Berechnungs-Blödsinn in Excel, der bei Bankern den Eindruck vermitteln soll, dass der Kunde weiß, was er tut, wird von den meisten Bankern in den Privatkundenabteilungen eh nicht verstanden. Sie sind vergebliche Liebesmühe. Und wenn der Banker dich dafür lobt, wie toll du das gemacht hast, dann doch, nur um eine gute Beziehungsebene zu dir zu haben. In Wahrheit werden diese Unterlagen nicht an die Immobilienabteilung oder die Marktfolge weitergeleitet, sondern beim Banker schon entsorgt.

Es müssen die Unterlagen in der Art und Weise und sauber strukturiert angeliefert werden, die die Bank haben will, aber nicht irgendwas darüber hinaus. Im Gegenteil, dies kann sogar kritisch sein, wenn Inhalte daraus hinterfragt werden. Dadurch scheitern auch Finanzierungen.

Es werden extrem viele Fälle in Banken abgelehnt, nur weil die gewünschten Informationen nicht richtig strukturiert, nicht vollständig aufbereitet und chaotisch angeliefert werden. Wir als Vermittler investieren hier die meiste Zeit unserer Arbeit darauf, die Unterlagen entsprechend aufzuarbeiten, zu vervollständigen, zu sortieren und zu prüfen, um für die Bank schrankfertiges Geschäft zu produzieren.

Finanzierung von Modernisierungskosten

Modernisierungskosten (also alles was nicht Bodenbeläge oder Malerarbeiten sind) lassen sich je nach Bank zu 30-100% mitfinanzieren. Geh im Schnitt davon aus, dass 50% als wertsteigernd angesehen werden. Alles darüber schlägt auf den Beleihungsauslauf durch. Renovierung (Maler + Bodenbeläge) gar nicht, bzw. schlägt zu 100% auf den Beleihungsauslauf durch. Bis 30% vom Kaufpreis Modernisierung mitzufinanzieren ist noch ein guter Wert, hier jedoch zu viel. Da wäre meine Strategie, die Modernisierung erst mal unter 30% zu reduzieren - Renovierung gar nicht zu planen - und dann hinterher mit einem Modernisierungsdarlehen (Blanko), das dann auch für Renovierung eingesetzt werden kann, den Rest zu machen. Vorausgesetzt das Objekt hat nach der ersten Modernisierung schon eine Restnutzungsdauer und damit eine generelle Beleihbarkeit erreicht. In der Hauptfinanzierung muss alles voll nachgewiesen werden (ggf. die letzten 5.000 € egal). Alles im Modernisierungsdarlehen hängt dann wieder stark davon ab, wo das beantragt wurde - da geht es von überhaupt keine Nachweise bis 50% über 100% Nachweise. Die ganz ohne Nachweise will man sich aber meist für anderes aufsparen, daher wird man wohl eher dazu geneigt sein seine Nachweise zu bringen. Wenn noch halbwegs überschaubar, und auf diesem Weg aufgeteilt, dann arbeite ich mit einer Übersicht, wo jedes Gewerk geschätzt wird - ggf. mit ein paar Angeboten von Handwerkern dazu und ohne Architekten und genaue Planung.

Immobilienfinanzierung unter 50.000 €

Unter 50.000 € und unter 45 qm wird die Bankauswahl kleiner. Es ist jedoch absoluter Quatsch, den ein bestimmter Finanzierungsvermittlerkollege erzählt, dass man da nur einen Ratenkredit nutzen kann oder bei wieder einem anderen, mit ihm unter einer Decke steckenden, Finanzierungsvermittlerkollegen finanzieren könnte, der derartige Finanzierungen poolen (sammeln) würde und so aufgrund seines hohen generellen Volumens dann bei einer Bank dann bessere Kondition erreichen würde. Anfänglich bin ich dieser Geschichte aufgesessen. Nachdem ich jedoch Vergleichsangebote von Kunden vorgelegt bekommen habe, habe ich dann schnell gemerkt, dass dies nur ein Werbetrick ist.

Der Vermittler ist bei der DVAG (Deutsche Vermögensberatung), verschleiert dies aber gern und hat darum so oder so eine stark eingeschränkte Bankauswahl auf im Kern Deutsche Bank (die macht es nicht), Commerzbank (die macht ab 25.000 €) und die Badenia Bausparkasse.
Jetzt muss man noch weitere Dinge wissen:

1. Die Commerzbank ist günstig bei Finanzierungen unter 90% (bei 100% ist sie sehr teuer), daher wird der einfache Trick angewendet, dass 90% anstatt 100% finanziert wird (was den Zins dann deutlich verbessert) – dies wird dann als Sonderkondition durch Pooling verkauft.

2. Zufälligerweise macht der erste Finanzierungsvermittlerkollege viel Geschäft mit der ING (ehemals ING-Diba), weil diese Fondspolicen ohne Zinsaufschlag als Tilgungsträger akzeptiert. Die ING hat 45 qm und 50.0000 € als Untergrenze. Daher rät dieser Vermittler aktiv von Kleinstfinanzierungen und den entsprechenden Investments in solche Wohnungen ab.

Mal abgesehen davon, dass diese sowieso für den üblichen allein arbeitenden Finanzierungsvermittler (oder einen mit Team mit Selbständigen auf Provisionsbasis wie bei DVAG) auch unwirtschaftlich für den Vermittler sind.

Nur dadurch, dass wir als Immotege viele festangestellte Mitarbeiter haben und ich daher die BackOffice Arbeit in der Vermittlung der Finanzierungen komplett wegdelegiert habe, kann Immotege auch Kleinstfinanzierungen meist gerade so kostendeckend abwickeln. Ich mache persönlich Strategie + Key-Accounting, meine Mitarbeiter die ganze Fleißarbeit in der Unterlagenaufbereitung und Abwicklung. Wir kennen bei Immotege keine Untergrenze: Finanzierungen über eine Million Euro sind genauso in Ordnung wie Finanzierungen über 30.000 €. Für kleine Existenzgründer fangen wir bei Mikrofinanzierungen schon bei 1.000 € Darlehen an. Das ist zwar nicht wirtschaftlich, daraus ergibt sich aber Folgegeschäfte und Empfehlungen. Daher sind auch diese Finanzierungen willkommen. Wir denken langfristig, wollen mit den Kunden zusammen wachsen und sehen uns als Partner.

Die Kreditfabrik ING ist aber so oder so für Immobilieninvestoren ungeeignet, da sie keine größeren Bestände finanziert und die Bewertung zu automatisiert abläuft. Auch wenn man diese am Anfang vielleicht nutzen könnte, würde ich strategisch davon Abstand nehmen. Ich möchte als Immobilieninvestor keine Banken als Partner, bei denen schon absehbar ist, dass man mit ihnen keine langfristige Partnerschaft aufbauen kann. Und das, obwohl die Finanzierungen meiner Kunden oft auf zehn und mehr Banken gestreut sind.

Man muss also immer gut hinterfragen, wer was von welcher Aussage hat und ob diese wirklich stimmt oder nur Marketing-Gewäsch ist.

Aber: Damit ich unter 50.000 € die Bankauswahl erhöhe und auch Versicherungen und Bausparkassen mit reinnehme, bieten sich hier 80-90% Finanzierungen an. Je nach Region gibt es auch mal Regionalbanken die günstig 100% anbieten. Das prüfe ich natürlich gerne ab. Die Differenz bis zur Vollfinanzierung kann man notfalls noch über einen Blanko finanzieren.

Weitere Tricks: Makler auf Kaufpreis draufschlagen und noch offene Lücke mit Modernisierung stopfen, so dass die 50k erreicht sind. Ansonsten EK anstatt direkt einzubringen in einen Bausparer einzahlen (ggf. fährt ja auch noch einer rum) und dann die Kaufnebenkosten mitfinanzieren. So sind die 50k erreicht und dann gehen auch wieder problemlos 100% Finanzierung.

Argument: Niedrigere Finanzierungshöhe (80% oder 90% Finanzierung) verschlimmert doch das Problem, da je mehr Eigenkapital eingebracht wird doch der Darlehensbetrag sich noch weiter reduziert.

Das ist nicht ganz richtig: wenn du 80% oder 90% anstatt 100% finanzierst (und nicht mit Modernisierung, Kaufnebenkosten etc. in Bausparen abtreten die Summe auf über 50.000 € heben kannst), haben die meisten Banken bei 25.000 € oder 30.000 € erst wieder Sprünge, dass sie es gar nicht oder noch teurer machen. Wenn du jedoch anstatt 40.000 € dann 35.000 € finanzierst (außer bei DEVK, die hat den Sprung bei 40.000 €, ist aber eh nicht so günstig) und dadurch 80% oder 90% finanzierst, dann passieren zwei Dinge: 1. die Zinsen werden günstiger, ca. 0,3 bis 0,5%, weil der Beleihungsauslauf niedriger wird (damit können Zinsaufschläge für unter 50.000 € überkompensiert werden) und 2. die Bankauswahl wird deutlich größer, weil jetzt eben nicht nur Commerzbank (wie einige hier sagen, die behaupten, unter 50.000 € besonders günstig finanzieren zu können) und ggf. mal ne Regionalbank finanzieren, sondern auch Bausparkassen und Versicherungen. Das führt dann wieder zu günstigeren Zinsen. Dann besorge ich dir lieber im zweiten Rang auf ein anderes Bestandobjekt ab 5.000 € grundschuldbesichert (bis 80% Auslauf und Vorlast *1,18 kapitalisiert) noch die Kaufnebenkosten und 10% oder 20% mit einem extra Darlehen oder Blankodarlehen mal 50.000 € auf einen Schlag gleich für mehrere Objekte und dann hast du am Ende sogar eine Vollfinanzierung und fährst in Summe betrachtet günstiger vom Zins und Rate, als wenn du krankhaft auf 100% Finanzierung raus willst.

Finanzierungsschwellen optimieren

Bei den meisten Banken gibt es bei 25.000 € / 50.000 € / 75.000 € / 100.000 € jeweils Zinssprünge. Unter 50.000 € wird die Bankauswahl deutlich kleiner, so dass eine 90% Finanzierung helfen kann, die Bankauswahl 1. zu heben und 2. durch den niedrigeren Beleihungsauslauf den Zinsaufschlag zu kompensieren. Den Sprung bei 75.000 € haben nicht alle Banken, er ist meist auch nicht so schlimm. Die beiden in der Praxis am häufigsten vorkommenden Zinssprünge sind die der 50.000er und der 100.000er.

Sollte der Kaufpreis der Immobilie jetzt knapp darunter liegen und inkl. Notar / Grunderwerbsteuer / Makler / Modernisierung / Renovierung ließen sich die 50.000 € oder 100.000 € Darlehensbetrag heben, kann, damit wir weiterhin bei einer 100% Finanzierung sind (100% des Kaufpreises und 50% der Modernisierung), folgendes gemacht werden:

Die Kaufnebenkosten + ggf. Renovierungskosten / 50% der Modernisierungskosten werden über eine Einmalzahlung in einen neuen Bausparvertrag einbezahlt (liegt noch einer rum, kann der auch durch Einmalzahlung aufgestockt werden). Als Bausparsumme eignen sich, sofern dieser nicht als Tilgungsträger genutzt werden soll, meist 50.000 € (das sind 500 € Abschlusskosten) - sodass man diesen später, wenn man ihn in der Anschlussfinanzierung wieder rausnimmt, auf 20.000 € auffüllen kann, um dann 30.000 € als Darlehen oben drauf zu bekommen (Blankodarlehen). So hat man dann in Summe 50.000 €. Durch die Zusatzsicherheit haben wir weiterhin eine 100% Finanzierung, obwohl wir über den Kaufpreis hinaus finanzieren:

Kaufpreis: 45.000 €

Notar (2%): 900 €

Grunderwerbsteuer (5%): 2.250 €

Makler (4,76%): 2.142 €

Gesamtkosten: 5.295 €

Darlehen: 50.000 €
Eigenkapital: 295 €
Bausparvertrag als Zusatzsicherheit abgetreten: 5.000 €
Beleihungsauslauf: 100% (obwohl 111% Finanzierung)

Damit ist sowohl die 100% Finanzierung weniger problematisch, als auch schnell 0,5 % Zinsen auf den vollen Darlehensbetrag gespart = 250 € * 5 Jahre = 1.250 € Zinsersparnis. Ein weiterer Vorteil der 5-jährigen Zinsbindung (bei Einkaufsgewinn oder Aufwertungsgewinn) wäre hier, dass der Bausparvertrag nach fünf Jahren dann rausgenommen werden kann, durch einen neuen leeren als Tilgungsträger ersetzt werden kann, und das Guthaben als rollierendes Eigenkapital in den nächsten Deal wieder eingebracht werden kann. Würde man ein Annuitätendarlehen nutzen, dann würde der Darlehensbetrag in der Anschlussfinanzierung unter 50.000 € fallen und man hätte das Problem dann erneut.

Optimierung nach unten (Blankodarlehen)

Ist der Kaufpreis z.B. 35.000 €, so bietet es sich an, mit einem Blankobauspardarlehen zu arbeiten. Diese gibt es in Ausnahmefällen bis 50.000 €, bei den meisten Bausparkassen jedoch bis 30.000 €. Jetzt bringt man ein paar Euro mehr EK und finanziert nur die 30.000 €. Da das Grundbuch leer bleibt und man dies als Zusatzsicherheit für eine weitere Finanzierung nutzen kann, hat man hier jedoch ebenfalls das Eigenkapital wieder deutlich gehebelt.

Bank fordert Kontoeröffnung und Zahlungseingang der Mieten auf dieses Konto

Grundsätzlich sollten in der Schufa geführte Girokonten vermieden werden, da sie den Score runter ziehen. Insbesondere, wenn mehr als zwei Giro-Konten in kurzer Zeit eröffnet werden. Nicht betroffen sind Unterkonten z.B. die kostenfreien Konten im DKB Vermieterpaket. Siehe www.immotege.de/dkb Koppelgeschäfte sind grundsätzlich in engen Grenzen erlaubt. Die Vorgehensweise eine Kontoeröffnung zu fordern ist bei einigen Banken üblich (z.B. BB-Bank, Sparda Südwest). Den Mieteingang auf eben jenem Konto zu fordern kommt jedoch bei größeren Finanzierungen, insbesondere mit MFH öfters vor. Man kann das später meist noch ändern nachdem alles sauber durch ist, wenn man den Bankkontakt nicht mehr weiter benötigt. Es geht hier um §387

BGB, was dazu führt, dass die Bank selbst bei Kontopfändung dein Guthaben noch absaugen kann und neben einer stillen Zession (einer Abtretung, die in den Darlehensverträgen ebenfalls üblich ist) dann auch mitbekommt wer genau im Moment die Mieter sind, um die Zession im Zweifel auch noch umsetzen zu können, falls du dann die Mieteinnahmen umleitest.

Finanzierung gemischtgenutzter Immobilien: EFH mit ELW

Wird ein Einfamilienhaus zum Eigennutz erworben und die Einliegerwohnung vermietet, sollten das Darlehen auf mehrere Kredite aufgeteilt werden. Das Ziel ist, möglichst niedrige Zinsen (1. Rang) im nicht von der Steuer absetzbaren Bereich des Eigennutzes zu erreichen und möglichst hohe absetzbare Zinsen (2. Rang) in Bereich der Vermietung zu verlagern. Das Verhältnis der Wohnflächen muss beachtet werden.

Eigennutz: 1. Rang 60% über Bausparkasse
    → 1% Zins
Eigennutz: 2. Rang 50.000 € KFW 124 eigengenutztes Wohnen Programm
    → 1,6% Zins
Eigennutz: 2. Rang bis 80% z.B. Sparkasse oder Volksbank
    → 2,5% Zins
Fremdgenutzt: 2. Rang Rest bis 100% z.B. Sparkasse oder Volksbank
    → 2,5% Zins
Eventuell zusätzlich Blankoanteile über 30.000 € Blankobauspardarlehen (einer anderen Bausparkasse) oder Nachrangdarlehen.

Finanzierung von Auslandsimmobilien

- Kapitalbeschaffung auf Bestandsobjekte in Deutschland
- Blankodarlehen
- Ratenkredite

Zeitdauer einer Immobilienfinanzierung

Das größte Problem und der größte Zeitfresser bei der Immobilienfinanzierung sind fehlende Unterlagen – und dies obwohl gute Vorbereitung in allen Immobilienbüchern gepredigt wird. Leider erlebe ich in 95% der Immobilien-

finanzierungen und das selbst von Leuten die, von sich meinen, Sie hätten ihre Unterlagen super aufbereitet, dass Unterlagen fehlen. Fordere ich diese dann nach, artet es oft in Diskussionen darüber aus, dass:
- die bisherige Hausbank das ja nie gebraucht hat
- der bisherige Finanzierungsvermittler das nie gebraucht hat
- wofür das überhaupt nötig sei
- dass man das schon geschickt hätte

Die richtige Lösung wäre jedoch: einfach die fehlenden Unterlagen nachzuliefern. Unvollständige Unterlagen an die Bank schicken bringt überhaupt gar nichts, im Gegenteil, am Ende wird die Finanzierung abgelehnt, weil der Banker keinen Bock mehr auf die Finanzierung hat.

Warum aktuelle Grundbücher und keine Kaufverträge?

Der Verschuldungsgrad im Portfolio ist ein Entscheidungskriterium für die Darlehensvergabe. Wir wollen bewusst nicht kommunizieren, zu welchen (niedrigeren) Preisen die Immobilien eingekauft wurden, um damit nicht über das Niederstwertprinzip, das in den ersten ein-drei Jahren die Bank zwingt, den tatsächlichen Kaufpreis anzusetzen, einen schlechteren Verschuldungsgrad im Portfolio und damit eine höhere Wahrscheinlichkeit für eine Darlehensablehnung zu riskieren. Daher sind keine Kaufverträge, sondern aktuelle Grundbücher (nicht älter als drei Monate) der Bestandsobjekte gefordert. Wenn das Objekt nicht als Zusatzsicherheit verwendet wird, dann werden auch 12 Monate meist noch akzeptiert.

Schwarzarbeit als Eigenleistung ansetzen

Ganz klares Wort. Schwarzarbeit solltest du dringend unterlassen. Wenn du aber natürlich keine Belege für das Geld hast, welches du ausgibst, dann ist es aus Banksicht nichts anderes als Eigenleistung. Daher kannst du auch die Wertung wie Eigenkapital nutzen und dies auf der Modernisierungsaufstellung auch als Eigenleistung angeben.

100% Finanzierung zu 1,06% Zins (10 Jahre)
– warum bekomme ich das nicht? Regionalitätsprinzip und Globalgrundschulden

Viele Volksbanken, Sparkassen, PSD-Banken und haben ein Regionalitätsprinzip - das heißt, sie finanzieren nur in ihrem Landkreis und umgebende Landkreise Objekte. Und nur in Ausnahmefällen woanders. Auch Sparda- Banken, sowie Landesbausparkassen sind teilweise regional begrenzt. Überregionale Geschäftsbanken wiederrum haben im Regelfall das Problem, dass sie zu streng prüfen und darum rausfallen, wie Deutsche Bank, Commerzbank, HVB. Die meisten Investoren haben da einfach zu schlechte Bonitäten für diese Banken.

Die Versicherungen, die ebenfalls überregional tätig sind haben oft härtere Grenzen bei der Beleihung von Objekten und beim Beleihungsauslauf überhaupt, der meist nur bis 90%, teils auch nur 80 oder 70% geht.

Entscheidend ist nach dem Regionalitätsprinzip immer, wo das Objekt liegt, im Regelfall zweitrangig ist wo der Kunde wohnt. Es gibt teils Ausnahmen. Generell weiten die Banken, allein schon durch Fusionen aber auch unter dem Druck mehr Geschäft zu machen, ihre Geschäftsgebiete aus. Nach dem Regionalitätsprinzip finanzieren Regionalbanken zwar grundsätzlich teilweise für Kunden in deren Geschäftsgebiet auch Objekte außerhalb, jedoch oftmals dann nur mit niedrigeren Beleihungen (z.B. 80% anstatt 100% - oder mit Zusatzsicherheiten).

Unsere vermittelten Finanzierungen sind daher zu 90% mit Regionalbanken in der Nähe des zu finanzierenden Objekts, teils im erweiterten Umfeld. Die restlichen 10% teilen sich überregionale Darlehensgeber (die wieder auf Versicherungen und Geschäftsbanken oder Spezialbanken), sowie Regionalbanken, die vom Regionalitätsprinzip abweichen und Bausparkassen.
Nun aber zur eigentlichen Frage. Warum nicht jeder 1,06% bei einer 100% Finanzierung auf 10 Jahre bekommt. Dies hat primär vier Gründe:

1. Die regionale Bankauswahl ist gering und es gibt weniger Wettbewerb. Selbst mit viel Wettbewerb gibt es trotzdem in manchen Regionen keine besonders günstigen Banken. Ein Hotspot in Deutschland ist die Region um Köln. In kaum einer Region in Deutschland gibt es günstigere Finanzierungspartner als dort. Das obengenannte Beispiel mit 1,06% Zins bei 100% auf zehn Jahre stammt von einer Regionalbank, die genau dort tätig ist. In anderen Regionen kann der Zins schnell mal beim doppelten liegen.

2. Die Darlehenshöhe. Ein Darlehen unter 200.000 € ist häufig 0,2% teurer als

ein Darlehen über 200.000 €, unter 100.000 € oft dann nochmals 0,1%. Unter 50.000 € wird es dann deutlich teurer bei eingeschränkterer Bankauswahl. Also auch hier darf nicht Äpfel mit Birnen verglichen werden.

3. Selbständige finanzieren teilweise aufgrund der größeren Prüfung 0,3% teurer.

4. Globalgrundschulden (weite Zweckerklärung). Das ist der Punkt, der von den wenigsten bedacht wird in der ganzen Diskussion. Sind schon Objekte bei dieser Bank, wird standardmäßig (ohne, dass dies extra mit dem Kunden besprochen wird und ohne, dass dies extra im Darlehensvertrag vereinbart werden muss) über Globalgrundschulden (weite Zweckerklärungen) auf allen Objekten, die bei dieser Bank finanziert sind, abgesichert. Wurden bestehende Objekte mit Einkaufsgewinn eingekauft, wertgesteigert, mit mehr EK hinterlegt oder wurden schlicht schon getilgt, dann ist es keine echte 100% Finanzierung mehr, sondern häufig eine überteuerte 80% Finanzierung, da man hergehen muss und nun alle Immobilienwerte, finanziert bei dieser Bank + die neue ins Verhältnis setzen muss mit allen grundschuldbesicherten Darlehen bei dieser Bank + dem neuen Darlehen. Hier kommen wir häufig auf 80% Beleihungsauslauf. Nun sind 80% Beleihungsauslauf ca. 0,5% günstiger als 100% Beleihungsauslauf. Man müsste also auf die angebotene Kondition 0,5% aufaddieren um einen fairen Vergleich machen zu können.

Gerade die Thematik mit den Globalgrundschulden machen es dann auch schwer einen langsam gewachsenen Kunden mit einer noch funktionierenden Hausbankbeziehung allein über den Preis nun bei einer anderen Bank unterzubringen. In 50% der Fälle klappt dies über die höhere Vergleichbarkeit trotzdem, da die Hausbank einfach nur teuer war, was aber so vom Kunden noch gar nicht wahrgenommen wurde, mangels Vergleichbarkeit. Hier gibt es nun zwei Vorgehensweisen, entweder es wird mit der Hausbank erst mal weiter finanziert – oder es wird ein oftmals nur geringfügig höherer Zins akzeptiert und eine neue Bankverbindung aufgemacht, bei der langfristig der Effekt der Globalgrundschulden auch genutzt werden kann, wenn es denn nur um den Zins geht. Einem Strategen steht jedoch die Flexibilität stets an oberster Stelle.

Echte und unechte 110% / Vollfinanzierungen

95% der in den Foren erwähnten 110% / Vollfinanzierungen lassen sich übrigens ebenfalls über Globalgrundschulden erklären oder teils sogar ganz offen eingebrachte Zusatzsicherheiten, die erst erwähnt werden, wenn man dreimal nachgefragt.

Die Banken, die mit normaler Bonität eine Finanzierung über 100% ohne Zusatzsicherheiten anbieten, also eine echte 110% Finanzierung anbieten, sind sehr selten. Finanzierungsvermittler kommen über die üblichen Plattformbanken, die 90% unseres Geschäfts ausmachen, hier im Regelfall nicht ran. Immer wieder melden sich auf einen Post in einer Immobiliengruppe zehn unbekannte Finanzierungsvermittler und werben damit, 110% Finanzierungen anbieten zu können. Ich habe mir den Spaß gemacht, sie alle anzuschreiben und nachzufragen. Dabei kommt in 99% der Fälle raus, dass sie mit der DSL Bank + Hanseatic Nachrangdarlehen arbeiten (dabei haben sie jedoch vergessen, dass das nur bei Eigennutzern geht und die DSL Bank bei Kapitalanlegern/Investoren nur bis 80% finanziert) oder die Deutsche Bank wird angeboten. Nun, die Deutsche Bank macht derartige Finanzierungen in genau einer Fallkonstellation: Junger, sehr gut verdienender, angestellter Antragsteller, frisch in den Job eingestiegen und daher noch keine Gelegenheit gehabt Vermögen anzusparen. Dieser bekommt genau einmal eine echte 110% Finanzierung. Mit einer Laufzeit von max. 25 Jahren (nach neuester Regel in 2019), also einer Tilgung von ca. 3,5%.

Echte 110% Finanzierungen ohne Globalgrundschulden und ohne Zusatzsicherheiten bieten ganz vereinzelt mal einige Regionalbanken an. Das sind dann die 1% der Vermittler, die sich melden, die dann mal regional bei guter Bonität was anbieten können, aber nicht flächendeckend überregional und im Regelfall auch nicht bei normalen Bonitäten.

Wir nutzen die unbekannte Bauspar-Konsortialfinanzierung für überregional echte 110% Finanzierungen. Die Zinsen liegen zwischen 1,7 und 2,3% für eine 10 / 12 -jährige Zinsbindung. Die Tilgung liegt in 50% der Fälle bei günstigen 2%, in 50% der Fälle geht sie bis zu 3,5% hoch und es muss zusätzlich noch ein Bausparvertrag akzeptiert werden. Denn grundsätzlich ist die Bauspar-Konsortialfinanzierung auch mit zwei Annuitätendarlehen möglich. Das der Bausparkasse für die ersten 60% und das der Regionalbank für den Rest.
Neben uns sind mir aus den Immobilien-Gruppen noch genau zwei Vermittler bekannt, die so wie wir überregional echte 110% Finanzierungen anbieten

können. Einer davon bekommt es nicht auf die Reihe (ist wohl mit Coaching, trotz großen Teams zu sehr beschäftigt), ein anderer und wir machen regelmäßig und viel Geschäft über diesen Kanal. Alle nutzen denselben Koordinator im Hintergrund zur Vorfilterung. Das Geschäft macht am Ende eine Regionalbank, die mit Vorstandsentscheidung ab 150.000 € vom Regionalitätsprinzip abweicht und in ganz Deutschland finanziert. Mit normalen Bonitäten sind Voll-Finanzierungen bis ca. 1,5 Mio. € möglich.

Von den Kunden erwarten wir speziell für diesen Zugangsweg absolute Verschwiegenheit und ausschließlich von uns vorgefilterten sauber aufbereiteten Kontakt mit dem Darlehensgeber.

Derartiges gewolltes, margenstarkes, vom Vorstand gesteuertes Geschäft mit großen Tickets und Wiederholungstätern außerhalb der Heimatregion der Regionalbank (entgegen ihren eigentlichen öffentlichen Regeln und denen, an die sich die Mitarbeiter zu halten haben) ist nicht gern gesehen im Sparkassen- und Genossenschaftlichen Verbund und wird still und heimlich unter der Hand abgewickelt. Der größte Fehler ist es, wenn derartige Bankkontakte offen in Immobiliengruppen geteilt würden, wie dies immer mal wieder der Fall ist, denn und das wird oft leider nicht verstanden. Dann ist das Geschäft morgen schon nicht mehr möglich, allein schon, wenn bestimmte Leute in der eigenen Bank davon Wind bekommen, was hier ganz oben veranstaltet wird.

Wir selbst haben keinerlei Vorstandskontakte, gehen mit keinen Bankern essen und bespaßen keine Banker, investieren noch nicht mal groß Zeit in eine große Kontaktpflege, was andere erfolglose Vermittler als ihre Kernaufgabe sehen und damit große Werbung betreiben.

Aber unsere Finanzierungsspezialisten wissen dank umfangreich gepflegter Excel-Dateien, wer was wie und zu welchen Bedingungen macht und wie wir Finanzierungsportale wie Europace zu bedienen haben, um dort verstecke Funktionen zu nutzen, die den meisten 0815 Vermittlern verborgen sind. Wir investieren unsere Zeit lieber in die Aufbereitung der Fälle, um damit Sachen durchzubringen, die andere nicht hinbekommen. Wir stecken im Schnitt achtmal mehr Zeit in die Aufbereitung der Unterlagen als ein 0815 Vermittler.

Frühzeitig mit mehreren Banken arbeiten

Üblicherweise starten Immobilieninvestoren mit ihren ein bis zwei Hausbanken und machen so lange bis es nicht mehr weiter geht. Ein wichtiger Tipp ist, so früh wie möglich mit so vielen Banken wie möglich zu arbeiten. Ein fähiger Finanzierungsvermittler kann bei der strategischen Auswahl (nicht nur bester Zins) helfen. Je später man damit anfängt weitere Banken rein zu nehmen, desto schwieriger wird es, da das inzwischen gewachsene Portfolio unterzubringen. Dies hat zwei Gründe:

1. Erhöhter Prüfaufwand durch das größere Portfolio. Jede fünfte Bank nimmt ab drei bis sieben Bestandsobjekten schon gar keine Neukunden aufgrund des Prüfaufwands mehr an.
2. Bestehende höhere Verschuldung im Verhältnis zum Einkommen sorgt dafür, dass ein weiteres 1/5 der Banken wählerischer in der Annahme neuer Kunden wird. Nach Wokri (Wohnimmobilienkreditrichtlinie) müssen absurderweise alle Kreditraten aus Einkommen bedient werden können. Dabei sind Mieteinnahmen nicht wie üblich von Banken mit 75% anzusetzen, sondern überhaupt nicht. Sie könnten ja jederzeit ausfallen. Das Angestellten-Einkommen wir jedoch noch als „sicher" gesehen. Vertiefen wir uns nicht in die Absurditäten des Gesetzes, die Masse der Banken hält sich eh nicht dran, trotzdem führt dieses Thema dazu, dass Banken bei Neukunden mit vielen Bestandsobjekten sich zweimal überlegen, ob sie sich ein Haftungsrisiko in diesem Punkt reinholen oder nicht. Bei Bestandskunden, wenn der Kunde mal irgendeine der ersten ein bis fünf Wohnungen finanziert hat und nun mit der 15. Wohnung wieder kommt, drücken sie im Regelfall ein Auge zu und finanzieren ihn.
Diese beiden Punkte sind nicht kriegsentscheidend, da noch 3/5 der Banken zur Verfügung stehen. Natürlich fallen zusätzlich welche wegen Haushaltsrechnung, Eigenkapitalanforderungen etc. raus nachdem die Hausbank irgendwann dicht gemacht hat und sich der übliche Immobilieninvestor nun verzweifelt auf die Suche macht und reihenweise Absagen kassiert. Zumindest früher oder später kommen sehr viele an diesen Punkt. Genau diese Vorgeschichte haben die meisten unserer Kunden, bis sie zu uns kommen und wir es jetzt richten sollen. Denn warum auch immer, einen Vermittler hat man bisher gescheut. Dabei muss der Vermittler nicht mal zwingend teurer sein, aufwändiger oder länger brauchen.

Warum macht die Hausbank dicht?
1. Das Gesamtobligo pro Kunde
2. Der Blankoanteil

110% Finanzierungen über Hausbanken (Globalgrundschulden)
Wenn die Hausbank natürlich über Globalgrundschulden auf allen Objekten
absichert, dann wird man da auch kaum mit einer neuen Bank an die Konditionen ran kommen. Es ist also eine Strategiefrage, eine weitere Bank mit aufzunehmen und das, obwohl die Zinsen schlechter sind und die Reaktionszeit
langsamer.

Der Beleihungsauslauf

Ein Thema, das wenig Behandlung in den anderen Immobilien-Investmentbü-
chern findet ist das Thema Beleihungsauslauf.
Die entscheidendsten Faktoren für den Zins eines Immobiliendarlehen sind 1.
der Beleihungsauslauf (60/80/90/100%) und 2. die Zinsbindung 3 Monate/5
Jahre/10 Jahre/15 Jahre 20 Jahre.

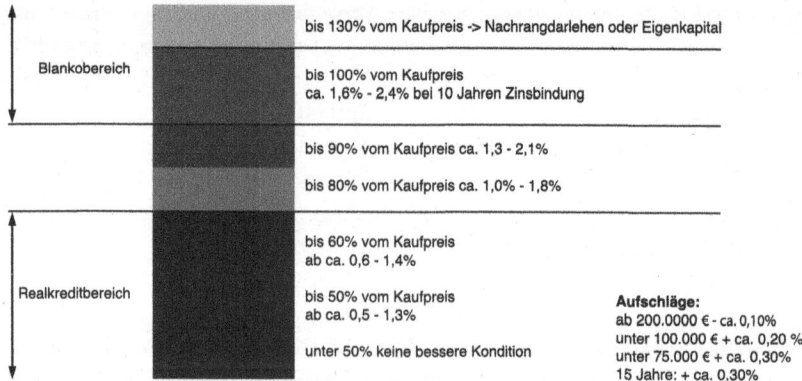

Beim Beleihungsauslauf gehen wir jetzt einmal davon aus, dass das Objekt auch
wirklich den Kaufpreis wert ist, über 100.000 € Darlehensbetrag benötigt werden (darunter wird's teurer), für Kapitalanleger im Privatbestand ist (Eigennutzer sind etwas günstiger), mehr als 45 qm hat, eine Eigentumswohnung, ein
Einfamilienhaus/Zweifamilienhaus oder ein Mehrfamilienhaus mit max. 3 Ein-

374

heiten ist (ab 4 Einheiten ist die Einwertung wieder schlechter) und ein jüngeres Baujahr, max. 1990 besteht (ältere Objekte werden wieder schlechter eingewertet). Du bist außerdem ein ungekündigter Angestellter ohne Befristung und Probezeit (Selbständige sind wieder teurer) und verdienst mindestens 2.500 € netto (darunter fallen wieder Banken raus, also wird's teurer). Du bist außerdem Single oder verheiratet und deine Frau finanziert mit (wenn du verheiratet bist, keine Gütertrennung hast und alleine finanzieren willst, wird's teurer).

Zins-Übersicht Beleihungsauslauf/Zinsbindung (11/2017)

BLA:	60%	80%	90%	100%	111%
Var.	3,00	3,25	3,50	3,75	3,75
5 J.	0,90	1,20	1,60	1,75/2,10	2,50
10 J.	1,10	1,40	1,80	1,95/2,30	2,80

Diese Übersicht ist eher realistisch gehalten. Es gibt auch Übersichten mit „günstigster Zins", die gerne im Internet veröffentlicht werden. Dieser fällt jedoch oft aus diversen Gründen raus, weil die Bank rausfällt, da sie aus Gründen, die in deiner Person liegen, in deinem Objekt oder in deinem Portfolio, nicht mehr gewillt ist zu finanzieren.

Die 111% sind jetzt nicht unbedingt als Kaufnebenkosten, die mitfinanziert werden, zu sehen, sondern eher als schlechte Objekteinwertung wegen Objektalter (vor 1990). Oder durch Ansatz von der Bank mitfinanzierter Modernisierungskosten nur zu 50% anstatt zu 100% als wertsteigernd etc. Kaufnebenkosten werden nur in Ausnahmefällen mitfinanziert.

Zinsen lassen sich sehr schwer vergleichen, wie du siehst, da der Zinssatz an unendlich vielen Kriterien hängt. So kann diese Übersicht auch nur eine grobe Einschätzung für dich sein, um das Thema Zinsbindung und Beleihungsauslauf als die beiden Hauptfaktoren für dich zu bewerten.

Schwankungen von +/- 1% bei 100% und 111% sind dann aber immer noch üblich, bei 60% BLA wird die Schwankungsbreite kleiner und liegt dann meist bei 0,3%. Weil hier viel mehr Banken Lust haben das Objekt zu finanzieren, gibt es viel weniger Ausschlusskriterien. Bei Beleihungsausläufen unter 60% sinkt der Zins nur noch minimal. Dies lohnt sich also eigentlich gar nicht.

Bei einer variablen Finanzierung sind die angegebenen Zinssätze für Kleininvestoren. Wie sich die Zinssätze, gestaffelt je nach Bonität und Kreditvolumen, in Aufschlägen auf den Euribor ausdrücken, findest du an anderer Stelle in diesem Buch.

Je nach deinem Wohnsitz und dem Standort vom Objekt ergibt sich wieder eine ganz andere Auswahl an Sparkassen und Volksbanken, die nach dem Regionalitätsprinzip arbeiten. Die Zinsen verändern sich täglich. Banken fahren Sonderaktionen, Rabattieren bestimmte PLZ oder erhöhen die Konditionen in bestimmten Bereichen.

Das Objekt spielt ebenfalls in den Beleihungsauslauf rein. Beispielsweise werden ältere Objekte geringer eingewertet, das erhöht den Beleihungsauslauf und damit den Zins oder fordert mehr EK-Einsatz.

MFH ab vier Wohnungen werden schlechter eingewertet als einzelne ETW, das erhöht den Beleihungsauslauf und damit den Zins oder fordert mehr EK-Einsatz. Objekte unter 40/45 qm senken die Bankauswahl. Dadurch, dass besonders günstige Banken ggf. rausfallen ist, der Zins höher. Unter 25 qm wird die Bankauswahl noch geringer. Kleine Appartements werden nicht als toller Trend gesehen, sondern als Wohnklo – nun, die Bankenkriterien hängen eben teils etwas zurück.

Für Volltilger gibt es oft kleine Rabatte, ob das jedoch rechtfertigen einen Volltilger in Anspruch zu nehmen, halte ich für fraglich. Vielleicht mal in einer Anschlussfinanzierung für die letzten fünf Jahre.

Zusatzsicherheit

Um den Beleihungsauslauf in einer Finanzierung zu reduzieren und damit die Zinskonditionen zu reduzieren, ggf. die Finanzierung bei schlechter Objekteinwertung überhaupt erst möglich zu machen, bzw. einen deutlich geringeren Eigenkapitalanteil investieren zu müssen, nicht als wertsteigernd angesehene Modernisierungskosten oder manchmal auch die Kaufnebenkosten mitzufinanzieren, können bestehende Objekte, welche schon deutlich runter getilgt sind, lastenfrei sind oder deutlich im Wert gestiegen sind – nehmen wir als Bagatell-Untergrenze mal 20.000 € an – wobei die Objekte schon mindestens 1 Jahr im Bestand sein müssen, damit das Niederstwertprinzip ausgehebelt ist – dann lassen diese sich, sofern die vorangehenden Grundschulden bei der selben Bank, die jetzt das weitere Objekt finanzieren soll, befinden (in den 2. Rang gehen Banken ganz ungern), als Zusatzsicherheit heranziehen.

Andere Zusatzsicherheiten

Bausparverträge (Guthaben) abtreten
Lebens-/Rentenversicherungen abtreten

Kriterien für Lebens-/Rentenversicherungen:
Nur deutsche Gesellschaften (also insbesondere keine britischen Gesellschaften), Fondspolicen meist nur bei Beitragsgarantie.

Eine Beitragsgarantie will man in der Fondspolice eigentlich keine haben. Denn diese kann den Teil, der in den freien Aktienmarkt investiert wird, extrem reduzieren und das Kapital dann in niedrigverzinsten Staatsanleihen vergammeln lassen. Lokale kleinere Banken akzeptieren jedoch teilweise auch die Fondspolicen ohne Beitragsgarantie.

Tagesgeldkonten (bis 100%) und Depots (max. 50%) sind Sonderkonstellationen, die extra mit der Bank vereinbart werden müssen und damit den Prozess verlangsamen. Wenn eine schnelle Finanzierungszusage und ein guter Zinssatz von der Bank erwartet wird, dann sollte auf diese beiden Möglichkeiten verzichtet werden.

Banken nehmen für Zusatzsicherheiten meist extra Gebühren oder auch einen Zinszuschlag.

Mindestkreditbetrag 50.000 €

In Ausnahmefällen 25.000 €, bei einigen wenigen Banken bis 30.000 €. Blankodarlehen über Bausparkasse, Ratenkredit bis in Summe ca. 80.000 € je nach Einkommen (der muss allerdings vor der nächsten Immobilienfinanzierung wieder weggetilgt sein), mehrere Objekte zusammen in einer Finanzierung kaufen. Als ein Kreditvertrag, aber mehrere Objekte mit Grundschulden. Die meisten Banken unterstützen zwei Objekte in einem Vertrag.
Mal aber eine andere Herangehensweise, wenn der Kaufpreis nicht zu sehr unter 50.000 € liegt. Den Kaufpreis auf 50k erhöhen, z. B. Maklerprovision durch Verkäufer zahlen lassen und auf Kaufpreis drauf schlagen, Innenprovision mit Verkäufer vereinbaren, die hinterher ausgeschüttet wird und auf den Kaufpreis drauf geschlagen wird. So wie es die ganzen Bauträger/Aufteiler machen, um den Kunden mit fehlendem EK für die Finanzierung zu versorgen. Dann hat

man die 50k Grenze erreicht, die viele Banken haben und hat damit eine größere Auswahl an Banken und dann auch ein günstiges Angebot und ist von keiner Bank abhängig.

Die Grunderwerbsteuer und der Notar gehen nochmals drauf auf die Maklergebühr. Dafür muss kein EK eingesetzt werden, das beim nächsten Objekt wieder mit 30% EK Rendite eingesetzt werden kann oder die Zinsen senkt, weil der Beleihungsauslauf sinkt. Beide Sichtweisen getrennt voneinander wirtschaften jeweils ein Vielfaches der Mehrkosten für Notar und Grunderwerbsteuer wieder rein.

Blankodarlehen

„Das Vorgehen des NLP ist ziel- und lösungsorientiert anstatt ursachen- und problemorientiert" NLP Axiom

29. Blankodarlehen

Was sind Blankodarlehen?

Blankodarlehen sind im Prinzip nichts anderes als Ratenkredite. Blanko bedeutet dabei, dass diese nicht dinglich (Grundschuld) besichert sind.

Wobei es Grenzformen gibt, denn im Falle von Negativdarlehen (auch Darlehen gegen Negativerklärung) wird zwar nicht dinglich besichert, jedoch verpflichtet man sich, den Darlehensgeber bei Verkauf oder Nachbesicherung um Erlaubnis zu fragen, was in der Praxis nicht überwacht wird und da die dingliche Sicherung fehlt, umfangen werden kann – natürlich mit der Folge der Darlehenskündigung im Worstcase, das man dann eben entsprechend umschuldet.

Blankodarlehen haben als Voraussetzung, dass Immobilien vorhanden sind, teils ein bis fünf Jahren im Bestand, teils eigengenutzte Objekte, teils aber auch nur, dass eine Immobilie im Privatbestand erworben wird. Dies grenzen sie von Ratenkrediten zur freien Verwendung ab. Teils sind Blankodarlehen auch zum Kauf oder für Kaufnebenkosten nutzbar, dies grenzt sie von reinen Modernisierungsdarlehen (als Ratenkredit mit zehn bis 15 Jahren Laufzeit) oder reinen Blanko-Modernisierungsdarlehen (oft 9+9 Jahre Laufzeit) ab.

Der Vorteil von Blankodarlehen gegenüber Ratenkrediten ist die längere Laufzeit. Die geringeren Raten bedeuten mehr Luft in der Haushaltsrechnung. Diese ist bei fast allen Immobilieninvestoren wegen hoher Abschläge der Banken und Stressannuitätenbetrachung eng. Die Zinsen sind meist ähnlich wie bei Ratenkrediten. Die Bonität aus Banksicht leidet weniger, da diese Darlehen nicht unter Konsumdarlehen (Ratenkrediten, Leasing etc.) in der Selbstauskunft geführt werden, sondern beim jeweiligen Objekt, wie Nachrangdarlehen (auch meist nicht grundschuldbesichert und daher auch nur ein anderes Wort für Blankodarlehen). Es muss also nicht mühevoll die Bank überzeugt werden, dass diese Schulden keine Konsumschulden sind. In der Schufa ist diese Unterscheidung leider nicht möglich. Und ja, fast alle Blankodarlehen (es gibt Ausnahmen!) stehen ganz normal in der Schufa. Blankodarlehen zur Eigenkapitalgewinnung (verdeckt)
Es werden Blankodarlehen aufgenommen. Das Geld hieraus lässt man mit dem restlichen (wenn auch geringen) Eigenkapital auf dem Konto verschwim-

men und akzeptiert bewusst, dass nach 30 Tagen üblicherweise kein Zinsabzug mehr möglich ist. Der große Vorteil gegenüber direkt in eine Finanzierung eingebrachte Blankodarlehen (dies ist bei Banken- und Bausparkassen nötig, die einen Verwendungsnachweis benötigen) ist, dass es einige Banken der Hauptfinanzierung gibt, die „echtes" Eigenkapital in die Finanzierung eingebracht haben wollen. Hat sich das Blankodarlehen erst mal mit dem eigenen Eigenkapital vermischt, gilt es bei diesen Banken (alles sauber angegeben in der Selbstauskunft – nichts verschwiegen) als echtes Eigenkapital (wegen dem zeitlichen Abstand). Je größer der zeitliche Abstand desto besser. Eine rechtzeitige vorbeugende Beantragung schon möglichst mehrere Monate im Voraus sollte daher die bevorzugte Strategie sein.

Die Kriterien für die richtige Auswahl des Blankodarlehens

Blankodarlehen sind endlich und nicht immer leicht zu bekommen, daher müssen diese zum richtigen Zeitpunkt mit der richtigen Verwendung und der richtigen Strategie sowohl beantragt als auch eingesetzt werden. In der Folge lernst du die verschiedenen Kriterien kennen, damit du einen Überblick darüber bekommst, auf was es ankommt und wann du welches Blankodarlehen strategisch richtig einsetzen solltest.

Blanko-Kriterium: Immobilienbesitz

keiner / drei Monate / ein Jahr / zwei Jahre / drei Jahre / fünf Jahre

Wer heute noch nicht in Immobilien investieren kann aus Bonitätsgründen, der sollte sich eine Schrottimmobilie oder sehr günstige Wohnung Cash kaufen, damit die Zeit anfängt zu laufen.

Blanko-Kriterium: Immobiliennutzung

Eigengenutzt / Fremdgenutzt

Wer seine Eigennutzung aufgibt, sollte darüber nachdenken vorher ggf. noch ein Blankodarlehen zu beantragen. Eine nicht eigengenutzte Immobilie zu haben ist zwar steuerlich interessant, grundsätzlich sehen aber Banken diese immer kritisch in ihrem eigenschränkten Weltbild. Je nach Blankodarlehensgeber wird teilweise zwei, drei oder fünf Jahren eigengenutztes Wohneigentum gefordert. Es gibt natürlich auch einige Darlehensgeber, die vermietete Objekte akzeptieren, aber hat man entsprechendes eigengenutztes Wohneigentum eben nicht, fallen einige der Darlehnsgeber eben raus.

Es wird zwar oft über eine Negativerklärung abgesichert, die bei Verkauf eine Zustimmung der Bausparkasse erfordert, dies wird jedoch in der Praxis nicht überprüft. Man kann das Blankodarlehen auch später mit 1% Vorfälligkeit auf ein anderes Darlehen umschulden. Der große Vorteil ist nun, dass man jetzt einen Verwendungsnachweis für das andere Darlehen erreicht hat.

Blanko-Kriterium: Beleihungsauslauf

Beleihungsauslauf inkl. Blankodarlehen: egal (die meisten Darlehen) / max. 60% / max. 80% (z.B. Wüstenrot Negativdarlehen)

Blanko-Kriterium: Verwendungsnachweis + Verwendungszweck

Vermittler bestätigt (keiner) / 80% Kostennachweis / 100% Kostennachweis

Modernisierung / Kaufnebenkosten / Kaufpreis / freie wohnwirtschaftliche Verwendung / komplett freie Verwendung

Es gibt Blankodarlehen ohne einen Verwendungsnachweis (dazu gehören auch die meisten Ratenkredite bis 50.000 €), sowie Blankodarlehen bei denen 80% oder 100% der Kosten nachgewiesen werden müssen der Kosten. Soll die Variante der vorbeugenden und verdeckten Eigenkapitalgewinnung genutzt werden, so muss man auf entsprechende Blankodarlehen ohne Verwendungsnachweis oder gar freier Verwendung oder freier wohnwirtschaftlicher Verwendung (auch Kaufnebenkosten) zurückgreifen. Natürlich wäre es totale Verschwendung, eine Maßnahme (z.B. Modernisierung) über ein Blankodarlehen zu finanzieren, das keinen Verwendungsnachweis hat, da diese Art der Blankodarlehen nur begrenzt verfügbar ist. In der Praxis lassen sich davon oftmals nicht mehr als drei bis vier Darlehen à 30.000 € + 2-3 Darlehen à 50.000 € (= 190.000 € - 270.000 € Blankodarlehen – richtig eingesetzt für Kaufnebenkosten ergeben sich daraus dann 2 bis 3 Millionen Euro Immobilienbestand).

Blanko-Kriterium: Schufa-Score und Schufaeintrag

Schufaeintrag: Blankodarlehen wird nicht in der Schufa eingetragen, eine Schufaneutrale 14-Tage sichtbare Konditionsabfrage wird jedoch ggf. gemacht / Blankodarlehen wird voll und score relevant in der Schufa geführt.

Strategische Vorarbeit: Bestandskunde werden bei Bausparkassen

Vorbeugend strategisch bei verschiedenen relevanten Bausparkassen Bausparverträge abschließen und minimalst besparen. Die Abschlusskosten müssen in 12 Monaten einbezahlt werden (Praxis: auf 11 Monate rechnen). Idealerweise in Kombination mit der Strategie, die Kaufnebenkosten in einen Bausparvertrag einzuzahlen und abzutreten mit fünf Jahren Zinsbindung, um Schwellenwerte bei 50.000er Darlehen zu erreichen. Je nach Bausparkassen dauert es 24 oder 36 Monate, um bei regelmäßiger Besparung eines Bausparvertrags als Bestandskunde zu gelten und so von einem besseren Scoring bei der Kreditvergabe zu profitieren und dadurch auch bei einem schlechteren Schufa-Score, der automatisch durch die hohe Kreditaktivität bei Immobilieninvestoren schlechter wird, noch an das Blankodarlehen zu kommen.

Bei einer Bausparkasse sind z.B. Blankodarlehen für Selbständige oder Mieterblankodarlehen nur dann möglich, wenn diese seit zwei Jahren Bestandskunde sind.

Strategische Vorarbeit für Azubis / Studenten
Mieterblanko-Bauspardarlehen

Es gibt auch 30.000 € Mieter-Bauspardarlehen für 24-monatige Bestandskunden einer einzigen Bausparkasse. Wer aktuell wegen einer Ausbildung oder eines Studiums noch keine Finanzierung bekommt, schaut sich verschiedene Strategien an anderer Stelle im Buch an, wie man sie doch bekommt, siehe Mama-GmbH, Eltern als Antragsteller etc. Wähle die Bausparkasse, bei der es für Bestandskunden anders als bei allen anderen Bausparkassen nur 10.000 € (eine bietet auch 15.000 € an) sogar satte 30.000 € Blankodarlehen gibt, sofern man einen 24-Monate langen Vertrag hat.

Strategische Vorarbeit: Bestandskunde werden bei einer Sparkasse

Sofern noch keine Geschäftsbeziehung mit irgendeiner Sparkasse besteht, sollte bei irgendeiner Sparkasse ein Konto eröffnet werden. Es reicht dazu ein kostenfreies aktives Tagesgeldkonto mit ein paar Umsätzen. Nach 12 Monaten kann man sich mit einem bei mir anzufordernden Formular bestätigen lassen, 12 Monate Bestandskunde zu sein und gilt damit nun auch als Bestandskunde einer bestimmten Bausparkasse. Dies hat nun den Vorteil, dass abweichend vom Schufa-Score, der oftmals bei Immobilieninvestoren, die schon ein paar Darlehen haben, nicht mehr gut genug ist, da an Blankodarlehen sehr hohe Anforderungen gestellt werden, jetzt der interne Score irgendeiner Sparkasse oder BW-Bank + genommen wird. Dieser ist im Regelfall sehr gut und hat einen Bestandskundenstatus, dadurch auch ein gehobenes Scoring bei der Bausparkasse. Den internen Sparkassen-Score kannst du dir, wenn du einen guten Draht zur Bank hast, dort als PDF aushändigen lassen. Ansonsten besorgt diesen eine spezielle Bausparkasse bei deinem Berater selbst. In 95% der Fälle wird der Score über einen der beiden Wege herausgerückt.

Strategie: Rechtzeitig Blankodarlehen beantragen (wegen Schufa-Score)

Blankodarlehen bieten sich gerade bei noch kleinen Portfolien an, da hier noch ein ausreichend guter Schufa-Score besteht. Immobilieninvestoren, die in drei Jahren 30 – 50 Darlehen für diverse Wohnungen beantragt haben, kommen oftmals nur noch bei der Bestandskunden-Strategie mit Sparkassen-Scoring weiter. Daher sollte, auch wenn noch EK vorhanden ist, trotzdem frühzeitig mit Blankodarlehen begonnen werden, bevor man sich den Weg zu den meisten Bausparkassen aus Schufa-Score-Gründen verbaut hat. Ich empfehle daher, mit echten 110% Finanzierungen, da auch hier die Bankauswahl sehr endlich ist, abzuwarten und erst mit Blankodarlehen zu arbeiten und die echten 110% Finanzierungen (ohne Zusatzsicherheit oder Globalgrundschulden) zu starten, solange es der Schufa-Score noch zulässt, da man sich sonst einige Bausparkassen für die Zukunft verbaut hat.

Blanko-Kriterium: Weitere Darlehen

Weitere Darlehen: keine Darlehen bei der jeweiligen Bausparkasse / keinerlei Neudarlehen/Umschuldungen in den letzten zwei Jahren.

Blanko-Kriterium: Antragsberechtigte

Angestellte / Selbständige / Bilanzierer

Blanko-Kriterium: Bestandskunde

Bestandskunde: Kunde irgendeiner Sparkasse oder BW-Bank seit mindestens 12 Monate (irgendein Darlehen oder Girokonto) / 24 Monate Kunde der jeweiligen Bausparkasse / 36 Monate Kunde der jeweiligen Bausparkasse

Offen in eine Finanzierung eingebrachte Blankodarlehen

Einige wenige Banken akzeptieren (selten bei der ersten Immobilie wegen negativer Vermögensbilanz – außer bei Eigenheimen z.B. die DSL-Bank, später bei ein paar realisierten Einkaufsgewinnen bei vermieteten Objekten aber schon) auch offen in die Finanzierung eingebrachte Blankodarlehen, Arbeitgeberdarlehen, Bauspardarlehen, Familiendarlehen.

Weitere Informationen zu Blankodarlehen

Es gibt Bausparkassen, die fordern einen Verwendungsnachweis und akzeptieren den Einsatz eines Blankodarlehens als wohnwirtschaftliche Verwendung, NICHT jedoch für die Kaufnebenkosten. Nun ist es für die hauptfinanzierende Bank allerdings im Regelfall kein Problem (der Beleihungsauslauf bleibt ja gleich) – außer den wenigen Banken, die auf echtes EK bestehen bei der Auszahlung nach unterschriebenem Darlehensvertrag (beim Antrag wird dieses Thema noch nicht erwähnt), wie folgt zu verfahren. Bei einer 100% Finanzierung + Kaufnebenkosten aus Blankodarlehen (+ ggf. nicht wertsteigernde Modernisierung aus Blankodarlehen) wird die Zahlung des Kaufpreises gesplittet. Erst zahlt die Bausparkasse in der Regel 30.000 € (Höchstbetrag bei den Bausparkassen, nur selten auch 50.000 € möglich) auf den Kaufpreis. Die Bank zahlt, nachdem dieser Zahlungsbeleg erbracht ist, dann den Restkaufpreis. Was dann noch übrig bleibt, kann für die Kaufnebenkosten verwendet werden, indem dies die Bank direkt bezahlt oder an den Käufer auszahlt, der es innerhalb von 30 Tagen weiterüberweisen muss, damit die Zinsen von der Steuer absetzbar sind. Für die Bank bleibt es weiterhin bei einem Beleihungsauslauf von 100% und sie hat daher kein Problem. Die Bausparkasse hat erreicht, was sie erreichen wollte, nämlich eine Verwendung des Blankodarlehens auf den Kaufpreis und nicht auf die Kaufnebenkosten. Du kannst unter jedes Objekt im Bestand ein oder mehrere Darlehen hängen.

Blankodarlehen als Überbrückungslösung zur Nachbeleihung

Sehr viele haben das Problem, dass es an EK mangelt. Für die Objekte, die wegen Zinsbindungen nicht nachbeliehen werden können, aber Reserve haben, da sind Blankodarlehen ideal, um vorhandene Reserven (auch Einkaufsgewinne und Aufwertungsgewinne) zu nutzen anstatt sie brach liegen zu lassen. Alle, die ich kenne, die sehr schnell einen größeren Bestand von 30 und mehr Einheiten in unter fünf Jahren hochgezogen haben, mussten das EK-Problem lösen. Die einen haben es mit Blankodarlehen gelöst, die anderen mit Mezzaninekapital, andere beleihen Objekte als Zusatzsicherheit, andere die Objekte der Eltern. Ganz wenige nutzen 110% Finanzierungen – weil ihnen die Kontakte fehlen.

Das Problem EK Mangel hat man nicht, wenn man einmal im Jahr eine Wohnung kauft, das hat man aber, wenn man alle drei Monate ein weiteres MFH kauft. Und wenn ich idealerweise nicht den ganzen Bestand untereinander mit Grundschulden verstricken will - damit ich auch in der Anschlussfinanzierung noch frei bin, so dass ich nach Ablauf Niederstwertprinzip Umschuldung + Kapitalbeschaffung machen kann, sind das alles sind Einsatzbereiche für Blankodarlehen zur Überbrückung...

Blankodarlehen hebeln

Die Idee: mit einem 30.000er Blankodarlehen (gerne auch inkl. Nebenkosten) wird eine Wohnung gekauft. Auf das leere Grundbuch wird dann über Kapitalbeschaffung oder Zusatzsicherheit als EK-Ersatz ein MFH gekauft. Diese Strategie funktioniert jedoch nur, wenn das Objekt deutlich mehr wert ist, da so kleinteilige Objekte schwer nachzubeleihen oder als Zusatzsicherheit einbringbar sind. Wenn der Wert der Immobilie über 50.000 € liegt oder dorthin entwickelbar ist, der Einkaufspreis aber bei unter 30.000 €, dann macht die Strategie Spaß.

Tilgungsträger Bausparvertrag – für spätere Blankodarlehen

Anstatt der Tilgung wird ein Bausparvertrag bespart. Soweit ist das Modell bereits bekannt (mit seinen Nachteilen siehe nächster Satz). Nun wird aber der Bausparvertrag nicht so dimensioniert, dass man die Anschlussfinanzierung damit machen kann (da gibt es ja die bekannten Nachteile: hohe Tilgung, nur vermeintlich günstiger Zins, Zuteilung unsicher, hohe Kosten wegen niedrigen Zinsen in der Ansparphase, hohe Grenzzinskosten). Der Bausparvertrag wird so dimensioniert, dass man zum Ende der Zinsbindung (z.B. nach fünf Jahren) ein zuteilungsreifes Blankobauspardarlehen hat, um damit nicht nur sein eingesetztes EK zurück zu bekommen, sondern dies auch gleich noch über ein Blankodarlehen zu hebeln. Man ist jedoch bei den meisten Banken gezwungen, die Bausparsumme so anzusetzen, dass sie der Darlehenssumme entspricht. Man kann die Verträge jedoch später teilen. Unabhängig davon kann die Anschlussfinanzierung dann auch noch mit einer grundschuldbesicherten Kapitalbeschaffung kombiniert werden.

Bei den meisten Bausparkassen und Tarifen müssten 40% einbezahlt werden um 30.000 € Blankodarlehen zu erhalten. Es gibt auch Tarife mit 25%, dann wird die Tilgung aber höher (Laufzeit kürzer). So muss meist ein Vertrag von mindestens 50.000€ Vertrag (Bausparsumme) abgeschlossen werden, der mit 20.000 € befüllt werden muss, um 50.000 € ausbezahlt zu bekommen, sprich 30.000 € Darlehen zu erhalten.

Dimensionierung: 50.000 € Bausparsumme

5 Jahre Zinsbindung:
333,33 € Sparrate: anstatt 2% Tilgung bei 200.000 € Darlehen
333,33 € Sparrate: anstatt 3% Tilgung bei 133.333 € Darlehen

10 Jahre Zinsbindung:
166,66 € Sparrate: anstatt 2% Tilgung bei 100.000 € Darlehen
166,66 € Sparrate: anstatt 3% Tilgung bei 66.666 € Darlehen

15 Jahre Zinsbindung:
111,11 € Sparrate: anstatt 2% Tilgung bei 66.666 € Darlehen
111,11 € Sparrate: anstatt 3% Tilgung bei 44.444 € Darlehen

Das heißt, dass Darlehen zwischen 44.444 € (bei 15 Jahre Zinsbindung) und

200.000 € (bei 5 Jahre Zinsbindung) grundsätzlich für das Modell Tilgungsträger Bausparen für späteres Blanko-Bauspardarlehen geeignet sind.

Ein großer Nachteil an den zuteilungsreifen Blankodarlehen ist jedoch die kurze spätere Darlehenslaufzeit. Daher wird meist dann doch lieber zu dem Modell mit Vorfinanzierung gegriffen.

Welche Bausparkasse wähle ich?

Eine gute Strategie ist es, jeden Bausparvertrag bei einer anderen Bausparkasse abzuschließen, da die meisten Bausparkassen bei normaler Bonität nur ein Blankodarlehen genehmigen. Die Bausparkassen, welche Blanko-Bauspardarlehen auch mit Vorfinanzierung genehmigen würden, lassen wir außen vor und starten mit denen, bei denen wir keine Vorfinanzierung bekommen. Dies ist insbesondere bei Selbständigen oder noch schlimmer Bilanzierenden wichtig. Für Angestellte hingegen gibt es bei jeder Bausparkasse auch vorfinanzierte Blankodarlehen. Die sind wegen der längeren Laufzeit dann im Regelfall die erste Wahl. Hier geht es also nur um den ratingverbessernden Bestandskundenbonus, der bei schlechterem Schufa-Score, weil viele Objekte und viele Darlehen vorhanden, dann trotzdem noch ein Blankodarlehen ermöglicht.

In welcher Reihenfolge (also welche Bausparkasse zuerst) die Verträge abgeschlossen werden sollen, kann ich dir als Finanzierungsvermittler sagen. Da die Bedingungen sich laufend ändern, steht hier keine Auflistung im Buch.

Der wohnwirtschaftliche Verwendungsnachweis (Kaufnebenkosten für das nächste Objekt, Modernisierung, Kauf eines Objektes etc.) wird üblicherweise vom Vermittler / Kunden bestätigt und von der Bausparkasse nicht kontrolliert. Dies kann man aber nicht verallgemeinern. Im Turbo-Blankodarlehen (max. 13 Jahre Laufzeit) der Wüstenrot erfolgt z.B. keine Kontrolle (Bestätigung durch den Vermittler), im für uns aber interessanten Constant 25 der Wüstenrot mit knapp 27 Jahren Laufzeit jedoch schon.

Sparkassen arbeiten gerne mit der jeweilig zuständigen lokalen LBS, Volksbanken gerne mit der Schwäbisch Hall. Einige Sparkasse und Volksbanken erlauben einen fremden Tilgungsträger (Bausparvertrag) einer anderen Bausparkasse als ihrer Partnerbausparkasse nicht. Als Eigenkapitalersatz werden die Verträge jedoch im Regelfall von allen Bausparkassen akzeptiert.

Portfolioskalierung

- Wie man aus der Insolvenz schnell ein Portfolio
  von 0 auf 100 skaliert

- In 5 Jahren mit 0 Euro Startkapital
  zum Immobilienmillionär

- Vollgas mit Investments / Immobilien

- Fokussierung auf Immobilien ist am einfachsten

- Alles auf eine Karte setzen - keine Differenzierung

- Frau/Freundin in Immobilien - Investment miteinbinden

- Wie funktioniert die Strategie genau?

„Wahlmöglichkeiten sind besser als keine Wahlmöglichkeiten" DVNLP Axiom

30. Portfolioskalierung

Wie man aus der Insolvenz schnell ein Portfolio von 0 auf 100 skaliert

Beispielsweise kaufte die Freundin eines gescheiterten insolventen Bauträgers (wie immer Liquiditätsprobleme und Banken, die dicht machen), lebend von Harz IV und darum mit viel Zeit für Immobilien in nur drei Jahren von 2016 bis 2018 ganze 74 Einzelwohnungen und teils kleine Wohnungspakete (keine MFH, da Wohnungen bei kleinem Gehalt leichter zu finanzieren sind) zusammen. Alles mit einem Gehalt von nur 1.800€ netto und ohne nennenswertes Eigenkapital bei 16.000 € Mieteinnahmen (216 € pro Wohnung) und 5.000 € Kapitaldienst. Vermietungsstrategie: Nur in den 1990er und 2000er kernsanierte Wohnungen (also keine Instandhaltungsprobleme) in B-Lagen im Osten (keine Katstrophenstandorte wie Plauen etc.) von ehemals gutverdienenden Wessis, die mit dem Steuersparmodell Aufbau Ost auf die Nase gefallen sind, inzwischen in Rente gegangen sind und eine hohe Verkaufsmotivation haben und die Dinger nur noch los werden wollen, um jetzt endlich Ruhe im Alter zu haben. Oft bei jahrelangem Leerstand in gepflegten Häuern mit Klingelschildern ohne Ä und Ü (Migranten) und Vermietung ausschließlich an alleinstehende Ossi-Omas mit hoher Zahlungsmoral (denn Zahlungsmoral ist insbesondere an schwachen Ostdeutschen Standorten ein Problem). Dazu wurden in den drei Jahren über 10.000 Exposés geprüft. Mit Routine geht diese Prüfung innerhalb weniger Minuten, da man weiß, wo man hinschauen muss, in Protokollen, Grundbüchern und so weiter. Sie bekommt nun einen ordentlichen Cashflow und kann nach Belieben weiter finanzieren. Das Portfolio ist trotz keiner Einbringung von EK mit unter 60% beliehen, weil günstig eingekauft wurde. Eine Aufwertung war noch nicht mal nötig, der Einkaufsgewinn und Cashflow allein hat gereicht das Portfolio zu skalieren. Es wurden zusätzlich um EK zu generieren mehrere Blankodarlehen, sowie 2 x 50.000 € Ratenkredit eingesetzt. So viel zu man ist mit Ratenkrediten nicht mehr finanzierbar. Der Schufa-Allgemeinscore liegt bei 80%, dem schlechtesten Ergebnis (wegen hoher Kreditaktivität) ohne Negativmerkmale. Eine weitere Finanzierung ist jederzeit möglich, aber natürlich erklärungsbedürftig. Die anfängliche Story der braven Kapitalanlegerin, die ein bisschen was für ihre Altersvorsorge tun möchte, zieht inzwischen natürlich nicht mehr. Hätte man einem Banker am Anfang erzählt, was geplant ist, dann wäre man für größenwahnsinnig und verrückt gehalten worden, daher war die Story der braven Kapitalanlegerin am Anfang richtig. Behalte deine Pläne besser für dich und konzentriere dich in der Kommunikation gegenüber der Bank nur auf die nächsten ein bis zwei Schritte. Die Banker haben jetzt natürlich festgestellt, dass die gute Dame inzwischen etwas arg Immobilien-lastig geworden ist. Da die Zahlen (Verschuldungsgrad, Cashflow) jedoch stimmen, ist eine weitere Finanzierung mit open End möglich.

Ende 2018 wurden 15 Wohnungen trotz 3-Objektgrenze und hoher Vorfälligkeitsentschädigung mit Zahlungsziel ab dem 10. Januar 2019 abverkauft (wichtig, so entsteht der Gewinn erst in 2019 da das Zuflussprinzip gilt). Mit diesem Eigenkapital aus dem hohen Verkaufsgewinn wird nun in 15 renovierungsbedürftige Mehrfamilienhäuser umgeschichtet. Die direkt absetzbaren Renovierungskosten innerhalb der 15% Grenze reichen aus, um die Steuerlast aus dem Verkauf der 15 Wohnungen komplett zu eliminieren. Es wird konsequent eine 0-Steuer-Strategie verfolgt. Nach fünf Jahren, in denen kein weiteres Objekt mehr verkauft wird, ist das verbleibende Portfolio wieder aus der Infizierung des gewerblichen Grundstückshandel raus, und es können die restlichen Wohnungen, sobald die zehn Jahre Spekulationsfrist sowie die Zinsbindungen ablaufen, auch noch abverkauft werden, um mit dem freigewordenen EK gegen MFH zu tauschen. Eine Nachbeleihung wäre natürlich auch möglich gewesen oder der Verkauf innerhalb an einer GmbH etc. Jedoch will man hier ausdrücklich die kleinteilige und aufwändige Vermietung mit Einzelwohnungen, die anfänglich nötig war, um das Wachstum in der Startphase hinzubekommen, wieder los werden. Nebenbei wurden in ein paar Monaten in einer Bauträger UG noch 1,5 Mio. € durch Vermittlungsgeschäfte verdient.

Kaufst du schlechte Rendite überteuert ein, bist du bald nicht mehr finanzierbar. Kaufst du gescheit ein, kannst du unendlich finanzieren. Nicht bei derselben Bank, denn dein Gesamtobligo bei der Bank wird bald erschöpft sein, aber mit einer entsprechenden Strategie (!) über mehrere (passende!) Banken geht das alles.

Die meisten meiner Kunden betreiben den Vollzeitjob Immobilieninvestor neben ihrem Vollzeitjob als Angestellter. Jeden Abend Immoscout, jedes Wochenende Besichtigungen, Urlaub geht ebenfalls gestückelt weitestgehend für Immos drauf. Geschenkt gibt es nichts. Die meisten meiner Kunden kaufen alle ein bis drei Monate ein weiteres Objekt. Andere, die nicht so intensiv auf der Suche sind oder einen sehr engen Suchradius haben, im Schnitt alle sechs Monate (das kann auch ein MFH sein), am Anfang einzelne Wohnungen dann später MFH. Natürlich empfehle ich die Strategie, entsprechend hohe Rendite zu kaufen und entsprechend gute Objekte, sonst geht das Spiel ja nicht auf und nach drei bis fünf Wohnungen ist Schluss. Wer es als Altersvorsorge betreiben will, kann sich als Kapitalanleger damit zufriedengeben. Meine Kunden sind aber eher Leute, die das Ziel haben, innerhalb von fünf bis 15 Jahren finanziell frei zu sein und aus der Differenz der Mieteinnahmen abzüglich Kosten leben zu können. Das geht nur mit Einkaufsgewinnen und Aufwertung (wegen Verschuldungsgrad und Nachbeleihung zur EK-Generierung für weitere Objekte) und guten Renditen. Erschwerend kommt hinzu, dass die Stressannuitäten höher sind als bei den klassischen 10/15/20 Jahre Finanzierungen, weil max. fünf Jahre Zinsbindung vereinbart wird um früher nachbeleihen, bzw. Umschuldung + Kapitalbeschaffung gemacht werden kann. Das erfordert dann nochmals höhere Eingangsrenditen, um die höheren Stressannuitäten und die Restschuld am Zinsbindungsende tragen zu können. Wobei einige Sparkassen/ Volksbank nicht so genau hinschauen wie überregionale Geschäftsbanken wie Dt. Bank Commerzbank / DKB / HVB etc.

30-50 Einheiten in drei bis fünf Jahren aufzubauen halte ich für realistisch, wenn man extrem dahinter her ist.

Ich kenne einen Investor, der hat zu seinen Hochzeiten 400 Einheiten pro Jahr dazugekauft. Auch er hat mal klein angefangen, möglich ist alles. Ob man das dann wirklich in der Größenordnung noch braucht oder ob man dann schon längst über das Ziel finanzielle Freiheit hinausgeschossen ist, muss jeder selbst entscheiden.

An den Standorten, wo meine Kunden investieren, ist keine Wertsteigerung aus dem Markt zu erwarten. Die Bevölkerungsentwicklung ist ggf. sogar negativ. Generell gute Standorte sind nicht Teil der Strategie, die hier verfolgt wird, weil dort die Renditen zu niedrig sind und das Rückschlagspotenzial bei einer Marktkorrektur zu hoch, sodass dein Portofolio wegen Fälligstellung der Darlehen, weil nicht nachbesichert werden kann (bei je nach Standort bis zu 40% Rückschlagspotenzial in einer Korrekturphase), der ganze Bestand könnte ausradiert werden, da es sehr schwierig ist, auch noch Einkaufsgewinne zu machen. Der Verschuldungsgrad wird mit Einkaufsgewinn ca. 20% + Aufwertung ca. 30%-50% gedrückt. Aufwertung kann auch nur Mieterhöhung sein. Finanziert wird immer 80-100% (normalerweise 100%) und Nebenkosten aus EK.

In 5 Jahren mit null Euro Startkapital zum Immobilienmillionär

Ein reißerischer Titel, ja – ist es wirklich möglich? Ja, allerdings längst nicht so einfach, wie man es in Büchern, Seminaren oder Youtube-Videos glaubhaft gemacht bekommt. Trotzdem: es ist möglich.

Wenn einer einfach keinen Bock hat, erst mit 67 oder 70 in Rente zu gehen, sondern deutlich früher sein Ding machen will, dann muss er eben beim investieren Vollgas geben und das bedeutet zwangsläufig eine deutlich höhere Risikotoleranz zu entwickeln. Hier habe ich ja eine andere Risikodefinition: Risiko ist fehlende Kontrolle – daher halte ich auch Immobilien und aktive Firmenbeteiligungen für nicht riskant. Diese Menschen (im Regelfall junge Männer zwischen 25 und 35) haben also auch schon ein völlig anderes Mindset! Und in fünf Jahren von (fast) null zum Millionär? Ja, das geht! Es ist jedoch nicht einfach; man muss sehr strategisch vorgehen und ungewöhnliche Wege gehen (sehr viele Strategien und Wege sind dazu hier in diesem Buch beschrieben) Man braucht das richtige Netzwerk. Gerne bewerbe ich mich mit diesem Buch, ein Teil davon zu sein, und es ist harte Arbeit. Es kann (muss aber nicht) auch den Verzicht auf Hochzeit, Kinder, Urlaub, schickes Auto oder sonst unnötigen Konsum bedeuten und nur das absolut notwendigste zu kaufen!

Konsumverzicht extrem: das 400€ Auto

Um die Kosten für ein Auto möglichst weit runter zu drücken, bietet sich meist folgendes an: Verkaufe dein bestehendes Auto. Beende deinen bestehenden Leasingvertrag bei nächster Gelegenheit und schließe keinen neuen mehr ab. Audi ist eine sehr robuste Automarke. Die Autos fahren auch nach 400.000 km noch. Die Modelle aus den 90er Jahren als Diesel bieten sich an. Nach dem ganzen Dieselskandal und möglichen Fahrverboten in Großstädten sind die Preise nochmal stark zurückgegangen. Meinen Audi A4 B5 Avant 1.9 TDI 1Z habe ich vor einigen Jahren für 400 € erworben und habe ihn erst 2019 gegen einen VW Golf Ballonfinanzierung 38€/Monat ohne Anzahlung oder verbindliche Schlussrate mit Rabatt für die Umweltprämie getauscht. Er hat auch eine Anhängerkupplung und großen Kofferraum, so kann ich ihn für meine Baustellen nutzen. Optik interessiert überhaupt nicht. Das Thema Auto ist rein darauf zu begrenzen, dass es dich von A nach B bringt, und mehr nicht. An eine grüne Plakette kommst du wie folgt: solange du noch ein Benzin-Auto mit grüner Plakette hast, gehst du zum nächsten TÜV mit deinen Fahrzeugpapieren und sagst, du brauchst eine neue Umweltplakette. Für 5 € bekommst du dann eine neue grüne Plakette mit deinem aktuellen Kennzeichen drauf vermerkt mit. Diese bewahrst du auf. Du verkaufst dein Auto, meldest es ab und meldest den gebrauchten Audi Diesel mit den alten Kennzeichen an. Dieser bekommt natürlich nur eine rote Plakette. Nun kannst du deine grüne Plakette nutzen, die ja noch übrig ist und kannst sie ins Fenster kleben. Dies ist natürlich nicht erlaubt und ich muss dir davon dringend abraten. Die niedrig ausgebildete Polizei merkt den Umstand jedoch selbst in Kontrollen fast nie. Wenn es doch einmal gemerkt wird, dann muss es sich wohl um einen Irrtum gehandelt haben. Im Zweifel wird das Fahrzeug gewechselt (ist kein Aufwand und lohnt sich, wenn du eine saubere werbliche Beschreibung machst und ein gutes Verkaufsgespräch führst), und idealerweise hast du dabei gleich noch ein paar Scheine Gewinn gemacht. Ein Freund von mir betreibt neben dem Studium einen KFZ-Handel. Er kaufte Audi 80-Modelle für 200-500 € deutschlandweit an und ließ sie per Spedition anliefern. Als Fahrzeugaufbereitung polierte den Wagen einmal innen und außen für 100 € auf. Dann verkaufte er die Autos für rund 1.200 € wieder weiter. Er selbst führt dabei das Verkaufsgespräch. Alles andere hatte er an Mitarbeiter und externe Dienstleister delegiert, von sauberen vorteilhaften, aber ehrlichen Beschreibungen mit Mängeln (besser als die ganzen ausländischen Händler mit gebrochenem Deutsch) bis zur Koordination der Termine. Auf diese Weise hat er neben seinem Studium nochmals 50.000 € pro Jahr extra verdient. Geschäftsideen gibt es an jeder Ecke! Durch die konsequente Spezialisierung auf nur ein einziges Automodell hat er eine höhere Automatisierung und Wiederholbarkeit erreicht.

Reduzierst du deine Autokosten von z.B. 15.000 € auf 500 € - kannst du aus der Differenz: 14.500 € bereits bei Grunderwerbsteuer (z.B. 5%) + Notar (ca. 2%), in Summe von 7% - bei einer im Regelfall bei Wohnungen möglichen 100%-Finanzierung, bei der du nur die Kaufnebenkosten bringst, bereits wieder Wohnungen im Gegenwert von ca. 207.000 € erwerben. Dies können je nach Größe der Wohnungen z.B. vier Wohnungen sein. Diese bringen idealerweise einen monatlichen Cashflow, nach allen Kosten (auch Zins + 2% Tilgung) von 150 € pro Wohnung * 4 = 600 € * 12 = 7.200 € pro Jahr. Und aus dem Cashflow dieser vier Wohnungen lässt sich also bei einem Kaufpreis von 50.000 € pro Wohnung und einer 100%-Finanzierung, bei der du nur die Kaufnebenkosten von z.B. 7% bringst, dann nach etwa sechs Monaten bereits rein aus dem Cashflow der bestehenden Immobilien schon die nächsten Immobilie bezahlen, was den Cashflow schon wieder um 150 € pro Monat / 1.800 € pro Jahr erhöht.

Konsumverzicht extrem: von 7 Cent am Tag leben

Ein besonders krasses Beispiel erzählte mir ein Immobilieninvestor (gutverdienender Softwareentwickler), wohnhaft in der Schweiz. Als im Winter 2018 in gleich drei seiner Mehrfamilienhäusern die Heizung ausfiel und er keine Rücklagen mehr hatte und auch im Moment dafür keinen Kredit aufnehmen konnte, hat er sein letztes Zimmer in seiner angemieteten Wohnung – der Rest war schon untervermietet – per AirBnB ebenfalls vermietet; und ist im Winter in den ungedämmten Dachboden des Hauses gezogen und hat sich dort 3 Wochen lang nur von Haferflocken ernährt, um die Rechnungen der Handwerker bezahlen zu können. Stolz berichtete er mir, dass er seine Lebenshaltungskosten in dieser Phase auf 7 Cent pro Tag reduziert hat. Investiert ist er in UK. Für Leute mit Wohnsitz in der Schweiz bietet sich UK oder Deutschland als Investitionsstandort an, wobei ich Deutschland aufgrund der besseren Finanzierbarkeit bevorzugen würde. Die Schwierigkeit mit UK ist, dass man in der Anfangsphase nur sehr teuer finanzieren kann, sodass der Kapitaldienst über dem Cashflow liegt. Dies ändert sich nach ein paar Jahren. Mitte 2019 war es so weit, er hat seinen Job gekündigt und den Wohnsitz zu seinen Immobilien nach UK verlegt und kann nun nur von seinen Immobilien leben.

Vollgas mit Investments mit Immobilien (+ Firmenbeteiligungen)

Es wird alles investiert und zwar vor allem in Immobilien. Manche investieren zusätzlich noch in Beteiligungen (z.B. nexxt-change.org) und manche investieren die ersten paar Jahre nur in Beteiligungen und später in Immobilien.

Fokussierung auf Immobilien ist am Einfachsten

Die weniger komplexe Strategie ist es in jedem Fall, sich auf Immobilien zu fokussieren. Dies lässt sich auch leichter während einer Festanstellung aufbauen als die Beteiligung / Übernahme von Unternehmen, da diese projektweise gerne mal mit drei Monaten Vollzeit deine zeitliche Kapazität binden. Du musst gleich zu Beginn schon mit Mitarbeiterführung anfangen, während das bei Immobilieninvestment die ersten zwei bis drei Jahre erst mal nicht nötig ist.

Alles auf eine Karte setzen - keine Diversifizierung

Es wird also alles auf eine Karte gesetzt (Diversifizierung, die Anlageberater predigen kann man betreiben, wenn man Vermögen aufgebaut hat und absichern will) und für ein paar Jahre auf jedes Sicherheitsnetz verzichtet und das heißt auch bei Versicherungen Abstriche zu machen. Das Risiko (nach obengenannter Risikodefinition) muss bewusst gewollt sein. Das ist sicher nichts für jeden.

"Konzentrieren Sie Ihre Investments. Wenn Sie über einen Harem mit vierzig Frauen verfügen, lernen Sie keine richtig kennen." -Waren Buffett

Aus diesem Grund investiere ich nur in Immobilien und aktive Firmenbeteiligungen. Von breiter Diversifikation halte ich nichts. Diversifikation und Cost-Average-Effekt, das sind beides Finanzvermittlerworte, die uns Investoren Geld kosten.

"Investiere nur in Unternehmen, deren Geschäft du auch verstehst."
- Waren Buffett

Ich investiere nur in Dinge, die ich verstehe und das sind Unternehmen (also aktive Unternehmensbeteiligungen) an nicht börsengehandelten Kleinunternehmen, deren Geschäftsmodell und Bilanz ich verstehe. Auf diese kann ich mit meiner Beteiligungsgröße ab 10% Einfluss nehmen und deren Gewinnausschüttungen ich in meiner Holding 95% steuerfrei vereinnahmen. Dabei kann ich wiederum die Wertsteigerung beim Verkauf 95% steuerfrei in meiner Holding vereinnahmen.

Daher investiere ich nicht in irgendwelche Schneeballsysteme oder vertraue Banken / Versicherungen / Vermögensverwaltern mein Geld an.

"Die Frage, wie man reich wird, ist leicht zu beantworten. Kaufe einen Dollar, aber bezahle nicht mehr als 50 Cent dafür." -Waren Buffett

Nur in intransparenten Märkten lassen sich so große Einkaufsgewinne, bei gleichzeitig niedrigen Multiplikatoren und damit hohen Renditen beim Halten der Beteiligung realisieren, wie bei nicht börsennotierten langfristig bestehenden Kleinunternehmen (bis 20 Millionen Marktwert) und Immobilien.

"Reich wird, wer in Unternehmen investiert, die weniger kosten, als sie wert sind."
-Waren Buffett

Denn anders als bei Aktien lassen sich durch die intransparenten Märkte hier, Einkaufsgewinne realisieren, die Risikopuffer darstellen, und es kann sich die Möglichkeit bieten, diesen Einkaufsgewinn zu heben, um ihn als Eigenkapital für den nächsten Deal zu nutzen.

"Man sollte nur in Firmen investieren, die auch ein absoluter Vollidiot leiten kann, denn eines Tages wird genau das passieren!" -Waren Buffett

Aus diesem Grund investiere ich nicht in komplexe Technologieunternehmen mit Abhängigkeiten von fähigen Mitarbeitern, die man sich nicht selbst wieder in kurzer Zeit (ein bis zwei Jahre) her züchten kann. Je einfacher das Geschäftsmodell je besser: KISS – Keep it stupid & simple

1 Million Nettovermögen + 50 Wohnungen in 3-5 Jahren aus dem nichts schaffen und nie mehr arbeiten müssen

Wer Immobilieninvestment neben seinem Vollzeitjob als weiterer Vollzeitjob betreibt (und das zeigen diverse Beispiele derjenigen, die sich richtig reinhängen) kann ohne nennenswertes Startkapital (5.000 – 20.000 € - z.B. auch aus dem Verkauf des eigenen Autos, einem zusätzlich 450€-Job oder in der Family zusammengeliehen etc.) innerhalb von drei bis fünf Jahren einen Immobilienbestand von 30-50 Einheiten (Wohnungen) und dabei etwa 1 Million Euro Nettovermögen aufbauen (Marktwert der Immobilien ca. 4 Millionen Euro abzüglich Schulden etwa 3 Millionen Euro ergibt 1 Million Euro Nettovermögen), sowie finanziell unabhängig werden und von einem Cashflow von ca. 150 € pro Wohnung leben (150 € * 30 = 4.500 € / Monat oder 150 € * 50 = 7.500 € / Monat) und nie wieder arbeiten müssen (die Immobilien kosten trotzdem

Zeit, man kann zwar viel delegieren, aber auch das kostet wieder Zeit, mehr ist es die freie Zeiteinteilung). Wenn man die nächste Stufe nimmt und mit eigenen Mitarbeitern arbeitet (externe Hausverwaltungen arbeiten meist nicht gut genug) dann müssen natürlich um die Mitarbeiterkosten noch zu finanzieren noch mehr Wohnungen vorhanden sein.

Wer setzt diese Strategie hauptsächlich um?

Meist sind es junge Männer, zwischen 21 und 35, die diese Strategie umsetzen, die mehr aus ihrem Leben machen wollen oder einen Job ausüben, der ihnen keinen Spaß macht. Gerade diese Zielgruppe hat noch kein großes Vermögen aufgebaut und muss nicht für andere sorgen und hat daher nichts zu verlieren.

Frau / Freundin in Immobilien-Investment miteinbinden

Sobald Freundin, Frau, Kinder dazu kommen wird das Tempo meist langsamer. Oftmals ist es die Frau, die bremst, weil sie emotional und von ihrer Erziehung nicht mit den Millionenschulden klarkommt (natürlich gibt es auch Ausnahmen, jedoch sind unter 10% der Immobilieninvestoren Frauen). Es gibt auch ein paar Beispiele, in denen es sehr gut funktioniert, wo beide an einem Strang ziehen. Erst hört der eine auf zu arbeiten und kümmert sich nur noch um die Immobilien, der andere arbeitet weiter wegen der Bonität für die Bank, bis man den Bestand soweit hochskaliert hat oder mit der Mama-GmbH (siehe an anderer Stelle im Buch) den Job auch noch unnötig macht. Es empfiehlt sich daher, die Freundin/Frau soft, aber Stück für Stück in das Thema Immobilieninvestment einzubinden. Nimm deine Frau/Freundin daher mit auf Immobilienstammtische, zum Immopreneur-Kongress in Darmstadt, und zu den Immobilienoffensiven, die in ganz Deutschland stattfinden und binde sie aktiv ein.

Wie funktioniert die Strategie genau?

Voraussetzungen: mind. 1.700 € netto für einen Single ohne Kinder, besser jedoch mind. 2.500 € netto für einen Single ohne Kinder (mit Kindern oder Unterhaltsverpflichtungen entsprechend mehr).

Schritt 1: Informationsphase (3-6 Monate)

Bücher lesen, Stammtische besuchen, Immobilienoffensive, Immobilien-Kongress besuchen

Schritt 2: die ersten 3 Wohnungen (2-6 Monate)

Zum Start werden drei Wohnungen mit 100% Finanzierung – Kaufnebenkosten aus EK, mit 20% Einkaufsgewinn für private Vermietung & Verpachtung erworben.

Schritt 3: Blankodarlehen

Nachdem das Eigenkapital aufgebraucht ist wird mit Blankodarlehen der Einkaufsgewinn in den bestehenden drei Wohnungen gehoben und stellt dann das Eigenkapital für weitere Wohnungen mit weiteren 100% Finanzierungen.

Es gibt elf Bausparkassen, welche Blankodarlehen anbieten. Von Banken werden Blankodarlehen noch zusätzlich angeboten, jedoch meist mit kürzeren Laufzeiten und dadurch höherer Tilgung, die man nicht will. Je nach Voraussetzungen gehen meist drei bis vier Blankodarlehen à 30.000 € oder 50.000 €. Zusätzlich kann je nach Einkommen noch mit 2 x 50.000 € Ratenkredit gearbeitet werden, sodass aus dieser Quelle heraus etwa 2 Millionen Euro Immobilienvermögen aufgebaut werden kann.

Der Großteil des Cashflows fließt zwar nun vorübergehend in die Blankodarlehen. Das macht jedoch nichts, da man den Bestand so deutlich stärker skalieren kann und sobald sich die Möglichkeiten ergeben, die Blankos auf grundschuldbesicherte Darlehen mit ca. 35 Jahren Laufzeit umzuschulden (nach 10 Jahren durch Verkauf an Ehepartner oder GmbH), damit die Laufzeit zu strecken, das die Belastung wieder weg.

Schritt 4: Mehrfamilienhäuser mit 115% Finanzierung

Nach fünf bis 15 Wohnungen kann der Schritt Richtung Mehrfamilienhaus gemacht werden bei niedrigen Einkommen. Bei hohen Einkommen (ab 3.000 € netto) schon früher. Wer 1- und 2-Zimmer-Wohnungen als Strategie fährt (da besonders hohe Rendite) wird häufig sogar 30 - 50 Einzelwohnungen erwerben, bevor er den Schritt Richtung Mehrfamilienhaus macht.

Echte 110% Finanzierungen ohne Zusatzsicherheit biete ich über Bauspar-Konsortialfinanzierungen ab 150.000 € in ganz Deutschland an. In einigen Regionen auch über klassische Finanzierung, dann auch schon ab 50.000 €. Meist ist bei einem Volumen von 1,5 Mio. € die Variante Bauspar-Konsortialfinanzierung wegen den Blankoanteilen dann auch dicht, weswegen ich immer erst mit 100% + Blankodarlehen arbeite und mir für die ohnehin schwieriger hoch finanzierbaren Mehrfamilienhäuser die 110% Finanzierung aufhebe, da die Banken, die dies anbieten, endlich sind. Auch wenn die 110% Finanzierung ab 150.000 € ja auch schon für Wohnungen genutzt werden könnte, rate ich dringend davon ab und empfehle, dies strategisch anzugehen, auch wenn die Blankodarlehen die Schufa stärker belasten und auch wenn die Tilgung darüber höher ist.

Schritt 5: MFH + Kapitalbeschaffung / Zusatzsicherheit

Die Mehrfamilienhäuser sind deswegen genial, weil sie anders als die Wohnungen wesentlich mehr Werthebungspotentiale bieten, sodass man bei dem MFH dann zu den 20% Einkaufsgewinn noch 30% Aufwertungsgewinn einfahren kann. Dann mit grundschuldbesicherten Darlehen dieses Potential, sobald die echten 110% Finanzierungen ohne Zusatzsicherheit ausgehen, dann genutzt werden kann, um mit Kapitalbeschaffung oder Zusatzsicherheit im 2. Rang weiterzuarbeiten.

Beispiel:

MFH Kaufpreis: 400.000 €   → Makler in Kaufpreis integriert
Kaufnebenkosten (8,5%): 34.000 €
Darlehensbetrag: 434.000 €   (= 108,5% Finanzierung = Vollfinanzierung)
Einkaufsgewinn 20%: 100.000 €
Marktwert bei Kauf: 500.000 €
Marktwert nach erster. Aufwertung 30%: 650.000 €
Marktwert nach drei Jahren: 780.000 €   (nach zwei normalen und einer
Restschuld drei Jahren: 407.000 €   Modernisierungsmietsteigerung)

Die 1. Aufwertung wird mit Modernisierungsdarlehen finanziert (Kurzläufer von Banken mit zehn bis 15 Jahren Laufzeit), da die Langläufer-Blankodarlehen der Bausparkassen bereits alle genutzt sind. Falls noch welche verfügbar sind natürlich mit Langläufer-Bauspar-Blankodarlehen.

Nachbeleihungspotential = (Marktwert * 0,8) – (Bestehende Vorlast * 1,18)

$\qquad$ = (780.000 € * 0,8) – (407.000 € * 1,18)

$\qquad$ = 624.000 € - 480.260 €

$\qquad$ = 143.740 € Nachbeleihungspotential

Die Differenz zwischen Grundschuld und Valuta des Darlehens kann dann an die Bausparkasse abgetreten werden, die die grundschuldbesicherte Kapitalbeschaffung im zweiten Rang macht, sofern es keine weiteren Objekte bei derselben Bank gibt, die via Globalgrundschuld (= weite Zweckerklärung, leider Standard) auf die Grundschuld mit drauf greifen. Hat man dies nicht, besteht automatisch der Rückgewähranspruch in Höhe der Tilgung und dieser kann an die Bausparkasse abgetreten werden, die im zweiten Rang die Kapitalbeschaffung finanziert. Die Kapitalbeschaffung im zweiten Rang ist ab 10.000€ grundschuldbesichert möglich.

Mit dem Kapital aus der Kapitalbeschaffung lassen sich Stück für Stück weitere MFH erwerben. Das Modell mit der Zusatzsicherheit funktioniert genau gleich. Hier ist die Flexibilität jedoch etwas eingeschränkt und es werden teilweise höhere Differenzen gewünscht.

Schritt 6: Verkauf an Ehefrau / VV-GmbH

Um die Kredite wieder zu konsolidieren, Blankodarlehen zurückzuführen, Steuern durch Abschreibungsgrundlagenhebung und Ertragsreduzierung zu optimieren und die Immobilie möglichst hoch erneut zu beleihen (Verwendungsnachweis = Verkauf), erfolgt nun der Verkauf zu maximal hohem noch marktüblichen Preis an die Ehefrau oder die eigenen VV-GmbH – finanziert mit 80-90% (bei Stiftung Non-Recourse bis 60% und ab 1,5 Mio. € bis 80%). Rest ist Verkäuferdarlehen, das aus den Erträgen dann nach Privat zurückgeführt wird. Mit dem frei gewordenen Kapital sind nun im Privatbestand wieder neue 80-100% Finanzierungen zum Ankauf weiterer MFH möglich.

Bauspar-Blankodarlehen haben eine Vorfinanzierungsphase und eine Bauspardarlehensphase. In der Vorfinanzierungsphase kann das Darlehen mit 1% Vorfälligkeit jederzeit in beliebiger Höhe umgeschuldet / zurückbezahlt werden, in der Bauspardarlehensphase jederzeit in beliebiger Höhe ohne Kosten umgeschuldet / zurückbezahlt werden. Aufgrund von Stornohaftungsfristen solltest du in den ersten vier Jahren, wenn möglich, das Darlehen mir zu liebe bestehen lassen, da ich sonst meine Vergütung zurückzahlen muss.

Infoprodukte und Firmenübernahmen

- Firma mit Immobilie kaufen

- Warum Asset-Deal?

- In ein KMU investieren?

- Alternative zum selbst Bauträger spielen

- Die richtige Bürosoftware

Übernahme

Existenzgründung

„Widerstand beim Kunden/Klienten bedeutet mangelnde Flexibilität auf Seiten des Beraters" NLP Axiom

31. Infoprodukte und Firmenübernahmen

Ich habe selbst ein Info-Produkt (www.azubishop24.de) mit etwas über 300.000 € Jahresumsatz neben vielen anderen unternehmerischen Tätigkeiten. Dein Kapitaleinsatz für Infoprodukte ist gering, also warum nicht machen? Dieses vorliegende Produkt (Buch) ist letztlich auch ein Infoprodukt, der Upsell sind nicht Seminare, sondern Finanzierungen. Es nutzt zusätzlich aufgrund des fast geschenkten Preises (5,99€) das Reziprozitätsprinzip. Was du für Infoprodukte vor allem investierst, ist Zeit. Man muss aber zusätzlich natürlich in Werbung extrem viel investieren. Das geht Stück für Stück. Ich habe den Laden per Asset-Deal vor einem Jahr für einen 6-stelligen Betrag (2-facher Jahresgewinn) übernommen und in meine bestehende Druckvermittlungs-GmbH integriert und baue ihn gerade mit einer Person in Vollzeit aus.

Aufgaben: machen meine Mitarbeiter – ich mache gar nichts

Abwicklung der Bestellungen und Buchhaltung (ca. 1h täglich) Koordination der Erstellung weiterer Produkte der externen Content-Produzenten - Koordination der Produzenten - und dann aber vor allem: Neueinführung weiterer Produkte und Platzierung auf den diversen Vertriebskanälen und Marketing dafür. Das ist alles ein Vollzeitjob - ich mache das aber nicht selbst, sondern habe dafür Mitarbeiter. Meine eigene Zeit investiere ich in Finanzierungsvermittlung für Investoren und meine eigenen Immobilien und Unternehmenskäufe.

Grundsatz: *Arbeite am Unternehmen anstatt im Unternehmen*
Ich arbeite für Koordinationstätigkeiten lieber mit festen Mitarbeitern anstatt mit Freelancern. Anders als die meisten mache ich die Koordination nicht selbst, sondern habe dafür meine Mitarbeiter. Ich mache ja Finanzierungsvermittlungen, und dazu brauche ich meine Zeit. Damit verdiene ich mehr Geld und das erfordert mehr Know-How. Darum setze ich dort meine persönliche Arbeitszeit ein und delegiere alles andere an Mitarbeiter.

Einwand: *„Eine Firma zu kaufen ist aber auch nicht so einfach. Das EK muss ja auch vorhanden sein..."*

Es muss eben nicht vorhanden sein! Ich habe den Deal mit nur 10.000 € Eigenkapital (wobei das eigentlich gar kein Eigenkapital war, sondern eine Stundung eines Lieferanten) gemacht. Alles andere über Verkäuferdarlehen, in diesem Fall habe ich noch nicht mal eine Bank gebraucht. Das ist doch gerade das Irrwitzige - weil alle denken, das geht nicht - aber im Vergleich zu Immobilien lassen sich Firmenübernahmen noch viel leichter finanzieren!

Dass alle immer nur Immobilien oder selbst Unternehmen gründen im Kopf haben, anstatt den viel einfacheren Weg zu gehen und sich ein Unternehmen zum 3-4-fachen Jahresgewinn zu kaufen, per KFW (Kreditanstalt für Wiederaufbau bzw. eine andere Förderbank in einem anderen Bundesland) und (Teil-)Verkäuferdarlehen über zehn Jahre zu finanzieren und sofort hohen positiven Cashflow zu generieren.

Über welche Plattformen werden Unternehmen angeboten?

www.nexxt-change.org ist das Immobilienscout unter den Firmenkaufangeboten.

KMU-Multiples – die durchschnittlichen Kaufpreise

	Min.	Max.
Bau & Handwerk	3,6	5,6
Beratende Dienstleistung	4,1	6,0
Chemie & Kunststoffe	4,8	7,0
Elektrotechnik	4,6	6,4

Fahrzeugbau & -zubehör	4,3	6,2
Handel & e-Commerce	4,6	6,7
Maschinen- & Anlagenbau	4,6	7,0
Medien	4,5	6,2
Nahrungs- & Genussmittel	4,3	6,3
Pharma, Bio- & Medizintechnologie	5,3	7,8
Software	4,9	6,9
Telekommunikation	4,6	6,5
Textil & Bekleidung	3,8	5,4
Transport & Logistik	3,8	5,7
Umwelttechnik	4,5	6,6
Versorgungswirtschaft	4,4	6,4
Durchschnitt aller Branchen	**4,4**	**6,4**

Die Werte beziehen sich auf Firmen bis 20 Millionen Euro Umsatz. Ein schneller Daumenwert ist auch der Umsatz-Kaufpreis-Multiple von 0,7 – 1,8 des Jahresumsatzes je nach Branche. Wie du siehst, sind die KMUs deutlich günstiger als die meisten Börsenwerte, und du kannst wie bei direkten Immobilieninvestments bei direkten Firmenbeteiligungen, bei denen du die Mehrheit hältst, auch aktiv gestalten, was du bei Aktien börsengehandelter Unternehmen nicht kannst. Porsche hat nur ein KGV von knapp 5 und Trivago ein KGV von 426. Man kann also das KGV nicht allein als Wert ansetzen, so wie man bei Immobilien auch nicht den Faktor allein betrachten darf.

Ob jetzt eher der Minimum-Wert oder der Maximum-Wert genommen wird, hängt davon ab, wie die Zukunftsprognose des Unternehmens aussieht. Es sind durchaus auch Schnäppchen zu machen. Beratungsunternehmen (Versicherungsmakler, Steuerberater) werden z. B. auch zum Faktor 0,5 bis 1 verkauft. Was du auf jeden Fall schauen musst, ist: Immobilienbesitz und teure Maschinen rausrechnen und mit dem tatsächlichen Wert (nicht dem Buchwert) auf den Kaufpreis draufrechnen. Außerdem musst du schauen, ob der Geschäftsführer bzw. Inhaber sich ein angemessenes Gehalt gegönnt hat, bzw. das vom Gewinn eines Einzelunternehmers rausrechnen. Hat er sich ein total überzogenes Gehalt von z. B. 300.000 € gegönnt, dann musst du 200.000 € auf den Gewinn drauf rechnen und mit dem Faktor z. B. 4 hochrechnen. Hat er sich kein Gehalt oder z. B. nur 50.000 € anstatt 100.000 € gegönnt, dann musst du den Gewinn entsprechend um diesen Betrag reduzieren. Die Multiples bei KMU sind wie der Faktor bei Immobilien.

Je kleiner die Unternehmen sind desto niedriger würde ich die KMU-Multiples ansetzen. Wenn ich eine Druckerei kaufe (Spalte Medien) dann bin ich nicht bereit, mehr als Faktor 3 bis 4 zu bezahlen, obwohl in der Tabelle als Minimum-Wert 4,5 steht. Die Tabelle kann dir also nur einen ersten Überblick geben.

Ich unterstelle, dass Druckereien grundsätzlich in einem schwierigen wirtschaftlichen Umfeld arbeiten (Digitalisierung, Automatisierung, Online) und dass sich heute kaum noch jemand eine Druckerei ans Bein binden will. Die kleinen inhabergeführten Unternehmen (über 80% kleiner als 20 Mitarbeiter) haben meist einen desillusionierten Inhaber, der von den guten alten Zeiten redet, dessen Betrieb trotz veralteter Strukturen noch überlebt, weil er Kunden hat, die noch nicht aufgewacht sind und online einkaufen. Ich habe also einen verkaufswilligen Inhaber, der den Laden einfach nur noch loswerden will – der im Regelfall schon ausgesorgt hat und sich deswegen auf eine Ratenzahlung oder Teilratenzahlung einlässt. Das sind ideale Voraussetzungen. Wird der Betrieb zu klein oder hat der Inhaber ggf. nicht fürs Alter vorgesorgt, dann hat er oftmals überzogene Kaufpreisvorstellungen, die muss man ihm dann Stück für Stück behutsam erst mal nehmen. Meine Strategie sieht immer wie folgt aus: Firma übernehmen per Asset-Deal (nur im Notfall per Share-Deal), alle Assets verkaufen (Maschinen, Büroausstattung etc.) und alle Mitarbeiter in der Produktion entlassen. Bei Betrieben unter zehn Mitarbeitern gibt es keinen Kündigungsschutz. Einen Teil der Mitarbeiter im Büro (die Kundenkontakte haben) vorübergehend oder dauerhaft, falls sie was taugen, übernehmen. Die Kunden und Aufträge in meiner bestehenden GmbH integrieren und so Skalen + Synergieeffekte nutzen. Der Markenauftritt der übernommenen Firma bleibt erhalten, sowie deren E-Mail/ Telefonnummer/ Faxnummer etc. und per Postweiterleitung wird die Briefpost die nächsten Jahre weitergleitet. Die Aufträge werden dabei alle an spezialisierte Dienstleister aus meinem bestehenden Netzwerk outgesourced. Der Einkauf ist wesentlich günstiger als die Eigenproduktion im übernommenen Betrieb, dadurch sinkt der Faktor schnell von 3-4 auf 1-2 durch diese Optimierung. Neukunden kann ich im umkämpften Druckereimarkt nur noch mit Margen zwischen 10-30% gewinnen. Altkunden, die ich über eine Firmenübernahme reinhole, haben Margen von 50-400%. Auch sie brechen über die Jahre wieder weg, durch den niedrigen Einkaufsfaktor ist das aber egal. Vergleichbar ist die Strategie mit Immobilieninvestments in ländlichen Gebieten z.B. in Ostdeutschland. Der Firmenwert (Immobilienwert) sinkt laufend, wegen Abwanderung der Kunden zur Konkurrenz (Wegzug der Mieter aus der Region), der hohe Cashflow überkompensiert dies jedoch.

Warum möglichst nur per Asset-Deal?

Steuerlich kaufe ich lieber ein Einzelunternehmen oder den Inhalt einer GmbH anstatt der ganzen GmbH, weil ich so den Kaufpreis über 5-15 Jahre komplett von der Steuer absetzen kann und so 30% des Kaufpreises steuerlich zurück bekomme. Wenn ich eine ganze GmbH (Share-Deal) kaufen muss (z. B. weil Verträge in der GmbH hängen, die nicht umgeschrieben werden können), dann geht das nicht. Daher kaufe ich am liebsten Einzelunternehmen, oder eben den Inhalt aus einer GmbH raus. Wenn der Verkäufer keine Holding hat, und Holdings hat kaum jemand, dann macht es für ihn auch keinen großen Unterschied, ob er uns per Asset-Deal den Inhalt verkauft oder per Share-Deal die ganze GmbH. Ein weiteres Thema ist das Thema Haftung. Steige ich in eine bestehende GmbH ein, hafte ich für die ganzen Altlasten, klar kann ich mir vom Verkäufer versichern lassen, dass keine bestehen und dann im Schadensfall Regress nehmen, aber auch nur, wenn bei ihm dann noch was zu holen ist. Außerdem muss ich das auch erst wieder kostenintensiv durchklagen, darum vermeide ich das gerne von vornherein mit einer eigenen neu gegründeten sauberen GmbH. Mit dieser übernehme nur Assets, dann begrenze ich mein Risiko, darf jedoch im Kaufvertrag kein relevantes Asset vergessen. Was ich nicht erwähnt habe, gehört mir später nicht. Daher übernehme ich stets die mühevolle Aufgabe, noch vor dem eigenen Notarvertrag zusammen mit meinem Hausrechtsanwalt einen ersten Kaufvertragsentwurf zu fertigen. Ich nutze dazu eine bereits mehrfach verwendete Vorlage, welche ich selbständig anpasse und ausgestalte auf den jeweiligen Fall. Dann vereinbare ich einen Besprechungstermin und gehe diese mit meinem Hausrechtsanwalt durch, erst dann geht der Entwurf zum Verkäufer. Ich setze so von Anfang an einen Referenzrahmen und gebe viele kleine, aber relevante Punkte im Vertrag vor. Die meisten Punkte werden dann so zu meinen Gunsten übernommen. Natürlich achte ich auch zusammen mit meinem Hausrechtsanwalt darauf, dass das Vertragswerk noch ausgewogen ist und auch dem Verkäufer immer wieder kleine Pluspunkte zuweist, aber an Stellen, die mir nicht so wichtig sind. Ziel ist es, dass dieser Vertragsentwurf später weitestgehend vom Notar so übernommen wird. Dazu lasse ich den Verkäufer diesen Notarvertrag bei einem Notar seiner Wahl einreichen. Da der Notar neutral, ist spielt es für mich keine Rolle, welcher Notar beurkundet, aber so stelle ich wieder sicher, dass auch der Verkäufer mal wieder Chef spielen darf. Der Verkäufer selbst will meist den ersten Entwurf auch gar nicht fertigen, da er sich damit überfordert fühlt (macht man ja auch nicht alle Tage) und ist dankbar dafür, dass ich diese Aufgabe übernehme.

Willst du mit mir zusammen in ein KMU investieren?

Gerne investiere ich auch zusammen mit anderen Investoren, auch als Minderheitsgesellschafter in KMU-Übernahmen. Der Vorteil für dich besteht darin, dass du mit mir einen erfahrenen Partner und Unternehmer gewinnst. Wir arbeiten stets mit einer neuen sauberen GmbH (oder notfalls UG), an der ich mich mit meiner Holding zu z.B. 25% (Sperrminorität) beteilige (im Druckbereich gerne auch höher und auch mit höherem Kapitaleinsatz als hier vorgeschlagen).

Unter anderem folgende Themen kann ich aktiv selbst oder mit meinen Mitarbeitern übernehmen:
- Notartermin, Gründung organisieren
- fairen Gesellschaftsvertrag ausgestalten
- Kaufvertrag (Assetdeal) KMU aushandeln/gestalten
- Bankauszahlung / Kontoeröffnung / Onlinebanking einrichten
- Eintragung Handelsregister überwachen
- Beantragung Steuernummer
- Beantragung UST-ID
- Beantragung Betriebsnummer
- Lohnbuchhaltung inkl. Nettolohn Optimierung
- Zahlungsverkehr (Onlinebanking)
- Finanzbuchhaltung (DATEV-Daten an Steuerberater bereitstellen)

- Umsatzsteuer-Voranmeldungen
- Zusammenfassende Meldungen
- Abstimmung / Optimierung des Abschlusses mit dem Steuerberater
- Suchmaschinenoptimierung
- Webshop-Einrichten
- Schnittstellen zur Warenwirtschaft Orgamax einrichten
- Produktportale: Amazon, Ebay etc. einrichten

- Bestellungen abwickeln (Fakturierungen, Mahnung, Logistik)
- Zugriff auf Rahmenverträge Logistik
- Videobearbeitung
- Gestaltung von Drucksachen
- Günstiger Einkauf von Druckprodukten
- Organisieren von Flyerverteilung an Privathaushalte (falls sinnvoll)
- Ausarbeiten von Verträgen mit Kooperationspartnern
- Blog / Homepage aufsetzen
- Social-Media (Facebook, Twitter, Instagram erstellen)
- IT-Infrastruktur bereitstellen (Telefon VOIP, Webserver)
- Telefonannahme / E-Mail / Schriftverkehr bearbeiten
- Firmensitz inkl. Büro im Großraum Stuttgart kostenfrei bereitstellen
- Ausarbeiten von Strategien / Strategieentwicklung
- Marktrecherche
- Versicherungen (z.B. Betriebs-Haftpflicht und PKV für dich)
- Kooperationsmanagement
- Sonstige Backofficearbeiten
- und vieles mehr

Vom Einsatz her werde ich was nötig ist selbst machen und was delegierbar ist meine Mitarbeiter, ohne Berechnung delegieren, oder ich bringe es in Form von Sachleistungen (Drucksachen, Lizenzen, IT etc.). Durch diese Manpower bekommt dein Unternehmen gleich von Anfang ordentlich Dampf, und du kannst dich auf die Kernaufgaben insbesondere Vertrieb konzentrieren.

Alles jeweils im Verhältnis der Kapitalanteile von z.B. 75% / 25%. Das heißt, du leistest z.B. 150h im Monat, ich (bzw. meine Mitarbeiter) leisten 50h im Monat, (darüber hinaus wird der Aufwand der Gesellschaft in Rechnung gestellt), wobei wir hier nicht Buch führen und kleinlich sind. Es muss eben passen und wir müssen uns fair behandelt fühlen. Beide haben wir ein Interesse die, Gesellschaft möglichst weit nach vorne zu bringen. Am Anfang, bis die Starthürden genommen sind, werde ich eher drei Monate zwei Mann Vollzeit einsetzen. Ich sehe mich nicht als Kapitalgeber, sondern biete meine Stärke in der Abarbeitung der ganzen bürokratischen Backofficethemen und mich persönlich als Strategen zur Entwicklung des Unternehmens an. Das heißt, ich gehe im Regelfall nur mit z.B. 25% Kapitalanteil an der Haftungseinlage der GmbH, die zu 50% zu erbringen ist rein, das heißt mit 3.125 € am Anfang. Weitere 3.125 € schieße ich nach, sobald sie nötig sind. Dafür bin ich aber bereit, auf Gewinnausschüttung und Gehalt für die ersten drei Jahre zu verzichten. Die oben aufgeführten Leistungen entsprechen in den ersten drei Jahren auch mindestens 100.000 € nur reinen Kosten, die ich ebenfalls stelle und die Gesellschaft entlasten, während du, weil du deinen Hauptjob aufgibst, sofort ein Gehalt aus der Gesellschaft beziehen sowie dein Gesellschafterdarlehen zurückführen musst. Bei einer Bürgschaft im Rahmen des Teil-Verkäuferdarlehens für die KMU-Übernahme bin ich bereit, mich anteilig mit meinen Minderheitsgesellschafteranteil zu beteiligen. Weiteres Kapital stellst du als Gesellschafterdarlehen der Gesellschaft bereit, solange du deinen Angestelltenjob noch hast kannst du das als Ratenkredit oder Kapitalbeschaffung auf deine bestehenden Immobilien aufnehmen.

Ich muss nicht Geschäftsführer der Gesellschaft werden, bin dazu jedoch gerne bereit. Grundvoraussetzung ist jedoch, dass die Gesellschaft bei mir im Großraum Stuttgart bei meinen anderen Firmen ihren Firmensitz bekommt, sodass ich täglich sicherstellen kann, dass die Finanzen der Gesellschaft stimmen und ich das vollumfänglich überwachen kann, indem die Buchhaltung bei uns im Haus läuft. Schwarzarbeit oder anderer Betrug läuft nicht mit mir.

Welche Branchen / Themen kommen für mich in Frage?

- Druckerei / Verlag / Werbeagentur (meine Kernthemen)
- Hausverwaltung (insbesondere für die Synergie Objekteinkauf, Makeln)
- E-Commerce und sonstiger Handel (stark abhängig vom Produkt)
- baunahes Handwerksunternehmen mit Synergien für eigene Immobilien
- eigenes Produkt, in der Regel Konsumentenprodukt (z.B. Amazon-FBA)
- Gastronomie, insbesondere Lieferdienste / Freizeit
- Versicherungs-/Finanzmakler und sonstige Vermittler / Handelsvertretung
- IT Dienstleister (Hardware / Software / Netzwerke)
- Pflegedienst
- Beratungsunternehmen
- und weitere Themen, frage einfach an: info@immotege.de

Welche Unternehmen möchte ich nicht?

- riskante Technologie-Start-Ups
- sehr kapitalintensive Branchen

- Themen, von denen ich keine Ahnung habe
→ z.B. Ingenieurbüro / Chemie / Pharma / Landwirtschaft

Firma mit Immobilie kaufen

Über nexxt-change.org oder Insolvenzverwalter lassen sich häufig Firmen inkl. Immobilie erwerben. Das spannende ist, dass diese Immobilie häufig stille Reserven enthält, da diese viel zu niedrig bewertet in der Bilanz stehen, die Verkäufer den Verkauf der Firma im Sinn haben und sich über die Firmenimmobilie gar keine so große Gedanken gemacht haben.

Im Idealfall kaufst du mit einem Asset-Deal nun die einzelnen Werte mit zwei neuen Kapitalgesellschaften heraus. Immobilie und alles was zur Firma gehört jeweils extra. Die Immobilie verpachtest du an die Firma mit einem langfristigen Vertrag, die operative GmbH verkaufst du nach einer Sanierung (Personalreduzierung, Outsourcing, Insolvenzrestrukturierung) jetzt weiter. Die Objekt-GmbH mit der Immobilie behältst du – kannst sie später ja immer noch verkaufen. Beides machst du per Share-Deal mit deiner Holding, um möglichst wenig Steuer zu zahlen.

Speziell bei Verkäufen aus Altersgründen funktioniert auch die Ratenzahlung. Aus dem Cashflow der operativen GmbH kannst du den Verkäufer bedienen, nach z. B. vier Jahren ist die Restrate dann fällig. Genug Zeit für dich, die Firma zu restrukturieren und einen Käufer zu finden, bzw. die Finanzierung für die Immobilie zu organisieren.

Merke: Eine Firma mit einem Geschäftsbetrieb auf Raten oder unter Preis zu kaufen ist viel einfacher als eine Gewerbeimmobilie einzeln.

Wiederholbare Dealstrukturen um höhere Schlagzahlen rein zu bekommen
→ Dokumentation
→ System aufbauen
→ Strategie ausarbeiten

Alternative zum selbst Bauträger spielen

Ich traue es mir selbst nicht zu Bauträger zu spielen, habe eine gewisse Vorbildung als Immobilienfachwirt und der Vermittlung von Fertighäusern und Finanzierungen. Eventuell könnte es eine Lösung sein, als Handelsvertreter für eine

412

Fertighausfirma erst mal kleine Projekte (auf Kundenrisiko anstatt auf eigenes) durchzuziehen. Reihenhäuser anstatt Mehrfamilienhäuser, auch nach WEG geteilt mit jeweils zwei Wohnungen zum Beispiel. Du kannst dich gerne bei mir melden, dann kann ich dir weitere Infos geben. Für die Fertighausfirma Bärenhaus suche ich weitere Handelsvertreter (Immoscout Flatrate für Projektierungen, Prospektmaterial, CRM etc. wird bereitgestellt).

Bürosoftware für Selbständige/Unternehmer

Für die Erfassung von Belegen, Onlinebanking, Schreiben von Rechnungen und Umsatzsteuer-Voranmeldung sowie DATEV-Export der automatisch vorkontierten Buchhaltung für den Jahresabschluss beim Steuerberater nutze ich in allen meinen Gesellschaften die Mehrmandantenfähige Software Deltra Orgamax (auch bekannt als abgespeckte Version WISO MeinBüro). Besonders interessant ist die Software auch für Amazon-FBA, Ebay und den eigenen Onlineshop, da hier die Bestellungen importiert und automatisch verarbeitet werden können. Die Software geht zwar ab 199 € abzgl. 50 € Gründerrabatt in der Basisversion los, du musst jedoch meist mit Kosten um die 500 € einmalig rechnen um alle die Module dazu zu buchen, die du brauchst. Das Geld hast du durch Kosteneinsparung beim Steuerberater schnell wieder raus und hast zusätzlich täglich einen Überblick über deine Finanzen. In dem Moment wo, du eine Rechnung schreibst, werden diese direkt verbucht, in dem Moment, wo du einen Lieferanten seine Rechnung überweist, werden diese direkt im Hintergrund verbucht und so weiter. Einzelunternehmer unter 60.000 € Gewinn und 600.000 € Umsatz pro Jahr (Bilanzierungspflichtgrenze) können über diese Software die ganze Einnahmen-Überschussrechnung für das Finanzamt automatisch generieren. Die Mietversion macht keinen Sinn, da diese schnell deutlich teurer kommt als die Kaufversion. Von der Software Deltra Orgamax bin ich einer der größten Händler in Deutschland, hier kannst du mich gerne bei Interesse ansprechen und die Software zu vergünstigten Konditionen über mich zu beziehen. Hier kann ich dir auch aus der Praxis als Anwender sagen, was geht und was nicht, in gewohnter ehrlicher Beratungsqualität anstatt Verkaufsmentalität. Meine Mitarbeiter, die ebenfalls als Anwender täglich mit der Software arbeiten, stehen ebenfalls für Fragen und Support zur Verfügung. Einen fähigen Entwickler für Schnittstellen- und Templateanpassung, der komplexere Themen preiswert umsetzt, haben wir ebenfalls. So verzahnen wir bestehende

Webapplikationen und E-Commerce mit der Bürosoftware. Eine kostenfreie Demoversion kannst du dir beim Hersteller herunterladen (orgamax.de). Für ein Angebot und eine Beratung meldest du dich gerne über info@immotege.de.

Übrigens, falls du ein Hotel, eine Pension, eine Tagungsstätte oder Kurzfrist-vermietung (z. B. Airbnb oder Ferienvermietung) betreiben willst, gibt es von diesem Hersteller auch die Hotelsoftware HS/3, die ganz ähnlich aufgebaut ist und sich so wunderbar kombinieren lässt.

PKV

- Private Krankenversicherung für Privatinvestoren

- PKV im Alter – Vorurteile und was sie wirklich kostet

- Nachgerechnet: Wann lohnt sich die PKV

- Vorurteile / Medienpropaganda und die Wahrheit

- Beitragsentwicklung PKV und GKV

- Die nächste Stufe der Digitalisierung

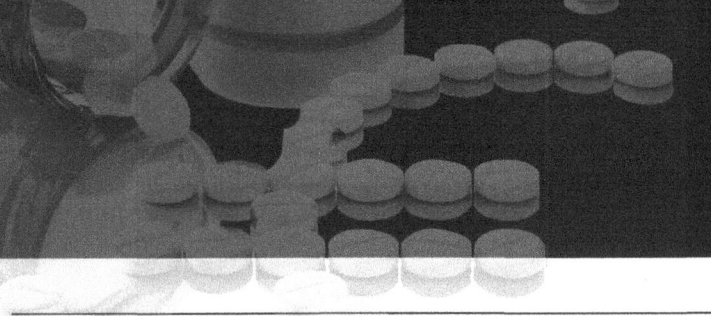

„Wenn Du von jemandem etwas möchtest, schaffe einen Kontext, indem die erwünschte Veränderung wie von allein geschehen kann" NLP Axiom

32. Die 4 Kernthemen bei der PKV (Vorurteile)

- Beiträge (die sind so hoch)
- Leistung (die sind so schlecht)
- Familie (jedes Kind kostet extra)
- Alter (im Alter ist die PKV unbezahlbar)

PKV ist keine Diskussion über günstigere Beiträge, sondern primär eine Diskussion über das bessere System.

	PKV	**GKV**
Leistungen	vertraglich garantiert	werden stetig gekürzt
Beiträge	unabhängig vom Einkommen	steigen mit zunehmendem Einkommen

Zahnersatz → wenn man Menschen ab 40 Jahren anlächelt, sieht man entweder privat versicherte (zumindest mit Zusatzversicherung) zurücklächeln oder Menschen mit schlechten Zähnen.

3 Hebel für nötige steigende Beiträge in der GKV

- Erhöhung Prozentsatz (z.B. Einführung Zusatzbeitrag)
- Jährliche Erhöhung der Bemessungsgrundlage
- Stetige Leistungskürzungen

Die GKV wird jährlich vom Staat mit 14,5 Milliarden Euro bezuschusst. Jedes Jahr fließen über 33 Milliarden Euro durch Privatversicherte ins Gesundheitssystem. Dank der Einnahmen aus der privaten Krankenversicherung (für dieselbe Leistung wird oft 3,5 mal so viel bei den privatversicherten abgerechnet als bei den gesetzlich versicherten – ein Grund, warum diese auch schneller Termine bekommen oder einige Ärzte und Privatkliniken nur Privatpatienten behandeln) können Ärzte und Krankenhäuser investieren und so den hohen medizinischen Standard sichern, von dem alle profitieren. Wären die Privatversicherten in der gesetzlichen Krankenversicherung mit einem anderen Vergütungssystem versichert, würde das Gesundheitswesen zusätzliche Einnahmen von 12,6 Milliarden Euro verlieren - Praxen müssten schließen, Jobs gingen verloren oder die Leistungen der gesetzlichen Krankenversicherung müssten weiter gekürzt werden. Ohne die Privatversicherten hätte zum Beispiel jede Arztpraxis in Deutschland durchschnittlich 50.200 weniger zur Verfügung, die sie in Personal oder Ausstattung investieren kann. Es ist eine Medienlüge, dass die Privatversicherten dem System schaden würden und nur eine einheitliche Versicherung der richtige Weg wäre. Im Gegenteil, es braucht die Private um neue Techniken zu erproben und zu bezahlen und das System insgesamt zu finanzieren.

Beitragssätze der Krankenversicherung und Pflegeversicherung

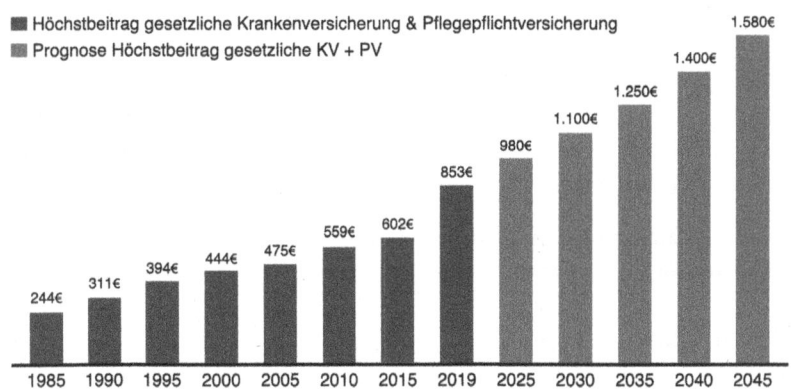

Beispiele für Leistungskürzung in der GKV

- 2005: **Zahnersatz** nur noch befundbezogener **Festzuschuss**
- 2004: Ambulante **Fahrkosten** werden **nicht mehr erstattet**
- 2004: Für Erwachsene **Wegfall Brillen und Kontaktlinsen**
- **2004:** Kürzung bei Heilmittel und Hilfsmittel auf 90%
- **1997:** Kürzung beim Zahnersatz von 50% auf 45%
- **1989:** Kürzung beim Zahnersatz von 100 % auf 50%
- 1982: Rentner nicht mehr beitragsfrei mitversichert.
- 1982: Kürzung Zahnersatz von 100%/80% auf 50%/60%

Zukünftig ist es wahrscheinlich, dass der Zuschuss der deutschen Rentenversicherung zur Krankenversicherung (leider auch für privat Versicherte) entfällt, dies wäre eine weitere Leistungskürzung der GKV.

Gefühlte Beitragsanpassungen in der PKV höher als sie tatsächlich sind

- Private Krankenversicherung wird nicht vom Arbeitgeber bezahlt, sondern vom Arbeitnehmer selbst überwiesen, daher sieht man den Beitrag über sein Konto laufen und misst den Beitragsanpassungen mehr Gewicht zu als nur über die Lohnabrechnung
- Einige Gesellschaften erhöhen um 2,1% jedes Jahr, andere um 6,3% alle 3 Jahre – die einen erzählen daher am Stammtisch wie schlimm es ist, dass ihre Krankenkasse schon wieder erhöht hat, die anderen können sich noch an ihre letzte fühlt „hammermäßig" hohe Erhöhung erinnern. Beides ist unrichtig. Die Erhöhungen der GKV mit 2,1% im Schnitt pro Jahr (in guten Leistungsarmen Tarife nach meiner Strategie) sind sogar viel niedriger als die durchschnittlichen Erhöhungen der GKV um 6% pro Jahr. Die Schere geht also jedes Jahr weiter auseinander und die PKV wird immer besser.

Mein Ratschlag an dich: Triff als Immobilieninvestor eine bewusste Entscheidung für das System PKV. Kenne die Vor- und Nachteile.

PKV Strategie Selbstbehalt und Beitragsrückerstattung

Als Angestellter (nicht bei der eigenen GmbH) und ohne Ambition, schnell den Job zu kündigen und nur noch von Immobilien zu leben oder sich selbstständig zu machen, vereinbare ich tendenziell einen niedrigeren Selbstbehalt, da der Selbstbehalt selbst bezahlt werden muss, die Beitragsreduzierung jedoch nur zu 50% ankommt (Rest hat der Arbeitgeber als Ersparnis). Ein kleiner Selbstbehalt von ca. 600€/Jahr sollte jedoch je nach Tarif so der so vereinbart werden, um ein gutes Preis-Leistungs-Verhältnis zu bekommen. Als Selbstständiger / Privatier / GmbH-Gesellschafter-Geschäftsführer vereinbare ich, wenn ich ansonsten regelmäßig leistungsfrei bin, bzw. so um die 600 € Leistungen regelmäßig jährlich in Anspruch nehme, gleich den maximal möglichen Selbstbehalt, sofern er eine ordentliche Tarifeinsparung zum Ergebnis hat. So kann ich jedes Jahr die Beitragsrückerstattung (oft 500 € im Jahr oder 2 Monatsbeiträge etc.) in voller Höhe abgreifen.

Wenn ich mal ein Jahr mit Leistungen habe und über dem Selbstbehalt bin, dann sollte ich gerade auch in diesem Jahr dann gleich auch die Zahnleistungen voll ausschöpfen. Eine spätere Erhöhung des Selbstbehalts (Tarifwechsel innerhalb derselben Gesellschaft) geschieht ohne erneute Gesundheitsprüfung und neue Eingruppierung vom Eintrittsalter, sodass ein späterer Wechsel vom Angestellten (im Hamsterrad) zum ggf. noch Angestellten in der eigenen GmbH oder Privatier/Selbständiger jederzeit nachträglich möglich ist.

PKV Familien-Strategie: Kinder / Ehefrau

Grundsätzlich ist der Zeitraum, in dem Kinder einen eigenen Betrag (ab ca. 70 €/ Monat, eher jedoch 150 €/Monat) bezahlen müssen, überschaubar.

Mit Beginn einer Ausbildung (oder EQJ) entfällt der Beitrag der Kinder, da sie selbst versichert sind.

Nicht heiraten und Kinder auf GKV der Frau schreiben

Wenn du jedoch nicht heiratest, dann hast du ein Wahlrecht, bei welchem Elternteil die Kinder versichert werden. Hier wird die sozialversicherungspflichtig arbeitende Frau (ab 451€/Monat z.B. auch in der eigenen Gesellschaft) genommen, sodass die Kinder kostenfrei in die Familienversicherung der Frau fallen und keinen eigenen Beitrag haben.

Bei Vorerkrankungen, wenn PKV nicht möglich ist (grundsätzlich ist es immer besser, die PKV zu erhalten und lieber in dieser temporären Phase dann mit drei Kindern und mehr etwas mehr zu bezahlen als über Familienversicherung), können beide Ehepartner oder das Paar sich jeweils gegenseitig in deren Gesellschaften mit jeweils mindestens 451 €/Monat anstellen, um so wieder gesetzlich versichert zu sein. So könnte auch die Phase während man für die Kinder extra zahlen müsste, umgangen werden.

PKV Strategie Krankentagegeld

Beim Krankentagegeld geht um die Phase nach der Lohnfortzahlung im Krankheitsfall (kein Arbeitsunfall und kein sonstiger durch Dritte verursachter Unfall und keine Erwerbsunfähigkeit), also nach sechs Wochen – oder bei

Selbständigen auch sofort. Meine Strategie ist, vollkommen auf das Kranken-tagegeld zu verzichten, weil das Preis/Leistungsverhältnis nicht stimmt. Dies ist unüblich – schließlich gibt dieses Produkt tolle Provisionen für den Vermitt-ler. Im Versicherungsvertreter/- und Maklerfachforen werde ich immer, wenn ich diese Strategie vorstelle, zerrissen vor lauter Unverständnis. Grundsätzlich stellt sich die Frage, wie oft du denn in die Situation kommst, länger als sechs Wochen am Stück wegen derselben Krankheit nicht arbeiten zu können, aber, und das ist wichtig, noch nicht erwerbsunfähig (denn dann gibt´s auch kein Tagegeld und auch die ersten sechs Wochen keine Lohnfortzahlung)?

Hier wird man zu dem Schluss kommen, dass die Wahrscheinlichkeit sehr ge-ring ist und man sich für diese Phase lieber selbst eine Vorsorge bildet. Mit steigenden passiven Einnahmen wird das Tagegeld als auch eine Berufsunfä-higkeitsversicherung Stück für Stück weniger relevant. Man muss sich natürlich der „Risiken" bewusst sein und gegenüber dem Versicherungsmakler einen ausdrücklichen Verzicht dokumentieren.

Krankengeld in der GKV gibt es maximal 1,5 Jahre lang. Um also eine gleich-wertige Absicherung zu haben müsstest du liquidierbares oder rechtzeitig be-lastbares Vermögen abzüglich passiver Einnahmen haben, um im Zweifel 1,5 Jahre überbrücken zu können. Kannst du nur einen kürzeren Zeitraum zwi-schen sechs und x Wochen überbrücken, kannst du den Beginn des Tageldes auch noch weiter aufschieben und so den Betrag signifikant zu reduzieren. Und später dann diese Leistung ganz zu streichen.

Die Wahrscheinlichkeit eines heute 20-jährigen, bis zur Rente berufsunfä-hig zu werden, liegt bei 43%. Natürlich braucht ein Investor mit ausreichend passivem Einkommen braucht keine BU-Versicherung. Wer da jedoch noch nicht ist, für den ist die fehlende BU möglicherweise fahrlässiger als gekürztes Krankentagegeld. Trotzdem, 80% der Deutschen haben keine Berufsunfähig-keitsversicherung. Jetzt frage ich dich: wo ist das Geld besser investiert? Ver-sicherung gegen eine dauerhafte oder langanhaltende Berufsunfähigkeit oder eine Versicherung zum Überbrücken von einem Tagegeld-Zeitraum von max. 1,5 Jahren? Als Versicherungsmakler muss ich dir rein von dem, was mich das Gesetz zwingt um keine Haftungsprobleme zu bekommen, leider zu beidem raten, ob ökonomisch sinnvoll spielt dabei keine Rolle.

PKV im Alter - Talkshow-Horror und Medienpropaganda

Früher gab es in der PKV das Pay-as-you-go Modell, nach dem die Beiträge sich danach bemessen haben, wie hoch die Kosten in der jeweiligen Altersklasse waren. Heute ist die PKV kapitalgedeckt. Es müssen Altersrückstellungen gebildet werden, um Beiträge im Alter stabil zu halten. Zusätzlich hat die rote Ulla Schmidt noch die 10% gesetzlichen Zuschlag eingeführt bis Alter 61 (je nach Tarif). Damit wollte man die PKV unattraktiver machen. Diese 10% gesetzlicher Zuschlag entfallen mit 61 Jahren. Zusätzlich könnte, sofern noch vorhanden, jetzt das Tagegeld gestrichen werden um Kosten zu reduzieren.

Je früher die PKV abgeschlossen wird, desto mehr (auch teilweise auf andere Gesellschaften übertragbare und mit Zinseszins angewachsene) Rückstellungen werden aufgebaut. Daher ist im Grunde jeder Euro, der unnötig lange in die GKV einbezahlt wird, ein verlorener Euro, weil das Geld weg ist und in der Zeit keine Altersrückstellung aufgebaut werden konnten. Mindestens aus den 10% Altersrückstellungen (gesetzlicher Zuschlag) bilden sich in der PKV Rücklagen, die den Beitrag im Alter stabil halten. Durch die im normalen Beitrag zusätzlich enthaltenen Rückstellungen werden Beitragssteigerungen im Alter weiter abgefedert.

Spart man die Beitragsersparnis gegenüber der GKV (in meinen Musterrechnungen oftmals bis zu 1,5 Millionen Euro reine Beitragsersparnis bei drei Kindern und nicht arbeitender Ehefrau während der Kindererziehung, die voll mitbezahlt wird) zusätzlich an oder investiert diese in Immobilien, können daraus zig Millionen Euro Vermögen entstehen, aus denen ein PKV Beitrag im Alter locker vollständig bezahlt werden kann.

Die PKV für Immobilieninvestoren

Wenn man jung in der PKV startet, dann rechnet sich das auch bei drei Kindern und einer nicht arbeitenden Frau. Ich habe das erst kürzlich für einen 22-jährigen gerechnet. Ergebnis: 1,5 Mio. € Ersparnis auf Lebenszeit gerechnet gegenüber GKV. Klar, man muss es genau ausrechnen (mit Annahmen über die Beitragsentwicklung der PKV/GKV), aber wenn jemand jung startet, ist das Ergebnis meist immer eindeutig die PKV.

Sich im Rentenalter künstlich klein zu rechnen mit der eigenen GmbH und möglichst wenig Einnahmen im Privatvermögen zu produzieren, um dort einen sehr geringen Beitrag in der GKV zu bezahlen ist ein möglicher Weg. Der bessere ist jedoch eine Flatrate schon in jungen Jahren abgeschlossen zu haben und im Alter so viel verdienen zu können wie man will. Unbedingt bedenken muss man die kalte Progression. Mit einer Inflation von 2-7% gerechnet, aber gleichbleibenden GKV-Beitragssätzen (eigentlich müsste man die noch nach oben anpassen, da die gesetzlichen Krankenkassen mit Milliarden Steuergeldern subventioniert werden müssen), geht im Alter ein gigantisches Delta auf. Bei entsprechender Inflation brauche ich für 500 € Kaufkraft in 50 Jahren schon 5.000 € Einnahmen, auf die dann 15% Beiträge zu entrichten wären.

Selbstständigkeit vs. Freiberufler während Studium + PKV vs. GKV

Als Freiberufler oder studentische Hilfskraft für eine Agentur arbeiten? Aus steuerlicher Sicht ist der Grundfreibetrag für beide ungefähr gleich hoch mit ca. 9.000 € pro Jahr. Ich würde dies als Start nehmen eine Selbständigkeit zu beginnen. Gleich gewerblich anstatt freiberuflich. Man kommt schnell in die Situation, dass man z. B. Druckprodukte/Webhosting etc. einkauft und mit Gewinn an andere Kunden weiterverkaufen will. Diese Kunden kannst du als Start nehmen und weitere aufbauen, an denen dann ggf. mehr verdient wird. Gleich eine PKV abschließen, dann hat man dort das junge Eintrittsalter und auf Dauer niedrige Beiträge. Ich könnte mir niemals vorstellen, mich irgendwo anstellen zu lassen. Ich will Arbeitszeit + Ort selbst bestimmen, und für wen ich was wieviel mache - mehr Risiko muss dann eben über die Vergütung geregelt werden.

Scheinselbständigkeit ist ein Thema (aber ja nicht deins, sondern das des einen Auftraggebers), aber sowieso möglichst schnell weitere Auftraggeber oder eigene Mitarbeiter aufbauen, wo man mehr verdient als von der eigenen Arbeit, die beim Freiberufler im Mittelpunkt steht, weg kommt. Wer gute Leistung bringt, kann auch als Subler 40€ und mehr pro Stunde an eine Agentur abrechnen und damit noch einen Mitarbeiter, Azubi, EQJler finanzieren, und an dem nochmals nur durch Koordination mitverdienen. Haupttätigkeit und Studium ist kein Problem. Ich war Geschäftsführer von drei GmbHs mit mehreren Mitarbeitern als ich mich als Student eingeschrieben habe. Eine Erklärung, dass das kein Problem ist reicht aus.

PKV – Private Krankenversicherung für Privatinvestoren sinnvoll?

Als ich im Alter von 16 Jahren in die örtliche Filiale der AOK ging und erklärte, dass ich Schüler bin, mich selbständig gemacht habe und mich nun erkundigen wolle, wie das mit der Krankenversicherung funktioniert, brach die Kundenberaterin in Lachen aus und konnte sich gar nicht mehr beruhigen. Ich hatte ihr ein Einkommen (ich hatte ja bereits Zahlen vorliegen, da ich bereits ein Jahr mit dem Amtsgericht/Familiengericht rumgemacht und über die Firma meines Opa abgewickelt hatte.) vorgelegt. Der monatliche Verdienst als Schüler wäre also wohl doppelt so hoch gewesen wie das Einkommen der guten Dame. Mit ihrem beschränkten Mindset konnte sie dies natürlich überhaupt nicht verstehen und so blieb ihr daraufhin nichts anders übrig, als zu lachen. Nun, kürzen wir es ab – es würde am Schluss eine PKV (lustigerweise vom dann später insolventen Mehmet E. Göker – übrigens ein Vertriebsgenie). Natürlich musste ich die kurze Zeit später nochmals wechseln, da mir ein Tarif verkauft wurde, dessen Beiträge sich innerhalb kürzester Zeit verdreifachten. Danach bin ich bei der Hanse Merkur gelandet. Ich bezahle monatlich 130 € - bekomme pro Jahr 500 € Beitragsrückerstattung, zahle also effektiv nur 88 € im Monat (50% davon trägt meine GmbH als Arbeitgeberanteil, meine PKV kostet mich damit nur noch ca. 25 € im Monat) – ach ja und das ist auch noch voll steuerlich abzugsfähig. Der Höchstsatz der GKV länge bei 818,63 € pro Monat (ab 01.01.2018).

Wer vorhat, irgendwann seinen Angestelltenjob zu kündigen, sei es um von Mieteinnahmen zu leben oder von einer Selbständigkeit (auch GmbH-Geschäftsführer mit mind. 25% Anteil) und schon heute über der Pflichtversicherungsgrenze verdient, die 2018 bei 59.400 € Bruttogehalt liegt, sollte sich ernsthaft mit der PKV befassen und die Stammtischparolen und Medienlobby beiseitelassen. Auch für die, die bis zum Renteneintritt weiter arbeiten wollen lohnt es sich, selbst bei drei Kindern und Ehefrau.

Wer knapp darunter verdient sollte mit seinem Chef eine Gehaltserhöhung auf diese Grenze verhandeln. Der Chef profitiert dann um bis zu rund 3.400 € niedrigere Sozialversicherungsbeiträge pro Jahr. Die Verhandlungsbereitschaft, wenn man diesen Sachverhalt aufzeigt, sollte also spätestens bei rund 56.000 € Brutto-Jahresgehalt anfangen.

Bei Fragen zur PKV und einer persönlichen Beratung (aus unternehmerisch denkender Versicherten-Sicht und nicht aus Makler-Provisionsmaximierungs-sicht) kannst du dich gerne bei mir melden. Auch Tarifwechsel sind möglich, wenn du bereits eine PKV hast.

PKV im Alter: Medienpropaganda - was PKV wirklich kostet

Einwand: *Im Alter ist die PKV unbezahlbar* Begründung: *in den Medien wird davon berichtet* Achtung: Die Gesetzlichen Krankenkassen haben eine große Lobby mit über 70 Mio. Versicherten.

Beitragsabsenkung

Eine Beitragsabsenkung eines 26-jährigen von 200 € pro Monat ab 65 Jahren bedeutet einen Sparbeitrag von nur rund 27 € im Monat. Im Verhältnis zu durchschnittlich rund 280 € Arbeitnehmer-Ersparnis gegenüber der GKV (als Selbständiger sogar das doppelte) sind die 27 € ein Witz. Über die Beitragsab-senkung würde sich also erreichen lassen, dass **im Alter gar keine Beiträge für die PKV** anfallen.

Die monatliche Ersparnis kann natürlich auch für Investments in Immobilien noch besser genutzt werden.

Geringere Beitragssteigerung in der PKV als in der GKV

Die Beitragssteigerungen in der GKV lagen von 1971 bis 2014 bei ca. 6% pro Jahr. Die Beitragsentwicklung der PKV lag zwischen 1995 und 2001 nur bei 2,1 % pro Jahr im Schnitt

Steigerungen zwischen 2000 und 2015 in %/Jahr:

• DEVK (0,5 Prozent)
• Deutscher Ring (1,5)
• Provinzial (2,9)
• Allianz (2,9)
• Barmenia (2,9)
• DKV (2,9)

→ Ein guter Berater bietet nur ausgewählte Tarife mit geringen zu erwartenden **Beitragssteigerungen in der Zukunft an.**

Geringere Basis der Beitragssteigerung in der PKV

Die Beitragssteigerungen in der PKV sind nicht nur prozentual geringer als diese der GKV, sondern auch von einem **geringeren Basiswert** aus.

Beispiel PKV: 250 € * 2,1% = 5,25 €
Beispiel GKV: 818,63 € * 6% = 49,12 €

Selbst bei Extrembeispielen von Beitragssteigerungen von 8% pro Jahr in der PKV steigt diese also nominell immer noch geringer als die GKV durch die deutlich niedrigere Basis von z. B. 250 € im Vergleich zu 818,63 € (aktueller Höchstsatz 2018 in der GKV):

Beispiel: PKV: 250 € * 8% = 20 €
→ damit also selbst bei Tarifen, mit 4-fach so hohen Beitragssteigerungen wie im Durchschnitt der PKV-Versicherer immer noch nominell weniger als die Hälfte der Beitragssteigerung in der GKV!

Die Schere zwischen GKV und PKV und damit die Ersparnis geht jedes Jahr immer mehr auseinander! Darum ist ein möglichst früher Einstieg wichtig, da die Einstiegtarife stärker steigen als die Beiträge in bestehenden Tarifen. Siehe mein Beispiel. Ich bezahle 130 € Monatsbeitrag. Heute ist unter 200 € Monatsbeitrag (AN + AG-Beitrag) nichts mehr als Neuvertrag zu bekommen.

Optionen für ganz unsichere
- Wechsel in **Basis-Tarif** der PKV mit GKV-Leistungen als Option, fairerweise ist man dann ja nicht schlechter gestellt, als wenn man in der GKV geblieben wäre.
- **Wiedereintritt in die GKV** bis 55 Jahre über ein kurzfristiges sozialversicherungspflichtiges Beschäftigungsverhältnis unter der Beitragsbemessungsgrenze. Lohnt sich nur, wenn das Einkommen im Alter als sehr gering erwartet wird oder mehr als 3 Kinder, welche familienversichert werden könnten vorhanden sind.
- Aus den Einsparungen eigene Rückstellungen für das Alter bilden (**Beitragsabsenkung**) Altersrückstellungen.

Um die Beiträge im Alter gering zu halten, bilden private Krankenversicherungen Altersrückstellungen.

Zitate hierzu aus dem Handelsblatt: Verbandschef der PKV, Reinhold Schulte, jüngst im Interview mit dem Spiegel: *„Unsere mehr als 170 Milliarden Euro an Alterungsrückstellungen führen dazu, dass ab etwa 65 oder 70 Jahren die Beiträge nicht mehr* *mit dem Alter steigen, sondern oft sogar sinken."*

„Die Beiträge sinken im Alter tendenziell", stellt Uwe Laue, Vorstandsvorsitzender der Debeka, fest. *„Durchschnittlich zahlten sowohl weibliche als auch männliche Arbeitnehmer und Selbstständige für einen umfassenden Versicherungsschutz auch im hohen Alter Monatsbeiträge von unter 500 Euro. Von Beitragsexplosionen im Alter könne also keine Rede sein."*

Hier zeigt sich wieder die bereits erwähnte Lobby der gesetzlichen Krankenversicherung auch in den Medien:

Wechsel von der PKV in die GKV im Alter selten nötig

„Unzufriedene Privatversicherte mit hohen Beiträgen sollten nicht vorschnell zu den Krankenkassen wechseln. Zu diesem Ergebnis kommt eine Studie der KVpro.de GmbH aus Freiburg. Das Analysehaus hat bei zwanzig Versicherern Altersbeiträge in der privaten Krankenversicherung (PKV) abgefragt. Bei allen untersuchten Gruppen zeige sich, dass aus Beitragsgründen ein Wechsel von der privaten in die gesetzliche Krankenversicherung (GKV) nicht erforderlich sei, heißt es in der Studie, die Handelsblatt Online vorliegt."

Wechsel in den Basis-Tarif im Alter mit GKV-Leistungen

Im Gegenteil, warnen die Verfasser: In vielen Fällen würde sich der Versicherte bei den Krankenkassen schlechter stellen, als wenn er innerhalb des privaten Systems wechsele. „Die PKV ist im Rentenalter bezahlbar", lautet das Fazit. Die geltenden Gesetze böten ausreichend Möglichkeiten, sie müssten nur genutzt werden.

Welche Einkünfte unterliegen im Alter dem Beitrag in der gesetzlichen Krankenversicherung?

• Einkünfte aus selbstständiger Tätigkeit, ermittelt nach dem Einkommensteuerrecht

• der Zahlbetrag der Rente laut **Renten**bescheid, zum Beispiel bei gesetzlichen **Renten, Betriebsrenten, Renten aus privater Lebensversicherung** und **Pensionen**

• laufendes Gehalt inklusive anteiliger Einmalzahlungen wie Weihnachts- und Urlaubsgeld

• Beamtenbezüge

• **Einkünfte aus Vermietung und Verpachtung**

- **Einkünfte aus Kapitalvermögen** wie **Zinsen oder Dividenden**
- **Unterhaltszahlungen** vom getrennt lebenden oder geschiedenen Ehegatten

Bei aktuell 14,6% Beitrag in der GKV (Tendenz steigend) wären bereits bei 3.424 € monatlich 500 € für die GKV aufzuwenden. Inflationsbereinigt man die 3.424 €, ergeben sich hieraus bereits über 1.000 € GKV-Beitrag monatlich. Damit ist die **GKV** selbst im **Alter teurer** als eine gut ausgewählte PKV.

PKV wird nicht deswegen teurer, weil Versicherte älter werden

Älter werden passiert nicht überraschend. Der Beitrag in der PKV wird unter Berücksichtigung der Lebenserwartung kalkuliert. So zahlen junge Versicherte mehr ein, als sie verbrauchen. Die private Krankenversicherung arbeitet nach dem Kapitaldeckungsverfahren. Die gesetzliche Krankenversicherung nach dem Umlageverfahren ähnlich und mit denselben Problemen wie bei der gesetzlichen Rente. Wo dies bei dem demografischen Wandel hinführt, dürfte jedem klar sein.

PKV Beitrag wird im Alter günstiger

- Der 10%ige Beitragszuschlag für Altersrückstellungen entfällt im Alter
- Weitere Beitragskomponenten wie Krankenhaustagegeld entfallen im Alter
- Zuschuss der gesetzlichen Rentenversicherung

Krankenhaustagegeld würde ich aber sowieso nicht abschließen, wenn du es schon abgeschlossen hast, dann kündige. Bei dieser Zusatzversicherung stimmt das Preis-Leistungs-Verhältnis überhaupt nicht. Lege dir hierfür lieber eine Rücklage an. Das ist auch ein Unterschied, ob bei mir ein 20-30-jähriger PKV-Einsteiger mit ca. 250 € Monatsbeitrag einsteigt oder bei anderen Versicherungsmaklern mit 350/400 €. So hat er immer noch eine Einsparung – und wenn er Angestellter ist, dann zahlt ja die Hälfte der Arbeitgeber, da gönnt man sich gern ein paar extra Sachen wie Chefarztbehandlung, Einbettzimmer, Krankenhaustagegeld, Naturheilverfahren und geringeren Selbstbehalt.

Dies ist aber das völlig falsche Vorgehen und zeigt Null Strategie in der Tarifauswahl, sondern maximal Provisionsgier des Vermittlers.

In Tarifen, die auf Konsum ausgelegt sind, explodieren die Beiträge! Diese

Tarife suchen sich speziell Leute raus, die Leistungen in Anspruch nehmen. In den nackten Tarifen steigen die Beiträge hingehen viel geringer.

Wir haben zwar gesehen, dass selbst bei den Ausreißern nach oben bei 8% Beitragssteigerung die Beiträge noch nominell geringer steigen als in der PKV, aber sie steigen in Luxustarifen mehr. Darum der Grundsatz, den es immer gibt, wenn du eine Versicherung abschließt, gilt auch bei der PKV:

Versichere dich gegen die existenziellen Risiken!

Und nicht gegen mehr. Für alles andere bildest du private Rückstellungen. Diese ersetzen dein Krankenhaustagegeld, deine Chefarztbehandlung – sofern du die überhaupt brauchst etc.

So kommst du bei 250 – 300 € PKV Monatsbeitrag raus anstatt 350 – 500 € Monatsbeitrag in einem Luxustarif. Die zusätzliche Einsparung nutzt du zum Vermögensaufbau zusätzlich zur Einsparung der aktuell 818,63 € (ab 01.01.2018) Regelhöchstbeitrag in der GKV. Je früher du den Wechsel in die PKV machst, je günstiger ist der Einstieg. Meine PKV-Vollversicherung, die ich vor zehn Jahren abgeschlossen habe, liegt heute inkl. Beitragsrückerstattung bei nur 88 €/Monat und steigt von diesem extrem niedrigen Basiswert eben auch nur extrem langsam. Einsteigertarife findest du unter 200 € heute nicht mehr. Je länger du mit dem Wechsel in die PKV wartest, je höher ist dein Basiswert von dem die Beiträge steigen.

Aus diesem Grund lohnt sich auch ein Wechsel eines Selbständigen, der nicht den Höchstbeitrag von 818,63 € bezahlt, in die PKV, auch wenn es ggf. mal keine Einsparung gegenüber der GKV gibt (Wegfall Familienversicherung und extra Versicherung der Familienangehörigen – Kinder/Frau etc. – geringe Beiträge, weil wenig verdient wird etc.). Selbst wenn die PKV heute für einen geringverdienenden Selbständigen mit vielen Kindern minimal teurer wäre als die GKV, lohnt sich trotzdem ein Wechsel in die PKV. 1. Einstieg sichern (bei Vorerkrankungen ist häufig kein Beitritt mehr möglich) 2. Geringerer Einstiegskurs. 3. Längerer Zeitraum zur Bildung von Altersrückstellungen (in der GKV bildest du keine Altersrückstellungen, in der PKV sind 10% vom Beitrag zwingend und bereits einkalkuliert!).

Zusammenfassung
- **Geringere prozentuale Steigerung** 2,1% anstatt 6% in guten Tarifen
- **Abfederung der Beitragssteigerungen** durch Überschussbeteiligung

- Steigerung von einem **geringeren Basiswert** aus 200-400 € (PKV) anstatt 818,63€ (GKV)
- Gesellschaften bilden **Altersrückstellungen** und senken damit den Beitrag im Alter
- Privat einen kleinen Teil der Einsparungen für **Beitragsabsenkung im Alter** sparen
- Gesetzliches **Recht zum Wechsel** in einen Basis-Tarif mit GKV Leistungen in der PKV
- Gesetzliches Recht zum Wechsel in einen günstigeren Tarif bei derselben Gesellschaft unter voller Anrechnung der Altersrückstellungen.

Fazit: Die GKV lohnt sich nur dann, wenn du mit 60 nochmals mehr als drei Kinder in die Welt setzten willst oder aber arm wie eine Kirchenmaus sein willst. Das letztere ist aber für einen Immobilieninvestor nie der Fall, da er ja enorme Einkommen aus Vermietung + Verpachtung hat (besonders wenn er keine Zinsen mehr dagegen setzen kann, weil die Buden alle getilgt sind), die in der GKV beitragspflichtig ist und damit auch im Rentenalter der Höchstbeitrag in der GKV zu zahlen sind, und nicht eben ein viel niedrigerer Wert.

Theoriewissen vertiefen - Gasthörer Zugang an Unis/Hochschulen

Wirtschaftsingenieurwesen Bau + Immobilien an der HFT Stuttgart habe ich als extrem oberflächlich empfunden. Die Dia-Leute, die ich beim Fachwirt erlebt habe, waren auch schwach. Der Studiengang Bauingenieur ist auf jeden Fall deutlich tiefer gehend. Für wenige Euros (meist ca. 150 € pro Semester) bekommst du einen Gasthörer Zugang zu Unis/Hochschulen in Deutschland und kannst dir so für extrem schmales Geld tiefes Wissen aneignen. Dieser Zugang ist meist limitiert auf eine bestimmte Anzahl Vorlesungen, jedoch kontrolliert in der Praxis niemand, an wie vielen du teilnimmst. Du könntest auch ganz ohne Zugang teilnehmen, dann hast du jedoch keinen Zugriff auf die Skripte und musst sie dir über Studenten besorgen.

Studieren oder Ausbildung?

Ich habe mein Studium abgebrochen. Habe mir sieben Semester Wirtschaftsingenieurwesen Bau + Immobilien in zwei Semestern komprimiert gegeben (des Wissens wegen und nicht wegen eines Abschlusses), indem ich nicht den halben Tag Freizeit hatte, sondern von 8 - 20 Uhr an der Hochschule war und mir die ganzen Kurse reingezogen habe. In meiner Berufsausbildung habe ich die Schule komplett blaugemacht und war nur zu Klassenarbeiten dort, weil das Niveau dort komplett am Boden war. Im Studium war es auch nicht besser und die Masse der Studierenden desinteressiert. Ein Großteil der Fächer ist unnütz: Mathe, Mechanik und anderer Blödsinn. Nein, es ist eben nicht so wie du schreibst. Ich habe mit einigen meiner Kunden, die bereits 30 Einheiten mit Mitte 20 aufgebaut haben, geredet und es war ganz klar der Tenor zu hören, hätten sie ein Studium gemacht, würden sie jetzt noch im Job hängen und wären noch nicht finanziell frei. Nur dank möglichst schnellen Einstiegs (mittlere Reife, Ausbildung, Arbeiten) klappt das so frühzeitig, finanziell frei zu werden. Abitur + Studium braucht einfach zu lange.

Allgemeines zu deiner Immobilienstrategie

Mache immer wieder das gleiche, damit bekommst du einen scharfen Blick, Erfahrung, vermeidest Fehler und kannst automatisieren. Entwickle deine eigene Strategie und definiere diese möglichst detailliert.

Suche nicht das Knaller-Schnäppchen, sondern mache lieber eine Vielzahl ordentlicher und guter Deals und komme vor allem ins Tun, falls du noch nicht mit eigenen Immobilieninvestments begonnen hast.

Fokussiere dich

Wenn du die Option hast, verschiedene Sachen zu machen, dann fokussiere dich, du verzettelst dich sonst leicht und kannst nicht hochskalieren. Deine Zeit ist endlich. Beschäftige dich nicht mit Fix + Flip wenn du Buy + Hold machen willst und beschäftige dich nicht mit US-Landflipping, wenn du dich in Deutschland auskennst.

Wiederholung bringt Professionalisierung rein

Dadurch bekommst du einen Track-Rekord für weitere gleichartige und immer größere Deals.

Die bevorstehende Revolution

In den nächsten 20 Jahren steht uns die größte Revolution in der Geschichte bevor. Als Jäger und Sammler haben wir begonnen, die Agrargesellschaft (95% sorgten dafür, dass die Immobilieninvestoren bei Hofe was zu essen hatten) und die Industrialisierung (90% arbeiteten in Fabriken und wohnten in den Mietshäusern der Fabrikbesitzer) hinter uns zu lassen. In der heutigen Dienstleistungsgesellschaft arbeiten 85% der Menschen im Dienstleistungssektor Büro in Deutschland.

Die nächste Stufe ist die Digitalisierung

Die Ablösung der Arbeitskraft vom menschlichen Körper. Diese (unsere) Generation wird den Wechsel zu spüren bekommen. Aktuell haben wir in Deutschland noch nahezu Vollbeschäftigung, in 20-25 Jahren ist jedoch davon auszugehen, dass die Digitalisierung mindestens 60% der Arbeitsplätze vernichtet hat.

1995 prägte Zbigniew Brzeziński den Begriff „Tittytainment", der besagt, dass in Zukunft 80 % der – dann arbeitslosen – Weltbevölkerung durch eine moderne Form von Brot und Spielen bei Laune gehalten werden müsse. Wie dem schreienden Säugling die Brust gegeben wird, müssten dann, so die Behauptung, die in der Produktion/Dienstleistung überflüssigen Menschen mit trivialer Unterhaltung (Fernsehen, Internet usw.) „bei Laune gehalten werden".

Er ist ein großer Vorausdenker, 1997 schrieb er das Buch „die einzige Weltmacht" und beschreibt darin seine Empfehlung einer geopolitischen Strategie, wie die USA den eurasischen Kontinent unter ihrer Kontrolle halten soll. Interessanterweise sind die in seinem Buch von 1997 beschriebenen Schritte bis heute ins Jahr 2017 exakt der Reihe nach so umgesetzt worden.

Geld von Investoren einsammeln

- So geht es ohne Bafin-Zulassung

- Die 8 Mezzanine Finanzierungsinstrumente

- Strategien zur Leadgenerierung

- Turbo Finanzvertrieb

„In jedem System übernimmt dasjenige Element mit der größten Flexibilität die Kontrolle" NLP Axiom

33. Kapital einsammeln – so geht es ohne Bafin-Zulassung

Thomas Knedel und sein Deal in Essen, welchen er ganz ohne eigenes Kapital in Kooperation mit einem Investor finanziert hat, ist ein tolles Beispiel, wie erfolgreiche Co-Investments funktionieren.

Die Idee für dich dahinter: lieber die Hälfte von einem Wohnkomplex mit 100 Wohnungen, anstatt alleine zehn Wohnungen.

Es wird leider zu Unrecht von vielen „Experten" propagiert, man dürfe zum Einsammeln des Kapitals keine Werbung machen und man solle es nur mit einer kleinen Anzahl Co-Investoren (idealerweise nicht mehr als drei) machen.

Folgende acht (stimmrechtslosen) Beteiligungsformen gibt es und können ohne teure Bafin-Prüfung umsetzen werden:

1. 20 vinkulierte, verbriefte Genussrechte
2. 20 typisch stille Gesellschaftsanteile
3. 20 atypisch stille Gesellschaftsanteile
4. 20 Namensschuldverschreibungen
5. 20 Nachrangdarlehen
6. 20 partiarische Darlehen
7. 20 Direktinvestments
8. 20 Kommanditanteile (wertpapierfreie Vermögensanlage)

Aktien und Anleihen können ab 100.000 € pro Nase prospektfrei angeboten, platziert und gezeichnet werden.
Grundschuldbesicherte Darlehen zählen nicht zu den Finanzinstrumenten und sind vollkommen frei platzierbar.
Pro Beteiligungsinstrument können maximal 20 Investoren (kleiner 100.000 € pro Nase und auch darüber) aufgenommen werden oder beliebig viele, aber in Summe maximal 100.000 € im Rahmen eines Bafin-freien Small-Placements. Ab 200.000 € pro Nase beliebig viele über Anleihen. Das heißt, der gängige Weg ist acht Instrumente * 20 Investoren = 160 Investoren pro GmbH. Pro GmbH – jeder Privatanleger bringt z. B. zwischen 5.000 € und 50.000 € ein? Ja natürlich, du kannst ja auch mehrere GmbHs gründen, die jeweils wieder

Gelder von 160 Investoren einsammeln und diese GmbHs beteiligen sich dann wieder an der Objekt-GmbH. So lässt sich das Bafin-freie Spiel des grauen Kapitalmarkts beliebig weit spinnen. Wichtig, jeder Anleger zeichnet EINEN Anteil, nicht mehrere, sonst ist die Zahl der 20 je Finanzinstrument schnell überschritten.

Ich würde mit 20 Genussrechten beginnen. Wenn diese voll sind, mit typisch stillen Gesellschaften und dann mit Nachrangdarlehen weiter machen.

Damit das eingesammelte Mezzanine-Kapital als bilanzieller **Eigenkapitalersatz** zählt, müssen folgende **fünf Kriterien** in den Verträgen erfüllt sein:

1. Nachrangigkeit (mindestens auf Stufe der anderen Gesellschafter)
2. Gewinn und Verlustbeteiligung
3. Langfristigkeit der Überlassung (mindestens fünf Jahre)
4. mindestens zwei Jahre Kündigungsfrist
5. Rein erfolgsabhängige Ausschüttung, das heißt Zins/Erfolgszahlung nur bei positivem Jahresabschluss, ansonsten z. B. Ansammlung bis wieder ein positiver kommt.

Ältere (nicht mehr rechtsverbindliche) Mustervereinbarungen ausgewählter Finanzinstrumente (Verträge, Exposé, Widerrufsbelehrungen, Zeichnungsschein) kannst du für einen ersten Eindruck unter info@immotege.de zur Ansicht anfordern. Bitte gib in deiner Mail das Finanzinstrument an.
Was für einen Zins anbieten?
Üblich sind aktuell ca. 4% bis 7%. Ein sehr hoher Zins wirkt unseriös und schafft daher das genaue Gegenteil von dem was er eigentlich bewirken sollte, er stößt ab anstatt anzuziehen.

Wie kommst du an Investoren?

Du kannst dafür selbst Werbung im Internet und in Zeitungen, auf deiner Homepage, in deinem Bekanntenkreis etc. machen. Was du dazu brauchst ist ein Bafin-freies Beteiligungs-Exposé, üblicherweise mit acht bis 16 Seiten, das neben einer standardisierten Beteiligungs-Übersicht und der Risikobelehrung ein paar unverbindliche Informationen und schöne Bilder für den Anleger stellt. Dann brauchst du Zeichnungsscheine und Verträge, sowie Fernabsatzbelehrungen. Die ganzen Unterlagen kannst du als auf dich angepasste Vorlagen von Rechtsanwalt Dr. Werner (www.finanzierung-ohne-bank.de) für 1.990 € + MwSt. beziehen. Beteiligungs-Exposé erstellst du selbst und fügst die beiden nötigen Formseiten ein.

Du kannst jetzt natürlich auch mit Vorlagen aus dem Internet arbeiten – aber Achtung – wie bei den Mietverträgen muss das alles immer auf dem aktuellen Stand sein. Bußgelder werden stets ab 10.000 € aufwärts vergeben, und es werden in Deutschland pro Jahr über 3.000 Verfahren geführt. Also bitte sauber mit spezialisiertem Rechtsanwalt (z. B. Dr. Werner) arbeiten!

Ich empfehle dir auch unbedingt ein 1-Tages Seminar bei ihm in Göttingen für 199 € inkl. MwSt. zu dem Thema. Ich selbst habe durch seine Hilfe 150.000 € Kapital eingeworben.

Massenmultiplikator: Finanzvertrieb

Das ganze lässt sich über ein Agio von z. B. 5% als Außenprovision, wie bei Fonds üblich und auch noch einer zusätzlichen Innenprovision (AWD hatte seinerzeit bis zu 20% an Vertriebler ausgeschüttet – das ist heute nicht mehr ganz so üblich, aber 5% Innenprovision dürften es schon sein), sodass man 5% außen und 5% innen für den Vertrieb hat, auch über Finanzvertriebe. Je kleiner und unseriöser, desto einfacher bekommst du eine Zusammenarbeit hin, weil sich eben viele schon die Finger verbrannt haben an Schifffonds, Filmfonds, S&K, Prokon etc.

Der Mitarbeiter im Finanzvertrieb baucht für den Vertrieb der Beteiligungen eine Sachkundeprüfung nach §34f GewO für den Vertrieb, du selbst als Vertreter der GmbH brauchst keinerlei Zulassung. Die §34f GewO-Zulassung ist auch nicht schwer zu bekommen, dazu muss noch ein Multiple-Choice-Test (Sachkundeprüfung) bei der IHK gemacht werden, wo 50% der Fragen richtig beantwortet werden müssen. Man kann beliebig viele Anläufe starten. Die Fragenkataloge sind käuflich. Das Lernen auf die Prüfung braucht ca. zwei Tage. Von den 46.687 registrierten Maklern sind nach Schätzungen nur ca. 15.000 wirkliche freie **unabhängige Makler** (Einzelkämpfer). Natürlich gibt es auch größere Maklerbüros, diese sind jedoch seltener. Allerdings sind: zwei von vier über 50 Jahre alt, drei von vier sind über 40 Jahre alt und nur weniger als 5% sind jünger als 30 Jahre. Insgesamt sind in Deutschland ca. 32.000 Versicherungsmakler in Vertrieben organisiert. Hier eine Auswahl aus bekannten größeren Finanzvertrieben:

- **DVAG** (Deutsche Vermögensberatung, 6 Millionen Kunden)
- **OVB** (vor allem in anderen europäischen Ländern aktiv, gehört der Signal Iduna, Basler (vormals Deutscher Ring) und der Generali)
- **EFS** (Euro-Finanz-Service AG, vor allem Österreich, Ungarn, Polen und auch in Deutschland, nicht in Baden-Württemberg und Hamburg tätig)
- **HMI** (jetzt ERGO Pro, Ausschließlichkeitsvertrieb – ERGO, gehört zu Hamburg-Mannheimer daher auch HMI für Hamburg Mannheimer International)
- **MLP AG** (Akademiker als Zielgruppe)
- **A.S.I. Wirtschaftsberatung AG** (gehört zu 100% der Gothar Versicherung) – ähnlich HORBACH und MLP AG
- **Bonnfinanz** (gegründet vom DVAG Gründer Reinfried Pohl, gehört zur Zürich-Versicherung, die wieder zur Deutschen Bank gehört)
- **Formaxx AG** (250 Berater)
- **FG Finanz Service AG** (Heilbronn, 600 Berater)

Wie du im Direktvertrieb vorgehen kannst
Dies kannst du entweder selbst oder über Handelsvertreter (HV) nach §84 HGB mit §34f3-Zulassung.

Entscheidend für die Gewinnung einer Beteiligung ist vorrangig:
- die Leute müssen dich mögen
- die Leute müssen dir vertrauen
Diese beiden Faktoren sind viel wichtiger als alle Vertragsdetails.

Schritt 1: Zielgruppe definieren

Wenn du dein Angebot schmal machst, machst du dich interessanter für die Zielgruppe und erreichst mehr Bekanntheit innerhalb der Zielgruppe, was später zu Weiterempfehlungen führt. Werde zum Zielgruppenbesitzer. Eine Zielgruppe können z. B. Zahnärzte sein. Diese haben in der Regel viel Geld und wenig Zeit. Lehrer bieten sich weniger an, da diese alles besser wissen und die Details zu sehr hinterfragen. Reguläre Ärzte bieten sich ebenfalls weniger an, da diese extrem wenig Zeit haben und deswegen der folgende Schritt mit dem Essen gehen nicht funktioniert.

Schritt 2: Messestand bei Veranstaltungen deiner Zielgruppe

Kleiner Stand mit Rollup an Veranstaltungen von deiner Zielgruppe: z. B. Kongress von Zahnärzten.

Ins Gespräch kommen mit Leuten:
- kurze Vorstellung in wenigen Sekunden:
- Spezialist der Zielgruppe (du kannst auch mehrere Zielgruppen definieren)
- Fragen stellen an Interessenten und so Gespräch am Laufen halten
- zum Essen einladen

Alternativ: Zielgruppenoffene Infoseminare als Einstieg

Zum Thema Geldanlage – z. B. für wenig Geld einen gemeinnützigen Verein gründen als Veranstalter, um dem ganzen noch mehr Unabhängigkeit und Seriosität zu geben, vorschalten.

Wie du die Seminare (Abendveranstaltungen) bewirbst

Über die VHS (Volkshochschule), in Gemeindehäusern mit Anzeigenwerbung in regionalen Wochenblättern/Mitteilungsblättern der Gemeinden, über Flyerverteilung (ca. 45€/Tausend Haushalte), aufhängen von Plakaten, Social Media, Flyerverteilung in der Fußgängerzone, Werbemailings, lokale Multiplikatoren, die wieder Direktkontakte einladen etc. Du kannst z. B. auch ein kleines Eintrittsgeld von z. B. 5 € verlangen.

Kooperationen mit Versicherungsmaklern und mit diesen gemeinsam Veranstaltungen machen, hier kann deren Kundenstamm per personalisiertem Mailing (Makler stellt die Daten als Excel-Datei, du verschickst auf deine Kosten das Mailing mit dem Absender des Maklers) kontaktiert werden. Der Makler bekommt Tippgeberprovision und ist bei Gesprächen nur dabei, anstatt sie selbst zu führen (so geht es auch ohne 34f Zulassung).

Frage, wie viel Rendite sie haben wollen, keiner wird zu große Zahlen nennen, da er im Hinterkopf hat, dass es riskant ist. Dein Interessent gibt daher die Zahl vor, nicht du! Es wird sich also einpendeln im Bereich unter 10%. Und selbst bei 10% würde es sich für dich ja lohnen, da du es mit entsprechend viel Fremdkapital hebeln kannst.

Schritt 1: 30 Sekunden Commercial als Elevator-Pitch

Beispiel für einen Elevator-Pitch

Mein Name ist Philipp Scharpf, ich bin professioneller Immobilieninvestor und spezialisiert auf die speziellen Bedürfnisse von Zahnärzten. Mein Team - da sind Rechtsanwälte, Steuerberater, Immobilienverwalter und Banker dabei - und ich haben zusammen über 20 Jahre Erfahrung.

- auf Probleme des Gegenübers eingehen
55% nonverbal - Körperhaltung, Klamotten, Lächeln, sicheres Auftreten, Matching / Pacing / Leading
38% paraverbal - freundlich, motiviert
7% verbal - Zahlen, Daten, Fakten

Leadgenerierung für den nächsten Schritt

- zu Abendveranstaltungen (Infoveranstaltung) einladen
- zum Essen einladen (1:1)

Schritt 2: Up-Front-Contract
→ den Leuten sagen, dass sie nein sagen können
Ich bin kein Verkäufer. Alles was Sie sagen müssen ist, ich bin nicht interessiert.
→ Vertrauensaufbau
Mindestbeteiligungssumme: 10.000 €, ist das interessant für Sie?
Schritt 3: 5 Minuten:
- Sicherstellen, dass die Person Geld hat
- Verheiratete nicht allein treffen
Sollen wir das bei einem Essen weiter vertiefen?
Schritt 4: 1 Stunde Essen gehen
Einleitung direkt mit dem Ziel: Am Ende von unserem gemeinsamen Essen...
Freiheit wieder untermauern: Sie können aber jederzeit nein sagen, das ist dann auch okay.

Positionierung für eine Zielgruppe
Zielgruppe: nicht Ärzte (die arbeiten zu lange)
nicht Lehrer (die wissen alles besser und hinterfragen es zu sehr)

Mindset

Verabschiede dich von dem Gedanken, dass Co-Investoren nur arme Menschen oder nur reiche Menschen sein können. Das Problem ist nicht die Verfügbarkeit des Kapitals, das Problem ist, es anzuzapfen.

Passende Immobilien für Gemeinschaftsdeals

- Immobilien, die nicht schön sind
- Immobilien, die nicht gut bewirtschaftet sind
- Luft nach oben, damit alle Spaß haben

Nutze die Zeit bis zur Übergabe der Immobilie zur Projektierung, Ausschreibung der Handwerker, Vermietung etc., sonst verlierst du hinterher Zeit und Geld.

Investor + passiver Co-Investor

- VV-GmbH
- Partiarisches Darlehen (= Darlehen + Bonus)
→ fester Zinssatz
→ Bonus wenn bestimmte Ziele erreicht werden

Modell: Investor + Investor

- direkte Beteiligung
- Hafteinlage 25.000 €
- Gesellschafterdarlehen
- 50:50 nur mit richtig guten Regelungen im Gesellschaftsvertrag
→ Keine Pattsituationen schaffen z.B. Kapitalgeber 40%, aktiver Investor 60%

Definiere eine klare Strategie

- Buy + Hold
- an mittleren Standorten
- mit mittleren Größeren
- mit Partner

Lerne aussortieren, so bitter es zuweilen ist, gute Deals sausen zu lassen. Fo-

kussiere dich! Mache immer das gleiche und nicht zu viele Projekte parallel.
Vorurteil: *Immobilien lassen sich nicht skalieren*
Falsch: Systematisiere, bringe eine Gleichförmigkeit in die Investments rein.
- viel schneller durch Erfahrung in der Wiederholung
- Automatisierung
- Checklisten erstellen
- Mitarbeiter einsetzen
Warte nicht auf das Superschnäppchen, gut genügt bereits!

10 Umsetzungsschritte

1. Trackrecord/Knowhow erarbeiten (mit ersten eigenen Deals)
2. Intensive Netzwerkarbeiten - sich bekannt machen
→ Stammtische, PR, Pressemitteilung, Onlinemarketing, Kongresse
3. Co-Investor identifizieren und heranziehen
→ idealerweise sprechen dich mit der Zeit Investoren an
4. Erste Absichtserklärung, gemeinsame Kriterien festlegen
5. typischen Gemeinschaftsdeal strukturieren und Suchkriterien definieren
7. Finanzierung mit Co-Investor strukturieren
8. Immobilien um mindestens 30% aufwerten
→ Mietanpassung, Modernisierung, Erweiterung etc.
9. Refinanzierung/Ablösung Darlehen Co-Investor (z.B. nach fünf Jahren)
→ tue alles dafür, dass dein Co-Investor glücklich ist
10. nächster Deal, Skalieren

Inhalte einer Abendveranstaltung oder Essen

1. Erkläre den Leuten die vier Assetklassen:
- Immobilien
- Business
- Aktien
- Rohstoffe

Infos am Rande für dich: Es geht viel schneller mit Business Geld zu verdienen, anstatt mit Immobilien. Die Kombination ist jedoch ideal, im Business
Geld verdienen und in Immobilien investieren. Ich besitze keine Aktien, da
ich dieses Investment nicht kontrollieren kann. Cashflow mit Firmen zu gene-

rieren ist außerdem eine Lösung, um einfacher finanzierbar zu sein als reiner Privatier, wenn man seinen Angestelltenjob irgendwann kündigt.

2. Erkläre den Leuten die drei Faktoren eines Immobiliendeals:
→ ähnlich dem Verkaufsgespräch eines Vertriebsimmobilienverkäufers
- Eigenkapitalrendite (Fremdkapitaleinsatz erklären) → 4,0 %
- Tilgung → 4,8 %
- Wertsteigerung → 20,8 %
Wertsteigerung:
Erst Referenzrahmen setzen: 6,5% im Schnitt
Infos zum Standort geben. Infrastruktur, Neubau blabla
Was glauben Sie, um wie viel wird es steigen?
→ Kunde antwortet dann meist 5%
→ jetzt rechnen wir sehr, sehr konservativ: 3%
Wiederholung: EK-Rendite, Tilgung, Wertsteigerung
→ Wie können wir es jetzt machen, dass wir beide gewinnen?

Mögliche Strukturierung eines Gemeinschafts-Deals

Die ersten 7% gehen zu den Investoren (cumulative Preferred Return)
Grundsatz: Der Investor wird zuerst bezahlt.

Gebühren-Modelle

Die Investoren sind faul, sie lesen die Emissionsunterlagen nicht (ähnlich wie bei Versicherungen, Darlehensverträgen etc.) oder verstehen sie nicht und unterschreiben, sie haben es gelesen. Sie lesen die Gebühren nicht, daher kannst du vollkommen sorglos branchenübliche Gebühren einbauen.
- Objektprüfung/Einkauf: 1,5%
- 150 € Verwaltung pro Jahr pro Einheit
- Refinanzierungsgebühr 1%
- 1,6% Managementgebühr pro Jahr
Darren Weeks betreibt dies im großen Stil und hat so einen Bestand von über 5.000 Einheiten in der USA aufgebaut. Er hat Vertriebskosten von mehr als 3 Mio. € pro Jahr, bezahlt bis zu 500 Essen pro Abend von seinen über 40 Vertrieblern. Er selbst verdient am Zusammenführen von Deals und nimmt dafür eine Gebühr von: 10% vom Investor und 10% vom Fonds.

Variable Finanzierung

- Warum variable Darlehen immer richtig sind

- Die 4 Marktphasen im Zinszyklus

- Frühindikator Geldmenge M3

- Indikator Kerninflationsrate

- Mit Vorfälligkeitsentschädigung Geld verdienen

- Wie Zins-SWAPs wirklich eingesetzt werden

- Zins-Cap für Privatpersonen

- Echte Zinswende erkennen

- Die 3 entscheidenden Vertragsgestaltungen

- Verhandlungstaktiken für das Bankgespräch

- Was in einen Kreditantrag gehört

- Non-Recorse-Finanzierung als Exit-Strategie

- Beleihungsausläufe in den Marktphasen

„Hast Du eine Möglichkeit, bist Du ein Roboter, hast Du zwei Möglichkeiten, hast Du ein Dilemma, ab drei Möglichkeiten hast Du Wahlmöglichkeiten" NLP Axiom

34. Nur für größere Profiinvestoren
Was tun wir, wenn wir in der Erwartung sind, die Zinsen steigen?

Dann ist der beste Zeitpunkt um variabel zu finanzieren. Jetzt hat er vollkommen den Verstand verloren denkst du womöglich. Man muss dann doch die Zinsen festschreiben um sich das niedrige Zinsniveau zu sichern. Achtung: das redet dir die Bank ein! Dies ist aber falsch, damit verschenkst du sehr viel Geld. Nur variabel zu finanzieren ist aber auch nur die halbe Wahrheit. Hinzu kommt noch das Instrument Zins-SWAP. Auf den nächsten Seiten erfährst du wie es funktioniert.

Grundsätzliches zur variablen Finanzierung vorweg

Jeder, der ab 10 Millionen finanziert und eine Ahnung hat, finanziert variabel. Jeder auf der ganzen Welt (außer Deutschland) finanziert variabel. Die Zinsen zehn Jahre oder länger zu binden ist eine rein deutsche Abart, die man nur mit dem Begriff „German Angst" erklären kann und mit der erfolgreichen Gehirnwäsche der Banken- und Versicherungslobby. Variable Finanzierungen funktionieren im Regelfall bis Beleihungsausläufe von max. 90 %, eher 80 % und kosten aktuell für Kleindarlehen (unter 400.000 €) meistens mehr als eine 5-jährige Zinsbindung. Gegen 1,5 % + MwSt. Gebühr organisiere ich dir auch eine gewerbliche variable Finanzierung, da die Bank mir dafür im Regelfall keine Provision bezahlt (falls sie Provision zahlt, was jedoch so gut wie nie vorkommt, dann kann das damit natürlich verrechnet werden). Du bekommst eine Rechnung. Die Kosten können direkt von der Steuer abgezogen werden und müssen nicht aktiviert werden.

Indikator 1: der Frühindikator – Geldmenge M3

Das Geldmengenwachstum M3 ist ein guter Frühindikator. Die Geldmenge ist historisch noch nie geschrumpft, aber sie kann z. B. wie aktuell nur gering wachsen, wenn wenig neue Kredite vergeben werden, wie aktuell. Hohes Geldmengenwachstum deutet dabei auf eine gute Konjunktur hin.

Geldschöpfung entsteht durch Kreditvergabe der Banken.

Eine Notenbank, die einer Geschäftsbank Geld gibt, schöpft daher kein Geld. Die Anleihekäufe der EZB sind ebenfalls keine Geldschöpfung, es wird ja nur jemand anderem die Anleihe abgekauft und die Bilanz der EZB aufgebläht. Dies fließt also ebenfalls nicht in das Geldmengenwachstum M3 ein. Die 489,3 Mrd. Euro, die sich Banken 2011 für bis zu drei Jahre zu 1% von der EZB geliehen haben, war ebenfalls keine Geldschöpfung im Sinne der Geldmenge M3, denn diese entsteht ja erst bei der Herausgabe des Darlehens an Wirtschaft/ Staaten/Privathaushalte. Gleichzeitig parkten die Banken über Nacht nämlich bis zu 501,9 Mrd. Euro wieder bei der EZB. Vor der Finanzkrise 2007 lag der Höchststand bei nur 9,1 Mrd. Euro. Wenn von der EZB geliehenes Geld also wieder zurückgegeben wird, entsteht keine Geldschöpfung und keine Inflation. Vor diesem Hintergrund musst du auch schlicht falsche Zeitungsartikel beurteilen, die davon berichten, dass die Geldpresse angeworfen wird und dergleichen.

Indikator 2: die Kerninflationsrate

Die Kerninflationsrate ist der HVPI bereinigt um Energie (zuletzt ist der Ölpreis gestiegen) und Nahrungsmittel. Das EZB-Ziel für die Kerninflationsrate liegt bei 2%. Aktuell liegt die Kerninflationsrate bei 1,1%.

Die vier Marktphasen beim Zins
1. lange niedrige Seitwärtsphase (mit kleinen Schwankungen)
2. mittlere Phase steigender Zinsen (meist +0,25% Zinsschritte)
3. kurzer Höhepunkt (1-6 Monate)
4. kurze Phase fallender Zinsen (meist -0,50% Zinsschritte)

Phase 1: die lange niedrige Seitwärtsphase

Aktuell befinden wir uns in der Seitwärtsphase. Diese geht am längsten (z. B. drei Jahre), aktuell bereits seit Mitte 2014.

Strategie: Hier gilt es, niedrige Zinsen mitzunehmen (und sich nicht durch Zinsaufschläge auf langfristige Zinsbindungen nehmen zu lassen).

Phase 2: die mittlere Phase steigender Zinsen (ca. 1,5 Jahre)

Wenn die Konjunktur heiß läuft und die Inflation anzieht, werden langsam Stück für Stück in 0,25% Schritten (ganz selten in 0,5% Schritten) an den jeweils acht Sitzungsterminen der EZB pro Jahr die Zinsen hochgefahren (z. B. um 2-6%). Man will die Konjunktur nicht abwürgen, das Inflationsziel wird jedoch nicht mehr eingehalten, darum wird behutsam gearbeitet. So wird über einen Zeitraum von meist 1,5 Jahren der Zins Stück für Stück leicht erhöht.

Strategie: Nach dem ersten Zinsschritt, unter der Voraussetzung, es liegt eine echte Trendwende (Indikatoren M3 und Inflation beachten!) vor, kaufen wir einen Zins-SWAP für die Restlaufzeit von z. B. 25 Jahren. Nun sind wir gegen steigende Zinsen abgesichert.

Phase 3: Kurzer Höhepunkt (1 - 6 Monate)

Alle 7-10 Jahre gibt es eine Hochzinsphase. 2007/2008 war das letzte Hoch. Der höchste Zins ist immer nur für kurze Zeit da. Eine Spitze besteht immer nur für sehr kurze Zeit (wenige Monate bis ein halbes Jahr).

Strategie: abwarten auf den ersten Zinssenkungsschritt der EZB und dann den SWAP verkaufen.

Phase 4: Kurze Phase fallender Zinsen (ca. 6 - 24 Monate)

Zuletzt zwischen Ende 2008 und Anfang 2009 (sechs Monate) mit einer Zinssenkung von 4,25 % auf 1,00%. Wenn die Konjunktur durch die Zinserhöhung abgewürgt wurde und in eine Rezession zu fallen droht, muss schnell gehandelt werden, darum werden die Zinsen viel schneller und in größeren Schritten drastisch gesenkt, im Gegensatz zur Phase 2, in der langsam und behutsam in kleinen Schritten der Zins angehoben wird.

Strategie: Füße stillhalten. Da du den SWAP verkauft hast, zahlst du in dieser aber nur sehr kurzen Phase hohe Zinsen. Aber kein Problem, du hast ja deinen hohen Gewinn aus dem SWAP Geschäft.

Wie funktioniert das SWAP-Geschäft nun genau?

Wenn nun der erste echte Zinsschritt (z. B. 2020) der EZB kommt, dann schließt du ein SWAP-Geschäft mit der Darlehensrestlaufzeit von z. B. 25 Jahren mit deiner Bank ab. SWAP ist der englische Begriff für Tausch. Du tauschst also einen Zins gegen einen anderen. Es funktioniert so: Du hast ja dein variables Darlehen. Dieses bleibt bestehen. Nun schließt du einen weiteren, völlig getrennten Vertrag (Zins-SWAP) mit einer Bank ab mit einem festen Zins für die Restlaufzeit (z. B. 25 Jahre). Damit hast du nun Zinssicherheit für die jetzt steigenden Zinsen (ca. 1,5 Jahre) und die Zinsspitze (ca. 1-6 Monate). Sobald dann der erste Zinsschritt zur Reduzierung seitens der EZB kommt, verkaufst du den Zins-SWAP wieder.

Warum behältst du den Zins-SWAP nicht?

Es ist doch absolut absurd, den SWAP gerade jetzt zu verkaufen, wo zwar eine erste Reduzierung um z. B. 0,5% da ist, du aber jetzt ja viel höhere Zinsen zahlen musst, weil du jetzt beim Verkauf auf dein variables hoch verzinstes Darlehen zurückfällst. Wäre es denn nicht viel klüger den SWAP zu behalten bis die Zinsen wieder niedrig sind? Kurz gesagt nein. Bedenke den Zinszyklus, er ist gerade in der Phase 4 – also profitieren wir ab jetzt von schnell fallenden Zinsen. Es handelt sich also nur um eine kurze Zeitspanne, die überbückt werden musst.

Vorfälligkeitsentschädigung anders herum

Wie das Prinzip Vorfälligkeitsentschädigung funktioniert kennst du sicherlich. Ganz grob vereinfacht: du hast ein Darlehen abgeschlossen mit z. B. 4% Zins, aktuell sind jedoch 1% Zins üblich, daher willst du jetzt raus. Mal abgesehen, dass die meisten Banken einen nur beim Verkauf des Objektes gegen Vorfälligkeitsentschädigung rauslassen, sagt die Bank jetzt ja, in Ordnung – dann bekomme ich jetzt eben eine Ablösezahlung, die Vorfälligkeitsentschädigung.

Die Restlaufzeit beträgt noch fünf Jahre (bis zum Ende der 10-jährigen Zinsbindung). Nun gibt es eine Zinsdifferenz von 4% auf 1% = 3%. Diese Zinsdifferenz mal der Restlaufzeit (fünf Jahre) ergibt die Vorfälligkeitsentschädigung, die du der Bank zahlen musst.

3% Zinsdifferenz * 5 Jahre = 15% Vorfälligkeitsentschädigung
Bei einem Darlehensbetrag von 100.000 € sind dies z. B.
3% * 5 Jahre * 100.000 € = 15.000 €, die du an die Bank bezahlst.

Kündigst du ein festverzinsliches Darlehen, das du in einer Niedrigzinsphase
abgeschlossen hast, in einer Hochzinsphase, dann ist die Vorfälligkeitsentschädigung nahezu Null. Aber Geld bekommst du nicht raus. Anders beim Zins-
SWAP. Dieses Derivat funktioniert genau umgekehrt wie die Vorfälligkeitsentschädigung und diesmal zu deinen Gunsten.
Du verkaufst einen niedrig verzinsten Zins-SWAP in einem Markt mit hohen
Zinsen. Jeder will das Ding haben um sich günstig zu refinanzieren. Also bekommst du im Verkaufsfall Geld. Und dies errechnet sich wie die Vorfälligkeitsentschädigung nur anders herum.

3% Zinsdifferenz * 5 Jahre = 15% Vorfälligkeitsgewinn
Bei einem Darlehnsbetrag von 100.000 € sind dies z. B.
3% * 5 Jahre * 100.000 € = 15.000 €, die du von der Bank erhältst.

Damit hast du deinen Darlehensbetrag schon mal deutlich reduziert!
Aber es kommt noch besser, wir haben ja den Zins-SWAP für die Restlaufzeit
des Darlehens abgeschlossen, nämlich auf 25 Jahre für die maximale Zins-Si-
cherheit, weil wir ja sicherheitsliebende Investoren sind. Die volle Zinsdifferenz
zwischen Hochpunkt und Tiefpunkt von z. B. 3,25% werden wir nie mitnehmen
können, da wir erst nach dem 1. Erhöhungszinsschritt abschließen (wir prognostizieren schließlich nicht, sondern warten auf Fakten), verlieren wir 0,25%,
da wir erst nach dem ersten Zinssenkungsschritt verkaufen (wir prognostizieren
schließlich nicht, sondern warten auf Fakten), verlieren wir 0,50% und außerdem kostet das ganze Geschäft auch noch Gebühren. Die Bank kann der Ge-
genspieler in diesem Geschäft sein, meistens ist sie jedoch nur der Vermittler für
den Milliardenmarkt Zins-SWAP und kassiert eine Vermittlungsgebühr. Daher
können wir realistisch einen Gewinn von „nur" ca. 2% realisieren.

2% Zinsdifferenz * 25 Jahre = 50% Vorfälligkeitsgewinn
Bei einem Darlehnsbetrag von 100.000 € sind dies z. B.
2% * 25 Jahre * 100.000 € = 50.000 €, die du von der Bank erhältst.
Das macht jetzt richtig Spaß. Damit hast du kurz deine Schulden dank einer
Hochzinsphase halbiert. So nun hast du ja deinen Zins-SWAP nicht mehr,
dafür allerdings die 50.000 € auf dem Konto. Jetzt bezahlst du wieder dein va-

riables Darlehen mit jetzt z. B. 4% Zinsen, die sich laufend schnell reduzieren in einem Zeitraum von 6-24 Monate (Phase 4) bis wieder die lange Seitwärtsphase Phase 1 mit niedrigen Zinsen beginnt. Bis dahin gibst du jetzt einen kleinen Teil deiner gewonnenen 50.000 € für die Mehrzinskosten wieder aus. Beispielsweise 2% * 2 Jahre = 4% von 100.000 € = 4.000 €

Sind die Banken wirklich so blöd und machen das mit?

Ja! Banken sind vollkommen unfähig Zinsen korrekt vorherzusagen. Sowieso sind 90% aller Prognosen (und darunter fallen auch die Prognosen in diesem Buch) falsch. Daher wird die SWAP-Strategie ohne Prognose durchgeführt.

Wenn die EZB jetzt den ersten Zinsschritt macht, dann ist die Wahrscheinlichkeit sehr hoch, dass eine Zinswende eintritt. Dies immer verbunden mit der Frage, handelt es sich um eine echte Zinswende (Vergleich mit den Indikatoren), veranlasst uns zum Kauf oder Verkauf des Zins-SWAP und zwischendrin finanzieren wir einfach variabel weiter, da das einmal abgeschlossene variable Darlehen einfach weiter läuft.

Kurzfristige Zinsen werden gesteuert (Geldmarkt - EZB), langfristige Zinsen entstehen durch Angebot und Nachfrage (Kapitalmarkt - Pfandbriefe).
Beim Kapitalmarkt, zu dem auch die Börse gehört, weiß man nie, wann die Party zu Ende ist. Hier können wir nur mit Prognosen arbeiten (die ja zu 90% falsch liegen).

Der einzige Markt in dem die Glocken läuten

Es gibt nur einen einzigen Markt, da läuten die Glocken (in Form von 8 EZB Sitzungen pro Jahr) – und dieser Markt wird vom Euribor mit minimalen Schwankungen nachgebildet. Der Geldmarkt ist wie ein Hund, mal läuft er an der Leine seines Herrchens (EZB) etwas voraus, mal läuft er ihm nach, doch er ist durch die Leine immer in seiner Nähe.

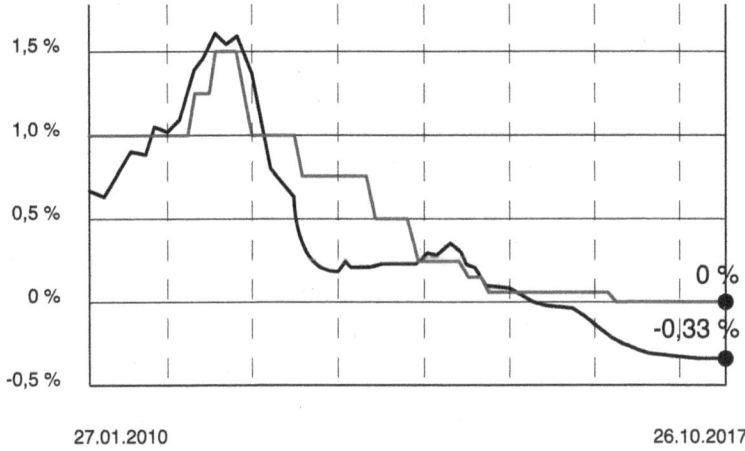

1,5 %

1,0 %

0,5 %

0 %

-0,5 %

0 %

-0,33 %

27.01.2010   26.10.2017

Das ist verrückt und fantastisch zu gleich. Es gibt einen Markt, der komplett gesteuert und beeinflusst wird und wo du ganz genau weißt wo er hinläuft. Es gab noch nie eine echte Zinswende ohne Notenbank. Mit dem ersten Zinsschritt wird in 90% der Fälle eine echte Zinswende eingeläutet.

Echte Zinswende oder kleine Schwankung? Beispiel 2011

Im Jahre 2011 wurden die Zinsen von der EZB zweimal in Folge um jeweils 0,25% von 1% auf 1,5% erhöht. Schaut man sich jedoch die Geldmenge M3 (Indikator 1) in diesem Zeitraum an, zeigt sie tiefe Rezession. Was war passiert? Die Kerninflation war kurzfristig im Februar 2011 von 1% auf 1,6% im April 2011 gesprungen (Indikator 2). Die Erhöhung des Leitzinses am 7. April 2011 hatte also mehr symbolische Wirkung, um zu zeigen, dass man etwas gegen die Inflation tut. Das BIP der Euroländer legte von Tiefpunkt März 2009 bis März 2011 von – 5,5% auf +2,8% zu. Heiß läuft die Wirtschaft im Euroraum bei 3,8 bis 5% BIP-Steigerung (Indikator 3). Aktuell 11/2017 stehen wir übrigens bei + 2,3%. Die Prognose bis 2020 geht von +2,0% aus. Also nach Indikator 3: BIP-Wachstum deutet aktuell nichts auf Überhitzung der Wirtschaft hin und damit Zinswende. Und so war es auch im Jahr 2011 (zusätzlich läuft aktuell ja auch noch Quantitative Easing).

Fazit: wir müssen also immer alle Fakten zusammentragen, um zu bewerten, ist die Zinserhöhung der EZB eine echte Zinswende – dann kaufen wir einen Zins-SWAP, oder handelt es sich nur um eine kleine Schwankung, dann machen wir gar nichts und fahren variabel ohne Absicherung.

Die übergeordnete Strategie

Anstatt mit einer Festzinsbindung über zehn Jahre und mehr in die Zukunft zu prognostizieren (und dabei wahrscheinlich falschzuliegen) fahren wir stets auf Sicht, finanzieren variabel ohne Absicherung, beobachten die Daten, die uns der Markt gibt, und stellen uns fortlaufend die Frage: haben wir eine echte Zinswende, ja oder nein? Übrigens hat dies alles nichts mit den Spread-Ladder-Swaps zu tun, mit denen Kommunen auf einen Zinsabstand wetteten und Millionen verloren haben. Der Begriff des Swaps, den wir hier verwenden lautet: Plain Vanilla Swap (sowohl Plain als auch Vanilla stehen im englischen für gewöhnlich).

Können wir keine variable Finanzierung bekommen, weil unsere Darlehen zu klein sind oder unsere Bonität nicht ausreichend ist, dann nutzen wir die 5-jährige Zinsbindung, um zumindest etwas flexibler zu sein.

Warum ist die variable Finanzierung schwer zu bekommen?

Wie du weißt wollen die Banken lieber auf zehn Jahre fest machen und haben denselben Prüfaufwand für zehn Jahre wie für drei Monate. Zusätzlich benötigst du eine höhere Kapitaldienstfähigkeit, da die Stressannuität höher ist.

Warum ist beim Zins-SWAP eine besonders hohe Bonität nötig?

Läuft der Zins-SWAP gegen dich und du könntest nicht mehr bezahlen, wird zusätzlich der aktuelle Barwert (ähnlich einer Vorfälligkeitsentschädigung) fällig. Da die Zinsen theoretisch unendlich steigen oder fallen können, ist der Verlust theoretisch unbegrenzt möglich. Daher wird dir von der Bank eine Art Kreditlimit abhängig von deiner Bonität für deine SWAP-Geschäfte eingeräumt.

Zins-SWAP bei 5-jähriger Zinsbindung anstatt variabel

Es ist auch möglich, mit einem SWAP eine 5-jährige Zinsbindung gegen eine 25-jährige zu tauschen. Es muss nicht immer variabel gegen fest getauscht werden, es geht auch fest gegen fest. Dies bietet sich insbesondere dann an, wenn das Darlehen mit 5-jähriger Laufzeit relativ frisch abgeschlossen ist und voraussichtlich über die ganze Hochzinsphase hinweg läuft. Denn ein Darlehen mit 5-jähriger Zinsbindung ist letztlich auch nichts anderes als ein variables Darlehen mit einer anfänglichen Zinsbindung (von fünf Jahren), denn nach fünf Jahren kann das Darlehen zwar umgeschuldet werden, es kann aber auch mit einem im Vertrag definierten Aufschlag auf den EURIBOR (der unverschämt hoch ist) theoretisch weitergeführt werden.

Alternative zum Zins-SWAP – das Zinscap für Privatpersonen

Der normale Privatmann bekommt im Regelfall keinen Zins-Swap von der Bank verkauft. Insbesondere nicht von Großbanken wie der Deutschen Bank, da sie schon schwer einkassiert haben wegen Falschberatung. Sparkassen sind etwas offener. Als Privatperson gibt es als Alternative die Möglichkeit ein variables Darlehen mit einem „Cap" abzusichern. Der Unterschied gegenüber dem SWAP ist, dass hier eine Einmalprämie fällig wird. Die Größenordnung ist ca. 3-4% der Darlehenssumme. Wenn nun dieser Cap ein extra Vertrag ist und nicht in das variable Darlehen im selben Vertrag mit eingebaut wird (kombiniertes Produkt, wie es insbesondere die Apobank anbietet), dann kann auch der Cap im Zeitpunkt des ersten Zinssenkungsschritts der EZB nach dem Hochpunkt (Zinswende) aufgelöst werden und du bekommst eine Entschädigung.

Wer kann einen Zins-SWAP kaufen?

Kapitalgesellschaften und rechtsfähige Stiftungen können bei entsprechender Bonität das Derivat Zins-SWAP erwerben. Wer mehr als 30 Wohnungen im Privatbestand hat, dem wird auch seitens der Bank Gewerblichkeit unterstellt. Dies hat nichts mit Gewerblichkeit im Steuersinn zu tun.

Theoretisch ist es auch möglich eine Kapitalgesellschaft zu gründen und über diese nur den Zins-SWAP laufen zu lassen und die Immobilie im Privatvermögen zu halten.

Die Vertragsausgestaltung eines variablen Darlehens

Die folgenden Punkte sind in Bezug auf ein variables Darlehen wichtig:
- fixe Margenvereinbarung für die Gesamtlaufzeit
→ viele Banken versuchen diese auf die ersten drei Jahre zu begrenzen
- Referenzzinssatz: 3-Monats Euribor
→ Viele Banken versuchen einen eigenen undurchschaubaren Referenzzinssatz, den bankeigenen Einstand zu hinterlegen
- Liquiditätszusage klar definieren
→ Kreditvertragslaufzeit z. B. 30 Jahre mit Datum in den Vertrag reinschreiben und keinen Verweis auf den Tilgungsplan akzeptieren (das geht zwar notfalls auch, ist jedoch nicht so fest)
Bezüglich der fixen Margenvereinbarung unter „Weitere Darlehensbedingungen": Zinsaufschlag (Marge) wie folgt definieren:

„Für dieses Darlehen ist zur Zeit ein variabler Nominalzinssatz von x,xxx% p.a. vereinbart. Dieser Nominalzinssatz wird automatisch an den 3-Monate-Euribor-Satz angepasst. Der vom Darlehensnehmer zu zahlende Zinsaufschlag beträgt x,xx%"

Sparkassen wollen die Margen nicht gern ausweisen. Die Formulierung „um ebenso viele" ist ebenfalls in Ordnung. Wenn es irgendwie geht, dann lasse die Marge extra reinschreiben, damit es wirklich save ist.

Wie bringst du Banken dazu, variable Darlehen zu vergeben?

Die Bank hat Angst davor, dass Sie mit deinem variablen Darlehen kein Geld verdient, da du jederzeit kündigen könntest und dann der ganze Aufwand für die Prüfung umsonst gewesen wäre.

Lösungsmöglichkeit 1: Mach den Vertrag für drei Jahre fest und im selben Vertrag wird hinterher eine vernünftige Marge auf den Euribor definiert.
Lösungsmöglichkeit 2: Biete der Bank eine Bankbearbeitungsgebühr in Höhe von z. B. 0,25% an. Dies funktioniert jedoch nur bei gewerblichen Kunden. Bei Immobilar- Verbraucherdarlehen ist die Möglichkeit einer Bearbeitungsgebühr gesetzlich ausgeschlossen.

Einen fairen Zins für variable Finanzierungen bekommen

Gib in deinem Kreditantrag vor, welchen Zinssatz du haben willst (dazu musst du allerdings sehr genau den Markt kennen, oder die Verhandlung jemandem überlassen, der den Markt kennt) und lass dir nicht ein Angebot einer Bank geben. Das Problem ist, dass die Banker (anders als andere Marktplayer wie Handwerker etc.) nicht bereit sind ihr Gesicht zu verlieren. Große Reduzierungen bei einem von der Bank im 1. Step viel zu hoch angebotenen Zinssatz kann sie später nicht mehr durchführen. Die letzte Chance ist dann noch, den Mitarbeiter zu bitten seinen Chef zu fragen, um das Gesicht der Bank zu wahren. Wenn du es alleine machst und nicht genau weißt, was du tust, verbrennst du dir leicht den Bankkontakt. Setzt du zu hoch, bezahlst du 30 Jahre zu viel, setzt du zu niedrig an, hast du verloren und dir wird der Antrag gleich abgelehnt. Lässt du die Bank den Zins bestimmen, bekommst du viel zu hohe Angebote.

Ein exzellent aufbereiteter Kreditantrag

Ein exzellent aufbereiteter Kreditantrag ist bei einem variablen Darlehen natürlich noch viel wichtiger als bei Darlehen mit Zinsbindungen. Hast du beispielsweise mehrere GmbHs (z. B. Objekt-GmbHs), müssen die Daten aus diesen GmbHs vom Steuerberater konsolidiert werden. Probleme und deren Lösungen im Objekt, im Portfolio, in der Bonität müssen im Kreditantrag dargestellt werden inkl. Lösungen zur Vorlage für den Risikoprüfer, ggf. ein Prognosegutachten. Zu einem Kreditantrag gehört neben den Unterlagen, die du in meinen Unterlagen-Listen findest, auch die Selbstauskunft, Schufa-Einverständniserklärung, Einverständniserklärung zur Abfrage einer Bankauskunft, Immobilienübersicht, Übersichten mit den Eckdaten über die Bestandsobjekte und das Kaufobjekt (und hier vergisst du bitte keine relevanten Details und bringst aber auch keine irrelevanten – siehe z. B. die Darstellung der Bestandsobjekte in meiner Selbstauskunft), Kostenaufstellungen, Konditionsvorgabe, Beleihungsauslauf, Eigenkapitaleinsatz und deren Quelle, Zusatzsicherheiten, Referenzkonto, Trennblätter und sauberer Sortierung für die verschiedenen Dokumente, Berechnungen und Darstellung der Kapitaldienstfähigkeit und der ganzen Finanzierungskonzeption und einen Termin für eine verbindliche Zusage.

Warum es ohne nicht geht

Die Kundenberater in der Bank sind mit der Fülle an Aufgaben hoffnungslos überlastet, wenn dann eine variable Finanzierung begleitet werden soll, die für die Bank viel Arbeit darstellt und wenig bis keinen kalkulierbaren Ertrag bringt und dann die Unterlagen nicht fix und fertig als risikoprüferbereiter Kreditantrag vorliegen, dann kannst du es, spätestens sobald dein Bestand eine bestimmte Größe erreicht hat und du eine neue Bank akquirieren willst, vergessen. Die Unterlagen landen auf einem Stapel und nach zwei Wochen kommt eine Absage, ohne dass die Unterlagen überhaupt gesichtet wurden.

Eine Aufgabe für einen Finanzierungsvermittler

Die Aufbereitung der Unterlagen und die Erstellung eines ordentlichen Kreditantrags ist eine der Hauptaufgaben eines guten Finanzierungsvermittlers und braucht je nach Komplexität eines Vorhabens teilweise mehrere Tage Arbeitsleistung von entsprechend fachkundigen Personen. Oft muss aus Zeitgründen mit einem Team daran gearbeitet werden. Bereits bevor die jeweilige Immobilie erworben wird alle Unterlagen bereitzustellen ist hilfreich um Zeit zu gewinnen.

Zuletzt ist auch entscheidend, welchen Ansprechpartner man in der Bank hat. So gibt es Privatkundenberater und Berater aus den Immobilienabteilungen, die noch nie mit so einer variablen Finanzierung zu tun hatten und sowieso mal wieder meist Eigenheime mit langfristiger Zinsbindung finanzieren.

Zinssatz herunterhandeln (hinterher)

Biete der Bank folgenden Deal an: die Bankbearbeitungsgebühr von z. B. 0,25% wird auf z. B. 0,50% - 1% erhöht. Dies sind für dich ja nur einmalige Kosten. Und im Gegenzug wird das variable Darlehen um 0,25% reduziert. Du denkst, das kann nicht funktionieren? Doch, es funktioniert. Es gibt Banker, die hocherfreut über so einen Vorschlag sind, weil sie sofort ein Ergebnis verbuchen können und nicht einen eventuellen Gewinn bei einem Darlehen, das jederzeit gekündigt werden kann. Kurzfristige Gewinne gehen nach wie vor in Banken vor. Wenn die Bank dir sagt, sie könne keine Bearbeitungsgebühr verlangen, dann biete ein Disagio in der Höhe an.

Die Anpassungsschwelle

Anpassungsschwellen betragen meist: 0,10% bis 0,25% Veränderung gegenüber dem EURIBO. Bei 0,00% muss also bei minimalsten Anpassungen alle drei Monate beim Roll-over verändert werden. Eine Anpassungsschwelle von 0,25% ist vorteilhafter für dich, da ggf. nicht schon bei der ersten EZB-Erhöhung der EURIBOR die Schwelle überschreitet und du so also noch eine Zeit lang minimal günstiger fährst.

Non-Recourse-Finanzierungen + Exitstrategie Verkäuferdarlehen

Schließt du eine variable Finanzierung in Kombination mit einer Non-Recourse-Finanzierung in einer VV-GmbH ab, kann die ganze GmbH leichter verkauft werden, weil du die Bonität direkt mitverkaufst und das Objekt bis zum Ende durchfinanziert ist. Somit ist die Bonität des Käufers vollkommen egal. Über dieses Modell kannst du die Exitstrategie Verkäuferdarlehen mit Share-Deal fahren. Im Ankauf hast du für Wohnimmobilien also ca. 40% + Kaufnebenkosten Eigenkapital gebracht. Im Verkaufsfall würde es dir reichen, genau diese Höhe als Anzahlung vom Käufer zu bekommen. Verkaufst du das Objekt z. B. mit einem Gewinn von 100% nach wenigen Jahren (bei Einkaufsgewinn von dir von 20%, wertsteigernden Modernisierungen, Mietsteigerungen etc. ist das durchaus realistisch) würde es also reichen, wenn der Käufer 20% in Form von Eigenkapital, Mezzanine Kapital oder wie auch immer bringt, du ihm den Restbetrag gegen Besicherung der GmbH-Anteile als Verkäuferdarlehen oder Mietkaufmodell stellst, und du hättest dein eingesetztes Eigenkapital bereits raus. Da du nur 95% der Anteile verkaufst, beschränken sich die Transaktionskosten für den Käufer rein auf die Notarkosten. Mit diesem Modell ermöglichst du bonitätsschwachen Käufern, die aber Eigenkapital (oder Eigenkapitalersatz) auftreiben können, also z. B. ältere Personen, die keine Bankkredite mehr bekommen, aber sehr vermögend sind, Existenzgründer, Personen mit Bonität, aber ohne Trackrecord für die Höhe des Geschäfts (hat z. B. bisher nur einzelne Wohnungen gekauft, jetzt soll ein Wohnblock mit 50 Einheiten gekauft werden, weil eine größere Summe Geld geerbt wurde, oder eine Firma verkauft wurde, aber kein neuer Job besteht...). Die Käufergruppen sind sehr vielfältig.

Minuszinsen und EURIBOR-Finanzierung

Die Dt. Bank gibt Minuszinsen weiter, laut Vorstandsentschluss zwar nicht bei Privatpersonen, es wird bei entsprechendem Interesse nach Verhandlung trotzdem gemacht. Sparkassen geben Minuszinsen grundsätzlich nicht weiter.

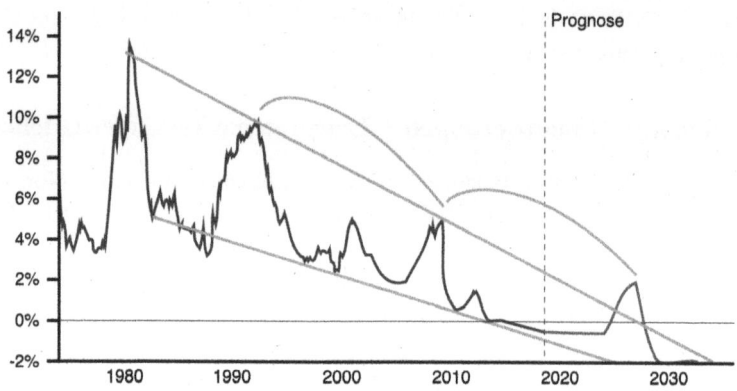

Euribor in Deutschland

Beleihungsausläufe in unterschiedlichen Marktphasen

Bei leicht steigenden Zinsen wollen die Banken mehr Kreditgeschäft machen und akzeptieren höhere Beleihungsausläufe. Bis kurz vor 2008 wurden Gewerbeimmobilien mit bis zu 90% Beleihungsauslauf finanziert und acht Jahre tilgungsfrei gestellt. Hotelbau: 2009 nach der Krise: 50% Beleihungsauslauf, heute bis zu 90% Beleihungsauslauf.

Bei Wohnimmobilien sind heute Beleihungsausläufe von 80-90% normal, 100% oder 110% Finanzierung sind die Ausnahme. An schlechten Standorten z. B. in Plauen wird im Regelfall nur bis max. 65% finanziert.

In Italien werden Immobilien aktuell nach wie vor nur mit maximal 50% Beleihungsauslauf finanziert. Auf Mallorca bis zu 70%. Wenn die Banken anfangen, in Spanien, Italien und so weiter mit höheren Beleihungsausläufen zu finanzieren, dann zieht deren Wirtschaft auf 5% Wirtschaftswachstum an. Dann geht der Zins schneller hoch als wir uns vorstellen können, um die dann wiederbeginnende Spekulation zu bremsen.

Wenn die Zinsen hoch genug gestiegen sind, dass den Kreditnehmern die Anschlussfinanzierungen um die Ohren fliegen und die Anzahl der Objekt, die in der Kreditsanierung/Abwicklung landen, steigen, bekommen die Banker, die auf Druck und Wunsch ihrer Chefs Objekte mit hohem Beleihungsauslauf und Risiko durchgewunken haben, eins auf den Deckel.

Jetzt gehen zusätzlich zu den hohen Zinsen auch noch die Beleihungsausläufe runter, der Wunsch nach Eigenkapital hoch und die Kreditvergabe massiv zurück. Irgendwann geht der Zins wieder runter, alles erholt sich, und die Banker vergessen den Anschiss wieder, und das Spiel geht wieder von vorne los.

Wenn die Wirtschaften in Europa wieder stärker wachsen, interessiert keinen Menschen mehr die Staatsverschuldung. Dadurch, dass sich das System immer mehr verschuldet, geht die Höhe des maximalen Zinses in einem Zinszyklus im Moment runter. Wir sehen dies im 30-jährigen übergeordneten Trend. 2011 sind wieder 30 Jahre rum gewesen, eigentlich müssten die Zinsen daher jetzt wieder von 7-10 Jahreszyklus zu 7-10 Jahreszyklus leicht steigen.

Kommt ein Schuldenschnitt, dann wird der Staat massiv Geld ausgeben und Geld in den Markt pumpen für z. B. Infrastruktur, dann sind die Zinsen ganz schnell bei 6-8%.

Anfang 2014 erhöhte die Türkei sprunghaft auf einen Schlag um 4%. Die Türkei hat nur 40% Staatsverschuldung, daher ist das nicht so schlimm. Sie musste handeln, weil Geld aus dem Land abgezogen wurde. Das Niveau ist jedoch seit 2001 im Abwärtstrend und aktuell niedriger als noch 2012.

Schuldzinsen für das Eigenheim / Autokredit etc. von nicht abzugsfähig nach Abzugsfähig umqualifizieren

Schuldenfreie ETW 100.000 € vorhanden

Eigenheim zu 200.000 € kaufen

Verkauf der ETW an die Ehefrau (nach 10 Jahren steuerfrei).

Die Ehefrau nimmt jetzt 100.000 € Kredit auf - steuerlich abzugsfähig

Vermietung der eigengenutzten Immobilie von der GmbH an Privat

Kostenmiete, wenn unter Kostenmiete vermietet wird, dann ist die Differenz verdeckte Gewinnausschüttung.

Früher wurde diese Regelung öfters angewendet, dies ist heute nicht mehr sinnvoll.

Zinsentwicklung

- EZB / FED

- Kriterien

- Inflation ist nicht gleich Inflation

- Die Inflationslüge

- Ausblick und Prognose

- Gibt es Zinszyklen?

„Menschen haben bereits alle Ressourcen für jede gewünschte Veränderung in sich"
NLP Axiom

35. Zinsentwicklung
Der übergeordnete 30-Jahre Zyklus

Anders als beim 7-10-jährigen Zinszyklus der die kleineren Schwankungen abbildet, geht es beim 30-jährigen Zinszyklus um die Schwankungsbreite im Allgemeinen. Schauen wir uns mal die letzten knapp 186 Jahre in den USA an:
1831: Tiefpunkt/1861: Hochpunkt /1891: Tiefpunkt
Und die letzten 100 Jahre:

Zinssatz 30-jähriger US-Anleihen - 30-Jahres-Zyklus

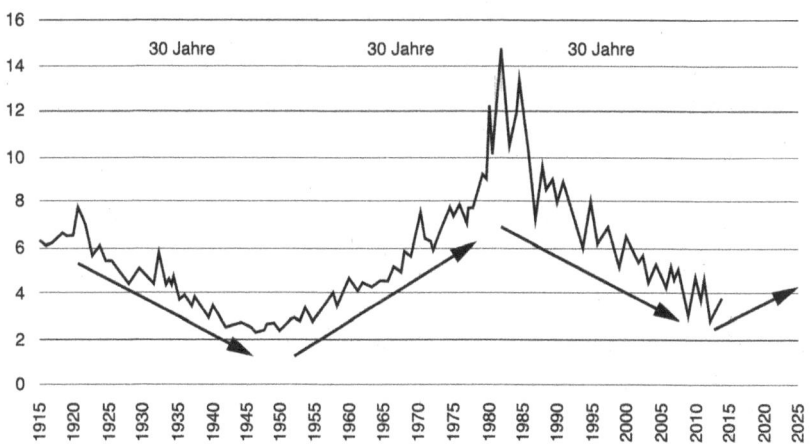

1921: Hochpunkt/1951: Tiefpunkt/1981: Hochpunkt
2011 hätte nun eigentlich wieder der Tiefpunkt kommen müssen
Seit 1980 im Detail:

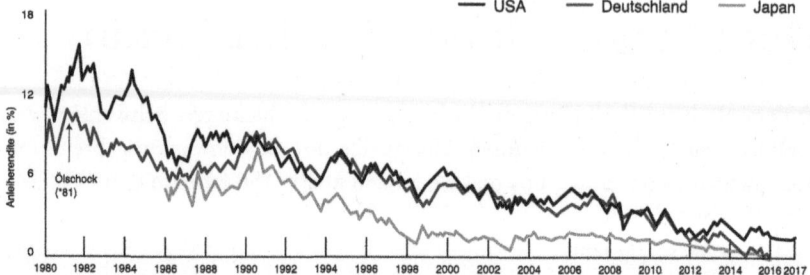

Nun, der Tiefpunkt ist nach 186 Jahren zwar nicht ganz exakt auf 2011 gefallen, aber in 2011 war jedenfalls ein Tief vorhanden. Die Schwankungen zwischen 2010 und 2015 waren minimal. Erst ab Ende 2015 fingen die Zinsen wieder an zu steigen.

EZB-Geldpolitische Beschlüsse vom 7.9.2017

Spitzenrefinanzierungsfazilität: 0,00% - 0,25%
Einlagenfazilität: -0,40%

„Der EZB-Rat geht davon aus, dass die EZB-Leitzinsen für längere Zeit und weit über den Zeithorizont des Nettoerwerbs von Vermögenswerten hinaus auf ihrem aktuellen Niveau bleiben werden." Mit dem Nettoerwerb von Vermögenswerten ist die geldpolitische Sondermaßnahme der EZB gemeint, die ab Januar 2017 von aktuell 60 Mrd. € auf 30 Mrd. € pro Monat reduziert wird und noch bis mindestens September 2018 laufen soll *„oder erforderlichenfalls darüber hinaus erfolgen soll und in jedem Fall so lange, bis der EZB-Rat eine nachhaltige Korrektur der Inflationsentwicklung erkennt, die mit seinem Inflationsziel im Einklang steht."*

Ein sofortiger Stopp im September 2018 ist unwahrscheinlich. Auch wenn Ex-AfD-Politiker Bernd Lucke und Hans-Olaf Henkel beim Bundesverfassungsgericht per Eilantrag versucht hatten, einen sofortigen Stopp zu erzielen. Vor dem Bundesverfassungsgericht wurden sie abgeschmettert. Übrigens: der ursprüngliche Gründungskern der AfD war alles andere als rechtspopulistisch. Von den Medien und den anderen Parteien wurde sie erst in diese Ecke gestellt, bekam mehr Zulauf und wurde schließlich zu dem, was sie heute ist. 2012 war unter dem ursprünglichen Gründerteam ihr spitzer Inhalt die berechtigte Kritik am Euro-Währungsgebiet wie sie auch Dirk Müller, Hans-Werner Sinn und Heiner Flassbeck vorbringt. Diese Problematik (der Kern der Europroblematik) wird so jedoch von keiner Partei ernsthaft verfolgt.

Zum Thema nachhaltige Korrektur haben wir zwar in Deutschland laut Statistischem Bundesamt in manchen Monaten das Inflationsziel von 2% fast erreicht, im Juli 2017 (aktuellste Daten zum Erscheinungstermin dieses Buches) liegt Deutschland jedoch nur bei 1,5%. Der gesamte Euro-Raum liegt bei 1,3%. Die relevante Kerninflationsrate sogar nur bei 1,1%. Das Inflationsziel von 2% (bezogen auf die Kerninflationsrate) ist daher lange nicht erreicht, also muss auch der Refinanzierungszinssatz in der Folge niedrig gehalten werden (nicht erhöht werden!) um das Ziel zu erreichen.

IWF-Jahrestagung Ende Oktober 2017

Laut Draghi gebe es *"keinen Anlass, sich in geldpolitischen Entscheidungen beirren zu lassen. Die niedrigen Zinsen sollten genutzt werden, damit sich Staaten entschulden können."*

Einige Staaten sind der Meinung, das billige Geld nutzen zu können, um Investitionen zu tätigen, um die Wirtschaft weiter anzukurbeln.

Draghi widerspricht: *„Es wird häufig unterschätzt, wie schwer es ist, Budget-Maßnahmen wieder rückgängig zu machen."* Anders gesagt: Wer bei niedrigen Zinsen aus dem Vollen schöpft, kommt oft nicht davon runter, wenn die Zinsen steigen.

Pfandbrief Zinsen

Eine andere Art der längerfristigen Refinanzierung (anstatt der kurzfristigen auf Euribor-Basis) besteht für Banken auf Basis von Pfandbriefen. Hierbei kauft die Bank bis zu 64% Beleihung (80% des Beleihungswertes, der im Regelfall 80% des Verkehrswertes entspricht) das Geld in Form eines Pfandbriefes am Kapitalmarkt an.

	5 Jahre	10 Jahre	15 Jahre
23.10.2017:	0,25%	0,96%	1,41%
19.10.2017:	0,23%	0,91%	1,38%
11.09.2017:	0,19%	0,86%	1,33%

01.04.2014:   1,03%   1,94%   2,42%

Ende September und Oktober sind die 5-jährigen Pfandbriefe mit kleinen Schwankungen leicht gefallen. Die Pfandbriefe sind eine sichere Anlage in Konkurrenz mit den Bundesanleihen (z.B. für institutionelle Investoren wie Versicherungen).

Den leichten Steigerungen von Dezember 2016, haben die Banken noch eins draufgesetzt und ihre Marge vergrößert. Aus diesem Grund sind die Zinsen, insbesondere bei längeren Zinsbindungen, in diesem Jahr etwas gestiegen.

Anleihekaufprogramm der EZB

Zum 01.01.2018 reduziert die EZB ihr Anleihekaufprogramm von 60 Milliarden € pro Monat auf 30 Milliarden € pro Monat. Von Zinserhöhungen sind wir noch weit weg. Das Programm soll bis mindestens Ende September 2018 weiterlaufen. Es wird sich vorbehalten, falls nötig, jederzeit das Volumen wieder zu erhöhen oder die Dauer des Programms zu verlängern.

In der aktuellen Lage (und insbesondere bei Aufwertungsobjekten oder Objekten mit Einkaufsgewinn) kann ich daher unbedingt meine 5-Jahre-Zinsbindungsstrategie empfehlen.

Die Inflation im Euro-Wirtschaftsraum 2017

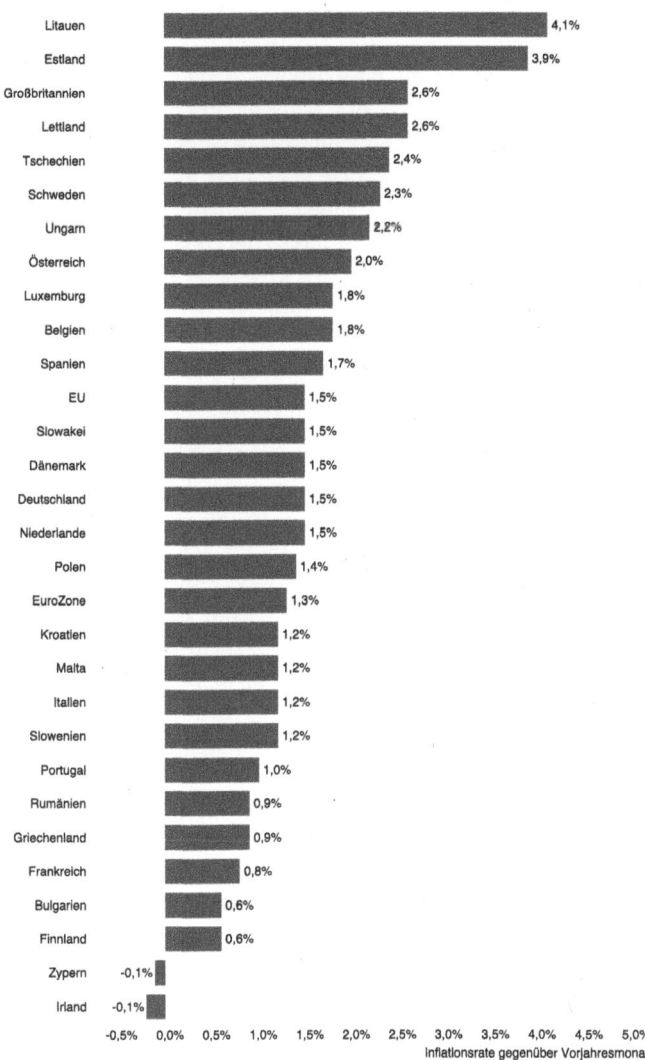

Inflationsrate gegenüber Vorjahresmonat

Litauen	4,1%
Estland	3,9%
Großbritannien	2,6%
Lettland	2,6%
Tschechien	2,4%
Schweden	2,3%
Ungarn	2,2%
Österreich	2,0%
Luxemburg	1,8%
Belgien	1,8%
Spanien	1,7%
EU	1,5%
Slowakei	1,5%
Dänemark	1,5%
Deutschland	1,5%
Niederlande	1,5%
Polen	1,4%
EuroZone	1,3%
Kroatien	1,2%
Malta	1,2%
Italien	1,2%
Slowenien	1,2%
Portugal	1,0%
Rumänien	0,9%
Griechenland	0,9%
Frankreich	0,8%
Bulgarien	0,6%
Finnland	0,6%
Zypern	-0,1%
Irland	-0,1%

Das heißt, wenn mal in einem einzelnen Monat ab 2018 das Inflationsziel von 2% im Euroraum erreicht sein sollte, was aktuell nicht abzusehen ist, warum das eintreten sollte, durch die nachhaltig negative Entwicklung der europäischen (insbesondere osteuropäischen) Wirtschaft das dann immer noch nicht nachhaltig ist.

Das wiederum lässt den Rückschluss zu, dass davon auszugehen ist, dass die Zinsen auch noch für mindestens zwei bis drei Jahre niedrig bleiben könnten. Ein idealer Zeitraum für eine 5-Jahre-Zinsbindungsstrategie mit Forward Darlehen als Option zur langfristigen Absicherung. aber auch für die Partizipationsmöglichkeit für den möglichen Fall einer neuen Weltwirtschaftskrise (Crash 2018-2020) – mit Negativzinsen von -6% als mögliche Folge. So ist man in alle Richtungen flexibel und kann reagieren. Ganz anders als bei aberwitzigen 10/15/20-Jahre Zinsbindungen zum heutigen Zeitpunkt, wo überhaupt nicht klar ist, was in zehn Jahren (frühester Kündigungszeitpunkt mit 6 Monaten Kündigungsfrist) dann für ein Zinsniveau und Immobilienkaufpreisniveau existiert. Die Illusion, für zehn Jahre fest zu machen und damit zehn Jahre psychologisch Ruhe zu haben (schließlich machen das alle so, also kann es nur richtig sein, ist absurd, wenn man bedenkt, dass 95% der Immobilienbesitzer mit ihren Immobilien kein Geld verdienen) führt dann in 10 Jahren zu einem riesigen Problem, wenn es um die Anschlussfinanzierung geht. Dann verkaufe ich nach zehn Jahren spekulationssteuerfrei, wenn ich die Immobilie im Privatbesitz halte und mich nicht gewerblich infiziert habe, kommt dann als Antwort. Hier muss ich deutlich mahnen: wenn in zehn Jahren eine Hochzinsphase besteht, dann ist kein guter Verkaufszeitpunkt für die Immobilie, weil Immobilienpreise und Zinsen zusammenhängen und sich immer gegensätzlich bewegen! Damit lässt sich die Immobilie dann nur mit hohem Verlust verkaufen (ein Verlust, der das Darlehnsvaluta vermutlich sogar übersteigen wird – vielleicht gar nicht mehr aufgefangen werden kann durch sonstiges Vermögen). Eine Kettenreaktion wird ausgelöst. Es müssen weitere Immobilien, auch außerhalb der Spekulationsfrist, verkauft werden, um das Loch zu stopfen. Die Kapitaldienstfähigkeit reicht nicht für eine Anschlussfinanzierung zu höheren Zinsen bei schlecht eingekauften Renditen von 3-5% anstatt 6-12% (die Puffer gelassen hätten an „schlechten" Standorten. Die "guten" Standorte mit hohen Kaufpreisen – nach dem Makler-Motto: Lage, Lage, Lage hat sich dann in ein Schuldengrab gewandelt). Nicht umsonst gehen regelmäßig alle 20 Jahre viele Branchenteilnehmer der Immobilienwirtschaft pleite, weil sie die immanenten Risiken vollkommen unter den Tisch gekehrt haben und sich in mutigen kreditgehebelten Immobilienpreisspekulationen, kombiniert mit Zinsspekulationen, bei denen sie selbst der vollen Überzeugung waren, es wäre alles so sicher und dies auch von ihrem Umfeld so bescheinigt bekommen haben, verstrickt haben. Wer eine Immobilie zu einem überhöhten Kaufpreis (und alle Kaufpreise jenseits der 2.700€/ qm sind definitiv überhöht) mit hohem Preisrückschlagpotential in der Erwartung kauft, dass dies ein TOP-Standort ist, der sich super vermieten lässt und außerdem gestützt auf die Preisentwicklung aus der Vergangenheit eine mögliche Preisentwicklung in der Zukunft erwartet – und das alles noch mit einer 10/15-jährigen Zinsbindung kombiniert, ist nichts anders als 1. ein Immobilienspekulant und 2. ein Zinsspekulant. Was er aber definitiv nicht ist, ein umsichtiger Investor! Denn der würde versuchen, derartige Risiken um jeden Preis zu vermeiden.

Druckt die EZB viel Geld? Das Geldmengenwachstum M3

Es heißt ja immer, die EZB druckt so viel Geld. Die Geldmenge M3 wächst in guten Phasen um 8 bis 12%. Im Schnitt ist sie seit den 80er-Jahren um 6,5% gewachsen. Seit 2009 liegen wir aber durchgehend unter diesem Wert. Es ist also längst nicht so viel Geld gedruckt worden, wie es immer behauptet wird.

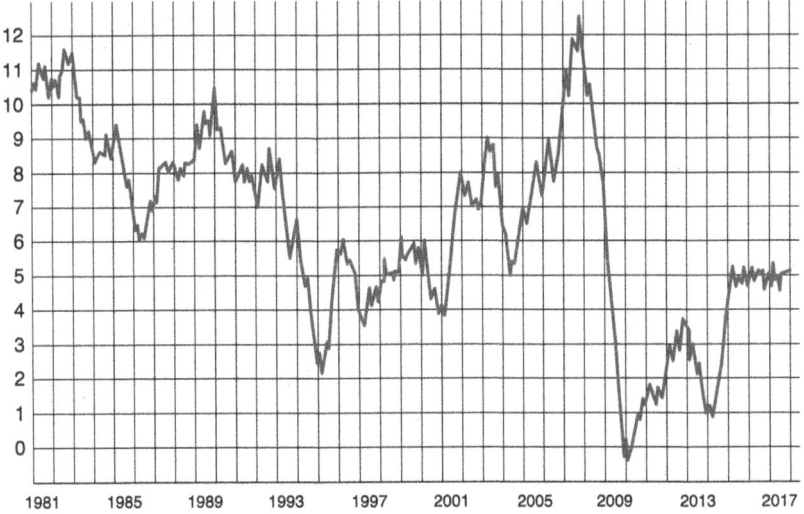

Und genau diese Experten, die jahrelang von einer Inflation gesprochen haben, sehen heute eine Deflation in Europa. Mit genau solchen nicht kompetent re-

cherchierten Aussagen werden die Märkte beeinflusst und Stimmung gemacht.
Inflation Deutschland August 2017: 1,8%
Inflation Euro-Raum August 2017: 1,5%
EZB-Inflationsziel für den Euroraum: 2,0%

Wir verwechseln immer, dass wir zwar in Deutschland das Inflationsziel der
EZB fast erreichen, aber Deutschland ist nicht der Euroraum. Es ist nur ein
Land davon. Relevant ist, was im gesamten Euroraum für eine Inflation er-
reicht wird.

Verbraucherpreisindex ist nicht gleich Kerninflationsrate

Aber Achtung: das EZB-Ziel bezieht sich NICHT auf die Inflationsrate aus
dem Verbraucherpreisindex, die auch meist in den Zeitungen zu finden ist,
sondern auf die sogenannte Kerninflationsrate.

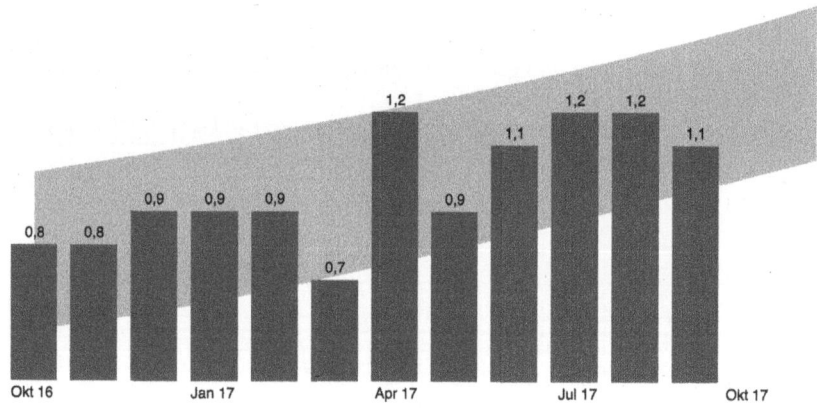

Mitte 2018 will man die Kerninflationsrate von 1,1% auf 1,5% gesteigert haben. 2020 will man 1,9% erreichen und wäre dann immer noch unter dem
Wunsch-Richtwert von 2,0%, die EZB-Inflationsziel sind. Erst wenn also
nachhaltig sichergestellt ist, dass diese 2,0% dauerhaft erreicht werden, dann
ist die Basis für EZB-Leitzinserhöhungen gelegt. Also wenn man rein nach der
Kerninflationsrate (Hauptziel) geht, könnte es eventuell Mitte 2020 als frühester Zeitpunkt soweit sein, dass erste Zinsschritte denkbar wären. Woher genau
diese Inflation kommen soll, ist mir jedoch unklar. Wenn das QE-Programm

Anfang 2018 heruntergefahren wird, dann wird dem Markt ja auch erst mal wieder Liquidität entzogen und die Inflation verringert. Wenn außerdem der Euro gegenüber dem US-Dollar weiter aufwertet und Importe verbilligt, steigt die Kerninflation ebenfalls nicht.

30-jährige Bundesanleihen im freien Fall – Negativzinsen?

Ein Indiz für langfristig niedrige Zinsen kann auch die am 20.09.2017 herausgegebene Bundesanleihe der Bundesrepublik Deutschland mit einem Zinssatz von 1,25% und einer Laufzeit von 30 Jahren sein! 2 Mrd. € Anleihevolumen wurden emittiert. Es waren aber bereits Gebote für fast 3 Mrd. € da, die Nachfrage ist also enorm. Am 26.02.2014 wurde zuletzt eine 30-jährige Bundesanleihe herausgegeben, mit einem geplanten Emissionsvolumen von 3 Mrd. €, zugeteilt werden konnte mangels Nachfrage jedoch nur 2,4 Mrd. €. Aber jetzt kommt´s: der Zinssatz lag nicht bei 1,25%, sondern bei 2,50%. Diese Anleihe wurde immer wieder aufgestockt von insgesamt 2,4 Mrd. auf 23 Mrd. zuletzt am 19.07.2017. Mit einem Kursaufschlag auf 130% kommen dann noch 1,78% Zinsen raus für die Restlaufzeit von 29 Jahren. Jetzt sind wir also bei langfristigen 30-Jahre Zinsen bei 1,25% angelangt, während die „kurzfristigen" Zinsen der 10-jährigen Bundesanleihen von -0,11% (vom 07.09.2016) ein Hoch am 12.07.2017 mit 0,59% fanden.

Wieso sollten wir der Propaganda der steigenden Zinsen in Europa glauben, wenn selbst die Profis noch Milliarden langlaufender Bundesanleihen mit 30-jährigen Laufzeiten zu lächerlichen 1,25% erwerben? Diese langlaufenden Anleihen haben einen großen Hebel, sinkt der Zinssatz weiter, steigen diese Anleihen stark im Wert. Daher kaufen auch Profis solche Anleihen, wenn sie auf weiter sinkende Zinsen setzen.

Im Auge zu behalten ist die 0,50% Marke, die den langfristigen Abwärtstrend im Bund brechen würde.

Der Euro ist seit dem 20.12.2016 gegenüber dem US-Dollar im Aufwärtstrend (+15% im letzten ¾ Jahr), wertet also deutlich auf. Das verbilligt die Importe von Europa (was die Inflation reduziert) und dämpft die Wirtschaft, da es die Exporte – insbesondere des Exportweltmeisters Deutschland - verteuert. Der Wechselkurs ist zwar kein Ziel der EZB, beeinflusst aber eben durch die genannten Faktoren die Zielvariable Inflation (2%) und Wirtschaftswachstum. Der steigende Euro/Dollar-Wechselkurs ist also ein Indiz für aktuell nicht steigende EZB-Leitzinsen.

Dollarkurs (Euro / Dollar)

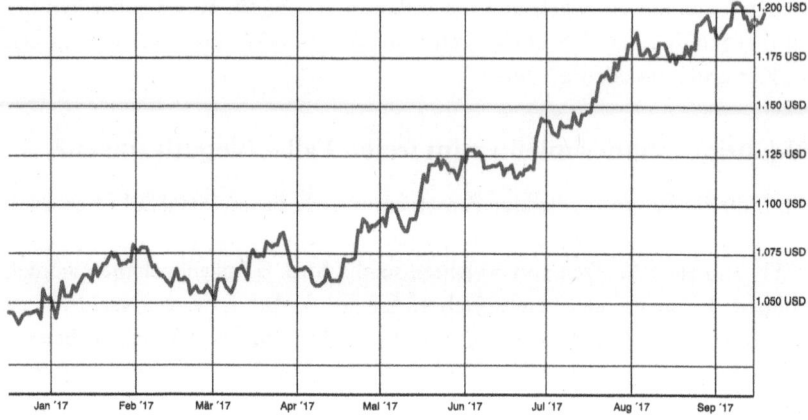

Während des Platzens des neuen Marktes 2000/2001 gab es ein Tief bei 0,85 USD, 2008 in der Weltfinanzkrise ein Hoch bei 1,57 USD. Ende 2016 gab es noch Prognosen von Analysten der Deutschen Bank, die bis Jahresende 2017 mit 1 USD gerechnet haben (da war der Kurs mit 1,06 USD tatsächlich Anfang 2017 nah dran) und damit Parität der beiden Währungen erreicht ist. Richtig ist ja, dass seit dem Hoch in 2008 der Kurs von 1,57 USD im Abwärtstrend ist.

Besonders interessant ist die Tatsache, dass der USD an Wert gegenüber dem Euro verliert und das obwohl gerade die Zinsen in den USA erhöht wurden (Zinsdifferenz zu Europa aktuell 1,25%)! Eigentlich müsste die Entwicklung genau anders herum sein, das Geld müsste dorthin gehen, wo die Zinsen höher sind, also in die USA, aber genau das Gegenteil passiert.

Es könnte durchaus sein, dass wir bis ins 3. Quartal 2018 einen Anstieg Richtung 1,40 USD und ein noch stärkeres Anziehen ab Januar 2018 bis Mai 2018 im Euro/USD sehen. Fundamental spricht jedoch dagegen, dass die US-Wirtschaft aktuell noch stärker wächst als der Euroraum und die Zinsen in den USA höher sind. Dafür spricht, dass die Inflation in USA deutlich höher ist als in Europa.

Mit dieser Erwartungshaltung könnte auch eine weitere Zinserhöhung der FED auf ein Niveau über 1,50% noch in 2017 (vermutlich bleibt es erst mal bei 1,25%) ausbleiben. Eine Erhöhung der EZB wird bis Mitte 2018 ebenfalls unwahrscheinlich sein, da der schlechte Wechselkurs wie gesagt die Importe in

Europa verbilligt. So wird die Inflation gedämpft und das Inflationsziel nicht erreicht, womit weiter billiges Geld in die Wirtschaft gepumpt werden muss. Diese braucht es ja auch, weil die Wirtschaft parallel durch die verteuerten Exporte gebremst wird. Die Abbremsung der Wirtschaft wegen Verteuerung erfolgt ein wenig zeitversetzt.

Es sind die Deutschen (eine Sparernation, die in Geldwerte investiert) und insbesondere die deutschen Banken, Versicherungen, Bausparkassen, denen die niedrigen Zinsen natürlich kräftig zu schaffen machen, die eine Leitzinserhöhung von der EZB wollen. Aber Deutschland ist nicht die Eurozone, das muss man sich klar machen. Die von den Banken angeführten Verwerfungen (hohe Kurse) am Aktienmarkt gibt es nicht!

Gibt es Zinszyklen?

Wurdest du oder wirst du von deiner Bank oder deinem Finanzierungsvermittler zinszyklisch beraten?

Über 90% der Prognosen über die Zinsentwicklung liegen falsch. Darum muss man sich an den Kopf fassen, wenn darauf eine Entscheidung festgemacht wird, wie lange die Zinsen gebunden werden sollen.
Selbst der Vorstand der Dr. Klein Privatkunden AG (gehört zur Hypoport AG, welche im Jahr 2016 rund 45 Milliarden Euro Baufinanzierungsvolumen vermittelt hat) erklärt im Zinskommentar im September 2017 allen Ernstes, dass die „Zinswende bereits hinter uns liegen würde". Dabei gibt es doch gar keine Zinswende. Recht könnte er mit der Einschätzung haben, dass die Zinsen auch in den nächsten Monaten moderat weiter steigen könnten. Dies ist aber KEIN Grund für langfristige Zinsbindungen. Schauen wir uns die Entwicklung der 10-jährigen SWAP-Zinssätze an, sehen wir ein Tief Anfang 2015, dann ging es etwas hoch bis zum bisherigen Rekordtiefstand Ende 2016. Im Moment stehen die langfristigen Zinsen etwa 0,7% höher als beim Rekordtief Ende 2016. Genaugenommen schwanken sie mit Abweichungen nach oben oder nach unten aber um die 0,65% - 1,0% herum. Die kurzfristigen Zinsen (3-Monats SWAP) kennen nur eine Richtung: nach unten, aktuell am 24.10.2017 bei - 0,329%. Dieses Niveau haben wir schon seit ca. Anfang 2017 ohne nennenswerte Veränderung.

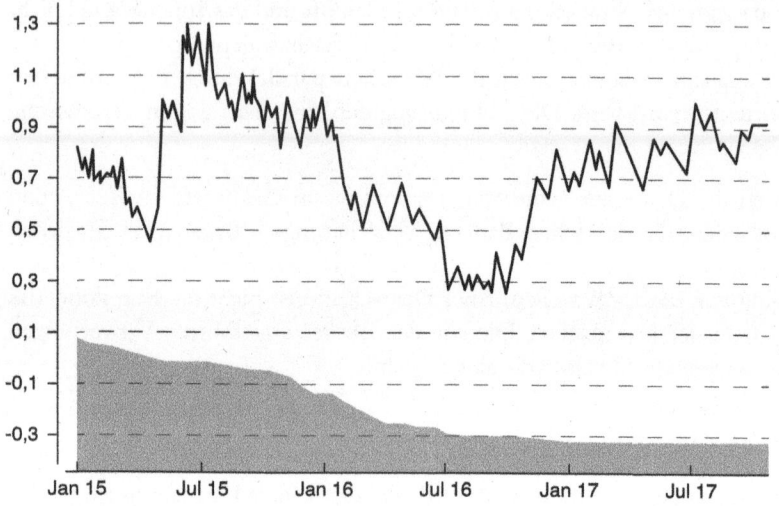

Etwas anderes ist bei den fundamentalen Daten im Euroraum auch nicht zu erwarten.

Fakten zu Neufinanzierungen + Prolongationen (11/2017)

Durchschnittliche Tilgung: 2,8%
Sollzinsbindung: 13 Jahre und 6 Monate
Darlehenshöhe: 200.000 €
Beleihungslauslauf: 80 %

Ich kann nicht sagen, wo die Zinsen in fünf oder zehn Jahren stehen. Ich kann nur die aktuelle Situation beschreiben. Darum wird vermutlich noch die nächsten zwei bis drei Jahre der Zins niedrig bleiben und dann ggf. steigen. Dies aber auch nur dann, wenn bis dahin kein Crash kommt. Gerade die Chance, dass bis 2020 ein Crash kommt, ist sehr hoch. Dann muss mit weiter niedrigen Zinsen gegengesteuert werden. Damit würden die Zinsen weiterhin niedrig bleiben.

Warum macht jemand eine lange Zinsfestschreibung? Weil Banker, Freunde und Kollegen dazu raten es festzuschreiben, weil es ja noch nie so billig war, weil es jeder so macht. Schauen wir uns die Verteilung in Deutschland an, so kann man das nachverfolgen. Die Masse der Finanzierungen liegt bei 10 bis

470

20-jähriger Zinsbindung. Im Schnitt 13 Jahre und 6 Monate:
Variable Finanzierung: 0,8%
5-jährige Zinsbindung: 7%
10-jährige Zinsbindung: 48%
15-jährige Zinsbindung: 23%
20-jährige Zinsbindung: 14%
Länger als 20 Jahre: 7%

Doch das sind nur Meinungen und damit nichts anderes als Spekulation. Beim Investieren haben wir es verstanden, dass wir es anders machen müssen als 95% der Menschen in Deutschland, die mit ihren Immobilien Geld verlieren anstatt Geld zu verdienen. Warum folgen wir bei der Zinsbindung blind der Masse, die meist falsch liegt. Dieses Verhalten ist teurer Wahnsinn. Schau dir nur die vergangenen Jahre an. Der Großteil der Baufinanzierer hat Zinsen von weit über 4 oder 5% auf lange Zeit festgeschrieben, weil sie geglaubt haben, dass sie wieder steigen werden. Tatsächlich sind sie aber weiter gefallen. Die langen Zinsfestschreibungen waren ein teurer Fehler.

Finanzierungen laufen heute oft 30 Jahre und länger. Eine 10-jährige Zinsfestschreibung ist überhaupt nicht geeignet eine seriöse Finanzierung aufzustellen. Nach den ersten 10 Jahren sind gerade einmal 20% - 30% des Darlehens getilgt.

Für mehr Planungssicherheiten bieten einige Versicherungen (ja, bei denen kann man auch Baufinanzierungen abschließen) inzwischen sogar 40-jährige Zinsbindungen an. Was ist davon zu halten?

Aus Anbietersicht ist das super. Versicherungen bekommen ja auf dem freien Markt kaum noch Zinsen. Der Kunde muss eben für diese Planbarkeit einen Zinsaufschlag von 100% bezahlen. Das würde ich lieber in die Tilgung stecken, in weitere Objekte, in Fonds.

Die Prämie für einen Zinscap bei 2% liegt bei ca. 1,5% der Darlehenssumme als Risikosumme. Ein Zinsswap liegt aktuell bei ca. 1% Aufschlag. Liegt das Euribor-Darlehen bei 1%, kostet dann die ganze Finanzierung 2%, ist aber fest und flexibel kombiniert.

Brauchst du in der Rezession eine Zinssicherung, ja oder nein? NEIN natürlich nicht. In der Rezession gehen die Zinsen runter. Die Hochzinsphase geht meist nur ein bis drei Jahre bis die Zinsen wieder fallen.

Im Hochpunkt kannst du den SWAP auflösen und bekommst eine Vorfällig-keitsentschädigung ausbezahlt. Die Auszahlung erfolgt genau da, wo die Immobilienpreise am Boden sind und jetzt das Kapital besonders gut genutzt werden kann um einzukaufen. Jetzt wo alle anderen platt sind, eine Schieflage haben und Notverkäufe machen müssen. Nun kann ich Immobilien günstig erwerben und bin liquide, wo andere nicht mehr liquide sind.

SWAP-Konditionen (11/2017)

10 Jahre SWAP: 0,92% unter Banken + Marge → ca. 1,2%
20 Jahre SWAP: 1,50% unter Banken + Marge → ca. 1,9%

Marge auf Euribor (sehr guter Bonität, geringer BLA): 0,6 bis 0,7%

Umgang mit Straftaten

- Richtiges Mindset zum Umgang mit Straftaten entwickeln

- Finger weg von Auslandsgesellschaften

- Negative Schufa - was nun?

„Wahlmöglichkeiten sind besser als keine Wahlmöglichkeiten" DVNLP Axiom

36. Mindset: Der Umgang mit Straftaten

Komischerweise wird in kaum einem Immobilien- und Unternehmerbuch über die vielfältigen Gefahrenpotentiale für strafrechtliche Verstrickungen gesprochen. Als Immobilieninvestor und Unternehmer sollte man sich der Problematik bewusst sein. Es ist die falsche Einstellung, davon auszugehen, man würde sich ja korrekt verhalten und deswegen würde es einen nicht betreffen. Dies ist weit gefehlt. Allein rund 10% der in Deutschland geleisteten Arbeit ist Schwarzarbeit.

Deutsche Gefängnisse sind überfüllt → Gefängnisstrafen selten

9,5% der in Deutschland lebenden Personen haben keine deutsche Staatsbürgerschaft. Das ist etwa die Hälfte derer mit Migrationshintergrund. In deutschen Gefängnissen sitzen jedoch 47% Personen ohne deutsche Staatsbürgerschaft ein. Das heißt anders ausgedrückt: Ausländer werden 3-mal häufiger eingebuchtet als Deutsche (mit und ohne Migrationshintergrund). Am meisten betroffen: Türken, Rumänen, Syrer, Gambier. Aber: diese sitzen vor allem wegen Diebstahl und wegen Drogendelikten. Am Rand erwähnt, nur 0,7% sind Sexualdelikte, die von den Medien ständig hochgekocht werden.

Das Ergebnis ist, dass du als kleinkrimineller Wirtschaftsstraftäter nicht direkt mit einer Gefängnisstrafe zu rechnen brauchst.

Es gibt Freischüsse – diese sollte man sich jedoch gut aufsparen

Nun dürfen Straftaten aber nicht auf die leichte Schulter genommen werden. Problematisch ist nicht die einzelne Straftat, sondern die Problematik der Verkettung von vielen Straftaten. Behalte dir so lange wie möglich den Status nicht vorbestraft zu sein. Dies hilft dir bei schwerwiegenden Straftaten. Als Geschäftsführer einer GmbH bist du stets mit einem Bein im Gefängnis. Hast du bei einer Umbaumaßnahme die Baustelle nicht korrekt gesichert (auch wenn dafür ein von dir beauftragtes Unternehmen eigentlich verantwortlich gewesen wäre) und es kommt jemand zu Schaden, bist du dran. Erfüllst du

Brandschutzauflagen, von denen du vielleicht nicht mal etwas wusstest, nicht und es kommt jemand zu Schaden, bist du dran. Ist deine Elektrik nicht mehr in Ordnung und es kommt jemand zu schaden, bist du dran. Unterstützt du Schwarzarbeit, bist du dran, hinterziehst du Steuern (und Steuerhinterziehung ist bereits eine Steuererklärung zu spät abzugeben), bist du dran, und so weiter... Du siehst also, die Gefahrenpotentiale sind mannigfaltig. Kommen parallel noch Alltagsstraftaten wie Verkehrsdelikte, Urheberrechtsverletzungen etc. dazu und es schlagen mehrere Sachen gleichzeitig auf, wird es blöd.

Einen noch möglichst langen gültigen Reisepass (leider mit Fingerabdrücken) zu besitzen, um dich im Zweifel in ein Land ohne Auslieferungsabkommen absetzen zu können bis die Strafe verjährt sind, ermöglicht dir weitere Handlungsoptionen.

Grenze: 90 Tagessätze

Bei Straftaten, die zu einer Verurteilung von unter 90 Tagessätzen führen, bleibt dein polizeiliches Führungszeugnis ohne Eintrag. Dies ist relevant für den Flugschein, Finanz(ierungs)- und Versicherungsvermittlung, Immobilienmaklertätigkeit, Bauträger und Hausverwalter.

Sich nicht erwischen lassen...

Ich beobachte einen vollkommen sorgenlosen Umgang in sozialen Medien. Da wird in WhatsApp und Facebook-Chats offen Fragen und konkretes Vorgehen für insbesondere Kreditbetrug und Steuerhinterziehung diskutiert. Mach dich nicht erpressbar! Verursache so wenige Beweise wie möglich. Besprich kritische Sachverhalte auch mit Beratern ausschließlich mündlich! Ziehe so wenige Personen wie möglich ins Vertrauen.

Wenn du erst einmal wie ich erlebt hast, wie 15 Mann der Staatsanwaltschaft bei der Suche nach Beweisen deine Wohnung auf den Kopf stellen und du vorher keine Sicherungsmaßnahmen ergriffen hast, dann ist es zu spät.
→ Strategisch vorgehen:
- Lagerung von sensiblen Dokumenten an einem geheimen Ort
- Verschlüsselung der Festplatten
- Bei Hausdurchsuchungen und Vernehmungen: Klappe halten

→ Die Fragen sind so gestellt, dass du dich um Kopf und Kragen redest. Es werden bewusst lockere Szenarien aufgebaut: es gab schon Hausdurchsuchungen, da haben die Beamten mit dem Beschuldigten gemeinsam Bier getrunken und in lockerer Atmosphäre scheinbar belanglos geplaudert.

- Sofortige schriftliche Stellungnahme und Entkräften aller möglichen Indizien nach einer Hausdurchsuchung (Zeugen diskreditieren, alles anzweifeln)
- Akteneinsicht in die Ermittlungsakten vom Rechtsanwalt anfordern

Tipp: lege dir einen Hausrechtsanwalt zu. Idealerweise hat dieser Ahnung von Immobilien, es muss aber kein Staranwalt sein.

Wenn man so Bücher von Kollegen liest oder entsprechende Youtube-Videos oder Podcasts hört, entsprechende Kommentare in sozialen Medien liest, bekommt man den Eindruck vermittelt, es muss immer der Star sein. Dem ist aber nicht so. Viel relevanter ist jemand der 1. kreativ in der Lösung ist. 2. Verhandlungsgeschick hat, 3. schnell erreichbar ist, 4. einen fairen Preis bietet.

Mein genereller Tipp: Das deutsche Steuerrecht bietet so viele legale Möglichkeiten um Steuern zu sparen. Halte dich fern von Straftaten in dieser Richtung. Kassiere insbesondere keine Mieten von Mietern bar mit dem Ziel, dies nicht bei der Steuer anzugeben (egal wie gut dein Verhältnis ist) und halte dich von Schwarzarbeit fern. Irgendwann wirst du deswegen erpresst werden.

Finger weg von Auslandsgesellschaften

Es klingt verlockend: durch Auslandsgesellschaften, Off-Shore oder wo auch immer ansässig, die Steuerlast in Deutschland zu reduzieren. Dies funktioniert nur, wenn es wirklich richtig ausgestaltet ist. Es gibt enorm viele Fallstricke. Am Anfang klingt alles verlockend. Gründungsagenturen reden es dir schön, weisen dich jedoch nicht auf die Probleme hin. Nur mit Substance-Escape funktioniert das ganze Thema heute noch. Dies wieder rum bedeutet, dass auch eine entsprechende Größe da sein muss, dass es überhaupt Sinn macht. Unter 200.000 € macht dies keinen Sinn. Bedenke immer auch: deine Bonität sinkt.

Es ist immer abzuwägen zwischen Steuer sparen und Gewinne kleinrechnen und möglichst viel Gewinn machen für möglichst gute Bonität!

Steuerhinterziehung - das Strafmaß

• hinterzogene Steuer bis 50.000 Euro → Geldstrafe
• hinterzogene Steuer von mehr 50.000 Euro → Haftstrafe bei besonders
  schwerer Steuerhinterziehung, ggf. Aussetzung zur Bewährung
• hinterzogene Steuer ab 100.000 Euro → Haftstrafe
• hinterzogene Steuer von mehr als 1 Mio. Euro → Freiheitsstrafe und
  öffentliche Hauptverhandlung zwingend (kein Strafbefehl möglich)
Die 100.000 € Grenze ist ganz schnell überschritten!
Es gibt so viele Möglichkeiten (unter anderem die in diesem Buch erläuterten) als Unternehmer in Kombination mit Immobilien das Steuerparadies und Niedrigsteuerland Deutschland (ja, für Angestellte nicht, aber für Unternehmer und Investoren) auszunutzen. Es gibt keine Notwendigkeit zur Steuerhinterziehung! Finger weg von Schwarzarbeit, glaub mir, du willst keinen Ärger mit dem Zoll haben. Sei auch vorsichtig mit dem Thema Scheinselbständigkeit bei Subunternehmern, im Zweifel darfst du die ganzen Sozialversicherungsbeiträge und Mindestlohn nachbezahlen.

Negative Schufa – was nun?

Hast du Negativeinträge, kannst du mit den Gläubigern verhandeln, dass diese gegen Zahlung gelöscht werden. Bei Banken und diversen Gläubigern ist bei einer totalen Überschuldung, wo man eigentlich reif für einen Insolvenzantrag wäre, ein Vergleich mit einer Quote ab 25% möglich. Das Geld muss von dritter Seite bereitgestellt werden, z. B. (auch leihweise) aus der Familie. So kann die Schufa bereinigt werden.
Nach einem Insolvenzverfahren (Restschuldbefreiung) dauert es drei Jahre bis die Schufa bereinigt wird und man wieder neue Kredite aufnehmen kann (natürlich nicht bei den Banken, die man in die Insolvenz geschickt hat).

Die Insolvenz ist weniger schlimm als gedacht
Eine Insolvenz wird in Deutschland sehr negativ dargestellt, doch sie ist die Chance zu einem Neuanfang. Egal ob in der Insolvenz oder bei einer Kontopfändung (ein P-Konto schützt) bleibt dir ein Freibetrag von:
- **1140 €** - ohne Unterhaltspflicht
- **1560 €** - einer Unterhaltspflichtiger Person
- **1790 €** - zwei Unterhaltspflichtigen Personen

Damit kann man erst mal gut leben. In der eigenen Stiftung kann man parallel Vermögen aufbauen, welches man nach der Insolvenz als Neustart-Turbo als Darlehen in Privatvermögen geben kann.

Die Insolvenz dauert in Deutschland:
drei Jahre bei Tragung von 35% der Schulden + Verfahrenskosten (Privatinso.)
fünf Jahre bei Tragung der Verfahrenskosten (Privatinsolvenz)
sechs Jahre, auch wenn gar nichts zurückbezahlt wird (auch Regelinsolvenz)
Erfolgreiche Personen sind oft mehrfach gescheitert. Schauen wir uns einmal ein Teil der Misserfolge von Donald Trump an (Vermögen 4,5 Mrd.):
• **Trump Airlines**: 1988 kaufte Trump die Fluggesellschaft Eastern Air Shuttle, doch sie flog nie Profit ein und ging pleite
• **Trump Casinos**: Trump besaß mehrere Casinos in Atlantic City. Doch die Dachgesellschaft meldete viermal Insolvenz an (1991, 2004, 2009 und 2014)
• **Trump University**: Unter diesem Namen verkaufte Trump Seminare für den Immobilienerfolg. Doch es handelte sich nur um plumpe Eigenwerbung. Wegen Betrug wurde er auf 40 Millionen verklagt.
Es gibt viele Fallstricke, die zur Versagung der Restschuldbefreiung führen können, dann muss das Verfahren drei Jahre später nochmals gestartet werden. Trotzdem: das Insolvenzverfahren bietet die Möglichkeit, innerhalb von wenigen Jahren (mit Wohnsitzverlagerung ins EU-Ausland geht es noch schneller) wieder auf die Füße zu kommen.

Ich musste hiervon keinen Gebrauch machen, weil ich es mit Ratenzahlungen, Dept-Equity-SWAPs und Stundungen geschafft habe, den Schuldenberg schneller abzutragen als es im Insolvenzverfahren gegangen wäre. Trotzdem: da du im schlimmsten Fall nur wenige Jahre brauchst um wieder auf die Füße zu kommen, kannst du, wenn du wenig zu verlieren hast, auch hohe Risiken eingehen, und das Immobiliengeschäft ist immer mit Risiken verbunden. Wenn du viel zu verlieren hast, dann solltest du dein Risiko viel stärker begrenzen. Stehst du noch am Anfang und hast wenig zu verlieren, dann kannst du höhere Risiken eingehen und solltest das auch um, dein Portfolio schneller zu skalieren.

„An der Börse ist alles möglich. Auch das Gegenteil."
-André Kostolany

478

MFH vs. ETW

- Die richtige Entscheidung treffen

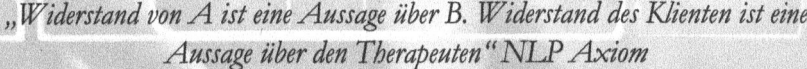

„Widerstand von A ist eine Aussage über B. Widerstand des Klienten ist eine Aussage über den Therapeuten" NLP Axiom

37. Mehrfamilienhaus vs. ETW

Früher funktionierte noch das Argument "Eigentumswohnungen sind auf den qm-Wohnfläche gerechnet teurer als Mehrfamilienhäuser". Heute hat sich das Verhältnis häufig gedreht. Dies liegt an den Versicherungen, die mit 3-4% Renditeerwartung Objekte aus dem Markt kaufen, um das Geld zu „parken", zwecks Alternativlosigkeit bei den sogenannten sicheren Anlagen.

Eine Entscheidung, ob Mehrfamilienhaus oder Eigentumswohnung, kann daher rein nach dem Kaufpreis häufig nicht mehr gemacht werden. Hier lautet meine Empfehlung: kaufe, was du bekommen kannst und wo die Rendite passt.

Von der Strategie her macht es durchaus Sinn, die ersten fünf bis zehn Objekte als einzelne Eigentumswohnungen zu erwerben und dann mit Mehrfamilienhäusern weiter zu wachsen. Man hat zu Beginn kleinere Summen, die bewegt werden, die Fehler sind also hoffentlich kleiner. Außerdem geht es in den ersten Einheiten primär darum, erst einmal ins Tun zu kommen, eigene Erfahrungen zu sammeln und ein Gefühl für das Investieren in Immobilien zu bekommen. Um den höheren Aufwand bei einzelnen Wohnungen später wieder zu kompensieren, kann man diese einzelnen Wohnungen dann auch nach Ablauf der 10-jährigen Spekulationsfrist am freien Markt veräußern, während man bei den Mehrfamilienhäusern vielleicht eher den Verkauf an die eigenen VV-GmbH vorzieht. Der große Vorteil, wenn diese einzelnen Wohnungen immer mal wieder abgestoßen werden, ist, dass immer wieder entsprechendes Eigenkapital für weitere Deals hereinkommt. Wir planen hier also bereits zehn Jahre und mehr in die Zukunft. Und dann unterstützt es uns in Zukunft dabei, der Bank glaubhaft zu machen, dass wir entsprechende Wertsteigerungen und Wertansätze unserer Objekte am Markt auch tatsächlich erreichen. Deswegen trennen sich Profis auch immer wieder von einzelnen Einheiten, obwohl sie diese auch behalten könnten, nicht immer, weil der Deal so unwiderstehlich ist, sondern auch um Eigenkapital frei zu bekommen und Wertansätze gegenüber der Bank zu dokumentieren. Ein weiteres Thema ist sicher, dass mit dem Kauf einzelner Wohnungen auch Stück für Stück der Trackrecord gegenüber der Bank aufgebaut wird. Direkt mit einem großen Mehrfamilienhaus für 2 Millionen Euro zu kommen, auch wenn die 20% EK gerade so angezahlt werden können, ist nicht unbedingt die beste Ausgangslage, um eine Finanzierung zu bekommen. Dies ist besonders unter der Problemstellung zu sehen, dass Banken anfänglich wünschen, dass die Kreditrate selbst bei Totalausfall der Miete mit dem bestehenden Einkommen getragen werden kann. Dies funktioniert bei einem Mehrfamilienhaus in aller Regel bereits nicht mehr (außer bei einem Topverdiener). Auch wenn es absurd anmutet zu unterstellen, dass hier alle Wohnungen gleichzeitig leer stünden. Hier helfen weitere bereits laufende Objekte mit Überschüssen auch aus Banksicht (das sind Objekte mit 8% Rendite aufwärts).

Sobald das Portfolio größer wird, hat das Mehrfamilienhaus einen entscheidenden Zeitvorteil. Mit einem einzigen Deal mit Ankaufsprüfung, Finanzierung, Übergabe etc. erhalte ich gleich mehrere Wohnungen und nicht nur eine einzelne. Auch muss ich mich nicht mehr mit Eigentümerversammlungen herumstreiten. Aufwertung und die Steuerung von Maßnahmen kann ich viel präziser planen und steuern und vor allem das dann durchsetzen, wann ich es möchte und es in meine Planung passt (auch steuerlich: anschaffungsnaher Erhaltungsaufwand, Gewerke-Spiel etc.).

Das Argument für die Eigentümergemeinschaft ist immer gern verbunden mit diesem Beispiel: wenn das Dach kaputt geht, dann ist das nur ein kleiner Teil, der fehlt. Das kann ich so nicht stehen lassen. Das Dach geht sowieso nicht so plötzlich kaputt. Im Gegenteil wird ggf. sogar viel zu früh in der Eigentümergemeinschaft getauscht, weil ein Handwerker zu seinen Gunsten Stimmung gemacht hat. Und auch sonst sind Reparaturen grundsätzlich einzuplanen. Wer an ein Mehrfamilienhaus herangeht, bei dem ist klar, dass es sich um einen größeren Kapitaleinsatz handelt als bei einer Wohnung (nun gut lassen wir mal den Sachverhalt außen vor, dass man für die Preise einer Wohnung in München einen ganzen Wohnblock in Plauen bekommt und reden vom selben Standort).

Das Argument, das Mehrfamilienhaus wäre anders als die Eigentumswohnung kein Klumpenrisiko, da die Mietzahlung nicht an einem einzelnen Mieter hängt kann man so auch nicht stehen lassen. Da man für das Kapital, welches man bei einem Mehrfamilienhaus einbringt, auch mehrere einzelne Wohnungen erwerben kann und im Regelfall auch tut.

Aus Bankensicht liegt die Grenze meist bei drei Einheiten. Objekte unter drei Einheiten können noch mit dem Vergleichswertverfahren gewertet werden (also werden die umliegenden ebenfalls teuren Objekte untersucht). Da deine

Wohnung oder dein kleines Mehrfamilienhaus mit max. drei Einheiten günstig angeboten wird, aber auf der anderen Seite die Bank nicht mit den aktuellsten Werten und aktuellsten Preissteigerungen arbeitet, gleicht es sich in der Einwertung aus und das Objekt kann zu 100% ohne Zusatzsicherheiten finanziert werden. Das Mehrfamilienhaus ab vier Wohneinheiten muss jedoch zwingend mit dem Ertragswertverfahren bewertet werden. Und wenn du Faktoren über zehn kaufst, dann bist du beim Ertragswertverfahren oft schlecht dran. Die eine Bank wertet es noch etwas höher ein, die andere etwas niedriger, aber niemals so hoch wie eine einzelne Eigentumswohnung nach Vergleichswertverfahren.

Ich habe Einwertungen gesehen von Mehrfamilienhäusern, die einen realistischen Marktwert von 900.000 € hatten und zum Preis von 600.000 € angeboten wurden, die Bank diese jedoch nur mit 400.000 € einwerten wollte. Das Delta von 200.000 € ist aus Eigenkapital zu bringen. Nicht ganz, etwa 50.000 € kann man als Blankoanteil bei den meisten Banken abziehen, verbleiben 150.000 € Eigenkapital + Kaufnebenkosten. Bei einer Finanzierung einer einzelnen Wohnung zu 100.000 bis 200.000 € fallen natürlich die 50.000 € möglicher Blankoanteil auch wieder mehr ins Gewicht als bei einem 600.000 € Mehrfamilienhaus, wo sie nur ein Tropfen auf den heißen Stein sind.

Banken wollen Mehrfamilienhäuser am liebsten mit max. 80% Beleihungsauslauf finanzieren, was nicht heißt, dass nicht auch 90 oder 100% Finanzierungen gingen. Bei einzelnen Wohnungen sind sie jedoch viel eher zu 100% Finanzierungen bereit.

Wirtschaftsentwicklung

- Verschwörungstheorien / Familie Rothschild
- SEM - die Konkursverschleppungsmaßnahme
- Chinas Wirtschaftswachstum ist rückläufig
- Währungsreserven / Geldflucht aus China
- Kann man Inflation generieren?
- Warung vor der nächsten Kreditblase
- Rohstoffboom uns seine Folgen
- Ölpreis
- Abrupter Schock
- Chartverläufe an der Börse
- Autokredite in den USA
- Shortpositionen von George Soros
- Banken in Europa
- Flüchtlinge: die neue Völkerwanderung
- Bevölkerungsentwicklung / Geburtenrate
- Staatsbetriebe in China
- Automobilindustrie + gefährdete Standorte
- Immobilienblase in China
- DAX ist nicht gleich DAX
- Deutsche sind die Ärmesten in Europa
- Helikoptergeld
- Kryptowährungen / Bargeldabschaffung / Gold

„In der Kommunikation gibt es keine Fehler, sondern nur Feedback, aus dem wir lernen können" NLP Axiom

Nutze jede Form der Kommunikation um dich selbst weiter zu entwickeln.

38. Verschwörungstheorien Rothschild

Wenn man Verschwörungstheoretikern folgen will, könnte das Ergebnis der zukünftigen größten Crashs eine Weltwährung sein, welche die BIZ (Bank für Internationalen Zahlungsausgleich) wohl planen soll. Dies wäre natürlich im Sinne von Globalisieren. Hierzu passt auch gut die weitere Verschwörungstheorie, dass gerade zu einer Krisenzeit Nationalisten (Trump, Brexit, Erdoğan, etc.) an der Macht sind um bewusst die Globalisierung voranzutreiben. Um zu verhindern, dass jemals wieder Nationalisten an die Macht kommen, werden gerade jetzt für den bevorstehenden größten Crash der Geschichte überall Nationalisten als Marionetten an die Macht gesetzt, um ihnen später die Schuld zu geben.

> *„Gib mir die Kontrolle über das Geld einer Nation und es interessiert mich nicht, wer dessen Gesetze macht"* -Amschel Mayer von Rothschild

Das Vermögen der Rothschild-Familie wird auf 350 Mrd. US-Dollar geschätzt, sie erscheinen jedoch nicht auf der Forbes-Liste der reichsten Menschen der Welt. Die Liste wird derzeit von Bill Gates (Microsoft-Gründer 2017 mit 86 Mrd. US-Dollar) angeführt, dicht gefolgt von Warren Buffet (der Börsenlegende) und dem rasant aufholenden und wohl 2018 auf Platz 1 aufsteigenden Jeff Bezos (72,8 Mrd. US-Dollar), dem Gründer von Amazon.

Jedoch sind die finanziellen Verflechtungen der Rothschild-Familie so undurchschaubar, dass man deren Vermögen 1850 noch 6 Mrd. US-Dollar mit Zinseszinseffekt auf heute 500.000 Mrd. US-Dollar hochrechnen könnte, dem 10-fachen des Jahres-Welt-BIP.

Interessant für uns als Investor: das Vermögen wird ausschließlich in Sachwerte (Immobilien, Rohstoffe, Unternehmen) investiert.

> *„Die Wenigen, die das System verstehen, werden so sehr an seinen Profiten interessiert oder so abhängig sein von der Gunst des Systems, dass aus deren Reihen nie eine Opposition hervorgehen wird. Die große Masse der Leute aber, mental unfähig zu begreifen, wird seine Last ohne Murren tragen, vielleicht sogar ohne zu mutmaßen, dass das System ihren Interessen feindlich ist."* Rothschild 1863

China – Wirtschaftswachstum rückläufig

Genau einschätzen können wir die Zahlen nicht, da diese manipuliert sind, jedoch nicht zum Negativen. Das Geld verlässt im 3-stelligen Milliardenbereich pro Monat das Land (siehe Währungsreserven), direkt oder indirekt durch überhöhte Zahlungen an ausländische Töchter und durch Aufkauf von Firmen im Ausland oder den Bitcoin.

China: Währungsreserven in Mrd. Dollar

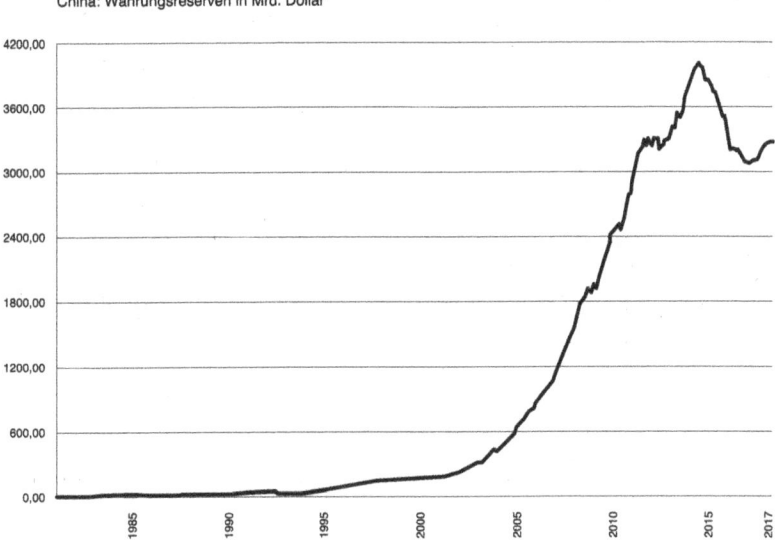

Nach dem kurzfristigen gravierenden Abzug von 1/4 der Währungsreserven, die China dazu gezwungen hat US-Staatsanleihen zu verkaufen, hat sich die Lage aktuell scheinbar durch die Verschärfung der Kapitalverkehrskontrollen und Beschränkungen stabilisiert. Aber nur scheinbar. Denn zieht man den gewaltigen Außenhandelsüberschuss (ca. 500 Milliarden pro Jahr), der laufend dazu kommt, ab, sehen wir in der Kurve eine Stabilisierung., Diese ist aber in Wirklichkeit keine, denn 500 Milliarden Dollar verlassen jährlich das Land.

Europa marschiert in Richtung Japan, das seit über 25 Jahren Nullzinsen hat und dessen Wirtschaft noch immer im Koma liegt, weil die Schuldenblase nie richtig verringert wurde (BIP-Wachstum Q3-2017 1,4%, Prognose 2020: 1,7%). Dagegen geht es dem Eurowährungsgebiet inzwischen wieder richtig gut (Q3-2017 2,3% BIP-Wachstum, Prognose für 2020: 2,0% BIP-Wachstum).

Japan ist außerdem das Land mit der höchsten Staatsverschuldung mit 232% gemessen am BIP (Bruttoinlandsprodukt) weltweit. Gefolgt von Griechenland auf Platz 2 mit 181% Italien auf Platz 5 mit 135%, Portugal auf Platz 6 mit 129%. Die USA kommt mit 108% erst auf Platz 14.

Besonders kritisch ist für Japan, dass es keine Inflation hat.

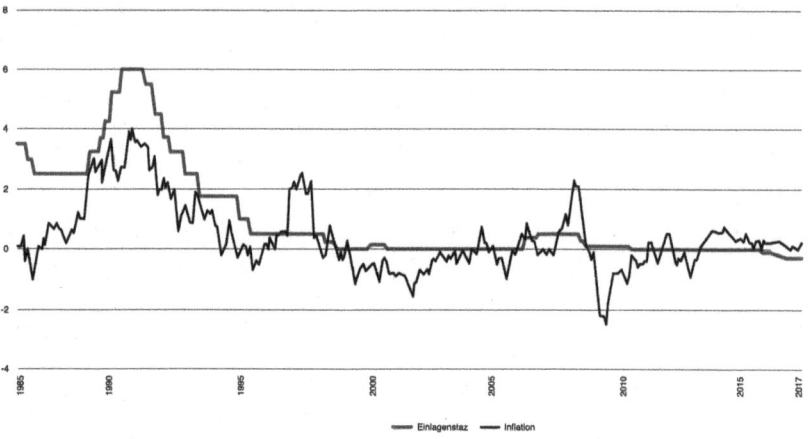

Kann man Inflation generieren?

1914 bis 1923 wurden in Deutschland durch eine Hyperinflation die Staatsschulden aus dem ersten Weltkrieg reduziert. Die Euroschulden konnten so jedoch nicht bekämpft werden, denn wenn Menschen Angst um ihren Job haben (Vertrauenskrise seit 2008), dann funktionieren z.B. Helikoptergeld nicht, weil das Geld nicht ausgegeben wird, sondern gehortet.

Der Zusammenhang niedrige Zinsen -> kurbelt die Wirtschaft an -> Inflation entsteht, funktioniert in Japan mangels Vertrauens, weil das Geld nicht ausgegeben wird, nicht. Die Arbeitslosigkeit in Japan liegt bei nur 3%. Die Japaner haben jedoch riesige Angst ihren Job zu verlieren, darum horten sie seit 25 Jahren das Geld. Die mit 240% des BIP höchste weltweite Staatsverschuldung gehört zum größten Teil den eigenen Bürgern. In Europa haben wir genau dieselbe Vertrauensproblematik. Weswegen auch hier die niedrigen Zinsen nicht zwangsweise sofort hohe Inflation generieren (Kerninflation Euro-Währungsgebiet: Q3-2017: 1,1% - Prognose 2020: 1,9% - EZB-Ziel: 2,0%).

Der verpuffte Rohstoffboom und seine Folgen

An anderer Stelle sprudeln die Kredite weiter: In einer kleineren Gruppe erdölproduzierender Ländern haben sich die Unternehmen in jüngster Zeit zum ersten Mal in größerem Umfang verschuldet. In den rohstoffexportierenden Ländern, in denen zuvor das Schuldenniveau relativ gering gewesen war, können wir den größten Anstieg bei den Verbindlichkeiten beobachten.

ESM – die Konkursverschleppungsmaßnahme

Der ESM (Europäischer Stabilitätsmechanismus)
Das Gesamtvolumen beträgt 704,8 Mrd. € - davon sind aktuell 80,55 Mrd. eingezahlt, davon 21,72 Mrd. € von Deutschland. Wenn Deutschland die Anteile der ausfallgefährdeten Staaten Portugal, Griechenland, Spanien und Italien übernehmen muss, erhöht sich der Betrag um 110 Mrd. Euro (190 + 110 = 300).

Die Gefahr eines abrupten Schocks

Die Verschuldungssituation der Schwellen- und Entwicklungsländer ist trotzdem an sich noch kein Grund für die Weltbank, Alarm zu schlagen, es ist die Kombination aus hohen Schulden und schwacher Wirtschaft.
Während es Anfang 2016 noch ganz düster aussah, gehen Prognosen für 2017 und 2018 von einem leichten BIP-Wachstum weltweit gegenüber dem seit 2010 bis 2016 rückläufigen Wert aus.
Die Gesamtsituation besser sich also etwas auf. Die Verschuldungssituation kann sich allerdings auch erheblich sanfter lösen; ein dramatischer Knall ist nicht das einzig denkbare Szenario. Ein Drittel aller Schuldenbooms endet innerhalb von drei Jahren mit einem abrupten Absturz. In den meisten Fällen

laufen sie einfach aus. Danach sieht es gegenwärtig bei vielen Volkswirtschaften mit hohen Schuldenniveau, wie etwa Indien, Malaysia oder Ungarn aus.

Chartverläufe an der Börse

Die aktuellen Charts ähneln denen von 1987. Damals hat der Dow Jones an einem einzigen Tag 22,6% verloren. Darauf folgen Australien mit 41,8% und Honkong mit 45,8%. Innerhalb von 15 Monaten waren die Kurse wieder aufgeholt. Als Langfristinvestor bin ich eben nicht von dem allgemeinen Gerede überzeugt, langfristig geht es ja hoch. Diese Crashs nehmen massiv Gewinne weg – wer erkennt, dass sich etwas zusammenbraut, der sollte Positionen abbauen, zumindest Stops ziehen und ständig auf der Hut sein, Risiko rausnehmen und nach dem Crash nachkaufen und nicht mit dem Cost-everage-Effekt argumentieren. Das gilt sowohl für Aktien als auch für Immobilien. Immobilien in einer Toplage in Topstädten würde ich jetzt verkaufen, solange es noch zu Spitzenpreisen möglich ist und lieber in anderen Standorten sicherer investieren.

Die Menschen werden von Gier und Angst getrieben und das spiegelt sich in den aktuellen Chartverläufen wider.

Diese Krise - wann auch immer sie kommen mag - wird um einiges heftiger als alle Krisen davor. Dieses Mal kann selbst der Kleininvestor dank des Internets, sofort panisch aus Angst getrieben reagieren und verkaufen. Dies löst eine Kettenreaktion aus.

Diesmal kommen drei Blasen zusammen: die Immobilienblase (USA – Immobilienpreise wieder auf Niveau vor der Krise, Rental-Backed-Securitizations China - Geisterstädte), die Schuldenkrise (weltweit, drohende Griechenlandpleite) und der Börsencrash. Alles steuert in eine neue gewaltige Rezession, auch wenn gerade alles ganz positiv aussieht und weltweit rund läuft.

Diesmal sind es nicht nur die Lehman Brothers, diesmal ist die Krise weltweit. Die hohen Immobilienpreise in Deutschland werden sicherlich nicht der Auslöser sein. Der Auslöser kommt aus der USA oder aus China, aber die Immobilienpreise in Deutschland bieten ebenfalls ein enormes Rückschlagpotential (insbesondere in überteuerten Großstadtlagen).

Autokredite in den USA

Die Autokredite in der USA lagen in Q1-2017 bei umgerechnet 1,17 Billionen US-Dollar. Umgerechnet entspricht dies pro Kopf 5.800 € + pro Kopf 800 € Kreditkartenschulden + Studienkredite. Seit 2010 nahmen die Kredite um 70% zu. Zwar fallen Autokredite weniger häufig aus als Studienkredite oder Kreditkartenschulden, aber es sind analog zu 2006/2007 wieder massiv schlechte Bonitätsklassen enthalten. So beträgt die Quote der Kunden mit schlechter Bonität rund 75%.

Shortpositionen von George Soros

George Soros hat seine Shortposition aus US-Aktienindizes in 2017 massiv auf inzwischen 800 Millionen Euro erhöht. Er spekuliert nicht auf einen sofortigen Crash – dieser kann auch erst in 2018-2020 sein, aber er hat sich bereits in Stellung gebracht. US-Aktien sind massiv überteuert. Unternehmen kaufen intensiv Aktien zurück – damit werden die Zahlen verzerrt und der Kurs gestützt. Solange Aktien (wie auch Immobilien) alternativlos sind mangels anderer Anlagemöglichkeiten, funktionieren die Aktienmärkte noch. Doch die Leitzinsen in den USA wurden ja bereits mehrfach erhöht. 10% der S&P 500 Unternehmen zahlen aktuell mehr Dividende an Aktionäre aus, als sie überhaupt Cashflow generieren. Commitment of Traders Report (CoT-Report) liefert Informationen über meldepflichtige Optionen, Terminmärkten/ Futures von Großspekulanten und registriert höhere Volatilität als gewöhnlich, also nervöse Bewegungen rauf und runter. Normalerweise ist dies stetiger.

Die Banken in Europa

Im Oktober 2016 warnte der IWF (Internationaler Währungsfonds): *„jede dritte Bank in Europa steht vor dem Kollaps".* Wenig später warnt die Europäische Bankaufsicht: *„Die Institute ächzen unter der Last von faulen Krediten in Höhe von 1 Billion Euro, viele wären nicht in der Lage die Verluste aufzufangen."*

Bis 2016 galt eine Eigenkapitalquote für Banken von 8% zum Auffangen von ausfallenden Krediten. Anfang 2017 war eine Verschärfung der Bewertung von Risiken durch definierte Spielregeln angedacht. Die bankeigenen Kleinrechnungen der Risiken zur Erhöhung des Kreditvolumens wurde durch den Baseler

Ausschuss überwacht.

Die Bankenlobby konnte jedoch insbesondere in Deutschland mit vorgeschobenen Argumenten die Realwirtschaft, bei der nichts von den vergebenen Krediten ankommt, dazu bringen, dagegen zu stimmen. So wurde der wichtige Termin im Januar 2017 abgesagt.

Wenn dir jemand sagen würde, wir brauchen in Deutschland Atomkraftwerke um wirtschaftlich erfolgreich zu sein, aber auf dem Sicherheitsstandard der Slowakei, da würde jeder nur lachen. Genau das sind die Argumente, die die Banken vorbringen.

Natürlich ist es so, dass wir als Investoren ein Interesse daran haben möglichst leicht an Kredite zu kommen. Wir haben aber auch ein Interesse an Stabilität der Banken, da wir von diesen abhängig sind.

Zum 01.01.2018 tritt IFRS 9 in Kraft. Bis dahin wird erst mal nichts mehr geändert.

Flüchtlinge: die neue Völkerwanderung

2008 gab es 28.018 Asylanträge in Deutschland, seit 2010 nehmen die Zahlen dramatisch zu. 2016 waren es 745.545 Anträge. 28,4% davon werden in NRW gestellt. Das Bundesamt für Migration und Flüchtlinge weist einen Rückgang im 1. Quartal 2017 gegenüber 2016 um 75% aus. Einfach nur lächerlich, wie die Bevölkerung verarscht wird, denn: im Mai 2017 warten 6,6 Mio. Flüchtlinge auf die Weiterreise nach Europa. Das sind 12% mehr als noch im Januar 2017. 3,3 Mio. davon allein in der Türkei. Was für Erdogan natürlich ein gefundenes Druckmittel ist. 70 Mio. der 180 Mio. Nigerianer sind bereit nach Europa aufzubrechen, sobald sie die Möglichkeit dazu sehen. 18% davon könnten auf Deutschland treffen = 12,6 Mio. Ein großer Teil eines Kontinents sitzt damit quasi auf gepackten Koffern. Weltweit sind 60 Mio. Menschen auf der Flucht. Dies würde den Einfluss des prognostizierten Bevölkerungsrückgangs (wegen geringer Geburtenrate) bis 2060 in Deutschland von 2016: 82,67 Mio. auf 60 – 73 Millionen deutlich bremsen. In der Prognose wird davon ausgegangen, dass die Zuwanderungen ab 2021 nur noch:

100.000 Menschen pro Jahr → 2060: 60 Millionen Einwohner

200.000 Menschen pro Jahr → 2060: 73 Millionen Einwohner

Interessant: 2015 war der Wanderungssaldo (Einwanderer abzüglich Auswanderer) noch bei 1,139 Millionen – davon rund 1 Mio. Flüchtlinge (zuzgl.

hier nicht aufgeführter ca. 2/3 = 660.000 nicht registrierter Flüchtlinge) + ca. 360.000 anderer Migranten abzüglich Auswanderer (insbesondere qualifizierte Fachkräfte, die in die Schweiz abwandern). Die Prognose aus dem Jahr 2015! (da hätte man es besser wissen können) des statistischen Bundesamtes rechnet aber mit nur 500.000 (es waren 550.000) in 2014 mit rückläufiger Tendenz. Sind ja einfach mal mehr als doppelt so viele eingewandert 2015. In 2016 lag der Wanderungssaldo „nur" bei 750.000 (anstatt unter ca. 400.000) wieder mal doppelt so viel. Dass die Zahlen in 2016 rückläufig waren, hängt ja nur mit der Schließung der Balkanroute zusammen, jetzt staut sich eben davor alles – so dass es nur zu etwas Zeitverzögerung führt. Allein ab März 2018 dürfen 390.000 Syrer ihre Familien nach Deutschland holen. Bei im Schnitt 6-8 Familienmitgliedern ergibt sich ein Nachzugspotential von 6 Personen im Mittel bei Alleineinreisenden, also 390.000 * 6 = 2,34 Millionen – alleine durch Familiennachzug ab März 2018, dies geschieht jedoch etwas zeitversetzt, da die Bearbeitungszeiten der Anträge für den Familiennachzug aktuell bei 16 Monaten liegen.

Das Handelsblatt berichtet:

„...sitzt Afrika dieser Tage auf gepackten Koffern. Fast die Hälfte der heute bereits mehr als eine Milliarde Menschen im Süden der Sahara würde dem Migrationsexperten Paul Collier zufolge gerne im reichen Teil der Erde leben. Insofern sind die Zehntausende, die gegenwärtig nach Norden ziehen, womöglich nur der Anfang einer viel dramatischeren Entwicklung."

Wir stellen fest: es ist als mündiger Immobilieninvestor essenziell, Prognosen richtig zu lesen und zu hinterfragen und Informationen aus diversen Quellen zusammenzutragen.

Wenn man davon ausgeht, dass die Bevölkerung von 80 auf 60 Millionen zurückgeht (wie es uns das statistische Bundesamt in einer Studie 2015 klar machen will), dann hätte dies massiv negative Auswirkungen auf die Immobilienpreise.

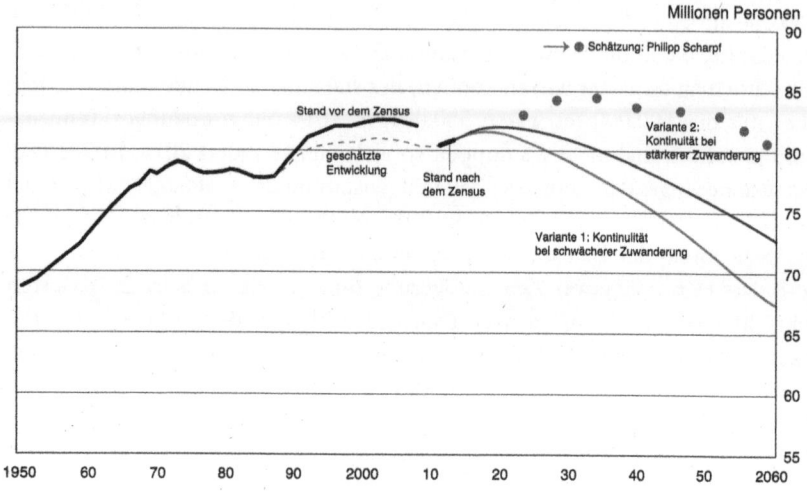

Millionen Personen

→ ● Schätzung: Philipp Scharpf

Stand vor dem Zensus

geschätzte
Entwicklung

Stand nach
dem Zensus

Variante 2:
Kontinuität bei
stärkerer Zuwanderung

Variante 1: Kontinuität
bei schwächerer Zuwanderung

90
85
80
75
70
65
60
55

1950   60   70   80   90   2000   10   20   30   40   50   2060

Wir sehen aber, dass dies nicht der Fall sein wird. Die offiziellen Prognosen, die der Staat uns über das Statistische Bundesamt zur Verfügung stellt, liegen vollkommen daneben. Möglicherweise sogar absichtlich, um die Bevölkerung mit dem Wissen um die massive Zuwanderung nicht zu beunruhigen.

Eine Eurostat Prognose aus dem Jahr 2017, die die Bundesregierung natürlich vehement zurückweist, geht im Jahre 2060 von einer Bevölkerung von 80,8 Millionen Menschen in Deutschland aus. Bis 2030 steigen die Zahlen auf 84,6 Millionen.

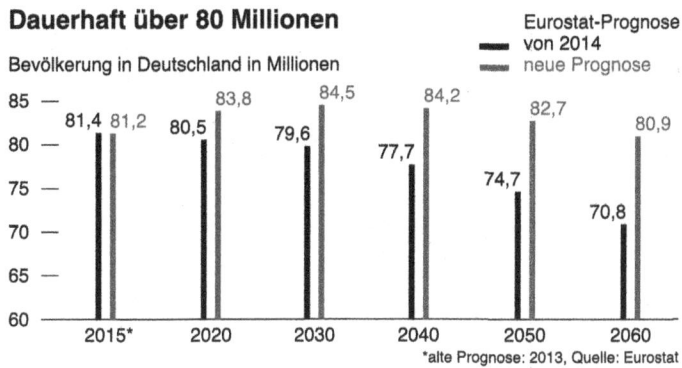

Dauerhaft über 80 Millionen

Bevölkerung in Deutschland in Millionen

Eurostat-Prognose von 2014

neue Prognose

85 — 83,8 84,5 84,2 82,7 80,9
81,4 81,2 80,5
80 — 79,6 77,7
75 — 74,7
70,8
70 —
65 —
60 —

2015* 2020 2030 2040 2050 2060

*alte Prognose: 2013, Quelle: Eurostat

Interessant ist natürlich die Folge. Während deutsche Frauen im Schnitt 2016 noch 1,49 Kinder gebären, steigt diese Zahl durch die kinderreichen Familien, die ebenfalls wieder viele Kinder bekommen, bis zum Jahr 2080 deutlich auf 1,72 Kinder pro Frau an. Dies zeigt also: Deutschland braucht dringend Migranten! Auch wenn die Integration kurzfristig natürlich enorme Summen kostet, von bürgerkriegsähnlichen Zuständen, Islamisierung etc. mal ganz abgesehen, braucht Deutschland Migranten um den Demografischen Wandel zu stoppen. Wir als Immobilieninvestoren brauchen ebenfalls Migranten um keinen Preisverfall unserer Immobilien zu erleben, sondern ein langfristiges (mal abgesehen von einem potenziell hohen Risiko eines kurzfristigen Preiseinbruchs bis 2020) Preiswachstum, zumindest auf dem Level der Inflation. Die Wirkung auf die Immobilien ist folgende: es treibt den Preis als Sachwert hoch, oder anders gesehen, es lässt den Gegenwert des Darlehens dahinschmelzen. Darum ist keine inflationsbereinigte Preissteigerung bei Immobilien immer noch höchst positiv, da diese zumindest die Darlehen dahinschmelzen.

Geburtenrate

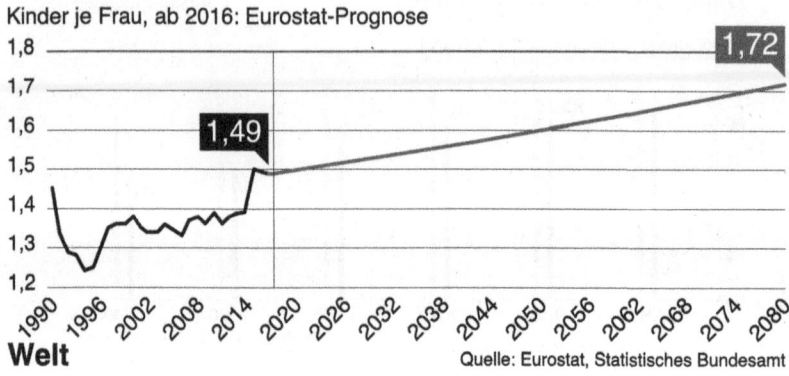

Kinder je Frau, ab 2016: Eurostat-Prognose

Welt

Quelle: Eurostat, Statistisches Bundesamt

Dies ist vermutlich noch etwas untertrieben, wenn wir uns die ganzen Zahlen anschauen, sehen wir hier, dass nur mit 10,9 Millionen Zuwanderungen bis 2060 gerechnet wird. Die Zahl wird sicherlich nicht ausreichen. Das heißt im Umkehrschluss, dass der doppelt Negativtrend der Bevölkerungsreduzierung in Deutschland durch die geringe Geburtenrate gebrochen wird und zusätzlich noch Millionen durch Zuwanderer hinzukommen.

In 13 Jahren (2030) wollen die Babyboomer eine Rente von Kindern, die sie nicht haben und das ist ein Problem. Folglich muss das Rentenniveau da weiter abgesenkt werden, das ist klar.

Durchschnittliche Renten (2016): 843,83 € - davon gehen noch Steuern und Krankenversicherungsbeiträge ab. Und davon soll dann die Miete bezahlt werden? Dies allein ist schon erschreckend, hinzu kommt, dass die Mehrzahl (58%) unter 900 € im Monat zum Leben haben, die mit Abstand größte Gruppe nicht einmal 500 € im Monat erreicht (insbesondere Frauen).

494

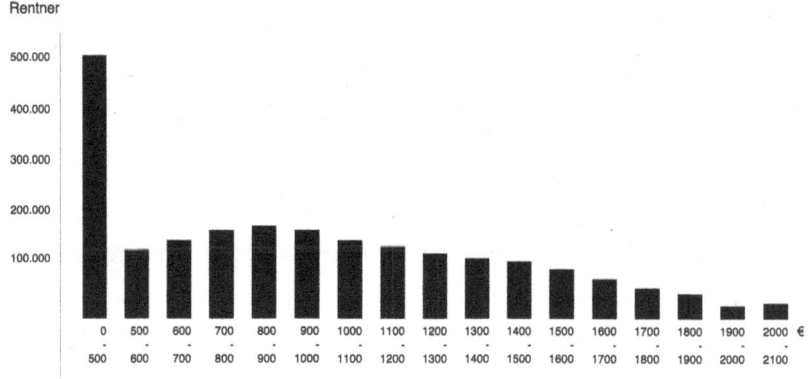

Auswirkungen für Immobilien:
- geringerer Bedarf an hochwertigen Wohnungen
- hoher Bedarf an bezahlbarem Wohnraum (einfache Wohnungen)
- Trend zu Singleaushalten ggf. rückläufig
- Trend zu kleinen Wohnungen (40-70 qm) für 2-Personenhaushalte
- Seniorengerechte Wohnungen
- Trend zu einfachen größeren Wohnungen (70-120 qm) für Großfamilien von
  6 und mehr Personen.

Die Interpretation der Auswirkungen auf die Staatsverschuldung Deutschlands und die Wirtschaft andererseits ist eine Sache. Eine Andere ist die überaus positive für uns als Immobilieninvestoren – steigende NACHFRAGE. Und steigende Nachfrage bedeutet höhere Preise.

Ein Indiz dafür, dass dies langfristig (kurzfristig mag die Situation sehr schwierig sein) positive Auswirkungen für den Standort Europa haben wird.

Ich gehe davon aus, dass das Ruhrgebiet (10 Mio. Einwohner) mit seiner zentralen Lage wie Metropolen wie: Moskau (14 Mio.), Paris (10 Mio.), London (10 Mio.) und Istanbul (14,65 Mio.) stärker wachsen wird und somit auch der Wohnungsbedarf kräftig steigen wird, bzw. die Preise für Wohnungen kräftig anziehen werden.

Das Ruhrgebiet ist für mich in einer vergleichbaren Situation wie Berlin im Jahre 1990. Nun könnte es absurd klingen, wenn ich nach Verschwörungstheorien nun als nächstes auch noch ein paar Bibelstellen betrachten möchte, um daraus

495

mögliche Prognosen für den Standort Europa abzuleiten. In der Bibel gibt es rund 6.408 Verse mit Prophetien, von denen sich 3.268 bisher erfüllt haben. Für mich spricht das eine eindeutige Sprache.

Die Füße und Zehen des Bildes, das Nebukadnezar sah, waren „teils von Eisen und teils von Ton", was bedeutet: „Zum Teil wird's ein starkes und zum Teil ein schwaches Reich sein." Es würde sich aus Menschen zusammensetzen, die „nicht aneinander festhalten, so wie sich Eisen mit Ton nicht mengen lässt" (Daniel 2,41-43).

Mit Reich wird hier eine geopolitische Supermacht (Europa) beschrieben, als Nachfolger des weströmischen Reiches. Warum hier genau Europa beschrieben wird, darüber finden sich online diverse Abhandlungen zu diversen weiteren Querverweisen in der Bibel.

In den Nachkriegswirren des Zweiten Weltkriegs erschien es angesichts der massiven Zerstörungen undenkbar, dass Europa wieder zur Macht aufsteigen könnte. Seine Städte waren zerbombt und lagen in Trümmern, seine Infrastruktur war zerstört, seine Wirtschaft war ruiniert und Millionen seiner Bürger waren entweder tot oder verstümmelt.

Aber Europa hat sich wieder erhoben. Die aus 28 Mitgliedern bestehende Europäische Union ist zur größten Wirtschafts- und Handelsmacht der Welt herangewachsen. Die EU hat ihren eigenen Präsidenten und Außenminister. Sie ist zügig dabei, globale politische Macht, die ihrem wirtschaftlichen Einfluss entspricht, zu entwickeln. Auf diese zunehmende wirtschaftliche und politische Macht wird sicher auch militärische Macht folgen (auch wenn wir uns das gerade noch nicht vorstellen können).

Als Weltmeister des Exports nimmt Deutschland (1 Billion Export) es sogar mit China (2 Billionen Export) mit seiner 16-fach größeren Bevölkerung auf.

Dax ist nicht gleich Dax

Den, Dax den wir kennen, wenn wir von Dax reden, dann meinen wir den Dax, der beim Allzeithoch von 13.131 Punkten steht. (26.10.2017)

Das ist aber nicht die ganze Wahrheit, denn beim Dax handelt es sich, anders als beim Dow Jones, oder dem Euro Stoxx 50 etc. um einen Performance-Index, der die Dividendenausschüttung mitberücksichtigt und deren Wiederanlage einrechnet.

Schaut man sich jetzt den bereinigten Dax-Kurs-Index an, dann stellen wir fest, dass dieser die Höchststände vom Neuen-Markt in 2000 selbst beim

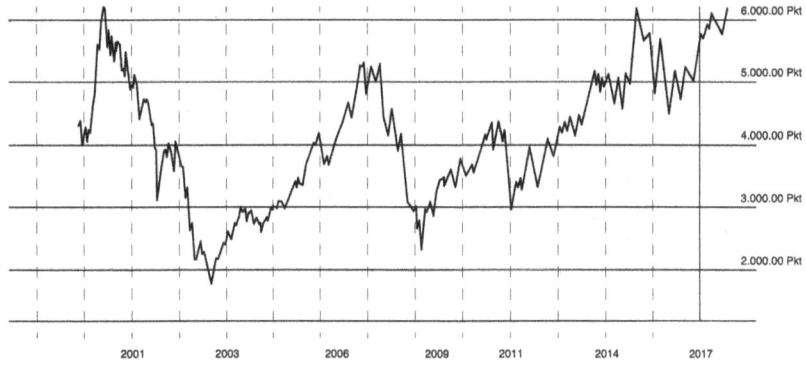

Höchststand vor der Weltwirtschaftskrise 2008 nicht erreicht hat – und aktuell bei denselben rund 6.000 Punkten-Widerstand hängt, wie schon 2000 und 2015. Interessant wird jetzt, ob die 6.000 Punkte-Marke z. B. in der Jahresendrallye 2017 nachhaltig gebrochen wird (aktuell 26.10.2017 stehen wir bei 6.223 Punkte). Dann ist ein weiterer Kursanstieg auch vor dem negativen Vorzeichen (Euro-USD-Wechselkurs) denkbar, so dass wir im Dax-Performance-Index 13.500 Punkte Anfang 2018 stehen könnten. Wenn man das Ganze zyklisch betrachtet (die Probleme mal außen vor lässt):

- drohende Rezession in Europa
- Staatsverschuldungen weltweit
- Euro/USD-Wechselkurs
- Immobilienblase China

Dann könnte die Hausse auch in 2018 weiter gehen, ggf. sogar bis Ende 2019. Alles insbesondere Dank Anlagealternativlosigkeit im Nullzins-Umfeld und positiver Stimmung (Psychologie) „uns geht's doch gut in Deutschland". Es werden immer mehr die Kleinanleger aktiv, die bei Höchstkursen einsteigen und danach tief fallen – überall werden ETFs hochgejubelt.

Doch Vorsicht: der Crash kann jeden Tag kommen! Es ist nur eine Frage der Zeit bis eine Korrektur von bis zu 66% und mehr zu erwarten ist. Die weltweiten Risiken sind enorm! Es ist ein Spiel mit dem Feuer. Ich kann jedem nur raten, die Entwicklungen genau im Auge zu behalten. Das kann jetzt noch einige Jahre gut gehen, der Crash kann aber auch morgen schon kommen. EZB-Chef Mario Draghi sieht keine großartigen Fehlbewertungen, weder am Aktienmarkt (siehe Ausführung Dax-Kurs-Index) noch am Anleihemarkt. Lediglich am Gewerbeimmobilienmarkt sieht er Verwerfungen, doch da die Preisentwicklung regional nicht überall gleich ist, lässt er ein Zurückführen auf die Niedrigzinspolitik der EZB nicht gelten.

Er spricht es ganz deutlich an. *Die Eurozone ist nicht Deutschland, und Deutschland ist nicht die Eurozone.* In Deutschland gibt es natürlich starke Argumente für eine Zinserhöhung, aber nicht in Italien, Griechenland oder Spanien. Die EZB agiert auf der Grundlage von Durchschnittswerten, und die Inflation in der Eurozone betrug im August 2017 eben nur 1,5 Prozent. Wobei das Inflationsziel bei knapp unter 2,0% liegt – und die Tendenz dank verbilligter Importe (Euro/USD-Wechselkurs) noch auf fallende anstatt steigende Inflation hindeutet. Die strukturellen Probleme einiger Euroländer bleiben und somit auch der niedrige Leitzins.

Deutsche sind die Ärmsten in Europa

Wenn du bisher geglaubt hast, Deutschland wäre ein reiches Land, dann solltest du dir bewusst machen, dass die Deutschen im Median in 2016 60.400 € (in 2010: 51.000 €) Vermögen pro Kopf hatten und im Durchschnitt 2016: 214.500 € (in 2010: 231.000 €). Das Durchschnittsvermögens ist also sogar noch gefallen! Woran liegt das? Ganz klar mitverantwortlich ist die geringe Wohneigentumsquote und Aktienquote. Die Deutschen sollen arbeiten und nicht Vermögen aufbauen. Allein aus diesem Grund sind Wohnungen mit geringerem Standard für niedrigere Einkommen in Zukunft in Deutschland gefragt.

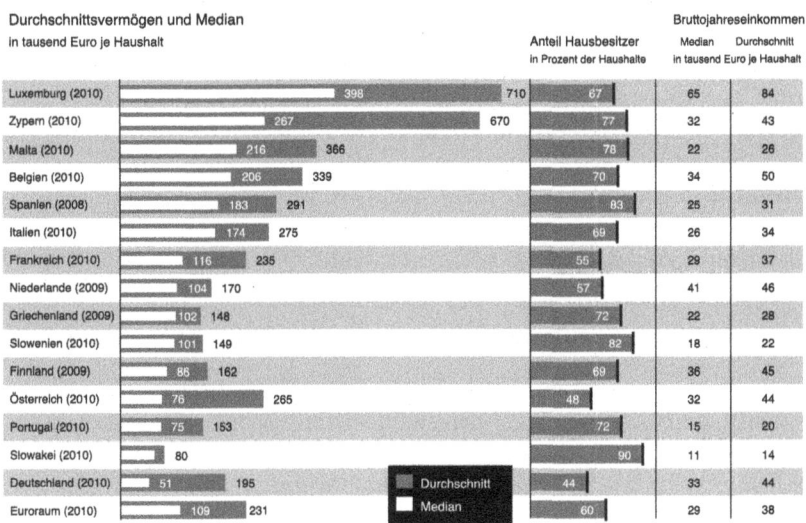

Helikoptergeld = anderer Begriff: Peoples QE

Im März 2016 wurde das Helikoptergeld von Mario Draghi als interessantes Konzept bezeichnet.

1. Stufe: 0% Staatsanleihen – die von der EZB gekauft werden – heute schon Realität

2. Stufe: Das QE für den Aufkauf von Staatsanleihen der EZB ist bereits eine solche Maßnahme nach diesem Prinzip

3. Stufe: Massive Infrastrukturprojekte
4. Stufe: die Notenbank verzichtet auf Rückzahlung (da dies sowieso niemals möglich ist) und schenkt somit dem Staat das Geld. – warten wir ab bis das kommt

Erfolgreiche Beispiele aus der Vergangenheit

- Japan blähte in der Weltwirtschaftskrise 1929 den Staatshaushalt via Helikoptergeld massiv auf, damit fiel die Krise weit weniger dramatisch aus als in Europa und den USA.
- Der 1. Weltkrieg wurde von UK Seite mit ewigen Bonds (Laufzeit unbegrenzt) finanziert

Wie kann die Schuldenkrise bewältigt werden?

1. Schuldenschnitt (führt zu Beunruhigung der Märkte)
2. Weginflationieren
Der 2. Weg wird wohl einschlagen, was uns wiederum dazu bringt, dass Immobilien als Sachwert das richtige Investment sind.

Crypto-Currencies: gehyped, unkontrollierbar

Crypto-Currencies sind nichts für Investoren – maximal als Portfoliobeimischung, deren Kursentwicklung unvorhersehbar ist, sind es reine Spekulationsobjekte. Etwas anderes ist das eigene Mining.
Achtung: In China wurden im Jahr 2017 Bitcoin-Börsen geschlossen und verboten. Es wird aktuell auf ausländische Messenger und P2P-Netzwerke ausgewichen. In China ist der Bitcoin deswegen so beliebt, weil dort mit Kapitalverkehrskontrollen versucht wird zu verhindern, dass Geld außer Landes gebracht wird (siehe Problematik Währungsreserven). Aktuell wird der Wert noch nicht von Banken als Vermögen akzeptiert, könnte aber vor jeder Finanzierung einmal kurz in Euro gewechselt werden. Die nächste(n) Währung(en) wird/werden vermutlich Crypto-Währungen werden. Allerdings nicht Bitcoin oder Ethereum (2. größte virtuelle Währung), sondern eine eigene, von den Zentralbanken herausgegebene und kontrollierte Währung.

Warum kann es nicht Bitcoin sein?

Unsere Währungen und unser Geldsystem funktioniert durch Inflation. Genau das funktioniert aber bei einer begrenzen Währung wie dem Bitcoin nicht, daher kann dieser zwangsläufig nicht zur Weltleitwährung werden.

Die virtuellen Währungen werden von den Staaten geduldet, wo doch gerade Bargeld reduziert, teils auch abgeschafft wird (siehe Abschaffung des 500€ Scheins) um angeblich Kriminalität einzudämmen. Bei dem Bitcoin wird weiter die Tür offen gelassen. Dies hat nur den Grund, die Bevölkerung auf eine virtuelle Währung vorzubereiten – auch einige fette Gewinne machen zu lassen. Sie sollen erfahren wie toll Cryptowährungen sind, wie klasse das ist und wie einfach sie sich händeln lassen – insgesamt ein positives Image davon in der Bevölkerung zu prägen um irgendwann den Umstieg auf die eigene und dann offizielle Zentralbank-crypto-Währung zu vereinfachen und den Boden dafür zu ebnen.

Gold ist nicht unbedingt der sichere Hafen

Goldverbote gab es in der Geschichte bereits öfters. Anonyme Tafelgeschäfte sind 2017 in Deutschland bereits von 15.000 € auf 10.000 € reduziert worden. In der Vergangenheit gab es noch kein Verbot für Silber, Platin und Palladium, wegen deren wirtschaftlicher Bedeutung. Dies kann ggf. eine Ausweichanlage, bzw. eine Depotbeimischung sein.

Bargeldabschaffung

Um negative Einlagezinsen zu umgehen, lagern Versicherungen große Summen Bargeld in Tresoren ein. Nach der Abschaffung des 500 € Schein, erhöhen sich die Tresorkosten um Faktor 2,5. Wird der 200 € Schein abgeschafft (aktuell noch nicht offiziell bekannt), erneut weiter um den Faktor 2.

Prognose der Weltbank: Warnung vor der nächsten Kreditblase

Die nächste Finanzkrise braut sich laut Weltbank in den Schwellenländern zusammen: Dort haben Firmen riesige Schuldenberge angehäuft – eine Gefahr für die ohnehin geschwächte Weltwirtschaft.

Die Finanz- und Wirtschaftskrise begann im Jahr 2007, als Hauskäufer in den USA ihre Hypotheken nicht mehr bezahlen konnten und eine gewaltige Blase von Immobilien-Krediten platzte. 2007 war es „nur" eine Immobilienblase. Wir sehen das Ende von 20 Jahren Boom in China, die arabische Welt mit dem Ölpreis in höchsten Schwierigkeiten und Russland in größten wirtschaftlichen Schwierigkeiten. Europa steht vor einer Identitäts- und Schuldenkrise und Amerika wirtschaftlich wieder massiv auf dem Weg nach unten. Da der Zins überall nahezu 0 (mit kleinen Nuancen) ist, hat kein Investor der Welt mehr die Chance Risiken abzuwälzen. Man holt sich Risiken in die Bücher, die gar nicht nötig sind. Der Zins ist auch nötig um Ausfälle zu kompensieren. Doch was will man bei 0-2% noch für Ausfälle kompensieren? Ausfälle kommen immer: Sei es Jobverlust oder andere Risiken, die immer unabhängig von einer Krise kommen. Wie soll das eine Bank noch abfedern können? Nun wurden über Jahre massiv Kredit mit nahezu 0% Zins vergeben. Wenn irgendetwas verrutscht – und die Problemherde sind mannigfaltig wie wir gesehen haben, kommt es zu einer Rezession. Es entstehen automatisch Zahlungsausfälle, der Bank aber steht kein Ertrag mehr gegenüber. Die Situation ist aktuell weit gefährlicher als sie noch 2008 war. Wir hatten damals noch die Notenbanken, die in der Lage waren etwas zu tun, die damals noch ihr Pulver hatten (Zinssenkung, Ankauf von Staatsanleihen), das haben wir alles verschossen, alles verbraucht. Wir haben keine Chance mehr auf die kommende Neuauflage der Krise, welche in weit größeren Dimensionen kommen wird, zu reagieren. Carl Icahn, Milliardär und Großinvestor sprach 2016 in einem dramatischen Video, auf Youtube zu sehen unter „CARL ICAHN warns of a Global Collapse! NEW VIDEO", von einem Globalen Kollaps.

Ob in diesem Kontext eine Geldanlage, im Schnitt mit aktuellen 12% rentierlichen P2P-Krediten z. B. über Mintos oder Bondora, dann nach Abzug von enorm gestiegenen Ausfallraten noch eine positive Rendite bringt, ist höchst fraglich. Mein Tipp daher: Finger weg von P2P-Krediten.

Mal abgesehen davon wird von, so gut wie allen, Banken für Immobilienfinanzierungen in P2P-Kredite investiertes Guthaben genauso wie in Aktien mit Sicherheitsabschlägen von 50-80% bewertet. Damit zerschießt man sich zusätzlich seinen Verschuldungsgrad im Portfolio.

Jetzt droht die nächste große Schuldenkrise aus den Schwellenländern zu kommen, warnt die Weltbank. Seit 2010 haben Unternehmen dort in großem Umfang Schulden gemacht und ihre Verbindlichkeiten in kurzer Zeit stark in die Höhe getrieben. Hohe Investitionen und historisch niedrige Zinsen haben dafür gesorgt, dass die Schulden des privaten Sektors auf im Schnitt 85 Prozent der Wirtschaftsleistung der jeweiligen Volkswirtschaft gestiegen sind. Das entspricht einem Plus von 14 Prozentpunkten innerhalb weniger Jahre.

In einigen Volkswirtschaften haben die Firmenschulden besorgniserregende Ausmaße angenommen: In Malaysia beispielsweise sind sie bereits rund 1,5 mal so groß wie die Wirtschaftsleistung. In China sind sie mehr als doppelt so groß. Zwar wachsen in den meisten Ländern, in denen die Unternehmen am tiefsten in der Kreide stehen, die Schulden kaum noch oder gar nicht mehr, in Ungarn beispielsweise, in Rumänien oder den Philippinen. Trotzdem bleibt die Situation beunruhigend.

Immobilienblase China droht zu platzen

Häuser und Apartments gelten in China als gute Geldanlage. So schossen im ganzen Land neue Vororte oder ganze Städte wie Pilze aus dem Boden. Doch der Immobilienmarkt verliert an Schwung und eine Blase droht zu platzen. Eine Eigentumswohnung zählte in China zu der Wertanlage Nummer eins, da staatliche Geldinstitute nur minimale Zinsen bieten. Weit über 70 Prozent der Chinesen, die selbst eine Wohnung besitzen, haben aus diesem Grund ihr Vermögen in weiteren Immobilien angelegt. Die Wohneigentumsquote liegt in China bei mehr als 100 Prozent. Das heißt, die Zahl der Eigentumswohnungen übersteigt die der Mietobjekte und das bei atemberaubenden Preisen. Die Erschwinglichkeit liegt bei dem 41-fachen des durchschnittlichen Jahreseinkommens. Zum Vergleich: im teuren München liegt die Erschwinglichkeit beim 13-fachen des durchschnittlichen Jahreseinkommens. München liegt damit nur auf Platz 67 der teuersten Städte der Welt. Eine halbwegs gute 100-Quadratmeter-Wohnung in der Innenstadt kostet in China über eine Million Euro, der durchschnittliche Quadratmeterpreis beträgt 13.000 Euro.

Doch der Immobilienmarkt verliert bereits an Fahrt. Die Verkäufe von Wohnimmobilien sind 2014 insgesamt um zehn Prozent zurückgegangen. Eine heikle Angelegenheit für China, denn der Immobiliensektor beeinflusst 15 bis 25 Prozent der lokalen Wirtschaft. Eine Krise am Immobilienmarkt könnte die chinesischen Banken enorm belasten, denn seit 2008 war das Volumen an Hypothekenkrediten enorm gestiegen. Für viele Banken machen Hypothekenkredite rund 40 Prozent des gesamten Kreditvolumens aus – ein großes Risiko.

Laut dem Stand von 2013 stehen 68 Millionen Wohnungen leer. Neuere Zahlen konnte ich nicht recherchieren. Der Höhepunkt des Baubooms in China fand im August 2016 statt. In 2016 betrug die Neukreditaufnahme für Immobilienkredite 17% des Haushaltseinkommens (2014 noch 6%), in den USA lag die Quote im Höhepunkt der Krise bei 11,2%.

Im Februar 2017 stiegen die Immobilienpreise nur noch in 45 Städten, in 20 Städten gingen die Preise bereits zurück. Die Abkühlung beginnt. Im Mai 2017 hat die Ratingagentur Moody's Chinas Kreditwürdigkeit zum ersten Mal seit 10 Jahren um eine Stufe gesenkt. Moody's erwartet steigende Schulden (2017: 49% des BIP, 2008 noch 27% des BIP) bei zugleich abnehmendem Wirtschaftswachstum (2010 noch 10,6%, 2017 „nur" noch angeblich 6,7%). Doch bei den Zahlen von China müssen wir aufpassen, die Chance ist hoch, dass diese alle frisiert sind.

Egal was passiert:
- ...Finanzkrisen erschüttern die übrige Welt
- ...die von China abhängigen globalen Rohstoffmärkte schwanken auf und ab,
- ...die Aktienbörsen in Shanghai und Shenzhen crashen,
- ...die Exporte in China fallen seit zwei Jahren - eins bleibt stets stabil: die Wachstumsraten der Volksrepublik, auf hohem Niveau.

Am schwankenden Stromverbrauch könnte man Rückschlüsse auf die Wirtschaftsentwicklung Chinas ziehen. Das trotz hoher Elektroautoquote, sowie an den Bewegungen in den Rohstoffmärkten (Blei, Kohle, Erdöl). 2015 wuchs der Stromverbrauch nur noch um 0,5%. Ein mögliches Indiz für das eingebrochene Wirtschaftswachstum Chinas.

China baut gerade die Wirtschaft um von Schwerindustrie und Billigprodukten zu Dienstleistung und höherwertigen Waren. Das Thema höherwertige Waren wird noch zum Problem für die deutsche Autoindustrie werden.

Private Immobilienkredite in China

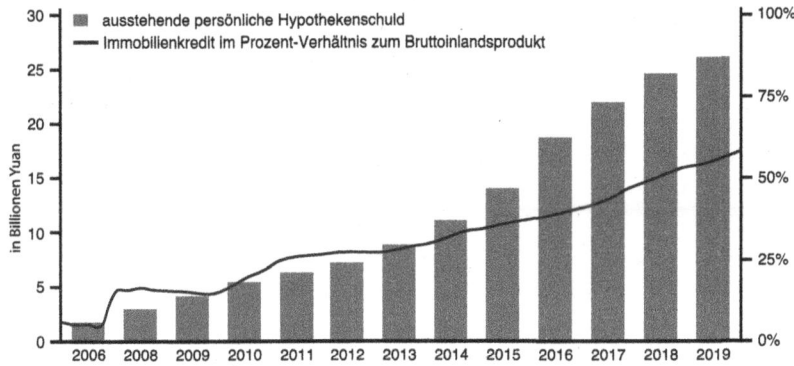

Ineffiziente hochverschuldete Staatsbetriebe in China

Ein Thema ist jedoch wenig bekannt, die Staatsschulden sind nicht das eigentliche Problem, denn diese sind im Verhältnis zu anderen Ländern noch human. Das eigentliche Problem sind die ineffizienten Staatsbetriebe. Summiert man die Schulden des Staats und der Staatsbetriebe, dann ergibt sich eine Verschuldung von 258% des BIP – und das ist die höchste Verschuldung in der Welt! S&P warnte bereits 2016 vor hohen Verlusten, die Banken durch faule Kredite drohen. Chinas Finanzinstitute könnten aufgrund notleidender Kredite von 2020 an bis zu 11,3 Billionen Yuan (1,5 Billionen Euro) frisches Kapital benötigen, sofern die Schuldenexzesse im Unternehmenssektor sich nicht abschwächen sollten. Bisher getroffene Maßnahmen der Regierung überzeugen nicht. Um die Verbindlichkeiten der Unternehmen zu drücken, werden Schulden in Beteiligungen umgewandelt und so die Banken an den maroden Staatsbetrieben beteiligt. Das ist genau dasselbe Spiel auf Zeit wie die Anleihekäufe der EZB.

Eine Immobilienblase existiert dann, wenn:
1. Die Relation zwischen Einkommen und Preisen hoch ist (41-faches Jahreseinkommen in China im Vergleich zu „nur" 13-faches Jahreseinkommen in München)
2. Das Verhältnis zwischen Kaufpreise und Mietpreise hoch ist (Rendite 2,3 % in China – bei 5,1 % Zinsen sogar stark negativ, Vergleich München 3% - bei

505

1-2% Zinsen)

3. Hoher Leerstand existiert (68 Millionen leerstehende Wohnungen)

Der große Vorteil: Chinas Banken arbeiten überwiegend eigenständig, so dass die Forderungsausfälle beim kommenden Crash weltweit nicht so stark sein werden wie in 2008. Der Wirtschaftsabschwung wird jedoch trotzdem verheerend für die Weltwirtschaft. Besonders Deutschland, das geringe Binnenwirtschaft hat und mit seiner Wirtschaft am Export, unter anderem an China, hängt. China ist sogar seit 2016 der größte Handelspartner Deutschlands (noch vor der USA und Frankreich). Über 54% der China-Exporte machen dabei die Autoindustrie und Maschinenbau aus. Das sind die beiden am stärksten betroffenen Sparten. Man sollte sich also überlegen, ob man Immobilien im Einzugsgebiet von deutschen Auto- oder Maschinenbauern haben muss. Und das nicht nur vor dem Hintergrund China, sondern auch vor dem Hintergrund der Elektromobilität und des massiven Arbeitsplatzabbaus, der damit verbunden ist (geringerer Fertigungsaufwand Elektroauto im Vergleich zum Verbrenner (auch in der Zulieferindustrie)). Ich denke da z. B. an die Boom-Region Stuttgart, aus der ich selbst komme, wo 45% der Umsätze und rund 200.000 Arbeitsplätze an der Automobilindustrie hängen. Am Maschinenbau hängen in der Region Stuttgart 73.400 Arbeitsplätze, und der Exportanteil der Firmen liegt bei 90%. Die Auswirkungen einer globalen Wirtschaftskrise sind hier besonders verheerend. Im Zentrum von Stuttgart, wo es die letzten Jahre massive Immobilienpreissteigerungen gab, ist das Rückschlagpotential am höchsten.

Zahlen Automobilindustrie und Maschinenbau

Automobilindustrie:	345,9 Mrd. Euro	747.000 Mitarbeiter
Maschinenbau:	225,5 Mrd. Euro	900.000 Mitarbeiter

Gefährdete Automobilstandorte in Deutschland

Nord-West Baden-Württemberg: Rastatt, Gaggenau, Mannheim
Stuttgart: Neckarsulm, Sindelfingen, Ludwigsburg, Stuttgart
Ostdeutschland: Zwickau, Chemnitz, Leipzig Bayern: München und in ganz Bayern durch diverse Zulieferbetriebe
Region Bremen, Region Rüsselsheim am Main, Gustsavsburg

Region Kassel, Region Ingolstadt
Ruhrgebiet: Standorte Köln, Düsseldorf, Bochum
Dingolfing, Osnabrück, Regensburg, Saarlouis
Verschont bleibt Norddeutschland bis auf Bremen, Hamburg und Emden,
oberhalb den Autostandorten Wolfsburg, Hannover, Braunschweig, Salzgitter.
Mecklenburg-Vorpommern, Schleswig-Holstein und Sachsen-Anhalt.

Es gibt 3 Regionen in Deutschland, in denen noch relativ einfach 10% Rendite mit Immobilien erwirtschaftet werden können. Diese sind grundsätzlich: Norddeutschland, Ostdeutschland und das Ruhrgebiet.

Ruhrgebiet: Düsseldorf und Köln fallen wegen hoher Preise raus, Bochum wäre ein Autostandort.
Ostdeutschland: Sachsen müsste man ausklammern, sowie die Region Eisenach. Berlin direkt ist zu teuer, dort fällt auch das Autoproblem nicht ins Gewicht.
Norddeutschland: Hamburg als teures Pflaster klammern wir aus, Bremen und Emden als Autostandorte. Verbleibt alles nördlich vom Autostandort Wolfsburg, aber auch Sachsen-Anhalt als gute Investmentstandorte.

Zurück zu China und der Immobilienblase

Die Zentralregierung versucht auf der einen Seite, das Angebot an Krediten zu verringern, um Immobilien-Spekulationen auf Pump einzudämmen. Auf der anderen Seite sind es aber ausgerechnet die Lokalregierungen und die Staatsbanken, die allesamt weiter auf steigende Immobilienpreise setzen, um die Konjunktur am Laufen zu halten.

Die Häuserpreise in Chinas Metropolen ziehen nicht mehr so stark an. In Peking waren Eigenheime im Juli etwas günstiger zu haben als im Vormonat. In Shanghai stagnieren die Preise. Dies kann darauf hindeuten, dass sich der Immobilienmarkt allmählich abkühlt. Gegenüber dem Vorjahr besteht jedoch im August 2017 immer noch ein Plus von 8,3% in den 70 größten Städten zu verzeichnen. Im November 2017 war der Anstieg jedoch noch bei 12,6% zum Vormonatszeitraum. Die Party kann auch noch ein paar Jahre weiter gehen, doch irgendwann wird sie vorbei sein. Bitte behalte dieses Thema für deine Investments im Blick!

Rückgang der Preissteigerungen bei den Häuserpreisen in China

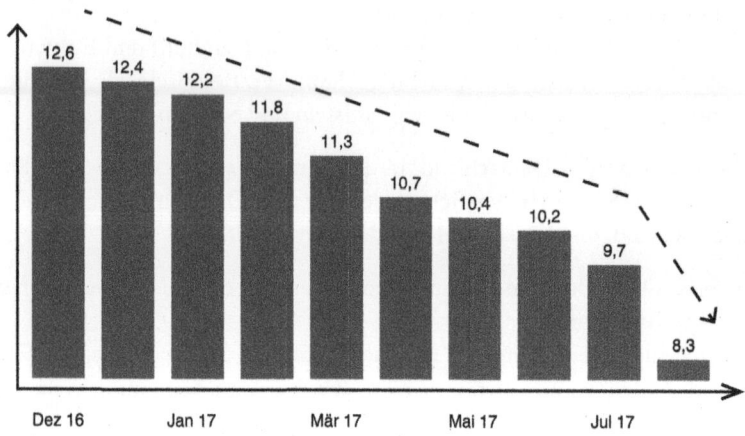

Für Ende 2017 wird ein Rückgang auf 7,7% erwartet, bis zum 3. Quartal 2018 auf 6,8% und für 2020 ein Rückgang auf 2% Preissteigerung.

In Shanghai kostet der qm Bestand aktuell rund 12.000 €, der qm Neubau rund 19.500 €. Das heißt, eine 100 qm Wohnung kostet knapp 2 Millionen Euro. Chinesen leben in dem Glauben, dass Immobilienpreise ausschließlich steigen können. Chinesen investieren anders als die Deutschen lieber in Immobilien als in Sparvermögen. In China geht es beim Immobilienmarkt um Geldanlage und Spekulation. In Deutschland um den Traum der eigenen 4 Wände.

Im Januar konstatierten die Statistiker mit einem Minus von 0,5 Prozent den vierten Rückgang infolge. Inzwischen gibt es auch Berichte aus Chinas Bankenbranche, wonach einige Institute erstmals ihre Zinsen auf Immobilienkredite angehoben haben.

Die Verschuldung der privaten Haushalte und privaten Unternehmen in China lag 2008 bei rund 10 Billionen Yuan. 2017 liegt sie bei knapp 40 Billionen Yuan. Eine Vervierfachung in weniger als 10 Jahren.

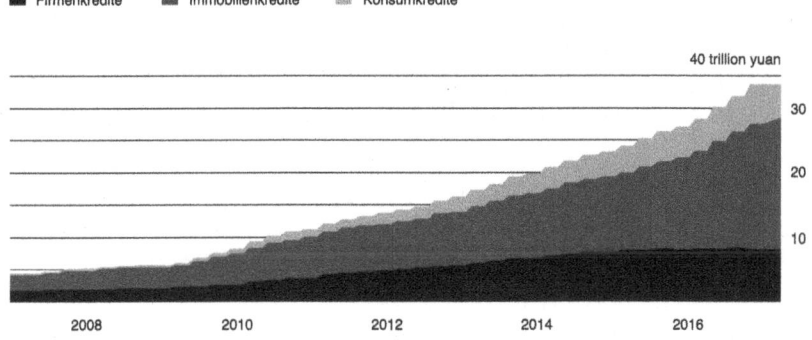

Die Aufwertung des Euro – die von der EZB kritisch gesehen wird (da wachstumsbremsend) – die jedoch kein Bestandteil der EZB-Politik ist, sei hier nur am Rande erwähnt.

„Sollte sich der Ausblick eintrüben oder sollten die Finanzierungsbedingungen nicht mehr mit einem weiteren Fortschritt hin zu einer nachhaltigen Korrektur der Inflationsentwicklung im Einklang stehen, so ist der EZB-Rat bereit, das Programm im Hinblick auf Umfang und/oder Dauer auszuweiten. "

Wie uns jetzt gehirngewaschene Bankberater, oder gar sogenannte freie Finanzierungsspezialisten bei diesen klaren und jedem öffentlich zugänglichen Wissen weismachen wollen, die Zinsen würden bald steigen, ist mir überhaupt nicht begreiflich. Gestützt wird dies häufig auf der These – die Zinsen sind historisch niedrig, niedriger werden kann es ja nicht. Falsch, ganz falsch. Wer sagt, dass nicht bald Negativzinsen von -6% kommen können? (mit irgendwas muss die komplett kollabierende Wirtschaft in der nächsten Krise doch aufgefangen werden.) Wer sagt, dass eine Niedrigzinsphase nur kurz andauern kann und dann wieder in steigende Zinsen umschwenken muss? Japan hat seit 25 Jahren Nullzinsen.

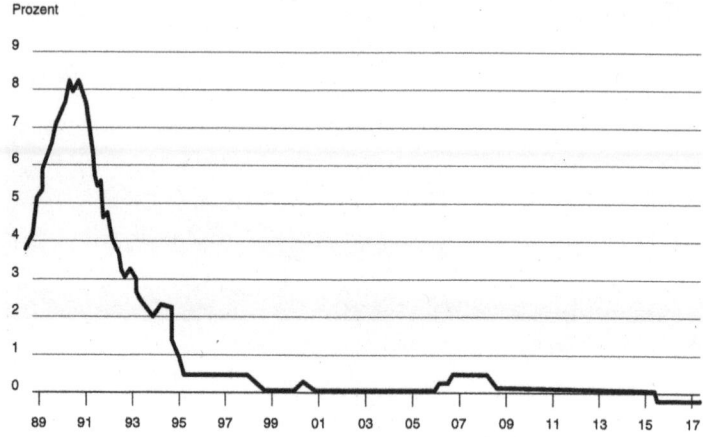

Sitzungstermine der EZB / FED

Die Termine sind für Investoren relevant, um sofort über Änderungen informiert zu sein. Banken garantieren meist für wenige Tage veröffentlichte Zinsen, so kann sofort reagiert werden, wenn ein Gegensteuern nötig ist, bevor die Fristen abgelaufen sind und neue Zinssätze in deren Systeme eingepflegt sind. Es gibt jeweils 8 Sitzungstermine pro Jahr für die EZB (www.ecb.europa.eu) und 8 Sitzungstermine pro Jahr für die Amerikanische FED (www.federalreserve.gov).

Eine Erhöhung des Leitzinses der EZB ist erst mal bis 2019 nicht in Sicht. Vorsichtig geschätzt ggf. sogar die nächsten drei Jahre nicht. Für 2023 könnte ich mir eine schrittweise Erhöhung Richtung +1% Leitzins vorstellen, sofern kein Crash dazwischen kommt. Es kommt definitiv bald der nächste Crash, nur wann ist noch nicht klar. 2017 ist erst mal eine Jahresendrally zu erwarten. Die Währungsunion hängt mit ihren Problemen als Dauerpatient am Tropf der EZB und der niedrigen Zinsen. Eine Lösung der Probleme ist nicht in Sicht, daher ist auch eine signifikante Zinserhöhung nicht in Sicht.

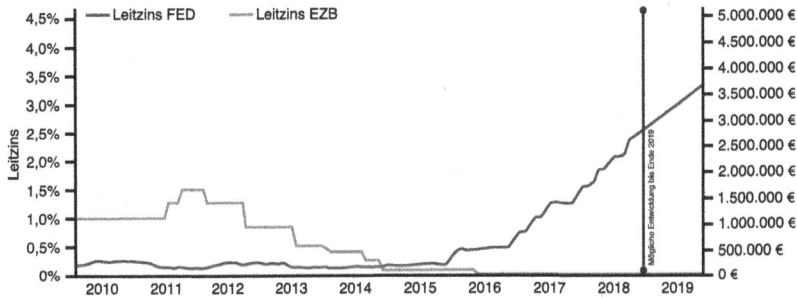

Bei der FED könnte es nach deren eigenen Projektion bis Ende 2019 zu einer Zinserhöhung auf + 2,7% und bis Ende 2020 auf + 2,9% kommen. Behält die FED ihr Tempo also bei – und die Wirtschaftsdaten bleiben unverändert (sieht aktuell aber wegen EUR/USD-Kursveränderung etc. nicht so aus), wäre für 2018 mit drei weiteren Zinsanhebungen der FED zu rechnen.

Trotzdem sind die Tage von Zinsen über 4% mit dieser Projektion vorbei. Gerüchten zufolge favorisiert Trump zurzeit nicht Yellen für den Vorsitz, sondern Jerome Powell. Unter Yellen wurden die Zinsen sehr langsam erhöht. Powell steht zwar ebenfalls für Kontinuität, könnte die Zinsen aber schneller erhöhen als die aktuelle Fed-Chefin. Wir behalten bitte im Hinterkopf, was steigende US-Zinsen für die Blase China bedeuten.

Amerika und Europa sind jedoch bezüglich der Zentralbanken zwei völlig verschiedene Themen, die früher noch mehr synchron gingen, aber sich immer weiter auseinander bewegen. Siehe auch die 25 Jahre Null-Zinsen in Japan. Diese ist auch vollkommen abgelöst von der Zinspolitik in Amerika.

Kanada und die USA nutzen hierbei die Gunst der Stunde und verabschieden sich langsam von allen unkonventionellen Maßnahmen nach der Krise. So haben sie später wieder Feuer, um im nächsten Crash wieder das Instrument (Zinssenkung) zu besitzen.

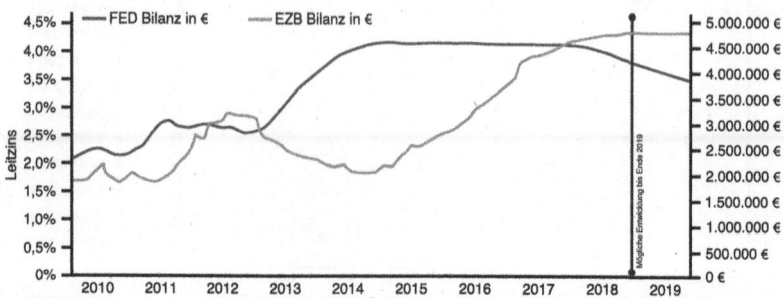

Preiskorrektur in Großstädten: 40% und mehr sind möglich!

Deja-vu: Mitte der 90er Jahre (als Folge der Wiedervereinigung) hatten wir zuletzt dieses Thema, die Immobilienpreise sind gestiegen, gestiegen und gestiegen. Keiner konnte sich vorstellen, dass diese jemals wieder fallen. In Berlin sind die Preise dann um 25-40%, in Toplagen um 50% eingebrochen. Sie sind wieder angestiegen, wir sind langfristige Investoren, darum ist das ja nicht so schlimm, könnte man meinen. Doch, es ist schlimm! Denn anders als bei Aktien, die du normalerweise ohne Finanzierung kaufen kannst sind, Immobilien stark kreditgehebelt. Wenn du Aktien kreditgehebelt kaufst, bekommst du einen Margin-Call. Bei Immobilien fordert die Bank zur Nachbesicherung auf.

Zwangshypothek/Lastenausgleichgesetz

Das 1952 eingeführte Lastenausgleichsgesetz führte dazu, dass Immobilieneigentümer (deren Immobilien zuvor durch Hyperinflation und Währungsreform 1923 und Währungsreform 1948 mit Umtauschverhältnis 10:1 fast vollständig entschuldet wurden) eine Zwangshypothek in Höhe von 50% des Immobilienwerts eingetragen bekamen. Über 30 Jahre verteilt mussten Zahlungen von 1,67% pro Jahr in einen Ausgleichsfonds abgeführt werden. Dies wurde durch im Schnitt 3% Inflation auch wieder abgemindert. Die Vermögenssubstanz musste auch nicht angegriffen werden. Warum dieses noch bestehende Lastenausgleichsgesetz als Schreckgespenst immer wieder diskutiert wird, entzieht sich meinem Verständnis.

Wenn ich meine Schulden durch Währungsreform und Inflation nahezu komplett erlassen bekomme, 50% dann wieder vom Staat drauf gebucht bekomme,

512

diese aber ohne Zinsen und mit für mich positiver Inflationswirkung auf 30 Jahre verteilt mit einer anfänglichen Annuität von nur 1,67% zahlen darf, nehme ich gern diese Zwangshypothek!

"Rückschlagspotenzial" bei Immobilien

Es gibt einige Stimmen inkl. Gerald Hörhan (Investmentpunk), die gehen davon aus, dass wenn die Nachfrage bei Immobilien einbricht, die Preisabschläge an Standorten mit schwacher Nachfrage deutlich stärker einbricht. Es wird dabei auf zurückliegende Korrekturen verwiesen. Betrachtet man dies allein, ist dies auch korrekt.

Ich sehe das genau anders rum. In schwachen Regionen eher 20%, in starken Regionen eher 40%. Besonders weil die Preise ja auch dort nur so stark angestiegen sind, in den schwachen Regionen ggf. sogar gefallen.
Rückschlagspotenzial definiere ich in einem möglichen temporären (z.B. zwei bis drei Jahre) Rückgang der Preise (in einer Korrektur der seit 2010 extrem gestiegenen Preis) - insbesondere ausgelöst durch kurzfristig niedrigere Beleihungsausläufe von 60-80% anstatt von 100%. Bei niedrigeren Wertansätzen der Objekte, Objekte, die auf den Markt geworfen werden, weil die Eigentümer nicht nachbesichern konnten, dies wieder ausgelöst durch einen Börsencrash: Krise für alles (Schulden, Wirtschaft etc.) ausgelöst ggf. vom China-Immo-Markt - das wiederrum wegen steigender US-Zinsen (ggf. bekommen wir jetzt doch nochmals etwas Verlängerung (anstatt Korrekturpotential ab Mai 18) mit dem Wechsel an der FED Spitze und US-Steuerreform und China-Steuerreform.) Wenn ich ein qm-Preis von 200 € - 800 € bei Miete von max. 5 €/qm habe, was soll da noch nach unten gehen? Das ist schon weit unter Herstellungskosten. Wenn ich einen qm-Preis von 4.000 bis 6.000 € habe, dann kann ich auch auf 2.500 € zurückfallen und Miete von 16 €/qm auf 10 €/qm haben. Gerade die Normal- und Besserverdiener trifft es stärker als die, die eh schon von Hartz4 an schwachen Standorten leben.

Währungsreformen in Deutschland

1871-1876 Wahrungsreform einheitliche Währung in Deutschland „Mark"
→ **50 Jahre**
1924 Währungsreform nach Hyperinflation 1914 – 1923 um Kriegskredite

wegzuinflationieren – Einführung der „Rentenmarkt"

Zu anfänglichen 5 Mrd. Mark Staatsschulden werden 47 Mrd. Mark nachgedruckt und Anleihen im Wert von 100 Mrd. herausgegeben und eine Hyperinflation ausgelöst. 2024 kostet ein Brot dann 470 Mrd. Mark.

→ **24 Jahre**

1948 Währungsreform „Deutsche Mark" 1933-45 Nazi-Deutschland

→ **42 Jahre**

1990 Währungsreform Ostmark → Deutsche Mark

→ **12 Jahre**

1999-2002 Währungsreform Einführung Euro

→ **???**

??? Währungsreform Wiedereinführung Nationalwährung oder Weltleitwährung, Risiko der zukünftig schnelleren Sicherheiten-Verwertung der Banken

Die EU-Kommission will in Abstimmung mit der Europäischen Zentralbank dafür sorgen, dass Banken prompt Immobilien, Aktien, Anleihen und andere Werte verkaufen, die der Absicherung von Krediten dienen. Dieses Konzept ist im „Mid-term Review of the Capital Markets Union Action Plan" festgeschrieben. Der Plan wurde 2017 veröffentlicht, im März 2018 genauer beschrieben und soll nun im Rahmen der Bankenunion umgesetzt werden. Die Mitgliedstaaten sind aufgefordert, Gesetze zu beschließen, die den Kreditinstituten die Umsetzung der angestrebten Praxis erleichtern. **Derzeit kann eine Bank nicht einfach ein Grundstück verkaufen, das einen Kredit absichert.** Alle Kredite, ob besichert oder nicht, werden gleich bewertet.

Ein gut abgesicherter Kredit bedeutet nach den Grundsätzen traditioneller Bankwirtschaft kein besonderes Risiko. Banken konnten somit Kunden auch in schwierigen Phasen begleiten, da in letzter Konsequenz bei einem Ausfall die Forderungen durch die Verwertung der Sicherheiten eingebracht werden können. Diese Logik wird durch die EU-Finanzpolitik in Frage gestellt. Mit der Einführung der Wohnimmobilienkreditrichtlinie wurde schon 2016 mehr Wert auf ein nachhaltiges Einkommen gelegt. **Darum gilt auch in Zukunft umso mehr: Rendite, Rendite, Rendite (bzw. Einkommen, Einkommen, Einkommen) vor Wertsteigerung und Lage, Lage, Lage oder Eigenkapital, Vermögen und (Zusatz-)Sicherheiten.**

Es ist daher besser, Objekte mit 10% Rendite anstatt Objekte mit 5% Rendite einzukaufen, um einen Risikopuffer zu bekommen für schwankende Einkommen, ausfallende Miete, Jobkündigung etc.

Alle Kredite werden im Risikosystem der Banken bereits seit längerem gleich bewertet, egal ob Sicherheiten vorhanden sind oder nicht. Es spricht auch nichts gegen 100% Finanzierungen, bei denen Blankoanteile entstehen. Für alle Kredite gilt: Bei Problemen der Kunden sind die Forderungen in der Bonität herabzustufen und mit mehr Kapital zu unterlegen. Kontenüberziehungen, Zahlungsverzug bei der Bedienung von Krediten, **schwächere Umsätze oder geringere Gewinne (auch wegfallendes Angestellten-Einkommen)** haben Konsequenzen, **auch** wenn die Kreditnehmer **wirtschaftlich gesund sind** und **über ausreichende Vermögen verfügen.** Nach diesen Grundsätzen wird ein Kredit zukünftig sehr rasch zu einem gefährdeten Kredit, einem „non performing loan" mit dem Ergebnis, dass in einer Wirtschaftskrise die Geschwindigkeit der Kreditkündigungen deutlich zunimmt.
Ist nun ein NPL mit Sicherheiten ausgestattet, so soll nach den neuen Vorstellungen der EU-Kommission und der Aufsichtsbehörden die Bank Immobilien, Wertpapiere und andere Elemente verwerten.

Beispiel 1: Ein Privathaushalt lebt in einer kreditfinanzierten Eigentumswohnung. Durch den Verlust einer Einkommensquelle, ein Familienmitglied wird arbeitslos, verschlechtert sich die wirtschaftliche Lage. Der Kredit wird zu einem NPL, die Wohnung wird verkauft. Die Bank kann nicht warten, bis ein neuer Job gefunden wird. Die Bank muss agieren, als ob die Familie pleite und der Kredit uneinbringlich wäre.

Beispiel 2: Der Umsatz eines mittelständischen Unternehmens beruht auf mehreren Produkten. In einem Bereich erfolgt ein marktbedingter Umsatzeinbruch. Die Firma wird als höheres Risiko eingestuft. Die vorhandenen Wertpapiere werden verkauft, der Kontokorrent-Kredit als „NPL" getilgt.

Die Unternehmensübernahme aus der Insolvenz

Die meisten Firmeninsolvenzen werden sobald die Umsätze und damit der Vorfinanzierungsbedarf wieder anzieht, registriert. Dieser Umstand wird dadurch zukünftig verschärft.

Übrigens ist genau das ein super Kaufzeitpunkt für eine Übernahme aus einer Insolvenz. Die Restrukturierungen sind bereits durch, die Talsohle ist überschritten, das Unternehmen macht wieder Gewinne, die Bilanzen der letzten Jahre sehen jedoch schlecht aus, sodass die Bewertung des Unternehmenswertes niedrig ist. Leider ist es auch hier wie bei den Immobilien-Zwangsversteigerungen, der Firmen-Deal ist mit der Insolvenz On-Market und daher die Anzahl der Interessenten deutlich größer.

Immobilien als die Spezialform eines Unternehmens

Immobilien sind ja auch nur die Spezialform eines Unternehmens. Viele heute noch angestellte Immobilieninvestoren fangen mit zunehmender Größe an, eigene Firmenstrukturen mit GmbHs aufzubauen und kaufen Unternehmen dazu wie Handwerksfirmen, Maklerbüro, Hausverwaltung etc. Warum nicht auch in ein Unternehmen aus irgendeiner Branche investieren und dies führen wie die Immobilien auch?

Die Folgen der Umsetzung der Richtlinie

Mit Umsetzung der Vorstellungen der EU-Kommission, kommt ein massenweiser Verkauf von Grundstücken zustande, der zu einem Verfall der Immobilienpreise führt. In der Folge erzielen die Banken bei der Verwertung der Sicherheiten geringere Erlöse. Die Banken sollen NPLs verkaufen (damit sie wieder Eigenkapital frei bekommen für neue Kredite), dafür gibt es derzeit aber kaum Käufer, was zu höheren Verlusten in den Banken führt.
Bei allen anderen Eigentümern von Immobilien kämen durch den Verfall der Preise und somit der Verkehrswerte ein Vermögensverlust zustande.
Der plötzliche Verkauf größerer Wertpapierdepots hätte negativen Auswirkungen auf die Börsen.

Errichtung von Asset Management Companies (AMCs)

NPLs werden mit Abschlag verkauft, wodurch im Falle einer letztlich doch stattfindenden, vollständigen Tilgung und Verzinsung ein attraktiver Gewinn zustande kommt. Nachdem kein funktionierender Markt existiert, sollen in den Mitgliedstaaten Agenturen, so genannte „Asset Management Companies"

(AMC) eingerichtet werden, die NPLs kaufen und verwerten sollen. Empfohlen werden staatliche Förderungen – „natürlich nur soweit sie den EU-Verboten von staatlichen Subventionen nicht widersprechen". Außerdem wird die Schaffung von Service-Firmen gefordert, die die Kredite betreuen sollen.

Der Auslöser der Finanzkrise 2008 in den USA wird nach Europa geholt

2008 haben verkaufte Kredite, im Rahmen der sogenannten „Asset backed securities" (ABS), die Krise verschärft: Die Forderungen wurden von Computern verwaltet, die bei geringstem Verzug automatisch den gesamten Kredit fällig gestellt haben – ohne Rücksicht auf die wirtschaftlichen Verhältnisse der Kreditnehmer. In der Folge verloren ohne Notwendigkeit viele Familien ihre Häuser. Betriebe mussten schließen. In Gerichtsverfahren wurden Banken, die die Kredite verkauft hatten, in vielen Fällen zu hohen Schadenersatzzahlungen verurteilt. Dieses Kreditkündigungs-Vorgehen wird nun nach Europa geholt. Die jedoch tatsächlich weltweiten katastrophalen Verluste wurden allerdings durch Milliarden-Spekulationen mit diesen NPLs verursacht, die bis heute erlaubt sind und von den Großbanken mit gigantischen Summen weiter betrieben werden.

Zinsdeckungsquote der Unternehmen in USA vs. Deutschland

Was uns diese Grafik zeigt, ist, dass die Bedienung der Schulden für Unternehmen in den USA heute deutlich schwieriger ist als noch während der Finanzkrise. In Deutschland ist es genau anders herum. Konkret hat die Hälfte aller betrachteter US-Unternehmen heute eine Zinsdeckungsquote von weniger als vier. Das heißt, dass mehr als ein Viertel ihres operativen Gewinns für Zinszahlungen verschlungen wird. Das ist ein Wert, bei dem ich als Anleger schon ganz genau hinschauen würde, wie nachhaltig das alles ist. In Deutschland beträgt der Wert nur ein Bruchteil davon.

Chronologie der kommenden Weltwirtschaftskrise 2020/2021
2017 bis 2018

1. Trump-Steuererleichterung (Strohfeuer, Aktienrückkäufe der US-Unterneh-

men zur Börsenstabilisierung nutzen, China-Crash vergrößern)

2. Beginn Verkäufe (10/2017 QE-Programm der Fed, Liquiditätsentzug)
3. Reduzierung Ankäufe (1/2018 QE-Programm der EZB, Liquiditätsentzug)
4. Erhöhung Verkäufe (1/2018 QE-Programm der Fed, Liquiditätsentzug)
5. Flash-Crash (Anfang 2018, Investoren ziehen Mittel ab)
6. Ausverkauf der Bankaktien (Deutschland, 2018)
7. Zinserhöhung USA
8. Reduzierung Ankäufe (10/2018 QE-Programm der EZB, Liquiditätsentzug)
9. Währungscrashs in Schwellenländer (Venezuela / Türkei)
10. Anleihekaufprogramm EZB endet + weitere Korrektur (12/2018)
11. Inverse Zinskurve US-Staatsanleihen (12/2018)

Inverse Zinskurve VS. Crash

2019 - 2020

→ Alle in den nächsten 36 Monaten auslaufende Finanzierungen mit Beleihungsausläufen unter 60% per Forward Darlehen oder bereitstellungszinsfreier Zeit für fünf Jahre fest machen. Hier ist ein späteres Forward Darlehen (Forward Aufschlag pro Monat) voraussichtlich teurer als die Ersparnis durch eine kürzere Forward Periode (z.B. 12 Monate kürzer). Darlehen mit höheren Beleihungsausläufen, die kurzfristig noch eine Chance haben, durch Aufwertung auf unter 60% zu kommen, erst noch laufen lassen um später von niedrigerem Beleihungsauslauf und kürzerer Forward Periode zu profitieren. Die Immobilienpreise sollten bis 2020 stabil bleiben oder leicht weiter steigen.

12. Weitere drei letzten Zinsschritte FED (USA) auf 3% bis Ende 2019 (China den Stecker ziehen, um Weltherrschaft zu erhalten)
13. Immobilienblase China inkl. Geisterstädte platzt (US Investoren ziehen Geld ab, da Chance-Risiko bei höheren US-Zinsen nicht mehr stimmt)
14. Rezession USA (wegen hoher Zinsen)
15. Rezession China (wegen Platzen der Immobilien- und Staatsfirmenblase)

→ Bargeldbestände in EUR, USD und CHF erhöhen
→ Börsen intensiv beobachten und CFD-Tradingkonto bereitmachen für Leerverkäufe (auf Aktien), um einen Teil des nötigen Eigenkapitals für Immobilieninvestments in der Zukunft zu generieren.

2020 - 2021
16. Börsencrash weltweit (-50 bis -90%) – ca. 2020 (wegen Panik)

"Die Börse reagiert gerade mal zu zehn Prozent auf Fakten. Alles andere ist Psychologie."
-André Kostolany

→ letzte Gelegenheit Immobilien mit wenig Eigenkapital zu erwerben. Diese Chance unbedingt nutzen, sofern man günstig einkaufen kann und Aufwertungspotential besteht, auf keinen Fall jedoch zu teuer kaufen→ In den nächsten 24 Monaten auslaufende Finanzierungen mit 5-Jahres-Zinsbindung egal mit welchem Beleihungsauslauf per bereitstellungszinsfreier Zeit oder Forward Darlehen fest machen, um Komplikationen bei der Anschlussfinanzierung durch instabiles Bankenumfeld und fallende Immobilienpreise zu vermeiden. Das Risiko ist hier höher als den Zinsnachteil, den man sich für fünf Jahre einkauft, weil fallende Zinsen zu erwarten sind. Darum kurzfristig fest machen, bis wieder Ruhe einkehrt. Finanzierungen, die erst in mehr als zwei Jahren aus der Zinsbindung auslaufen, einfach weiter laufen lassen. Die Zinssätze für variable Darlehen springen in so einer Phase gerne mal kräftig in die Höhe, daher ist es voraussichtlich keine gute Lösung, auslaufende Darlehen variabel weiter laufen zu lassen, um von späteren Zinssenkungen zu profitieren. Es kann den Kapitaldienst gefährden und unterm Strich auch keine wirkliche Einsparung bringt als für fünf Jahre fest zu machen (durchschnittlich höher finanziert, gegenüber kurzfristigen Spitzen gleicht sich etwa aus).

→ Beobachten, wie sich US-Staatsanleihen entwickeln. Es ist davon auszugehen, dass die Leitzinsen bald gesenkt werden. Dann kann so viel wie möglich eingekauft werden, um von Kursgewinnen zu profitieren. Sind Zinsaufschläge wegen Risiken im Markt zu erwarten, dann weiter Cash halten. Ist nur wenig flüssiges Kapital vorhanden, kann man auch mit CFDs mit minimalster Margin (z.B. 1% Sicherheitsleistung) stark gehebelt auf US-Staatsanleihen long gehen.

Leitzins-Prognose

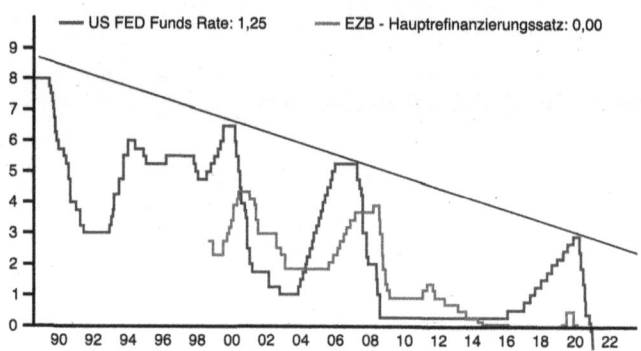

"Ich habe wohl nicht mehr als in der Hälfte der Fälle Recht, aber ich verdiene einfach sehr viel Geld, wenn ich richtig liege und ich verliere so wenig Geld wie möglich, wenn ich Unrecht habe." -George Soros

17. Zinssenkungen USA auf 0% (wegen Rezession USA)
18. Rezession Europa und Deutschland (wegen Rezession Handelspartner USA / China)
19. Ausfall Zombiefirmen in Europa (wegen Wegbrechen Aufträge)

"Seien Sie ängstlich, wenn die Welt gierig ist und seien Sie gierig, wenn die Welt ängstlich ist." -Waren Buffett

→ Bargeldbestände in EUR, USD und CHF weiter erhöhen und Kontengutha-ben auf ein nötiges Minimum reduzieren wegen stark gestiegenem Bail-in-Ri-siko. US-Staatsanleihen halten (auf keinen Fall in einer Versicherungspolice). Die USA ist das einzige Land der Welt, das nicht pleitegehen kann, weil sie die Weltleitwährung, den US-Dollar (auch militärisch), beherrschen.
20. Bankenpleiten (wegen zu geringem Eigenkapital durch schwache Erträge

seit Jahren und aufgelösten Risikorücklagen wegen aufgeschoben und jetzt umgesetzten Unternehmenspleiten der Zombiefirmen)

21. Bail-In (Enteignung Sparer, wegen zu geringem Eigenkapital der Banken)

> *„Die Zukunft ist niemals klar. Schon für ein bisschen Gewissheit muss man einen hohen Preis zahlen. Unsicherheit ist deshalb der Freund von Langfrist-Investoren."*
> *-Warren Buffett*

2021-2022

22. Bankenpleiten (wegen weiteren Ausfällen von Zombiefirmen)

Bankrun und Bankenrettung EZB →7.500 Mrd. Euro

Die EZB muss innerhalb weniger Monate 7.500 Mrd. Euro neues Geld in Umlauf bringen um die Auswirkungen der Bankenpleiten in den Griff zu bekommen und löst damit eine Hyperinflation aus.

23. Deflationärer Schock (sechs bis 15 Monate, wegen Kreditklemme)

24. Weitere Welle von Firmenpleiten (ca. 15% der Firmen mit ca. 15% der Arbeitsplätze, ca. 10% des BIP allein in Deutschland)

25. Immobilien Crash (Deutschland -20% im Schnitt und -40% in München, Frankfurt, Hamburg wegen Kreditklemme)

→ viele Kaufchancen, jedoch Eigenkapitaleinsatz oder Zusatzsicherheiten von mindestens 20% bis 40% + Kaufnebenkosten nötig. US-Staatsanleihen mit hohen Gewinnen von bis zu 300% aus der Kursentwicklung (fallende Zinsen bedeuten steigende Anleihe-Kurse) verkaufen um Liquidität für Immobilien zu gewinnen und rechtzeitig wieder in Sachwerte zu wechseln für die drohende kommende Hyperinflation.

2022 – 2025

26. Bargeldabschaffung Euro / oder getrennter Wechselkurs elektronischer Euro und Bargeldeuro (Bargeld US-Dollar bleibt bestehen, die Fed kann die Zinsen absenken, die EZB hat sie vorher nicht nennenswert erhöht und kann daher nicht anders reagieren als mit stärkeren Negativzinsen)

27. Senkung EZB Zinssatz weit unter 0% (Deflationsbekämpfung)

→ günstige Refinanzierungsmöglichkeit von günstig erworbenen Bestandsimmobilien (selbst bei dann gestiegenen Beleihungsausläufen durch Preisverfall – idealer Zeitpunkt für Zinsauslauf)

28. **Bankenrettung** mit Bankenverstaatlichung und Ausgliederung von NPLs (Non-performing-loans), **Erhöhung der EZB Bilanz auf 11,7 Milliarden Euro.**

→ Neue Kaufchancen für Immobilien nach Bankenrettung mit 80% Finanzierungen zu deutlich gestiegenen Zinsen (Mangels umfangreichem Kreditangebot am Markt, so wie dies aktuell noch der Fall ist)

29. Hyperinflation mit stark steigenden Immobilienpreisen (als Folge der EZB Zinssenkung und der massiven EZB-Bilanzerhöhung – da Zins lange unter 2% war, darf er auch länger deutlich über 2% sein, und es ist noch mit der Aufgabe der EZB: Preisstabilität vereinbar)

Stagflation wie 1973
Der Euro wird dadurch massiv abgewertet (wegen den 7.500 Mrd. Euro neuem EZB Geld). Es kommt jedoch noch keine Inflation, weil die Wirtschaft am Kollabieren ist aufgrund mangelnder Kreditvergabe der Banken und fehlendem Eigenkapital. Nun importiert der fallende Euro sogartig die Inflation. Mit einem gewaltigen Kreditprogramm der EZB werden Banken aufgekauft (Helikoptergeld).

→ Hier am Anfang noch dabei sein und in den Trend hinein weiter Immobilien kaufen. Jedoch rechtzeitig aufhören.

Mit Immobilieneinkauf warten?

Es ist ausdrücklich keine Lösung, den Crash und die Korrektur der Immobilienpreise abzuwarten nur um 20% günstiger einzukaufen. Hier klappt dann die Finanzierung nicht mehr mit dem geringen Eigenkapital. So kann man kaum und auch nicht so schnell entsprechende Deals machen, in dem kurzen Zeitfenster, das sich auftut. Man muss heute schon intensiv jede Gelegenheit nutzen, um den Bestand gerade so und mit fallenden Preisen und steigender Verschuldung über die Korrekturphase hinweg zu retten. So macht man noch ein paar Deals nach einer kurzen Pause, in der Cash angesammelt werden kann, zu Schnäppchenpreisen, um dann mit einem möglichst großen Bestand in die Hyperinflation, die sich aus dem Zwang die nicht mehr tragfähigen Staatsschulden abzubauen ergibt, zu gehen.
Je weiter diese Auflistung in die Zukunft reicht, desto schwieriger ist es, einen

genauen zeitlichen Ablauf zu definieren oder die Ereignisse korrekt vorherzusagen. Die hier aufgezeigten Szenarien sind meine persönliche Meinung und sind entwickelt aus einer Vergangenheitsbetrachtung und Auswertung von entsprechendem Datenmaterial und Berechnungs-Modellen, um eine Auswirkung in die Zukunft abzuleiten. Die Idee ist nicht, ein weiterer Crash-Prophet zu sein, sondern um dir vielmehr eine Idee davon zu geben, wann passende Kaufzeitpunkte für Immobilien sein können und wie du dich auf entsprechende sich am Markt abzeichnende Schwierigkeiten vorbereiten kannst (Bargeldbestände aufbauen etc.)

Bargeldabschaffung

- Abschaffung der Scheine von oben nach unten
Der 500 € Schein wird seit 2014 nicht mehr gedruckt und wurde nur noch bis Ende 2018 von der EZB ausgegeben. 30,3% der aktuell noch im Umlauf befindlichen Bargeldmenge besteht aus 500€ Scheinen.
Bereits im Februar 2016 äußerte Mario Draghi, dass man auch den 200 € Schein abschaffen könnte.

„In einer Volkswirtschaft bestimmen die Tresorkosten die Untergrenze für den Negativzins." -Werner Sinn

Wenn die Banken nun gezwungen werden, statt der 500-Euro-Scheine die etwas kleineren 200-Euro-Scheine zu halten, steigen die Tresorkosten etwa auf das Zweieinhalbfache. Die Untergrenze des Strafzins kann daher vom Euribor -0,33 auf das 2,5-fache = -0,825% erhöht werden. Wird die 200 € Banknote auch noch abgeschafft, die aktuell sowieso nur eine geringe Verbreitung von 4,1% der Bargeldmenge darstellt, können die Negativzinsen sogar auf -1,65% erhöht werden.

Bargeldzahlungsobergrenze

Seit dem 1.9.2015 sind Bargeldzahlungen für in Frankreich lebende Personen nur noch bis zu einer Summe von 1000 € (vorher 3000 €) erlaubt. Zahlungen über diese Summe hinaus haben in bargeldlosem Verkehr zu erfolgen.

Alle in bar getätigten Ein- und Auszahlungen bei Finanzinstituten müssen der Behörde für die Bekämpfung von Finanzkriminalität (Tracfin) gemeldet werden.

→ Beim Geldwechsel aus und in Fremdwährungen ab einem Betrag über 1000 € erfolgt eine systematische Identitätsaufnahme.
In Deutschland aktuell 10.000 € (Bereits 2016 war die Obergrenze von 5.000 € in Diskussion).
Griechenland: 500 € (Absenkung auf 70 € in Diskussion), Geldwäscheuntersuchung für jeden, der eine 500 € Banknote in kleinere Scheine tauschen will. Es wird seine gesamte aufgezeichnete Transaktionshistorie überprüft.

• Derzeit gibt es schon in 18 EU-Ländern **Obergrenzen bei Bargeld-Zahlungen:** Griechenland 500 €, Italien, Frankreich und Portugal 1.000 €, Spanien 2.500 €, Belgien 3.000 € (bald 500 €), Slowakei 5.000 €, Dänemark 6.700 €, Deutschland derzeit Vorschläge von 2.000 - 5.000 €. Höhere Barzahlungen sind illegal und steuerlich nicht absetzbar oder sogar strafbar.
• **Griechenland** ist unter massivem Druck der EU ein Vorreiter beim Bargeldverbot: Neben der Obergrenze, die seit 2011 von 1.500 auf 500 € gesenkt wurde (künftig 70 €), gibt es Beschränkungen in der Bargeldbehebung (60 € pro Tag und Bürger).
• **Dänemark** hat die Bargeldannahmepflicht aufgelockert: Einzelhändler, Tankstellen und Restaurants können sich nun weigern, Bargeld anzunehmen. Dies soll künftig auch auf Supermärkte und schließlich die gesamte Wirtschaft ausgeweitet werden.
• In **Holland** zahlen viele Banken ihren Kunden einfach kein Bargeld mehr aus.
• Schweden steht vor der Abschaffung des Bargeldes zur „Kriminalitätsbekämpfung".

Bargeldabschaffung von unten nach oben (1 und 2-Cent Münzen):
Finnland (2002), Niederlande (2004), Irland (2015), Italien (2018)

Schrittweise Umsetzung der Bargeldabschaffung

• sukzessive Absenkung der zulässigen **Höchstgrenzen** von Bargeld-Zahlungen
• sukzessive Abschaffung der **Banknoten** (500, 200, 100, 50, 20, 10 €...)
• sukzessive Aufhebung der **Bargeldannahmepflicht** (Dänemark)
• sukzessive **Abhebungsbeschränkungen** vom Konto (Griechenland, Holland)

- sukzessive Erhebung von **Steuern und Gebühren** für die Bargeldnutzung
- Transaktionskosten- oder **steuerliche Vorteile** bei elektronischer Zahlung (Griechenland)
- Übertragung des Status des **gesetzlichen Zahlungsmittels** von Bargeld auf Buchgeld

Empfehlung zur Bargeldabschaffung

Bargeldreserve in US-Dollar und Schweizer Franken anlegen. Der US-Dollar ist die einzige Währung, die nicht komplett pleitegehen kann oder wo die Bargeldannahme weltweit schnell verboten werden kann, da der US-Dollar die Welt-Leitwährung ist, die USA militärisch die Weltmacht hat und damit den US-Dollar weltweit einsetzbar macht.

Amerika hat es schon einmal gemacht: Beispiel Japan

Ende der 80er Jahre haben die Amerikaner genau dasselbe, was sie jetzt mit China durchziehen, auch schon mit Japan gemacht. Die zehn größten Banken der Welt waren japanische Banken, die Immobilienpreise sind durch die Decke. Allein der Kaiserpalast war so viel wert wie alle Immobilien in ganz Kalifornien. Japan war auf dem Weg die Weltmacht zu übernehmen. Genau die zwei selben Mittel wurden von den Amerikanern gezogen: US-Zinsen hoch und Zölle hoch. In Japan ist die Immobilienblase und die Börsenblase geplatzt und Japan hat sich bis heute fast 30 Jahre später davon nicht erholt.
Der Zusammenhang von Infrastruktur und Wirtschaftsboom Aufbau der Eisenbahnlinie 1850 in Amerika hat den Kontinent erschlossen und den ersten Wirtschaftsboom in Amerika ausgelöst. In den 1950er Jahren kam der zweite große Boom mit den Highways (wieder Infrastruktur). Entlang der Highways bildeten sich Städte, Arbeitsplätze entstanden. Der Rohstoffabbau bisher unerschlossener Gebiete wurde möglich. Ein riesiger Wirtschaftsboom ist entstanden. Inspiriert durch den strategischen Wert der deutschen Hitler-Autobahnen ist auch der militärische Zweck wichtig.

One Belt one Road - das nächste geostrategische Projekt

In Osteuropa fehlen diese Autobahnen und Eisenbahnlinien für die geostrategischen Zwecke noch. One Belt one Road (die neue Seidenstraße) - das nächste geostrategische Projekt (seit 2013) gesteuert von China. Das Projekt betrifft 60% der Weltbevölkerung.

2018 treffen bereits 25 Containerzüge pro Woche in Duisburg aus China ein. Duisburg ist das deutsche Ende der neuen Seidenstraße. Die Zugverbindung braucht 12 Tage, per Containerschiff sind es 40 Tage.

Warum die Börsen bis 2018 so gestiegen sind

1. niedrige Zinsen (83% der Unternehmensgewinne der letzten Jahre in der Eurozone sind nur durch niedrige Zinsen entstanden)
→ Amerika erhöht die Zinsen
2. Aktienrückkäufe der Unternehmen (noch nie so hoch wie 2018)
2a) durch die US-Steuerreform
→ Strohfeuer ist jetzt erloschen
2b) durch Kredite (Unternehmensschulden auf Rekordhoch)
→ Schulden sind bereits auf 60%
3. Ankaufprogramme der Zentralbanken (FED, EZB, BOJ)
→ FED + EZB bereits beendet

Der 1982er Immobiliencrash – und Parallelen zu heute

Die dummen schaffen bis 1982 20% Gewinn mit Immobilien, die schlauen 200%. Es wurden Quadratmeter-Preise von bis zu 7.000 DM bezahlt. Erstmals wurden 100% Finanzierungen angeboten. Vorreiter war mal wieder die Deutsche Bank, die zeitweise auch 110% Finanzierungen anbot. Auslöser der Preiskorrektur waren schnell stark steigende Zinsen. In der Spitze 11,5% für eine 10-jährige 60% Finanzierung im Jahr 1980. 1977, also nur drei Jahre davor waren es noch 6%. Wobei man dazu sagen muss, dass die Zinsen 1973 schon mal bei 11,5% in der Spitze angelangt waren.

„Es nimmt der Augenblick, was Jahre geben" -Johann Wolfgang von Goethe

Beginn der Immobilien-Preiskorrektur war 1982 in Norddeutschland dann im Ruhrgebiet. Bis 1986 haben sich die Preise halbiert. 40% in Münchner-Villengegend Grünwald, 60% wenn in zu schlechten Lagen mit zu aufwendiger Ausstattung.

Negativzinsen kommen

Als einer der wenigen weise ich schon seit Jahren darauf hin, dass bei 0% nicht Schluss sein muss mit Zinsen, sondern dass diese auch noch weiter fallen können, da es nicht auf die tatsächliche Zinshöhe ankommt, sondern immer nur auf den relativen Unterschied. Noch Anfang 2019 waren 70% der Volkswirte der Meinung, dass 2019 die Zinsen anfangen würden zu steigen. Ich habe zu kurzen 5-jährigen Zinsbindungen geraten, da ich die Chancen überwiegend sah vor dem Risiko steigender Zinsen.

JPMorgan Chase (größte Bank der USA) hat errechnet, dass die Eurozone langfristig einen Negativzins von 5-7% benötigt um überleben zu können.

Weitere Zinssenkungen beginnen

Australien: 06/2019 (erstmals seit drei Jahren) + 09/2019 - 0,25% auf 1,00%
China: 0,35%
EZB: 07/2019 – 0,10%
FED: 07/2019 – 0,25%

Alternative zum Zins-SWAP – Euribor-Future

Du möchtest an weiter sinkenden Zinsen verdienen? Dann könnte der Drei-Monats-Euribor-Future eine nähere Betrachtung wert sein. Der Future hat das Symbol FEU3 und die ISIN DE0009653147. Der Euribor wird werktäglich um 11 Uhr mitteleuropäischer Zeit festgesetzt und veröffentlicht. Benchmark-Charakter kommt neben weiteren Euribor-Sätzen einzig dem Drei-Monats-Euribor zu. Das Kontraktvolumen des Futures beträgt 1 Mio. Euro, wobei die Preisermittlung auf vier Nachkommastellen erfolgt. Gerechnet wird mit der Basis 100, abzüglich des gehandelten Zinssatzes. 08/2019 steht der Wert bei 100,46 also -0,46% Der Einlagezinssatz der EZB steht aktuell bei -0,40% und wir vermutlich bis Ende 2019 um 0,1% auf -0,5% gesenkt.

Die Bewegung von 100,31 auf 100,46 hat diese Bewegung also schon einige Zeit vorher vorweggenommen.

Die kleinste Preisveränderung, die so genannte Tick-Größe, beträgt 0,0025 Punkte und entspricht einem Wert von 6,25 Euro.

Beispiel: Du setzt auf weiter fallende Zinsen, dann gehst du im Dreimonats-Euribor-Future long (setzt auf steigende Kurse). Der Euribor-Zinssatz sinkt um 0,5 Prozent. Das führt für dich zu einem Gewinn im Eurex-Handel von 1.250 Euro (Berechnung: 0,5% / 0,0025 * 6,25 Euro).

Wie ordne ich mich ein & NLP

- Warum ich kein Coach bin

- Das richtige Mindset

- Der Gastartikel zum Thema NLP

„Menschen treffen innerhalb ihres Modells der Welt grundsätzlich die beste ihnen subjektiv zur Verfügung stehende Wahl" NLP Axiom

39. Trainer/Berater/Coach - warum ich kein (Immobilien)-Coach bin!

Die drei Begriffe Training/Beratung/Coaching werden gerne durcheinandergeworfen, daher müssen wir diese erst einmal klar voneinander trennen.

Der Trainer → Wissensaufbau und Werkzeuge

Der Trainer leitet (meist eine Gruppe - damit seine hohen Stundensätze als echter Profi vom einzelnen finanziert werden können) strategisch, taktisch, technisch an, vermittelt Wissen in Seminaren und stellt Werkzeuge bereit. Er kann in der Gruppe nicht dezidiert auf die individuellen Strategien des einzelnen eingehen und sich mit den unterschiedlichen Zielen auseinandersetzen, sondern bleibt allgemein. An dieser Stelle kann ich besonders die Seminare von Jörg Winterlich (Immobilien Investment Akademie) und Thomas Knedel empfehlen. Sie sind beide echte Experten. Wer einmal hineinschnuppern möchte, für den bietet sich das kostengünstige 1-Tages-Impulstraining bei Jörg Winterlich oder die 2-tägige Immobilienoffensive bei Thomas Knedel an. Die 4-Tages-Trainings kosten richtig Geld mit jeweils rund 3.000 € - 4.000 € - das ist jedoch extrem gut angelegtes Geld.

Der Coach → Beistand ohne Lösungsvorschläge

Im Coaching werden im Unterschied zur klassischen Beratung keine direkten Lösungsvorschläge durch den Coach geliefert, sondern die Entwicklung eigener Lösungen begleitet. Dies ist besonders für Coachings zur Persönlichkeitsentwicklung ein geeignetes Werkzeug, weniger jedoch für Immobilien.

Viele sogenannte Immobilien-Coaches, die in letzter Zeit wie Pilze aus dem Boden schießen, können auch gar nicht dezidiert Lösungen aufzeigen, weil ihnen schlicht das Wissen und die Erfahrung dazu fehlt. Besonders schwer tue ich mich mit Aussagen wie „jeder kann Immobilien" – nein, es kann eben nicht jeder Immobilien, sonst würden nicht 90% der Immobilienbesitzer mit ihren Immobilien kein Geld verdienen und wären nicht so viele bereits kläglich mit Insolvenz und Co. gescheitert. Die große Welle derer, die sich selbst mit ihren ach so sicheren Immobilien-Investments verhoben haben, wird erst noch kommen, dazu später mehr.

Der Coach ist **neutraler** Gesprächspartner. Das Ziel von Coaching-Gesprächen ist z. B. die Einschätzung und Entwicklung persönlicher Kompetenzen und Perspektiven über Anregungen zur Selbstreflexion, bis hin zur Überwindung von Konflikten.

Wir reden hier also viel mehr von Mindset als von Strategie.

Wenn du an deinem Mindset arbeiten willst empfehle ich dir folgende Bücher:
- Alex Fischer: Reicher als die Geissens
- Timothy Ferris – die 4-Stunden-Woche

Das Buch von Alex Fischer ist zusätzlich angereichert mit vielen Werkzeugen – jedoch kein Immobilienstrategie-Buch, das in die Tiefe geht.

Ich empfehle dir – für dein Mindset - eine NLP-Practitioner-Ausbildung zu machen. Das sind 18 volle Trainingstage – die mein Leben verändert haben! Und das meine ich voll ernst. Es geht hier nicht um Immobilien, es geht hier um dein Leben. Als Trainer lege ich dir Robert Crnković von www.mybrain-location.de ans Herz.

Du kannst dir auch bei www.landsiedel-seminare.de (dem führenden Institut in Deutschland) einen Trainer in deiner Nähe aussuchen. Ich empfehle dir jedoch: Verlasse deinen Wohnsitz – Fahre wenn nötig einmal quer durch Deutschland nach Stuttgart und mache ein Wochenendseminar (über ein halbes Jahr verteilt jeweils 1 Wochenende pro Monat – 18 volle Tage in Summe) bei Robert Crnković. Er ist Ex-Senior-Partner von Landsiedel und hat die Practitioner-Ausbildung auf ein ganz neues Niveau gehoben. In seinen kleinen Gruppen von unter 20 Teilnehmern und mit bis zu 5 zusätzlichen Co-Trainern ist das Training besonders intensiv und geht perfekt auf dich ein. Ja, der ganze Spaß kostet knapp 2.000 €, was andere aber schon für 2-3 Tage verlangen - und das ohne irgendwas direkt in Verbindung mit Immobilien gelernt zu haben – was ich dir aber garantieren kann ist, dass sich dein Leben umstellt und NLP dein Leben extrem positiv verändern wird. Dir werden die Werkzeuge und Strategien aus dem NLP auch extrem dienlich im Immobilienbusiness sein, insbesondere was den günstigen Objekteinkauf und die Verhandlung angeht.

- herausfinden, was Dir wichtig ist
- das Leben aktiv in die Hand nehmen
- Ziele mit Energie erreichen - durchhalten
- vom Gegenüber wirklich verstanden werden
- Andere für Deine Ziele gewinnen
- Dein Unterbewusstes für Dich „nutzt"
- Dich gegen Manipulation „schützt"
- Dich selbst coachen „kannst"
- Dich auf Erfolg „programmierst"

Ich hatte mich vor Jahren auf eine Empfehlung (ohne genau zu wissen was auf mich zukommt) zu diesem Training angemeldet – und genau das kann ich dir auch nur ans Herz legen. Noch am Rand: es gibt auch eine verkürzte NLP-Practitioner-Ausbildung als Massenveranstaltung für 297 € für 10 Tage in Berlin. Mache das NICHT. Das Kleingruppentraining ist viel intensiver und den Mehrpreis wert. Was du jedoch von Chris Mulzer (der Typ mit NLP für 297 €) unbedingt anschauen solltest, ist seine Videoserie in 7 Teilen – die dir eine Einführung in „was ist NLP?" gibt. Du findest sie auf Youtube.

Ganz am Ende – warum wir dieses ganze Immobilien-Ding machen – ist es der Wunsch, als Mensch positive Gefühle zu erleben. Finanzielle Freiheit, die sich eben mit Immobilien noch am leichtesten (im Vergleich zu anderen Möglichkeiten) und nachhaltigsten aufbauen lässt - kann dich darin unterstützen vermehrt **positive Gefühle** zu **erleben**. Es gibt aber eben auch das andere Beispiel von Menschen, die viel Geld besitzen und nicht glücklich sind. Es ist daher von entscheidender Bedeutung das richtige Mindset zu haben. Und Bücher reichen da einfach nicht aus um das richtige Mindset zu entwickeln – du brauchst Veränderung – und Veränderung ist unglaublich schwierig herbeizuführen. NLP ist eins der mächtigsten Werkzeuge um genau diese Veränderung herbeizuführen. Wenn du Geld für Seminare investieren willst, dann investiere es in dich. Nicht ein Vertriebstraining – sondern in die Entwicklung deiner Persönlichkeit mit NLP.

Der Berater → Individuelle Strategien und Lösungen

Ich tue mich schwer, mich neutral wie ein Coach zu verhalten. Ich habe meine dezidierte Meinung zu verschiedensten Fragestellungen und kann diese auch mit Vor- und Nachteilen und Fallstricken begründen. Daher bin ich als Berater viel besser aufgehoben als wie in der Schiene neutraler Coach.

Nun, wenn du dieses Buch gelesen hast und zu der Überzeugung gekommen bist, bei Philipp steckt etwas mehr als nur Gerede dahinter, kannst du mich gern als Berater für ein paar Stunden gegen ein Honorar buchen, um über deine Strategie zu reden. Die Alternative ist, du mandatierst mich als Finanzierungsvermittler – und bekommst im Rahmen dessen in gewissem Umfang meine Beratungsleistung und die Möglichkeit Fragen zu stellen, mit mir Deals zu strukturieren und zu analysieren, kostenfrei dazu.

Wenn ich dies und das erreicht habe, dann bin ich glücklich

Vergiss wenn, dann...
„wenn ich das und das erreicht habe, dann bin ich glücklich"

Es ist nur eine Kopfsache (Mindset-Sache). Sei heute bereits dankbar, genieße heute bereits, fühl dich heute bereits glücklich und erfolgreich!

Der größte Erfolg als Immobilieninvestor hilft dir nichts, wenn du dich selbst mit Glaubenssätzen, übernommen von deinen Eltern, geprägt in deiner Kindheit, einschränkst. Wenn du nicht wirklich glücklich bist. Wenn du dein Potential durch dein Mindset ausbremst. Wenn das was du eigentlich zum Ausdruck bringen willst nicht beim Gegenüber richtig ankommt. Überall hört man das Thema Mindset. Mindset ist alles entscheidend. Aber durch Kurzseminare, Keynotes, Massenveranstaltungen, Videos oder Bücher bekommst du keine Veränderung von diesen tiefsitzenden Verhaltensmustern hin. Du brauchst eine umfangreiche Veränderungsarbeit. Du brauchst eine vollwertige Ausbildung in diesem Bereich. In einer kleinen Gruppe mit max. 15 Personen anstatt zu hunderten in Massenveranstaltungen. Ich empfehle dir, investiere 18 Präsenz-Ausbildungstage in dich und dein Leben, investiere in einen NLP Practitioner. Ich bekomme keinen Cent für diese Empfehlung. Ich kann jedoch nicht schweigen von dem, was es in meinem Leben Positives bewirkt hat und muss es dir daher ans Herz legen. 18 Präsenz-Trainingstage in Stuttgart verteilt auf sechs Trainingsblöcke jeweils Freitag-Abend bis Sonntag-Abend über ein halbes Jahr (fahr hier her, egal wo du herkommst). Anwendung der Übung in kleinen Gruppen à drei Personen. Ein Haupttrainer und drei Co-Trainer (die die Übungen begleiten) für eine Gruppe von max. 15 Personen ermöglichen echte Veränderungsarbeit in deinem Leben.

Es ist kein Hochpreis-Abzocke-Seminar, es sind 18 Präsenz-Trainingstage für gerade einmal rund 2.000 €, also nur ca. 100 € pro Tag. Wenn du das mit den sonstigen Immobilienseminare vergleichst, die als Massenveranstaltung 500€ oder mehr pro Tag kosten, ist das geschenkt. Ich habe viel Geld in diverse Kurse und Fortbildungen investiert, aber das war mein bisher bestes Investment.

Wenn sich genug Teilnehmer anmelden, habe ich mit Robert von MyBrain. Location besprochen, wird ein extra Immobilieninvestoren-Kurs aufgemacht um auf deine Bedürfnisse als Immobilieninvestor mit Beispielen und Übungen einzugehen. Es bleibt jedoch eine normale NLP Ausbildung, kein verkrüppeltes und abgespecktes NLP wie ein NLP-Sales-Practitioner in sieben Tagen, Business Paractitionier in neun Tagen oder sonstiges, was am Markt von Vertriebsleuten angeboten wird, sondern eine vollwertige NLP Ausbildung.

Weitere Informationen unter www.nlpstuttgart.de

Ich motiviere meine Mitarbeiter aktiv dazu ihre Urlaubstage möglichst stark gestückelt zu nehmen, da sie so maximal motiviert und erholt sind und so die geringsten Ausfallzeiten für Projekte entstehen und die höchste Erreichbarkeit für Kunden sichergestellt ist. Auch die Kosten für die Einarbeitung und Übergabe von Projekten zwischen den Mitarbeitern entfällt, da weniger lange Urlaube entstehen und nur einzelne Tage mit den wichtigsten Aufgaben von Kollegen überbrückt werden müssen. Auch das ist wieder für die jeweils arbeitenden Kollegen sehr hilfreich, da Doppelbelastungen während Urlaub der anderen reduziert wird.

Gastartikel: NLP

Herzlichen Glückwunsch!

Du hast gerade dieses Buch gelesen. Du möchtest Dir also Immobilienstrategien aneignen, um als erfolgreiche/r Investor/in durchzustarten. Du willst ein Leben voller Wahlmöglichkeiten genießen, in dem Du über die Freiheit verfügst, das zu tun und zu lassen, was Du – und NUR Du selbst bestimmst. Raus aus der Abhängigkeit, rein in die Freiheit!

Ich beglückwünsche Dich, dass Du die Entscheidung getroffen hast, einen solchen Schritt zu gehen, dieses Buch zu Hand zu nehmen und an Deinen Fähigkeiten zu arbeiten. Ich bin nämlich der Ansicht, dass man nie aufhören sollte zu lernen und zu wachsen. Denn in jedem von uns steckt viel mehr Potenzial, als uns das bewusst ist. An dieser Stelle möchte ich zu meinem Anliegen – nämlich zu NLP – kommen.

NLP schafft Bewusstsein

NLP, kurz für Neuro-Linguistisches Programmieren, ist in erster Linie ein Tool, das Dir dazu verhilft, Dich selbst besser zu verstehen. NLP schafft Bewusstsein. Wenn Du NLP erlernst, erfährst Du nicht nur, wie Du selber tickst, sondern Du eignest Dir auch die Fähigkeit an, sowohl die Funktionsweise Deiner Mitmenschen als auch die der Welt zu verstehen und mit ihr umzugehen. Du lernst – um es auf NLPlisch auszudrücken, dass die

Landkarte nicht das Gebiet ist und wie Du die Insel des anderen betrittst. Die Landkarte ist nicht das Gebiet bedeutet nicht anderes, als dass Deine Realität, die Deine individuelle Landkarte ist, nicht das Gebiet ist, auf dem Du die Realität der anderen finden kannst. NLP macht Dich – sofern Du das willst – zu einem erfolgreichen Kommunikator, der es versteht, auf die Bedürfnisse seiner Mitmenschen einzugehen, ohne sich dabei zu verbiegen. Du lernst, die Insel des Anderen zu betreten, indem Du Dich erfolgreich auf ihn einstimmst, seine Sprache sprichst und auf derselben Wellenlänge schwingst.

Mit NLP kriegst Du ein Tool an die Hand, das Dir verständlich macht, wie Verhalten entsteht. Du lernst in Deiner NLP-Ausbildung zum einen also wie Verhalten entsteht und zum anderen wie Du (nicht hilfreiches) Verhalten verändern kannst.

Entfalte Dein Potenzial

Um das Potenzial, das in Dir steckt, vollkommen zu entfalten, brauchst Du das Bewusstsein für Deine eigene Person. Als leidenschaftlicher NLPler empfehle ich Dir hierfür herzlichst NLP.
NLP ist Persönlichkeitsentwicklung. NLP ist Hilfe zur Selbsthilfe. Durch NLP bekommst Du Zugang zu Deinem vollen Potenzial.

Ich möchte Dich nun dazu einladen, mit mir in die 1970er Jahre abzutauchen – in die Entstehungszeit von NLP. Die Entstehungsgeschichte dieses kraftvollen Tools ist deshalb von großer Bedeutung, weil Du dann ganz einfach erfährst, auf was für wertvollen Strategien und Know-How das Ganze fundiert.

Gibt es Talent?

Mitte der 1970er Jahre treffen sich zwei Personen. Das sind zum einen John Grinder, Assistenzprofessor der Linguistik und zum anderen Richard Bandler, damals Student der Mathematik und der Philosophie. Bandler interessiert sich zu dieser Zeit stark für die Verhaltensweisen von Menschen. Hier trifft er mit Grinder auf einen Gleichgesinnten, denn beide stellen sich dieselbe Frage:
Warum gibt es Menschen, die etwas besser können als andere und warum gibt es welche, die etwas nicht gut können?
Bandler ist dabei der Überzeugung, dass es so etwas wie Talent nicht gibt – er glaubt einfach nur, dass Menschen etwas sehr gut können oder eben nicht. Jemand, der etwas nicht gut kann, kann eine andere Person, die diese Sache gut kann – MODELLIEREN, also die Sache auf derselben Art und Weise tun, wie die Person, die es gut kann. Modelling of Excellence – Modellieren von den Besten - nennen sie das. Und die besten zeitgenössischen Therapeuten, die Grinder und Bandler modellieren, sind Virginia Satir (Familientherapeutin) Fritz Pearls (Gestalttherapie) und Milton Erickson (Hypnotherapie).

Jeder schafft seine subjektive Realität auf individueller Weise

Grinder und Bandler stellen eine Parallele der drei Therapeuten fest: Sie alle drei konnten anderen Menschen schneller als andere aus ihrem Gebiet dazu verhelfen, schnell wieder in ihre eigene Kraft zu kommen. Grinder und Bandler entdecken ähnliche Strukturen, wie die Therapeuten dabei vorgehen und sie modellieren diese. Daraus entwickelt sich NLP. Die beiden kommen auf das Ergebnis, dass es unterschiedliche Verhaltensmuster gibt.

Verhaltensmuster, die es in erster Linie zu entdecken gilt, um sie dann in ihr Optimum zu verwandeln. Aus nicht hilfreichen Mustern können so also Erfolgsmuster generiert werden. Sie finden zudem heraus, dass jeder Mensch in seinem Empfinden einzigartig ist und seine subjektive Realität auf individuelle Weise selbst schafft.

Grinder und Bandler haben also dieses Tool entwickelt, dass Dir ganz einfach erklärt, wie Du das Leben MACHST. Denn Realität ist das, was Du denkst, dass es Realität ist. Dort, wo Dein Fokus ist, ist auch Deine Energie. Wenn Du im Bereich der Persönlichkeitsentwicklung in Dich investieren willst, dann mache die NLP-Ausbildung und schaffe eine Realität, die Dein Herz höherschlagen lässt.

NLP = Hilfe zur Selbsthilfe

Viele Menschen haben Angst und blockieren sich. Oder sie sind fremdbestimmt und machen Dinge, die andere sagen oder tun. NLP ist Hilfe zur Selbsthilfe. Dadurch, dass Du erlernst, wie Verhalten entsteht – bekommst Du einen ganzen Werkzeugkasten mit Werkzeugen, wieso Du so tickst, wie Du tickst; wie Deine Mitmenschen funktionieren und wie das Leben funktioniert. Wenn Du NLP erlernst, hast Du die Möglichkeit, Dein Leben selbstbestimmt zu gestalten – so, wie Du es gerne möchtest.

Also nochmal zusammenfassend die Bedeutung von Neuro-Linguistisches Programmieren:

NEURO=
– wie nehmen wir die Welt wahr?
– Wie orientieren wir uns in dieser Welt?
– Wie entsteht Verhalten?
– Warum reagieren wir auf bestimmte Sachen?
LINGUISTISCHES=
– Wie bringen wir unsere Emotionen und unsere Gedankenwelt durch die Sprache nach außen zum Ausdruck?
– Wie kommuniziere ich mit mir selbst?
– Wie gehe ich mit anderen Menschen um?

PROGRAMMIEREN=
– Wie bist Du programmiert worden?
– Von Deiner Familie, Deinen Freunden, Deinen Bekannten, KURZ: Deiner Umwelt?

Die Frage ist also: **Was sind Deine Muster? Wie bist Du programmiert worden?** Denn alles, was Du je erfahren bzw. erlebt hast, ist in Dir gespeichert. NLP gibt Dir Bewusstsein, diese Muster zu erkennen und so zu verändern, dass sie Dir dienen.

Familie, Freunde, Bekannte und Lehrer. Sie zeigen uns, was möglich und nicht möglich ist. Es sind ihre Glaubenssätze und Überzeugungen, die wir uns als Kinder aneignen und in uns verankern. In Wirklichkeit gibt es jedoch weder richtig noch falsch. Und auch möglich und unmöglich gibt es nicht. Wir bewerten Umstände, Situationen und Dinge als richtig oder falsch. Wir denken einfach nur, etwas sei möglich oder nicht möglich. Unsere Gedanken – sowohl die über uns selbst als auch die über das Leben – entspringen hierbei unserer Lebenserfahrung. Alles, was Du je erfahren und gelernt hast, ist in Dir gespeichert. Nicht hilfreiche Überzeugungen, Glaubenssätze und Gedanken schlummern in Dir – und das vielleicht, ohne dass Du es merkst. Du blockierst Dich womöglich selbst, weil Du Ängste hast und bestimmte Dinge nicht glaubst.

Ob Du denkst, du kannst es, oder Du kannst es nicht: Du wirst auf jeden Fall Recht behalten. -Henry Ford

Dein Mindset ist in Allem, was Du tust, das Entscheidende

Wenn Du denkst, dass Du etwas kannst, dann wirst Du Recht behalten. Wenn Du denkst, Du kannst etwas nicht, dann wirst Du ebenfalls Recht behalten. Als Immobilieninvestor/in hast Du mit Mietern, Hausverwaltungen, Verkäufern und Käufern zu tun. Wenn Du in Deiner NLP-Ausbildung lernst, wie Du mit unterschiedlichen Charakteren produktive Win-Win-Situationen schaffst, indem Du auf die Bedürfnisse der anderen eingehst, ohne dabei Dich selbst zu verlieren, steht Deinem Erfolg nichts mehr im Wege. **Kommunikation ist in dieser Branche das A und O.**

Vom Gehirn-Besitzer zum Gehirn-Benutzer = NLPler/in

Du entdeckst in der NLP-Ausbildung nicht nur Dein wahres Potenzial und öffnest Dir somit die Tore zu einem selbstbestimmten Leben in Freiheit und voller Wahlmöglichkeiten, sondern lernst zudem, wie Ziele klar definiert werden und wie Du Dich auf Erfolg programmierst. In Verknüpfung zu Deinen persönlichen Werten erkennst Du, welche Ziele Dir wozu dienen und wie Du sie erreichst. Du eignest Dir ein gesundes und vor allem hilfreiches Mindset an, dass Dir zu jeder Zeit zur Seite steht. Hilfe zur Selbsthilfe habe ich das vorhin genannt. Mit der NLP-Ausbildung erlernst Du ein Tool, das Dich unabhängig macht. Und vor allem erlernst Du ein Tool, das Dich stark und kraftvoll macht. Vera F.Birkenbihl (1946-2011), jahrelange Motivationstrainerin in diesem Gebiet, hat ein Buch mit dem Titel Stroh im Kopf?: Vom Gehirn-Besitzer zum Gehirn-Benutzer geschrieben. Ich finde, diese Unterscheidung in Gehirn-Besitzer und Gehirn-Benutzer trifft es sehr gut.

Gehirn-Besitzer > YES
Gehirn-Benutzer > YES
NLPler   > YES

Ein/e NLPler/in besitzt nicht nur ein Gehirn, sie oder er benutzt es auch.
Ein/e NLPler/in kennt die Funktionsweise dieses Bio-Computers. Sie oder er verfügt über die Fähigkeit, alte und nicht dienliche Programme, die auf vergangenen Erfahrungen basieren, an der Wurzel zu packen, auszulöschen und sie durch neue, dienliche Programme zu ersetzen.
Programmiere Deinen Bio-Computer auf Erfolg und investiere nicht nur in Immobilien, sondern auch in Dich selbst. Es wird vervielfacht zu Dir zurückkommen. Ich verspreche Dir: NLP schafft Mehrwert. Du wirst Dinge über das menschliche Verhalten und die Funktionsweise des Gehirns lernen, von denen Du nicht einmal wusstest, dass sie existieren.
Du hast mit NLP die Wahlmöglichkeit, Glaubenssätze und Überzeugungen, von denen Du ebenfalls nicht
wusstest, dass sie so in Dir existieren, zu eliminieren und durch kraftvolle Gedanken über Dich, Deine Mitmenschen und das Leben zu ersetzen.

Ich freue mich, Dich kennenzulernen und wünsche Dir auf Deinem Weg viel Freude und Erfolg!
Freude ist eine Emotion.

Freude kannst Du durch persönlichen Erfolg auslösen. Auf Erfolg kannst Du Dich programmieren.

Hierbei begleite ich Dich gern.
NLP für Immobilien-Inverstoren:
immobilien-nlp.de

Bildnachweise Fotolia:

118759388 | Urheber: guy
44943973 | Urheber: jojje11
175126431 | Urheber: Elnur Amikishiyev
176807776 | Urheber: Antonioguillem
166472159 | Urheber: Eisenhans
118759388 | Urheber: guy
176789620 | Urheber: Elnur Amikishiyev
176707140 | Urheber: vege
85223818 | Urheber: Gerhard Seybert derpressefotograf.de;
170970326 | Urheber: MH
125743222 | Urheber: nmann77
126481435 | Urheber: Tiberius Gracchus
164917383 | Urheber: Dariusz T. Oczkowicz
166064695 | Urheber: Dariusz T. Oczkowicz
167098043 | Urheber: Robert Kneschke
133778821 | Urheber: Eisenhans
177352994 | Urheber: phongphan5922
175826790 | Urheber: photocrew
85223818 | Urheber: Gerhard Seyber
119289442 | Urheber: Aytunc Oylum
113060081 | Urheber: determined
169233286 | Urheber: REDPIXEL
128523024 | Urheber: TOM BAYER
40839645 | Urheber: jjspring
46266947 | Urheber: Oliver Boehmer - bluedesign
100673786 | Urheber: Romolo Tavani
175996766 | Urheber: Elnur Amikishiyev
175826790 | Urheber: Elnur Amikishiyev
177393054 | Urheber: K.-U. Häßler
176707140 | Urheber: vege
53927554 | Urheber: opustrader
97467884 | Urheber: psdesign1
147181442 | Urheber: monropic
177393054 | Urheber: K.-U. Häßler
131827991 | Urheber: pixs:sell
171273648 | Urheber: Cigdem
177623187 | Urheber: sdecoret
102117290 | Urheber: stadtratte
123922236 | Urheber: lev dolgachov

Index

Notizen:

Notizen:

Notizen: